经以济世

建德启来

贺教育部

科技司向项目

办公室成立

李黎林
戊戌初冬

教育部哲学社会科学研究重大课题攻关项目

知识产权制度变革与发展研究
STUDY ON THE REFORM AND DEVELOPMENT OF INTELLECTUAL PROPERTY SYSTEM

吴汉东
等著

经济科学出版社
Economic Science Press

图书在版编目（CIP）数据

知识产权制度变革与发展研究/吴汉东等著．—北京：
经济科学出版社，2012.4
教育部哲学社会科学研究重大课题攻关项目
ISBN 978-7-5141-1714-1

Ⅰ.①知⋯ Ⅱ.①吴⋯ Ⅲ.①知识产权制度-研究
Ⅳ.①D913.04

中国版本图书馆 CIP 数据核字（2012）第 051049 号

责任编辑：李晓杰
责任校对：刘欣欣
版式设计：代小卫
责任印制：邱　天

知识产权制度变革与发展研究

吴汉东　等著

经济科学出版社出版、发行　新华书店经销
社址：北京市海淀区阜成路甲 28 号　邮编：100142
总编部电话：88191217　发行部电话：88191537
网址：www.esp.com.cn
电子邮件：esp@esp.com.cn
北京中科印刷有限公司印装
787×1092　16 开　31.25 印张　560000 字
2013 年 4 月第 1 版　2013 年 4 月第 1 次印刷
ISBN 978-7-5141-1714-1　定价：78.00 元
（图书出现印装问题，本社负责调换．电话：88191502）
（版权所有　翻印必究）

课题组主要成员

（按姓氏笔画为序）

王太平　　丛立先　　朱雪忠　　吴汉东
张　今　　何　华　　张桂红　　胡开忠
曹新明　　詹　映　　熊　琦

编审委员会成员

主　任　孔和平　罗志荣
委　员　郭兆旭　吕　萍　唐俊南　安　远
　　　　　　文远怀　张　虹　谢　锐　解　丹
　　　　　　刘　茜

总　序

哲学社会科学是人们认识世界、改造世界的重要工具,是推动历史发展和社会进步的重要力量。哲学社会科学的研究能力和成果,是综合国力的重要组成部分,哲学社会科学的发展水平,体现着一个国家和民族的思维能力、精神状态和文明素质。一个民族要屹立于世界民族之林,不能没有哲学社会科学的熏陶和滋养;一个国家要在国际综合国力竞争中赢得优势,不能没有包括哲学社会科学在内的"软实力"的强大和支撑。

近年来,党和国家高度重视哲学社会科学的繁荣发展。江泽民同志多次强调哲学社会科学在建设中国特色社会主义事业中的重要作用,提出哲学社会科学与自然科学"四个同样重要"、"五个高度重视"、"两个不可替代"等重要思想论断。党的十六大以来,以胡锦涛同志为总书记的党中央始终坚持把哲学社会科学放在十分重要的战略位置,就繁荣发展哲学社会科学做出了一系列重大部署,采取了一系列重大举措。2004 年,中共中央下发《关于进一步繁荣发展哲学社会科学的意见》,明确了新世纪繁荣发展哲学社会科学的指导方针、总体目标和主要任务。党的十七大报告明确指出:"繁荣发展哲学社会科学,推进学科体系、学术观点、科研方法创新,鼓励哲学社会科学界为党和人民事业发挥思想库作用,推动我国哲学社会科学优秀成果和优秀人才走向世界。"这是党中央在新的历史时期、新的历史阶段为全面建设小康社会,加快推进社会主义现代化建设,实现中华民族伟大复兴提出的重大战略目标和任务,为进一步繁荣发展哲学社会科学指明了方向,提供了根本保证和强大动力。

高校是我国哲学社会科学事业的主力军。改革开放以来，在党中央的坚强领导下，高校哲学社会科学抓住前所未有的发展机遇，紧紧围绕党和国家工作大局，坚持正确的政治方向，贯彻"双百"方针，以发展为主题，以改革为动力，以理论创新为主导，以方法创新为突破口，发扬理论联系实际学风，弘扬求真务实精神，立足创新、提高质量，高校哲学社会科学事业实现了跨越式发展，呈现空前繁荣的发展局面。广大高校哲学社会科学工作者以饱满的热情积极参与马克思主义理论研究和建设工程，大力推进具有中国特色、中国风格、中国气派的哲学社会科学学科体系和教材体系建设，为推进马克思主义中国化，推动理论创新，服务党和国家的政策决策，为弘扬优秀传统文化，培育民族精神，为培养社会主义合格建设者和可靠接班人，做出了不可磨灭的重要贡献。

自 2003 年始，教育部正式启动了哲学社会科学研究重大课题攻关项目计划。这是教育部促进高校哲学社会科学繁荣发展的一项重大举措，也是教育部实施"高校哲学社会科学繁荣计划"的一项重要内容。重大攻关项目采取招投标的组织方式，按照"公平竞争，择优立项，严格管理，铸造精品"的要求进行，每年评审立项约 40 个项目，每个项目资助 30 万~80 万元。项目研究实行首席专家负责制，鼓励跨学科、跨学校、跨地区的联合研究，鼓励吸收国内外专家共同参加课题组研究工作。几年来，重大攻关项目以解决国家经济建设和社会发展过程中具有前瞻性、战略性、全局性的重大理论和实际问题为主攻方向，以提升为党和政府咨询决策服务能力和推动哲学社会科学发展为战略目标，集合高校优秀研究团队和顶尖人才，团结协作，联合攻关，产出了一批标志性研究成果，壮大了科研人才队伍，有效提升了高校哲学社会科学整体实力。国务委员刘延东同志为此做出重要批示，指出重大攻关项目有效调动各方面的积极性，产生了一批重要成果，影响广泛，成效显著；要总结经验，再接再厉，紧密服务国家需求，更好地优化资源，突出重点，多出精品，多出人才，为经济社会发展做出新的贡献。这个重要批示，既充分肯定了重大攻关项目取得的优异成绩，又对重大攻关项目提出了明确的指导意见和殷切希望。

作为教育部社科研究项目的重中之重，我们始终秉持以管理创新服务学术创新的理念，坚持科学管理、民主管理、依法管理，切实增强服务意识，不断创新管理模式，健全管理制度，加强对重大攻关项目的选题遴选、评审立项、组织开题、中期检查到最终成果鉴定的全过程管理，逐渐探索并形成一套成熟的、符合学术研究规律的管理办法，努力将重大攻关项目打造成学术精品工程。我们将项目最终成果汇编成"教育部哲学社会科学研究重大课题攻关项目成果文库"统一组织出版。经济科学出版社倾全社之力，精心组织编辑力量，努力铸造出版精品。国学大师季羡林先生欣然题词："经时济世　继往开来——贺教育部重大攻关项目成果出版"；欧阳中石先生题写了"教育部哲学社会科学研究重大课题攻关项目"的书名，充分体现了他们对繁荣发展高校哲学社会科学的深切勉励和由衷期望。

创新是哲学社会科学研究的灵魂，是推动高校哲学社会科学研究不断深化的不竭动力。我们正处在一个伟大的时代，建设有中国特色的哲学社会科学是历史的呼唤，时代的强音，是推进中国特色社会主义事业的迫切要求。我们要不断增强使命感和责任感，立足新实践，适应新要求，始终坚持以马克思主义为指导，深入贯彻落实科学发展观，以构建具有中国特色社会主义哲学社会科学为己任，振奋精神，开拓进取，以改革创新精神，大力推进高校哲学社会科学繁荣发展，为全面建设小康社会，构建社会主义和谐社会，促进社会主义文化大发展大繁荣贡献更大的力量。

教育部社会科学司

内容摘要

　　在法律制度的历史上，知识产权是罗马法以来财产非物质化革命的制度创新成果，也是西方国家三百多年来不断发展成长的制度文明典范。随着时代的变迁，知识产权制度在各个方面都发生了深刻变化。首先，在国际上，知识产权保护成为一个具有普遍约束力的游戏规则。《知识产权协定》的生效，标志着知识产权制度进入统一标准的新阶段；其次，随着"知识革命"的深入，新技术、新知识引发了知识产权制度体系的激烈动荡。对于具有创新能力和产业基础的国家而言，知识产权制度必须保持其时代先进性，即通过法律制度的现代化去推动科学技术的现代化；再次，伴随着第二次民事立法浪潮，知识产权法典化活动也初见端倪。知识产权作为一种新问题、新关系、新制度受到立法者的高度重视；最后，面对上述经济、技术、法律的新发展，自20世纪末以来，发达国家以及新型的工业化国家开始致力于运用知识产权制度维护其技术优势，保持其国际核心竞争力，在发展战略中进行了新的政策抉择。因此，在国际知识产权制度进入后TRIPs时代及知识产权战略盛行于世的背景下，从经济学、政治学、历史学、政策科学和法学等多角度研究知识产权制度变革与发展的一般规律及主要表现，对知识产权制度建设进入战略主动期的中国而言，不仅具有重大理论意义，而且可以为我国完善知识产权法律、推行知识产权政策、实施知识产权战略提供有益指导。

　　本书分为四编，分别是"新国际贸易体制与知识产权制度国际化"、"新技术发展与知识产权制度现代化"、"创新型国家建设与知识产权制度战略化"与"法律体系变迁与知识产权制度法典化"。

　　第一编为"新国际贸易体制与知识产权制度国际化"。知识产权法的国际化寓意着知识产权保护的基本原则与标准范围的普适性，是经济全球化和新国际贸易体制背景下知识产权制度的必然选择。随着《知识产权协定》的生效，知识产权国际保护制度进入到后 TRIPs 时代。TRIPs 在各缔约方的普遍实施产生了发达国家与发展中国家之间的利益失衡，如何纠正知识产权国际保护制度的偏向性，决定着知识产权制度国际化的未来走向。本编旨在阐述知识产权制度国际化的时代背景、运作机制和发展方向，并提出我国应对知识产权制度国际化应具有的基本态度与具体策略。

第二编为"新技术发展与知识产权制度现代化"。知识产权制度的变革与发展充分彰显着技术革命的原动力功效，知识产权制度基于科技革命而生，由于科技革命而变，充分表现了这一制度与时俱进的时代性。面对生物技术、基因技术、新材料技术、计算机软件、半导体芯片、数字化技术、国际互联网等层出不穷的高新技术的挑战，知识产权制度面临着现代化的变革与发展的契机与要求。本编归纳出高新技术条件下知识产权制度创新的原因和趋势，概括出网络技术、生物技术、新材料技术以及技术标准与知识产权保护的关系，从而为新的立法应对提供理论上的导引。

第三编为"创新型国家建设与知识产权制度战略化"。知识产权战略是战略主体为实现自身总体目标，充分利用知识产权制度，以知识产权作为战略资源，谋求或保持竞争优势的总体谋划，是政府公共政策的重要组成部分。在当代社会，知识产权制度已经成为创新型国家维系技术优势，保护贸易利益，提高国际竞争力的战略决策。本编通过对他国与我国知识产权战略的比较研究，为我国知识产权战略实施提供经验借鉴和制度安排。

第四编为"法律体系变迁与知识产权制度法典化"。知识产权法典化既是对现有知识产权规范进行抽象化和系统化的过程，也是实现法律体系现代化和法律制度权威性的过程。自 20 世纪以来，各国立法者加快了知识产权制度一体化、体系化的进程，大陆法系一些国家还力图通过各种方式以实现知识产权制度的法典化。本编通过对知识产权法典化时代背景、他国经验和建构模式的考察，为我国未来知识产权法典的目标取向和范式选择提供有益借鉴。

Abstract

In the history of legal system, intellectual property right is not only the innovative result evolved from real property to intangible property since the Roman Law period, but also viewed as the system model of western civilization developed from the over 300 years in the past. As time goes by, intellectual property system has been experiencing many significant changes in every aspect. First, IP protection has become a worldwide binding game rule. Since the TRIPs comes into effect, it symbolizes that IP system has entered into a new era of unified standard; Second, with the deepening of the "knowledge revolution", new technologies and new knowledge have triggered the energetic campaigns in the regime of IP systems. In terms of those countries which have innovative capacity and industrial basis, their IP systems should be always kept the most advanced, which means the modernization of science and technology shall be promoted by the modernization of legal systems; Third, along with the 2nd movement of codification of civil law, the codification of intellectual property has emerged in developed and developing countries. Intellectual property, known as a new issue, new relation and a new system, has gained great importance from the legislators; Finally, since the end of the 20th century, in order to face with the new development of economy, technology and law, developed countries and those newly industrialized countries have begun to commit themselves to using IP systems to maintain their technological superiority and to keep their international core competitiveness, and to making new policies in their development strategy. This book aims to analyze the general rule and basic manifestations of the changes and development of IP system from the perspective of economy, political science, history, policy science and law etc. It's easily seen that, under the circumstance that international IP system has entered into TRIPs era and IP strategy prevails, this book offers us not only significant theoretic ideas but also valuable guidelines for perfecting our IP laws, promoting IP policies as well as implementing IP strategies.

This book contains four parts, including "New World Trade Regime and Internationalization of IP System", "New Technological Development and Modernization of IP System", "Building Innovative Country and Strategy of IP system" and "Evolution of Legal System and Codification of IP System".

Part I is about "New World Trade Regime and Internationalization of IP System". Internationalization of IP legislation implies that the basic principle and standard scope of IP protection are universally applicable, which turns out to be an inevitable choice for IP system construction under the framework of global economy and new world trade regime. Since the TRIPs comes into effect, IP international protection system has entered into a Post-TRIPs era. The implementation of TRIPs has caused imbalance of interests between developed countries and developing countries. How to correct the bias or partiality existed in the IP international protection system will determine the future road of the internationalization of IP system. This part aims to illustrate the background, operation mechanism and developing road of the internationalization of IP system, and offers the basic attitude and comprehensive measures hereof that China should have.

Part II is about "New Technological Development and Modernization of IP System". The reform and development of IP system fully reflects the motivity effect of technological revolution. IP system is created from and developed with the technological revolution, which fully shows that IP system always advances with times. Confronted with challenges from the new advanced technologies such as biotechnology, genetic technology, new material technology, computer software, semiconductor chip, digital technology and international internet etc., IP system is facing with a good opportunity and demand of making the modernized reform and development. This part intends to conclude the reason and tendency of the innovation of IP system under the condition of new advanced technology, and to summarize the relationship between new technologies (such as internet technology, biotechnology, new material technology and technology standard) and IP protection, which consequently offers the theoretic guidelines for new legislations.

Part III is about "Building Innovative Country and Strategy of IP System". By definition, the IP strategy is an overall plan or design in which one state makes full use of IP system, uses IP as the strategy resource and pursues or keeps competitive superiority in order to achieve its overall objective. IP strategy is an important part of government public policy of one country. In a modern society, IP system has become a strategy decision for an innovative country to maintain its technological superiority, protect its trade benefits and upgrade its international competitiveness. This part makes a comparative study on foreign and domestic IP strategies and offers important experiences for China to learn from in our IP strategy implementation.

Part IV is about "Evolution of Legal System and Codification of IP System". The codification of IP system is not only the process of making IP norms abstraction and systematization, but also the process of realizing the modernization of legal system and authoritativeness of legislation. Since the 20th century, legislators of each country have quickened its step of making IP system integration and systematism. Some civil law countries have made various efforts to realize the codification of their IP systems. This part makes investigations on the background, foreign experiences and modes of the codification of IP system, which can be used as valuable reference for China to determine the objective and mode in making our IP laws.

目 录
Contents

导言 ▶ 国际变革大势与中国发展大局中的知识产权制度　1

　一、全球趋势：知识产权制度的国际化　2

　二、时代诉求：知识产权制度的现代化　7

　三、发展决策：知识产权制度的战略化　12

　四、立法前瞻：知识产权制度的法典化　17

第一编
新国际贸易体制与知识产权制度国际化

第一章 ▶ 全球化时代知识产权制度国际化的环境变迁　27

　一、经济环境的变迁：知识经济导致的社会控制力转移　27

　二、国家战略的转变：发达国家的竞争策略　30

　三、南北对立的加剧：发展中国家的觉醒与回应　33

　四、国际贸易的发展和分化：知识产权制度国际化带来的影响　34

　五、经济利益和战略目标的诉求：知识产权制度国际化的原动力　41

第二章 ▶《知识产权协定》时代知识产权制度国际化的
　　　　　现状分析　47

　一、《知识产权协定》的缔结　47

　二、《知识产权协定》与知识产权国际保护新体制的形成　49

　三、TRIPs 时代知识产权国际保护新体制的特点　53

　四、TRIPs 时代知识产权争端解决机制的特殊作用　55

　五、《知识产权协定》的困境与不足　62

第三章 ▶ 后TRIPs时代知识产权制度国际化的发展趋势　71

一、后TRIPs时代知识产权国际保护制度中的利益博弈　71

二、后TRIPs时代知识产权国际保护与人权问题　77

三、后TRIPs时代知识产权国际保护与公共健康问题　84

四、后TRIPs时代知识产权国际保护与基因遗传资源、传统知识问题　91

五、后TRIPs时代知识产权国际保护与文化多样性问题　96

第四章 ▶ 知识产权制度国际化的影响与中国的应对　105

一、知识产权制度国际化的影响　105

二、中国应对知识产权制度国际化的基本态度与具体策略　116

第二编
新技术发展与知识产权制度现代化

第五章 ▶ 新技术发展与知识产权制度的关系　125

一、理论分析：科技、经济、法律协调下的知识产权制度　125

二、现实把握：科技因应知识产权制度的保护而发展　129

三、历史回顾：知识产权制度顺应科技的发展而变革　134

四、未来展望：以技术创新推动知识产权制度的现代化　140

第六章 ▶ 新技术革命对知识产权制度的冲击　150

一、数字技术与数字版权：数字时代的新课题　150

二、生物技术与基因专利：基因时代的新挑战　161

三、网络技术与网络商标：网络时代的新任务　164

第七章 ▶ 新技术条件下国外知识产权制度的保护　174

一、新技术条件下发达国家知识产权制度的发展　174

二、新技术条件下发展中国家知识产权制度的发展　186

三、新技术条件下国际组织对知识产权保护的努力　198

第八章 ▶ 新技术时代我国知识产权制度的应对　206

一、新技术发展与我国知识产权制度现代化进程　206

二、新技术条件下我国知识产权制度存在的问题　212

三、新世纪我国知识产权现代化的应对方略　215

第三编

创新型国家建设与知识产权制度战略化

第九章 ▶ 知识产权战略基本理论　225

一、知识产权战略的内涵　225

二、知识产权战略的公共政策属性　228

三、知识产权战略的内容　233

四、知识产权战略层次体系及其内部关系　235

第十章 ▶ 他山之石：国外知识产权战略实践　238

一、实用主义策略：美国知识产权战略　238

二、从追随战略到知识产权立国：日本知识产权战略　250

三、力促科技转化：欧盟知识产权战略　258

第十一章 ▶ 富民强国之路：我国国家知识产权战略　267

一、我国国家知识产权战略的制定背景　268

二、我国国家知识产权战略的制定过程　270

三、我国国家知识产权战略的基本内容　275

第十二章 ▶ 区域发展之翼：我国地区知识产权战略　283

一、地区知识产权战略内涵　284

二、省市知识产权战略比较研究　285

三、各地区知识产权战略研究　294

第十三章 ▶ 产业振兴之计：行业知识产权战略　307

一、行业知识产权战略的基本问题研究　307

二、国外行业知识产权战略概况　317

三、我国行业知识产权战略概况及其构想　322

第十四章 ▶ 企业竞争之道：企业知识产权战略　326

一、企业知识产权战略引论　326

二、企业专利战略　335
三、企业商标战略　341

第四编
法律体系变迁与知识产权制度法典化

第十五章 ▶ 知识经济与知识产权制度法典化　351
一、体系化与法典化　351
二、知识经济与财产的非物质化革命　357
三、知识经济的挑战与知识产权制度的回应　363

第十六章 ▶ 民法典与知识产权制度法典化　369
一、知识产权法的定位　369
二、知识产权法与民法典的链接方式　376
三、民法法典化浪潮与知识产权制度法典化　386

第十七章 ▶ 外国知识产权制度法典化经验　390
一、外国知识产权制度法典化概况　390
二、外国知识产权制度法典化启动与实施　400
三、外国知识产权法典结构形成模式　410
四、外国知识产权法典面临的困难与克服　419

第十八章 ▶ 中国知识产权制度法典化展望　424
一、中国知识产权保护的现状和存在的主要问题　424
二、中国知识产权制度法典化的战略部署　431
三、中国知识产权制度法典化的目标与障碍　434
四、中国知识产权制度法典化的实效　444
五、中国知识产权法典的结构设想　452

参考文献　461

后记　469

Contents

Introduction: the Intellectual Property Rights System in the Trend of International Reform and the Overall Development of China 1

    Section 1   The Global Trend: Internationalization of Intellectual Property Rights System   2

    Section 2   The Requirement of the Times: Modernization of Intellectual Property Rights System   7

    Section 3   The Decision for Development: Strategy of Intellectual Property Rights System   12

    Section 4   The Prospect of Legislation: Codification of Intellectual Property Rights System   17

Part 1

The New International Trade system and Internationalization of Intellectual Property Rights System

Chapter One   The Change of Environment of Internationalization of Intellectual Property Rights System in the Era of Globalization   27

    Section 1   The Changes of Economic Environment: the Transfer of Social Control

	by Knowledge Economy　27
Section 2	The Transformation of National Strategy: the Competition Strategy of Developed Countries　30
Section 3	The Aggravation of North-South Confrontation: Awakening and Respond to Developing countriese　33
Section 4	The Development and Differentiation of International Trade: the Impact of Internationalization of Intellectual Property Rights System　34
Section 5	the Appeal of Economic Interests and the Strategic Objectives: the Motive Power of Internationalization of Intellectual Property Rights System　41

Chapter Two	The Analysis of Status Quo to the Internationalization of Intellectual Property Rights System in the Era of TRIPS　47
Section 1	The conduction of TRIPS　47
Section 2	The Formation of the TRIPS and the New International Protection System of Intellectual Property Rights　49
Section 3	The Characteristics of the New International Protection System of Intellectual Property Rights in the Era of TRIPS　53
Section 4	The Special Role of the Dispute Settlement Mechanism in the Era of TRIPS　55
Section 5	The Plight of the TRIPS　62

Chapter Three	The Developing Trends of Internationalization of Intellectual Property Rights System in Post – TRIPS Era　71
Section 1	Overview　71
Section 2	The Protection of International Intellectual Property Rights and Human Rights Issues in the Post – TRIPS Era　77
Section 3	The Protection of International Intellectual Property Rights and Public Health Issues in the Post – TRIPS Era　84
Section 4	The Protection of International Intellectual Property Rights and Genetic Resources, Traditional Knowledge Issues in the Post – TRIPS Era　91

Section 5　The Protection of International Intellectual Property Rights and Cultural Diversity Issues in the Post - TRIPS Era　96

Chapter Four　The Impact of Internationalization of Intellectual Property Rights System and the Response of China　105

Section 1　The Impact of Internationalization of Intellectual Property Rights System　105

Section 2　China's Basic Attitude and Specific Strategies to the Internationalization of Intellectual Property Rights System　116

Part 2

The Developments of New Technologies and Modernization of Intellectual Property Rights System

Chapter Five　The Relations between Development of New Technologies and the Intellectual Property Rights System　125

Section 1　The Theoretical Analysis: the Intellectual Property Rights System under the Coordination of Technologies, Economic, and Law　125

Section 2　The Present Reality: the Development of Science and Technology by the Protection of the Intellectual Property Rights System　129

Section 3　The Historical Review: the Changes of the Intellectual Property Rights System by the Development of Science and Technology　134

Section 4　The Future Prospects: the Modernization of the Intellectual Property Rights System by the Technological Innovation　140

Chapter Six　The Impact of the New Technology Revolution to the Intellectual Property Rights System　150

Section 1　Digital Technology and Digital Copyright: the New Issue of the Digital Age　150

Section 2　Biotechnology and Gene Patents: the New Challenge of the Gene Age　161

Section 3　Network Technology and Network Trademark: the New Task of the Network Age　　164

Chapter Seven　the Protection of Foreign Intellectual Property Rights System under the Condition New Technologies　　174

　　Section 1　The Development of the Intellectual Property Rights System in Developed Countries under the Condition New Technologies　　174
　　Section 2　The Development of the Intellectual Property Rights System in Developing Countries under the Condition New Technologies　　186
　　Section 3　The Efforts on Intellectual Property Rights Protection from International Organizations　　198

Chapter Eight　The Response of China's Intellectual Property Rights System in the New Technological Age　　206

　　Section 1　The Development of New Technologies and the Process of Modernization of China's Intellectual Property Rights System　　206
　　Section 2　The Problem of the China's Intellectual Property Rights System in the New Technological Age　　212
　　Section 3　The Corresponding Strategy to the Modernization of China's Intellectual Property Rights System in the New Century　　215

Part 3

The Construction of an Innovative Country and the Strategy of Intellectual Property Rights System

Chapter Nine　The Basic Theory of Intellectual Property Rights Strategy　　225

　　Section 1　The Connotation of Intellectual Property Rights Strategy　　225
　　Section 2　The Public Policy Nature of Intellectual Property Rights Strategy　　228
　　Section 3　The Content of Intellectual Property Rights Strategy　　233
　　Section 4　The Hierarchy and Internal Relations of Intellectual Property Rights Strategies　　235

Chapter Ten   Foreign Experiences: Intellectual Property Rights Strategies practice abroad   238

    Section 1   A Pragmatic Policy: the Intellectual Property Rights Strategy of America   238

    Section 2   From the Following Strategy to the Strategy of Intellectual Property Statehood: the Intellectual Property Rights Strategy of Japan   250

    Section 3   Committing to Technological Transformation: the Intellectual Property Rights Strategy of EU   258

Chapter Eleven   The Enriching Road: China's National Intellectual Property Rights Strategy   267

    Section 1   The Background of China's National Intellectual Property Rights Strategy   268

    Section 2   The Formulating Process of China's National Intellectual Property Rights Strategy   270

    Section 3   The Basic Content of China's National Intellectual Property Rights Strategy   275

Chapter Twelve   Regional Development: China's Regional Intellectual Property Rights Strategy   283

    Section 1   The Connotation of Regional Intellectual Property Rights Strategy   284

    Section 2   The Comparative Study of Intellectual Property Rights Strategies of Provinces and Cities   285

    Section 3   The Study of Regional Intellectual Property Rights Strategies   294

Chapter Thirteen   Industry Promotion: Industry Intellectual Property Rights Strategy   307

    Section 1   The Basic Problems of the Industry Intellectual Property Rights Strategy   307

    Section 2   The Overview of Foreign Industry Intellectual Property Rights Strategy   317

Section 3　The Profile and Conception of Industry Intellectual Property Rights Strategy　322

Chapter Fourteen　Corporate Competition: Corporate Intellectual Property Rights Strategy　326

Section 1　The Introduction of Corporate Intellectual Property Rights Strategy　326
Section 2　The Corporate Patent Strategy　335
Section 3　The Corporate Trademark Strategy　341

Part 4
The Legal System Transformation and the Codification of Intellectual Property Rights System

Chapter Fifteen　The Knowledge Economy and the Codification of Intellectual Property Rights System　351

Section 1　Systematization and Codification　351
Section 2　The Knowledge Economy and the Dematerialization Revolution of Property　357
Section 3　The Challenge from Knowledge Economy and the Response from Intellectual Property Rights System　363

Chapter Sixteen　the Civil Code and the Codification of Intellectual Property Rights System　369

Section 1　The Location of Intellectual Property Right Law　369
Section 2　The Link between Intellectual Property Right Law and Civil Code　376
Section 3　The Codification of Civil Law and the Codification of Intellectual Property Rights System　386

Chapter Seven　The Experiences of Codification of Foreign Intellectual Property Rights System　390

Section 1　The Introduction of Codification of Foreign Intellectual Property

      Rights System 390

  Section 2 The Start and Implementation of Codification of Foreign Intellectual Property Rights System 400

  Section 3 The Structure Formatting Mode of Foreign Intellectual Property Rights System Codes 410

  Section 4 The Difficulties and Overcome of Foreign Intellectual Property Rights System Codes 419

Chapter Eighteen The Outlook of Codification of China's Intellectual Property Rights System 424

  Section 1 The Status Quo and Main Problems of Codification of China's Intellectual Property Rights System 424

  Section 2 The Strategic Plan of Codification of China's Intellectual Property Rights System 431

  Section 3 The Goal and Barriers of Codification of China's Intellectual Property Rights System 434

  Section 4 The Effectiveness of Codification of China's Intellectual Property Rights System 444

  Section 5 The Planning Structure of Codification of China's Intellectual Property Rights System 452

Bibliography 461

Epilogue 469

导 言

国际变革大势与中国发展大局中的知识产权制度

知识产权是当今国际社会关注的焦点问题，也是知识经济时代的主要制度基础。在国际上，随着各国间交往在经济、科技、文化领域的广泛展开，知识产权保护成为一个具有普遍约束力的游戏规则。世界贸易组织（WTO）《知识产权协定》（TRIPs）的生效，使得知识产权从智力创造领域直接融入国际经贸领域，并标志着知识产权制度进入统一标准的新阶段。尽管《知识产权协定》已经通过并实施，且被认为是"20世纪最重要的知识产权协定"，但它同时也是"最受争议的国际公约"。[①] 进入后 TRIPs 时代的东西方国家，基于各自的立场，对于知识产权利益的协调与分享提出了新的要求；而当代"知识革命"的出现，使得法律领域发生重要变化，其中影响最深、冲击最烈的首推知识产权法。"新的国家创造的财产权是智力的而不是物质的"，新技术、新知识引发了知识产权扩张的"第二次圈地运动"。[②] 对此，各国立法者不得不"修纲变法"，以回应"知识革命"对知识产权的新的挑战；与此同时，伴随着第二次民事立法浪潮，知识产权体系化、法典化活动也初见端倪。知识产权作为一种新问题、新关系、新制度受到立法者的高度重视，一些国家或编入民法典，或编撰专门法典，试图在知识产权法律体系化方面作出新的努力；面对上述经济、技术、法律的新发

---

① Peter Drahos and John Braithwaite, Economics, Politics, Law and Health: Intellectual Property, Corporate Strategy, Globalisation: TRIPs in Context, 20 Wis. Int'l L. J. P. 452.

② Jame boyle, the Public Domain: The Second Enclosure Movement and Construction of the Public Domain, 66 Law & Contemp. Prob. 38.

展,自20世纪末以来,发达国家以及新型的工业化国家在其知识产权政策中,竞相确定了符合本国实际和服务国家利益的战略目标。在国家层面上,知识产权既是授予私人的"经济特权",更是实现"更大的公共利益"这一政策目标的手段。① 因此,一些国家致力于运用知识产权制度,以维护其技术优势,保持其国际核心竞争力,在发展战略中进行了新的政策抉择。

笔者认为,以一种全局性、战略性、前瞻性的思维方法,解读知识产权制度国际化趋势中的重大问题,分析知识产权制度现代化进程中的立法设计,探讨本国知识产权制度战略化的政策选择和知识产权体系化的法典模式,从而把握知识产权法发展变革的规律和趋势,对于作为传统的发展中国家和正在建设创新型国家以及世界贸易组织成员的中国而言,具有重要的现实意义。

一、全球趋势：知识产权制度的国际化

经济全球化的出现和新的国际贸易体制的形成,是20世纪下半叶世界经济发展的重要潮流。这一潮流深刻地影响到21世纪的格局。② 在推动经济全球化进程方面,关贸总协定及其后继组织——世界贸易组织扮演着重要角色。与以往国际组织与国际公约不同,世界贸易组织及其《知识产权协定》将知识产权保护纳入国际贸易体制之中,知识产权制度一体化、国际化呈现出新的发展趋势。

知识产权法的国际化,寓意着知识产权保护的基本原则与标准范围的普适性。这一现象虽非始自今日,但当代知识产权制度的国际化有着自己的显著特征：(1) 以国际贸易体制为框架,推行高水平的知识产权保护。国际公约所规定的"最低保护标准"原则,其实质意义在于保证各缔约方关于知识产权保护标准的一致性,与知识产权保护水平的高低并无关联性。与知识产权国际保护制度的草创阶段不同,以《知识产权协定》为核心的当代国际公约所确定的"最低保护标准",体现了权利的高度扩张和权利的高水平保护,更多地顾及和参照了发达国家的要求和做法。质言之,现今的最低保护标准即立法一致性标准,绝不是低水平,它在很多方面超越了发展中国家的科技、经济和社会发展的阶段。应该看到,由于知识产权保护制度与国际经贸体制的一体化,国际上已经形成一种有效防止保护领域和保护程度下降的"棘齿机制"。③ 在这种情况下,发展中国家必须以承认高水平的知识产权保护规则为代价,来换取世界贸易组织提供的

---

① 英国知识产权委员会：《知识产权与发展政策相结合委员会关于知识产权的报告》,第6页,http://www.iprcommission.org/graphic/chinese_intro.htm.
② 许明主编：《当代中国极待解决的27个问题》,今日中国出版社1997年版,第11页。
③ 参见蒙启红：《论知识产权国际保护的棘齿机制》,载《经济理论研究》,2007年第1期。

最惠国待遇。(2) 以执行机制与争端解决机制为后盾，推行高效率的知识产权保护。以往国际公约较少涉及知识产权保护程序的规定，尤其缺乏必要的执法措施和争端解决机制，以至于一些国际公约成为没有足够法律约束力的"软法"。①《知识产权协定》改变了以往注重协调的传统，首次将原本属于国内立法的知识产权保护的程序措施，转化为公约规定的国际规则，从而使它与实体规范一起成为各缔约方必须严格遵守的国际义务。这一变化，使得以往难以实施的国际知识产权规则具备相当约束力的可操作性，有学者形象地称《知识产权协定》为知识产权保护"安上了 WTO 争端解决机制的牙齿"。②

自从 1994 年世界贸易组织取代关贸总协定，《知识产权协定》正式生效以来，知识产权国际保护制度进入后 TRIPs 时代。《知识产权协定》在各缔约方普遍实施而引起的利益失衡，协定在实施过程中与国际人权的对抗冲突，传统资源保护引发知识产权制度的变革发展，是这一时期存在的主要问题。

问题一：《知识产权协定》的制度缺陷及实施效果。该协定作为世界贸易组织的基本法律文件，对知识产权国际保护作了新的制度安排，是迄今为止知识产权保护范围最广、保护标准最高的国际公约，堪称"知识产权保护的法典"。③但是《知识产权协定》作为当代知识产权国际保护的核心法律制度，在其制定及推行过程中显现种种不足，争议的焦点即是《知识产权协定》的合理性和适当性问题。其一，一揽子协议立法模式，没有解决东西方利益失衡问题。按照多边谈判方式的说法，一揽子协议立法模式为发达国家和发展中国家提供了一种各取所需、交换利益的场所与机会。在这种利益交换模式下，发展中国家因知识产权保护标准提高而导致进口知识产权的利益损失，可以被他们从世界贸易组织其他协议所获取的利益所弥补。但是，在世界贸易组织协商中，拥有较大市场份额的国家享有对决策的重要影响，实质上他们可被称为决策制定者，而那些市场份额较小的国家只是决策接受者。④ 因此，在《知识产权协定》的谈判及签署中，发达国家的绝对主导地位是非常明显的，而由此形成的规则显然不是平等的。正如有学者所指出的那样，《知识产权协定》是一种明显向发达国家倾斜的国际知识产权体制，其结果是发展中国家智力产品搁在了公共领域，而发达世界的智力

---

① 参见孙皓琛：《WTO 与 WIPO：TRIPS 协议框架中的冲突性因素与合作契机之探讨》，载《比较法研究》2002 年第 2 期。

② Tuan N. Samahon, TRIPs Copyright Dispute Settlement After the Transition and Moratorium: Nonviolation and Situation Complaints Against Developing Countries, 31 Law & Pol'y Int'l Bus. 1055.

③ 曹建明等著：《世界贸易组织》，法律出版社 1999 年版，第 312 页。

④ 参见戴维·赫尔德、安东尼·麦克格鲁：《治理全球化：权力、权威与全球治理》，曹荣湘等译，社会科学文献出版社 2004 年版，第 12 页。

产品被紧紧地掌握在私人公司手中。① 其二,《知识产权协定》的实体规则明显偏袒知识产权大国（发达国家）,发展中国家对实施协定存在诸多困难。2002年,总部设在英国的知识产权委员会发布的研究报告,对协定不考虑不同国家经济环境和发展水平的差异而一概要求所有缔约方采用相同的知识产权保护标准提出了尖锐的批评。报告指出,适合于发达国家的知识产权保护标准可能给发展中国家带来的成本大大超过可能获得的利益,因为这些国家严重依赖含有其他国家知识产权的技术、知识产品来满足自身基本需求和发展需要。② 2003年,联合国发展计划委员会发布关于世界贸易体制的报告,对《知识产权协定》的适当性提出怀疑,呼吁发展中国家就替代性知识产权规则取代《知识产权协定》开始对话,在新条约出现之前,各国可修改有关协定的解释和执行方法。我们承认,国际知识产权秩序是国际政治经济力量博弈的结果,尽管不能否认《知识产权协定》经国际立法程序而制定的合法性,但是我们没有理由将其神圣化,而应该理性地进行规范分析,努力地推动制度完善。

问题二:《知识产权协定》与国际人权的冲突。自进入后 TRIPs 时代以来,国际社会十分关注知识产权与基本人权的关系问题,从多哈会议通过的关于《知识产权协定与公共健康的宣言》,到坎昆会议前夕达成的关于该宣言第 6 段的实施决定,表明《知识产权协定》的法律框架在不断发展和完善,其推动力主要是知识产权与人权的冲突及其平衡。对《知识产权协定》实施过程中人权问题的关注,首先来自于国际人权组织。2000 年,联合国人权促进小组委员会发表了《知识产权与人权的协议》,审查了《知识产权协定》对国际人权带来的影响,宣称:"由于《知识产权协定》的履行没有充分反映所有人权的基本性质和整体性,包括人人享有获得科学进步及其产生利益的权利,享受卫生保健的权利、享受食物的权利和自我决策的权利,所以《知识产权协定》中的知识产权制度作为一方与另一方的国际人权法之间存在着明显的冲突。"③ 同样,联合国经社理事会促进和保护人权大会作出专题报告,指出知识产权与人权之间有着"现实存在的或可能存在的冲突","TRIPs 所包含的知识产权措施与国际人权是冲突的。"④ 依照国际人权标准,知识产权国际保护制度有以下明显或潜在的冲突,表现自由与严格规制知识产权限制的冲突,隐私权与信息数据库权利扩张的

---

① Anupam Chander, Madhavi Sunder, The Romance of the Public Domain, 92, Calif. L. Rev. 1348 – 1353.

② 参见刘笋:《知识产权国际造法新趋势》,载《法学研究》,2006 年第 3 期。

③ UN Commission in Human Rights: Intellectual Property and Human Rights, 2000, E/CN1.4/Sub. 2/2000/7.

④ Sub-Commission on the Promotion and Protection of Human Right: Intellectual Property Rights, Fifty-Second Session, agenda item4. E/CN. 4/Sub. 2/2000. 7.

冲突，等等。① 以健康问题为焦点，相关国际组织开始了针对《知识产权协定》的软法造法活动。世界卫生组织及诸多非政府组织积极参与了公共健康的维权活动，它们敦促国际社会关注《知识产权协定》的消极影响，重视健康和药品获取权；② 鼓励各国尽可能利用《知识产权协定》的弹性条款和开放性条款，在协定的"总轮廓之内型塑权利和权力的结构"，"以满足缔约方政治的、社会的、经济的和其他改革目标"。③ 应该看到，国际人权组织以及其他国家组织，对公共健康等人权问题的关注，尽管是一种批评与警示，或是一种"软法"造法活动，但是它对后 TRIPs 时代国际知识产权制度的改革将会产生深远的影响。

问题三：传统知识与知识产权制度变革。传统知识、遗传资源等新型财产权制度的出现，对国际知识产权制度的发展产生了巨大的推动作用。这一情形使得知识产权保护范围从智力成果的本身发展到对智力成果的源泉，使得发展中国家在知识产权资源的国际竞争中改变劣势地位成为可能。2000 年，世界知识产权组织成立了"知识产权与遗传资源、传统知识和民间文学艺术"的政府间专门委员会，着手探索有利于现代知识产权制度的传统知识保护问题。对于这一问题，世界贸易组织也给予了高度重视。2001 年多哈会议的部长声明第 18～19 条已将传统知识问题列为下一次多边谈判考虑的议题。除此之外，在有关人权、文化、贸易、粮农、土著权利、劳工标准、可持续发展、土地、环境等问题的国际论坛上，诸如联合国教科文组织、联合国环境计划署、联合国粮农组织、联合国贸易与发展会议、联合国开发计划署、世界卫生组织、世界粮食计划署等国际机构对传统知识、遗传资源的保护问题也进行了广泛的讨论。④ 更为重要的是，国际社会对传统知识保护的制度安排进行了有益的探讨，发动了超越世界贸易组织体制的"软法"造法活动。其中，2001 年联合国粮农组织的"粮食和农业植物遗传资源委员会"大会通过的《粮食和农业植物遗传资源国际条约》与 2005 年联合国教科文组织大会通过的《保护和促进文化表现形式多样化公约》，即是针对《知识产权协定》的不足与缺憾而缔结的两个重要国际公约。对传统知识、遗传资源的保护，国际社会正在酝酿一种与"传统"信息及信息材料相关联并和文化与生物多样性目标相一致的，但与"现代"知识产权相区别的"传统资源权制度"。传统资源权是一种保护"传统知识"（即智力创造源泉）的"新制度"。这种财产权与现有的知识产权有关但又有区别，可采取专门管理（公法）

---

① 参见吴汉东：《知识产权 vs. 人权：冲突、交叉与协调》，载台湾《法令期刊》，2003 年 8 月号。
② Ellen't Hoen: TRIPs, Pharmaceutical Patents, and Access to Essential Medicines: Along Way from Seattle to Doha, Chicago Journal of International Law, Vol. 5, P. 27.
③ Shubba Ghosh, Reflections on the Traditional Knowledge Debate, 11 Cardozo J. Int'l and Comp. L. pp. 501－502.
④ 参见朱雪忠：《传统知识的法律保护初探》，载《华中师范大学学报》（社科版），2004 年第 3 期。

与权利保护（私法）相结合的法律模式。① 对传统知识的保护，既涉及一国自身利益的考量，又事关国际协调机制的运作，它不仅反映一种新的利益格局的形成，同时也昭示后TRIPs时代知识产权国际保护制度的发展方向。

上述问题在知识产权制度一体化进程中并没有得到解决，相反，这些问题的化解方式与结果决定着知识产权制度国际化的未来走向。从中国立场出发，应变国际知识产权制度变革大势，有如下几个问题值得关注：

一是知识产权制度国际化的必然性与偶然性。言其必然，即是知识产权国际立法是经济全球化和知识经济发展的内在要求，"国际贸易的知识化"与知识产权的国际化相联系而存在。言其偶然，是指由于知识产权客体的不确定性特点，导致其规则的制定较之其他法律而言易于受到操纵，因此其产生的具体时间和具体结果并不是某种唯一性的因果关系。从相互关系而言，这种偶然性大大高于必然性。德拉豪斯（Drahose）教授认为，知识产权的风险来自于市民社会（私人）对它的利用，一旦其经济利益得到认识，市民社会将迫使政府建立更加完善的知识产权制度，并将其在全球范围内推广。② 正如斯言，知识产权制度的国际化一直在发达国家利益集团干预下演进，其过程及结果具有很大的偶然性。发展中国家在经济相对落后和科技水平不高的情况下，接受知识产权国际保护体系，究竟是被动接受的无奈之举，还是战略筹谋的合作博弈，对此有相当的弹性空间。在经济全球化的潮流中，发展中国家势必进入国际贸易体系和知识产权国际保护体制，这是必然性使然；但是在国际立法谈判中，发展中国家如何利用知识产权国际协调机制，谋求自身利益最大化，则存在偶然性变数。

二是知识产权国际立法机制的主导性与多元化。应该承认，发达国家在当今国际政治经济领域具有主导性地位，为其控制的世界贸易组织和世界知识产权组织在知识产权国际立法中将继续发挥主导作用，两大国际组织之间的分工合作机制③在当今乃至未来知识产权国际规则制定方面扮演着最重要的角色。作为这种主导体制的补充，其他诸多国际组织和国际立法机构也十分关注知识产权问题，由此产生了一个多元的立法机制。这即是知识产权国际立法的"两个中心，多种渠道，南北对弈，趋向平衡"的格局。④ 同样应该承认，这种格局是健康的、有益的，它能够多方面、多角度地反映各主权国家、各非国家实体、知识产权所有人以及社会大众在知识产权领域的不同立场、观点和利益诉求，防止国际知识

---

① 参见龙文：《论传统知识产权的实现形式》，引自《专利法研究》，知识产权出版社2004年版。
② Peter Drahose, A Philosophy of Intellectual Property, Dartmouth Publishing Company Limited, 1996, P. 91.
③ 1995年世界贸易组织与世界知识产权组织，就知识产权问题的一系列合作事宜达成共识，并达成协议。
④ 参见刘笋：《知识产权国际造法新趋势》，载《法学研究》2006年第3期。

产权制度进程偏袒某些发达国家及其知识产权所有人的利益，忽视知识产权保护对公权力、社会公共利益、国际人权等方面产生的消极影响。对于发展中国家而言，既要在世界贸易组织、世界知识产权组织这些主导机制中谋求话语权，也要在多元立法机制和场所中掌握主动权。

三是国际知识产权保护适用领域的唯一性与多样性。《知识产权协定》不同于传统的国际公约，其本身即是当代国际贸易体制的重要组成部分，并以推进经济全球化和立法一体化为目标。正是在这个意义上，该协定被称之为"与贸易有关的知识产权协定"。在这一体制下，知识产权保护既是发展中国家平等地参与国际贸易的先决条件，更是发达国家维护其贸易优势的法律工具。进入后TRIPs时代以来，知识产权国际立法不再仅仅局限于贸易领域，而是在生物多样性、文化多样性、粮食和农业植物、遗传资源、公共健康以及国际人权等多个领域齐头并进。例如，在食品和农业基因资源的国际论坛上，在联合国人权委员会的重要专家议题中，知识产权在逐渐成为其中的核心问题。[①] 因此，发展中国家应该争取在上述领域的国际立法中赢得主动乃至优势，以扭转其在知识产权制度国际化过程中的不利局面。在多样性领域谋求知识产权立法，可以导致新公约的制定、现行协议的重新解释以及新的非约束性宣言的产生，从而以"软法"规则弥补《知识产权协定》等"硬法"规则的不足。

二、时代诉求：知识产权制度的现代化

人类社会已经进入知识经济时代。知识经济以知识劳动为源泉，以知识创新为动力，这即是"以知识为基础的经济"（Knowledge-Based Economy）[②] 发端于20世纪80年代直至现在席卷全球的"知识革命"是新技术革命的继续和发展，其中最具代表、最具影响力的时代技术当数网络技术和基因技术。新技术不但改变了人类的生存方式，而且对现行知识产权法律带来了挑战。知识产权制度是科技、经济和法律相结合的产物，它在实质上解决"知识"作为资源的归属问题，是一种激励和调节的利益机制。在这个意义上说，新的世纪是知识经济的时代，也是知识产权的时代。知识革命呼唤着知识产权制度的现代化。

知识产权制度的现代化特征，表现出这一制度与时俱进的时代性。知识产权作为"制度文明的典范"，[③] 对于激发人类的发明创造的潜力，推动科学技术和

---

① Laurence R. Helfer, Regime Shifting: The TRIPs Agreement and New Dynamics of International Intellectual Property Lawmaking, 29 Yale J. Int'l L27-52.
② 参见联合国经济合作与发展组织（OECD）：《1996年科学、技术和产业展望》。
③ 刘春田主编：《知识产权法》，高等教育出版社2000年版，第19页。

文化繁荣具有重要作用。在创新体系中，技术创新和制度创新是两个有机组成部分，其中制度创新居于基础和保障地位。科技创新立足于科技、经济一体化目标，是一种为促进经济发展而进行的新技术应用与商业化的活动，它离不开相应制度的保障、规范和约束。[①] 知识产权是私权法律制度创新与变迁的结果，同时也是直接保护科技创新活动的法律工具。知识产权从其兴起到现在只有三四百年的时间，但历经从工业革命到知识革命的不同时期，可以说是基于科技革命而生，由于科技革命而变，其制度史本身就是一个法律制度创新与科技创新相互作用、相互促进的过程。在当代，知识产权已经成为各国高新技术发展的制度基础和政策依托。对于具有创新能力和产业基础的国家而言，知识产权制度必须保持其时代先进性，即通过法律制度的现代化去推动科学技术的现代化，换言之，就是通过知识产权制度创新去促进知识、技术创新。

知识革命的出现，不仅创造了新的知识产品，而且提供了知识产品新的利用方式。这一情况，极大地丰富了知识产权法的内容，同时也给知识产权法带来诸多的新问题。问题一：新的知识形式对传统知识产权客体的挑战。这主要表现为知识产品形式的变化和知识产权客体范围的扩大。著作权客体经历了传统的"印刷作品"到现代"模拟作品"、"电子作品"再到当代的"数字作品"与"网络作品"的不断演进；专利权客体从以往的微生物、动植物品种发展到今天的基因技术；域名作为数字化经营标记，则成为商业标记领域最新的保护对象。问题二：新的知识财产对传统知识产权范围的突破。这既表现在原来权项内容的拓展，如著作权领域出现的信息网络传播权、数据库作者权；也表现在新的财产权利的增加，如介乎著作权与工业产权之间的集成电路布图设计权，具有准专利性质的植物新品种权。问题三：新的知识利用方式对传统知识产权规则的改变。新技术不仅带来知识产品利用的新途径，同时也要求法律制定相应的新规则。在网络版权领域，对保密技术措施的正当性、合理性考量，对网络作品传播者、消费者的责任界定，无一不是法律难题。而在网络商标领域，法律则面临商标权地域性与互联网国际性的冲突，商标分类保护与网上商标权排他效力的矛盾。问题四：新的知识权利观念对传统知识产权制度的动摇。生物技术的出现，使发现与发明的界限变得模糊，"专利只能授予发明而不能授予发现"的传统理论遭到了质疑。[②] "传统资源权"概念的出现，使得人们在关注现有智力成果权利的同时，

---

① 在发展理论中，经济增长与科技进步、法制保障是一个相互作用、相互促进的协调机制。在科技、经济、法律的协调发展机制中，经济处于中轴地位，科技与法律为之进行曲线偏向摆动。其中，科技进步是经济增长的动力机制，法制建设则是经济增长的保障机制。参见吴汉东：《科技、经济、法律协调机制中的知识产权法》，载《法学研究》，2001年第6期。

② Joseph M. Reisman：Physicians and Surgeons as Inventors：Reconciling Medical Process Patent and Medical Ethics，Berkeyley Technology Law，California University.

也要考虑传统智力资源的保护。

上述诸多问题，主要表现在数字版权、网络商标、基因专利等方面，这些都对知识产权传统观念、传统制度带来了巨大冲击。为此，世界各国特别是发达国家围绕着高新技术进行了大规模的修法活动。在著作权领域，美国先后推出了《数字千禧年著作权法案》（1998年）、《家庭娱乐与著作权法案》（2005年）等，欧盟则出台了《数据库法律保护指令》（1996年）、《关于协调信息社会著作权和邻接权某些方面的指令》（2001年）；在专利权领域，欧盟通过《1998年生物技术保护指令》，推动了《欧洲专利公约》及欧盟成员国专利法的修订工作。① 美国则启动了《2005年专利改革法案》，对专利权取得方式、专利侵权制裁、专利侵权异议程序等作出了重大修改。② 在商标权领域，根据世界知识产权组织成员国大会通过的《关于在因特网上保护商标权以及各种标志的其他工业产权的规定的联合建议》（2001年），一些国家或通过立法活动（如美国1999年《制止网上占地消费者保护法》），或在司法实践中（如欧洲法院以及欧盟各成员国法院的判例），对网络商标权保护问题作出回应。③

知识产权制度的现代化的过程，实质上是科学技术成果受到法律保护的过程，其制度变革与创新主要涉及以下几个方面：（1）计算机软件的知识产权保护。计算机软件具有复杂的两面性特征，即文本特征和功能特征。基于前者，各国普遍使用软件版权保护；基于后者，一些国家尝试采取专利保护。无论如何，确定最新的软件产权模式，或是修改目前的软件保护模式，都将是软件知识产权面临的重大问题。④（2）集成电路的知识产权保护。集成电路是一种综合性技术成果，包括布图设计和工艺技术。集成电路布图设计在国外有"功能作品"之称，既不同于专利法所保护的外观设计，也不属于著作权意义上的图形作品，各国主要采取"工业版权"即布图设计专有权的保护模式。（3）生物技术的知识产权保护。现代生物技术又称为基因技术，主要是技术发明，也涉及科学发现。生物技术的知识产权保护涵盖专利权、商业秘密权以及新植物品种权，其中生物技术专利是最重要的一种知识产权保护模式。（4）技术标准与知识产权保护。技术标准是特定技术领域发展的规则和基本依据，本应属于智力成果的公共领域，供相关行业及其企业参照执行，以求得产品规格或功能的统一性。近年来，

---

① 参见吴汉东等著：《走向知识经济时代的知识产权法》，法律出版社2002年版，第60~62页。
② Christopher L. Logan, Patent Reform 2005: HP2795 and the Road to Post-Grant Opposition, UMKC Law Review (2006).
③ 参见杨红军：《商标国际保护的现状和发展趋势》，引自吴汉东主编：《知识产权国际保护制度研究》，知识产权出版社2007年版，第316~345页。
④ 参见唐昭红：《美国软件专利保护法律制度研究》，中南财经政法大学知识产权研究中心博士论文（2007年）。

发达国家以知识产权保护为手段,强化技术标准的专利垄断,力图形成技术性贸易壁垒,达到阻止发展中国家的产品进入其市场的战略目的。①(5)网络环境下的知识产权保护。这主要涉及网络著作权、网络商标权、网络域名权以及网络不正当竞争等问题。

知识产权制度现代化,是一国的政策安排和战略选择,其基础是国情。从历史上看,知识产权制度的产生与出现,正是近代科学技术和商品经济发展的产物;而知识产权制度的发展与完善,也是现代科技强国和经济大国推动的结果。根据国家不同发展阶段的不同发展需求对知识产权保护作出有选择性的制度安排,是西方国家的普遍做法。早期美国1790年的版权法,奉行的是低水平保护政策,游离于伯尔尼公约长达102年之久,其后随着美国文化创新能力的不断提高而逐步强化了版权保护水平。② 日本在明治维新后于1885年公布了专利法,但长期排除药品及化学物质专利,直到1975年修正案中才得以改变。③ 这说明,发达国家在知识产权保护方面都有一个从"选择保护"到"全面保护",从"弱保护"到"强保护"的渐进发展过程。因此,知识产权制度的现代化,并不能一蹴而就,立法者必须从本国国情出发,对这一进程的速度、力度作出审慎的考虑。

中国知识产权立法始终关注现代科学技术的发展,逐步加快其制度现代化的进程。就整个立法活动而言,始于20世纪80年代,完善于20世纪90年代,变革于21世纪初年。在短短20年的时间内,经过几次修订,基本上实现了符合现代化要求的制度创新。时至今日,我国已经基本构建起了较为完整的知识产权法律制度。为应对现代科学技术的挑战,立法机构通过修改基本法律、制定专门法规、规章,司法部门采取司法解释等方式解决了新技术条件下的知识产权保护问题,使我国知识产权制度对于高新技术的反应能力得到充分体现。现在,我国基本形成了以《著作权法》、《专利法》、《商标法》、《反不正当竞争法》、《反垄断法》等基本法律为主导,以《计算机软件保护条例》、植物新品种保护条例、集成电路布图设计保护条例、信息网络传播权保护条例等行政法规为主体,以司法解释和政府规章为补充,以网络、基因等新技术为保护对象的知识产权制度体系。目前,国际社会对于新技术条件下的知识产权保护问题非常关注,正在尝试进行这方面的国际立法,我国应积极主动地参与这些活动,并作为发展中国家的代表力争在制定规则时拥有更多的主动权。必须看到,知识产权虽然是一

---

① 李顺德著:《知识产权概论》,知识产权出版社2004年版,第126页。
② 参见吴汉东:《知识产权制度运作:他国经验分析与中国路径探索》,载《中国版权》,2007年第2期。
③ 参见张韬略:《英美和东亚专利制度历史及其启示》,载《科技与法律》,2003年第1期。

种保护私人知识财产利益的产权制度，但同时也是当今国际经贸领域通行的法律准则，其规则所代表的不仅是私人权利主体的利益，更与国家利益、社会群体利益有关。关于新技术知识产权保护水平及其制度实施，对发展中国家经济与社会发展可能带来一些影响：一方面，技术标准与知识产权制度相结合，会形成以合法形式存在的技术垄断和市场垄断，从而影响发展中国家相关产业发展以及国家经济安全；另一方面，发达国家通过加强智力创新成果的知识产权保护，利用知识产权维护其技术优势和市场竞争力，因而置发展中国家于不利地位。因此，我们在推动知识产权制度现代化建设时，既要从微观上考虑新技术的知识产权保护，也要从宏观上考虑其对本国经济与社会发展的影响；既要保护私人技术创新，又要谋求国家整体利益，这样才能形成科学、合理的现代化知识产权制度。

中国知识产权制度现代化的政策安排和战略选择，是以基本国情为基础、以国家利益为立场的，即知识产权保护水平应与本国的经济社会发展水平相适应。根据 2005 年联合国报告所援引的千年项目专家意见，在遵守国际公约最低保护标准的基础上，发展中国家可以根据自己的不同阶段，选择不同保护水平的知识产权制度①。笔者认为，高水平的知识产权保护并不利于那些发展水平较低的国家，因为在这种制度框架下，他们难以获得所需要的知识、技术。但是，发展中国家"有不同的社会、经济环境和科技能力"，不能一概而论②。因此，对于进入到工业化阶段的发展中国家来说，加强知识产权保护，对于激励科技创新，促进文化繁荣，实现经济发展是有益的；同时，知识产权保护水平应有助于实现本国经济社会发展的总目标。知识产权制度的合理性，并不在于为私权保护而保护，而在于实现知识创新、社会进步的政策目标。对此，英国知识产权委员会认为："从长远的观点来看，在发展中国家，如果能使文化产业成果的其他条件得到满足，更强的私权保护将有助于当地的文化产业。"③这说明，传统的发展中国家要走上新兴的工业化、现代化发展道路，应该通过知识产权保护为本国经济、社会发展提供持久动力，在国际竞争中争取主动。在我国，加强知识产权保护，有效利用知识产权制度，是实现跨越式发展的战略抉择，是实现创新型国家建设目标的战略支撑。

---

① UN：Innovation：Applying Knowledge in Development. 转引自《世界高等教育：改革与发展趋势》（第三辑），国家教育行政学院 2006 年印刷。
② 英国知识产权委员会：《知识产权与发展政策相结合委员会关于知识产权的报告》，第 1 页。http://www.iprcommission.org/graphic/chinese_intro.htm.
③ 英国知识产权委员会：《知识产权与发展政策的整合》，国家知识产权局条法司编译，第 109 页。

三、发展决策：知识产权制度的战略化

知识产权制度是政府公共政策的重要组成部分。在近代社会，知识产权制度是欧美国家促进经济发展，推动科技进步，繁荣文化和教育的政策工具；在当代社会，知识产权制度则成为创新型国家维系技术优势，保护贸易利益，提高国际竞争力的战略决策。知识产权具有多重属性。从私人层面看，知识产权是知识财产私有的权利形式。世界贸易组织《知识产权协定》在其序言中宣示"知识产权为私权"，即以私权名义强调了知识财产私有的法律性质；而从国家层面看，知识产权是政府公共政策的制度选择。是否保护知识产权，对哪些知识赋予私人产权，采取什么水准保护知识产权，是一个国家根据现实发展状况和未来发展需要而作出的公共政策选择和安排。关于知识产权两种属性的关系，英国知识产权委员会认为，无论怎样称呼知识产权，我们最好将它视作公共政策的一种手段，授予个人或机构一些经济特权，以实现更大的公共利益，而这些特权只是一种目标实现手段，其本身并非目标。① 在政策科学领域里，知识产权制度亦是一项知识产权政策，即政府以国家的名义，通过制度配置和政策安排对于私人知识资源的创造、归属、利用以及管理进行指导和规制，"通常表现为一系列的法令、条例、规章、规划、计划、措施、项目等"。② 这就是说，知识产权是实现公共政策的一种手段。因此，知识产权不仅是一种私权，它更与一国的公共政策密切相关。

知识产权战略，是知识产权制度作为政府公共政策工具的具体体现。知识产权制度的战略化，即是主体通过规划、执行、评估等战略举措，谋求战略目标实现而采取的全局性、整体性的谋略和行动安排。由此可见，知识产权战略是一个具有活性的动态系统，它包括战略规划、战略执行、战略评估；同时它也是一个服务特定战略目标，发挥知识产权制度正效应的公共政策体系。较之其他私权而言，国家之所以提出知识产权战略而不是"物权战略"、"债权战略"，关键在于知识产权具有某种超越私人本位的公共政策属性。关于知识产权制度、政策、战略三者的关系，我们可以得出以下结论：第一，知识产权制度是有关知识产权公共政策的重要组成部分。美国学者伍得罗·威尔逊认为，"公共政策是由政治家，即具有立法权者制定的，而由行政人员执行的法律和法规。"③ 在公共政策

---

① 英国知识产权委员会：《知识产权与发展政策相结合委员会关于知识产权的报告》，第6页，http://www.iprcommission.org/graphic/chinese_intro.htm.
② 吴鸣著：《公共政策的经济学分析》，湖南人民出版社2004年版，第4页。
③ 转引自伍启元著：《公共政策》（上册），台湾商务印书馆1985年版，第4页。

体系中，知识产权制度只是一种政策工具，与知识产权制度相关的公共政策还有文化教育政策、产业经济政策、科学技术政策、对外贸易政策等。作为政策主体的政府，其任务是发挥知识产权的政策导向作用，建立促进知识创新与利用的政策体系。第二，知识产权政策是国家为实现社会发展目标而制定的知识产权行动准则。威廉·詹姆斯认为，"由政治主体或行动主体、团体在特定的情境中制定的一组相关的决策，包括目标选择、实现目标的手段"①。知识产权政策表现了国家一定历史时期对待知识产权事务的基本态度，通过制定法律、法规，提供实施条件与手段，建立相应政策体系等政策活动，以实现有关社会发展的总政策目标。第三，知识产权战略是推行知识产权政策，实施知识产权制度的基本纲领。这种战略应是一国处理知识产权事务的基本出发点，是促进知识产权事业健康发展的思想灵魂。知识产权战略是关于知识产权问题的整体性谋略和全局性安排，它是关于战略目标、战略任务、战略措施的政策制度体系。说到底，知识产权战略实施的状况是我们考量知识产权政策目标实现与法律适用成效的最终尺度。

各国对知识产权制度的选择与考量，表现了强烈的国家利益本位和政策立场。一般认为，国家利益是受客观规律制约，满足或能够满足国家赖以生存和发展的各项客观需要，是整体上对国家这一主体生存和发展的有益需要。对于内国法的知识产权制度而言，国家利益包含了国家系统内存在的产业利益、企业利益、个体利益。国家既强调对特定主体的利益保护，又注重对不同主体的利益平衡，这种法律价值追求，反映了私人产权制度中的国家利益立场；同时，国家利益也是与社会公共利益相联系的。所谓"公共利益这种良好的愿望本身包含着这样一种含义，多数人的利益高于个人的利益。"② 社会进步与发展，是国家赖以存在和发展的基本需求，而体现这一诉求的公共利益则是国家利益的应有构成。总之，国家利益以公共政策为表现方式，在知识产权制度构建和实施中发挥着重要作用。对于国际法的知识产权制度而言，国家利益在国际化的知识产权体系中分化为多样化的本国利益。具体言之，即在知识产权制度一体化的过程中，实用主义的国家利益始终是各国政策立场的客观依归。当代国际知识产权冲突，主要表现为发展中国家与发达国家在知识产权的享有与利用方面的利益冲突。发展中国家希望通过知识产权制度融入到国际社会的经济、法律秩序之中，并充分享受由于世界文明和科技发展带来的收益。但发达国家基于对其优势地位的维护，更多是利用知识产权的现有规则体系，控制知识产权资源，限制和排除发展

---

① 转引自迈克尔·豪利特，M·拉米尔著：《公共政策研究：政策循环与政策子系统》，庞诗等译，三联书店2006年版，第8页。
② 杰利思·达维斯：《权利集体管理中的公共利益》，载《版权参考资料》，1990年第2期。

中国家的利益诉求。在经济全球化的今天,各国势必融入国际贸易体制之中,我们拥有一个大一统的国际知识产权制度体系,但不可能有一个各国共同奉行的知识产权政策立场。

  对于当代世界各国而言,知识产权战略既是对知识经济时代发展趋势的回应,也是解决社会重大发展问题的举措,其目的无一不是通过知识产权制度来提升知识创新能力,形成核心竞争力,实现社会经济跨越式发展。对此,前世界知识产权总干事卡莱尔·伊德利斯(Kamil Idris)认为,知识产权是经济发展的强有力的武器①。自20世纪末以来,发达国家以及新型工业化国家在其知识产权政策中竞相确定了符合本国实际和服务国家利益的战略目标。美国作为世界上的"科技领先型国家",强调知识产权是美国知识创新政策的基石。② 通过实施美国专利商标局的"21世纪战略纲要",建立了体系完善的知识产权制度;同时强调知识产权制度与相关政策联动,扶持"芯片、计算机、通信、生物制药"等朝阳产业,发展"软件、唱片、电影"等文化产业,使美国在国际上形成专利大国、品牌大国、版权大国的知识产权优势。在"技术赶超型国家"中,日本于2002年率先制定了"知识产权战略大纲",出台了《知识产权基本法》,确立了"推进实施创造、保护、利用知识产权的政策措施、振兴科学技术、强化国际竞争力"的战略推进目标③。韩国是"引进创新型国家"的典型代表,2004年即在内阁成立了"知识产权保护政策协议会",负责协调所有的知识产权国家政策,致力于推进韩国知识产权制度的现代化和经济、科技、文化的快速发展。韩国知识产权组织(KIPO)在2004年制定的"知识产权行政展望与目标"中强调,"韩国资源缺乏,目前内需不足,只有学习发达国家,通过技术创新来提高产品的附加值和优化产业结构,才能迈入发达国家行列;将知识产权作为韩国的发展战略是提高韩国核心竞争力的必然选择。"④ 被谓为"金砖四国"⑤ 之一的印度,属于"发展调整型"的国家,于2000年提出建设"知识大国"的主张,

---

① Kamil Idris:《知识产权——经济增长的强有力武器》,http://www.wipo.int。
② 2004年美国政府报告宣称:"从美国立国基础来看,保护知识产权始终是一项创新的支柱。"参见 Innovate America: Thriving in a World of Challenge and change, National Innovation Initiative Interim Report, Council on Competitiveness, 2004, 7. 转引自《世界高等教育:改革与发展趋势》(第三辑),国家教育行政学院2006年版。
③ 日本政府第三期科学技术基本计划(2006~2010年)(第三章)。转引自《世界高等教育:改革与发展趋势》(第三辑),国家教育行政学院2006年版。
④ 有关韩国知识产权战略的新发展,可参见马先征等编著:《知识产权战略研究》,知识产权出版社2008年版,第356~394页。
⑤ 美国高盛公司全球首席经济学家吉姆·奥尼尔于2001年首次提出"金砖四国"的概念。巴西(Brazil)、俄罗斯(Russia)、印度(India)、中国(China)四国的英文首写字母为"BRICK"(砖头)。奥尼尔对"金砖四国"在21世纪的发展潜力给予了高度评价。

并颁布了"知识大国的社会转型战略",其知识产权政策包括对软件、生物技术、医药等优势产业的"发展战略",对文化自治、文化多样性的"生存战略"以及对生物多样性、传统知识的"进攻性战略"。

在我国,国家知识产权战略纲要已于 2008 年 6 月正式公布实施,这是中国知识产权法制建设 30 年来最后也是最为重要的成就。以此为标志,中国知识产权事业步入一个新的重要历史时期,中国知识产权战略制定,借鉴了上述有关国家战略发展的有益经验,但更多是基于自身社会经济发展需要而作出战略考量。世界银行用以衡量各国经济发展水平的基本指标(以 GNI 为基本指标,以人均 GNP 或 GDP 平均增长率为参考指标)表明,中国经济发展水平尚低,经济结构较为落后;瑞士洛桑国际管理开发研究院 2002 年发布的《国际竞争力年度报告》显示,我国科技水平总体较低,科技竞争力在国际上基本处于中等地位;根据联合国开发计划署公布的《2004 年人文发展报告》,可以看出中国人文发展指数(由预期寿命指数、教育指数和 GDP 指数构成)达到了世界中等人文发展水平。① 上述资料告诉我们,中国仍属于发展中国家,基本达到世界中等或中等偏下的发展水平。但是,在经济、科技和社会发展的某些领域、某些方面,中国已经取得明显进步,有些甚至达到世界先进水平。社会发展情况说明,我国对知识产权制度已有较大需求,对知识产权保护也具备一定调适能力。这是制定知识产权战略的国情基础。同时,中国进行知识产权的战略调整,最终是由建设创新型国家的总政策目标决定的。我国要实现可持续发展的战略目标,有一个发展模式选择问题。国际发展大势和自身基本国情告诉我们:一是不能走资源耗费型的发展道路。中国资源有限,人均淡水、耕地只有世界平均水平的 25%、33%,石油、天然气这两类最重要能源的占有量只有世界平均水平的 18% 和 13%,此外有 50 种主要矿产资源分别占到世界平均水平的 40% ~ 50%。② 因此我们不能靠牺牲环境、耗费资源、提供廉价劳动力来参加国际分工与协作;二是不可能走技术依赖型发展道路。中国对外技术依存度达到 50% 以上,不管是考虑西方国家维护其技术优势、限制高技术转让的基本立场,还是考虑自身经济安全、文化主权和科技发展的需要,中国都只能走提高知识创新能力、建设创新型国家的发展道路。这是实施知识产权战略的政策目标取向。

中国知识产权战略的制定与实施,是一个系统工程。从战略的主体角度来看,战略体系可包括国家知识产权战略、地区知识产权战略、行业知识产权战略、企业知识产权战略四个方面。关于四者的关系,要做到国家的宏观战略与企

---

① 有关资料参见任建民:《中国科技追上世界脚步》,载《中国科技奖励》,2002 年第 3 期;《我国人文发展指数居世界中等发展水平》,http://www.sts.org.cn/nwdt/gwdt/document/007.htm。
② 参见梅永红:《自主创新与国家利益》,载《求是》,2006 年第 10 期。

业的微观战略相结合,行业间的战略与地区间的战略相协调;国家战略是对地区战略、行业战略及企业战略制定和实施的指导方略,企业战略是对国家战略、地区战略、行业战略最终落实的基础,而行业、地区战略则是联系或指导其他战略的桥梁和纽带。对于国家战略而言,国家在知识产权领域虽不能成为市场的参与者,但应是政策的制定者、市场的监督者和全局的指挥者。因为知识产权不仅是一项私权,其更与一国的公共政策密切相关。特别是进入新经济时代后,国家早已由不作为的"守夜人"转变为积极的干预者;从战略的内容角度来讲,知识产权战略应该包括创造战略、保护战略、管理战略与运用战略这四大方面。知识产权战略应是一种以创造、运用、保护和管理为重要内容的整体战略,这不仅仅是法律问题,而更多的是与国家的科技政策、产业政策、文化政策、教育政策等公共政策相关联。在创造战略方面,主要是建立起以激励和保障自主创新的法律和政策机制,引导和支持企业通过各种技术创新活动形成自主知识产权,实现经济发展方式的根本转变;在保护战略方面,要坚决打击"盗版"、"假冒"等各种侵权行为,建立和完善有关权益保障的维权机制、预警应急机制和争端解决机制等。这是支持社会主义市场经济健康运行的必要条件,也是改善投资环境、维护良好的市场经济秩序的重要保障;在管理战略方面,要加强知识产权行政管理,建立健全管理体制,提高知识产权公共服务水平。同时,也要注重知识产权企业管理,完善管理制度,规范管理行为,提升知识产权管理的效益。最后,在运用战略方面,应大力促进自主创新成果的知识产权化、商品化、产业化,引导企业采取转让、许可、质押等方式充分实现知识产权的市场价值。①

当前,中国知识产权战略的实施出现了一个更为复杂的国际背景。在这种特殊环境下,我们要充分认识传统发展模式之"危",更要清醒看到科学发展方式之"机"。在化"危机"为"胜机"的过程中,要特别强调知识产权战略实施的质量和效益。中国现在是专利申请大国和商标申请大国,但远远不是专利强国,更不是品牌强国。因此,我们要特别强调知识产权战略实施的政策目标,更多地在自主知识产权的质量上下工夫,而不能片面在知识产权的数量上做文章:一是提高专利技术的转化率和产业化率。目前我国企业对专利技术的产业化重视不够,应用水平不高。不少行业和企业存在着有技术无专利、有专利无应用、有应用无产业的现象。据资料表明,我国技术成果的市场转化率仅为 10% ~ 15%,远低于发达国家相关指标 70% ~ 80% 的水平。② 二是提高国际知名品牌的创建

---

① 有关知识产权创造、运用、保护和管理,在国家知识产权战略纲要的"战略目标、战略重点"中已有明确的阐述。参见《国家知识产权战略纲要》,知识产权出版社 2008 年版。
② 参见吴辛望:《专利经济学》,社会科学文献出版社 2005 年版,第 175 页。

率。与驰名商标这一法律概念不同，国际知名品牌是一个经济概念，它要求具备相应的条件和标准：（1）商标价值达到10亿美金以上；（2）使用商标的商品的海外销售要占总销售量的20％以上，该商品的海外市场取得的利润是总利润的30％以上；（3）商标在同类商品中具有号召力和影响力。中国现在的商标申请量逐年飙升，但是真正称得上国际知名品牌的商标依然很少。在世界品牌实验室评选出的2008年世界品牌500强中，美国有243个，法国42个，日本42个，英国38个，而中国仅占15席，且主要是中国移动、中央电视台、中国工商银行、中国石化这些"国字"号品牌。① 三是提高版权产业对经济发展的贡献率。发展文化创意产业，提高文化产品在国际市场的竞争力，不仅是一个经济上必须考量的问题，而且事关我们的文化主权和文化安全，涉及国家的软实力问题。中国是工业品的出口大国，2007年有172种产品产量位居全球第一。而在文化领域却出现"版权贸易逆差"，2004年以前版权贸易进出口比例高达10∶1，2005年虽下降到6.5∶1，但依然是文化产品的进口大国。中国的电影票房收入较多依赖进口大片，动漫产品近90％来自海外，网络游戏产值的15％要支付外国公司的版税。② 2006年，包括软件、音像、图书、报刊在内的核心版权业产值仅占当年国民生产总值的3.2％，低于发达国家的一般水平。③

我国知识产权战略刚刚实施，知识产权制度运行总体来说是健康的，但其对经济与社会发展的贡献率还有待提高，知识产权有效运用的能力仍需进一步增强。应该看到，知识产权战略是我国21世纪为推动经济和社会发展而作出的重大战略决策，也是协调、配合科教兴国战略、人才强国战略和可持续发展战略而作出的重要战略安排。知识产权战略制定和实施的成功与否将决定21世纪的中国社会发展的最终走向。

四、立法前瞻：知识产权制度的法典化

体系化、法典化是立法者对知识财产进行法律构造的基本任务。作为一种动态的立法过程，它既是以往制度变迁的历史活动，也是当代法律发展的未来举措。体系化，是指知识产权向有机联系的整体转化和进化的制度构建过程。知识

---

① 相关数据参见世界品牌实验室网站：http：//brand.icxo.com/summit/2008world500/brand.htm。
② 相关数据参见国家知识产权局《中国知识产权保护状况》（2004～2007）；吴汉东主编：《中国知识产权蓝皮书》（2005～2006），北京大学出版社2007年版；张晓明等主编：《2007年：中国文化产业发展报告》，社会科学文献出版社2007年版。
③ 相关数据参见《经济参考报》2008年10月30日。

产权体系表现了知识产权制度的内部结构,无论其外部形式多么零乱、繁杂,都是分成不同部分而又相互联系的一个统一的系统和整体。必须看到,非物质性的财产利益属性,决定了各种知识产权的共同指向,① 它既是不同知识产权之间联系的纽带,也是知识产权制度一体化构建的基础。将一切来自知识活动领域的权利概称为"知识产权",最早只是见之于近代一些学者的著述之中。至20世纪下半叶,特别是《成立世界知识产权组织公约》缔结以后,知识产权学说得以在国际上广泛传播,以知识产权名义实现知识财产制度体系化的做法得到各国立法者的认同。立法者有目的、有意识地将制度价值相似、权利类型相关、发展脉络相连的知识产权类型进行系统的整合,从而形成现代知识产权制度相对稳定的部门法特色。应对知识产权体系化的法律变革,知识产权制度模式经历了从单行立法、编入民法典到专门编纂法典的过程。②

法典化是大陆法系的传统理念。大陆法系最显著的特征可以归纳为法律规范的成文法典化、高度抽象化和概括化。③ 知识产权法典化是一个复杂而重要的系统工程,从立法任务来看,它是对现有知识产权规范进行抽象化和系统化的过程;从法治目标来看,它是对现有知识产权规范进行价值判断、内部整合、重组执法体系、重构理论体系,实现法律体系现代化和法律制度权威性的过程。自20世纪以来,知识产权制度有了长足的发展:基本规范不断完善,保护范围不断扩大,一体化、现代化趋势日益明显。与此同时,大陆法系的一些国家尝试将知识产权制度编入本国的民法典。法国在法典化的道路上更是独树一帜,率先制定了第一部知识产权法典。对于前者,我国有的学者将其称之为民法典编纂的巨大进步,弥补了近代范式民法典的一大缺憾。④ 对于后者,有的专家作出预测,法国知识产权法典"有可能成为21世纪知识产权法与民法普遍分立之典型"。⑤

---

① 笔者认为,知识产品财产化是罗马法以来私权领域中的一场深刻的制度创新与法律变革。正如有的学者所言,知识财产是一种新的财产,它不是以往对物进行绝对支配的财产,而是"非物质化的和受到限制的财产",参见〔美〕肯尼斯·万德威尔德:《19世纪的新财产:现代财产权概念的发展》,载《社会经济体制比较研究》,1995年第1期。

② 从世界范围看,知识产权立法有三种体例:一是单行立法。多数国家采用此立法例。这一体例在英美法系国家是以专门法律制度的形式出现,在大陆法系国家则是民事基本法之下的民事特别法。二是编入民法典。这一体例或是将知识产权相关规则全部纳入民法典,或是就各类知识产权的共同规则和若干制度等规定在民法典。代表性的民法典有1942年意大利民法典、1994年俄罗斯民法典、1995年越南民法典。三是编纂专门法典。这一体例将各类知识产权法律、法规进行整合,作为民法典之下的专门法典。代表性的立法例有法国1992年知识产权法典、斯里兰卡1979年知识产权法典、菲律宾1997年知识产权法典、埃及2002年知识产权法典、越南2005年知识产权法典等。

③ 靳宝兰著:《比较民法》,中国人民公安大学出版社1995年版,第24~33页。

④ 参见徐国栋主编:《绿色民法典草案》,社会科学文献出版社2004年版。

⑤ 参见郑成思为法国知识产权法典中译本所作的"序",引自《法国知识产权法典》(法律部分),黄晖译,商务印书馆1999年版。

这一情形，表现了知识产权制度法典化的发展趋势。

知识产权法典化追随近现代民事立法浪潮而产生。从17世纪中叶到19世纪，是近代知识产权制度兴起的时期，专利法、著作权、商标法在西方国家陆续产生。上述法律尚未以知识产权的名义实现体系化，都是以单行法的形式出现，既没有统一知识产权法典，也没有将各个法律进行整合而编入民法典。例如，作为近代范式民法典的法国民法典和德国民法典，其编纂活动分别完成于19世纪初叶与末期。上述国家的知识产权立法早在民法典编纂之前大体就绪，且这些新兴的财产权制度又多为英国的"舶来品"，因此，近代欧洲大陆民法典未能将知识产权纳入其体系之中。伴随着近现代民法法典化的浪潮，知识产权制度的法典化运动开始兴起。在以法国、德国民法典为代表的第一次法典化高潮中，一些国家尝试推行的是工业产权制度的法典化。例如，葡萄牙于1867年颁布第一部民法典后于1926年制定了工业产权法典。巴西于1912年颁布第一部民法典后于1971年制定了第一部工业产权法典，而在以荷兰、俄罗斯民法典为代表的第二次法典化运动中，一些国家着力编纂的是知识产权法典，如法国1992年知识产权法典、菲律宾1997年知识产权法典、越南2005年知识产权法典等。

知识产权法典化有着复杂的社会动因和国际背景，从上述国家编纂知识产权法典的过程来看，其个中原因有以下几点：（1）追求统一的知识产权法律体系。在制定知识产权法典之前，各国都曾经深受知识产权法律体系凌乱之苦，这种凌乱主要表现在立法层次不统一、法律之间相互冲突时有发生。《法国知识产权法典》颁布之前，在法国一共存在着二十多部与知识产权有关的单行法律法规，而且法院许多判例也在发挥效力。[①] 1995年《越南民法典》虽然将以往制定的知识产权法律统统废除，但由于其本身对于知识产权的规定又过于笼统不便于操作，所以此后越南的国会、政府、相关各部和其他法定机关又陆续颁布了许多与知识产权有关的法律文件。到2005年止，越南保护知识产权的法律包括《民法典》、《刑法典》、《海关法》在内一共有40多部，这些法律之间存在着诸多交叉重叠、法律漏洞和不协调。菲律宾1947年《专利法》和《商标、服务商标和商号法》是由菲律宾议会制定，以共和国法案的形式出现；而调整著作权关系的1972年《知识产权令》却是以总统令的形式出现的，菲律宾此后的知识产权法律也包括了共和国法案、总统令、执行令和部门管理条例等形式，数量也达数十部之多。[②] 这种凌乱的法律体系严重影响到了法律的权威性和可操作性。有鉴于

---

① 参见黄晖为法国知识产权法典中译本作的"译者序"。引自《法国知识产权法典》（法律部分），黄晖译，商务印书馆1999年版。

② 参见何华：《知识产权法典化研究》，中南财经政法大学知识产权研究中心博士论文（2008年）。

此，各国都以制定知识产权法典为契机，宣布废除此前的各知识产权法律，宣示了知识产权的重要性；与此同时也统一了知识产权法律体系，消除了法律冲突和法律漏洞，从而增强了法律的可操作性，树立了知识产权法律的权威性。(2) 强化知识产权管理与保护。在制定知识产权法典之前，各国关于知识产权管理的规定大都分散于各单行法律之中，专利权、商标权、著作权等管理部门多处于各自为政的局面。这种知识产权管理体制分散的局面也直接导致了知识产权保护不力，因而各国在制定知识产权法典时，都将强化知识产权管理作为立法重点。《斯里兰卡知识产权法典》的第一编为"管理"，规定斯里兰卡国家知识产权局为斯里兰卡商业贸易部的下属机构，是斯里兰卡唯一有权受理工业设计、专利、商标或其他事务的注册及知识产权管理的机构，并对知识产权局局长任命、权力及职责等内容进行了详细的规定；《菲律宾知识产权法典》的第一编为"知识产权局"，规定知识产权局为菲律宾唯一的知识产权行政管理部门，然后用长达15条的篇幅对菲律宾知识产权局的职能、组织机构、下属各部门、经费、人员组成等内容进行了详细的规定。越南和法国虽然没有设立统一的知识产权管理部门而是保留了以往那种总体分散、适当集中的知识产权管理体系，但它们分别在知识产权法典中就各行政管理部门的职责范围进行了明确的规定与划分，相比于单行法的分散规定而言，这种做法也具有一定的比较优势。(3) 为应对来自发达国家的压力。发展中国家知识产权法典的制定，或多或少受到发达国家的影响。美国和菲律宾于1993年4月达成了《美国—菲律宾知识产权保护备忘录》；美国与斯里兰卡于1991年9月签订了《美国—斯里兰卡知识产权双边保护协定》；美国与越南于2001年7月签署了《美国—越南双边贸易协定》，协定第2部分即为"知识产权"。这三部双边协定都为签字国在知识产权保护方面设定了较高的国家义务。在美国贸易代表每年发布的"特别301报告"中，美国多次敦促菲律宾与越南加强知识产权保护，否则会给予经济制裁。由此可见，上述国家知识产权法典的制定，在一定程度上也是为了应对外来的压力。

中国经过近三十年时间的努力，建立了较为完善的知识产权法律制度体系。法律制度完善的判断有两个基本标准：一是知识产权法律制度的合理化（前述知识产权保护水平问题，即涉及制度合理化）；二是知识产权法律制度的体系化（知识产权法律形式和外在表现，是制度体系化的重要内容）。前者是制度完善的实质条件，视为法的实质理性；后者是制度完善的形式条件，视为法的形式理性。法的形式理性，属于法的外在的技术品质，主要"表现为经由诸如程序公正、法律推理、法律论证以及各种具体部门法的一系列制度安排和种种法律技术"。① 就法律规则的具体形式而言,"法典是法的形式的最高阶段",因为比之其他法的形式和制度形式,法典历来是固化和记录一定的统治秩序、社会秩序和社会改革成果的更有效形式。② 知识产权法律体系化、法典化的过程,应表现为理性的制度安排和科学的立法技术运用。只有这样,知识产权制度在法的形式上才可以称之为"制度文明的典范"。

关于中国知识产权法律的体系化,主要涉及两个问题:一是现行单行法律、法规是否具备系统性、完备性的体系化要求?二是未来民法典是否接纳知识产权,采取最高形式理性的法典化?现阶段,我国知识产权法律框架基本形成,但体系化程度有待提高。其主要问题是:(1)一些知识产权法律规定比较分散,尚无统一的法律规范。关于商业秘密的保护,散见于《民法通则》、《合同法》、《反不正当竞争法》和《刑法》中,尚无《商业秘密保护法》;关于商号权的保护,分别规定在《民法通则》、《企业名称登记管理规定》、《公司登记管理条例》、《产品质量法》以及《反不正当竞争法》,目前没有制定《商号法》;关于地理标志的保护,或作为证明商标、集体商标,规定在《商标法》中;或作为专门产品标志,见之于《地理标志产品保护规定》,其法律冲突显而易见。(2)一些知识产权法律、法规相互冲突、抵触,亟待加以整理和协调。我国单行立法,有的是全国人大常委会通过的法律,如《著作权法》、《专利法》、《商标法》等;有些则是国务院颁布的法规,如《植物新品种保护条例》、《集成电路布图设计保护条例》等。各单行法律、法规,由立法者依职权而制定,彼此间本应具有相对的一致性和协调性;但是,由于法律文件的起草者不同以及制定的时间不同,其调整的法律关系又具有相对独立性,因此某些规定存在着不合时宜、不相协调的问题。

中国知识产权法典化问题,是由20世纪90年代末启动的民法典起草工作而引起的。对于知识产权"入典",无论是立法者还是多数学者并无异议。这是因为:第一,知识产权是私权,其基本属性与财产所有权无异,将该类权利规定于民法典之中,有助于形成完整、系统的财产权利体系。第二,知识产权是受民法保护的权利。知识产权法虽含有若干公法、程序法规定,但依然是以实体法为基础的私法制度,隶属于民法部门。第三,知识产权已在我国民事基本法即《民法通则》中作出原则规定,此先例可以援引。对于知识产权如何"入典",则意

---

① 许章润:《法律的实质理性——兼论法律从业者的职业伦理》,载《中国社会科学》,2003年第1期。

② 周旺生:《法典在制度文明中的位置——〈法典编纂论〉序》,载封丽霞主编:《法典编纂论》,清华大学出版社2002年版,第26页。

见纷呈。有学者将其归纳为四种模式：（1）分离式。即知识产权法典与民法典相分离（如 1992 年法国民法典）。（2）纳入式。即知识产权在民法典中独立成编（如 1995 年越南民法典）。（3）链接式。即民法典对知识产权仅作原则性规定，然后单独制定知识产权法（如 1994 年俄罗斯民法典）。（4）糅合式。即将知识产权与所有权合成一体，规定在民法典中（如 1995 年蒙古民法典）。① 笔者认为，将知识产权法整体移植或整合移植于民法典都是不可取的。在 2002 年 10 月全国人大法制工作委员会召开的专家讨论会上，笔者的基本意见是：凡是"范式"民法典都没有规定知识产权编，凡是编入知识产权的民法典都不是"范式"。同年年底在上海举行的知识产权论坛上，来自世界知识产权组织（World Intellectual Property Organization，WIPO）的专家声称：WIPO 并不赞成在民法典中详细规定知识产权问题，但对其作出一般规定是可以的，也是有益的。②

从我国知识产权制度的发展趋势分析，我国知识产权制度的法典化可以分两步走：第一步，民法典仅对知识产权作一般规定，但单行法依然保留。如此立法样式，在适用法律方面较为方便，也不破坏民法典的审美要求。此外也有利于知识产权法律体系的系统化，减少其内部矛盾。第二步，在民法典之下编纂知识产权法典。其中，民法典中关于知识产权的一般性规定，涉及知识产权的性质、范围、效力、利用、保护，与其他法关系等原则性条款，可作为知识产权法典的总则；此外，可整合、汇集各知识产权单行法规，将上述具体制度作为知识产权法典的各个专章。总之，知识产权制度的法典化，不仅是法律传统的偏好，更是法制建设的需要，它还会受制于一定社会、政治、经济、科技等因素的影响，基于各国立法例的历史考察与现状分析，可以认为，无论何时采取何种途径，法典化将是中国知识产权立法的必由之路。

国际化、现代化、战略化、法典化，是对当代知识产权制度发展与变革状况的概括与描述。就世界范围而言，知识产权制度的现代化与国际化紧密相连，即应对新技术的知识产权制度创新，往往通过国际公约的运作而成为普世规则；而战略化当是各国应对上述发展变革而采取的知识产权政策抉择，法典化则是为实现战略目标而对知识产权法律模式的理性追求。总之，知识产权制度发展与变革的各种态势并不是孤立和隔绝的，而是相互联系、相互作用在国际大势与中国大局之中。目前，中国知识产权事业正处于一个新的重要历史时期。就知识产权制度建设而言，中国进入了一个战略主动期。我们应"统筹国内国际两个大局"，从本国经济与社会发展的需要出发，加强立法工作，将

---

① 参加曹新明：《知识产权与民法典连接模式之选择》，载《法商研究》，2005 年第 1 期。
② 参见吴汉东：《知识产权立法体例与民法典编纂》，载《中国法学》，2003 年第 1 期。

知识产权法律作为建设创新型国家的制度支撑；而就知识产权制度运作而言，中国进入了一个关键发展期。知识产权法作为公共政策的组成部分，能否充分发挥其促进知识创新，推动社会发展的功能，不仅取决于立法的完善，更决定于用"法"的成效。我们有理由相信，中国知识产权制度应立足于本土当前和未来需要，顺应国际变化和时代潮流，步入国际化、现代化、战略化与法典化的发展道路。

第一编

新国际贸易体制与知识产权制度国际化

知识产权国际保护制度一般被分为三个时期，即巴黎联盟和伯尔尼联盟时期、世界知识产权组织时期和世界贸易组织时期，① 也是从双边安排到多边国际条约的形成过程。② 该制度发端于两个国家之间签订知识产权双边保护协定，约定保护对方的知识产权。到19世纪末期，1883年巴黎公约和1886年伯尔尼公约的出现使知识产权国际保护进入到了多边条约时代。多边条约时代知识产权国际保护制度最重要的成就是将"国民待遇"（National Treatment）③ 原则作为知识产权国际保护的基本原则之一。"国民待遇"原则的确立彻底改变了传统知识产权制度偏向保护本国国民利益的初衷，其优势在于在满足国际公约最低标准的前提下，允许一国自主地发展和实施自己的法律。④ 20世纪末期，世界贸易组织的建立与《知识产权协定》的形成，标志着知识产权高水平保护标准的初步实现。《知识产权协定》被置于世界贸易组织管辖之下，是加入世界贸易组织的必备条件之一，从而大大扩展了知识产权国际保护制度的适用范围，建立起了有力的监督执行机制，保证了在各缔约国的实施，对21世纪的国际贸易体制与知识产权国际保护制度带来了深远的影响。⑤

---

① 参见吴汉东等：《知识产权基本问题研究》，中国人民大学出版社2005年版，第138~141页；张乃根：《国际贸易的知识产权法》，复旦大学出版社1999年版，第54~58页。
② 古祖雪：《国际知识产权法》，法律出版社2002年版，第27页。
③ 国民待遇原则指的是在知识产权保护方面，各缔约国（成员）之间相互给予平等待遇，使缔约国国民与本国国民享受同等待遇。具体参见吴汉东等：《知识产权基本问题研究》，中国人民大学出版社2005年版，第134~135页。
④ See Lionel Bently & Brad Sherman, *Intellectual Property Law*, Oxford University Press, 2001, P. 5.
⑤ 参见吴汉东等：《知识产权基本问题研究》，中国人民大学出版社2005年版，第141页。

第一章

全球化时代知识产权制度国际化的环境变迁

一、经济环境的变迁：知识经济导致的社会控制力转移

知识经济的概念兴起于1996年经合组织（OECD）名为《以知识为基础的经济》的报告，此后美国商务部的《崛起的数字经济》和世界银行的1998~1999年度世界发展报告《知识促进发展》均开始强调知识对经济发展的基础性作用。

知识经济是一种继农业经济和工业经济以后的一种新社会经济形态，是以知识为基础的经济直接依赖于信息的生产、分配和使用，其最突出特点是知识的经济功能得到凸显。在产品的价值构成中，知识创造的价值占最大比重，明显区别于物质在产品价值中占最大比重的工业和农业经济。[①] 尽管传统劳动密集型的农业经济和资本密集型的工业经济的发展均离不开知识，但是与它们相比，知识经济中的知识在"质"和"量"上均有很大不同。第一，知识经济中的知识是以高新技术为基础的知识，不同于农业经济时代以经验为基础和工业经济时代以一般科学、技术为基础的知识；第二，与传统的农业和工业经济相比，知识经济中的信息呈指数增长，信息生产已经成为知识经济发展的动力。由于知识经济中知识在"质"和"量"上的这种变化，知识在生产力中的作用已从非独立因素变

---

① OCED: *Knowledge-based Economy*, www://OECD.org.

成独立因素，由潜在的生产力变成了现实的生产力，成为核心竞争力的关键因素。

上述生产力的发展带来的是资本主义生产方式的全球化，导致了社会分配方式和社会控制权的变迁。不同于农业经济和工业经济的按劳动、资本等物质资源分配的社会分配方式，知识经济的社会分配方式开始按照知识和信息的占有程度来分配。美国学者拉兹洛曾指出："在 20 世纪末和 21 世纪初，规定世界上权力与财富性质的游戏规则已经改变。权力不再以某个组织的权威之类的传统标准为基础，财富的含义正在从诸如黄金、货币和土地之类有形的东西转移开去。一个比黄金、货币和土地更灵活的无形的财富和权力基础正在形成。这个新基础以思想、技术和通讯优势为标志。"①

在全球经济中，大量掌握知识与信息的不是国家和政府，而是以跨国公司为代表的私人企业。发达国家企业中，以知识产权为核心的无形财产在整个企业资产中所占的比重越来越大。澳大利亚学者彼得·德拉豪斯（Peter Drahos）教授将这一类公司称为"知识创新型企业"（Knowledge Creating Company）。② 由于知识和信息向以跨国公司为代表的私人集团集中，高科技产业中开始出现所谓的"温特尔模式"。所谓"温特尔模式"是现今美国企业对全球信息产业控制方式之一，美国企业直接以中国台湾、韩国、新加坡和中国大陆等人力资源成本低的国家和地区为合作对象，让中国台湾和新加坡生产一般的电脑部件，让韩国生产半导体的一个部分，由中国大陆和东南亚生产低档的周边产品，而作为核心部件的中央处理器和软件产品的知识产权由美国本土的英特尔和微软公司把持。私人集团利用其所控制的知识产权来制定技术标准，周期性地提升电脑性能和硬件需求，进而与因特网等最新的信息技术结合，左右了全球信息产业的发展进程，于是形成了"温特尔平台"。微软的视窗操作系统和英特尔芯片结合，微软占领了 90% 以上的软件市场，英特尔占领了 80% 的芯片市场。这种温特尔模式是信息时代最典型的企业生产模式，它意味着几家控制核心知识产权的公司可以形成一个实质的卡特尔，垄断整个市场。拥有技术和产品标准的公司，可以利用垄断优势，不断推出新产品。③

财产的非物质化革命使得以跨国公司为代表的私人集团成为了经济全球化的代言人和既得利益者。联合国就曾在其有关报告中指出，"跨国生产已经成为世

---

① ［美］E. 拉兹洛：《决定命运的选择》，李吟波、张武军、王志康译，三联书店 1997 年版，第 6 页。
② See Peter Drahos & John Braithwaite, Intellectual Property, Corporate Strategy, Globalization：《与贸易有关的知识产权协定》in Context, 20 Wis, Int'l L. J. 451 (2002), P. 453.
③ 杨帆：《新经济：新科技革命与全球化的结合》，http：//www.blogchina.com/new/display/3094.html，2007 年 9 月 12 日访问。

界经济结构中的主要特征",跨国公司具有在全世界寻求获得优厚利润的能力。根据有关估计,1%的最大跨国公司拥有全球跨国直接投资的50%以上。而全球生产的40%、国际贸易的50%~60%、工艺研制的80%、国际技术转让的30%和几乎全部劳务贸易,也都被发达国家的跨国公司所控制。①

与之相适应,作为界定、激励、配置、平衡和保护知识财产的知识产权制度也成为私人集团重点关注的对象。② 知识产权制度抑制着社会交易中可能出现的任意性和机会性行为,降低了包含知识产权的交易中的交易成本,使交易双方的行为更可预见,并由此促进着劳动分工和财富创造。③ 私人集团对知识产权的关注清晰地表现在如何阐释知识产权保护的正当性上。知识产权过去常常被视为一种"特权的授予"(Grants of Privilege),即是反垄断规则的例外。将这些权利看作特权强调了它们的临时性和不稳定性。国家可以授予特权但并非有义务授予。而在现代社会,知识产权被明文规定为一种"私权"(Private Right),这种转变暗示着国家有义务保护它们。这种差别不仅仅是语义的,而是知识产权正当性的根本变革。④ 追踪这些观念与制度的变化才能使我们真正触及问题的本质,即为何知识产权成为了国际贸易进程中的"武器"。知识产权归入私权后,主要享有其利益的是私人主体。也正因为私人对私权收益的占有,促使了作为私权的知识产权的大规模扩张。如果说历史上私人力量的逐步发展和强大,使其能够组成与国家相对的市民社会。在知识产权全球化的今天,有学者已经认识到,与知识产权保护相关联的许多国际关系问题,往往表现为知识产权这种"私权"的权利人,为了在国外形成有利于保护其私权的环境,推动其政府向另一个或另一些国家施加影响和压力的各种行为。⑤ 在某种程度上,我们可以说是私人在主导着知识产权国际立法的发展。一些知识产权私人集团为了保护自身的利益,已经走在了政府的前面。反过来,这些私人集团又通过种种手段,操纵政府作为其国际上的代言人,以此实现其在知识产权领域的收益。

上述事例无疑说明,在知识经济时代,拥有先进知识的私人集团成为了财富分配的最大受益者,也正是利益驱使着这些知识新贵开始逐渐充当知识产权制度国际化进程的主角。

---

① 白玲等:《跨世纪世界经济演变的趋势及其不确定的变数》,载《天津商学院学报》2002年第2期。
② 有学者对知识产权制度的功能做了如下概括,即①知识财产私有的界定功能;②知识创造活动的激励功能;③知识资源利用的配置功能;④知识财富分享的平衡功能;⑤知识利益保护的规范功能。具体参见吴汉东:《利弊之间:知识产权制度的政策科学分析》,载《法商研究》2006年第5期。
③ 参见[德]柯武刚、史漫飞:《制度经济学》,韩朝华译,商务印书馆2004年版,第35页。
④ See Susan K. Sell, Private Power, Public law: The Globalization of Intellectual Property Rights, Cambridge University Press, 2003, P.5.
⑤ 参见郑成思:《世界贸易组织与贸易有关的知识产权》,中国人民大学出版社1996年版,第10页。

二、国家战略的转变：发达国家的竞争策略

知识经济的兴起和社会控制力的转移不但使私人集团走上了国际规则制定的前台，还深刻地改变了发达国家的国家战略方针。

知识经济是全球化的经济。农业经济以地为界，基本上是封闭型的；工业经济靠能源和市场，也只能是通过殖民和掠夺。而随着工业经济向知识经济转变，经济的全球化真正开始出现了。① 随着知识经济将社会的控制权交到了知识拥有者的手中，国家之间的博弈不再是对土地和自然资源的争夺，经济的发展也不再是以对殖民地原材料和劳动力的剥削为动力。知识经济社会中国力的对比演变成为了知识占有量的对比。美国的帕兰（Palan）教授等人将经济全球化的特征概括为四点，即金融的全球化、生产的国际化、技术的更新化、政治的解构化。② 另外，由于技术更新的加快，高新技术企业的生产成本迅速攀升，企业要想收回成本已经不能只依赖国内市场。这意味着一国的企业不仅面临来自国内的竞争，而要面对全球市场中的其他企业，这表现为知识产权在国际贸易中比重的迅速膨胀，早在 20 世纪 90 年代末期美国就已经有将近 50% 的对外出口依赖于某种形式的知识产权保护。③ 在全球化的今天，保护了知识产权就是维护了发达国家及其企业的经济命脉。

全球经济的结构转型直接导致了发达国家竞争性国家战略（Competitive State Strategy）的出台，这些国家竞争性战略被定义为一系列专门以改善商业环境、提高国家在全球经济中的竞争优势的政策，④ 尤其是在高科技产业集中程度高的美国，这种竞争战略表现在对国际知识产权制度的构建。具体而言，这种国家政策的转型主要可以归结为以下原因：

（一）发达国家传统工业的没落

《知识产权协定》谈判前美国经济已是持续低迷，其在世界经济中的地位不断下降。早在 20 世纪 60 年代，美国经济已经进入经济学家所说的滞胀状态。

---

① 易继明：《技术理性、社会发展与自由》，北京大学出版社 2005 年版，第 7 页。
② See R. Palan & J. Abbott, with P. Deans, *State Strategies in the Global Political Economy*, London: Pinter, 1996, P. 20.
③ 参见李明德：《"特别 301 条款"与中美知识产权争端》，社会科学文献出版社 2000 年版，第 98 页。
④ See R. Palan & J. Abbott, with P. Deans, *State Strategies in the Global Political Economy*, London: Pinter, 1996, P. 6.

1971年，美国出现了120年来第一次贸易逆差，美元形势益加恶化，信用大跌，欧洲屡屡发生的抛售美元抢购黄金的风潮莫不使美国当权者如坐针毡，感到国力江河日下。1976年，鉴于美国经济危机日益加深，国际货币委员会在牙买加集会，签署了"牙买加协议"，宣布废除黄金官价，允许各会员国自由选择汇率，布雷顿森林体系宣布解体，以美元为中心的世界贸易体系彻底瓦解。① 与此同时，美国工业的全球竞争力日益下降，1985年1月美国"总统工业竞争能力委员会"发布的长篇报告显示：近10年来，无论是美国的高技术产品还是非高技术产品，在世界市场的销售份额都下降了近10个百分点。② 美国不仅在国际上竞争力下降，即便是国内市场也经受着来自日本等国的严峻竞争。20世纪80年代初，日本汽车已经占据了美国市场的20%，钢铁市场的10%~15%，电视机市场的30%~50%，收音机市场的50%~60%，手表市场的50%，摩托车市场甚至高达90%。③

  在这种大背景下，"衰落"成了美国政策制订者心中的魔咒，如何设法增强美国公司在全球市场中的竞争力成为压在白宫和国会山中决策者们心中的一块顽石。④ 尽管美国经济处于衰落之中，但是美国政策制订者却清楚地看到，美国科技实力一直独占鳌头，但问题是这种科技优势却没有能够转变成经济实力和竞争力。美国官方将这种传统工业的没落归结于发展中国家极低的人力成本和低端技术的普及，这使得美国的传统工业受到了发展中国家进口商品的致命打击。美国学者（Reichmann）指出，发展中国家制造业水平的不断提高，使得发达国家不得不放弃传统工业产品，转而更加依赖拥有比较优势的知识产品（Intellectual Goods）。⑤ 美国"总统工业竞争能力委员会"在其报告中也同时指出："美国的经济衰退是必须面对的现实，但美国的技术力量依然处于世界绝对领先水平。不过这种技术力量方面的优势并没有反映在贸易上，因为美国对专利这样的知识产权保护不够充分。"⑥ 事实上，"总统工业竞争能力委员会"报告已经开始付诸实践。1980年旨在促进政府资助研究中的发明的技术转移的《拜－杜尔法》（The Bayh-Dole Act）就是用来应对美国生产力下降和对抗日本的竞争力

---

  ① 刘威：《论布雷顿森林会议后的美国经济》，载《经济评论》，1995年第6期。
  ② 转引自唐承运、刘锡海：《80年代美国经济与里根政府对策》，载《外国问题研究》，1996年第3期。
  ③ 陈建、鲁玲：《日本经济大军进军美国——谈日美经济冲突》，载《百科知识》，1995年第5期。
  ④ Susan K. Sell, Private Power, Public Law: The Globalization of Intellectual Property Rights, Cambridge University Press, 2003, P. 35.
  ⑤ See Susan K. Sell, Private Power, Public law: The Globalization of Intellectual Property Rights, Cambridge University Press, 2003, P. 35.
  ⑥ 王晋刚、张铁军：《专利法生存》，知识产权出版社2005年版，第44页。

增长；① 1982 年，美国对其联邦法院系统进行了改革，设立了统一的专利上诉法院——联邦巡回区上诉法院，联邦巡回区上诉法院的设立彻底改变了美国的专利政策，大大强化了对专利的保护。据统计，在联邦巡回区上诉法院成立前，美国专利争议中认定专利有效的还不到 50%，而在该法院成立之后，这一比例则上升到了 70%。② 美国推动《知识产权协定》的制定显然是支持知识产权扩张的国内政策的自然延伸。

（二）发展中国家立法状况的阻碍

知识产权客体具有消费上的非竞争性（Non-rivalries Consumption）与非排他性（Non-excludability），③ 这意味着其自身无法解决未付费者的"搭便车"问题。一方面，由于高新技术产品的研究开发费用极高，产品一旦进入知识产权保护水平不高的国家，就会面临被低成本仿造而不能依靠强有力的当地知识产权立法加以制止和制裁。特别是软件、音像制品这一类可以以数字形式复制的产品，其复制成本几乎微不足道。而另一方面，知识产品的研发成本逐步攀升，企业必须不断地加大研发投入才能继续保证其知识产品在高端市场上的竞争优势。④ 这种高成本生产和低成本复制之间冲突的加深很大程度上限制了美国在知识产权上的比较优势，因此美国急需提高国际知识产权实体法的保护水平。一直以来，美国都提倡一种"自由"贸易。从 20 世纪 70 年代末开始，知识经济较发达国家的与知识产权有关的贸易在世界贸易中的比重逐年增长，但在相对落后的国家其知识产权没有受到有力的保护，与贸易有关的知识产权侵权变得日益严重，全球因知识产权侵权所造成的损失每年达 800 亿美元，侵权货物贸易占世界贸易总量的 5%~8%。鉴于已有的知识产权国际公约缺乏相应的力度和规定，美国改"自由"（free）贸易为"自由且公平"的贸易（"free-but-fair-trade"），旨在强调营造一个公平的国际贸易环境。美国的决策者们相信，只要在一个公平的国际经济规则下，他们仍然有实力去推行自由贸易。现在的问题只是其他国家阻止他们这

---

① Eyal Press & Jennifer Washburn, *The Kept University*, Atlantic Monthly Mar. 1, 2000, 39. Citing Clovia Hamilton, *Proposed Cooperative Economic Development Agreements under the Bayh-Dole Act*, 36 J. Marshall L. Rev. 405.
② 王晋刚、张铁军：《专利法生存》，知识产权出版社 2005 年版，第 46 页。
③ 参见［美］罗伯特·考特、托马斯·尤伦：《法和经济学》，张军等译，上海三联书店、上海人民出版社 1999 年版，第 58 页。
④ See Susan K. Sell, Private Power, Public law: The Globalization of Intellectual Property Rights, Cambridge University Press, 2003, P. 38.

么做而已。① 知识产权中的贸易障碍是指在国际贸易中因各国知识产权的规定和保护水平存在差异，使知识产权的贸易摩擦不断增加。如果各国知识产权保护的实体法和程序法没有一个统一的最低标准，美国知识产权拥有者的经济利益将会受到极大地损害。因此，美国以"公平"为优先考量对象的知识产权政策实质上还是为了在全球范围内推广自由贸易。在这种政策的指导下，它一方面反对国内的"贸易保护主义"（Protectionism），一方面坚持通过美国贸易法来打击其他国家所谓的显失公平的行为。同时积极进行双边和多边谈判来降低贸易壁垒。②

三、南北对立的加剧：发展中国家的觉醒与回应

尽管知识经济拉大了发达国家与发展中国家的距离，但是某些发展中大国如中国、印度、巴西等的经济发展速度已经超越发达国家，在国际政治经济中的作用也在不断增强。发展中国家已经不再听任发达国家发号施令，而是在国际政治和经济事务中坚持自己独立的见解和行为方式。由于发展中国家之间存在着许多共同的利益，它们往往联合起来与发达国家进行斗争，从而成为当前世界上正在不断发展壮大的一支不可忽视的重要力量，它们已有能力在国际事务中维护自己的利益。③ 举例来说，1978 年以来，中国取得了巨大的成就：27 年的平均增长率超过 8%；贸易额超过了 10 000 亿美元；从 1978 年占世界出口量不到 1% 到今天占超过世界 6% 的出口量；1997 年以来一直保持着物价和汇率的稳定，年外国直接投资（FDI）超过了 500 亿美元，居世界第一位；外汇储备超过了 8 500 亿美元，人均国内生产总值（GDP）超过 1 200 美元；加入 WTO 以及"太空俱乐部"，获得 2008 年的北京奥运会和 2010 年上海世博会的举办权等。④ 印度经济增长自 20 世纪 80 年代起也开始加速，1992～2002 年平均为 5.5%，2004 年为 7.5%，2005 年为 8.1%，2006 年预计为 7.5%～8%。⑤ 这些无不表明，发展中国家的经济形势正在发生巨大变化，一些代表性的国家已经取得了引人瞩目的成就。在国际合作方面，尽管存在相互之间的利益冲突、发达国家的干涉等因素的影响，发展中国家还是在相关领域发展出了一些有效的合作机制，如联合国贸易

---

① See Susan K. Sell, Industry Strategies for Intellectual Property and Trade: The Quest for TRIPS, and Post-TRIPs Strategies, 10 Cardozo J. Int'l & Comp. L. 79, 2002, pp. 81 - 82.
② See Id, P. 82.
③ 王怀宁:《世界经济形势与格局变化》，载《国外社会科学》2000 年第 1 期。
④ 罗伯特·蒙代尔:《世界经济格局中的中国：前景与挑战》，张兴祥，陈唯译，载《厦门大学学报》（哲学社会科学版）2006 年第 6 期。
⑤ 李晓:《印度经济能够赶超中国吗？——兼论"中印比较"的意义》，载《国际经济评论》2006 年第 6 期。

与发展会议的 77 国集团、东盟、《知识产权协定》谈判中的"10 国集团"等，这些合作机制可以有效地团结发展中国家的力量共同抗衡发达国家。今天，发展中国家已经不再是任人宰割的羔羊，而是逐步形成了自己独立的力量与意见，在国际事务包括知识产权国际立法中发挥着重要的作用。

发展中国家力量的增强一方面是由于其经济实力的提升，另一方面是其开始认识到团结的效果。但这种结果也导致了南北矛盾的加深，私人集团不断地推动自己的国家强势地推动知识产权国际立法的制定和执行，《知识产权协定》的形成和 WIPO 的功能转换都是在其运作下取得的"成绩"。在 20 世纪 70 年代，WIPO 秉承着一种调节发达国家和发展中国家利益公正的理念，但现在却异化为了实现私人集团和发达国家知识产权标准化的工具。[①] 上述种种压力激起了发展中国家的反抗，《知识产权协定》生效后，在发展中国家的推动下，知识产权国际立法开始从传统的 WIPO 和《知识产权协定》等传统体制转向生物多样性、植物基因资源、公共健康和人权等方面，知识产权制度国际化进程由此进入后 TRIPs 时代。

四、国际贸易的发展和分化：知识产权制度国际化带来的影响

随着知识产权国际保护新体制的逐渐形成，知识产权和国际贸易的关系日益紧密，跨国公司和国内企业的互动日益频繁，知识和技术密集型产品及其他高科技产品在企业发展中的重要性不断上升，与此同时，也引发了一系列知识产权和国际贸易的相关问题。TRIPs 协定是第一个将贸易机制引入知识产权领域的国际法律文件，确认了知识产权和国际贸易的合法关系，从而为把贸易机制引入知识产权领域提供了法律前提。正如该协定的宗旨中所谈到的：充分有效的知识产权保护，是实现贸易公平与自由化的必要手段。为了维护本国的贸易利益，各国要不断完善本国的知识产权保护制度，使其符合 TRIPs 协定的标准。可见，知识产权的国际保护新体制是一把双刃剑，在给国际贸易带来巨大机遇的同时，也给相应国家的知识产权保护带来一定的挑战和压力。

（一）知识产权国际保护与国际贸易的发展

随着经济的全球化和一体化，许多发展中国家正在从贸易保护转向贸易自由

---

① Susan K. Sell, Private Power, Public Law: The Globalization of Intellectual Property Rights, Cambridge University Press, 2003, 19–20.

化，关于知识产权国际保护对国际贸易所带来的影响，经济学家也进行了一定的研究。其中，斯特恩（R. Stern）认为，国家之间知识产权保护的不协调产生的效果就像是非关税壁垒，当发达国家向发展中国家出口时，其因为需要采取额外措施以防止当地模仿而面临更大的成本，因此，加强知识产权保护的国际协调，将会在很大程度上降低交易成本。佛兰提诺（M. J. Ferrantino）对美国在20世纪80年代早期的正常贸易、企业内部贸易和当地贸易的一系列数据进行了分析，发现知识产权与美国的正常贸易出口只有微弱的相关性，对当地贸易没有任何影响，对企业内部贸易影响很大。马斯库斯和普提坦努恩（Maskus & Puttitanun）利用修正的 Helpman-Krugman 垄断竞争模型就知识产权保护对国际贸易流动所带来的效应进行评估，发现发展中国家实施高强度的知识产权保护对于中间品进口具有正向效应，"市场竞争效应"、"市场扩张效应"和"成本降低效应"三种效应的共同作用，促使发达国家加大了对发展中国家和地区的中间品出口。马斯库斯的调查结果是，发展中国家的知识产权保护加强后，其进口水平会有很大提高，尤其当该国是一个发展中大国时，其装备、机械和食品行业的产品进口会上升。另有证据表明，外国市场专利保护水平的提高对 OECD 国家的公司有市场扩张效应，会导致它们增加对保护水平提高的国家的出口。

　　根据以上经济学家的分析可以看出，TRIPs 实施的国际知识产权保护制度确实能够带动国际贸易的发展，而且会给发展中国家带来市场规模的扩张效应。[①]从理论角度而言，加强知识产权保护会对国际贸易带来两个作用相反的影响，一方面受保护产品的需求弹性会因保护加强而降低，另一方面被保护产品的需求会因仿制品受限而扩大，两种效果孰重孰轻，尚需进一步研究。但有一点不可否认的是，发达国家通过 TRIPs 不断推动各国知识产权制度的改革，正是源于追求贸易扩张的动力。但值得注意的是，TRIPs 协议的成果并未达到发达国家的要求，其在实践中将继续采取强硬手段，发展中国家在提高 TRIPs 协议的执行效率的同时，如何适当控制发达国家的大国单边行为，仍是问题的焦点。

（二）知识产权国际保护与国际贸易的商品结构调整

　　自20世纪90年代以来，随着世界科学技术的飞速发展，世界经济的竞争越来越表现为科学技术的竞争。在国际贸易领域，已由传统的货物贸易向高新技术产品发展，国际贸易的商品结构开始发生变化。科技与经济贸易一体化发展是当今世界经济、科技发展的一个重要趋势，通过提高产品的技术含量和附加值来获取更高的经济效益已成为国际竞争中优势的主要来源，高新技术产品贸易已成为

[①] 张红霞：《TRIPs 对发展中国家经济发展的影响分析》，载《亚太经济》，2007年4月25日。

国际贸易的新亮点。20 世纪 80 年代以来，高新技术产品在全球出口中所占比重不断攀升，在部分发达国家，高新技术产品的出口占其外贸出口的比重已经超过 40%。高新技术产品发展对各国经济增长的平均贡献率也在不断攀升。我国加入世贸组织以来，对外贸易中高新技术产品的进出口增长迅猛。2002 年，高新技术产品进出口达 1 504 亿美元，占外贸进出口总额的 24.2%；2005 年，高新技术产品进出口达 3 700 多亿美元。① 而高新技术的核心是以专利、商标、计算机软件、专有技术等为主的知识产权。技术贸易额的显著增加，说明了知识产权已成为国际贸易的主角，知识产权在全球国际贸易中所占地位已非常显著。随着 TRIPs 协定的实施，知识产权的国际保护制度对国际贸易的商品结构调整起到了很大的作用。

现代知识产权制度是对人类所生产的智力资源进行公平和高效的分配和使用的法律管理制度，它对于高新技术发展的作用是多方面的。首先，可以促进高新技术产业技术创新。高新技术发展的特点就是不断创新，知识产权制度则是推动和保障技术创新的基本制度，与高新技术产业技术创新存在着不可割裂的内在联系：一方面，技术创新产生了对知识产权保护的需求，建立一套完整的知识产权保护制度，可以保证高新技术企业的技术创新成果不外流，并获得利用该创新成果从事生产经营活动的独占权，及时收回投资；另一方面，知识产权保护制度又将推动高新技术企业的技术创新向更高层次发展，因为知识产权制度可以保护高新技术企业技术创新的成果，使其获得较高的经济效益和社会效益，这将促使人们继续进行技术创新，追加研究开发投资，形成良性循环，达到持续进行技术创新的目的。其次，可以提高高新技术企业竞争力。当今企业的竞争，归根结底是技术的竞争，而技术的竞争又体现在知识产权保护上。企业的竞争力与其拥有的知识产权，尤其是专利技术又是密切相关的。在国际贸易市场中，占有绝对竞争优势的跨国公司都是在知识产权上拥有绝对优势的企业。

（三）知识产权国际保护与国际贸易投资环境

国际贸易投资环境受诸多因素影响，如市场状况、经济增长态势、立法和执法情况、资源优势等，而知识产权保护则是影响现代国际贸易投资中的重要因素之一。在当今的国际贸易格局中，由于商品和服务的知识和技术含量越来越高，知识产权保护状况成为国际贸易投资者所必须考虑的法律环境，尤其是涉及技术转让和高新技术产业的投资。关于不同知识产权保护程度对国际贸易

---

① 《知识产权：现代国际贸易中的焦点问题》，载《宜宾商务周刊》，http://www.ybcom.gov.cn/ebook/id, 2006, 8, 10, 1457. aspx, 2007 年 7 月 8 日访问。

投资的影响，经济学家进行了尝试性的研究。曼斯－菲尔德（Mans-Field）通过对美国 1990~1992 年 6 个制造业 100 家主要企业的调查发现，一国较弱的知识产权保护会阻碍美国对其进行投资，而知识产权保护较强的国家则能吸引更多的国际贸易和投资的流量，尤其是在化学工业和制药业。杨贵芳与马斯库斯（Guifang Yang & Keith E. Maskus）的调查结果是，在不同产业进行知识产权保护的效果不同，对对外直接投资决策的影响也不同。纺织服装业、简单的产品加工、餐饮业等低技术商品和服务的投资较少取决于知识产权保护的力度。与此相反，医药、化工、软件业等知识含量比较高的产业，其产品和技术更容易被模仿和复制，这一行业的企业会更加关心投资国家知识产权保护的强弱和执法能力。艾德文（Edwin L.－C Lai）的结论是，发展中国家加强知识产权可以看作是鼓励发达国家对发展中国家进行跨国直接投资的激励和一个市场信号。马斯库斯就美国流向发展中国家的对外直接投资进行研究发现，加强知识产权保护对其产生了正向效应。OECD 的一项分析报告指出：外国企业总是避免在知识产权保护较弱的国家投资。戴维德和威廉（David M. Gould & Willian C. Gruben）两位学者则利用专利保护、贸易制度等方面的跨国数据，对知识产权保护在贸易和增长中的作用做了实证研究，其研究显示，市场竞争程度越充分，知识产权保护促进创新和增长的作用越强。对于那些贸易保护程度较高的国家来说，更强的知识产权保护不会提供创新的激励，企业无论是发展自己的技术还是从国外购买先进的技术都与该企业所在产业享有的保护主义的程度负相关。布兰治与威尔摩尔（Brage & Willmore）通过对巴西 3 000 多家公司的调查发现，在更开放的国家里，强的保护制度更有利于企业采用新的技术。同样通过对来自巴西的 377 个公司的调查，舍伍德（Sherwood）发现，如果有更好的法律保护，80% 的公司将在研发上投入更多。① 通过上述经济学家的研究表明，优异的知识产权保护环境有助于发展对外贸易和投资，有助于扶持高新技术的发展。如果没有知识产权的有效保护，许多贸易活动将被扭曲和阻碍，从而迫使投资活动被转移到知识产权保护环境较优的地方。以专利为例，只有具备了良好的专利保护制度，才能更多地引进国外先进技术，促进国际技术交流。所以，知识产权制度是进行正常的贸易活动的基础性保障制度。随着国际知识产权保护最低标准的广泛引入，TRIPs 要求发展中国家在知识产权保护方面做出重大改革，对发展中国家而言，当前最大的任务是改善知识产权保护制度使得知识产权成为促进技术创新的有力工具。

---

① 张红霞：《TRIPs 对发展中国家经济发展的影响分析》，载《亚太经济》，2007 年 4 月 25 日。

（四）知识产权国际保护与国际贸易体制的基本规则

1995年1月1日世界贸易组织的建立，标志着自第二次世界大战以来国际贸易体制最大的改革。世界贸易组织是处理各国及单独关税区之间贸易规则的唯一国际组织。从世界贸易组织的三项主要职能可以看出多边贸易体制的目的、依据和分歧解决办法。其职能之一是确保贸易规则的透明度和可预见性。多边贸易体制最重要的目的是在不产生负面影响的情况下，使贸易尽可能自由地流动。这一方面意味着消除壁垒，另一方面意味着保证个人、公司和政府了解世界上的贸易规则，并使他们相信政策不会发生突然的变化。职能之二是提供贸易谈判的场所。多边贸易依据的协议都是在各贸易方经过大量讨论和辩论的基础上起草并签署的。职能之三是解决争端。贸易关系经常涉及利益冲突，契约和协议经常需要解释。解决这些分歧的最和谐的办法是通过建立在法律基础上的中立程序，这就是世贸组织争端解决机制的目的所在。

在WTO框架下的TRIPs协定的制定和实施，标志着知识产权国际保护新体制的形成。世界贸易组织的争端解决机制为成员之间，特别是为发展中国家冲破发达国家针对知识产权进口，设置种种的不合理障碍提供了较好的解决途径。随着经济的全球化和新的贸易体制的形成，知识产权国际保护已成为国际贸易体制的基本规则。[①] 第一，有助于减少知识产权国际贸易纠纷。TRIPs协定首次将货物贸易争端解决机制应用于知识产权领域，为世界贸易组织成员之间就知识产权争端的解决提供了平等适用的一系列具体规则。根据TRIPs协定第64条规定，在2000年1月1日前，世界贸易组织的知识产权纠纷案只涉及一成员对另一成员在承诺的义务范围内的不作为而提出的申诉。对于其他类型申诉，在此之前，与贸易有关的知识产权理事会可以对原告的范围与做法进行审查，并提交部长级会议审议。TRIPs协定使知识产权国际保护在贸易争端解决方面取得了巨大进步。主要表现为：（1）保留条款的取消，强制性条款的增强。传统的世界知识产权组织所管辖的各公约规定各成员国可以通过国际法院解决争端，但又同时规定各成员国对此有保留的权利，因此该规定形同虚设。而世界贸易组织的争端解决机制要求必须接受这一争端解决机制，否则就被排除在世界贸易组织之外。（2）表决制度采用"一致反对意见"，增强可执行性。这种表决制度虽然也采取"协商一致"的形式，但和"一致通过原则"相比，更易达成某些决议，而不会使一些重大而又急需解决的问题久拖不决。（3）采取"交叉报复"的贸易制裁

[①] 吴汉东：《知识产权制度的运作：他国经验分析与探索》，载冯晓青主编：《全球化与知识产权保护》，中国政法大学出版社2008年版。

措施。该制度允许成员在知识产权方面因产品侵权而受到损害而得到妥善解决和必要补偿时，可通过中止履行对其他行业产品的关税减让义务进行报复，从而使得国际贸易争端更容易解决，法律约束力更强。① 第二，有利于应对发达国家知识产权壁垒。近年来，随着科技的进步，知识产权保护力度的不断增强，凭借科技优势，利用知识产权保护设置贸易壁垒的势头引起世界各国的高度重视。知识产权壁垒是在保护知识产权的名义下，对含有知识产权的商品，如专利产品，贴有合法商标的商品，以及享有著作权的书籍、唱片、计算机软件等实行进口限制；或者凭借拥有的知识产权优势，实行不公平贸易。知识产权壁垒实施手段隐秘，具有很强的报复性和歧视性。最典型的如美国的"特殊 301 条款"。根据此条款，美国贸易代表在每年 4 月 30 日前指认（1）拒绝对知识产权给予适当及有效保护的国家；或（2）未公平合理的给予依靠追索产权保护的人开放市场的国家。其政策或措施对美国产品造成事实或潜在的严重损害后果的国家，必须被列为重点国家（Priority Foreign Countries）。1994 年 6 月 30 日，美国贸易代表就以我国"知识产权执法不力、侵权行为失控"为由，宣布将我国列为严重违反其贸易法的"重点国家"，并对我国展开为期 6 个月的"调查"，确定是否应予以贸易制裁。但两国最终达成了知识产权协议，避免了一场两败俱伤的贸易战争。随着知识产权国际保护体制的建立，知识产权国际保护规则的实施将有助于国际贸易体制的完善。

（五）知识产权国际保护与发达国家知识产权滥用

合理的知识产权制度有利于科技进步和发展对外贸易，这是毋庸置疑的。但是，在经济全球化的今天，知识产权制度的不合理适用，也会给国际贸易带来一些不利的影响，如发达国家知识产权的滥用可能形成垄断。随着美国、日本在一些传统制造领域的优势渐失，知识产权争端已成为他们收复市场的一种主要非贸易手段。在日趋频繁的知识产权争议中，一些跨国公司存在着超出知识产权正当行使界限的滥用现象，它们已不仅仅把知识产权作为一个法律手段运用，而是逐渐将其当作一种市场策略频频使用。跨国公司利用知识产权优势限制对方竞争，涉嫌滥用知识产权的行为可概括为：（1）过高定价。以微软公司的操作系统为例，微软中文版 Windows 98 在我国的售价高达 1 998 元，而在美国仅售 109 美元。这种定价远远超出在正常竞争条件下可能获得的公平价格。（2）低价倾销。跨国公司利用其市场支配地位，以排挤竞争对手为目的，持续性地以低于成本的价格销售其产品。例如，美国诺顿杀毒软件在我国市场的每套价格是 280 元。这

---

① 古祖雪：《国际知识产权法》，法律出版社 2002 年 10 月版，第 40~41 页。

家公司为了迅速占有市场,采用的促销手段是用户只要用其他公司任何品牌的杀毒软件,另加 59 元就可换取最新的诺顿软件产品。这种变相的低价倾销行为,对中国国内众多的杀毒软件研制企业产生了重大影响和损害。(3)搭售行为。即将两种或两种以上产品捆绑成一种产品,在违背消费者意愿的情况下进行销售。在中国市场,美国微软同样在其视窗操作系统中捆绑销售互联网浏览器 IE 和媒体播放器。(4)拒绝许可。即知识产权人利用自己对知识产权所拥有的专有权,拒绝授予其竞争对手合理的使用许可,从而排除其他人的竞争,以巩固和加强自己的垄断地位的行为。据国家工商行政管理总局 2004 年下半年公布的《在华跨国公司限制竞争行为表现与对策》报告称,目前在软件行业,国内操作系统软件市场、支撑软件(包括数据库软件、软件开发工具和介于操作系统及应用软件之间的中间件)产品市场基本由国外软件所垄断,其中微软公司在操作系统软件市场上占据 95% 的份额。在手机行业,2002 年跨国公司手机市场份额为 70%,其中摩托罗拉占 26.8%,诺基亚占 16.7%。在零售业,截至 2003 年年底,全球 50 家最大的零售企业,已有 40 多家在我国"抢滩"登陆,其中大型超市外资控制面更高达 80% 以上,拥有绝对优势。在饮料业,美国的可口可乐公司利用强大的资本优势,在国内设立 20 多家生产基地,仅用几年的时间就把其品牌完全根植到中国年轻一代消费者的脑海中,可口可乐饮料、浓缩液在中国的市场份额已经达到 70%,具有明显性的垄断地位。①

知识产权制度通常被誉为推动经济增长和技术创新的进步动力,其宗旨就是激励创新,保护创新者的权益。但它也是一种垄断,这种垄断有可能激励创新者依靠垄断获取高额利润,从而削弱技术创新的动力。知识产权保护的力度越大,昔日创新者的垄断收益越高,进一步创新的动机趋向也会削弱。以软件业为例,这是当前技术创新最集中的行业,但这个行业在昔日专利保护相对比较薄弱的时候技术创新的速度并不慢,目前决定性的技术创新很多都是那时开发的。然而近年来加强了对软件专利权的保护,软件开发者反而缺乏创意了,因为获得了垄断权的软件企业只需要开发升级换代产品就可以获取丰厚利润。

(六)知识产权国际保护与国际贸易利益分配

在加强对知识产权保护以后,发达国家在知识产权方面的绝对垄断优势以及

---

① 新闻报道:《跨国公司在华滥用知识产权应该关注》,http://www.ydsbw.com/news/conment.php? id=494,2006 年 11 月 28 日访问。

发展中国家对发达国家的高度依赖性，决定了贸易利益的重新配置，两极分化将进一步加剧。第一，知识产权保护使国际贸易不等价交换现象进一步加剧。毋庸置疑，与知识产权高度相关的产品，由于其蕴含的知识、技术含量以及商标信誉，往往能够极大地提升商品的价值，进而提高商品的价格，发展中国家的资源型以及劳动密集型优势产品由于供给过剩、无形要素含量低等特点而价格疲软，"剪刀差"加剧了不等价交换。由于知识产品的无形和公共品的特性，知识产权可以多次交易，其交易利润要远远高于发展中国家的优势产品。因此，知识产权的特点及发达国家对知识产权的绝对垄断优势使得不等价交换加剧。第二，知识产权保护使发展中国家产品市场总体上处于萎缩。由于发展中国家产品在国际市场上遇到更多的贸易壁垒，产品国际市场占有率降低。而且国内产业结构升级及产品竞争能力下降，也会影响到该产品国际市场份额的进一步缩减。第三，知识产权保护与标准结合，成为利益分配的工具。[①] 国际贸易中的标准壁垒已经成为遏制发展中国家产品进入市场的有力武器，加强知识产权的国际化保护后，一些发达国家将知识产权保护与技术标准巧妙结合，借助于技术标准的特殊地位，强化相关知识产权保护，借助知识产权的专有性（垄断性）去实现对某些技术标准事实上的垄断，以追求最大的经济利益。如此操作，发达国家及其企业就可以利用技术标准的优势占据知识产权的有利地位，进而掌握市场主动权。加强知识产权的国际化保护后，一些发达国家将知识产权保护与技术标准结合，形成了双重壁垒，成为一种控制产业链、遏制竞争对手的工具，后发国家和后发企业的低成本制造优势逐渐消失，造成两极分化加剧。

五、经济利益和战略目标的诉求：知识产权制度国际化的原动力

随着国际竞争的加剧，知识产权已成为各国占领国际市场并获得巨额利润的重要手段，知识产权的国际保护无疑已成为影响国际贸易的一个重要因素，它既包括内在原因，也包括外在原因。

（一）知识产权的经济属性与影响国际贸易的动因

21世纪是知识经济时代，知识成为创造财富的最大源泉，作为知识产品的具体形式，知识产权也随之成为一种无形财产权，知识产权经济也已逐渐成为一

---

① 曲建忠、张红霞：《知识产权保护对国际贸易的影响及中国的对策》，载《国际经贸探索》，2005年第6期。

个新的经济学概念。① 知识产权实质上是一种具有价值的经济资源，知识产权的价值属性可以从其价值和使用价值两方面来得到证实。第一，知识产权具有价值。马克思的劳动价值理论认为，一切商品的价值都是由人的劳动创造的，是凝结在商品中的人类劳动。当今社会，知识产权已成为一种商品，这是没有争议的。而知识产权的价值就体现在其生产过程本身也是一个耗费劳动和资本的过程。只不过其生产出的产品不是具体形态的实物，而是不具实物形态的智力产品。在投入劳动力方面，知识产品是智力劳动与体力劳动的共同产物。而且这个过程中，所消耗的脑力劳动要远远大于物质产品生产的耗费，知识产权的价值就是建立在这个脑力劳动价值基础上的。在投入资本方面，知识产品的生产同样需要消耗物质资料。这是因为从事知识产品的开发研究本身就需要试验设备、实验场所以及实验物资等。知识产品的生产是有代价的，其只要用来进行交换，就能实现其价值，因此也就具备了价值属性。第二，知识产权具有使用价值。知识产品在生产过程中形成价值，同时因其又代表了新技术和新知识，而这些新技术和知识能够很大程度上提高劳动生产率，提高资源的利用率和开发新的资源，形成新的产品，因而其也具备了使用价值。知识产权正是这些新技术和知识的表现形式和载体，企业拥有越多的知识产权，就意味着其掌握越多的技术和知识，从而可以节约劳动力，使产品的劳动成本下降，在同样时间内生产更多的产品或降低原材料和资源的耗费，使产品的资本消耗减少，生产成本下降。新产品技术的应用，为企业创造了更大的市场与价值，为社会经济的发展提供了更多的资源和更大的空间。因此，知识产权也自然具有了使用价值的属性。

知识成果的价值必须通过知识产品的自由交换才能得到实现。因此，知识成果首先需要形成商品，才能进行自由交换。出现剩余和能被用于自由交换是知识成为商品的基本条件。商品的基本属性是具有价值和使用价值。知识虽然具有了价值和使用价值，但知识并不是一开始就成为商品的。劳动产品成为商品的条件是劳动产品有剩余和成为私有，知识产品是一种特殊的劳动产品，同样必须具备这两个条件，才可成为可以用来交换的商品。知识产品剩余随着社会文明发展产生的大量知识成果而得到解决，但知识的无形性与共享性、外部性和难以度量性，使得知识产品交易困难，因此，知识产品私有产权制度的建立和完善，成为知识商品化的另一必要条件。知识产权制度解决了知识产品的度量、所有权问题，通过法律规定的形式，把人类智力劳动的成果以具体的产品形式确定下来，

---

① 根据经济学的一般原理，知识产权经济可以定义为：依靠现代知识产权制度和世贸规则，通过创造、占有、使用、运营知识产权资源等方式，对资本、人才、自然及其他有形资源进行市场配置、集约经营、管理创新和创造财富的活动或过程。参见郭民生：《关于知识产权经济的系列思考之一：科学发展观与知识产权经济》。http://www.cnipr.com/zsyd/zlyj/t20051101_58134.htm，2007年7月9日访问。

使其成为可自由交换的无形商品。财产在传统的概念中被认为是一种实物产品,是劳动者生产劳动的产物,但随着科学技术的发展,知识经济社会开始形成,智力成果已经被作为一种抽象的、非物质化的财产类型进行保护。而这种非物质化的财产必须通过外在的载体才能表现出来,这个外在的载体就是知识产权。知识与技术产品能够成为财产,是由它们的有用性与稀缺性决定的。知识产品的有用性是通过其使用价值表现的,而稀缺性则表现为知识成果生产的长期性、复杂性与高成本性。正是知识产权的有用性与稀缺性,使之成为具有经济价值的知识财产,也被称为无形财产权。① 知识产权既然具有了价值、商品与财产的属性,自然就进入了经济的范畴,经济属性便成为它的基本属性,从而成为促进经济发展的原动力,对国际贸易也会产生巨大的推动作用。

(二) 知识产权战略与相关国家发展经济贸易的重要战略

21世纪是知识经济时代,国际知识产权保护态势正在发生深刻变化,发达国家不断强化知识产权保护,大幅提升知识产权保护水平,制定并实施知识产权战略,以美国、日本为代表,均在推行以"知识产权立国"的知识产权战略。20世纪70年代,欧亚发达国家和新兴工业国家在经济上崛起,使美国产业界感到了巨大的竞争压力,而这种压力就根源于知识产权保护不利,外国能够轻易模仿,并凭借劳动力和制造业的廉价成本优势实现了经济快速发展。为此,美国总统卡特在1979年提出"要采取独自的政策提高国家的竞争力,振奋企业精神",并第一次将知识产权战略提升到国家战略的层面。从此,利用长期积累的科技成果,巩固和加强知识产权优势,以保持美国在全球经济中的霸主地位,成为美国企业与政府的统一战略。美国知识产权战略的实施,其不仅对专利法、版权法、商标法等传统知识产权立法进行不断地修改与完善,而且随着生物、信息及网络技术的发展,一些新兴技术形式不断纳入知识产权的保护范围,例如将网络营销模式等理念列入专利保护范围。在国际贸易方面,美国还通过综合贸易法案的"特殊301条款",限制竞争对手,保护本国对外贸易。美国的知识产权战略,使美国在20世纪90年代经济保持持续增长的势头,据美国专利商标局统计,美国的专利申请一直保持快速增长,每年的专利申请增加率接近或超过10%,成为世界第一专利大国。2002年5月美国麻省理工学院主办的《企业技术评论》杂志发表了"经济萧条,企业兴旺"的专题文章,文章把美国企业在后COM时

---

① 以上内容参见王景、朱利:《知识产权经济性质的探讨》,载《昆明理工大学学报》(社会科学版),2004年第2期。

代的生存法则浓缩成一句话:"或有专利,或被淘汰(Patent or Perish)"。①

进入20世纪90年代,日本在高技术领域的竞争力开始落后于欧美,而在传统工业和劳动密集型产品方面,又面临着亚洲其他国家和地区的竞争。在这样的背景下,2002年7月3日,日本政府的知识产权战略会议发表了《知识产权战略大纲》,将"知识产权立国"列为国家战略,同年11月27日,日本国会通过了政府制定的《知识产权基本法》,共有4章33条,2003年3月1日生效。日本开始确立"知识产权立国"的国策。日本的知识产权战略的推行,使企业更加重视知识产权的利用。其表现为,一方面,企业将知识产权作为竞争获利的重要手段,拓宽了知识产权的流通渠道,增强市场竞争力;另一方面企业间建立专利联盟,有效地创造国际标准。如形成了DVD6C联盟,即六家生产DVD的核心企业日立、松下、三菱、时代华纳、东芝和JVC,在DVD方面形成技术核心联盟,达到专利支持、标准共定、技术分享,有效保障了其在国际市场的竞争力。

随着中国入世,在和跨国企业的竞争中民族产业的劣势完全暴露出来,尤其是在知识产权领域的争夺更是处于被动地位。一个国家、企业的创新能力和知识产权运用能力,将直接决定其在国际市场的竞争能力。知识产权的创造、管理、实施和保护在国际经济贸易中的地位已得到历史性的提升。据中国工程院院士倪光南介绍,科技部在2005年提出了中国科技的三大战略,即人才战略、专利战略、标准战略,这三大战略的核心就是知识产权。② 2005年6月份,国务院正式决定制定知识产权战略。2005年10月,十六届五中全会通过了国民经济和社会发展第十一个五年规划的建议,其中明确了将建立创新型国家作为今后的中心问题。我国知识产权战略的启动,标志着中国开始了知识产权立国之路。以自主知识产权为基础,通过在国际范围内实现本土化的研究开发、本土化的生产和销售,是提高企业国际竞争能力的有力保障。温家宝总理指出,世界未来的竞争是知识产权的竞争,我国大力推进知识产权战略必将使我们在对外贸易中逐步扭转知识产权劣势,有效应对发达国家的知识产权壁垒,提升在国际市场的竞争力。

(三) 知识产权在国际贸易中的地位

当代国际贸易呈现一个新的特征,就是国际贸易与知识产权的联系日益紧密,知识产权在国际贸易中的地位和作用日益加强,这也是知识产权保护新体制产生的经济动因。知识产权在国际贸易中的地位可概括为:第一,知识产权成为

---

① 杨起泉、吕力之:《美国知识产权战略研究及其启示》,载《中国科技论坛》,2004年3月第2期。

② 李国华:《知识产权强国:"20+1"战略年内浮出》,http://www.hktm.cn/news.asp?id=878,2007年11月25日访问。

国际贸易的重要组成部分。20世纪80年代以来，高新技术产品在全球出口中所占比重不断攀升，我国加入世贸组织以来，对外贸易中高新技术产品的进出口增长迅猛。2002年，高新技术产品进出口达1 504亿美元，占外贸进出口总额的24.2%；2005年，高新技术产品进出口达3 700多亿美元。① 而高新技术的核心是以专利、商标、计算机软件、专有技术等为主的知识产权，技术贸易额的显著增加，说明了知识产权已成为国际贸易的主角，知识产权在全球国际贸易中所占地位已非常显著。第二，知识产权成为国际贸易摩擦的新手段。随着经济的全球化，国内市场更多地对外开放，国际贸易中涉及专利、商标、商业秘密等知识产权问题增多，因知识产权引起的国际贸易摩擦迅速增加。第三，知识产权成为外国企业遏制国内企业竞争力的手段。目前，发达国家利用其在知识产权方面的优势，尤其是在某些技术领域，采取"抢先申请、跑马圈地"的战略，限制发展中国家进入国际市场。知识产权已成为外国企业遏制发展中国家企业国际竞争力的手段之一。

（四）知识产权法全球化与一体化的潮流涌动

知识产权法全球化指的是以签订知识产权国际保护条约为基础形成一系列知识产权保护的国际标准的知识产权法的趋同化现象和过程。② 其突出表现于以多边国际条约的形式确定知识产权保护的最低保护标准，从而实现各国知识产权保护的趋同化。世界贸易组织的与贸易有关的知识产权理事会的成立以及《知识产权协定》的诞生，极大地推动了知识产权法全球化的发展。知识产权立法的一体化，寓意着知识产权保护的基本原则与标准在全球范围内的普适性。③ 当代知识产权立法全球化和一体化的潮流有多种表征，如：国际法高于国内法、知识产权保护的高标准化、最低保护标准原则的适用、从实体到程序保护规则的一体化等等。但究其知识产权法全球化和一体化的原因则是知识产权和国际贸易的关联，是知识产权国际保护体制与国际贸易体制结合的产物。在《知识产权协定》诞生之前，知识产权国际保护与国际贸易是由两个不同的国际法律体系分别处理的国际事务。长期以来以世界知识产权组织及其所辖公约为中心的知识产权国际保护制度，致力于知识产权方面的国际交流与合作，知识产权国际保护主要以智

---

① 《知识产权：现代国际贸易中的焦点问题》宜宾商务周刊，http://www.ybcom.gov.cn/ebook/id, 2006, 8, 10, 1457. aspx, 2007年7月8日访问。
② 冯晓青：《法律全球化与知识产权保护之思考》，引自冯晓青主编：《全球化与知识产权保护》，中国政法大学出版社2008年版。
③ 吴汉东：《后TRIPs时代知识产权的制度变革与中国的应对方略》，载《法商研究》，2005年第5期。

力创造领域为其活动空间,与国际贸易并无直接关联。与上述国际组织及国际公约不同,世界贸易组织及其制度框架则将知识产权保护纳入到国际贸易体系之中。这意味着,在世界贸易组织框架内,实现了国际贸易"知识化"与知识产权"国际化",《知识产权协定》有别于传统的知识产权公约,其本身即是新国际贸易体制的重要组成部分,并以推进经济全球化与立法一体化为主要目标。第一,协定在总则中确立了期望减少国际贸易中的扭曲与阻力,需要促进对知识产权充分、有效的保护,并保证知识产权执法措施与程度不至于变成合法贸易的障碍的目的。第二,协定将世界贸易组织中关于货物贸易的原则和机制延伸到知识产权领域。第三,世界贸易组织体制下的争端解决机制不仅直接适用于一般贸易的纷争,而且适用于知识产权纠纷。①

---

① 吴汉东:《后 TRIPs 时代知识产权的制度变革与中国的应对方略》,载《法商研究》,2005 年第 5 期。

第二章

《知识产权协定》时代知识产权制度国际化的现状分析

一、《知识产权协定》的缔结

（一）《知识产权协定》的起因

首先，20世纪80年代以来，伴随着世界新技术革命的兴起，知识产权贸易额在整个国际贸易中的比重大幅度上升，与知识产权相关的贸易迅猛发展。与之相伴，国际贸易中的知识产权问题日益增多，如商品进出口中假冒商标问题、专利产品"平行进口"中的侵权问题等。从经济发展的趋势看，把知识产权作为一个特殊议题纳入关贸总协定的管辖范围逐步提上日程。在国际贸易中，知识产权在发达国家与发展中国家的比重不均衡，90%的知识产权属于发达国家，发达国家起着主导作用。以美国为代表的发达国家为了保护国际贸易中自己的知识产权，极力主张把贸易与知识产权保护挂钩。他们认为，在关贸总协定内建立一套知识产权保护体系，就可以减少因知识产权保护不力而给国际贸易带来的障碍，并增强其在多边基础上对侵犯知识产权行为的报复能力，以弥补现行世界知识产权组织框架下的知识产权国际保护制度的不足；通过把贸易和知识产权问题挂钩，发达国家可以利用技术和贸易优势来影响国际上对知识产权的保护，并且可以保持其国际贸易中的技术优势。美国认为世界上许多国家大量仿制其出口产品，从而极大地损害了美国的利益，其声称每年在知识产权方面蒙受的损失达

600亿美元①。鉴于此，美国制定了其所谓专门保护知识产权的"特殊301"条款；欧共体也在知识产权方面对发展中国家制定了类似的政策。

其次，原来的《关税与贸易总协定》（GATT）中并非没有任何有关知识产权的内容，但内容极为有限，远未形成统一的知识产权保护规则。例如有要求缔约方制止滥用原产地标记的行为（第9条）；为收支平衡目的使用配额，不得违反知识产权法律（第12条第3款、第18条第10款）；一般例外（第20条第4款）规定，保护知识产权的措施应当是非歧视的等。这些有关知识产权的凤毛麟角的规定，已经不能适应世界贸易尤其是技术贸易的发展了。

最后，世界知识产权组织框架下的知识产权国际保护体系"国际立法软弱，各国立法不一"②，影响了国际经济贸易的发展。如上文所述，世界知识产权组织框架下的知识产权国际保护制度的局限性越来越凸显，如签字国少，约束力弱；缺乏统一的争端解决机制；缺乏有关高新科技成果知识产权保护的规定；各国知识产权立法差异较大等，使得世界贸易中知识产权问题难以指望通过世界知识产权组织框架下的知识产权国际保护制度来加以解决。

（二）乌拉圭回合的知识产权纷争

1982年11月，GATT首次将假冒商品贸易的议题列入议程。1985年，GATT总理事会设立的专家组得出结论：假冒商品贸易越来越严重，应当采取多边行动。但对GATT是否为解决这一问题的适当场所，各方分歧比较大。

以美国、瑞士等为代表的发达国家主张，应将知识产权列入多边谈判的议题；美国代表甚至提出，如果不将知识产权作为新议题，美国将拒绝参加第八轮谈判；发达国家还主张，应制定保护所有知识产权的标准，并且必须通过世界贸易组织的争端解决机制对知识产权进行保护。③

以印度、巴西、埃及、阿根廷和南斯拉夫为代表的发展中国家认为，保护知识产权是世界知识产权组织的任务，应当把制止假冒商品贸易与广泛的知识产权保护区别开来；他们担心，保护知识产权会构成对合法贸易的障碍；强化保护知识产权有利于跨国公司的垄断，提高药品和食品的价格，从而对公众的福利产生不利的影响。④ 如一些国家的代表所形容的，如果把知识产权问题加到关贸总协定中，就如同把病毒输入计算机一样，其结果只会进一步加剧国际贸易中已存在的不平衡。

1986年9月15日，在乌拉圭埃斯特角城发起的第八轮谈判中，瑞士等20个

---

①② 曹建明、贺小勇著：《世界贸易组织》，法律出版社2004年版，第269页。
③④ 参见石广生主编：《世界贸易组织基本知识》，人民出版社2001年版，第231页。

国家提出把"服务贸易"、"投资保护"和"知识产权"作为三个新议题纳入谈判范围的提案。尽管一些发展中国家不同意将知识产权问题引入国际贸易中来，甚至发达国家内部意见也未取得一致，但贸易大国之间的共识起了决定性的作用。到1990年年底，在乌拉圭回合的布鲁塞尔部长级会议上，把知识产权问题纳入关贸总协定已基本成为定局。1991年，关税与贸易总协定总干事提出了乌拉圭回合最后文本草案的框架，其中《与贸易（包括假冒商品贸易在内）有关的知识产权协定》基本获得通过。

发展中国家之所以最终接受了《知识产权协定》，一方面是因为《知识产权协定》并非对发展中国家完全不利。很多发展中国家自20世纪80年代以来大量引进外资，加强知识产权保护也是其自身需要；"乌拉圭回合"一揽子协议中，包括了发展中国家可以得到的一些好处，"发展中国家担心，没有《知识产权协定》，美国国会将不会批准一揽子协议。"① 另一方面，发达国家同意在实施《知识产权协定》方面给发展中国家一些过渡期。

1993年12月15日《与贸易有关的知识产权协议》最终达成，它标志着在当今的国际经贸发展中，科学技术、国际经贸与知识产权三者之间的关系，正发生着有史以来深刻的变化。这种变化不仅是促进知识产权保护规范化的动力，而且决定了知识产权在国际贸易中的地位，反映了知识产权保护的时代特征和发展趋势。② 自1995年1月1日始，世界贸易组织（WTO）开始取代关贸总协定正式运行，与此同时世界贸易组织也开始部分取代知识产权国际保护体系中世界知识产权组织的作用，世界贸易组织与世界知识产权组织齐肩并进，共同促进了知识产权国际保护的新体制基本确立。

二、《知识产权协定》与知识产权国际保护新体制的形成

"不论从TRIPs所涉及范围还是条约义务力度上，都是谈判开始时全然没有料到的。"③《知识产权协定》的作用和影响也是大多数参加谈判的代表所始料不及的，它标志着一个加强知识产权国际保护新纪元的开始。

首先，《知识产权协定》的里程碑意义体现在其所确立的宗旨上，即减少国际贸易中出现的扭曲和阻力，促进对知识产权的国际保护，防止知识产权执法的措施与程序变成合法贸易的阻碍；肯定并要求全体成员必须遵守并执行4个国际

---

① 石广生主编：《世界贸易组织基本知识》，人民出版社2001年版，第232页。
② 李冬梅、徐红菊：《知识产权国际保护制度的法理学分析》，载《当代法学》，2001年第7期。
③ Jeffrey J. Schott：Uruguay Round（1994）P. 116.

公约，包括《保护工业产权巴黎公约》、《保护文学艺术作品伯尔尼公约》、《保护表演者、录音制品制作者与广播组织公约》和《关于集成电路知识产权条约》。《知识产权协定》确立了国民待遇原则即各成员在知识产权保护上，对其他成员方国民提供的待遇，不得低于其本国国民；确立了最惠国待遇原则[①]即在知识产权保护上，某一成员提供给第三方国民的任何可带来利益的措施，均应立即、无条件地适用于其他成员的公民；重申了透明度原则。《知识产权协定》所确立的这些宗旨和原则，反映了知识产权保护的时代特征和发展趋势，开创了世界贸易组织与世界知识产权组织齐头并进，共同促进知识产权国际保护的新体制。

其次，《知识产权协定》的里程碑意义还体现在其对"知识产权"的重新定位上。

走进"世界贸易"的知识产权，在《知识产权协定》中有了自己的重新定位。它既不同于传统的知识产权分类，又并非知识产权家族中的新贵，只不过按照国际贸易实践的需要，经过乌拉圭回合 8 年马拉松式的谈判，确定了协定中的知识产权仅与贸易有关，并且仅与有形的货物贸易有关。这里的贸易，既包括合法的贸易，也包括假冒商品的贸易。在前者，有时存在知识产权保护问题，在后者则始终存在打击假冒、保护知识产权的问题。《知识产权协定》中知识产权的范围包括版权与邻接权、商标权、地理标志权、工业品外观设计权、专利权、集成电路布图设计（拓扑图）权、未披露过的信息专有权。这 7 个方面是对 WTO 成员方保护知识产权的最低要求。

版权与邻接权领域，出租权成为新贵，但不保护精神权利。知识产权协定继承了《伯尔尼公约》要求各成员方必须授予的经济权利（共有 8 项）：翻译权、复制权、公开表演权、广播权、朗读权、改编权、录制权和制片权。知识产权协定在此 8 项权利之外，还增加了一项伯尔尼公约中未加明确的"出租权"。鉴于各国版权法可以对出租权做不同规定，知识产权协定要求其成员至少对出租利润可能很高的计算机程序与电影作品给予出租权。对于"精神权利"，知识产权协定则不授予作者精神权利。[②] 这两项"革命性"变革，集中反映了本协定是"与贸易有关"的知识产权协定。另外，知识产权协定对计算机程序的保护，已超过伯尔尼公约；对邻接权的保护则低于罗马公约。

商标方面，明确保护服务商标，重塑驰名商标。知识产权协定保护的商标不

---

① 《与贸易有关的知识产权协定》首次将"最惠国待遇"规定为"在知识产权保护上，某一成员提供给其他国民的任何利益、优惠、特权或豁免，均应立即无条件地适用于全体其他成员之国民"。这是知识产权国际保护的重大变化，为世贸组织成员间实行非歧视贸易提供了重要的法律基础。在以往的知识产权国际公约中，几乎没有一个知识产权国际公约订有最惠国待遇条款。由于知识产权协议是众多国家和地区参加的国际协议，因此，享受最惠待遇的主体也有 100 多个，其受惠范围之大是空前的。

② 《与贸易有关的知识产权协定》第 9 条第 1 款明确排除了"精神权利"。

但包含了传统的商品商标,也包含了服务商标。知识产权协定在给予驰名商标的保护上与巴黎公约比,其革新表现在:一是将巴黎公约的特殊保护延及服务商标;二是把保护范围扩大到禁止在不类似的商品或服务上使用与驰名商标相同或近似的标识;三是对如何认定驰名商标,也作了原则性的规定。关于商标权的取得,协定用"注册在先"的原则,将"标识性"和"视觉可识别性"作为注册条件;规定商标权的保护期不得少于7年,可无限次续展;如以未使用为由撤销注册商标,则必须是连续3年未使用;协定明确规定不得对商标权实行强制许可。

界定了地理标志的含义。地理标志系指下列标志:标示出某商品来源于某成员地域内,或来源于该地域中的某地区或某地方;该商品的特定质量、信誉或其他特征,主要与该地理来源相关联。各成员应对地理标志提供保护,包括对含有虚假地理标志的商标拒绝注册或宣布注册无效,以防止公众对商品的真正来源产生误解或出现不公平竞争。①《知识产权协定》对葡萄酒和白酒地理标志提供了更为严格地保护。对于"虚假地表明"产品来源于某地的地理标志,即使不会对公众产生误导,不是不公平竞争,也不得用于葡萄酒和白酒。

工业品外观设计不一定是工业产权。工业品外观设计是指对产品的形状、图案或其结合以及产品的色彩与形状、图案或其结合所提出的适于工业上应用的新设计。受保护的工业品外观设计的所有人,有权制止第三方未经许可而为商业目的制造、销售或进口带有或体现有受保护设计的复制品或实质性复制品之物品。工业品外观设计的保护期应不少于10年。协定专门强制要求成员在纺织品外观设计的保护上,不能附加不合理的条件。纺织品设计具有周期短、数量大、易复制的特点,因此对纺织品设计给予保护的条件,特别是费用、审查和公布方面的条件,不得影响这些设计获得保护。知识产权协定要求全体成员必须保护工业品外观设计。同时,又允许各成员自由选择以什么样的法律加以保护,既可以用工业产权法,也可以用版权法。在知识产权协定中始终没有提到"工业品外观设计专利",也未规定外观设计的强制许可。

专利方面,规定了进口权,突出植物新品种保护。在专利保护方面,知识产权协定照顾了各成员不同的立法传统,它规定了什么成果可以获得专利,又规定了什么成果不可以获得专利;在专利"三性"(创造性、新颖性、实用性)上明确注明"创造性"与"非显而易见性"是同义语;对于"新颖性"未作任何解释或说明,也就是说,各成员可以自由选择"绝对新颖性"、"相对新颖性"和"混合新颖性"标准;明确规定对违反社会公德、公共秩序的成果,动、植物品

---

① 参见《与贸易有关的知识产权协定》第 22 条的规定。

种,以及疾病诊疗方法,均不授予专利;对植物新品种必须以其他专门法给予保护,不允许在这项成果上留下空白;明确了专利权人的进口权,但这仅指专利产品这种"货物"进口权,而非"专利"本身的进口权;规定专利保护期不得少于 20 年。

集成电路布图设计方面,不允许强制许可,无追溯保护。对集成电路布图设计,世界贸易组织成员可以通过专门法律,也可以通过专利、工业品外观设计、反不正当竞争等法律加以保护;登记或商业利用均可以产生权利,保护期从两者中的先者开始计算,期限为 10 年;协议允许成员不保护其加入协议前已出现的集成电路布图设计;规定权利人享有的权利仅包括"进口权"、"销售权"、"其他形式的发行权",未明确规定"复制权",但协议却暗示了未经许可的复制是非法的。协定还从"善意侵权可减少责任"的角度,作出权利限制的规定。

商业秘密——未披露的信息成为绝对权。知识产权协定中的"未披露的信息"主要是指商业秘密,明确将其列为一项知识产权,确定了其绝对权地位。事实上,在世界贸易组织的"知识产权协定"谈判展开之前,大多数国家均主要把商业秘密作为一种由合同确立的"债权",而不是作为类似知识产权的法定"专有权"予以保护的。①

依照《知识产权协定》的规定,"未披露的信息"的条件:必须是秘密没有被公开过;因保密才具有商业价值;合法控制它的人已为保密采取了措施。与传统知识产权(专利权、商标权、版权)相比,商业秘密权利人多了两项权利:制止他人披露,制止他人获得有关信息。协定没有对商业秘密权利限制作出具体规定,但却暗示如果出于保护公众的需要,则可以对这种权利实行某些限制。

最后,《知识产权协定》的里程碑意义也在其知识产权执法机制中得以体现。

《知识产权协定》为了保证协定中赋予自然人或法人的私权能够得到行使,但又不至于妨碍国际贸易活动,因此专门规定了各成员行使权利的途径和争端解决方式,一改原有各国分列执法标准的传统。协定首先明确了有关执行程序必须"公平合理",进而又明确各成员的执法不得"无保障拖延";在任何情况下,对行政部门的终局裁决或决定都应给当事人诉诸法律的权利。执法的最低要求是防止、制止、阻止侵权。各成员的法律应当规定禁止"即发侵权"之类可预见到,又并非无根据推断的侵权准备活动;对已发生的侵权活动采取执法措施,如临时禁令等;针对将来可能继续发展的侵权活动所采取的措施,如下达永久禁令等。在知识产权保护上,采取临时措施与边境措施是 WTO 知识产权协定与原有国际

---

① 郑成思著:《知识产权法:新世纪初的若干研究重点》,法律出版社 2004 年版,第 350 页。

公约相比一大不同之处。这两种措施，都是把侵权活动制止在未发生或初发阶段，阻止它的进一步扩展从而保障权利人的利益。知识产权协定所说的争端是指成员国或成员地区之间的知识产权争端，而不是指权利人之间或与非权利人之间的争端。在争端解决方面，协定规定采用原关贸总协定解决争端的总机制。知识产权争端解决程序，首先要求各成员的法律、条例及法律规范性文件，只要与知识产权有关，就要有透明度。一般情况下，上述法律或具有法律性质的文件必须"颁布"，如果没有"颁布"的可能或必要，也必须使公众能够得到，否则就不视为有透明度。成员还应把有关文件的内容全部通知"与贸易有关的知识产权理事会"，以便由该理事会检查执行情况。

三、TRIPs时代知识产权国际保护新体制的特点

《知识产权协定》是从以往有关知识产权国际保护的公约继承发展而来，并且强制自己的成员必须遵守并执行原有的《保护工业产权巴黎公约》、《保护文学艺术作品伯尔尼公约》、《保护表演者、录音制品制作者与广播组织公约》和《关于集成电路知识产权条约》等世界知识产权组织框架下的国际公约，但其鲜明特点不容抹杀。

《知识产权协定》所确立的知识产权国际保护新体制，在从贸易的角度来保护知识产权前提下，其所涉内容相当广泛。一方面，《知识产权协定》是目前内容最为广泛的知识产权国际保护文本，涉及（与贸易有关的）所有类型的7个知识产权种类，一改世界知识产权组织框架下的知识产权国际公约仅保护知识产权的某一个具体方面的模式，如《巴黎公约》只规定了有关工业产权的保护制度，《伯尔尼公约》只规定了版权的保护制度等。另一方面，《知识产权协定》增添了诸多原有公约没有规定的权利内容并弥补了众多公约在知识产权保护中的缺陷，如规定了对未披露的信息的保护，增加了作品出租权的规定，规定注册商标的有效期限不得少于七年，期满后可以无限地续展，每次续展的有效期限不得少于七年，这就弥补了《巴黎公约》中没有规定注册商标的有效期限的缺憾。再一方面，《知识产权协定》第一次把知识产权纳入贸易体系的范围内进行保护，突出对"与贸易有关的"知识产权的保护，反映了当今国际贸易发展的要求，对今后国际贸易发展和世界经济一体化进程的推动作用不可低估。

《知识产权协定》所确立的知识产权国际保护新体制，针对世界各国发展水平的不同，在区别对待基础上，"提升了知识产权保护水平"[①]。《知识产权协

[①] 吴汉东等著：《知识产权基本问题研究》，中国人民大学出版社2005年版，第158页。

定》针对不同发展水平的国家，分别规定了实施该协议的时间表，即《知识产权协定》在发达国家从 1996 年 1 月 1 日起、在发展中国家（包括经济转型国家）从 2000 年 1 月 1 日起、在最不发达国家从 2006 年 1 月 1 日起分别开始实施。其体现出的这种务实精神，不仅使大多数国家容易接受，从而加快知识产权国际保护进程，而且这本身就保证了其内容切实有效的实施。除此之外，《知识产权协定》第一次规定了对未披露的信息的保护，第一次要求各成员方对计算机程序给予版权保护，第一次规定了作品的出租权，详细规定了执法措施等，较以往知识产权国际保护公约在知识产权保护的整体水平上有大幅度的提高。

《知识产权协定》所确立的知识产权国际保护新体制，一改以往知识产权公约"软"属性，《知识产权协定》中强制缔约意味较浓，协定的权威性毋庸置疑。从《知识产权协定》条文中找不到强制缔约的明文规定，但是由于该协定为世贸组织制定，其广大的成员方必须遵守，强制缔约性不言自明。另外，对非世贸组织的大多数国家来说，由于巨大的经济利益的诱惑，他们为能够尽快成为世贸组织的一员而加紧按照《知识产权协定》的标准制定和修改国内法中有关知识产权保护的规定，因此可以说这些国家实际上是《知识产权协定》的潜在缔约人。《知识产权协定》的强制缔约性对推定知识产权的国际保护具有一定的积极意义。知识产权与国际贸易挂钩使《知识产权协定》比以往任何公约、组织更受到重视，《知识产权协定》不可避免地会部分取代世界知识产权组织的原有的作用，但世界知识产权组织仍然存在，今后还会继续在推动知识产权国际保护方面发挥作用，并与世界贸易组织共同完成知识产权国际保护的庄严使命。这表明《知识产权协定》改变了原有的知识产权国际保护格局，使知识产权国际保护从以世界知识产权组织为核心逐渐转变为以《知识产权协定》与世界知识产权组织并重的局面，并且《知识产权协定》有更加重要之势。

总结起来，与过去的知识产权国际条约相比，《知识产权协定》具有三个突出特点：第一，它是第一个涵盖了绝大多数知识产权类型的多边条约，既包括实体性规定，也包括程序性规定。这些规定构成了世界贸易组织成员必须达到的最低标准，除了在个别问题上允许最不发达国家延缓施行之外，所有成员均不得有任何保留。这样，该协议就全方位地提高了全世界知识产权保护的水准。第二，它是第一个对知识产权执法标准及执法程序作出规范的条约，对侵犯知识产权行为的民事责任、刑事责任以及保护知识产权的边境措施、临时措施等都作了明确规定。第三，它引入了世界贸易组织的争端解决机制，用于解决各成员之间产生的知识产权纠纷。过去的知识产权国际条约对参加国在立法或执法上违反条约并无相应的制裁条款，TRIPs 协议则将违反协议规定直接与单边及多边经济制裁挂钩。①

四、TRIPs 时代知识产权争端解决机制的特殊作用

乌拉圭回合上达成的 TRIPs 第一次将知识产权保护问题纳入多边贸易体制，使世界贸易形成了货物贸易、服务贸易和知识产权保护三足鼎立的格局。TRIPs 对世界各国知识产权提供了最低保护标准的同时，还在第 5 部分规定了争端的防止和解决，其中，第 64 条专门就知识产权争端解决作出了规定，从而使知识产权争端解决有了强有力的制度和机制保障，形成了新的争端解决机制，弥补了世界知识产权组织知识产权争端解决不力的尴尬，从而使世界知识产权保护"有法可依"，并促进了国际知识产权保护水平的提高。

（一）知识产权争端的类型

知识产权争端从广义而言是指与知识产权有关的一切法律与事实争议，可以包含作为国际法主体的国家与国际组织之间的争端，也可以包含对国家知识产权管理机关行为不服而引起的争议，还包括狭义的知识产权争端。而狭义的知识产权争端则指平等的民事主体之间发生的与知识产权有关的争端，主要包括权利主体资格、权利的内容、权利的行使、权利的救济等方面的争端。从不同的角度可以对知识产权争端进行不同划分。如按争端的主体划分，可以分为国际法主体之间的争端，私人之间的争端，国际法主体与私人之间的争端；按争端的客体划分，可分为专利、商标、版权、商业秘密、企业名称、原产地名称、反不正当竞争权等争端；按争端的性质可分为契约性争端与非契约性争端；法律争端、事实争端和混合争端；国内争端与涉外争端等。② 本书主要论及的是 WTO 成员方之间与贸易有关的知识产权争端，并且是按争端客体划分的知识产权争端类型。

传统知识产权被划分为两大类：第一，版权和邻接权，对版权和邻接权进行保护的主要目的显然是为了促进和鼓励对文学、艺术和科学作品的创造性工作以及对作品的传播。第二，工业产权，包括：（1）对显著设计的保护，如商标、地理标志；（2）旨在刺激发明、外观设计和新的技术方案，如专利、工业设计

---

① 郑成思：《国际知识产权保护和我国面临的挑战和机遇》，http://www.edu.cn/zhuan_jia_ping_shu_1113/20060731/t20060731_190505.shtml2008 年 4 月 29 日访问。
② 冯汉桥：《WIPO 的国际知识产权争端解决机制评介》，载《社会科学论坛》，2005 年第 8 期。

和商业秘密。TRIPs 所调整的是与贸易有关的知识产权，并且是与有形货物贸易有关的知识产权，虽然缔结 TRIPs 的初衷主要是针对冒牌货物和假冒商标的商品，但从十多年的实践来看，TRIPs 实际上已经成为保护 WTO 成员方各种形式的知识产权的尚方宝剑。根据 TRIPs 第二部分的规定，可以将知识产权争端划分为 8 大类型：(1) 与贸易有关的关于版权和邻接权的争端；(2) 与贸易有关的关于商标权的争端；(3) 与贸易有关的关于地理标志的争端；(4) 与贸易有关的关于工业设计的争端；(5) 与贸易有关的关于专利的争端；(6) 与贸易有关的关于集成电路布图设计的争端；(7) 与贸易有关的关于未披露信息的争端；(8) 关于许可协议中限制竞争行为的争端，诸如排他性返授条件、阻止对许可效力提出质疑的条件和强制性一揽子许可等。①

自世界贸易组织成立以来，WTO 争端解决机构已解决的关于知识产权争端中，目前已涉及上述 (1)、(2)、(3)、(5)、(7) 类争端。以专利争端为主，其中又以药品和农用化学制品为主，版权及邻接权争端次之，其中以电影和电视节目、录音制品为主，地理标志争端虽然案件不多，但足以令人深思，因为地理标志是 TRIPs 中规定的新型的知识产权，并且是通过争端解决机制获得进一步保护的知识产权。第 (7) 类关于未披露信息的争端并未有独立争端，而是被包含在专利争端中。因此，实际上，WTO 争端解决机构解决的与贸易有关的知识产权争端主要指 (1)、(2)、(3)、(5) 类争端。

（二）TRIPs 关于知识产权争端解决的规定

TRIPs 关于知识产权争端解决的规定是在第 5 部分第 64 条。共有 3 款。(1) 除非本协定中另有具体规定，由《争端解决谅解》详述和实施的 GATT1994 第 22 条和第 23 条的规定适用于本协定项下产生的磋商和争端解决；(2) 自《WTO 协定》生效之日起 5 年内，GATT1994 第 23 条第 1 款第 2 项和第 3 项不得适用于本协定项下的争端解决；(3) 在第 2 款所指的时限内，知识产权理事会应审查根据本协定提出的、属 GATT1994 第 23 条第 1 款第 2 项和第 3 项规定类型的投诉的范围和模式，并将其建议提交部长会议供批准；部长级会议关于批准此类建议或延长第 2 款中时限的任何决定只能经协商一致作出，且经批准的建议应对所

---

① 虽然目前主要和重要的知识产权著作中一般只将知识产权的类型分为 7 大类，但并不妨碍笔者将知识产权争端的类型归纳为 8 大类。因为笔者在仔细研读了 TRIPs 后认为，TRIPs 第二部分第 8 节规定的对协议许可中限制竞争行为的控制中已经明确规定了此类争端，即当一成员方具有排他性返授条件、阻止对许可效力提出质疑的条件以及强制性一揽子许可等限制竞争的情形，另一成员方可提出磋商的请求，而另一成员方应给予该成员磋商的机会。

有成员生效，无需进一步的正式接受程序。① 从该条规定可以看出，目前 WTO 争端解决机制仅能解决"违法之诉"，即 WTO 成员方，也即 TRIPs 成员方违反 TRIPs，致使其他成员方根据 TRIPs 的利益受到丧失和减损，或 TRIPs 的目的的实施受到阻碍。而对于"非违法之诉"和"情势之诉"，则需根据特别程序进行处理。考虑到知识产权保护的特殊性，第 64 条第 2 款首先规定在《WTO 协定》生效之日起 5 年内，即在 1999 年 12 月 31 日前，提交 WTO 争端解决机构的关于知识产权的争端必须是违反了 TRIPs 的争端，而对于未违反 TRIPs 的措施，不论该措施是否与 TRIPs 的规定相抵触，或存在任何其他情况，即使一个 TRIPs 的缔约方认为，它在 TRIPs 下直接或间接获得的利益因受该措施的影响正在丧失或减损，或 TRIPs 的任何目标的实现正在受到阻碍，也不能依照《关于争端解决规则与程序的谅解》（DSU，Understanding on Rules and Procedures Governing the Settlement of Disputes）规定向 WTO 争端解决机构提出争端解决的请求。由此可以看出，TRIPs 对涉及知识产权的争端解决的规定是不同于一般 WTO 的争端解决机制的。将涉及 GATT1994 第 23 条第 1 款第 2 项和第 3 项的知识产权争端直接提交给知识产权理事会审查其范围和模式并提交给部长级会议批准其建议，充分说明了各缔约方对知识产权争端的高度重视，也说明了知识产权争端的敏感性。

（三）TRIPs 规定知识产权争端解决的法律意义

在 TRIPs 生效前，关于知识产权的国际公约有 20 多个，它们涉及知识产权保护的各个方面。其中比较重要且中国已经加入的有：《成立世界知识产权组织公约》②、《保护工业产权巴黎公约》（以下简称《巴黎公约》）、《保护文学艺术作品伯尔尼公约》（以下简称《伯尔尼公约》）、《商标国际注册马德里协定》、《专利合作条约》、《保护唱片制作者防止唱片被擅自复制公约》、《国际承认用于专利程序的微生物保存布达佩斯条约》、《商标注册用商品与服务国际分类尼斯协定》、《建立工业品外观设计国际分类洛迦协定》、《国际专利分类斯特拉斯堡协定》。中国尚未加入的有：《保护表演者、录音制品制作者和广播组织公约》

---

① 1994 年部长级会议规定争端解决规则将在 1999 年 1 月 1 日前进行重新审议。1997 年争端解决机构开始重新审议争端解决规则，审议的期限被延长至 1999 年 7 月 31 日，但 1999 年 7 月 31 日未能就争端解决规则达成新的协议。2001 年 11 月，多哈部长级会议上，WTO 成员方的部长们同意为改进和明确争端解决规则与程序的谅解进行谈判。部长们决定新的谈判应不迟于 2003 年 5 月结束。WTO 争端解决机构就此召开了特别会议进行新的谈判。2003 年 7 月 25 日，争端解决机构的特别会议宣布需要更多的时间完成谈判的任务，总理事会同意延长特别会议的时间表延长至 2004 年 5 月。见 www.wto.org, Dispute settlement gateway. 2005 年 12 月 3 日。迄今为止，尚未有资料显示该谈判已经成功。

② 根据此公约成立的世界知识产权组织目前有 182 个成员方，管辖着 23 个国际知识产权公约、条约或协定。

(以下简称《罗马公约》)、《视听作品国际登记条约》、《商标法条约》、《保护奥林匹克会徽内罗毕条约》、《世界知识产权组织版权条约》、《世界知识产权组织表演与录音制品条约》、《商标图形国际分类维也纳协定》、《保护原产地名称和国际注册里斯本协定》、《工业品外观设计国际保存海牙协定》、《发送卫星传输节目信号布鲁塞尔公约》、《制止商品产地虚假或欺骗性标志马德里协定》、《关于集成电路知识产权条约》(以下简称《华盛顿公约》)等,它们共同构成国际知识产权保护体系,简称 WIPO 体系。在范围上,WIPO 体系对知识产权的保护比较宽泛,但由于各公约参加国数目各不相同,多者可达一百八十多个,少的只有一二十个。最重要的是,WIPO 体系对知识产权的保护存在一个致命的弱点,即未设立健全的争端解决机制,使得其保护程度和保护水平远未达到发达国家期望的目标。因此,乌拉圭回合时,美国、瑞士等发达国家强烈要求将知识产权保护问题纳入谈判框架并最终形成了 TRIPs。因此,当今对知识产权的国际保护实际上就有两个并行不悖的体系:WIPO 体系和 TRIPs 体系。世界知识产权组织体制下的知识产权争端解决规则与世界贸易组织体制下的知识产权争端解决规则共同构成了国际知识产权争端解决机制的主要内容。但是,前者与后者在很多方面存在着差异和不同。特别是在所涉争端的性质和范围、管辖权限、具体运作程序和约束力等方面差异尤为突出。相比较而言,前者在解决争端方面存在很多缺失,而后者,特别是 TRIPs 在知识产权争端解决方面同之前旧的体制相比发展了一些新的特征,这凸现了其在国际知识产权争端解决中的重要意义。

1. WIPO 体系下的知识产权争端解决机制的缺失

由于政治、经济、历史、文化、法律乃至社会的原因,国际社会对知识产权保护的深度和广度的理解是不可能完全一致的。各成员方对公约、协定或条约的内容和条款的理解也不可能一致,特别是各成员方的政治制度不同,经济发展水平存在巨大差异、法律文化和法律传统各异,因此,对知识产权公约、条约和协定的执行也就必然会发生歧义。而综观 TRIPs 生效前的知识产权国际公约,无论是《建立世界知识产权组织公约》,还是《巴黎公约》、《伯尔尼公约》、《专利合作条约》、《商标国际注册马德里协定》等,都没有明确说明因公约未规定或条约、协定的执行和条款的解释或公约所保护的知识产权受到侵犯时的争端解决办法和机制。实际上,WIPO 体系下,知识产权保护公约、条约或协定的执行是依赖其公信力或成员方的自觉和诚信。世界知识产权组织对知识产权的保护主要通过促进各成员方的合作和具体制度来保护知识产权,对于可能产生的争端,也只能向世界知识产权组织的仲裁和调解中心提出仲裁或调解申请。因此,在 WIPO 体系下,"并未建立起有效的解决争端机制。一旦成员国之间发生侵权纠纷或其他争端,只能通过谈判解决,谈判不成只能向有关国际法院提出诉讼,而对此，成员方还可以申请保留，因而事实上许多侵权纠纷不能得到合理解决。"①虽然，关于知识产权保护的公约、条约或协定的执行争端可以像其他国际公约发生争端时的解决办法一样提交国际法院，但由于各国对国际法院管辖权持谨慎态度，国际法院的判决的执行又没有强有力的机制和制度保障，使得 WIPO 体系下的国际知识产权保护公约的强制力大打折扣。

由此看出，在争端解决机制方面，WIPO 体系是存在明显缺陷的，甚至尚处于缺失状态。缺乏有效的争端解决机制，使 WIPO 管理的一系列条约的执行效果大打折扣。因此，在国际知识产权保护要求不断升温的情况下，WIPO 体系下的争端解决机制是无法满足当前需要的，它需要进一步地补充和发展。一方面，WIPO 保护的知识产权的范围日益扩大，条约参加国数目不断增加；另一方面，争端解决机制的缺失使这些实体条约成为没有"牙齿"的法律。WTO 的争端解决机制使 TRIPs 的作用得到了切实地发挥。换句话说，正是 WIPO 体制下缺乏强有力的知识产权国际争端解决机制为 WTO/TRIPs 知识产权国际争端解决机制产生提供了强有力的法律动因。这正是 TRIPs 引入争端解决机制的原因之一。正是将争端解决程序引进 TRIPs 中，从而使 TRIPs 一经生效就得到了普遍的认可和重视。从 TRIPs 协定生效后因对 TRIPs 的执行不力或对 TRIPs 条款和内容的理解不一而产生的争端的顺利解决来看，TRIPs 中的争端解决程序的规定既是非常必要的，也是非常及时的。

2. TRIPs 体系下的争端解决机制及其法律意义

因知识产权而产生的国际知识产权争端解决机制主要被规定在 TRIPs 第 63 条、第 64 条和 WTO 附件 2 的 DSU 中。

TRIPs 协定第 63 条是关于透明度的规定，共有 4 款：

（1）各成员所实施的与本协定内容（知识产权的效力、范围、取得、执法及防止滥用）有关的法律、条例以及普遍适用的终审判决和裁决，均应以该国文字颁布；如果实践中无此可能，则应以该国文字使公众能够获得，以使各成员方政府及权利人能够知悉。一方成员政府与任何他方政府之间生效的与本协定内容相关的各种协议也应当予以公布。

（2）成员方均应将本条第 1 款所指的法律及条例通知"与贸易有关的知识产权理事会"，以便协助该理事会检查本协定的执行情况。该理事会应力求减轻各成员履行这一义务的负担。如果同世界知识产权组织之间关于建立接收上述法律及条例的共同登记机构的协商获得成功，则将有关法律及条例直接通知该理事会的义务可以撤销。该理事会还应当就此考虑被要求提交的来源于巴黎公约

---

① 任继圣主编，陈洁、赵倩编著：《WTO 与知识产权法律实务》，吉林人民出版社 2001 年版，第 5 页。

1967 年文本第 6 条第 3 款、符合本协定义务的通知所必需的措施。

（3）各成员均应有准备依照另一成员的书面请求提供本条第 1 款中所指的信息。如果某一成员方有理由相信知识产权领域的某一特殊司法判决或行政裁决或双边协议影响了其依照本协定所享有的权利，也可以书面请求获得或者请求对方通知该特殊司法判决、行政裁决或双边协议的足够详细的内容。

（4）如果披露有关秘密信息将妨碍法律的执行，或违反公共利益，或损害特定的公有或私有企业的合法商业利益，则本条第 1~3 款均不要求成员披露该秘密信息。

透明度原则是 WTO 的基本原则，TRIPs 规定的透明度是 GATT1994 透明度原则在知识产权协定中的细化和升华。

TRIPs 第 64 条是一个并入条款，将 DSU 并入了 TRIPs 规定的知识产权国际争端解决程序中，因此，除了 TRIPs 第 64 条的特别规定外，DSU 全面适用于 WTO 框架下知识产权国际争端的解决。

总之，TRIPs 的制定改变了以往的知识产权国际保护体系，对知识产权国际保护具有重要法律意义，主要体现在：

（1）终结了 WIPO 体系下没有严格意义上的知识产权争端解决机制的时代，为知识产权国际保护提供了强有力的制度保障机制。虽然 WIPO 也建立了解决成员方国家之间知识产权问题的争端机制，但该机制表现出一定的原始性和不完整性，即相关条约一般没有规定完善的争端解决机构和程序，很多条约甚至没有关于争端解决的规定。由于 WIPO 的争端解决机制主要依赖国际法院和 WIPO 的仲裁与调解中心，而又将争端分为国家间的争端和私人争端，没有一个属于 WIPO 自行管理的有制度性保障的争端解决机制，未能对各成员的知识产权进行充分和有效的保护，因此，美国等发达国家在乌拉圭回合时强烈要求将与贸易有关的知识产权纳入谈判范围，并达成了 TRIPs 协定，同时，TRIPs 协定第 64 条规定，利用强有力的 WTO 的争端解决机制来解决知识产权争端，这样，一方面利用 TRIPs 为知识产权保护设置了最低标准，另一方面又通过 WTO 争端解决机制为知识产权保护提供了强制执行程序，就达到了欧美等国家希望全面保护其知识产权的目的。

（2）直接将 WTO 争端解决机制引入知识产权保护领域，既是 WTO 争端解决机制本身一体化解决争端的需要，也体现了国际知识产权保护的特殊需要。DSU 第 1 条关于范围和适用中已明确规定 DSU 要适用于 TRIPs。[①] 同时，TRIPs

---

① 参见 DSU 第 1 条范围和适用：本谅解的规则和程序应适用于按照本谅解附录 1 所列各项协定（本谅解中称"适用协定"）的磋商和争端解决规定所提出的争端。本谅解的规则和程序还应适用于各成员间有关它们在《WTO 协定》规定和本谅解规定下的权利和义务的磋商和争端解决，此类磋商和争端解决可单独进行，也可与任何其他适用协定结合进行。

的第 64 条第 2 款和第 3 款对涉及 GATT1994 第 23 条第 1 款（b）项和（c）项所规定的争端类型作出了特别规定。这充分显示了 TRIPs 的起草者们已经注意到知识产权争端的特殊性，从而为知识产权争端解决创设了独特的争端解决机制。

（3）鉴于知识产权争端的特殊性，TRIPs 第 64 条第 3 款规定的特别程序为知识产权保护规则的未来发展留下了极大的空间。从第 64 条第 3 款规定可以看出，部长级会议对知识产权理事会向其提出的关于争端解决的建议一经协商一致作出批准，就对所有成员生效，无须进一步的正式接受程序。那么，就可能产生这样的法律效果：即使未对 TRIPs 进行修订，关于知识产权保护的国际规则也可能因部长级会议对某一具体"非违法之诉"或"情势之诉"的知识产权争端的投诉范围和模式的建议而改变。这样的规则似乎可以启迪我们，希望提高知识产权国际保护水平（因为 TRIPs 提供的是最低保护标准，所以将来只能提高），不仅可以通过改变现有的知识产权国际协定，包括 TRIPs，还可以通过个案解决，即通过向知识产权理事会提交不在 TRIPs 第 64 条第 1 款范围内的争端以获得其建议，并借部长级会议使其形成国际规则，从而达到目的，这样就避免了修改 TRIPs 的重重困难，增加了完善 TRIPs 的方式和渠道。

（4）强化了知识产权的国际保护制度。TRIPs 与以往的任何知识产权公约相比一个明显的特征就是将知识产权的国际保护直接与国际贸易挂钩，并使后者成为影响前者的重要因素。TRIPs 规定，知识产权国际保护的目标和动机是"本着减少国际贸易中的不公平和障碍的愿望，考虑到有必要加强对知识产权充分有效的保护，确保实施知识产权的措施及程序对合法贸易不造成任何障碍"。① 对各个成员方来说，TRIPs 关于知识产权国际保护的规定，已构成了它们在国际贸易方面必须遵守的共同准则。任何一个想参与国际贸易市场并享有优惠的国家，都必须执行 TRIPs 所规定的保护知识产权的义务。

另外，在有关知识产权争端方面，TRIPs 将 GATT 争端解决机制引入知识产权国际保护体系，因此在以后的知识产权争端解决中，贸易报复将成为迫使缔约方遵守自己义务的一种新的手段。TRIPs 规定，有关争端的防止和解决，适用 GATT 第 22 条和 23 条的规定。根据 GATT 第 22 条、23 条规定，缔约方在发生争端时，可以通过协商、仲裁等方式进行解决，充分利用总协定的机制。在一方不履行义务，缔约方全体可以援用多边贸易报复手段对其进行制裁，强制其履行义务。和以前的知识产权国际公约相比，这种争端解决机制与各缔约方的经济利益联系更紧密了，从而具有了更大的强制性。

（5）将国际知识产权争端纳入到《谅解备忘录》（Dispute Settlement Body，

---

① 参见 TRIPs 协定前言部分。

DSB）的强制管辖范围，有利于争端的有效和迅速解决 DSB 对案件的强制管辖权与 WIPO 体系下争端解决机制中成员国的自主选择情形形成鲜明对比。其强制管辖权是通过确立"反向一致"原则实现的。DSU 第 2 条规定 DSB 有权设立专家小组，通过专家小组和上诉机构的报告，而由于 WTO 争端解决机制采用"反向一致原则"，即除非 DSB 经协商一致决定不通过报告，报告基本上是自动通过的。这样看来，实际上，DSB、专家小组、上诉机构可以全权审议案件，即享有案件的强制管辖权。这种强制管辖权避免了在 WIPO 体系下的争端解决管辖权的缺失，不容许自主选择管辖的存在，对于争端的有效、及时解决是有重要意义的。

（6）知识产权国际保护的实施程序更加严密。在以往 WIPO 体系下的国际知识产权保护的实施程序完全是各方国内法的事情。虽然 20 世纪 70 年代，在 WIPO 主持下，对专利申请的提出、检索和审查的国际合作进行了研究，形成了《专利合作条约》，但那只是在成员方之间协调了申请的一些形式要求。对于知识产权保护的法律实施程序，原有的任何公约都没有涉及。而专利合作条约关于权利授予的实质要求的规定，其目的也只是为国际标准使用的，并不强制成员国接受，成员国仍可适用本国专利法中的实质要求，但 TRIPs 的达成，情况完全发生了变化。它将详细的知识产权法律实施程序，包括行政的、民事的、刑事的以及边境临时程序都纳入了知识产权的国际保护体系。① TRIPs 规定，缔约方应保证其国内法中规定有效及适当的实施程序，以反对受该条约保护的知识产权的侵权行为，这种反对行为包括使用有效和及时的补救措施来阻止或防止侵权行为，这种补救措施构成了对进一步侵权的有效遏制。在边境措施上，协议规定，缔约方应制定程序，允许一个权利人在有有效证据怀疑假冒商品或盗版商品有可能进口时，可以书面向主管行政或司法当局提出由海关当局中止此类商品的放行以免其进入流通领域。在刑事审议方面，缔约方至少应对具有商业规模的故意假冒商标和版权盗窃的案件确立刑事诉讼程序和刑罚，其中刑罚包括足以防止侵权的监禁和罚金，及对假冒商品的扣押没收和销毁。

五、《知识产权协定》的困境与不足

知识产权制度从国内法个别保护到国际法统一保护，是经济全球化、国家间博弈、政府间协调等因素共同作用的结果。知识产权国际保护制度的形成，能够产生有力的协调机制以减少摩擦和冲突、产生有效的规范机制以降低立法和执法

---

① 详见 TRIPs 第三部分。

成本、产生有益的统合机制以统一各国保护标准和消除地区立法差异。但是，知识产权国际保护制度的形成是发达国家幕后推动的结果。知识产权保护的一体化与国际化的结果就是 WTO 作为知识产权国际立法机构的优先地位、《知识产权协定》作为知识产权国际立法文件的核心地位以及西方发达国家作为知识产权国际保护参与主体的主导地位。随之而来的便是知识产权保护的宽范围与高标准，以及国际机构、组织要求变革知识产权国际保护制度的呼声与实践。从世界贸易组织两次部长级会谈的破裂到世界知识产权组织关于《实体专利法条约》的多次谈判的停滞，知识产权国际保护陷入了前所未有的困境。有学者明确指出：“知识产权国际保护制度已经处于十字路口"。[①]

（一）《知识产权协定》面临的困境

知识产权国际保护制度兴起于 19 世纪 80 年代，随后发展成为以多边国际公约为基本形式、以政府间国际组织为协调机构的相对统一的国际法律制度。其中的国际公约，以《巴黎公约》、《伯尔尼公约》和《知识产权协定》为代表；其中的国际组织，以世界贸易组织（WTO）和世界知识产权组织（WIPO）为代表。《知识产权协定》的缔结完全符合了美国等发达国家的利益，以至于数年之后一位曾经在埃斯特角城谈判的一位发展中国家的官员说道，"发展中国家质疑关贸总协定处理知识产权问题的能力问题被（发达国家）处理得相当精明"，[②]更有学者认为这是一种欺骗。[③]

《知识产权协定》的实施对发展中国家影响极大，随着他们对知识产权理解的加深和经济实力的增强，广大的发展中国家已经在国际知识产权舞台上成为一支不可忽视的力量。2001 年世界贸易组织第四次部长级会议在多哈召开，在广大发展中国家的争取之下最终通过了《多哈部长宣言》与《TRIPs 协议与公共健康宣言》，该宣言承认使许多发展中国家和最不发达国家遭受痛苦的公共健康问题，允许发展中成员和最不发达成员因艾滋病、痢疾、肺结核及其他流行性疾病而发生公共健康危机时，可通过强制许可自己生产有关专利药品。该宣言意义重大，有学者认为《TRIPs 协议与公共健康宣言》向人们发出了发展中国家将致力于反对由美、欧等发达国家制定的知识产权标准、保护本国利益的

[①] Peter K. Yu, Currents and Crosscurrents in the International Intellectual Property Rrgime, 38 Loy. L. A. L. Rev. 323，Fall 2004.

[②] ［澳］彼得·达沃豪斯、约翰·布雷斯威特：《信息封建主义》，刘雪涛译，知识产权出版社 2005 年版，第 137 页。

[③] 曹新明：《知识产权制度国际化所面临的挑战》，见吴汉东主编：《知识产权国际保护制度研究》，知识产权出版社 2007 年版，第 37 页。

信号。① 此后，发展中国家与非政府组织、联合国部门等团体一道，在世界贸易组织之外进行了轰轰烈烈的国际造法运动，他们将火力对准《知识产权协定》及其设定的知识产权保护高标准。在传统知识与遗传资源保护、公共健康问题、知识产权保护与人权冲突等方面已经取得一定的进展，并以"宣言"、"决议"等软法的形式出现。特别是1992年的《生物多样性公约》与1995年的《保护和促进文化表现形式多样性公约》（以下简称《文化多样性公约》）的缔结，更被认为是发展中国家参与国际知识产权保护标准制定的大事。但是，正当发展中国家稍微松口气，并为自己取得的些微成果欢呼雀跃时，危机已经悄悄临近。在世界知识产权组织体制下，由发达国家幕后推动的《实体专利法条约》正在酝酿之中。正如苏姗（Susan K. Sell）教授所言，如果《实体专利法条约》获得通过，则发展中国家为维护本国利益而取得的所有进展将付诸东流。② 发展中国家又不得不集中精力应付《实体专利法条约》及其可能对本国经济产生的影响。到现在为止，发展中国家与发达国家在关于《实体专利法条约》的问题上已经进行了十多次谈判和磋商，但几乎没有任何的进展。③ 在遗传资源的保护问题上，发展中国家致力于《生物多样性公约》与《知识产权协定》的对话，希望运用《生物多样性公约》确立的"国家主权"、"标识来源"规则修改《知识产权协定》。但以美国为代表的发达国家又转移了阵地，重新启用双边主义策略，与发展中国家签订双边协定，企图将他们各个击破。截至2001年，国际上已经有23个针对生命遗传物质的双边协定，它们全部超过了《知识产权协定》的保护标准，或是要求对生物技术进行高标准保护，或是要求相对方用专利法保护植物、动物等发明。④ 发达国家双边协定的成功也就意味着发展中国家阵营的缩小和谈判力量的下降。有学者认为在此情况下发展中国家必须有所行动，否则必会被发达国家一个个地收拾掉（Pick Off）。⑤

---

① Frederick Abbott, The Doha Declaration on the TRIPs Agreement and Public Health: Lighting a Dark Corner at the WTO, 5 J. Int'l Econ. L. 469（2002）.

② Susan K. Sell, The Quest For Global Governance in Intellectual Property and Public Health: Structural, Discursive, And Institutional Dimensio, 77 Temp. L. Rev. 363, Summer 2004.

③ 具体参见何越峰：《〈实体专利法条约〉谈判历程及趋向评析》，载国家知识产权局条法司编：《专利法研究（2005）》，知识产权出版社2006年版，第382页。

④ GRAIN, "Trips-Plus" Through the Back Door: How Bilateral Treaties Impose Much Stronger Rules for IPRs on Life than the WTO, GRAIN Publications, July 2001, http: //www.grain.org/briefings/? id=6, 2008年1月13日访问。

⑤ See Peter Drahos, Bilateralism in Intellectual Property, http: //www.oxfam.org.uk/what_we_do/issues/trade/downloads/biltateralism_ip.rtf, 2008年1月13日访问。

(二)《知识产权协定》之困境的产生原因：利益失衡

2003 年，联合国开发计划署（UNDP）发表了一份题为"让全球贸易为人类服务"的报告，指出知识产权保护符合发达国家的利益，但对广大发展中国家而言却并不适用，并建议发展中国家与发达国家应就修改《知识产权协定》展开对话。①

《知识产权协定》大大提升了知识产权的保护标准，对发达国家的计算机软件、电影产业、电子产品等领域给予了特殊照顾。和以往的知识产权国际保护公约相比，《知识产权协定》新增加了计算机软件、电影作品、录音制品的出租权，并将驰名商标的保护范围扩大至服务商标，在专利权方面授予权利人以进口权；在保护期限上，规定作品的著作权保护期限至少为 50 年，专利权的保护期限不少于 20 年。同时，《知识产权协定》还规定有强大的执法程序和保护措施，如临时措施、边境措施等。

在技术转让和信息获取方面，虽然《知识产权协定》第 7 条规定知识产权保护应当有利于"技术的转让与传播"，第 66 条要求发达国家向其企业和研究机构提供动力，以促进向最不发达国家的技术转让，但是《知识产权协定》没有建立起有效的国际机制来确保技术的合理转移。当发展中国家为了维护公共安全和公共利益的需要而需求某项技术时，不能适用强制许可、合理使用等手段有效地获取信息。

在传统知识和遗传资源保护方面，《知识产权协定》缺乏对传统知识等的关怀，对生物多样性和遗传资源的保护更是只字未提。现今发达国家与发展中国家分别处于生物资源的两极，全世界百分之八十的生物资源都在发展中国家。同时社区和群体为保持、繁衍此生物资源做了大量的工作，而很多发达国家的科研机构或公司通过生物勘探手段进行生物海盗行为，从社区中盗取遗传信息并申请专利，却没有声明社区的贡献，而且如果社区成员要使用此专利仍要向专利权人支付费用。凯斯（Keith Aoki）对发达国家的这种行为有更加深刻地认识，他指出资源作为"原材料"从第三世界国家源源不断地运往发达国家，经过实验室的加工成为了发达国家拥有的具有高利润回报的知识产权，这是一种"新殖民主义"（Neocolonialism）。② "殖民主义"揭示了现阶段以《知识产权协定》为代表的知识产权保护的高标准已经导致发达国家和发展中国家之间巨大的利益失衡。

---

① 吴汉东主编：《知识产权国际保护制度研究》，知识产权出版社 2007 年版，第 106 页。
② Keith Aoki, Neocolonialism, Anticommons Property, and Biopiracy in the (Not-So-Brave) New World Order of International Intellectual Property Protection, 6 Ind J Global Legal Stud 11, 52 (1998).

(三) 对《知识产权协定》之困境的认识：一个立场问题

知识产权国际保护已经陷入了困境，但对此困境以及其解决方案，人们有不同的认识，悲观者有之、乐观者有之、彷徨者亦有之。笔者认为，知识产权的国际保护问题是知识产权制度中变动最迅速、矛盾最尖锐之地，我们必须要有正确的认识和明确的立场。

1. 对国际保护困境本身的认识：必然还是偶然？

对当前知识产权国际保护所面临的问题，学者们积极关注，纷纷发表自己的看法。总的来说大致有以下几种主张。首先是"历史必然性"主张。如有学者指出，从历史上来看知识产权是从一次次谈判、冲突、妥协中发展出来的，在此历史进程中失败者必然要对成功者进行对抗。① 其次是"新兴市场"的观点。如有学者认为，现在一些新的市场正在悄然兴起（主要为发展中国家的市场），这些市场很不成熟，并采取与西方市场不同的标准，因此为知识产权的国际保护制造了很大的麻烦。② 再次是"现状维持"的观点。如有学者认为近几年来出现了五股反对知识产权国际保护现状的思潮，它们是"在国内法中对国际条约适用的保留趋势"、"发展中国家和最不发达国家对知识产权国际保护的多元化要求"、"发达国家推动的双边主义"、"国际保护规则中非国家立法的出现"（主要指域名保护）、"权利放弃主义的兴起"（如开源软件）。这些潮流正在挑战，甚至阻挠知识产权国际保护的和谐进程。③

综观上述几种观点，笔者认为他们都没有指出当今知识产权国际冲突的实质。他们把国际保护困境的原因或归于"历史"、或归于"市场"、或归于"技术"，但这些都不是问题的所在。现在的知识产权国际保护规则是在发达国家为主导地位的情况下制定的；现在的《知识产权协定》等高标准的知识产权国际公约的实施，是以假定各个国家的产品生产能力、技术创新能力、产业承受能力相等为前提，但实际情况并非如此。质言之，由于发达国家掌握知识产权国际保护规则的制定权，导致了南北双方在利益分配上的严重失衡，以及对发展中国家的不公平待遇，是知识产权国际保护困境产生的根本原因。广大发展中国家对这种不合理的知识产权保护制度的抵制导致了目前这种困境的产生。但毕竟合作能

---

① Susan K. Sell, Intellectual Property and Public Policy in Historical Perspective: Contestation and Settlement, 38 Loy. L. A. L. Rev. 267 (2004).

② Greg Creer, The International Threat To Intellectual Property Rights Through Emerging Markets, 22 Wis. Int'l L. J. 213, Winter 2004.

③ Peter K. Yu, Currents and Crosscurrents in The International Intellectual Property Rrgime, 38 Loy. L. A. L. Rev. 323, Fall 2004.

产生利益，抵制只能导致孤立。如果在保护发达国家技术优势的同时，发展中国家的利益能够得到兼顾，则此国际保护困境可以被化解和超越。

2. 对知识产权国际保护的认识：手段还是目的？

无论是发达国家还是发展中国家，知识产权的国际保护都只是手段而已。美国在知识产权国际保护进程中，单边主义和双边主义策略的运用为我们提供了一定的线索。

首先是美国的单边主义策略。在19世纪美国的文化产业并不发达，所以美国拒绝加入《伯尔尼公约》，反而利用联合国教科文组织，创立符合自己需要的《世界版权条约》体系。后来随着发展中国家与教科文组织的交好，联合国教科文组织日益成为发展中国家将版权、教育和人权联系的地方，美国又于1984年从该组织中退出。另外为了更好地保护对外贸易优势，美国抛弃了倾向于发展中国家立场的"无牙的"（争端解决机制）世界知识产权组织，转向了"有牙的"世界贸易组织。在《知识产权协定》的谈判阶段，为了增加谈判的筹码，美国再一次运用单边主义策略，于1988年美国里根总统签署了《综合贸易与竞争法案》，极大地提高了超级301条款的适用范围。其次是美国的双边主义策略。在《知识产权协定》签订前夕，美国通过启动301条款，对发展中国家恐吓、威胁，削弱发展中国家阵营。《知识产权协定》通过之后，设定的保护高标准和宽范围受到发展中国家的反对，美国主导的知识产权国际保护规则产生合法性危机，并在多边体制框架内受到抨击，美国转而运用双边主义策略维护、提高知识产权保护标准，以达到其预设的"Trips-Plus"目标。①

从美国的知识产权运用经验，我们可以看出知识产权已成为一种策略和工具。对一个国家而言是否保护知识产权、对哪些知识赋予知识产权以及如何保护知识产权，是一个国家根据现实发展状况和未来发展需要所作出的制度选择和安排。知识产权制度已成为一国走向现代化的必然政策选择。② 从世界范围来看，越来越多的国家建立起全方位的以知识产权为导向的公共政策体系以有效提升本国的核心竞争力。进入21世纪，日本提出知识产权立国的理念，成立知识产权战略本部，专门协调国际、国内知识产权保护，同时通过知识产权基本法和知识产权战略大纲。在韩国，由国务调整室牵头的"知识产权保护政策协议会"于2004年成立，负责协调所有的知识产权国家政策，致力于推进国家知识产权制度的现代化和经济、科技、文化的快速发展。

在《知识产权协定》的谈判阶段，发达国家已经主动运用知识产权工具来

---

① 有关"Trips-Plus"的文章，参见http：//www.grain.org/。
② 吴汉东：《中国应建立以知识产权为导向的公共政策体系》，载《中国发展观察》，2007年第5期。

保护自己的对外贸易和国家利益,而发展中国家保护知识产权则是被动接受,以换取对发达国家的市场准入。《知识产权协定》通过后,对于知识产权策略,发展中国家应该从以前的被动接受转变为主动运用。

(四)《知识产权协定》的欠缺和不足

随着知识经济时代的到来,知识产权一方面成为国际竞争中突破贸易壁垒、增强核心竞争力的重要武器;另一方面知识产权本身也越来越成为一种壁垒。[①] 应该说,以《知识产权协定》为代表的当今知识产权国际保护制度在某些方面确实存在一些不尽如人意之处:

一方面,《知识产权协定》的签署,贸易大国尤其是发达国家之间的共识起了决定性的作用,所以其内容更多地反映了发达国家的意志,而对发展中国家的特殊需求照顾不够。例如根据发展中国家发展的实际需要,发展中国家要求颁发强制许可的条件应当尽可能简化,以便于本国公共利益实现和国民经济的整体发展。但《知识产权协定》对颁发强制许可的条件规定得十分严格,比以往任何知识产权国际公约的相关规定都苛刻,这在一定程度上限制了发展中国家颁发强制许可,不利于这些国家经济、技术的发展。再如,协定只将最惠国待遇引入知识产权国际保护领域,而未同时将关贸总协定中的非互惠待遇引入,这便使发展中国家承担了相对较多的义务,发达国家与发展中国家之间的差距越拉越大。

另一方面,《知识产权协定》只保护"与贸易有关"的知识产权,将知识产权当作一种"私权"、纯粹的"财产权"予以保护,无视创造者的精神利益,这与知识产权制度的初衷相悖。《知识产权协定》规定了知识产权保护的临时措施和边境措施,在为主体知识产权提供充分有效保护的同时,也为知识产权主体滥用权利,限制和打击竞争对手提供了机会。当然,我们希望通过今后的改革,能够弥补这些缺陷,使《知识产权协定》所确立的知识产权国际保护新体制,能够更加充分地发挥其对世界经济和文化事业发展的促进和保护作用。

再一方面,随着时代的发展,《知识产权协定》在内容上面临诸多挑战。比如,尽管《知识产权协定》是"霸气十足的高标准",但进入网络时代,其"已明显缺乏预见性"[②],至少协定现有条款无法适应网络时代知识产权国际保护的需要。再如,加强对传统知识产权的保护,是人权公约"参与文化生活权利"的题中之意,但知识产权协定"忽视了对文化与知识多样性保护的原则,导致

---

① 王黎明著:《最初的交锋:中外首次知识产权谈判》,知识产权出版社2008年版,第3页。
② 参见刘春田主编:《知识产权法》,中国人民大学出版社2002年版,第425页。

一些国家或地区、一些民族或种族群体应有权利的丧失。"①

（五）对知识产权多边游戏的认识：退出还是继续

现今知识产权国际保护的困境又引发了我们的另一种思考，现在的发展中国家并不享有知识产权国际保护规则的制定权，为什么仍要遵守这种游戏规则呢？在现在的知识产权国际保护的多边框架内，发展中国家多多少少会感到无助。达沃豪斯与布雷斯威特指出："实际上，发展中国家被迫面临这样的选择：参加双边谈判还是多边谈判。发展中国家在双边谈判上没有什么优势，而参加多边谈判则还没有准备好。"② 借助《知识产权协定》，发达国家和其以研发为基础的产业获得了更强的知识产权保护和更大的发展；但发展中国家却已经意识到它们所签订的协议是个陷阱。③ 实际上，知识产权自被输送到中国以后，基本上没有发挥出鼓励创新、推动科技进步的作用，却成为保护知识产权强国在华延伸其知识产权利益、增强其竞争力的手段。④

退出知识产权多边游戏的观点在发展中国家有很大的市场，但此并非理性的选择。道理很简单，《知识产权协定》的一个最大的特点是把知识产权国际保护体制与国际贸易体制挂钩，如果退出知识产权多边游戏，必会被国际市场所抛弃。德国的施特劳斯教授认为，知识产权的多边规则可以为发展中国家带来收益，《知识产权协定》是全球化的基石，任何分裂都将妨碍参与各方的利益。当然，如果认为《知识产权协定》的实施不会产生问题，或不会被某些国家所操纵，则这种想法是幼稚的和不现实的，而解决此问题的办法是在游戏各参与方的利益之间找到微妙的平衡。⑤

虽然知识产权多边游戏并不好玩，但是我们已经别无选择。我们可以从《知识产权协定》的谈判历程中找到我们需要的经验和教训。正如吴汉东教授所言："对于中国而言，自进入世界贸易组织后，在《知识产权协定》的框架下过多强调知识产权的弱保护已无多少意义，关键在于我们如何利用国际协调机制对

---

① 吴汉东等著：《知识产权基本问题研究》，中国人民大学出版社 2005 年版，第 160 页。
② [澳] 彼得·达沃豪斯、约翰·布雷斯威特：《信息封建主义》，刘雪涛译，知识产权出版社 2005 年版，第 140 页。
③ 欧洲专利局编著：《未来知识产权制度的愿景》，知识产权出版社 2008 年版，第 21 页。
④ 王黎明著：《最初的交锋：中外首次知识产权谈判》，知识产权出版社 2008 年版，第 233 页。
⑤ Joseph Straus, Bargaining Around the TRIPS Agreement: The Case for Ongoing Public-Private Initiatives to Facilitate Worldwide Intellectual Property Transactions (A comment on the paper presented by Professors David Lange, Duke University, and J. H. Reichman, Vanderbilt University), 9 Duke J. Comp. & Int'l L. 91, Fall 1998.；郑成思教授也赞同此主张，参见郑成思：《全球化与知识产权》，载吴汉东主编：《知识产权年刊（创刊号）》，北京大学出版社 2005 年版，第 320 页。

抗发达国家超越协定标准、超出我国国情的知识产权强保护要求，争得国际规则制定的话语权。"[1] 实际上，要看到全球化中知识产权保护强化对我们不利的一面，但更要看到"保护"在建设创新型国家中的重要作用。发达国家对我国施加的知识产权压力将会使我国人民懂得真正的核心技术是市场换不到的也是花钱买不来的，除了自主创新，奋发图强，没有别的出路。从这种意义上说，上述压力也能转化为我国发展的机遇和动力。为了发展我国的经济，我们不能拒绝引进他人的创新成果。但我们最终能够依靠的，还是我国人民自己的创新精神。给予创新成果以知识产权保护，是对发扬创新精神的最有效的鼓励。我们如果在今天坚持按照我们认为"合理"的水平保护知识产权，而不愿考虑经济全球化的要求、国际知识产权保护发展的趋向以及我国已经参加的相应国际条约的要求，那么在一国的小范围内看，这种坚持可能是合理的；而在国际竞争的大环境中看，其唯一的结果只可能是我们在国际竞争中"自我淘汰"出局。[2]

---

[1] 吴汉东：《后 TRIPs 时代知识产权的制度变革与中国的应对方略》，载《法商研究》，2005 年第 5 期。

[2] 郑成思：《国际知识产权保护和我国面临的挑战和机遇》，http://www.edu.cn/zhuan_jia_ping_shu_1113/20060731/t20060731_190505.shtml，2008 年 4 月 29 日访问。

第三章

后 TRIPs 时代知识产权制度
国际化的发展趋势

一、后 TRIPs 时代知识产权国际保护制度中的利益博弈

在《知识产权协定》生效之后，尤其是发展中国家实施《知识产权协定》的优惠期结束前后，发展中国家实施《知识产权协定》的压力日渐加大，对《知识产权协定》的理解也日渐深入，与发达国家在知识产权国际保护方面的分歧也日渐扩大，在《知识产权协定》实施的压力下，在发展中国家、诸多国际组织以及全球市民社会组织的推动下，知识产权制度国际化出现了许多不同于《知识产权协定》体制的一些特点。

第一，在知识产权制度国际化的总趋势上，知识产权的扩张与反扩张趋势并存，但知识产权扩张趋势受到了一定的遏制。《知识产权协定》生效后国际知识产权领域出现的两种主要趋势：一方面，发达国家的知识产权产业集团警觉性地监督着《知识产权协定》的执行，另一方面，市民社会日益被动员起来反抗《知识产权协定》的重要方面。[①] 发达国家的知识产权产业集团不仅警惕性地监督着发展中国家执行《知识产权协定》，同时更敦促其政府利用双边和多边条约试图追求高于《知识产权协定》标准的国际知识产权保护的超《知识产权协定》

---

① See, Susan K. Sell, Post-TRIPS Developments: The Tension Between Commercial and Social Agendas in the Context of Intellectual Property, 14 Fla. J. Int'l L. 193.

标准。如因 WTO 部长级会议 2003 年在坎昆过早地无果而终，在国内知识产权产业部门的督促下美国启动了一种"个个击破"政策，设法报答那些愿意和美国合作的国家，而惩罚那些为欠发达国家建立统一谈判阵线而破坏这种合作努力的巴西、印度和 21 国集团的国家。美国将愿意和它合作的国家与不愿意和它合作的国家区分开来，只和那些愿意和它合作的国家进行自由贸易。至 2004 年 10 月，美国已经和约旦等 11 个国家达成自由贸易协议，启动了和哥伦比亚、厄瓜多尔、巴拿马、秘鲁、泰国以及南非关税联合体（包括博斯瓦那、莱索托、纳米比亚、南非和斯威士兰）的贸易对话。经验证据已证明，在美国威胁对那些国家施加贸易制裁之后，美国的双边协议"已经一般地促进了可疑国家（知识产权政策）更快更实质性的变化"。① 这些双边或多边协议的典型特征是强加超《知识产权协定》标准给发展中国家。② 这使得在美国被认为有争议、在法律上不可靠的知识产权规定以及公众猛烈批评的知识产权规定都被包含在于美国与相关国家签订的自由贸易协定中。如在和智利和新加坡双边自由贸易协定中美国迫使智利和新加坡采用了在美国有争议的数字千年版权法的有关规定，在和新加坡和澳大利亚的自由贸易协定中美国迫使新加坡和澳大利亚采用了即便在美国也受到公众激烈批评的著作权期限延长的规定。

相反，在《知识产权协定》生效之后，发展中国家和全球市民社会组织则在生物多样性、植物基因资源、公共健康和人权等领域要求重新解释、限制甚至修改《知识产权协定》，日益广泛和有力的非政府组织协会针对《知识产权协定》对公共健康、人权、生物多样性和植物基因资源的影响开始挑战《知识产权协定》的"道德、政治和经济合法性"，《知识产权协定》对知识产权的强化已经激起国家、非政府组织以及政府间组织官员在扩张的国际舞台内引发对知识产权国际保护的关注。因此，自《知识产权协定》实施以来，我们能看到的是在更多的国际舞台上知识产权问题中的利益爆炸，在联合国人权委员会及其人权促进与保护分委员会、世界卫生组织（WHO）、联合国粮农组织（FAO）、食品和农业基因资源和生物多样性会议的国际协商论坛等传统非知识产权体制内，现在知识产权问题处于或接近于议程的顶峰，有些舞台内涉及知识产权新条约的协商，有些舞台内则通过对现存协议的重新解释和创造新的非约束性的宣言、指导

---

① See, Peter K. Yu, Intellectual Property at a Crossroads: The Use of the Past in Intellectual Property Jurisprudence: Currents and Crosscurrents in the International Intellectual Property Regime, 38 Loy. L. A. L. Rev. 392 – 396.

② See, Graeme B. Dinwoodie, The International Intellectual Property Law System: New Actors, New Institutions, New Sources, 10 Marq. Intell. Prop. L. Rev. 209.

方针、建议和其他形式的"软法"来进行知识产权国际立法。①

与《知识产权协定》谈判时发达国家的目标几乎得到全面实现不同,在后TRIPS时代,尽管发达国家仍然在推动着国际知识产权的强化,仍然主导着知识产权国际立法,但在发展中国家和全球市民社会组织的积极参与下,知识产权扩张的趋势受到了一定的遏制,知识产权扩张趋于缓慢甚至停止。

第二,在知识产权国际保护体制上,在发展中国家和某些全球市民社会组织的推动下,相关的联合国人权组织、世界卫生组织、《生物多样性公约》(CBD)、联合国粮农组织和食品和农业植物基因资源国际条约(ITPGR)等纷纷卷入知识产权国际立法活动中,从而形成知识产权国际立法的多体制混合的"体制合成"(regime complex)状态,知识产权国际保护体制日益复杂。② 进入20世纪80年代之后,鉴于知识经济和经济全球化、市场化的发展,美国等知识经济强国及其知识产权产业加紧了对国际知识产权规则的控制。以美国为首的发达国家及其知识产权产业选择在关贸总协定(简称GATT,后来的WTO)体制而不是WIPO体制中推动知识产权强保护的谈判,最终得到了利用WTO而不是WIPO体制的《知识产权协定》。《知识产权协定》生效后,为贯彻实施《知识产权协定》,发展中国家付出了沉重的代价。为了缓解《知识产权协定》的影响,发展中国家在某些全球市民社会组织的支持和配合下开始选择在生物多样化公约、联合国粮农组织的食品和农业植物基因资源委员会、世界卫生组织以及联合国相关人权组织等框架内将知识产权与生物多样性、植物基因资源、公共健康和人权等问题联系了起来,试图在这些非传统知识产权体制内产生知识产权国际新规则,推动知识产权国际立法的后TRIPs发展。目前,尽管WIPO和WTO仍然处于知识产权国际立法的中心,但国际知识产权立法已经突破了WIPO和WTO的狭窄的制度空间而渗透进涉及生物多样性、植物基因资源、公共健康和人权有关的国际体制,③ 知识产权国际立法形成了一种以WIPO和WTO为中心的多体制混合的体制合成状态。这种知识产权国际保护体制和《知识产权协定》谈判前的知识产权国际保护体制是完全不同的,在《知识产权协定》谈判之前,处理知识产权事务和问题的只有WIPO体制,且在WIPO体制内只涉及知识产权

---

① See, Laurence R. Helfer, Regime Shifting: The TRIPs Agreement and New Dynamics of International Intellectual Property Lawmaking, 29 Yale J. Int'l L. 3–7.

② 国际体制是国际关系学者斯蒂芬·D. 克拉斯纳(Stephen D. Krasner)于1982年在一篇论文中发展起来的,它是指集中于一个给定问题领域的原则、标准、规则和决策程序的组合。通常,每一国际体制针对一特定问题领域而存在并"专属"地处理这一特定问题。See, Krasner, Stephen D. *Structural causes and regime consequences: regimes as intervening variable*, International organization, 36 (3): 186 (1982).

③ See, Laurence R. Helfer, Regime Shifting: The TRIPs Agreement and New Dynamics of International Intellectual Property Lawmaking, 29 Yale J. Int'l L. 83.

问题，不存在所谓的体制合成状态，知识产权国际立法体制比较简单。在《知识产权协定》生效之初，知识产权也只不过和贸易联系了起来，知识产权国际保护体制尽管变得更为复杂，但仍比较简单。现在知识产权立法则不仅进入了WTO体制，而且还渗透进生物多样性、植物基因资源、公共健康和人权等国际体制，形成了多体制混合的体制合成状态，知识产权国际保护体制日益复杂。

第三，在知识产权国际保护内容上，知识产权问题日益与公共健康、人权、生物多样性、植物基因资源等问题关联起来，日益复杂化。在 GATT 乌拉圭回合谈判之前，不仅知识产权国际保护体制只有 WIPO，而且有关知识产权的国际问题也只限于知识产权而与其他问题无涉。但在 GATT 乌拉圭回合谈判开始后，以美国为首的发达国家及其知识产权产业开始将知识产权问题与贸易问题挂起钩来，认为知识产权问题与贸易有关，甚至本身就是贸易问题。于是在以美国为首的发达国家及其知识产权产业的推动下，知识产权与贸易问题联系了起来，知识产权问题最终被纳入了 GATT 乌拉圭回合谈判。[①] 而在《知识产权协定》生效之后，面对着实施《知识产权协定》的压力，发展中国家和全球市民社会组织开始将知识产权与生物多样性、植物基因资源、公共健康、人权等问题联系起来，试图用生物多样性、植物基因资源、公共健康、人权等问题来制约以《知识产权协定》为基础的知识产权扩张。本质上，知识产权与公共健康、生物多样性、植物基因资源、人权等问题或多或少都有关联，但在《知识产权协定》之前，这些问题只是在生物多样化和食品与农业植物基因资源体制内受到有限的注意，在公共健康和人权体制内实质上尚没有引起人们的注意。然而，在《知识产权协定》之后，在非政府组织和政府间组织官员的支持下，发展中国家采取体制转换策略将知识产权国际立法转向只是第一次提起知识产权问题的公共健康、生物多样性、植物基因资源、人权等论坛，渐渐向《知识产权协定》发起强有力的挑战。[②] 知识产权不仅与贸易问题挂起钩来，而且日益与公共健康、人权、生物多样性、植物基因资源等问题相互勾连，知识产权国际保护问题日益复杂化。

第四，在知识产权国际保护主体上，私人部门和非政府组织越来越参与到知识产权国际保护中，形成公共与私人共治的局面。在国际法上，只有国家等组织才具有正式的主体资格，能够参与到国际公约的协商和制定中，因此传统的国际立法主体只有国家，私人部门和非政府组织不是国际立法的主体。但自 GATT 乌

---

① 当然，推动知识产权与贸易挂钩的不仅是以美国为首的发达国家，其国内尤其是美国国内的知识产权产业集团更是将知识产权和贸易挂钩的始作俑者。See, Susan K. Sell, *Private Power, Public Law: The Globalization of Intellectual Property Rights*, Cambridge University Press, 2003.

② See, Laurence R. Helfer, Regime Shifting: The TRIPs Agreement and New Dynamics of International Intellectual Property Lawmaking, 29 Yale J. Int'l L. 27 – 28.

拉圭回合谈判时起，私人部门开始参与到知识产权国际立法之中，以美国为基础的知识产权私人部门①开始在知识产权国际立法中发挥巨大作用。这些以美国为基础的知识产权私人部门机构大多在《知识产权协定》谈判前后成立，如国际反冒牌货联合会成立于1979年，国际知识产权联盟成立于1984年，知识产权委员会成立于1986年，商业软件联盟成立于1988年，成立时间表明这些知识产权私人部门机构的产生或多或少都与《知识产权协定》的谈判及签署有关。事实上，这些知识产权私人部门对《知识产权协定》的谈判与签署的影响也是巨大的。有学者指出，如果不是美国知识产权委员会的积极行动，GATT乌拉圭回合谈判的结果也许仍然会包括知识产权，甚至也可能形成《知识产权协定》，但是"最可能的结果将是一种有限的、复活的反冒牌货法典。"②

在《知识产权协定》生效之后，名义上是发展中国家推动了知识产权制度国际化的后TRIPs发展，但发展中国家内的活跃的自由表达意见的国内居民也是不可忽视的，他们在积极地向其政府施压以修改《知识产权协定》的特定方面或者用新的知识产权保护标准补充《知识产权协定》。同时，作为这些发展中国家国内利益集团的补充甚至是替代的是许多为发展中国家在不同论坛谈判知识产权问题提供材料和道德支持的跨国支持网络（非政府组织），这些非政府组织不仅有来自发展中国家的，而且大多数是来自发达国家的，他们反对知识产权强保护，努力推动知识产权保护的合理化而不是强化。③ 在美国与南非之间的知识产权争端中，美国反对知识产权扩张的市民社会组织就发挥了极大的作用，它们成功地消解了美国对南非执行《知识产权协定》的压力。1997年11月，南非总统纳尔逊·曼德拉签署了南非药品和医疗服务调整授权法案（药品法），该法允许卫生部长取消药品专利，并允许包含对制造通用艾滋病药品的无限制强制许可。药品法还允许平行进口，使得南非可以利用非歧视性价格政策和进口最便宜的受专利保护的可用药品。基于对南非药品法的不满，1998年2月，药品研究与制造协会向美国贸易代表建议将南非指定为"重点观察国家"，认为南非药品法形成了对《知识产权协定》的直接挑战。于是，美国贸易代表将南非置于特殊301观察名单，并要求南非政府废止其药品法。尽管面对着美国贸易代表的压力，南非拒绝废止其药品法。南非的做法受到了美国艾滋病用户团体（ACT-UP）的支

---

① See, Paul C. B. Liu, Taiwan: U. S. Industry's Influence on Intellectual Property Negotiations and Special 301 Actions, 13 UCLA PAC. BASIN L. J. 102 – 111.

② Susan K. Sell, *Private Power, Public Law: The Globalization of Intellectual Property Rights*, Cambridge University Press, 2003, 40. 之所以说是复活的反冒牌货法典是因为GATT乌拉圭回合谈判之前的东京回合就已经涉及反冒牌货的问题，但当时没有形成成果。

③ See, Laurence R. Helfer, Regime Shifting: The TRIPs Agreement and New Dynamics of International Intellectual Property Lawmaking, 29 Yale J. Int'l L. 54 – 55.

持,它们在 1999 年夏天和秋天早期反复地干扰副总统戈尔的竞选活动,而自那之后不久,戈尔秘密地会见了南非总统。1999 年 9 月 17 日,美国将南非从美国贸易代表的观察名单中删除。①

第五,在法律形式上,后 TRIPs 时代出现了大量的国际知识产权软法,形成国际知识产权硬法与软法并存的状态。软法是 20 世纪 70 年代末西方国际法学者提出的一个概念,② 目前学术界就软法还没有形成统一的定义,一般是指名义上无法律约束力的不以传统条约或习惯为表现形式而是以宣言、决议、指导方针、示范法、技术标准等形式存在的文件。软法现象在国际知识产权立法中并不新鲜,如 1982 年 7 月联合国教科文组织和世界知识产权组织通过的《保护民间文学艺术表达免被滥用国内立法示范法条》,但《知识产权协定》之后国际知识产权软法明显增多。在知识产权与公共健康方面,世界贸易组织发布了《知识产权协定与公共健康宣言》;③ 在知识产权与生物多样性方面,生物多样化公约成员方第 6 次会议通过《基因资源的获得和基因资源利用产生利益的公平公正分享波恩指导方针》;④ 在知识产权与人权方面,联合国相关人权组织发布了一系列有关知识产权和人权关系的决议,⑤ 阐述知识产权和人权的关系,等等。本书认为,除了这些以国际文件形式出现的国际知识产权软法之外,以技术为基础不通过国家而形成的一些调整国际知识产权问题的规则也应属于知识产权软法之列。最典型的如 1999 年名称和数字分配互联网公司(ICANN)采用的统一域名争端解决政策(UDRP),尽管它的权威仅仅来自和美国商务部的协议,在很大程度上它的运行却与任何特定国家的法律无关,技术已经使得统一域名争端解决政策成为解决域名抢注争端的国际标准,成为国际知识产权软法。

总而言之,在进入后 TRIPs 时代后,后 TRIPs 时代知识产权制度国际化出现了许多不同以往的特点。在知识产权制度国际化的总趋势上,不仅《知识产权协定》谈判签订时推动知识产权强化的力量在继续推动全球范围内知识产权的

---

① See, Susan K. Sell, Regime Shifting: The TRIPs Agreement and New Dynamics of International Intellectual Property Lawmaking, 29 Yale J. Int'l L. 209 – 210.

② See, Jose E. Alvarez, *In Memoriam: Commemorating Oscar Schachter, the Teacher*, 104 COLUM. L. REV. 556, 558 (2004).

③ World Trade Organization, *Declaration on the TRIPS Agreement and Public Health*, WTO Doc WT/MIN (01)/DEC//2 (Nov 14, 2001).

④ 载 *Report of the Sixth Meeting of the Conference of the Parties to the Convention on Biological Diversity*, U. N. Environment Programme, Conference of the Parties to the Convention on Biological Diversity, 262, U. N. Doc. UNEP/CBD/COP/6/20 (May 27, 2002), http://www.biodiv.org/doc/decisions/COP – 06 – dec-en.pdf.

⑤ Res. 2001/33, U. N. ESCOR Comm'n on Hum. Rts. (2001); Res. 2002/32, U. N. ESCOR Comm'n on Hum. Rts. (2002); Res. 2003/29, U. N. ESCOR Comm'n on Hum. Rts. (2003).

强化，而抵制知识产权强化的力量也积极地发起了对《知识产权协定》的反抗，试图遏制知识产权扩张的势头。在知识产权制度国际化的内容方面，知识产权不仅与国际贸易关联起来，而且开始与人权、公共健康、基因遗传资源、传统知识、文化多样性等问题相互勾连。在知识产权国际保护体制方面，知识产权国际立法与保护问题不仅在世界知识产权组织（以下简称 WIPO）和 WTO 体制内继续进行探讨，而且开始渗透进人权、公共健康、基因遗传资源、传统知识、文化多样性等国际体制内。在知识产权国际保护主体方面，不仅国家在进行着知识产权国际立法与保护，而且私人部门也日益参与到知识产权国际立法与保护活动之中。在知识产权国际法的表现形式方面，国际知识产权法不仅以传统的国际公约或协议形式在继续发展，而且也出现了大量软法形式的国际知识产权法。知识产权国际保护的这些特点集中反映在知识产权与人权、公共健康、基因遗传资源、传统知识以及文化多样性等问题的相关关系上，下面本书分别阐述。

二、后 TRIPs 时代知识产权国际保护与人权问题

《知识产权协定》的通过标志着由发达国家主导的知识产权国际保护基本上实现了其全球化和强保护的目标，日益深化与高度扩张的知识产权国际保护对人权产生了巨大的冲击，尤其是在履行《知识产权协定》义务的过程中，知识产权与人权的冲突愈演愈烈。于是，在《知识产权协定》实施过程中，针对履行《知识产权协定》对各国尤其是发展中国家的人权状况的冲击，国际社会采取了一定的措施进行应对。

（一）《知识产权协定》对人权问题的影响

1994 年世界贸易组织的成立和 1995 年《知识产权协议》的生效，进一步强化了全球性的知识产权保护机构。在世界贸易组织的制度框架下，各国立法者不得不按照《知识产权协议》的标准修改基本国法，知识产权保护融入到新的国际贸易体制之中。然而，"实施 TRIPs 协议同实现经济、社会和文化权利之间存在着实际的或潜在的冲突。"① 因为知识产权制度赋予了知识产权人对自己创造的专利、著作、商标等以独占权，知识产权人可以自由行使这种权利。在现有的知识产权制度下，该制度可以给社会大众带来福利，但是也有可能会给社会大众

---

① Intellectual property right and human rights, Sub-commission on Human Rights resolution 2000/7, E/CN. 4/SUB. 2/2000/7。

带来不公平的负担。现有的专利制度允许专利权人超过成本的收益,因为专利权人被赋予了控制和限制利用其发明的权利,因为专利产品的产出可能比完全竞争条件下发明被利用的情况下少,而价格会更高。以药品专利来看,这种情况尤为突出。例如,尽管辉瑞的有效抗生素四环素的生产成本在 1.6 美元到 3.8 美元每瓶,它销售给药剂师的价格却高达 30.6 美元。[①] 药品专利制度所赋予专利权人的"合法的垄断权"可能是推高药价的主要原因。专利制度对药品价格的影响可以通过比较专利药和非专利药的价格得到说明。例如,每 150 毫克 HIV 药品 Fluconazole 的价格,在未提供专利保护的印度是 55 美元,而在享有专利保护的马来西亚则是 697 美元、在印度尼西亚是 703 美元、在菲律宾是 817 美元。同样,用于治疗 HIVAZT 每个月的费用在印度只需 48 美元,而在存在专利保护的美国需要 239 美元[②]。高昂的药价已经导致发展中国家的公共健康危机。以艾滋病为例,南非每 8 个人中就有 1 人感染艾滋病,但高昂的药价使得艾滋病人看不起病,只能静待死亡的来临。泰国被认为感染艾滋病的 100 万居民中只有大约 5% 的人有能力负担医生开给他们的艾滋病治疗药。[③]

(二) 国际人权组织对《知识产权协定》的反抗

联合国人权机构在 2000 年就开始将其注意力转向《知识产权协定》,是年恰逢《协定》所给予发展中国家的过渡期届满(最不发达国家另有五年期限)。当年 8 月份,联合国人权促进保护小组委员会(Sub-Commission on the Promotion and Protection of Human Rights)通过了一项关于"知识产权与人权"的决议。[④] 该"决议"对《知识产权协定》采取了批判性态度,"决议"在《序言》中指出:"实施《知识产权协定》同实现经济、社会和文化权利之间存在着实际的或潜在的冲突。尤其是:对向发展中国家的技术转移的妨碍;对享有植物多样性权利中食品权所产生的后果,以及对遗传改良生物授予专利所产生的影响;'生物盗版'(Bio-piracy)以及减少社区(特别是原住民社区)对其自有的遗传和自然资源以及文化遗产的控制;对获得专利药物以及享有健康权的限制。"并指

---

① See, Steve P. Calandrillo. An Economic Analysis of Intellectual Property Rights: Justifications and Problems of Exclusive Rights, Incentives to Generate Information, And The Alternative of A Government-Run Reward System [J], Fordham Intellectual Property, Media and Entertainment Law Journal, 1998.

② SYKES, ALAN O. Public Health and International Law: TRIPS, Pharmaceuticals, Developing Countries, and the Doha "Solution" [J]. Chicago Journal of International Law, 2002, 3 (1): 62.

③ Alan O. Sykes, Public Health and International Law: TRIPS, Pharmaceuticals, Developing Countries, and the Doha "Solution", 3 Chi. J. Int'l L. 47 (2002).

④ Intellectual property right and human rights, Sub-commission on Human Rights resolution 2000/7, E/CN. 4/SUB. 2/2000/7.

出："由于《知识产权协定》的实施并未充分地反映所有人权的基本性质和不可分割性，包括人人享有科学进步及其所带来的利益的权利、健康权、食品权和自决权，因此《知识产权协定》所体现的知识产权制度一方，与作为另一方的国际人权法律之间存在明显的冲突。"① 于是，"决议"要求 WTO 全面考虑其成员根据国际人权公约所承担的义务，同时强调应对土著居民的传统知识和文化价值给予充分的保护，关注对土著居民遗产的保护。这项决议确定，享有产生于科学、文学或美术作品的精神利益和物质利益的保护权是为了保护作者创作。这种保护权是一种人权，但应从属于公共利益。

在"决议"通过后，联合国人权系统随后展开行动回应决议的要求，开始对知识产权问题投入前所未有的关注。有关重要事项包括：

（1）人权委员会作出了"关于艾滋病等疾病蔓延情况下对药物的接近问题"的三项决议。② 其中要求国家"采取法律的或其他的措施，同适当的国际法律相协调，维护对受到第三方限制的药物接近权。"③

（2）通过人权高级专员分析了 TRIPs 同公众健康问题。"决议"第 10 条"要求联合国人权高级专员分析 TRIPs 协议对人权的影响"，人权高级专员遂于 2001 年 6 月 27 日提交了题为《TRIPs 协议对人权的冲击》的报告。报告分析了 TRIPs 协议与人权的联系，强调应当以人权的态度对待 TRIPs 协议，着重分析了 TRIPs 协议与健康权的问题，明确指出国家尊重、保护和实现健康权的义务，并探讨了在知识产权制度中医药研究和获得药物的问题，以巴西作为案例，分析了在艾滋病治疗方面面临的问题。最后提出结论与建议。鼓励相关国家政府、WHO 等国际组织对执行 TRIPs 协议进行监督。④

（3）由经济、社会和文化权利委员会发布了官方的"声明"，认为"知识产权制度一定要同《经济、社会、文化权利国际公约》中的权利相协调。"⑤

（4）由全球化问题特别报告员发表报告，认为知识产权保护逐渐损害人权

---

① Intellectual Property Right and Human Rights, Sub-commission on Human Rights Resolution 2000/7, E/CN. 4/SUB. 2/2000/7.

② Comm. on Hum. Rts. Res. 2001/33 (Apr. 23, 2001); Comm. on Hum. Rts. Res. 2002/32 (Apr. 22, 2002); Access to Medication in the Context of Pandemics Such as HIV/AIDS, Tuberculosis and Malaria, Comm. on Hum. Rts. Res. 2003/29 (Apr. 22, 2003).

③ Comm. on Hum. Rts. Res. 2001/33 (Apr. 23, 2001).

④ Report of the High Commissioner, The Impact of the Agreement on Trade-Related Aspects of Intellectual Property Rights on Human Rights, E/CN. 4/Sub. 2/2001/13 (June 27, 2001).

⑤ Committee on Economic, Social and Cultural Rights, Substantive Issues Arising in the Implementation of the International Covenant on Economic, Social and Cultural Rights, Follow-up to the Day of General Discussion on Article 15. 1 (c), Nov. 25, 2001, Statement on Human Rights and Intellectual Property, E/C. 12/2001/15 (14Dec. 2001).

目标。①

(5) 2001年8月16日,联合国人权促进保护小组委员会又通过了一项知识产权与人权问题的决议,它重申在TRIPs协议同基本人权之间存在的冲突,呼吁采取行动反对生物海盗行为(Biopiracy),无论是在TRIPs协议的实施或是评估中,都应当对存在的人权问题给予更严肃的关注。要求进行一项有关TRIPs协议对原住民影响问题的研究。并且要求联合国人权高级专员WTO中寻求观察员的位置,以监督对TRIPs协议的审查评估。还要求联合国人权高级专员考虑检查(An Examination),如有必要,采取一项调查(An Investigation),评价作为一种法律工具的专利是否同人权的促进和保护及其相应的国家义务相协调。②

(6) 2006年1月发表一般评论。2006年1月12日联合国经济和社会理事会又对《经济、社会和文化权利公约》第17条所涉及的知识产权与人权问题发表了2005年第17号评论。指出:每个人对于其本人的任何科学、文学或艺术作品所产生的精神或物质上的利益,享受被保护之权利,这是源自所有人与生俱来的人的尊严和价值。这一事实使《经济、社会、文化权利公约》第15条第1款第32项规定的权利以及其他人权同知识产权制度内承认的大多数法定权利得以区别。人权是基本的、不可让与的普遍的权利。这种权利属于每个人,在一定条件下属于个人或社区组成的群体。人权是基本的,而且是人们与生俱来的;而相比之下,知识产权首先是国家激励发明创造,鼓励创新产品的传播的工具,同时也是鼓励文化本体发展,为了社会整体利益维护科学、文学和艺术产品完整性的工具。通过对《经济、社会和文化权利公约》第17条第15条第1款第3项的规范性解释,对人们争执不休的知识产权与人权的区别问题予以界定。③

以上文件和报告都包含了对TRIPs协议以及知识产权制度扩张的中肯批评。但同时也认可在人权与知识产权两种国际规制之间共享的目标和其他共同之处,并试图寻求一种既同国家条约义务相一致又不与人权相冲突的制度安排。但这种规制迄今尚在孕育之中。

(三) 后TRIPs时代人权与知识产权的国际规制

在人权国际规制方面,自第二次世界大战以来,已经产生了几乎覆盖全部人权领域的全球的、地区的人权条约和公约,时至今日190个国家中已有140多个

---

① J. Oloka-Onyango & Deepika Udagama, Globalization and Its Impact on the Full Enjoyment of Human Rights, E/CN. 4/Sub. 2/2001/10 (Aug. 2, 2001).

② Intellectual Property and Human Rights, Sub-Commission on Human Rights resolution 2001/21.

③ Committee on Economic, Social and Cultural Rights Thirty-fifth session Geneva, 7 - 25 November 2005 GENERAL COMMENT No. 17 (2005) E/C. 12/GC/17, 12January 2006.

签署了所有主要的人权条约。联合国人权委员会负责监督条约的实施。区域性组织（如欧盟）负责监督区域性人权条约。各种各样的国际非政府组织如大赦国际、人权联盟、国际法官协会等非政府组织在促进及保障人权方面也扮演相当重要的角色，积极监督人权保障政策的执行与落实。"自 70 年代以来，有关人权的非政府组织的数目及其行动的层次都有迅猛的增加。目前，在美国、英国和欧洲大陆各自活跃着 200 多个与人权有关的非政府组织，在发展中国家这种组织也在不断增加，它们形成一种人权组织的全球性网络，监督和公布各国发生的践踏人权的行为。"① 无论是国内还是国际性的非政府组织，都在试图营造出一个全球性的市民社会（Global Civil Society）。在 1993 年《维也纳宣言及行动纲领》中，就明确声明各国和国际组织有必要与非政府组织合作，在国家、区域和国际的层面上，确保充分和有效地享有人权并创造有利的条件。

  在知识产权规制方面，世界知识产权组织目前的成员已有 180 多个国家，作为联合国的一个专门机构，其任务是要在全世界范围内保护知识产权。它管理着包括《巴黎公约》和《伯尔尼公约》在内的涉及知识产权保护各个方面的 23 项国际条约。世界贸易组织作为一个独立于联合国的永久性国际组织，1995 年 1 月 1 日正式开始运作，负责管理世界经济和贸易秩序，通过已有 150 个正式成员签字的《知识产权协定》基本上完成了知识产权保护方面的标准化，在调解成员争端方面具有更高的权威性。此外，区域性组织（如欧盟）、跨国公民团体组织（如公民社会和网络）、民族国家（尤其是美国）和亚国家组织（如美国国际知识产权协会、跨国公司等）都已经参与了知识产权方面的全球治理活动。全球知识产权体系还包含了几个特定机构，如世界卫生组织（WHO）积极对健康与知识产权政策领域提供建议与技术协助，由三个国际协定组成了关于保护植物多样性和基因资源知识产权的框架体系：《保护植物新品种国际公约》（UPOV 公约）、《生物多样性公约》和世界粮农组织的《国际粮食和农业植物遗传资源公约》。

  近年来世界知识产权组织与联合国人权系统对知识产权与人权冲突问题展开了一系列的治理行动。

  为回应人们对知识产权与人权的关系问题的质疑，1998 年又恰逢世界人权宣言颁布 50 周年，世界知识产权组织（WIPO）与联合国高级人权专员（High Commissioner for Human Rights）办公室联合举办了一个题为"知识产权与人权"的专题研讨会，专门讨论知识产权与人权关系问题，与会学者包括国际知名的知识产权和人权方面的专家，都在发言中指出了现存的知识产权制度同人权之间存

---

① 何增科：全球化与国家的权力，www.cctb.net，最后浏览：2006 年 3 月 17 日。

在的冲突以及国际社会面临的主要问题。会议突出讨论了知识产权的"普遍性"和它在社会、经济和文化发展中的角色。学者就知识产权的起源与发展,知识产权与人类健康、传统知识保护、科学技术进步、国民待遇和非歧视等问题作了报告和讨论。①

联合国发展计划署则在 1999 年与 2000 年的《人类发展报告》中认为,《知识产权协定》的履行事实上构成了与国际人权法律的抵触。

2000 年 8 月,联合国人权促进保护小组委员会(Sub-Commission on the Promotion and Protection of Human Rights)通过了一项处理知识产权与人权问题的决议。②"决议"强调"在履行《知识产权协定》与实现经济、社会和文化权利之间存在着实际的或潜在的冲突",这些冲突存在于广泛的范围。"决议"还"支持联合国经济、社会和文化权利委员会阐明知识产权与人权之间的联系,包括通过起草一项关于这一主题的一般性评论。"(该一般性评论在时隔 5 年之后终于问世。)

为了处理知识产权与人权之间的冲突,"决议"意图在联合国框架内评价知识产权问题,联合国经社理事会促进和保护人权分会启动了一项雄心勃勃的新议程。联合国人权促进保护小组委员会要求国际上四类不同的行动者——各国政府、政府间组织、联合国人权机构和非政府组织——处理知识产权与人权之间的冲突问题。它要求各国政府在制定法律与政策时,要做到与"人权的义务与原则"相协调,应当特别重视知识产权的社会功能(决议第 5 条)。它也对政府间组织提出了类似要求,并特别建议"世界知识产权组织、世界卫生组织、联合国发展计划、联合国贸发会议、联合国环境计划和其他相关的联合国机构,继续并深入进行他们对《知识产权协定》所产生的影响分析,包括对《知识产权协定》人权含义的考量"。(决议第 12 条)它要求联合国人权高级委员会、全球化特别报告员和经济、社会和文化权利委员会考量、分析、阐明《知识产权协定》对人权的影响。(决议第 9~11 条)最后,为了确保新议程的透明度,人权专门委员会鼓励公民社会团体推动各国政府在其经济政策中充分地体现人权义务,并且对那些未能包括人权义务的经济政策执行后果进行监督并公开其结果。(决议第 14 条)还提出各国政府:"人权义务优先于经济政策和协议。"这无疑是提出了一项处理知识产权与人权冲突问题的原则。

虽然世界贸易组织要在知识产权问题上如何采纳人权规则依然是不确定的,但走向善治的图景已经初步展现。2001 年 11 月在世贸组织多哈部长会议上发表

---

① 参见 WIPO, Press Release PR/98/143, Geneva, October 20, 1998。
② Intellectual property right and human rights, Sub-commission on Human Rights resolution 2000/7, E/CN. 4/SUB. 2/2000/7.

了《知识产权协定》和公众健康宣言，明确反映了在接近医药方面的人权主张。多哈回合谈判带动的不仅仅是医药问题，还涉及与人权相关的传统知识与原住民权利。多哈部长会议宣言直接要求《知识产权协定》理事会检查"《知识产权协定》与生物多样性公约之间的关系，《知识产权协定》与传统知识、民间文艺保护以及其他由成员国提出来的相关新发展之间的关系。"① 但是美国迄今仍然阻挠生物多样性公约秘书处申请《知识产权协定》理事会中的观察员身份，它还对人权高级专员的类似申请制造不确定性。② 2003 年在墨西哥坎昆举行的部长会议上贸易谈判宣告失败，表明发达国家与发展中国家之间又产生了重大裂痕。③ 多哈回合最新的进程是，世贸组织于 2005 年 12 月在香港举行第六次部长级会议，各成员就多哈回合议题进行了磋商，结果发表了《部长宣言》，在农业、棉花以及发展问题上取得了进展。这些成果对于世界经济特别是最不发达国家经济发展将带来一定的积极意义。这是在难以就关键议题实现突破的情况下，各成员就发展议题形成的共识。④ 2005 年 11 月 29 日 WTO 决定将最不发达国家遵守商标与版权等知识产权规则的最后期限自原定的 2006 年 1 月 1 日推迟至 2013 年 7 月，最不发达国家对药品实施专利保护的最后期限已延迟至 2016 年。2005 年 12 月 7 日，WTO 宣布将修改《知识产权协定》有关公共健康条款，允许贫穷国家以较低廉的价格从不享有专利权但已获得许可的国家进口受专利保护的药品。此次修改在获得三分之二成员方批准后正式纳入《知识产权协定》，成员方作出决定的最迟日期为 2007 年 12 月 1 日。在此之前，贫穷国家仍可按照 2003 年的决议，从印度等国进口仿制药品。⑤

由此可见，在世贸框架内人权方面的进展虽步履维艰，但正在向前迈进。尽管困难重重，但是世界知识产权组织和世界贸易组织这些知识产权游戏规则的"掌控者"正在逐渐地向人权开启大门。贸易和知识产权的谈判者再也不能拒绝聆听人权社会的声音，因为这种声音已经越来越强烈。国际社会越来越认识到人权与知识产权之间的平衡将既有利于保障个人权利，又有利于增进全球福利。

---

① WTO Doha Ministerial Conference, Ministerial Declaration, WT/MIN（01）/DEC/W/1（Nov.14, 2001）.
② Report of the High Commissioner, The Impact of the Agreement on Trade-Related Aspects of Intellectual Property Rights on Human Rights, E/CN. 4/Sub. 2/2001/13（June 27, 2001）.
③ See The WTO under fire：Why Did the World Trade Talks in Mexico Fall Apart? And Who is to Blame?, The Economist, Sept. 20, 2003, at 26 – 28.
④ 参见新华网专题报道：WTO 第六次部长会议（2005 年 12 月 13 日 ~ 18 日，中国香港），www. xinhuanet. com. 最后浏览时间：2006 年 3 月 25 日。
⑤ 李昭：《TRIPs 协议将作有利于贫穷国家公共健康的修改》，载国家知识产权局网，最后浏览时间：2006 年 2 月 10 日。

三、后 TRIPs 时代知识产权国际保护与公共健康问题

公共健康是《知识产权协定》所深刻影响的另一领域,人们甚至认为《知识产权协定》的执行带来了公共健康危机。为此,公共健康领域也成为后 TRIPs 时代知识产权国际立法最为活跃的领域之一。

(一)《知识产权协定》对全球公共健康保护的冲击

WTO 的诞生使得《知识产权协定》得以生效,也标志着以欧美等国国内专利保护制度为参照体系的知识产权保护国际标准在全球得以推行。随着 WTO 成员数量的不断扩大,越来越多的国家或地区都必须在规定的期限内制订或修改国内知识产权立法以保证其与《知识产权协定》所确立的国际标准相契合。

尽管不可否认,在《知识产权协定》中公共健康问题也有所提及。例如,该协议序言即要求"认识到保护知识产权的国家体制基本的公共政策目标,包括发展和技术方面的目标",而在其第 8 条(原则)第 1 款中,也再次重申"各成员在制订或修正其法律和规章时,可采取必要措施以保护公共健康和营养,并促进对其社会经济和技术发展至关重要部门的公众利益,只要该措施符合本协议规定。"但必须注意的是,该条文强调 WTO 成员保护公共健康必须符合《知识产权协定》,即符合该协议第 31 条(未获权利所有者同意的其他使用)一系列严格的规定,如"努力与权利所有者协商"、"被许可产品主要适用于国内市场"及"向权利所有者支付适当报酬"等。然而,考虑到绝大多数最不发达成员境内缺乏相关设施与资源用以生产急需的药品,因此该条款在一定程度上不合实际地制约了 WTO 最不发达成员利用《知识产权协定》改善国内公共健康福利的可能性。① 尽管《知识产权协定》也给予 WTO 众多发展中成员与最不发达成员一定的过渡期,但从长远来看并非解决上述问题的根本可行途径。

事实上,《知识产权协定》的诸多实体规则明显偏袒知识产权大国(发达国家)及其知识产权权利所有者的利益,不仅没有充分考虑到发展中国家实施高标准知识产权规则在人力、财力和技术上遇到的困难,也忽略了知识产权对人权、公共健康等重要社会利益的消极影响。②

---

① World Trade Organization,TRIPS and Public Health:The Situation in Late 2005,http://www.wto.org/english/tratop e/trips e/health background e. h tm.
② 参见刘笋:《知识产权国际造法新趋势》,载《法学研究》,2006 年第 3 期,第 144 页。

正因如此，WTO 发展中成员关注的问题是，《知识产权协定》在维护专利权人利益的同时是否会导致极大损害其境内的公共健康利益。① 更有甚者，WTO 许多最不发达成员不能确切地知悉他们在使用《知识产权协定》例外条款以维护公共健康时存有多大的可能性。实践表明，一旦 WTO 最不发达成员严格按照《知识产权协定》的要求为相关药品提供专利保护，其国内市场上药品价格往往会上涨 200％ 到 300％。② 这势必导致这些国家更多的穷人因无力购得急需的药物而只能静待死亡的来临。在此种局面之下，长远利益与短期利益的交锋、专利保护与经济效益的博弈似乎不再值得慎重考量，美欧为《知识产权协定》进行辩护的各种理由已经开始遭到质疑，许多发展中国家、政府间国际组织和非政府组织已经开始将火力集中对准《知识产权协定》。③

发展中国家的担忧、非政府组织的指责以及相关国际组织的关注在国际社会引起了巨大的反响，《知识产权协定》很快成为众矢之的。一些重要的国际组织在发展中国家与各种非政府组织的强大压力之下，开始较为客观地指出《知识产权协定》在保护公共健康问题上存在的制度性缺陷及由此引起的消极影响。例如，世界卫生组织于 1998 年专门发布了一个名为"关于《知识产权协定》对公共健康之影响"的指南。该指南确认，执行《知识产权协定》与实现世界卫生组织的目标及政策之间存在冲突。④ 联合国经社理事会促进和保护人权分会也于 2000 年在一份报告中指出："由于《知识产权协定》的实施并未充分地反映所有人权的基本性质和不可分割性，包括人人有权享有科学进步及其应用所带来的利益、健康权、食品权、自决权，因此《知识产权协定》所体现的知识产权制度与国际人权法之间存在着明显的冲突。"⑤

（二）后 TRIPs 时代全球公共健康问题对知识产权国际保护的影响

必须看到的是，在实施产权与公共健康领域，不同国际组织各自制订的规则存在不一致、不协调甚至相互矛盾与冲突的现象只是暂时的不幸，这种暂时的规

---

① World Trade Organization, TRIPS and Public Health: The Situation in Late 2005, http://www.wto.org/english/tratop e/trips e/health background e. htm.
② Oxfam, Patent Injustice: How World Trade Rules Threaten the Health of Poor People, Oxfam Briefing Papers, 2001, P. 2.
③ Laurence R. Holier, Regime Shifting: The TRIPs Agreement and New Dynamics of International Lawmaking, Yale Journal of International Law, Vol. 29, 2004, pp. 5 - 6.
④ 转引自刘笋：《知识产权国际造法新趋势》，载《法学研究》，2006 年第 3 期，第 146 页。
⑤ Intellectual Property Rights and Human Rights, Sub-commission on the Promotion and Protection of Human Rights, Fifty-second session, agenda item 4, E/CN. 4/Sub. 2/2000/7, adopted 17 August 2000.

则不协调是促成今后规则协调的强大动力。① 面对内部众多发展中国家的抗议与不满及外界各种组织的批评与指责,WTO 为寻求广泛的支持以实现其宗旨与职能并保证其规则具有更强的执行力度,在其成员激烈的斗争与妥协下,开始对《知识产权协定》进行重要的修正。

1. 多哈回合的妥协

2001 年开始的 WTO 多哈回合谈判为 WTO 解决《知识产权协定》下知识产权与公共健康之间的矛盾提供了契机。曾积极反对发展中国家实施旨在让公众更为便利地获得药物的强制许可制度的美国,在 9·11 事件之后本身遭遇了"炭疽热"危机,为此逐渐改变了其传统的强硬立场。② 而欧盟为进一步确立欧非合作伙伴关系的需要,也开始关注发展中国家因执行《知识产权协定》而面临的公共健康危机问题。在这种背景下,发展中国家有关维护公共健康的诉求开始真正获得国际社会的普遍认同并在 WTO 多哈回合谈判中得到了一定程度的体现,这集中表现在 WTO 在 2001 年 11 月 14 日通过的《关于〈知识产权协定〉与公共健康的部长宣言》(以下简称《多哈宣言》)以及此后经过数年的艰苦谈判后于 2003 年 8 月 30 日以总理事会决议形式通过的《关于〈知识产权协定〉和公共健康的多哈宣言第六段的执行决议》(以下简称《执行决议》)之中。

(1)《多哈宣言》。

《多哈宣言》由七段组成。第一段与第三段分别承认了"公共健康问题严重影响许多发展中国家和最不发达国家,特别是影响那些遭受艾滋病、结核病、疟疾和其他传染病的国家"以及"知识产权保护对于发展新药的重要性与有关知识产权保护对价格所产生影响的关注"。这表明 WTO 不仅开始认识到维护公共健康与保护知识产权之间存在冲突,而且开始试图在维系两者之间的相对平衡方面寻求新的出路。结合《多哈宣言》第二段"强调需要将 WTO 协议下的《知识产权协定》作为国家的和国际社会的广泛举措中的一部分来解决这些问题"加以考虑,不难发现,WTO 已经意识到矛盾的根源与解决的途径在于《知识产权协定》本身。因此,在《多哈宣言》第四至七段中,WTO 为《知识产权协定》的执行构建了抽象的框架。例如,宣言要求在尊重成员为维护公共健康而采取措

---

① Marco C. E. J. Bronckers, More Power to the WTO? Journal of International Economic Law, Vol. 4, March 2001, P. 52.

② 2001 年 9 月,为应对可能的炭疽热恐怖袭击,美国政府威胁将强制许可生产德国拜耳公司的抗生素环丙沙星(Cipro),此种做法再一次证明了美国在国际规则利用下的双重标准。See Bryan C. Mercurio, TRIPS, Patents, and Access to Life-Saving Drugs in the Developing World, Marquette Intellectual Property Law Review, Vol. 8, 2004, P. 225.

施的前提下善意解释《知识产权协定》①、责成《知识产权协定》理事会拟定方案解决其制药企业没有制造能力或制造能力不足的 WTO 成员的药品需求问题（嗣后通过的《执行决议》即为实现此目的）、延长 WTO 最不发达成员对于执行《知识产权协定》下药品专利保护的过渡期并要求发达成员有义务鼓励其企业和公共机构向 WTO 最不发达成员转让技术等。

（2）《执行决议》。

考虑到《多哈宣言》第六段的要求，经过近两年的艰苦谈判后，WTO 发展中成员与发达成员最终在相关问题上取得一致意见，并于 2003 年 8 月 31 日通过了《执行决议》。该决议包括 11 项规定和 1 个附件，其主要内容包括但不限于：

①相关定义。《执行决议》第 1 条分别对可用来应对公共健康问题的"医药产品"、"符合条件的进口成员"以及"出口成员"作出规定。其中，"医药产品"指在医药领域用来应对《宣言》第一段中认可的公共健康问题的任何专利产品，或通过专利方法制造的产品，其中包括药品制造所需的有效成分和药品使用所需的诊断试剂；"符合条件的进口成员"指任何最不发达成员，以及任何向《知识产权协定》理事会发出通知，表明其希望使用此制度作为进口方意愿的成员。按照规定，成员可在任何时候通知《知识产权协定》理事会它将全部或有限制性地使用该制度②；"出口成员"指使用本决议中确定的制度生产医药产品并将其出口到"符合条件的进口成员"的成员，换言之，任何拥有相关制药能力的 WTO 成员均有可能成为"出口成员"。

②义务豁免。根据《执行决议》，任何 WTO 成员均可出口强制许可生产的药品到"符合条件的进口成员"而将获得《知识产权协定》第 31 条（f）款要

---

① 《多哈宣言》第五段包括 4 个条款：（1）应采用国际法的习惯解释规则，结合 TRiPs 协议所表达的目标、意图和原则对 TRiPs 协议进行解释；（2）各成员有权依据自身的理由自由批准强制许可；（3）各成员有权决定构成国家紧急状况或其他紧急情况的条件，可以理解公共健康危机，包括与艾滋病、结核病、疟疾以及其他传染病有关的危机，构成上述国家紧急状况或其他紧急情况；以及（4）在 TRiPs 协议第 3 条、第 4 条有关最惠国待遇和国民待遇原则规定的前提下，TRiPs 协议中有关知识产权利用尽的规定应当使各成员能够自由地、不受干扰地建立其权利用尽体系。See Declaration on the TRIPS agreement and public health, Adopted on 14 November 2001, WT/MIN（01）/DEC/2, 20 November 2001, para. 5. http：//www.wto.org/English/thewto_e/minist_e/min01_e/mindecl_trips_e.htm. 由此不难发现，《多哈宣言》在此赋予各成员充分的自主权以应对因知识产权保护问题而可能引发的公共健康危机。

② 值得注意的是，某些成员将不会使用本决议中确立的制度作为进口成员，《执行决议》中列出了 23 个自愿放弃使用本制度作为进口成员的发达国家，它们分别是美国、英国、法国、德国、日本、加拿大、奥地利、比利时、丹麦、芬兰、希腊、冰岛、爱尔兰、意大利、卢森堡、荷兰、新西兰、挪威、葡萄牙、西班牙、瑞典、瑞士、澳大利亚；还有一些国家或成员声明只在国家紧急状态和其他特别紧急情况下才使用本制度，它们分别是中国香港、中国澳门、中国台湾、以色列、韩国、科威特、墨西哥、卡塔尔、新加坡、土耳其和阿拉伯联合酋长国。See Decision of the General Council of 30 August 2003, Implementation of paragraph 6 of the Doha Declaration on the TRIPS Agreement and public health, WT/L/540 and Corr. 1, 1 September 2003. http：//www.wto.org/english/tratop_e/trips_e/implem_para6_e.htm.

求"强制许可产品必须主要适用于国内市场"规定下的义务豁免(第2条);"符合条件的进口成员"对进口产品行使强制许可时,该成员可不履行31条(h)款"向专利权人支付充分报酬"的义务(第3条)。

③防止贸易转移。按照《执行决议》第4条、第5条的要求,为不违背基于公共健康之目的而强制许可生产药品的初衷,同时在一定程度上考虑到专利权人的利益,必须严格控制上述药品的流向,避免任何第三方因改变这种流向从中受益。简言之,基于公共健康目的强制许可生产之药品必须流入指定成员境内且不能再出口至他处。

④对进口成员生产能力的评估。为确定哪些成员在制药领域内制造能力不足或没有制造能力可有权要求进口,《执行决议》的附件规定了较为具体的评估标准。①

⑤争端处理。为保证前述义务豁免落到实处,《执行决议》第10条要求,针对一成员依本决议"义务豁免"相关规定采取的措施,任何其他成员均不能因这一成员违反原有规则而依据GATT1994第23条第1款b项和c项对其提出指控。

《多哈宣言》与《执行决议》,是WTO发展中成员面对因艾滋病、肺结核、痢疾和其他流行病而引发的公共健康危机时,在WTO框架内通过与若干WTO发达成员进行积极斗争而取得的重要成果之一,这也将使WTO贫困成员有望获得廉价药品,有利于它们更迅速和有效地控制、缓解公共健康危机。可喜的是,在《执行决议》问世4年之后,卢旺达便成为利用该规则从中受益的典型例证。

2007年7月17日,艾滋病肆虐的卢旺达向《知识产权协定》理事会提出通报②,希望在两年期间内进口26万盒由加拿大奥贝泰克制药公司(Apotex)生产的抗艾滋病药品TriAvir。2007年10月4日,加拿大作出善意的回应,授权本国奥贝泰克制药公司(Apotex)生产提供卢旺达所需的TriAvir。③

然而,我们也不能忽视《多哈宣言》与《执行决议》存在的一些不足。首

---

① 最不发达成员被视为在制药领域内制造能力不足或没有制造能力;对其他成员而言,其在制药领域内制造能力不足或没有制造能力的主张可通过以下方式之一进行确认:(1)已证实提出主张的成员在制药领域没有生产能力;或者(2)该成员方在制药领域内存在一定的制造能力,但除专利权人所拥有和控制的制造能力之外,现有制造能力不能满足其需求。See Decision of the General Council of 30 August 2003, Implementation of Paragraph 6 of the Doha Declaration on the TRIPs Agreement and Public Health, WT/L/540 and Corr. 1, 1 September 2003, annex, Assessment of Manufacturing Capacities in the Pharmaceutical Sector. http://www.wto.org/english/tratop_e/trips_e/implem_para6_e.htm.

② Patents and Health; WTO Receives First Notification under 'paragraph 6' system. http://www.wto.org/english/news_e/news07_e/public_health_july07_e.htm.

③ Canada is First to Notify Compulsory Licence to Export Generic Drug, http://www.wto.org/english/news_e/news07_e/trips_health_notif_oct07_e.htm.

先,WTO发达成员与发展中成员对于《知识产权协定》的解释和执行存在着重大分歧,是上述相关文本出台的重要原因之一。① 然而,尽管上述宣言和协议对《知识产权协定》的相关规则做出了一定程度的澄清,但宣言和协议本身也存在着诸多较为模糊的用语。宣言和协议采用这种用语模糊化的行文技巧,或许是基于如下考虑:充分平衡 WTO 发达成员与发展中成员利益的不易,模糊的用语可以为各方寻求其利益之最大化提供便利。但这也为未来可能出现的冲突与争端埋下祸根。例如,在《多哈宣言》与《执行决议》中所提及的"传染病"、"医药产品"等概念,并未具体至何种疾病及产品,对此,发达国家主张就相关传染病症与可能导致公共健康的疾病列出详细的清单,而 WTO 发展中成员则坚决反对这种缩小其适用范围的做法②;再如,针对《多哈宣言》第五段第三项"各成员有权决定构成国家紧急状况或其他紧急情况的条件",有发达国家学者担心这种未限定范围的授权将导致 WTO 发达成员与发展中成员之间紧张关系的加剧③。其次,《执行决议》并没有提供一个促进竞争和降低药品价格的有效模式以刺激药品流入急需的国家,仅考虑人道主义关怀并不足以激发潜在的药品供应者运用该体系的兴趣。此外,出口成员必须履行较为复杂的程序以期获得 WTO 的许可,而履行程序所需之成本又会直接或间接地转嫁给愿意提供药品出口的制药公司,从而进一步打压这些公司积极性。例如,在前文中提及的加拿大奥贝泰克制药公司(Apotex)的总裁杰克·凯在获得授权的次日即发表声明,对批准强制许可所需的繁琐程序表示出强烈不满;同时他还委婉地指责拥有 TriAvir 药品专利的英国葛兰素史克公司利用繁琐的程序故意拖延授权④。最后,也必须看到的是,《执行决议》采用的是义务豁免模式而不是采用《知识产权协定》修改或解释模式,且其法律效力至未来《知识产权协定》修改时为止,这意味着《执行决议》并不具有永久的法律效力,同时还表明在 WTO 新一轮贸易谈判中,以美国为代表的发达成员将以此作为筹码,换取发展中成员在投资、服务贸易领域等其他领域的让步。

---

① James Thuo Gathii, the Legal Status of the Doha Declaration on TRIPS and the Public Health under the Vienna Convention on the Law of Treaties, Harvard Journal of Law & Technology, Vol. 15, 2002, P. 299.

② Bryan C. Mercurio, TRIPs, Patents, and Access to Life-Saving Drugs in the Developing World, Marquette Intellectual Property Law Review, Vol. 8, 2004, P. 237.

③ 同时,该学者为证明其观点假设了以下局面:某 WTO 成员认为抑郁症属于公共健康危机进而强制许可生产对症药品百忧解(Prozac)。See Vishal Gupta, a Mathematical Approach to Benefit-detriment Analysis as a Solution to Compulsory Licensing of Pharmaceuticals under the Trips Agreement, Cardozo Journal of International and Comparative Law, Fall, 2005, P. 648.

④ See Life Saving AIDS Drug for Africa Gets Final Clearance, http://www.apotex.com/PressReleases/20070920-01.asp.

2. 坎昆回合的发展

在 2005 年的继续谈判中，WTO 发展中成员在非农产品、服务贸易等领域的进一步妥协换取了发达成员在知识产权与公共健康领域的让步①。2005 年 12 月 6 日 WTO 各成员一致通过了《修改〈知识产权协定〉的决定》，这也是多哈回合谈判启动以来到目前为止唯一经部长级会议确认的重要成果。该决定的附件即为《修改〈知识产权协定〉的议定书》（以下简称《议定书》）。依据《建立世界贸易组织的马拉喀什协定书》第 10 条第 3 段的规定，《议定书》将在 WTO 成员 2/3 多数接受后，对接受成员生效。换言之，《议定书》的生效需要现有 150 个 WTO 成员中至少 100 个成员接受。《议定书》原定开放供各成员在 2007 年 12 月 1 日或者部长级会议可能决定的更晚日期之前接受，考虑到截至 2007 年 12 月 1 日，仅有 10 余个 WTO 成员②对此表示接受，因此，部长会议决定将接受期限延长至 2009 年 12 月 31 日或部长会议可能决定的更晚期限。③ 在《议定书》生效之前，《执行决议》仍具有法律效力。

《议定书》包括 6 个条文、2 个附件及 1 个附录。其主要内容是关于《执行决议》的延续与固定化，即在《知识产权协定》第 31 条后插入第 31 条之二，共包含 5 个款项，主要规定在一定条件下是免除成员基于《知识产权协定》第 31 条（f）与（h）款而应承担的义务；在第 73 条后插入附件，该附件对"第 31 条之二"的内容和"药品"、"有资格进口的成员"和"出口成员"的定义以及适用"第 31 条之二"所必须满足的条件做了规定；此外，附件的附录收入《执行决议》的附件，具体规定对进口成员缺少相关药品生产能力进行评估的程序和方法。

---

① 在于 2005 年 12 月 13 日举行的 WTO 香港回合谈判中，针对发展中国家在其他领域的让步得到了发达国家在知识产权与公共健康问题上的积极回应。具体可体现为《多哈工作计划香港部长宣言》第四十五段的内容："我们注意到 TRIPs 协议理事会根据多哈《执行决议》第 11 段第 1 项及总理事会 2004 年 8 月 1 日通过的决定第 1 段 h 项所做的工作，并指示该理事会继续审查 GATT 1994 第 23 条第 1 款（b）项和（c）项规定类型的起诉的范围和模式，并向下届部长级会议提出建议。各方同意在此期间各成员将不根据 TRIPs 协议提出此类起诉。" See Doha Work Programme Ministerial Declaration, Adopted on 18 December 2005, WT/MIN (05)/DEC, 22 December 2005, para.45. http://www.wto.org/english/thewto_e/minist_e/min05_e/final_text_e.htm.

② 其中包括美国（接受日期：2007 年 12 月 17 日。下同）、瑞士（2006 年 12 月 12 日）、萨尔瓦多（2006 年 12 月 19 日）、韩国（2007 年 1 月 24 日）、挪威（2007 年 2 月 5 日）、印度（2007 年 3 月 26 日）、菲律宾（2007 年 3 月 30 日）、以色列（2007 年 8 月 10 日）、日本（2007 年 8 月 31 日）、澳大利亚（2007 年 12 月 12 日）、新加坡（2007 年 9 月 18 日）、中国香港（2007 年 11 月 27 日）、中国（2007 年 11 月 28 日）、欧共体（2007 年 11 月 30 日）等。See Members accepting amendment of the TRIPs Agreement. http://www.wto.org/english/tratop_e/trips_e/amendment_e.htm.

③ Amendment of the TRIPs Agreement-Extension of the Period for the Acceptance by Members of the Protocol Amending the TRIPs Agreement, Decision of 18 December 2007, WT/L/711.

《议定书》于《修改〈知识产权协定〉的决定》通过后即开放供各成员接受，标志着《执行协议》有着稳定的后续发展，尽管它并不能全面地消除保护知识产权与维护公共健康两者之间的冲突，但它在某些方面表明 WTO 成员在面对这一问题时的态度、方法与观点正朝着公平公正、理性务实的方向发展。同时，我们需要认识到，WTO 只是一个贸易组织而非健康组织，知识产权保护也仅仅在一定程度上加剧了全球公共健康问题的恶化而并非此问题全部症结之所在，全球公共健康福利的实现有赖于各主权国家、相关国际组织、其他各种非国家行为体（包括非政府组织、跨国公司甚至个人等）在 WTO 框架内外、知识产权制度内外的通力协作。

四、后 TRIPs 时代知识产权国际保护与基因遗传资源、传统知识问题

基因遗传资源、传统知识问题是后 TRIPs 时代反对知识产权扩张力量反抗《知识产权协定》的另一重要舞台。目前，在知识产权国际保护制度与基因遗传资源、传统知识保护的关系方面，国际社会进行了许多卓有成效的尝试。国际性的条约、宣言如《生物多样性公约》、《粮食和农业植物遗传资源国际条约》、《关于获取遗传资源并公正和公平分享通过其利用所产生惠益的波恩准则》（Bonn Guidelines on Access to Genetic Resources and the Fair and Equitable Sharing of the Benefits Arising from Their Utilization，以下简称《波恩准则》），区域性立法如《1996 年安第斯共同体关于遗传资源获取共同制度的 391 号决议》、《2000 年安第斯共同体关于知识产权共同制度的 486 号决议》、《2000 年非洲联盟关于保护当地社区、农民与育种者权利、管理生物资源获取的示范法》、《东盟生物与遗传资源获取框架协定（草案）》等。①

（一）基因遗传资源、传统知识保护方面的国际立法

基因遗传资源、传统知识保护的主要国际立法是《生物多样性公约》。《生物多样性公约》产生于国际间关于环境保护的协调。一般认为有三个阶段：1972 年，在斯德哥尔摩召开的联合国关于人类环境的大会决定建立联合国环境规划署，各国政府签署了若干地区性和国际协议以处理如保护湿地、管理国际濒危物种贸易等议题，保护环境和生物多样性；1987 年，世界环境和发展委员会

---

① 参见秦天宝编译：《国际与外国遗传资源法选编》，法律出版社 2005 年 10 月第 1 版。

(Brundtland 委员会)发表了划时代的报告"我们共同的未来",从此将可持续发展的理念贯穿进了国际法;1992 年,在巴西里约热内卢召开了各国首脑参加的迄今为止最大规模的联合国环境与发展大会,在此次"地球峰会"上,各国签署一系列有历史意义的协议,其中包括两项具有约束力的协议:《气候变化公约》和《生物多样性公约》。前者目标是减少 CO_2 等引发温室效应的气体的排放,后者是第一部生物多样性保护和可持续利用的全球协议。在此之前,有关环境问题的国际条约均为发达国家对发展中国家施加压力而制定,发展中国家因害怕发达国家借此干预内政而对此类条约抱有抵触心理,但《生物多样性公约》一改一边倒的趋势,做出了许多有利于发展中国家的让步,从而得到了广大发展中国家的拥护。该公约自签订以来,已经产生了巨大的国际影响:目前已经有180 多个国家批准该公约;公约所确定的生物多样性与环境保护、基因遗传资源利益分享等机制已经成为之后的国际法与许多国家国内法的依据,并且已经开始与世界贸易组织条约相协调;以公约为基础,国际上在处理基因遗传资源知识产权利用方面形成了与 TRIPs 体系相对应的生物多样性公约体系。[①]

以《生物多样性公约》为基础,2000 年 1 月 29 日,《生物多样性公约》缔约方会议通过了《卡塔赫纳生物安全议定书》。作为对公约的补充,该议定书重申了生物多样性安全防范的机制以及公约第 8 条关于资源获得知情同意的详细机制,并提供了维护生物多样性协调利用的制度安排。此外,COP 目前每两年召开一次会议,集中审议公约执行情况和补充有关事项。在第 6 次会议上,COP 根据《生物多样性公约》获得遗传资源和分享利益问题不限成员名额特设工作组(the Open-ended Working Group)的建议,通过了关于获取和惠益分享的《遗产资源获取与公平合理分享其利用收益的波恩准则》。《波恩准则》为合理分享生物多样性资源知识产权商业利用收益提供了指导性意见,尤其考虑了谈判能力有限的最不发达国家与小岛国家的实际情况,该准则已经成为各国建立生物多样性利益分享机制的蓝本,并得到了《生物多样性公约》的大力推广。

2001 年 12 月,联合国粮农组织(FAO)通过了《粮食与农业植物遗传资源国际条约》(ITPGRFA),规定了农民权以及农业植物遗传资源利用的利益分享,取代了以遗产资源免费获取为原则的《植物遗传资源国际约定》(International Undertaking on Plant Genetic Resources)。为了便于植物遗产资源的获取与利益分配,条约授权其领导机构(Governing Body)制定了示范性条款——标准材料转

---

① 其中包括 FAO《粮食与农业植物遗传资源国际条约》(ITPGRFA)、《卡塔赫纳生物安全议定书》、《关于获取遗传资源并公正和公平分享通过其利用所产生惠益的波恩准则》、《多哈宣言》的有关条款等,因为都涉及基因遗传资源的知识产权保护与利益分享问题,我们都可以将之看作对《生物多样性公约》的贯彻实施。

让协议（Standard Material Transfer Agreements，以下简称标准协议 MTAs），以保证谈判各方能尽可能在公平的基础上利用资源。2001 年 11 月 14 日，WTO 第四届部长级会议通过了《部长宣言》（即《多哈宣言》），要求 WTO 部长会议特别审查《生物多样性公约》与《知识产权协定》的关系，并要求后者的实施应以科技创新、利益公平分享为原则（TRIPs 第 7 条、第 8 条），同时考虑发展问题。① 此外，WIPO 还设立了政府间委员会专门讨论传统知识与遗传资源的知识产权保护问题，至今已经卓有成效。② 目前，发达国家已经基本认可了《生物多样性公约》所规定的基因遗传资源获取公开、知情同意，以及利益分享的正当性，但在知识产权的利益分配机制方面存在争议，其中欧盟国家的表现尤其积极。③ 另一方面，发展中国家在团结斗争的同时，也认识到了知识产权的正当性与必要性，并积极进行有关的国际协调。这样，尽管《生物多样性公约》不是专门用来解决基因遗传资源知识产权商业利用利益分享机制的公约，但时代的发展已使其承担了这一使命，以《生物多样性公约》为核心的基因遗传资源合理保护与利用的法律体系逐渐形成。

（二）《知识产权协定》与基因遗传资源、传统知识保护的冲突

《知识产权协定》的缔结是国际知识产权保护制度史上划时代的事件，知识产权国际保护进入强保护时代。但是，由于《知识产权协定》对作为私权的知识产权的强保护特征，必将与具有公共色彩的基因遗传资源、传统知识保护存在着冲突。其冲突可以概括为以下方面：

1. 目的上的冲突

《生物多样性公约》尽管涉及基因遗传资源、传统知识的知识产权保护，但其主要目的还是环境保护与生物安全，因此，在国内与知识产权相关法律相协调方面问题不大，但在国际协调方面存在诸多问题。首先，能否在知识产权的授予方面进行事先审查，加上知情同意与知识产权利益分享的条件，这首先不是知识产权法的问题，而是物权法的问题。《知识产权协定》解决的是贸易与知识产权问题，而生物安全与环境问题则由 WTO 有关环境与农业协定来解决，增加上述限制显然与《知识产权协定》缔约目的不一致，而且对于知识产权法律本身来

---

① WT/MIN（01）/DEC/1，http：//www.chinawto.gov.cn/articleview/593/1/373/2003/4/13。
② 目前 WIPO 政府间委员会已经比照《波恩准则》等起草了《遗传资源获取和惠益均享协议中的知识产权问题指南》（草案），以指导和规范传统资源包括生物遗传资源的知识产权利用和惠益分配问题。参见国家知识产权局条法司译：《遗传资源获取和惠益均享协议中的知识产权问题指南》（草案）http：//www.biodiv-ip.gov.cn/xgdt/gjdt/t20050118_39295.htm 2005/1/24。
③ 参见《TRIPS 与〈生物多样性公约〉和传统知识》http：//www.biodiv-ip.gov.cn/xgdt/gjdt/t20040217_25398.htm 2004/4/12。

说也是一个冲击，因为这更增加了物权本身可以分享知识创造的工具主义倾向。另一方面，《知识产权协定》强调的是贸易问题，要求以协商的合同形式来解决有关知识产权与技术转让问题，对基因遗传资源、传统知识保护采用法定主义有悖《知识产权协定》的一贯原则。

2. 有关知识产权保护规定的冲突

《生物多样性公约》要求基因遗传资源、传统知识的知识产权利用必须征得所在国的知情同意，并且进行合理的利益分享，因此，发展中国家（如印度、巴西等）依此制定了保护基因遗传资源和传统知识的法规，规定违反知情同意、利益分享以及登记制度时知识产权可被撤销或者无效，但这显然与《知识产权协定》体系相冲突。《知识产权协定》要求知识产权一体保护，不得仅以各国内法对知识产权加以限制。① 《知识产权协定》备受争议的第 27（2）规定：如果在其领土内阻止发明的商业利用是为了保护公共秩序或者道德，包括保护人类、动物或者植物的生命、健康或者避免对环境造成严重损害所必要，成员可以拒绝对发明授予专利，只要这种拒绝并非仅仅因为这种利用为其法律所禁止。因此，除了协定本身的免责性规定外，《知识产权协定》不允许国内法对发明专利的授予进行限制。② 但是，发展中国家为了利益分享的目的，恰恰总是采用国内立法进行此种限制。这显然与《知识产权协定》的规定相冲突。

（三）后 TRIPs 时代遗传资源与传统知识领域知识产权国际立法的发展

后 TRIPs 时代基因遗传资源与传统知识领域知识产权国际立法的重要成果是 2001 年的《关于获取遗传资源并公正和公平分享通过其利用所产生惠益的波恩准则》，《波恩准则》是有关基因遗传资源知识产权利用与惠益分享多边协调的成果，它抛弃了 FAO 条约中基因遗传资源免费自由使用的原则，表明各国在此问题上已经越来越接近《生物多样性公约》的目标。《波恩准则》旨在协助各缔约方、各国政府和其他利益相关者制订全面的获取和惠益分享战略，并确定在基因遗传资源获取和惠益分享的过程中应采取的步骤。更为具体地讲，《波恩准

---

① TRIPs 第 29（1）、PCT 第 5 条以及中国《专利法》第 26 条均规定：专利说明书应当对发明或者实用新型作出清楚、完整的说明，以所属技术领域的技术人员能够实现为准；必要的时候，应当有附图。摘要应当简要说明发明或者实用新型的技术要点。但是，并不要求申请人公开生物技术专利的物质资料来源，这与《生物多样性公约》是不一致的。因此，除非对 TRIPs 第 27（3）进行扩张以及利用第 71 条的商议机制另行规定基因遗传资源知识产权利益分享机制，否则采用国内法进行单边保护就有可能要么违反 TRIPs，要么与《生物多样性公约》不一致。

② 参见孔祥俊著：《WTO 知识产权协定及其国内适用》，法律出版社 2002 年版，第 232 页、第 525 页。

则》的意图是帮助各国制订关于获取和惠益分享的法律、行政或政策措施，和/或通过谈判达成获取和惠益分享的合同安排。现在《波恩准则》已开始执行一个有关能力建设方案，以保证发展中各国能够切实执行《波恩准则》以及《生物多样性公约》的相应条款。《波恩准则》尽管没有法律约束力，但由于大约180个国家一致通过，因而具有明确和无可争议的权威，并令人欣慰地证实，国际社会有意愿来着手解决需要所有方面平衡兼顾和做出让步的困难问题，以便共同受益。《生物多样性公约》执行秘书哈姆达拉·泽但认为：2002年8月～9月在约翰内斯堡举行的可持续发展问题世界首脑会议所发出的呼吁加强了这个意愿，该次会议呼吁各国在《生物多样性公约》的框架内通过谈判来建立一个国际体制，以促进和保证对通过利用基因遗传资源所产生惠益的公正和公平分享。预计《波恩准则》将成为这一更为广泛的体制的一部分，并将作为一个主要工具来帮助充分执行《生物多样性公约》以及保护所有人类社会所依赖的自然财富。

《波恩准则》旨在帮助各缔约方制定一项可成为其国家生物多样性战略和行动计划组成部分的全面获取和惠益分享战略，并协助它们确定在获取基因遗传资源和分享惠益的过程中应采取的步骤。《波恩准则》体现了基因遗传资源获取的国家主权、事先知情同意、利益公平分享的原则，也反对武断的禁止利用其资源的做法，要求资源的利用者、提供者以及其他利益相关者进行公平协商，并经国家主管部门批准，确立合理分享利用收益的合同条款。为此，《波恩准则》提供了这些合同条款的基本内容作为范本。此外，《波恩准则》还规定了有关技术转让和许可的条件与方式、资源使用的程序以及惠益分享的货币与非货币条款，这些都比较具体可行，对于基因遗传资源知识产权利用双方尤其是谈判能力不强的发展中国家，更具有参考意义。

《波恩准则》实际上反映了国际社会尤其是发展中国家对于基因遗传资源和传统知识产权利用问题所持的态度。例如，WIPO《指南》就是仿照《波恩准则》起草的。但是，这一问题植根于当代社会全球化、现代化的背景下，实践不断的超越理论，因此，提出普遍适用的具体解决方案显然不可能，较为可行的是勾画出制度设计的轮廓和依据，而由各国国内法具体进行规范。就中国而言，生物技术相对发达，知识产权保护在所难免，目前再强调生物知识产权的弱保护已经没有意义，关键是如何利用国际协调机制来对抗发达国家超出我国国情的强知识产权保护要求，发挥基因遗传资源和传统知识大国的优势，争得规则的制定权，为技术进步、资源保护争取有利条件，从而走出一条适中的发展道路。比较印度、巴西、哥斯达黎加这三个国家针对基因遗传资源保护而进行的专门立法，哥斯达黎加1998年《生物多样性法》对于中国而言更具有参考价值。该法以单行法的形式规定了基因遗传资源知识产权利用的规则，一方面确认了资源主权原则,另一方面又鼓励利用基因遗传资源,并建立了较合理的知识产权制度安排以及利益分配机制。这种立法既照顾了基因遗传资源所有人以及相关利益主体的利益,又反映了知识创造者和产业投资者的利益,比较合理。

五、后 TRIPs 时代知识产权国际保护与文化多样性问题

和人权、公共健康、传统知识、基因遗传资源等问题一样,《文化多样性公约》所强调的文化多样性问题与知识产权国际保护问题具有紧密的联系。尽管《文化多样性公约》通过最晚,生效也不过刚刚两年,对知识产权问题也没有进行专门规定,但《文化多样性公约》却对当前知识产权国际保护具有极为重要的影响,同样为后 TRIPs 时代知识产权国际保护的新舞台。

(一)《文化多样性公约》简析

2005 年 10 月 19 日,在法国巴黎举行的第 33 届联合国教科文组织大会以绝对多数票通过了《保护和促进文化表现形式多样性公约》(以下简称《文化多样性公约》)。联合国教科文组织认为,《文化多样性公约》与《世界遗产公约》、《保护非物质文化遗产公约》为国际社会保护文化多样性提供了一个有力的行动框架。[①] 在一年的时间内,美洲议会联盟、欧盟先后批准了这一公约,并呼吁其成员国支持该公约。中国于 2006 年 12 月批准加入《文化多样性公约》。该公约于 2007 年 1 月正式生效。对于《文化多样性公约》,总体上可以概括为以下一般看法:

首先,在制定上,《文化多样性公约》是文化的"经济属性"与"文化属性"之间的较量。《文化多样性公约》的制定背景可追溯到 20 世纪 90 年代。其间加拿大和欧共体(特别是法国)强烈反对将以美国大片为代表的视听作品也作为世贸组织法律体制规制的对象,并主张将文化产品作为一种"文化例外"条款写入协定。但是"文化例外"只是一种消极的例外,而非一种积极的政策,而被有些国家认定为贸易保护主义,以至于《建立世贸组织的马拉喀什协定》通过后,"文化例外"宣告失败。"文化例外"的失败,使得有关国家认识到消极否定文化产品与服务的"经济"属性是不可取的,他们转而倡导其与"经济"属性并列的"文化"属性,并认识到联合国教科文组织在实现这一目的时的重大作用。经多方努力与商讨,2005 年最终通过的《文化多样性公约》确认"经

[①] 参见联合国新闻服务中心:《保护文化多样性公约》,http://www.un.org/chinese/News/fullstorynews.asp? newsID=6987,2006 年 12 月 21 日访问。

济属性"与"文化属性"是并列的和互补的。

其次,在内容上,《文化多样性公约》是"文化霸权"与"文化平等"之间的博弈。公约第3条规定了其适用范围包括缔约方可以采用政策和措施来保护文化表达的多样性。公约要求各国认识到文化活动、文化内容、文化产品和服务的特殊性。其中,"文化活动"将发展中国家未受到知识产权保护的传统文化包含在内。一些世界贸易组织成员曾对此种广泛的保护范围表示担忧。但最终,这一规定因大多数国家的支持而保留下来。这一规定强调了"文化平等",但关于国家主权原则方面却并未采用草案文本规定的"同时承认有义务在其境内和全球范围内保护和促进这种多样性。"《文化多样性公约》是"文化霸权"与"文化平等"之间的博弈。

最后,在定位上,《文化多样性公约》应体现"协调观点"。第一,对于文化多样性,公约倡导的是不同文化之间的合作与交流,而非孤立与封闭。第二,对于《文化多样性公约》,应注意其与其他公约的"相互支持、相互补充和互不隶属"的关系。第三,对于知识产权,应认识到《文化多样性公约》与知识产权保护之间的相关联系,同时《文化多样性公约》对知识产权保护提出了新的要求与期待。

(二)《文化多样性公约》与知识产权国际保护的关系

《文化多样性公约》对知识产权并没有专门规定,仅在序言中确认:"知识产权对支持文化创造的参与者具有重要意义。"以文化主权和文化权利的形式来解决文化多样性的保护问题,是《公约》采取的基本举措。但是公约所述及的"文化表现形式"即"文化活动、产品与服务",《世界文化多样性宣言》强调的作者和艺术家的权利等,无一不与知识产权有关。

首先,文化表现形式以及体现或传达文化表现形式的活动、产品与服务,可以受到知识产权保护。文化多样性保护,强调的是文化表现形式的独特性、多元性的文化特征;知识产权保护,着眼于具有不同特性的文化表现形式的本身及其载体。《公约》将"文化表现形式"解释为"个人、群体和社会创造的具有文化内容的表现形式"。有学者认为,文化多样性是人类在长期过程中形成的生活方式。其表现形式可以是有形的,如村落、庙堂、建筑、饮食、舞蹈、传统的加工活动(如烹调、编制、舂米、雕刻)、实物(如衣服、家具、农具、生活用具、民间工艺品等)、礼仪活动等,也可以是无形的,如语言、文字、音乐、戏剧、舞蹈、信仰意识等。① 上述表现形式,符合保护条件的,可以视为知识产权客

---

① 参见刘冬雪:《文化全球化与文化多样性》,载《社会科学季刊》,2003年第1期。

体。此外，公约规定多样性的文化表现形式应能平等享有各种传播手段，其涉及的领域包括电影、电视、有线电视、广播、摄影、视觉艺术、网络、出版、通信、娱乐游戏等。这些传播手段都涉及知识产权保护问题。联合国教科文组织执行局认为，对上述文化表现形式，该国际组织已颁布两项著作权公约，即1952年《世界版权公约》和1961年《保护表演者、录音制品制作者和广播组织罗马公约》。此外，《公约》的适用范围通过世界贸易组织批准的《知识产权协定》(1994年)和世界知识产权组织通过的《因特网条约》(1996年)而有了新近的更新。有基于此，教科文组织认为在著作权方面没有必要考虑新的准则性行动。① 这说明，符合条件的文化表现形式，可以受到现代知识产权法的保护，但这种保护是有限的。

其次，《文化多样性公约》强调采取包括知识产权在内的文化政策和措施，以鼓励和支持艺术家和参与创造活动的其他人员。《世界文化多样性宣言》率先对此作出了原则性宣示，即"应当特别注意创作意愿的多样性，公正地考虑作者和艺术家的权利。"《公约》多个条款涉及上述问题，要求缔约国努力承认艺术家以及参与创作活动的其他人员在培育文化多样性方面的核心作用，采取文化政策与措施鼓励和支持他们"发展和促进思想文化表现形式或文化活动、产品、服务的自由交流和流通。"② 联合国教科文组织执行局认为有关艺术家及参与创作活动的其他人员的权利，在联合国教科文组织、世界知识产权组织、世界贸易组织制定的一系列国际公约中已做出系统规定。在此情况下，教科文组织应该考虑保护与扶持艺术家的其他问题。这些问题涉及"对艺术的资助，对创造活动的补贴，艺术教育，艺术与新技术，艺术家的工作条件，艺术家的纳税与健康，集体谈判的权利和艺术家的流动。"1980年联合国教科文组织《关于艺术家地位的建议》，对上述问题作出了原则性阐述，但这是一个非强制性文件，对缔约国的文化政策并无约束力。1997年在巴黎召开的"关于艺术家地位的世界大会"，建议采取协调一致的措施并通过具有强制性的国际文件。这就是说，《公约》鼓励和支持艺术家的有效措施，尚有待其他国际文件的配合和补充。关于艺术家地位的有关规定，包括但不限于知识产权保护，其内容涉及一国的整个文化政策。在这里，艺术家及参与创作活动的其他人员的权利，不仅是作为人权的文化权利，同时也是作为私权的知识产权。世界文化与发展委员会的报告认为，在文化多样性方面，"保护艺术家的权力至关重要。"其原因有两个方面：一是新传播技术的出现。"技术发展为艺术家的创造活动拓展了新的领域，但同时又危害着

---

① 联合国家教科文组织执行局，"指定一份文化多样性准则性文件的可能性：对相关的技术与法律问题的初步研究"，http://unesdoc.unesco.org/images/0012/001297/129718c.pdf，2003年3月12日访问。
② 参见《文化多样性公约》第6条第(5)款、第(7)款，第7条第(2)款。

他们的权利。"① 在数字压缩、虚拟映像和各种多媒体产品层出不穷的情况下，知识产权制度的任务应是更好地保护艺术家的权利，同时确保更多的人有机会接触艺术产品。二是新国际贸易体制的形成。知识产权国际保护成为当代国际经济、文化、科技贸易领域的重要法律秩序。以《知识产权协定》为核心的国际知识产权制度，使得版权保护朝着以贸易为中心而不是以作者为中心的方向变化。其后果不仅使得艺术家的精神利益得不到有效保护，造成作者权利的缺失，而且由于文化产品进出口贸易的不平衡，损害了发展中国家艺术家的创造积极性和这些国家文化产业的发展。在文化多样性的保护与发展过程中，鼓励多样性的文化创造活动，离不开知识产权保护；同时，文化自由与艺术创造之间的联系又超越了知识产权问题，绝不限于私权保护本身。有鉴于此，世界文化与发展委员会报告建议，探索建立一套新的知识产权法律体系，以确保艺术家的合法权益得到有效保障；而且也应采取特殊的社会、法律、财政和制度性的措施来维护艺术家的特殊地位。②

最后，传统文化表现形式或者说传统知识，是现代知识产权制度尚未解决的难点问题。《公约》在序言中宣称："承认作为非物质和物质财富来源的传统知识的重要性，特别是原住民知识体系的重要性"；强调"文化表现形式，包括传统知识表现形式的多样性"，在思想表达与信息分享方面的重要价值。尽管《公约》在指导原则中"强调尊重少数民族和原住民的文化"，在"促进措施"中主张对"少数民族和原住民的特殊情况和要求给予应有的重视"，但《公约》并没有提出一个有效施行的制度方案。从文化视角看，"传统知识是一种文化要素，即是文化多样性的有机组成部分。"③ 从法律角度看，传统知识是知识产权对象的智力创造源泉。传统知识是传统部族在千百年来的生产、生活实践中创造出来的知识、技术、经验的总称。按照世界知识产权组织的说法，传统知识是指基于传统所产生的文学、艺术或科学作品，表演，发明，科学发现，外观设计，标记，名称及符号，未公开的信息，以及一切来自产业、科学、文学艺术领域内的智力活动所产生的基于传统的创新或创造。④ 传统知识的具体类型几乎囊括了《世界知识产权组织公约》所规定的一切知识财产形式，但它与现代知识产权客体有明显的区别，即传统知识这个概念深刻地表明了该类知识的本源性（基于传统产生而不是新的智力创造）和知识的文化性（附属于特定部族或地域而不

---

① 联合国教科文组织、世界文化与发展委员会：《文化多样性与人类全面发展》，广东人民出版社2006年版，第165页。

② 同上引文。

③ 严永和著：《论传统知识的知识产权保护》，法律出版社2006年版，第49页。

④ WIPO Intergovernmental Committee On IP and GR, TK and F, Sixth Session (Geneva, March 15 to 19, 2004), Revised Version of TK Policy and Legal Options, P. 6.

是个人的智力成果）。长期以来，传统知识一直被简单地归属于共有领域，任由他人自由而无偿的获取、利用。近年来，国际社会十分重视传统知识的保护问题，并对这种制度安排进行了有益的探讨：（1）采用现行制度保护。根据世界知识产权组织对一些国家的调查，许多国家包括北美、西欧的一些发达国家认为现行知识产权制度原则上可适用传统知识保护。① 知识产权现有形式下的保护方式包括：著作权及邻接权（以民间文学艺术表达为主的传统知识为保护对象）②、专利权（以遗传资源的利用、开发有关的产品和方法为保护对象）、植物品种权（以改进原生状态物种的新植物品种为保护对象）、外观设计权（以传统的手工艺产品为保护对象）、商标权（以含有传统知识的商品或服务所采用的个体或团体标记为保护对象）、地理标记权（以各类天然、传统和工艺品所采用的社区标记为保护对象）、反不正当竞争（以未公开的传统知识为保护对象）。③ 必须看到，现行知识产权制度无法对所有形式的传统知识提供保护，且在实施过程中在主体确认、客体保护条件、权利保护期限、利益分配等方面存在着诸多困难，因此，适用现行制度保护，只能是应急之策，恐怕难为长远之计。（2）采用专门制度保护。一些学者和非政府组织强烈建议的方法是建立一种专门制度，即为适应传统知识的本质和特点而创设独立法律制度。制定专门法的途径，有两种制度选择：一是单一保护制度，即建立一种涵盖传统知识保护各个方面的综合性制度。一些国家和某些区域性的政府间组织和机构，尝试创设所谓的"社区权"、"社区知识权"、"传统资源权"制度，对土著文化社区的传统知识给予保护。例如，安第斯组织正在起草的"保护传统知识的共同制度"，太平洋岛国拟议中的"传统知识和文化表达的示范法"，以及菲律宾、厄瓜多尔、巴西、委内瑞拉等国的宪法和法律中关于"社区权"的相关制度。这种保护制度受到国际社会的关注，但其实际施行却进展甚微。有鉴于此，一些发展中国家建议构建专门的"数据库保护制度"，即是将传统知识在整体上作为特殊的数据库加以保护。这种特殊数据库除获得一般数据库的作者权外，还包括对数据库实际记录的知识本身所享有的权利，对已经登记的知识表达形式复制和具体内容利用所享有的权

---

① 参见朱雪忠：《传统知识的法律保护初探》，载《华中师范大学学报》（社科版）2004年第3期。

② 联合国教科文组织与世界知识产权组织合作，为非洲国家制定了《突尼斯著作权示范法》，着力保护一些民间风俗和原始工艺品，而不考虑民间风俗是否能够被固定于有形物质之上。《突尼斯著作权示范法》在法律实践中对非洲一些国家如布隆迪、喀麦隆、加纳、几内亚、象牙海岸、马里、刚果等产生了重大影响。参见 Eiream Brooks, Cultural Imperialism vs. Cultural protectionism: Hollywood's Response To UNESCO Efforts To Promote Cultural Diversity, The Journal of International Business & Law, Spring, 2006.

③ 参见 Carlos Correa：《传统知识与知识产权》，国家知识产权局译，www.biodiv.ip.gov.cn，2006年12月9日访问。

利。① 这种保护制度是著作权与未公开信息保护制度相结合的产物，既保护了思想表达，又可保护思想内容，有其合理性。二是多种保护制度。考虑到单一保护制度要处理传统知识的不同主题（如作品、技术或标记等），较难对其制定共同规则，一些国际组织以及部分国家建议对传统知识中易限定的部分（特别是民间艺术创作、传统医药等），先行给予专门保护。例如，1996年世界知识产权组织在其《表演与录音制品条约》中将民间文艺列入受保护的表演范畴；2000年，欧洲委员会提出"关于知识产权法下民间文化表现形式的国际保护报告"以及泰国制定的《传统泰药知识法》、中国制定的《传统工艺美术保护条例》等。这种制度保护对象明确，权利界定清楚，其立法有可资借鉴之处。关于专门制度的法律属性，即是否属于知识产权保护机制的范畴，国际上有不同的认识。有的认为这是一种"专门的知识产权制度"，尽管它的学理基础、规范方法与典型的知识产权制度有较大的差异；也有的认为，这种制度"处于现行知识产权体系的保护之外，它实际上归属于国际社会正在讨论的一个更为宽泛的权利系统——传统资源权"。"如果说现行知识产权制度是对智力创新的激励，那么传统资源权就是对智力源泉的涵养"。② 可以认为，传统知识保护是当代知识产权国际保护制度发展过程中的新问题，也是文化多样性保护必须面对的重要法律问题。

（三）《文化多样性公约》对知识产权国际保护的意义

《文化多样性公约》强调知识财产上的文化属性和利益，是对《知识产权协定》一个有益的补充。

以知识产权的形式对文化多样性进行保护是必要的，但当代国际知识产权制度在这一方面存在明显的不足。《知识产权协定》在序言中宣示"知识产权为私权"。在诸多知识产权公约中，《知识产权协定》第一次明确界定了知识产权的本质属性，即以私权名义强调知识财产私有的法律形式。在西方国家，私权神圣是一项基本的法律原则。承认知识产权为私权，意味着知识产权与其他财产权一样都处于同样的私权地位，从而在理念和制度上可以为知识产权提供有力的法律保障。知识财产私权化在国内法和国际法领域的扩张造成的后果值得我们重视：一方面，知识财产私权化在国内法领域的拓展，导致原来人们所共有的生产、技术、市场知识和技能开始划归私人领域，知识财富的公有领域相对缩小，从而造成知识创造者的个人利益与知识利用者的公众利益之间的冲突。③ 另一方面，知

---

① 参见宋红松：《传统知识与知识产权》，载《电子知识产权》，2003年第3期。
② 龙文：《论传统知识产权权利的实现形式》，载国家知识产权局条法司编：《专利法研究》（2004），知识产权出版社2004年版。
③ 参见袁泳：《知识产权法与技术、文化创新》，载《北京大学学报》（哲社版），1997年第5期。

识产权在国际法领域的加强，迫使经济、技术、文化处于落后地位的发展中国家不得不接受扩大私权保护范围、提高私权保护水平为发展方向的国际知识产权保护新体制，这势必造成他们与发达国家之间在知识财产利益方面的不平衡。知识产权的理念与制度，张扬的是神圣的私权，这与作为普遍人权、集体人权的文化权利是不同的。与《文化多样性公约》的宗旨不同，以《知识产权协定》为核心的知识产权国际保护制度，极力保护的是文化表现形式的独创性、新颖性，而忽视了文化表现形式的多样性。我们看到，现代欧美文化类型以其"现代性"为特征称雄于世界。从文化的角度看，欧美文化对各地原住民文化、传统文化的同化，日益蚕食着世界文化的多样性；从法律的角度看，西方国家主张的法律精神及其制度准则，已经成为国际社会生活的指南。[①] 在知识产权领域，欧美文化类型在知识产品的现代化生产中，以各种"智力创新"的形式得到欧美国家主导的国际知识产权制度的周延保护。与此相反，知识产权制度对不同的文化类型即"智力源泉"却缺乏必要的法律涵养，这一制度"只能保护知识财产上的财产利益而难以保护其同时存在的文化利益"。[②] 在国际社会，以知识产权名义所进行的文化创作、生产、传播行为，对他种类型的文化表达和知识形式等进行不当占有和利用，往往损害了文化的多样性，特别是非主流文化、传统部族文化、少数人群体文化的存在和发展。其常见形式有：（1）对他种类型的文化赋予不同的意义而并入另一种类型中，损害特定文化生存的独立性；（2）以文学、艺术作品形式失真地编排他种类型的文化生活，损害传统部落文化表现形式的真实性；（3）对他种类型的文化表现形式如歌曲、舞蹈、戏剧、医药等进行占有和利用，既不标示来源，又不支付报酬，损害传统文化资源的合法权益；（4）利用电视、电影、网络、音像、广播、出版等技术控制文化传播手段，扩展单一文化的传播空间和时间，损害弱势文化得以平等表达的机会。我们看到，发展中国家经过千百年实践积累下来的传统知识、传统文化表达，正被一些发达国家无偿的利用，甚至成为这些国家的知识产权。这一情形表明，以知识产权为后盾的西方主流文化在不断张扬，而以文化权利为表征的文化多样性却日趋弱化。《知识产权协定》立足于知识财产的私权属性，着力于与贸易有关的知识产权保护，未能顾及文化创作的源泉——文化多样性的问题，实质上是对文化权利这一基本人权的忽视。

---

① 参见严永和著：《论传统知识的知识产权保护》，法律出版社2006年版，第61~62页。

② 有学者认为，知识产权不能充分保护文化多样性。在文化类型之间占有和利用中引起的财产损害，知识产权法作出了回应；而所造成的文化损害，知识产权法则没有相应补偿机制。参见 Rebecca Tsosie, Reclaiming Native Story: An Essay on Cultural Appropriation and Cultural Rights, Spring, 2002, 34, Ariz. St. L. J. 299.

《文化多样性公约》不仅强调知识财产的经济属性，也承认其文化属性。关于知识产权所保护的作品与文化多样性的关系，《世界文化多样性宣言》做出了明确的阐述。其第1条强调："文化多样性是交流、革新和创作的源泉，对人类来讲就像生物多样性对维持生态平衡那样必不可少。"第7条指出："每项创作都来源于有关的文化传统，但也在同其他文化传统的交流中得到充分的发展。因此，各种形式的文化遗产都应当作为人类的经历和期望的见证得到保护、开发利用和代代相传，以支持各种创作和建立各种文化之间的真正对话。"有鉴于此，《文化多样性公约》在序言中宣称："文化多样性是人类的共同遗产"，并在"指导原则"中赋予保护文化多样性以基本人权的意义。上述规定说明了文化传统对智力创作成果的本源意义，表述了文化多样性对创作意愿选择的存在价值。没有文化传统多样性的存在，文化创作就成为无源之水，文化创作自由也就无法实现。可以认为，在文化领域，《文化多样性公约》是对《知识产权协定》一个有益的补充，它着力于解决现行知识产权制度保护智力成果而忽视智力源泉的弊端，为实现文化权利与知识产权之间的平衡与协调提供了可能。首先，以保护和激励知识创造为使命的知识产权丰富了文化多样性。公约草案规定"强调推动和革新文化表现形式的创造行为的关键作用，以及艺术家和其他创作者的关键作用，其作品应当享有足够的知识产权"。① 《文化多样性公约》也认识到"知识产权对支持文化创造的参与者具有重要意义"。其次，现行知识产权制度忽略了对传统文化的保护，《文化多样性公约》对其提出了新的要求与期待。其中《保护文化内容和艺术表现形式多样性公约初稿》（经起草委员会修订的文本）在第4条关于"文化产品与服务"的定义中，指出"它们产生或可能产生知识产权，不论其目前是否受到现有知识产权法律的保护"。此款有三种可行的替代方案：方案（1）它们产生知识产权，这种知识产权应能够容纳在有关知识产权的现有或未来法律标准之内；方案（2）它们构成或可能构成知识产权，不论其目前是否受到现有知识产权立法的保护；方案（3）它们产生或可能产生某种个人或集体权利，不论其是否有资格受到现有知识产权立法的保护。② 《文化多样性公约》序言中也提及"承认作为非物质和物质财富来源的传统知识的重要性，特别是原住民知识体系的重要性"。可见传统文化的保护问题在公约的起草过程中受到一定程度的重视。

　　总之，关于文化多样性保护与知识产权保护，我们应该秉持一种互补的观点，而非对立的观点。有学者提出"《文化多样性公约》应该像当年世界人权公

---

① UNESCO，CLT/CPD/2004/CONF.201/2.
② UNESCO，CLT/CPD/2004/CONF.607/6.

约确立'人权高于主权'的普世伦理","将文化多样性的重要性置于知识产权保护之上"。① 笔者认为,对于中国而言,自进入世界贸易组织后,在《知识产权协定》的框架下过多强调知识产权的弱保护已无多少意义,关键在于我们如何利用国际协调机制对抗发达国家超越协定标准、超出我国国情的知识产权强保护要求,发挥传统文化与资源大国的优势,争得国际规则制定的话语权。② 虽然《文化多样性公约》有利于保护我国传统文化,但短期内仍不能改变我国的文化弱势地位。《文化多样性公约》已经生效,我国是其缔约国之一,目前我们的首要任务不是要反对该公约,而是合理解释和利用公约,为保存和发展我国文化创造条件,此必然涉及文化多样性保护与主权范围下的文化政策、人权范围下的文化权利、私权范围下的知识产权相互之间的关系。

---

① 傅谨:《〈文化多样性公约〉与中国的国家立场》,载《博览群书》,2004 年第 10 期。
② 吴汉东:《后 TRIPs 时代知识产权的制度变革与中国的应对方略》,载《法商研究》,2005 年第 5 期。

第四章

知识产权制度国际化的
影响与中国的应对

一、知识产权制度国际化的影响

自1994年世界贸易组织取代关贸总协定以来,知识产权国际保护制度进入了一个崭新的时代。因为在关贸总协定"乌拉圭回合"谈判之前,知识产权保护体系在国内与国际上虽已普遍建立,但从总体上看来存在以下问题:一是许多国家尤其是发展中国家的知识产权制度不甚健全,保护水平较低;二是许多知识产权公约的缔约方数目太少,相关条约缺少有效机构保证其实施,各公约之间缺乏协调机制等。由于《知识产权协定》的形成并将这一协定置于世界贸易组织管辖之下,知识产权制度表现出一体化的发展趋势。然而,《知识产权协定》生效10余年来,发达国家在《知识产权协定》基础上通过双边或多边自由贸易协定继续推进知识产权的强保护,追求知识产权国际保护的超《知识产权协定》(TRIPs-plus)标准,试图继续抬高国际知识产权保护水平。与此同时,面对着《知识产权协定》的高水平知识产权保护所带来的社会危机和国内压力,发展中国家和全球市民社会组织发起了对《知识产权协定》的反抗,试图重新解释、补充或者修改TRIPs协议所确定的知识产权国际保护标准,知识产权国际保护进入了后TRIPs时代,知识产权国际保护制度变得日益复杂化。无论是知识产权国际保护的《知识产权协定》体制还是后TRIPs的发展均都深刻地对世界各国尤其是发展中国家的知识产权制度建立和经济发展产生了深远的影响。

(一) 知识产权国际保护制度的一体化的影响

在当代知识产权国际保护体系中，世界贸易组织及《知识产权协定》发挥了主导作用，在关贸总协定"乌拉圭回合"谈判之前，知识产权保护体系在国内与国际上虽已普遍建立，但从总体上看来仍存在着问题：一是许多国家尤其是发展中国家的知识产权制度不甚健全，保护水平较低；二是许多知识产权公约的缔约方数目太少，影响力有限；三是相关知识产权条约缺少有效的机构或机制保证其实施，各公约之间缺乏协调机制等。由于《知识产权协定》的形成及置于世界贸易组织管辖之下，上述问题得到显著的改变，从而对当代知识产权国际保护制度带来了深远的影响。

1. 知识产权国际保护标准在缔约方之间的一体化

关于知识产权的国际保护，国际公约确立了两个重要原则，即国民待遇和最低保护标准原则。国民待遇原则是众多知识产权公约所确认的首要原则。其基本含义是指在知识产权保护方面，各缔约方①之间相互给予平等待遇，使缔约方国民与本国国民享受同等待遇。国民待遇原则是不同社会经济制度和不同发展水平的国家都能接受的一项原则。这一原则本身既不要求各国法律的一致性（不涉及知识产权的保护水平问题），也不要求适用外国法的规定（不涉及国家主权的地域限制问题），只是要求每个国家在自己的领土范围内独立适用本国法律，不分外国人还是本国人而给予平等保护。

与国民待遇原则有关的还有一个最惠国待遇原则，这是《知识产权协定》独有而其他知识产权公约未予涉及的一项原则。其基本含义是：任何一个国家（不限于缔约方成员）的国民在一个缔约方所受到的而其他缔约方享受不到的待遇（包括任何利益、优惠、特权或豁免），都应当立即和无条件地给予其他缔约方的国民。质言之，不应优待某一特定国家的国民而歧视其他国家的国民。

国民待遇原则和最惠国待遇原则都是针对外国人知识产权保护所设定的规则，但两者含义有所不同：前者意在给予外国人与本国人以同等的待遇，解决的是"内外有别"的不平等待遇问题；后者意在给予其他外国人与特定外国人以同等待遇，解决的是"外外有别"的歧视性待遇问题。

最低保护标准原则是对国民待遇原则的重要补充，其意思是指各缔约方依据本国法对该条约缔约方国民的知识产权保护不能低于该条约规定的最低标准，这些标准包括权利保护对象、权利取得方式、权利内容及限制、权利保护期间等。

---

① 《知识产权协定》将缔约主体称为"缔约方"（成员），包括国家及其他非国家主体。本质上是由发达国家积极主导、发展中国家被动接受的制度安排。

在知识产权国际保护领域，国民待遇原则基于各国经济、科技、文化发展不平衡的现状，承认各国知识产权制度的差异，从而保证了知识产权制度国际协调的广泛性和普遍性。但是这种国际协调不仅要求有普遍性，而且要求做到有效性。"如果将这一原则推向极端，将导致各国在知识产权保护水平方面差异过大，造成缔约方之间权利义务的不平等，进而使国际条约的有效实施成为不可能"。① 最低保护标准原则，旨在促使各缔约方在知识产权保护水平方面统一标准。缔约方以立法形式将知识产权公约（国际法）的相关规定转化为该国知识产权制度（国内法）的具体规范，遵循的即是最低保护标准原则。正是这一原则的适用，才导致各国知识产权制度出现统一保护标准的可能，学者将上述情况称之为知识产权立法的"一体化"。

知识产权立法的一体化，寓意着知识产权保护的基本原则与标准在全球范围内的普适性。这一现象虽非始自今日，但当代知识产权制度的一体化的潮流有着自己的显著特征：（1）立法一体化的基础是国际法高于国内法。19世纪下半叶签订的知识产权公约确立了知识产权保护的基本标准，并在强调国民待遇的基础上承认国内法在保护知识产权方面的优先地位。在这一时期，法律的一体化主要表现为国家间法律（国际法）的形成以及国际法与国内法的相互影响。而在当代，《知识产权协定》拟定了新的知识产权保护的国际标准，并以此作为各缔约方国内立法的原则和依据。这一时期法律的一体化，则体现为国内法遵从国际法以及国内法与国内法之间的一致性。（2）立法一体化的结果是知识产权保护的高标准化。最低保护标准原则的适用，导致立法一体化趋势的出现。这种"最低标准"的实质意义在于各缔约方在保护标准上的一致性，与知识产权保护水平的高低并无绝对的关联性。与知识产权国际保护制度的草创阶段不同，现有的国际公约包括《知识产权协定》以及《因特网条约》②等所确定的最低保护标准，体现了权利的高度扩张和权利的高水平保护，更多地顾及和参照了发达国家的要求和做法。换言之，现今的最低标准即一致性标准，绝不是低水平，它在很多方面超越了发展中国家的科技、经济和社会发展的阶段。

2. 知识产权国际保护规则从实体到程序的一体化

世界知识产权组织对知识产权公约有着基本的分类，即依据缔约的目的，将相关条约分为三类：第一类是建立国际保护的条约，例如《巴黎公约》、《伯尔尼公约》等；第二类是促进国际保护的条约，例如《专利合作条约》、《商标国际注册马德里协定》等；第三类条约是用于分类体系和改进革新分类系统的程

---

① 参见罗文正等：《试析国际知识产权的基本原则》，载《湖南社会科学》，2002年第4期。
② 国际知识产权界将《世界知识产权组织版权条约》和《世界知识产权组织表演与录音制品条约》合称为《因特网条约》。

序，如《专利国际分类协定》、《为商标注册目的而使用的商品与服务的国际分类尼斯协定》等。① 按照国际法学者的见解，在上述三类条约中，第一类条约属于实质性规范条约，是进行知识产权制度协调的基本法律依据；第二、三类条约可称为程序性规范条约，是进行知识产权制度保护国际合作和服务的基本法律依据。② 世界知识产权组织管理的《巴黎公约》和《伯尔尼公约》，主要规定了知识产权国际保护的实体内容，较少涉及知识产权实施程序的规定，尤其是缺乏必要的执法措施和争端解决机制，以至于一些条约成为没有足够法律约束力的"软法"。③ 在知识产权实施方面，上述公约并无统一的国际规则可供遵循，主要是由各缔约方通过国内立法采取种种不同措施，制裁侵权行为。这就使得知识产权往往不能得到充分有效的保护，而且因国而异，不能实现一体的保护。

与上述情形不同，世界贸易组织作为"经济联合国"的国际组织，超越各国立法者的主权管辖，成为知识产权保护规则的新的主导者和制订者。其管辖的《知识产权协定》改变了以往国际公约注重协调的传统，从实体到程序实现了知识产权保护规则的一体化。

在实体性规范方面，《知识产权协定》主要规定了知识产权保护的国际标准。其具体表现为：(1) 权利范围的拓展。在著作权与邻接权领域，将计算机软件与数据库作为文字作品给予保护，新增加了计算机作品、电影作品、录音制品的出租权；在商标权领域，规定具有"识别性"的任何标记或其组合在一般情况下均应能获得商标注册，对驰名商标予以特别保护，并将驰名商标的适用范围扩大到服务商标；在地理标记权领域，要求成员负有禁止混淆地理标记（尤其是在酒类或酒精类商品上）的义务；在外观设计权和专利权领域，授予权利人以进口权；在集成电路布图设计权领域，规定的保护范围超出了布图设计和由布图设计构成的电路本身，进而延伸到使用布图设计的物品；在商业秘密权领域，规定此类知识产权保护应涉及药品和农业化学产品。(2) 保护期限的延长。包括计算机软件在内的作品的著作权保护期限至少为 50 年，专利权保护期限不少于 20 年，工业品外观设计权保护期限不少于 10 年，集成电路布图设计权保护期限亦不少于 10 年。(3) 对权利限制进行限制。尽管该协定允许成员基于社会公益、防止权利滥用等考虑，对知识产权进行限制，但同时又对这种权利限制给予反限制，即明确要求权利限制不得与权利的正常使用相冲突，不得不合理地损害权利人的利益，不得损害第三人的合法利益。

---

① 参见世界知识产权组织编：《知识产权纵横谈》，世界知识出版社 1992 年版，第 41 页。
② 古祖雪：《国际知识产权法》，法律出版社 2002 年版，第 62 页。
③ 参见孙皓琛：《WTO 与 WIPO：TRIPs 协议框架中的冲突性因素与合作契机之探讨》，载《比较法研究》，2002 年第 2 期。

在程序性规范方面,《知识产权协定》强化了知识产权的执法程序和保护措施,以促使各缔约方加强知识产权保护制度的实施。其主要内容是:(1)司法复审制度。即对于行政性的终局决定以及至少是对案件的初审司法判决的法律问题,诉讼当事人有权提请司法复审。(2)民事程序。即实行公平、公正的民事程序,要求保障被告的诉讼权利,允许当事人聘请律师参与诉讼,保证当事人证明权,对秘密信息进行识别和保护。(3)损害赔偿。即司法当局有权命令侵权人向知识产权人支付足以补偿其损失的损害赔偿金。(4)临时措施。即司法当局或行政当局对于"即发侵权"之类可预见到又并非无根据地推断出来的侵权准备活动,采取诉前禁令、财产保全和证据保全的"临时措施"。(5)边境措施。即由司法当局对进出口的侵权产品采取由海关执行的中止放行的措施。

总之,《知识产权协定》首次将原本属于国内立法的知识产权保护的实施程序,转化成为公约规定的国际规则,从而使它们与实体规范一起成为各缔约方必须严格履行的国际义务。

3. 知识产权国际保护体系与国际贸易体制的一体化

在《知识产权协定》诞生之前,知识产权国际保护与国际贸易是由两个不同的国际法律体系分别处理的国际事务。长期以来,以世界知识产权组织及其所辖公约为中心的知识产权国际保护制度,致力于知识产权方面的国际交流与合作,知识产权国际保护主要以智力创造领域为其活动空间,与国际贸易并无直接关联。

与上述国际组织及国际公约不同,世界贸易组织及其制度框架则将知识产权保护纳入到国际贸易体系之中。按照美国、日本、欧洲共同体在乌拉圭回合谈判的一份文件的说法是,在关贸总协定框架内解决知识产权问题,不是知识产权法的协调,而应是消除由于一些国家未能将其知识产权保护制度提高到国际标准而造成的贸易扭曲现象。[①] 显然,发达国家与发展中国家在知识产权方面享有的利益很不平衡,因而在国际磋商和对话中所持立场与既定目标也相距甚远。东西方国家围绕着知识产权问题所展开的斗争,经过乌拉圭回合谈判,最终形成了包括《知识产权协定》在内的一揽子协定。

《知识产权协定》的形成,使知识产权保护成为国际贸易体制的组成部分。这意味着,在世界贸易组织框架内,实现了国际贸易"知识化"与知识产权"国际化",[②] 即依赖缔约方的国家强制力和世界贸易组织的国际强制力,得以将缔约方所承诺的知识产权保护与缔约方参加的国际贸易体制紧密联系起来。

---

① 李小伟:《知识产权国际保护体制的变化及其影响》,载《信报:财经月刊》(香港),1996年第3期。

② 石巍:《TRIPs效应评估与我国的因应对策》,载《山东大学学报(哲社版)》,1998年第1期。

《知识产权协定》的全称应为《知识产权协定》。其实，该协定的基本条款并未直接涉及贸易问题，全部都是知识产权保护的内容。从一定意义上说，"知识产权协定"是名不符实。①尽管如此，学者们普遍认为，《知识产权协定》不同于传统的知识产权公约，其本身即是新国际贸易体制的重要组成部分，并以推进经济全球化与立法一体化为主要目标。

首先，协定确立了期望减少国际贸易中的扭曲与阻力，需要促进对知识产权充分、有效的保护，并保证知识产权执法措施与程度不至于变成合法贸易的障碍之目的。②这就是说，协定提升知识产权保护水平和统一知识产权保护制度的主要意图，在于推进世界贸易体制下知识产权的一体保护，使所有缔约方的保护水平达到以往只有发达国家才具备的标准。这样，通过世界贸易组织体系的有效运作，知识产权保护得以成为国际贸易制度的一部分。

其次，协定将关贸总协定与世界贸易组织关于货物贸易的原则和机制延伸到知识产权保护。例如，最惠国待遇原则作为国际贸易领域的首要原则，第一次引入知识产权公约，成为协定各缔约方必须履行的基本义务；透明度原则原为关贸总协定为实现贸易行为的公平性而要求缔约方承诺实施的基本原则，而在协定中引用这一原则则在于公开各缔约方的司法体系及制度，避免法律说明和冲突。

再次，世界贸易组织体制下的争端解决机制不仅直接适用于一般贸易的纷争，而且延伸适用于知识产权纠纷。世界贸易组织关于争端解决机制的基本程序，包括协商、斡旋、调解、调停、仲裁，专家小组、上诉机构、争端解决机构的决定及其实施之监督。为保证上述程序的有效执行，《知识产权协定》引入了三项具有贸易规则色彩的专门制度：一是有条件的保留条款。即未经其他缔约方同意，不得对协定的任何规定提出保留。因此保留条款形同虚设。二是"倒协商一致"的表决制度。③除非理事会"一致意见反对"，否则争端裁决意见即付诸施行。三是"交叉报复"的制裁措施。即允许缔约方在知识产权受到侵害而未得到妥善解决和必要补偿时，可以采取贸易报复。这些制度增强了争端解决机制的强制性、可执行性和约束力。

综上所述，由发达国家所主导的知识产权国际保护制度，以《知识产权协定》的签订和实施为中心，将知识产权保护与国际贸易紧密联系起来。在经济全球化的国际社会中，知识产权保护既是发展中国家平等地参与国际贸易的先决条件，更是发达国家维持其贸易优势的法律工具，这就导致了国际知识产权领域中国家间的利益失衡和权利冲突。

---

① 参见孔祥俊：《WTO知识产权协定及其国内适用》，法律出版社2002年版，第2页。
② 参见《知识产权协定》序言。
③ 古祖雪：《国际知识产权法》，法律出版社2002年版，第40页。

（二）后 TRIPs 时代知识产权国际保护的影响

在后 TRIPs 时代，尽管支持知识产权扩张的力量并未减弱，但由于发展中国家的"觉醒"和积极参与，知识产权国际保护的力量对比发生了变化，反对知识产权扩张的力量有所增强，这使得发达国家及其知识产权产业部门开始检点甚至改变其国际知识产权立法行为，知识产权国际保护变得更为公平和平衡，知识产权国际保护有顺利发展的趋向。

后 TRIPs 时代反对知识产权扩张的力量的增强是很明显的。尽管在《知识产权协定》谈判当时，发展中国家对知识产权问题纳入 GATT 的乌拉圭回合谈判曾持抵制态度，对知识产权保护水平过高的《知识产权协定》也曾进行过激烈的抵制，但是在《知识产权协定》协商和签订过程中，发达国家的主导地位是明显的，这不仅是由于《知识产权协定》谈判的体制，也由于发达国家在经济和政治方面的实力优势。因为在 GATT（WTO）体制中，知识产权和贸易联系了起来，由于知识产权和贸易的关联，知识产权谈判完全适用于贸易谈判的一般规则。在 GATT（WTO）中，表面上看来所有成员国在该组织中享有平等的投票权，且与技术性较强的经济组织如世界银行等不一样的是，它的各级决策是由其成员国推动而不是由专家系统承担的。然而，WTO 的平等投票权的实际价值远小于表面上的意义，因为 WTO 决策采用一致同意原则，而这种一致同意原则趋向于在由美国、欧盟、日本和加拿大等发达国家掌控的非正式协商会议中通过商讨解决问题。因此，在 WTO 的贸易协商中，拥有较大市场份额的国家享有对决策的重要影响，实质上它们可被称作决策制定者，而那些市场份额较小的国家只是有效的决策接受者。① 因此，在《知识产权协定》谈判及签署中，发达国家的绝对主导地位是很明显的。而在后 TRIPs 时代，发展中国家国内面临着因实施《知识产权协定》而引发的公共健康、人权、发展等危机，它们感受到了执行《知识产权协定》的巨大压力，这使得发展中国家不得不积极参与到知识产权国际保护中，试图缓释《知识产权协定》的压力。后 TRIPs 时代发展中国家的体制转换和策略性关联的策略的充分运用、国际知识产权软法的大量出现等均是反对知识产权扩张的力量推动的结果，反映了反对知识产权扩张力量的增强。这种反对知识产权扩张的力量的增强不仅是由于发展中国家的觉醒，也由于它们对知识产权国际保护体制的选择。

后 TRIPs 时代反对知识产权扩张的力量的增强改变了知识产权国际保护的力

---

① 参见戴维·赫尔德、安东尼·麦克格鲁：《治理全球化：权力、权威与全球治理》，曹荣湘、龙虎等译，社会科学文献出版社 2004 年版，第 12 页。

量对比，改变了知识产权国际立法格局。相对于《知识产权协定》谈判时发达国家的绝对主导，在后 TRIPs 时代，国际知识产权保护在力量对比上更加平衡了，支持知识产权扩张的力量固然没有减弱，但反对知识产权扩张的力量增强了。这种力量对比的变化不仅使得发达国家及其知识产权产业集团已经开始注意检点其行为，开始注意考虑发展中国家和发达国家国内其他团体的利益，① 而且通过对《知识产权协定》的重新解释甚至修改、补充，知识产权国际立法也开始反映发展中国家和发达国家中知识产权产业集团之外的群体的利益。前者如 2000 年 5 月，联合国艾滋病项目和 5 家全球制药公司联合宣布计划对所选择的非洲国家大幅度降低艾滋病药品价格。同时，克林顿当局颁发了一项执行令，克林顿宣称他将禁止美国贸易代表向泛撒哈拉非洲国家采取特殊 301 条款的法律策略，这是从美国过去政策的重大偏离，也是多年来第一次总统开始采取行动在贸易背景下反对非普通药制药业的明确要求。② 后者如 WTO 多哈部长级会议发布了"《知识产权协定》与公共健康"宣言，后来尽管 WTO 成员未能像"宣言"要求的那样在 2002 年年底达成协议，在 2003 年墨西哥坎昆会议前夕，WTO 采用了允许任何其成员制造和出口任何按照"合格进口成员"强制许可专利药品的解释性决定。该决定本质上允许缺乏足够国内制造能力的发展中国家不限疾病和危机类型地从其他 WTO 成员进口通用药品以满足公共健康需要。③ 总体上，知识产权向生物多样性、植物基因资源、公共健康、人权和文化多样性等体制的渗透"的确在矫正知识产权背景下私人利益和公共利益之间的不平衡中可能具有一种重要的影响。"④ 相对于《知识产权协定》下的知识产权国际保护，后 TRIPs 时代的知识产权国际保护更为公平和平衡。

尽管有以上不同于《知识产权协定》体制下的国际化特点，但在后 TRIPs 时代，发达国家在国际知识产权事务中仍占据主导地位，已成现实的严格的《知识产权协定》仍主导着国际知识产权立法格局，总体上后 TRIPs 时代知识产权国际立法的不平衡态势依旧。不仅如此，后 TRIPs 时代发展中国家的体制转换和策略性关联的策略的运用、私人主体的参与以及软法为主的立法形式使得后 TRIPs 时代知识产权国际立法日益复杂化，出现了立法僵局多、执法困难、知识产权国际立法不公正、国际知识产权保护日益不稳定和不确定等问题。

---

① 因为，在后 TRIPs 时代，知识产权权利持有人也感觉到国际知识产权体制中的新发展的威胁。对他们的大多数人来说，知识产权国际立法的后 TRIPs 发展是令人不安和空前的。See, Peter K. Yu, *Supra Note* [4], 326.

② See, Susan K. Sell, *Supra Note* [2], 212–213.

③ See, Laurence R. Helfer, *Supra Note* [1], 67–68. 当然，这些跨国公司的行为仍然受到了有关市民社会组织的批评，因为它们认为这不过是跨国公司为了保护其知识产权的权宜之计。

④ Susan K. Sell, *Supra Note* [2], 216.

第一，在后 TRIPs 时代，发达国家实力等方面的优势依然，且由于《知识产权协定》墨迹已干，不平衡的《知识产权协定》主导的知识产权国际立法格局中的不平衡态势依旧，知识产权国际保护仍然处于一种不平衡的状态。尽管后 TRIPs 时代反对知识产权扩张的力量有所增强，但相对于发达国家及其国内的知识产权产业集团，发展中国家和发达国家的知识产权产业集团之外的其他群体的力量仍处于劣势。不仅如此，除了在将知识产权问题从 WIPO 转移到 GATT（WTO）时发展中国家曾进行抵制外，它们反抗《知识产权协定》的努力是相当晚的——在签字之后。这意味着在任何直接意义上，《知识产权协定》都不能被废除，① 知识产权国际立法的后 TRIPs 发展不能改变发展中国家在其国内法中贯彻《知识产权协定》标准的义务，相反，如果发展中国家未能采用《知识产权协定》要求的知识产权保护规则，那么它们就仍然处于 WTO 的争端解决程序和贸易制裁的危险之中。② 不平衡的《知识产权协定》仍然是后 TRIPs 时代知识产权国际立法的核心和主要框架，仍然主导着后 TRIPs 时代的知识产权国际立法，这使得后 TRIPs 时代知识产权国际立法中发达国家及其知识产权产业集团的优势依然，知识产权国际立法的不平衡态势依旧，知识产权国际立法后 TRIPs 发展对知识产权国际保护的积极影响是有限的。

第二，尽管后 TRIPs 时代知识产权国际立法相对于《知识产权协定》变得更为平衡，但因发展中国家是通过体制转换和策略性关联策略实现的，这使得知识产权国际立法无论是在立法体制上还是在立法内容上，其复杂化程度均有所增加，知识产权国际保护更加难以掌控。在立法内容上，尽管反对知识产权扩张的力量将知识产权和公共健康、生物多样性、植物基因资源、人权等问题的关联便利了发展中国家的体制转换，扩大了体制转换空间，但策略性关联将知识产权和公共健康、生物多样性、植物基因资源、人权等问题的过度关联形成了公共健康、生物多样性、植物基因资源、人权等问题对知识产权问题的严重制约，使得国际知识产权问题的处理更为艰巨。因此，学者指出，至少"在大多数场合，关联是一种次优的方案。"③ 在立法和管理体制上，知识产权国际立法向生物多样性、植物基因资源、公共健康和人权等体制渗透所形成的体制合成现象使得"知识产权国际立法过程比从前更复杂了，"④ 知识产权国际立法不再有基本统一

---

① See, Susan K. Sell, Post-TRIPS Developments: The Tension Between Commercial and Social Agendas in the Context of Intellectual Property, 14 Fla. J. Int'l L. 216.

② See, Laurence R. Helfer, Mediating Interactions in an Expanding International Intellectual Property Regime, 36 Case W. Res. J. Int'l L. 127 – 128.

③ José E. Alvarez, David W. Leebron, *The Boundaries of the WTO*, 96 Am. J. Int'l L. 27.

④ Peter K. Yu, Currents and Crosscurrents in the International Intellectual Property Regime, 38 Loy. L. A. L. Rev. 422.

的立法和管理机构，立法和管理体制日益混乱，不仅存在立法和管理空白，也存在着严重的重叠保护①和多头管理问题。因此，在后 TRIPs 时代的知识产权国际立法中，"不断增加的制度密度已经改变了国际法制定的方法。"② 在国际知识产权法的执行方面，立法和管理体制的日益混乱使得国际知识产权法的执行面临着更为严峻的局面，国际知识产权法的执行更困难了。

第三，尽管知识产权国际立法中私人部门的参与反映了参与者的利益，似乎增进了民主，但事实上却增加了国际知识产权法不公正的危险。国际立法与国内立法不同，并没有确保民主的严密而正式的政治组织与制度。同时，不同的阶层、群体对国际立法的参与是不同的，并不是所有人都有能力和机会参与到国际立法之中。事实上，也只有超大规模跨国经营的跨国公司及其代表才有能力和机会参与到知识产权国际立法中。③ 因此，知识产权国际立法中的私人参与具有片面性。严密的民主制度的缺乏和私营部门参与的片面性增加了国际知识产权法中不公正的危险，因为知识产权国际立法的私人参与是私营部门全球治理的一部分，而"私营部门的治理和标准设定几乎毫无例外地源于最具实力的工业化国家，"表现出严重的全球不平衡，而在新的网络型治理中，"目标选择和结果也反映了那些过程控制者的利益。"因此，学者指出，"全球治理被指控为不负责任并且对世界上的民众和问题的多样性充耳不闻，这种指控并非毫无根据。"④ 在知识产权国际立法中，私人部门参与的危险已经为人所认识到，英国知识产权委员会指出，就知识产权私人部门对国际知识产权立法的参与来说，人们越来越担心，商业压力未受到对公共利益考虑的足够限制。在商业压力的影响下，延长专利保护与其说是为了刺激发明创造，还不如说是为了保护投资价值。⑤ 由于民主制度的缺乏，私人部门对知识产权国际立法的广泛参与已经带来了立法的不公正。

第四，尽管软法形式的国际知识产权法对知识产权国际保护具有正面影响，但软法的大量出现显然增加了立法不稳定和不确定，使得知识产权的国际保护也处于一种不稳定和不确定的状态。后 TRIPs 时代软法形式的国际知识产权法对知

---

① 参见何炼红：《知识产权的重叠保护问题》，载《法学研究》2007 年第 3 期；Kal Raustiala, Density and Conflict in International Intellectual Property Law, 40 U. C. Davis L. Rev. 1021.

② Kal Raustiala, Density and Comflict in International Intellectual Property Law, 40 U. C. Davis L. Rev. 1026 – 1030.

③ See, Susan K. Sell, Private Power, Public Law: The Globalization of Intellectual Property Rights, Cambridge University Press, 2003, 20.

④ 戴维·赫尔德、安东尼·麦克格鲁：《治理全球化：权力、权威与全球治理》，曹荣湘、龙虎等译，社会科学文献出版社 2004 年版，第 13、23、28 页。

⑤ 英国知识产权委员会：《知识产权与发展政策相结合》，第 4 页，http://www.iprcommission.org-graphicChinese_Intro.htm.

识产权国际保护产生了一定的积极影响。因为就各国际组织所通过或发布的软法形式的宣言、决议、建议和指导方针等而言,尽管它们是非约束性的,但也发挥着集中自愿的政府行为或者为国内立法提供模范的作用。[①] 同时,由于这些软法性质的文件往往以国际组织成员国以"一致同意"的方式作出,这些宣言、决议、建议和指导方针多少也反映了成员国的需求,因此,尽管它们并非以传统的正式的国际条约的形式加以制定,但却往往能得到成员国的贯彻执行。就以技术为基础的软法来说,技术基础也硬化了这些软法,使得它们比理论上的法律还要"硬"。以统一域名争端解决政策为例,它的确是软法。然而在实践中,由于根据统一域名争端解决政策处理过的纠纷极少"上诉"到国内法院,因此统一域名争端解决政策已经被证实为比理论上的法律硬的多的法。[②] 不仅如此,国际知识产权软法相对于硬法来说还有着许多优越性。首先,软法不需经过传统国际条约或协议那样严格的国际和国内程序,其通过更为便利。由于与技术发展联系紧密,在技术发展一日千里的当今社会,软法在知识产权领域显得尤为重要,它能够快速适应当今技术的发展。其次,由于软法大多是基于一致同意的自愿而实施的,因此,软法的实施受到的抵制往往较少,其实施效果反而较好。最后,软法可以作为正式的国际条约或协议的试验,待条件成熟时可以制定正式的国际条约或协议。尽管如此,软法毕竟是"软"的,它们对知识产权国际立法参与者的约束是有限的,当国际环境发生变化、知识产权国际立法的参与者的利益改变后,它们是否会遵行这些软法形式的国际知识产权法便难以指望。因此,后TRIPs时代以软法为主的国际知识产权立法是不稳定和不确定的,以它们为基础的知识产权国际保护也是不稳定和不确定的。

  总而言之,尽管后TRIPs时代实施《知识产权协定》的压力引发的发展中国家和全球市民社会组织的觉醒和积极参与改变了知识产权国际立法中的力量对比,使得知识产权国际立法更为公平和平衡,遏制了知识产权的扩张,但发达国家及其知识产权产业集团在知识产权国际立法中的主导地位并未根本改变,国际知识产权立法不公平和不平衡的大格局依旧。同时,后TRIPs时代发展中国家的体制转换和策略性关联的策略的运用、私人主体的参与以及软法为主的立法形式使得后TRIPs时代知识产权国际立法日益复杂化,出现了立法僵局多、执法困难、立法不公正、国际知识产权保护日益不稳定和不确定等问题。总的说来,后TRIPs时代国际知识产权体制已经成为具有许多新参与者、根据新结构建立和运

---

  ① See, Laurence R. Helfer, Regime Shifting: The TRIPs Agreement and New Dynamics of International Intellectual Property Lawmaking, 29 Yale J. Int'l L. 61.

  ② See, Graeme B. Dinwoodie, The International Intellectual Property Law System: New Actors, New Institutions, New Sources, 10 Marq. Intell. Prop. L. Rev. 208.

行并产生混乱的新规范的众多制度的网络,是一个比作为中心框架的《知识产权协定》叙述更不便利、更加混乱的图片,① 后 TRIPs 时代知识产权国际保护的"画面是混合的。"② 一方面,知识产权国际立法的体制合成以及知识产权与相关问题的关联可能产生延误、低效率,产生国际知识产权立法僵局和执法困境。另一方面,知识产权国际立法的体制合成以及知识产权和相关问题的关联也有可能使得任何组织都无法过早地锁定次优的或偏向特定利益集团的均衡而产生预定政策反应,最终导向更好的结果。③ 总之,尽管尚不是十分确定,知识产权国际保护制度的后 TRIPs 发展开始为各国尤其是发展中国家提供了自主知识产权制度的更多弹性。

二、中国应对知识产权制度国际化的基本态度与具体策略

我们认为,面对着《知识产权协定》带来的知识产权国际保护制度的一体化及《知识产权协定》实施十余年来的新发展的影响,中国只有恰当地应对才能确保既履行承诺的国际义务,同时又能够使自身的知识产权制度适合国情,更好地促进社会、经济、科技、文化的发展。《知识产权协定》的实施对各国知识产权制度的建立施加了更多的刚性约束,这使得各国必须以《知识产权协定》为基础与核心建立或修改其知识产权制度。但知识产权国际保护的后 TRIPs 发展则为世界各国尤其是发展中国家带来了一定的机会,知识产权国际保护制度合理化的发展趋势,开始出现了一些弹性,这增加了各国知识产权制度的自主性。总体上,对中国而言,参与知识产权国际保护首先要从内部做起,即正确认识与评价相关知识产权国际规则,完善自己的知识产权法律制度,有艺术地确保履行已经承诺的国际义务。同时,积极参与到知识产权国际立法中,有意识地从国内、国际两个层面完善体制、理顺关系,努力促使知识产权国际规则更为公正合理,更有利于自身经济社会的发展。

(一) 中国知识产权国际保护的基本态度

首先,中国应正确认识和评价相关知识产权国际规则,有艺术地确保已经承

---

① See, Graeme B. Dinwoodie, The International Intellectual Property Law System: New Actors, New Institutions, New Sources, 10 Marq. Intell. Prop. L. Rev. 206.

② Susan K. Sell, Post-TRIPS Developments: The Tension Between Commercial and Social Agendas in the Context of Intellectual Property, 14 Fla. J. Int'l L. 216.

③ See, Laurence R. Helfer, Mediating Interactions in an Expanding International Intellectual Property Regime, 36 Case W. Res. J. Int'l L. 135 – 136.

诺的知识产权国际保护义务的履行。我国加入 WTO 已有十多年，在 2006 年即加入 WTO 之后 5 年之际，我国赢得了执行 TRIPs 协议的许多赞誉。但这种赞誉可能只意味着我们履行了 WTO 义务，满足了发达国家和跨国高科技公司的利益要求。但 TRIPs 协议究竟是否符合我国利益？我们自己是否也像大多数发展中国家那样受到了利益损失？对此，我国当前甚至并没有这样的评估报告，学术界也没有相应的实证研究。本书这里的分析至少能使我们形成这样的认识：TRIPs 协议绝不是为我国这样的发展中国家的利益而制定的，恰恰相反，它是为在国际关系中处于主导地位的发达国家的利益而制定的。因此，对我国知识产权制度建设来说，TRIPs 协议绝不是神圣的，也不是价值中立的，我们不能盲从 TRIPs 协议，也不能以 TRIPs 协议为准绳来评价我国的知识产权制度。尽管因已加入 WTO，我国不能违背自己所承担的国际义务，无法从当时的承诺回退，但 TRIPs 协议还是有一定的弹性的，成员国仍然具有余地选择最适合自己的方式履行国际义务。以 TRIPs 协议为例，"成员国有余地在 TRIPs 协议的总轮廓之内型塑权利和权力的结构，"也能够在该协议的一般条款之内用许多方法来定义知识产权，TRIPs 协议不是强制统一的约束性文件，它提供了一个游戏场，在 TRIPs 协议之内国内法律能够被塑造以满足成员国的政治、社会、经济和其他政策目标。① 我国的国情而不是 TRIPs 协议是评价我国知识产权制度的基本依据。

其次，中国有责任积极参与知识产权国际立法，力促公正的知识产权国际保护制度形成。目前中国是世界上最大的发展中国家，正在树立负责任的大国的国际形象，因此中国有责任代表广大发展中国家的利益与意志，积极参与到知识产权国际规则的制定中，努力促使公正的知识产权国际保护制度的形成。目前，中国已经开始密切关注国际知识产权领域的发展动态，积极组织相关部门参与世界贸易组织、世界知识产权组织、国际植物新品种联盟、亚太经合组织、亚欧会议等国际组织的国际知识产权制度的改革和国际知识产权问题的谈判。如中国积极参与了在世界贸易组织与贸易有关的知识产权理事会（TRIPs 理事会）主持下进行的，作为世界贸易组织多哈回合新一轮谈判重要组成部分的公共健康、地理标识、遗传资源、传统知识等知识产权议题的谈判；中国多次组织相关部门参加了世界知识产权组织举行的会议，中国代表团就中国知识产权制度取得的成绩，以及中国对国际专利制度、遗传资源、传统知识及民间文学艺术等国际知识产权热点问题的看法作了重要发言，阐明了中国的原则和立场；等等。但目前中国对知识产权国际立法的参与还非常不够，在参与目的上还主要限于单纯维护自己利

---

① Shubha Ghosh, *Reflections on the Traditional Knowledge Debate*, 11 Cardozo J. Int'l & Comp. L. 501 – 502.

益，与负责任的大国的要求还有较大差距。中国参与知识产权国际谈判不仅要维护自己的合法权益，更应该代表广大发展中国家的利益和意志，力促公正合理的国际知识产权制度的形成。

（二）中国应对知识产权制度国际化的国际策略

目前，中国参与知识产权国际保护制度的建立还受到较多的制约，不仅有国际的经济、政治力量对比的制约，也有国内的制度和组织不完善的制约。因此中国要有效地参与知识产权国际保护制度的建立，必须有恰当的策略。本部分谈中国应对知识产权国际保护制度建立的国际策略，下部分谈国内策略。

本书认为，中国应对知识产权制度国际化的国际策略应包括以下内容：

第一，坚持发展中国家的地位与立场。在中国加入世界贸易组织谈判过程中，国际上对中国究竟是发展中国家还是发达国家的地位问题就曾存有较激烈的争论，中国当时以发展中国家身份加入世界贸易组织既是中国的政治选择，也反映了中国当时的实际经济水平。① 近几年来，中国经济获得了长足发展，2005年中国经济总量就已经超过意大利而位居世界第6位，但这仍改变不了中国的发展中国家的地位。② 既然中国是发展中国家，那么坚持发展中国家的立场就是中国的必然选择。

第二，树立发展中大国的信心。尽管中国仍然是发展中国家，但目前中国已经在世界经济、政治、科技等方面居于重要地位。据瑞士洛桑国际管理学院（IMD）发布的2007年《国际竞争力年度报告》，2007年，中国内地的竞争力排名超越日本，从前一年的第18位升至第15位。根据瑞士洛桑国际管理学院的报告，2007年中国内地在经济表现、政府效率、企业效率和基础设施等4个大指标中的排名均有所上升，其中经济表现排名由第3位升至第2位，仅落后于美国；政府效率排名由第17位升至第8位，升幅突出；企业效率排名由第27位升至第26位；基础设施排名由第33位升至第28位。外交部副部长王毅在2004年中宣部和教育部举办的"首都高校形势报告会"上曾对中国的定位进行了评估，他认为，中国是"在全球范围，尤其是在周边地区日益发挥重要影响的社会主义的发展中大国。"首先，中国是一个社会主义国家；其次，中国是一个发展中大国；最后，中国是一个在全球范围内有重要影响的国家。在这一点上，中国作为联合国安理会常任理事国、作为有核国，在国际事务中有重要发言权，对世界

---

① 《龙永图：以发展中国家地位加入WTO是中国的政治选择》，http://www.cs.com.cn/csnews/20010705/89069.htm.

② 《中国："发展中国家"地位丝毫没变》，http://cn.biz.yahoo.com/060123/56/fk4j.html.

和平与稳定负有不可推卸的责任和义务。在现阶段，中国的利益和影响力主要在周边，同时正不断向外延伸。① 因此，中国必须树立大国的信心，敢于充分利用自己的谈判力量，维护自身的合法权益，并站在发展中国家立场上为广大发展中国家谋取更为公正合理的国际知识产权立法秩序。2007 年 4 月 17 ~ 18 日，国家商务部和知识产权局主办、信息产业部、科技部、发改委、质检总局协办的"WTO：标准化中的知识产权（北京）国际研讨会"被观察家认为是中国结束国际知识产权问题的"招架"策略而开始逆袭知识产权"围剿"的开始。②

第三，团结和联合广大发展中国家。在世界知识产权事务中，发展中国家的巴西、印度等一直是发展中国家对抗发达国家知识产权"侵袭"的排头兵，无论是在 TRIPs 协定谈判过程中还是在 TRIPs 协定理事会的后继会议中，巴西和印度等发展中大国一直在努力坚持自己的知识产权立场，力促知识产权国际规则的公正与合理。但作为世界上最大的发展中国家，中国在知识产权国际立法的参与上多是被动的，和其他发展中国家的步调并不一致。中国只有和其他发展中国家尤其是发展中大国的巴西、印度等国进行联合和合作，才能在国际知识产权事务中发挥更大的作用。

第四，适当地进行体制转换。国际体制是国际关系学者斯蒂芬·D·克拉斯纳（Stephen D. Krasner）于 1982 年在一篇论文中发展起来的，国际体制是指参与者预期集中于一个给定问题领域的原则、标准、规则和决策程序。其中原则是事实、因果关系和公正；标准是根据权利和义务定义的行为标准；规则是行动的具体指示或解释；决策程序是进行和执行集体选择的主要惯例。③ 体制包括实质的、制度的和关系的三要素。其中：实质要素集中于体制的原则、标准和规则；制度要素包括国家用来创造原则、标准和规则的合作安排；关系方面集中于包括特定体制内的实体问题领域以及这些实体问题领域和其他体制的问题领域相互交叉的方法。④ 在国际关系学者看来，体制转换是在权力约束既定的情况下，国家和非国家参与者采用的使国际体制更精确地反映其利益而演化的策略，即通过将条约协商、立法动议或标准制定活动从一个国际舞台转向另一个而改变现状的努力。体制转换提供了产生"反体制标准"的机会。国家和非国家参与者之所以能够通过体制转换而实现自己的目标是因为每一体制均有一些自己的特点，最根

---

① 《王毅谈中国的国际地位和外交政策》，http：//www.china.com.cn/chinese/HIAW/541805.htm.
② 商思林：《结束"招架"时代，中国逆袭知识产权"围剿"》，http：//old.news.hexun.com/2209463.shtml.
③ Krasner, Stephen D. Structural Causes and Regime Consequences：Regimes as Intervening Variable, International organization, 36 (3)：186 (1982).
④ Eric Brahm, International Regimes, http：//www.beyondintractability.org/essay/international_regimes/?nid = 6584.

本和重要的是国际关系中的力量对比。在某些体制中，强权国家支配着谈判议程并塑造适合其利益的结果，而在另一些体制中，没有强权者或者强权者仅发挥着更有限的作用，这就为较弱小的国家创造了机会。另外，国际体制在其立法方法、监控和争端解决机制、制度文化以及对外部影响的渗透性等方面也各不相同。不同国际体制的制度特色为国家和非国家参与者提供了丰富的产生反体制标准的舞台，体制转换成为强大和弱小的参与者都能玩的游戏。[①] 体制转换在知识产权国际立法中是屡见不鲜的。早期的如美国于20世纪50年代通过体制转换而在联合国教科文组织体制内制定了作为《伯尔尼公约》的替代的《世界版权公约》。晚近的如美国等发达国家将知识产权国际立法从WIPO转向GATT创立全球统一的知识产权国际保护体系的TRIPs协议的体制转换。相对于TRIPs协定和WIPO体制，生物多样性、植物基因资源、公共健康、人权和发展等体制，包括中国在内的发展中国家可以充分利用在这些体制或论坛内的道义优势提出其有关知识产权的主张，利用生物多样性、植物基因资源、公共健康、人权和发展等道义性色彩较浓厚的问题矫正TRIPs协定过强的知识产权保护。

（三）中国应对知识产权制度国际化的国内策略

本书认为，中国参与知识产权制度国际化的国内策略主要包括以下内容：

首先，设置专门的知识产权贸易政策管理与执行机构，统一负责国家知识产权贸易政策。这一点中国已经具备，中国设置了国务院保护知识产权工作组，工作组在商务部设置了办公室，该机构不仅负责中国知识产权贸易政策的管理和执行，还负责中国各知识产权保护机构之间的协调。

其次，企业和社会各界积极参与知识产权贸易政策的制定与谈判。目前，中国企业和社会各界参与知识产权贸易政策制定与谈判基本上还处于初级阶段。商务部已经初步建立了由商务部、地方商务主管部门、行业中介机构和涉案企业共同参与相互配合应对国外反倾销诉讼的"四体联动"机制。所谓"四体联动"工作机制，是商务部为有效动员社会各方面力量应对日益增多的贸易摩擦而提出来的，其概念首先在进出口公平贸易工作中得到发展和检验。之后，"四体联动"工作机制被推广到其他贸易政策公共事务中。"四体联动"中的"四体"分别指的是中央政府部门（商务部）、地方政府部门（各地外经贸和有关主管部门）、中介组织（行业组织以及专业服务机构等）和企业。其中，商务部统一领导各项工作的全面开展，负责贸易政策决策、对外贸易谈判、贸易壁垒交涉等。

---

① Laurence R. Helfer, Regime Shifting: The TRIPs Agreement and New Dynamics of International Intellectual Property Lawmaking, 29 Yale J. Int'l L. 10 – 17.

地方政府部门是中央政府与当地企业和中介组织之间的桥梁，负责上传下达、指导协调、宣传培训等工作。行业组织为企业提供行业信息等服务，是行业公共利益的代言人，是行业自律协调的组织者。企业是从事贸易活动的主体，受贸易政策的影响，同时也是贸易政策相关公共事务的参与者。以上"四体"分工协作、信息共享、紧密互动，就是"四体联动"工作机制。① 这一工作机制的建立对我国企业应对国外反倾销诉讼发挥了积极影响。但这还远远不够，这种机制的发挥主要还限于应对与国外的贸易摩擦，还应该将这种机制扩大到整个贸易政策的制定。目前，中国企业不仅参与贸易政策制定与谈判的积极性不高，甚至在应对国外反倾销诉讼方面积极性和能力也不足。

最后，建立企业、行业协会和社会各界参与知识产权贸易政策制定的法律机制。目前，尽管有关法律法规提供了一部分企业、行业协会和社会各界参与知识产权贸易政策制定和谈判的法律依据，如《中华人民共和国对外贸易法》第56条的规定：对外贸易经营者可以依法成立和参加有关协会、商会。有关协会、商会应当遵守法律、行政法规，按照章程对其成员提供与对外贸易有关的生产、营销、信息、培训等方面的服务，发挥协调和自律作用，依法提出有关对外贸易救济措施的申请，维护成员和行业的利益，向政府有关部门反映成员有关对外贸易的建议，开展对外贸易促进活动。但这相对于美国的相关制度建设则相差甚远，不仅没有规定具体的参与程序与途径，也没有切实的综合性的参与机构。这大大阻碍了有关企业、行业协会和社会各界对知识产权贸易政策的积极参与，使得我国知识产权贸易政策的制定不能借助社会的广泛力量，不能反映社会各界的声音。要促进企业、行业协会和社会各界参与知识产权贸易政策制定和谈判，必须修改我国的外贸法，建立相应的法律机制。

---

① 《"四体联动"机制》，http://gof.gdwto.org.cn/。

第二编

新技术发展与知识产权制度现代化

  随着社会的发展，科学技术不断地深入到人们的生活中，改变着人们的生活方式和生活理念。科学技术的发展成为衡量一个国家综合国力的重中之重，也成为推动经济增长的重要力量。科学技术是"历史的有力的杠杆"，是"一种在历史上起着推动作用的、革命的力量"。[①] 我们可以看到，小到企业之间的竞争，大到国家之间的竞争，无不以科学技术的发展水平作为竞争力的主要标志。进入20世纪后，以信息技术、生物技术和新能源技术为代表的高新技术产业迅速崛起并成为推动社会经济发展的主要力量。科学技术的发展不仅对社会经济产生了重要的影响，而且对于现行的知识产权法律制度产生了空前的冲击，传统的知识产权制度面临着前所未有的挑战。如何通过改造传统的知识产权制度来适应现代高新技术发展的需要，促进知识产权制度的现代化，将是各国政府和学者近期不得不关注的焦点之一。

---

  ① 中共中央马克思恩格斯列宁斯大林著作编译局编译：《马克思恩格斯全集》第四卷，人民出版社1995年6月第2版，第375页。

第五章

新技术发展与知识产权制度的关系

一、理论分析：科技、经济、法律协调下的知识产权制度

从社会发展的历史可以看出，人类文明的发展离不开科学技术的推动，新技术革命一直是社会进步的原动力。每一次科学技术的进步，都直接对社会的文化、经济和政治制度产生影响。这是因为，知识产权制度是调整知识产品创造人和社会之间的利益之间的工具，反映着"对利益的追求与保护的需要"。[①] 科学技术的每次重大变革，总是会渗透到社会的各个方面，对知识产品创造者的利益和社会公众之间的利益产生影响，从而推动知识产权制度产生相应的变革。因此，只有认识到科技发展对知识产权制度产生的诸多影响，才能真正理解建立知识产权制度的必然性，才能为知识产权制度的构建和完善奠定理论基础。

学者们通常认为，"知识产权制度是近代法制史上的新页"，[②] 是科学技术与商品经济发展到一定阶段的产物。英国于1623年制定的世界上第一部专利法（《垄断法规》）、1709年制定的第一部著作权法（《为鼓励知识创作而授予作者及购买者就其已印刷成册的图书在一定时期之权利法》，即《安娜法令》），法国于1857年制定的第一部商标法（《关于以使用原则和不审查原则为内容的制造标记和商标的法律》），标志着具有近代意义知识产权制度的开端。但这些绝非

---

① 刘春田：《知识产权法》，高等教育出版社2000年版，第25页。
② 段瑞春：《关于知识产权的几点认识》，载《求是》，1993年第4期。

历史的偶然，必然有促使其产生的社会背景。自 17、18 世纪以来，资产阶级在生产领域中开始广泛采用科学技术成果，从而在资本主义市场中产生了一个保障知识产品私有的法律需求问题。资产阶级要求法律确认对知识产品的私人占有权，使知识产品同一般客体物（有形产品）成为自由交换的标的。他们寻求不同于以往财产法的新法律制度，以作为获取财产权利的新方式。于是，在与商品生产直接有关的科学技术发明领域出现了专利权，在商品交换活动中起着重要作用的商品标记范畴出现了商标权，在文学艺术作品以商品形式进入市场的过程中出现了著作权。这些法律形式最后又被概括为知识产权。

所以，近代知识产权制度的产生植根于当时的物质生活关系。从科技、经济、法律相联结的角度考察，知识产品要成为新型财产权利的标的，或说是知识财产制度的出现，有赖于以下几个条件：

（一）科学技术广泛应用于社会生产

在前资本主义时期，科学和技术一般是分离的和脱节的，科学技术应用于生产还只是偶然的和不自觉的行为。那时，技术由平民工匠掌握，技术的进步全凭经验摸索和传统技艺的提高和改进。科学知识则属于贵族哲学家，科学理论常常落在生产实践之后，只是概括和总结实践过程中积累的经验材料。① 从前资本主义末期到资本主义初期，正是自然经济向商品经济进行转化的时期，在这一过程中，劳动产品中占主导地位的体力因素逐渐让位于智力因素，新的生产方式第一次使得自然科学为直接的生产过程服务。资产阶级在它最初一百年的统治中创造了巨大的生产力，"机器的采用，化学在工业和农业中的应用，轮船的行驶，铁路的通行，电报的使用"，② 使科学技术与社会生产紧密地联系在一起。这种有机联系具体表现为科学发现——技术发明——社会生产的一体化。正如马克思主义经典作家所说的那样，"生产过程成了科学的应用，而科学反过来成了生产过程中的因素即所谓职能。每一项发现都成了新的发明或生产方法的新的改进的基础。"③

（二）科技成果成为自由交换的商品

在前资本主义时期，运用科学技术生产的物质产品可以作为商品，但是科技成果本身却不是商品。由于科学技术被长期封闭在一个个具体的狭隘行业和独立

---

① 参见赵震江主编：《科技法学》，北京大学出版社 1998 年版，第 3 页。
② 《马克思恩格斯全集》第 1 卷，人民出版社 1975 年版，第 256 页。
③ 《马克思恩格斯选集》第 47 卷，人民出版社 1975 年版，第 570 页。

的家庭作坊中，主要靠自身的经验积累发展，很难进入社会规模的应用和转移。在这种封闭性的社会经济格局里，科学技术缺乏系统性、继承性的发展，而仅具有分散性、经验性的特征。所谓"祖传秘方"，"父传子受"，是小生产者取得技术、掌握技术的主要手段。近代商品经济的发展和资本主义结构的建立，打破了自然经济中技术部门之间及技术与社会联系之间的壁关锁垒。由于商品经济需求的强烈冲击，迫使技术向社会发生大规模转移。资本把科技成果还原成一般等价物，并用纯粹的经济效益来衡量他们的价值，这就使得科学技术从一般技艺和狭隘分工中相对解放出来。资本的神奇力量在于，它使得"工匠们成为雇佣劳动者，即把他们的技能和人体一起转化为商品"，并驱使其走向市场，卷入到"一种没有良心的自由贸易之中"。① 根据马克思的劳动价值理论，智力劳动也是一种生产劳动。生产商品不仅是指物质生产中的实物形式的商品，还包括非物质生产中的无形商品，如服务、知识、信息、技术等。② 这即是说，在科学技术运用于社会生产的过程中，包括技术、知识、信息在内的知识产品本身（无形商品）与采用知识、信息、技术生产的物质产品（有形商品）都具有同等的商品意义。

（三）知识产品纳入新型财产权利的保护范围

在前资本主义时期，对有限的科学技术传播和交流，缺乏财产法和契约法的有力保障。商品贸易（包括知识产品与有形商品的交换）必须建立在确定的产权基础上和稳定的交易秩序中，而以重刑轻民、"神事重于人事"为特征的封建法律往往视科技成果的传播和应用为私人琐事，很少以国家的名义直接进行调控。尽管在封建社会的晚近时期，出现有印刷专有权或专营、专卖权，但这是一种封建特许权，而不是资本主义式的财产权。这种封建特许制度的受益者主要是印刷商、企业主以及颁发许可证的统治者，而不是从事智力创造活动的作者、发明者。在有的情况下，封建统治阶级还通过特许制度限制先进思想传播，迫害进步作者和发明者。③ 因此这种封建特许权与近代意义上的知识产权有着性质上的差别。对于知识产品的保护，无法简单采用罗马法以来的传统财产权形式。德国法哲学家黑格尔认为，诸如精神技能、科学知识、艺术以及发明等，都可以成为契约的对象，而与买卖中所承认的物同一视之。此类占有虽然可以像物那样进行

---

① 《马克思恩格斯选集》第 1 卷，人民出版社 1975 年版，第 353 页。
② 参见李京文著：《迎接知识经济新时代》，上海远东出版社 1999 年版，第 39 页。
③ 参见［美］安守廉：《知识产权还是思想控制：对中国古代法的文化透视》，引自梁治平编：《法律的文化解释》，北京三联书店 1994 年版；吴汉东著：《著作权合理使用制度研究》，中国政法大学出版社 1996 年版。

交易并缔结契约，但它又是内部的精神的东西。① 因此，知识产品是独立于传统意义上的物的另类客体，换言之，以知识产品作为保护对象的知识产权是与有形财产所有权相区别的崭新法律制度。马克思在叙述经济与法律的关系时说道："每当工业和商业的发展创造出新的交往形式……，法便不得不承让它们是获得财产的新方式"。② 无须讳言，正是在近代商品经济和科学技术不断发展的推动下，知识产权作为一种私人享有的无形财产权，才得以为资本主义国家普遍认可和严格保护，并逐渐形成一种独立而严密的法律制度。

（四）以知识产权名义实现权利制度的体系化

从古代罗马法到近代民法，所设定的财产权利制度概以有体物为核心展开。在罗马私法体系中，罗马人以"物"作为客体范畴（主要是有形的物质客体——有体物，也包括无形的制度产物——无体物），在此基础上设计出以所有权形式为核心的"物权"制度，建立了以物权、债权为主要内容的"物法"体系。1804年的《法国民法典》与1896年的《德国民法典》，或承认无体物，但专指具有财产内容的抽象权利；或以有体物为限，没有无体财产的概念。一句话，诸如著作权、专利权、商标权等新型民事权利制度未能进入传统民法典的体系范围。③ 知识产权是人们基于自己的智力活动创造的成果和经营管理活动中的标记、信誉而依法享有权利，是一个属于民法范畴但又相对独立的权利制度体系。将一切来自知识活动领域的权利概括为"知识产权"，最早见之于17世纪中叶的法国学者卡普佐夫，后为著名比利时法学家皮卡第所发展。皮卡第认为，知识产权是一种特殊的权利范畴，它根本不同于对物的所有权。"所有权原则上是永恒的，随着物的产生与毁灭而产生与终止；但知识产权却有时间限制。一定对象的产权在每一瞬息时间只能属于一个（或一定范围的人——共有财产），使用知识产品的权利则不限人数，因为它可以无限地再生"。④ 知识产权学说以后在国际上广泛传播，得到世界上多数国家和众多国际组织的承认。

上述诸要素，是历史与逻辑的统一，其间既有着历史发展的客观规律，又有着内在逻辑的联结关系。回溯西方发达国家创建知识产权制度的历程，确乎存在

---

① 参见［法］黑格尔著：《法哲原理》，商务印书馆1982年版，第43节附译。
② 《马克思恩格斯全集》第3卷，人民出版社1975年版，第72页。
③ 上述情况在20世纪后半叶发生变化。一些大陆法系国家试图在民法典的框架内，整合一个包括知识产权在内的大一统的财产权制度。其代表性的立法例有1992年《荷兰民法典》、1995年《俄罗斯民法典》、1995年《越南民法典》。对此做法，学者不乏批评意见，立法者（如荷兰）亦有放弃原议之先例。
④ ［苏］Б.А.鲍加特赫等著：《资本主义国家和发展中国家的专利法》，引自《国外专利法介绍》，知识出版社1980年版，第12页。

着一条连结科学、经济、法律一体化发展的清晰轨迹：社会生产的科技化→科技成果的商品化→知识商品的产权化→权利制度的体系化。从推动社会进步的角度说来，这一基本线路就是科技发展→经济增长→法制进步的历史进程。

二、现实把握：科技因应知识产权制度的保护而发展

从历史发展的进程来看，科学技术的发展是一个国家兴旺发达的不竭动力，特别是 21 世纪的今天，科学技术成为推动经济发展的决定因素，科技创新已成为世界性的潮流。知识产权制度在科技发展中具有非常重要的作用，这是因为知识产权制度是保证技术创新成果权利化、资本化、商品化和市场化的基本前提之一。[①] 在知识经济时代，无论是构建促进知识创新的氛围，还是有效地推动知识的传播和利用，都离不开切实有效的知识产权制度的保护。知识产权制度对科技发展的促进作用主要体现在该制度的激励功能、配置功能、引导功能、保障功能等方面。

（一）知识产权制度激励科技发展

法律是社会关系的调节器，"是在社会中占统治地位的阶级在认识和确认其根本利益的基础上，协调社会各种利益并保护被确认为合法利益的手段。"[②] 知识产权制度创立的目的同样在于对涉及知识产品的各种利益予以认识并加以协调。所谓利益，是一个客观范畴，它是人们受社会物质生活条件所制约的需要和满足需要的手段和措施。"利益决定着法的产生、发展和运作；法律影响着（促进或阻碍）利益的实现程度和发展方向。"[③] 法律由利益所决定，对社会关系中的各种客观利益现象进行有目的、有方向的调控，以促进利益的形成和发展。[④]

在知识产权法律关系中，通常会涉及多类主体的利益，如知识产品创造者的利益、知识产品传播者的利益及利用者的利益。知识产品的创造活动是其他几种利益产生的基础。如果法律不保护创造者的利益，则其他几类主体的利益将成为无源之水，无本之木。那么，如何保护创造者的利益呢？人们通常通过知识产权所设立的激励创新机制来实现这一目标。

[①] 王双：《知识产权制度对技术创新的保护》，http://www.hzip.gov.cn/jbzs/jbzsneirong.asp? knum = 1417，2008 年 11 月 4 日访问。
[②] 孙国华主编：《法理学教程》，中国人民大学出版社 1994 年版，第 83 页。
[③] 孙国华：《论法与利益之关系》，载《中国法学》，1994 年第 4 期。
[④] 转引自孙国华、黄金华：《论法律上的利益选择》，载《法律科学》，1995 年第 4 期。

美国理论界和实务界大都认为,知识产权制度设立的主要目的是为了激励发明创造,《美国宪法》第 1 条第（8）款明确规定,其赋予发明人专利权的目标是为了"促进科学及有用技术的进步"。这是因为,发明者在发明过程中需要投入资源和劳动,即花费时间、劳力、设备等物质,在市场经济条件下,个人不会对发明进行投资,除非其这样做的预期超过其实际支出。尽管知识产品的创造过程十分艰辛,但知识产品的保护却很难,因为它们具有"公共产品"的特点。所以,"政府创立知识产权,旨在赋予作者和发明人对其思想的控制权和发行权,以鼓励他们投资进行新的构思和创作。因此,知识产权的经济学理论不在于奖励创造者的劳动,而是在于保证他们（及其他创作者）获得合适的激励,致力于创造活动。"①

以上理论在法律上表现为,各国通过知识产权立法授予知识产品创造者对知识产品在一定期限内的垄断权,同时保护该垄断权不受侵犯。通过这些手段,知识产品创造者无意识的、偶然的发明动机被激发为有意识的、不间断的、持续的活动。知识产权制度就是以利益驱动机制刺激人们智力创造活动的持续性。可以说,知识产权制度是当今国际社会所公认的推动和保护科技创新和发展的基本法律制度和有效机制之一。

详言之,知识产权制度可以激发创新性成果的产生。"产权的本质是一种排他性的权利。"② 知识产权制度以法律的形式保障发明人在一定时期内对知识产品拥有排他的独占权以防他人的任意实施,并通过转让或自己生产取得经济利益、收回投资,从而调动知识创新者的积极性。据美国学者曼斯菲尔得通过调查表明:没有专利制度的保护,医药工业中的 65% 的发明不会被利用,60% 的发明活动不会在进行;在化学行业,这两个比例分别为 30% 和 38%。③ 在日本,1940 年至 1975 年 35 年间,仅创制了 10 种新药,1975 年日本开始对药品施行产品的专利保护后,至 1983 年 8 年间就创制出 87 种新药。④ 因此,知识产权制度使知识产品成为私人物品,有效降低了外部效应——利他效应,避免知识产品成为公共物品,对发明创新起着极大的激励作用,进而促进了科技的发展。诺贝尔经济学奖得主道格拉斯·诺斯指出,"一种包括鼓励创新和能够提供适当个人刺激的有效的产权制度,是促进经济增长的决定性因素……如果没有制度因素的保证和对个人经常的刺激,私人的产业及其收入就没有保障、近代工业就不可能发

---

① 罗伯特·P·墨杰斯等著,齐筠等译,《新技术时代的知识产权法》,中国政法大学出版社 2003 年版,第 16 页。
② [美]道格拉斯·C·诺思:《经济史中的结构与变迁》,陈郁、罗华平译,上海三联书店,上海人民出版社 1994 年版,第 56 页。
③④ 张平:《技术创新中的知识产权保护评价——实证分析与理论研讨》,知识产权出版社 2004 年版,第 34 页。

展起来。"① 人类进步史证明了知识产权制度是人类制度文明的典范,② 对科技发展和经济社会的发展有着无法取代的促进作用。

其次,知识产权制度可以通过促进科技成果的转化来激发创新。推动创新技术的商品化和市场化是科技创新的根本目的,科技成果只有商品化才能使知识产品创造者的利益获得最终的实现,而知识产权制度正是将这一目的的实现作为根本出发点。知识产权制度通过对科技成果产权的确认和保护,推动了创新成果的市场化,从而建立了一个知识产品传播和利用的市场。在这一市场中,正当的产权交易得到了鼓励,而非法的产权交易得到了限制或制裁。最终,科技成果得以顺利实现市场化,从而激励了新一轮的科技创新活动。以专利制度为例,发明人在申请专利过程中需要耗费大量的金钱和时间,若授权后没有实施,还要交纳昂贵的年费,这就迫使专利权人想方设法积极推广应用其发明创造成果,尽可能快地实现其专利技术与市场的结合,从而体现了专利制度对于科技成果向现实生产力转化的激励。

最后,知识产权制度的激励创新功能带来了巨大的社会效益。知识产权制度以保护创新,促进社会的科技和文化发展为己任。而技术创新能够降低产品成本、提高生产力、优化工艺流程、节省原材料,创造信息产品和开拓新的市场。大量的经验证据表明,技术革新促进了经济的增长。它使信息的思想、方法和发明融入生产力,改进了工艺,为市场提供了更好的产品。社会也可以从技术创新活动中获得直接的好处。在今天这样的信息社会,经济增长在更大的程度上依赖于技术革新,技术革新能力已成为衡量一个国家科技和经济实力的主要指标。

(二) 知识产权制度配置科技资源

发明人的发明成果只有在市场上经过交换,才能成为科技产品,其效用和利益才能得到最大化,才能实现商品化。知识产权制度的确立,为知识产品进入市场确立了规范的法律程序,规范了知识产品的交易制度,从而使科技资源可以顺利进入市场。反之,如果科技成果仅仅束之高阁而不予以使用,则再好的创新成果也只能胎死腹中,不仅不能在市场中发挥其应有的效用,而且容易造成科技资源的浪费,最终被更先进的新技术所替代。所以,知识产权制度在市场经济中可以促进科技成果的广泛传播和有效利用,促进科技资源的合理配置。这具体体现在如下几个方面:

首先,知识产权制度可以有效地降低科技创新主体的研发成本。由于知识、

---

① 《诺贝尔经济学奖得主讲演集》,内蒙古人民出版社 1998 年版,第 66、534 页。
② 刘春田:《知识产权法》,高等教育出版社 2003 年版,第 23 页。

信息和技术具有很强的公共属性,完全竞争的市场机制会导致重复投资、过度生产和恶性竞争,造成资源配置的效率损失。① 为了避免这一后果,专利制度确立了公开性原则,即专利权取得的前提条件是发明人将发明成果以一定形式公开,使这一领域的中等技术人员在阅读了公开资料后都能实施该专利。该原则的确立,使绝大部分技术和信息处于公知的状态,避免了创造者重复投资,并使其获知最新创造成果而引导其创新活动。② 通过这一机制,可以有效地防止重复研究、过度竞争等负面效应。以专利文献为例,世界上每年专利成果 90% ~ 95% 都能在专利文献中查找,查阅专利文献可以缩短约 60% 的科研时间,节省 40% 的研发费用。③ 知识产权制度的公开性原则发挥了降低科研成本的作用,避免了人力、物力、财力的浪费,缩短科技创新时间,使资源利用效益得以最大化,从而实现科技资源的有效配置。

其次,知识产权制度促进科技成果的交易,保障科技资源的有效利用。知识产权制度明确界定了创新主体的产权,使科技创新资源合理归属于各个创新主体,为科技资源的交易和合作奠定了法律基础。例如,各国知识产权法都详细规定了在个人发明、职务发明、合作发明、委托发明等各种场合下的知识产权权利归属,从而为知识产权的交易提供了法律保障。当知识产权受到侵权时,各类主体可以通过诉讼方式及时保护自己的知识产品。

总之,知识产权制度的设立,有效地调整知识产品的创造者、传播者和使用者之间的利益关系,对创新资源作了合理的配置,使科技创新系统的互动机制得以协调进行,最大限度地减少技术创新系统各要素之间的摩擦,以推进科技成果的传播与利用。

(三) 知识产权制度保护科技成果

当今世界的竞争主要体现为技术与智力资源方面的竞争。④ 人们所创造的知识产品具有公共物品的一些特征,因此很难对其进行保护。从经济学的角度来看,一项公共物品要想为私人享有而成为私人物品,最有效率的方法就是通过制度来规范。知识产权制度的创立,合理地界定了知识产品的归属,对知识产权人的利益给予了保护,从而有效地保障了科技创新的因素。

首先,知识产权制度通过授予智力成果创造者权利保护了创造者的积极性。人们通过设立知识产权制度使知识产品的创造者获得了一定程度的保护,知识产

---

①② 范在峰:《论知识产权法律对技术创新的功能》,载《科技与法律》,2002 年第 4 期。

③ 张平:《技术创新中的知识产权保护评价—实证分析与理论研讨》,知识产权出版社 2004 年版,第 56 页。

④ 张景安:《知识产权与技术创新》,载《知识产权研究》,2003 年第 2 期。

权人通过行使其专有权,而获得了一定的财产利益和精神利益。就此而言,科技成果创造人的积极性得到了法律的呵护,社会也可以从知识产品的创造中获得好处。

其次,知识产权制度通过设立知识产权交易制度而帮助创造者实现了其利益。发明人进行科技发明的主要目的是为了实施该技术而获得利益,因此,必须存在一个产权交易制度才能使产权得到真正的实现。为此,各国在知识产权法律中都详细规定了知识产权的转让和许可使用制度,从而帮助科技成果的发明者依据法律的规定来转化其成果、应用其成果,最终实现其价值、享受其利益。

再次,知识产权制度通过对侵权人的惩罚规定保障了创造者的利益不受侵犯。知识产权制度不仅应对科技成果创造者的权利进行确定,同时应当对这种权利的侵犯者予以惩罚来规范科技创造市场。知识产权制度详细规定了各类侵犯知识产权的行为并规定其具体的法律责任,主要包括民事责任、行政责任和刑事责任。民事责任主要有停止侵权、消除影响、赔偿损失等;行政责任的方式主要有没收违法所得、罚款等;刑事责任主要是有期徒刑或者拘役并处或者单处罚金,它是最严厉的处罚方式。通过以上责任制度的确立,科技成果发明人的利益得到了一定程度的保护。

由此可见,知识产权制度正是通过法律手段以积极和消极两个方面来规范无形的智力成果,为包括技术创新在内的知识经济的发展提供条件和保障,① 促使了良性技术创新机制的健康运行,形成了一个科技发展的公平竞争的环境。

(四) 知识产权制度引导科技进步

科学技术的发明创造是社会进步的动力,其地位日益重要。由于科技创造活动千变万化、多种多样,对社会产生的作用和影响也是多方面的。一项好的科技创造推动社会的经济文化快速发展,但一些可能危害社会公共利益的科技发明不但不会对社会发展产生积极作用,反而影响社会的进步。所以说,并不是任何创造性智力成果都能理所当然得到法律保护,也不是所有的发明创造都是有利于人类的发展的。知识产权制度设立的目标是为了鼓励人们进行创造活动,但它作为一个法律制度,对于何种创造成果进行保护也有其原则和规则。知识产权制度通过对知识产权进行管理来规范和引导科技的健康发展,即通过对知识产权权利的取得、利用等行为的全方位监督来引导科技创新走上健康的轨道。

---

① 马海群:《论知识经济、知识管理与知识产权》,载《图书情报知识》,2000年第2期。

首先，知识产权制度设立审查程序以加强对有害知识产品的控制。例如，绝大多数国家都在《专利法》中规定了审查制度，规定危害社会公共利益的发明创造不能取得专利权，从而引导人们从事对社会有利的发明研究，而减少不健康的发明创造，以保障社会的健康发展。如我国《专利法》第5条规定："对违反国家法律、社会公德或者妨害公共利益的发明创造，不授予专利权。"日本《专利法》第32条也规定，"有碍公共秩序，良好风俗或公共卫生的发明，不授予专利权。"通过这样的规定，知识产权制度可以引导科学技术向给社会带来福利的方向发展。

其次，知识产权制度的公开程序促进了知识产品的传播和利用。人类的创造发明都是在前人的创造成果基础上完成的，没有人一出生就能拥有知识并进行智力创造，即使是天才也是必须经过知识的学习、吸收和利用才能具有创造力。所以，知识产权制度不能仅仅保护权利人的利益，对于社会公众的利益也应当兼顾。在专利制度产生以前，人们总是倾向于对自己的发明创造成果进行严格保密，以保证独享利益。该做法不仅造成了科技信息传播的迟滞，而且还会产生重复劳动和重复研究生产的现象，极不利于发明创造的及时推广应用和科技的发展。① 为此，目前各国的专利制度都规定专利发明创造完成者要想取得在一定时期内排他的独占专利权，就必须将其发明创造的内容和信息向社会公开。这样，权利人不必花费很大的成本就能保护其独占权，社会公众也能对最新的创造成果加以了解而开展新的研究，从而避免创造活动的重复性和盲目性，促进知识、信息和技术在世界范围内的广泛传播和交流，进而推进科技的进步。② 所以，"专利制度的优点就在于它不仅保护了所有者，而且还鼓励他去公开自己的发明，从而维护了科学思想的自由流动。"③ 由此可见，专利制度中公开程序的设立，促进了创造性成果在社会公众之间的交流与利用，从而合理地配置了科技资源，促进了科学技术的进一步发展。

三、历史回顾：知识产权制度顺应科技的发展而变革

知识产权是私权法律制度创新与变迁的结果，同时也是直接保护科技创新活动的基本法律制度。知识产权法从其兴起到现在只有三四百年的时间，但历经从工业革命到信息革命的不同时期，基于科技革命而生，由于科技革命而变，其

---

① 王娜：《科技发展与知识产权制度变迁的互动机制研究》，中南大学硕士学位论文，2003年6月。
② 范在峰：《论知识产权法律对技术创新的功能》，载《科技与法律》2002年第4期。
③ [美] W. 阿瑟·刘易斯：《经济增长理论》，梁小民译，上海人民出版社1994年版，第216页。

制度史本身就是一个法律制度创新与科技创新相互作用、相互促进的过程。科学技术领域的革命带来知识产权法的产生和发展，也可以这样说，知识产权制度创新的历史也是科学技术进步的历史。科技进步的量变到质变再到量变的循环过程，使得技术革命呈现出螺旋上升和周期性的特点。自英国工业革命以来，大致发生了四次技术革命：第一次技术革命是指18世纪中叶至19世纪中叶始发于英国、以欧洲为核心，波及欧美的工业革命，其以瓦特发明的蒸汽机为标志。第二次技术革命发生于19世纪和20世纪的转交之际，发电机和电动机的发明和使用是其技术革命和创新的典型代表。第三次技术革命始于20世纪50年代，以原子能工业、半导体工业、高分子合成工业、空间技术、计算机技术为标志。第四次技术革命发端于20世纪80年代，其创新标志是以计算机及网络为代表的信息技术革命和人类基因图谱破译所带来的生物学革命。[①] 上述四次技术革命的次第产生，是知识产权制度成长的基础；易言之，知识产权法的不断发展，又成为技术革命由低向高攀升的动力。

（一）第一、二次技术革命与近代知识产权制度的建立

在资本主义的发展史上，科技进步是近代社会经济发展的动力和源泉，知识产权制度的创立则为这个动力和源泉注入了"利益之油"和"生命之水"。传统的现代史理论认为，资本主义浪潮或工业革命所随之引发的现代经济增长，基本上可归结为科学发现、技术创新、教育和资本积累。但有学者对此发出诘难：在14世纪中叶，当时居于世界头号强国的中华帝国无论在科技水平还是教育和资本积累方面都达到西欧工业革命前夕的程度，为什么工业革命不是出现在中国而是欧洲呢？[②]

近年来经济史学家指出，中国之所以在技术高度积累条件下未能出现工业革命的主要原因是缺乏一个企业家阶层。诺贝尔经济学奖获得者、美国学者诺斯进一步指出，在作为工业革命发生前提的充分条件中，恰好被古代中国所遗漏掉的正是一种催生企业家阶层的产权制度创新。[③] 一个缺乏产权保护制度的社会，是根本不可能产生企业家的。按照熊彼特的说法，企业家是创新意识的人格化。科技创新活动需要有创新意识的企业家，而创新意识企业家阶层的形成，需要有产权制度的创新。知识产权法的出现，就是财产权领域的一次制度创新。正是这种新型的产权制度，才得以出现大量的发明家，并使这些发明家转化为企业家，从

---

① 参见黄亚钧等著：《知识经济论》，山西经济出版社1998年版，第48~49页。
② 蒲勇健：《来自诺斯的解释》，载《知识经济》，2001年第1期。
③ 参见《诺贝尔经济学奖得主演讲集》，内蒙古人民出版社1998年版，第45页。

而启动了工业革命并创造了经济增长的奇迹。这一制度创新始于英国,继而扩展到欧洲。英国是近代专利法(1623 年)、著作权法(1709 年)的发祥地,也是欧洲工业革命的发源地。由于英国较早建立了知识产权制度,大大推动了纺织、冶炼、采矿、机械加工、交通运输等产业的迅猛发展,在不到一百年的时间里,其创造的财富超过了以往历代的总和。在英国之后,法国、荷兰、德国、美国、日本等国也纷纷建立了自己的知识产权制度。世界著名的德国西门子公司、美国贝尔公司、英国邓禄普公司的创始人,都是得益于知识产权的发明家。①

可以说,如果没有近代知识产权制度,所谓"蒸汽和钢铁时代"的第一次技术革命就不可能到来;同样,作为"电气、化学和汽车工业时代"②的第二次技术革命也不可能在没有知识产权保护的条件下迅速实现。在制度史上,近代知识产权法尚处于私法制度创新的初始阶段。第一,知识产权制度尚未体系化。著作权、专利权、商标权仅是三个传统的并单独存在的财产权制度,还没有整合在统一的知识产权的名义之下。在英美法系国家,上述权利被认为是抽象性的无体财产,并在传统财产法框架外以单独立法的方式予以确认;而在大陆法系国家,这些权利是有别于物权的无形财产权,属于法典体系以外的单行法律制度。第二,著作权的保护范围相对狭小。在"印刷版权"时代,著作权法的物质技术基础是机械复制,其保护领域拘泥于书籍、地图,正是在这个意义上,有人将早期著作权法称为"印刷之子"。③ 至 19 世纪,各国才先后在著作权客体范畴内增加了戏剧作品、音乐作品、摄影作品等,延伸了"印刷作品"的涵义。第三,专利权的种类开始定型。早期的专利制度,从 1474 年威尼斯共和国专利法到 1623 年英国《垄断法规》,其保护的专利都是表现为技术解决方案的发明。到 19 世纪,法国于 1803 年颁布了世界上第一部保护外观设计的地方性单行法规;英国于 1843 年制定《实用新型设计法》开始对实用新型予以保护。至 1883 年欧洲各国缔结《保护工业产权巴黎公约》时,正式将专利权类型化,即规定为发明专利、实用新型专利和外观设计专利。第四,国际知识产权保护体系初步形成。19 世纪下半叶,欧洲大多数国家逐步走上资本主义发展道路,随着科学技术的日益进步和工业生产的迅速发展,在国际商业贸易不断扩大的同时,知识产权交易市场也开始形成。为了克服知识产权地域性与知识、技术国际性需求之间的矛盾,各主要欧洲国家寻求建立知识产权国际保护体系,先后签订了一系列的保护知识产权的国际公约。其中,最重要的首推

---

① 参见倪正茂:《法制建设与新技术革命》,载《社会科学》,1984 年第 5 期。
② [美] 熊彼特:《经济周期》,第 1 卷,第 161~174 页,转引自黄顺基主编:《走向知识经济时代》,中国人民大学出版社 1999 年版。
③ 段瑞林著:《知识产权法概论》,光明日报出版社 1988 年版,第 28 页。

1883 年的《保护工业产权巴黎公约》和 1886 年的《保护文学艺术作品伯尔尼公约》。

(二) 第三次技术革命与现代知识产权制度的发展

自 20 世纪下半叶以来，以微电子技术、生物工程技术与新材料技术为代表的新技术革命对社会发展特别是经济成长带来巨大的影响。新技术革命的浪潮始于美国，后扩展到西欧、东欧和日本，在 60 年代达到高潮。这是人类历史上规模空前、影响深远的一次科学技术上的重大变革。① 世界各国为谋求发展高新技术，相继制订了有关发展战略或计划，如美国的"战略防御计划"（"星球大战"）、日本的"科技振兴基本政策"、欧洲共同体的"尤里卡计划"、中国的"新技术革命对策"等。各国的科技进步政策推动一大批高新技术群的崛起，引发了高技术含量的知识产品的大量涌现。面对新技术革命给知识产权领域带来的新的课题和任务，各国立法者不断探索对高新技术产品保护的法律途径：一是"边缘保护法"，即采用工业产权与著作权中的若干规则，创设一种新的制度即"工业版权"来保护新技术成果。二是"单独保护法"，即为信息产品设定"信息产权"，给予"准专利"或类似其他知识产权的保护。三是"传统保护法"，即沿用原有的著作权、专利权制度，但扩大保护范围，修改若干规则。这些做法必然对以往的知识产权法带来冲击与挑战。具体说来制度创新与变革主要表现在以下几个方面：第一，传统的知识产权保护范围不断扩大。著作权法从印刷"版权"时代进入"电子版权"时代。正如前英国版权法委员会主席沃尔所言：著作权法从其产生之日起，就一直不断地对录音、摄影术、电影摄影术以及广播诸领域的革新作出相应的反映，可以毫不夸张地说，著作权本身即是现代传播技术的"副产品"。② 所谓"电子作品"，主要指包括电影、电视、录像在内的"视听作品"以及"卫星广播节目"、"电缆电视节目"与计算机软件。③ 专利法摈却不同国家科技、经济发展水平的差异，大大缩小非专利对象的范围。保护化学物质和药品专利，增加微生物品种及方法专利，已成为现代各国专利立法的一种趋势。第二，新的财产权权项和新的财产权制度陆续出现。传统知识产权制度的权能不断增加，财产内容日益丰富多彩。著作权早已走出"出版之权"的狭隘权项樊篱，新增了各项"电子版权"，例如以传送广播与电视为技术内容的"播放权"，以机械光学电磁为技术特征的"机械复制权"，以摄影、录像、放映

---

① 李京文著：《科技进步与经济发展》，陕西人民教育出版社 1997 年版，第 79 页。
② [英] R. F. 沃尔等著：《版权与现代技术》，载《国外法学》，1984 年第 6 期。
③ 参见吴汉东等著：《西方诸国著作权制度研究》，中国政法大学出版社 1998 年版，第 18~22 页。

为技术表现形式的"制片权"等。专利权则在已有的独占性的制造权、使用权和销售权以外,增加了禁止他人非法从境外引入专利产品的进口权。与此同时,在传统知识产权法以外,出现了一些新的独立的知识财产专有权制度,例如与集成电路技术有关的布图设计专有权、与现代生物工程技术有关的新植物品种权等。第三,商业秘密保护与反不正当竞争纳入到知识产权法体系。① 在传统上,商业秘密虽是一种无形的信息财产,但与专利技术不同,其产权不具有严格意义上的独占性,各国多作为知识产权保护的例外。而反不正当竞争法致力于对各类知识产权的空白领域或交叉地带以"兜底保护",因而被视为知识产权保护的补充。至20世纪60年代,由于《成立世界知识产权组织公约》与《保护工业产权巴黎公约》斯德哥尔摩文本的规定,上述两种制度已成为现代知识产权法律体系的新成员。与近代法所涵盖的著作权、专利权、商标权相比,现代知识产权已是一个十分庞大的法律体系,借用《成立世界知识产权组织公约》的规定来表述,它是一切在工业、科学、文学或艺术领域由于智力活动所产生的权利制度的总和。

(三)第四次技术革命与当代知识产权制度的变革

第四次技术革命带来了席卷全球的"信息革命"和"知识革命"浪潮,至今方兴未艾。从第三次技术革命和第四次技术革命起,世界上一些发达国家在实现高度工业化后率先向第三代生产力过渡。第三代生产力由于刚崭露萌芽,许多特点还未可知,有待进一步观察。② 但可以肯定的是,第三代生产力的形成,主要是依靠信息和技术。其中最有代表性、最具影响力的时代技术当属网络技术和基因技术。作为信息技术革命产物的因特网,其所组成的"虚拟空间"(Cyberspace)是一个无中心的全球信息媒体,它不但改变了人类的生活方式,而且对现行的法律制度构成了挑战。就知识产权制度而言,主要有如下问题:一是"网络版权"。当代著作权制度必须解决的核心问题,就是如何让专有权利有效地"覆盖"作品在网络上的传播,具言之,即是数字化作品的权利保护、保密技术措施的法律保护以及数据库的权利保护这三大问题。③ 二是"网络标记"。经营标记以数字化的形式出现在网络空间,既涉及传统商标制度的变革(例如商标权地域性与因特网国际性的冲突,商标分类保护与网上商标权排他性效力的矛盾,网上商标侵权形式的变化与侵权责任的认定等),又涉及域名保护制度的

---

① 参见段瑞春:《关于知识产权的几点认识》,载《求是》,1993年第4期。
② 黄亚钧等著:《知识经济论》,山西经济出版社1998年版,第49~50页。
③ 参见薛虹著:《网络时代的知识产权法》,法律出版社2000年版,第8页。

创新（主要问题有域名登记与审查、域名权的性质与内容、域名权与其他在先权利的冲突、域名权的保护与域名纠纷的处理等）。三是"网络不正当竞争"。当代竞争法需要解决网络传播及电子商务出现的诸多问题，如屏幕显示和网站界面的商业包装、对网上商业秘密采取的保密措施、网上虚假宣传等。[①] 与网络技术相媲美，基因技术被认为是 21 世纪最伟大的技术之一，人类"可能正处在基因可以解释和决定一切的时代的开端"。[②] 诸如"基因食物"、"基因药品"、"基因疗法"，以及对动植物基因乃至对人类基因的其他开发、利用，将会导致人类本身以及与人类生存环境相关的一系列变化。尽管对基因技术存在着民族习俗、社会道德以及宗教等方面的争议，但许多国家趋于对这一新兴技术给予专利与其他知识产权的保护。基因专利涉及两大问题，一是界定基因专利保护范围，包括基因方法、基因产品、转基因动植物新品种、转基因微生物以及"脱离人体或通过技术方法获得"的基因本身。二是明确基因专利的排除领域，特别是克隆人的方法、对胚胎商业利用的方法以及基因序列的简单发现等。当代知识产权制度不仅要对"网络技术"、"基因技术"作出回应，即通过制度创新实现立法的现代化；而且要在全球范围内建立新的知识产权保护机制，即着手制度改革实现立法的一体化。在当今的国际经济发展中，知识产权国际化的发展与国际经济、贸易的发展有着密切的联系。值得注意的是，知识产权战略往往是西方国家贸易政策的重要内容，经济最发达、技术最先进的美国即是其代表者。在 20 世纪 90 年代中期以前，美国主要是凭借其国内的《综合贸易法》，把给予贸易对手的最惠国待遇与要求对方保护美国知识产权联系起来。其采取的手段是：（1）说服发展中国家（尤其是新兴工业化经济实体）重新估计实施知识产权制度带来的利益和代价；（2）采取行动从实质上改变现有的知识产权政策。如果发展中国家对这种建议不予接受，美国将采取贸易报复措施，减少该国目前所享有进入美国市场的机会。[③] 但在 1995 年《知识产权协议》生效以后，美国则是通过世界贸易组织与上述公约的有效运作，使知识产权保护成为国际经贸体制的组成部分，即是依赖成员国的国家强制力和世贸组织的国际强制力，将成员国所承诺的知识产权国际保护与无差别的最惠国待遇紧密挂钩。总之，在当今世界，知识产权保护已经成为国际间科技、经济、文化合作与交流的基本环境条件，这标志着知识产权制度进入一个统一标准的新阶段。

[①] 参见张平著：《网络知识产权及相关法律问题透析》，广州出版社 2000 年版，第 67 页。
[②] 高建伟等：《论基因的专利法律保护》，载《政法论坛》，2000 年第 4 期。
[③] 参见陈昌柏编著：《国际知识产权贸易》，东南大学出版社 1994 年版，第 14 页。

四、未来展望：以技术创新推动知识产权制度的现代化

(一) 从技术变革到知识产权法的调整方式

技术作为人类的一种活动范畴，经历了产生、发展、演化的过程。然而当技术发展到现代，发展速度呈级数增长，社会因素对技术发展的影响也越来越大。

技术的最原始概念是熟练。所谓熟能生巧，巧就是技术。法国科学家狄德罗主编的《百科全书》给技术下了一个简明的定义："技术是为某一目的共同协作组成的各种工具和规则体系。"技术的这个定义，基本上指出了技术的主要特点，即目的性、社会性和多元性。

到了近现代社会，社会分工更加严密，技术的发展呈网络状，同时技术之间的互异性和依赖性加强。特别是到了当代，技术的发展日新月异，技术与自然、人类、社会关系的复杂性日益凸显，技术发展的盲目性日益受到人们的关注，技术的异化问题成为人们对"现代性"追问的主要话题，运用法律手段对技术进行控制已经获得人们的普遍认同。

1. 技术的互异性、互补性与知识产权法律调整的一般性

知识产权法具有规范性。法的规范性是指法律作为社会规范，既不同于技术规范和自然法则，又不同于习惯、宗教、道德、政策等社会规范，而是具有国家意志性（公共权力为后盾）和特殊强制性（国家强制性）。知识产权法的规范性为人们的行为提供了一个用以遵循的模式、标准或方向。所以，知识产权法的调整是一种规范性的调整，而且是一种一般性的调整。知识产权法的这种一般性调整体现在：（1）知识产权法的调整是一种普遍性的调整，而非调整个别的、偶然的事项。（2）知识产权法的调整是一种统一的调整，而非一项一项的分别规定。如针对在网络技术和基因技术条件下普遍出现的权利人通过自力救济手段保护自己权利不被侵犯的事实，知识产权法会统一对技术措施进行规定，以顺应权利保护和技术发展的需要，并平衡权利人和使用人之间的利益。（3）知识产权法的调整是一种概括式的调整，通过运用凝练的语言，并高度概括出一些基本的概念，进行概括性调整。如在专利法中，通过"新颖性"、"创造性"、"实用性"等概念的设计，针对专利权授予过程中的事实判断和法律判断问题进行概括性规定。

与知识产权法的普遍性、统一性和一般性调整不同，技术的发展具有互异性和互补性的特征，必然会对知识产权制度提出更高的要求。

从20世纪50年代起，软件技术迅猛发展起来，但由于软件技术具有很大的

特殊性，使得知识产权制度在计算机软件保护过程中出现了"模式选择"上的困难。计算机软件具有功能性，可以使计算机按照指定的数学方法进行运算，以达到指定的效果，这种功能性属于"思想"的范畴，使得以"只保护表达、不保护思想"为基本制度设计的著作权法制度在保护软件技术时不具有逻辑自足性。同时，计算机软件又属于一种"智力活动的规则"，而非专利法意义上的技术方案，所以按照传统的知识产权理论，单纯的计算机程序不能得到专利法的保护。

微电子技术的发展把集成电路布图设计的知识产权保护问题推向了知识产权制度的前台，但是由于集成电路具有低创造性的特点，使得该项技术很难获得专利法的保护。同时，集成电路更新换代较快，如果沿用传统知识产权法的保护期限，则既不利于集成电路技术本身的发展，又不利于技术传播。

以选育和杂交栽培为代表的传统生物技术和以基因工程为代表的现代生物技术，使得知识产权保护问题更加突出。由于基因本身具有自我复制的特点，一旦被侵权，后果较为严重。同时，由于植物品种的培育需要运用生物学方法进行测试，而这种测试的结果具有很大的不稳定性，所以植物新品种只有在具备"一致性"和"稳定性"的前提下才能被授予知识产权。

数字技术和网络技术使得作品的复制成本很低，而复制效果又分毫不差，传播的速度更快。在这种技术条件下，多媒体作品由于其材料来源广泛，由制作者向作者一一取得授权几乎不可能，知识产权制度必须针对这种技术特点设计一种新型的授权模式。

总之，由于不同的技术具有不同的特点，使得知识产权法的一般性调整非常的困难。技术的互异性导致知识产权制度的发展和分裂，现代的知识产权制度除了传统的一般性调整之外，还增加了一些特别权利制度，以应对这一挑战。

2. 技术的目的性、过程性与知识产权法律制度的实效性

关于技术的目的性，西方哲学家们进行了一定的研究，亚里士多德曾经试图对技术物品同自然物体的区别寻找某种标准。亚里士多德在《物理学》第二卷第一章的开头就说，"凡存在的事物有的是由于自然而存在，有的则是由于别的原因而存在。……一切自然事物都明显地在自身内有一个运动和静止的根源。反之，床、衣服或其他诸如此类的事物，在它们各自的名称规定范围内，亦即在它们是技术制品范围内说，都没有这样一个内在的变化的冲动力的。"① 在此，亚里士多德正确地看到了技术物品同自然物体之间的区别，即技术物品的本质是名称上的、人为规定的属性，这种属性是人为产生的，而自然物体则不具有这种属

---

① ［古希腊］亚里士多德著，徐开来译：《物理学》，中国人民大学出版社1997年版，第249页。

性。技术物品是被打上制造者意图目的的东西,技术物品的形成过程,也就是制造者将其意图目的"物化"的过程。它以制定计划为起点,通过利用工具或机器系统的运作,以制造出技术物品并让人享用为终点。

技术的目的性告诉我们,技术作为过程的存在,必然是永恒变化发展的。技术,尤其是现代技术,是一个过程的范畴,从技术设想、技术发明、试验技术、生产技术到产业技术,技术经历一个演化的过程,技术客体在此过程中被打上技术主体目的的烙印。① 技术的目的性和过程性还告诉我们,知识产权制度是以促进技术的创造和传播为宗旨的,不能只重视技术的研发和创造,更要重视技术的转化和应用。

在知识经济时代,衡量一个国家的科技实力与经济实力,往往就是看它拥有知识产权的数量和质量。在产业领域,我国高技术商品化率为25%,产业化率为7%,远远低于发达国家的科技成果转化率60%~80%的水平。②

1985~2003年,我国受理的专利申请总量为30多万件,增长速度位居世界榜首,但我国拥有的专利技术转化率却不足10%。一边是企业渴盼专利技术,一边是成果转化率低、无法实现产业化。时至今日,我国的科技成果转化之路仍然步履维艰,非职务发明人的处境更是异常困难。所以有了创新、有了权利还只是万里长征的第一步,如果权利得不到运用,只是水中月、镜中花,一文不值。

不但要技术权利利用化,而且利用还要市场化。据联合国统计,目前世界知识产权贸易中的专利许可贸易在几千亿美元以上。有关资料显示,美国一年专利许可贸易收入就达1 800亿美元。世界专利技术贸易额的年平均增长率高达15%,大大超过一般商品贸易年增长率3.3%的发展速度。专利技术贸易额占世界贸易总额的比重,从70年代的0.67%,已发展到21世纪初期的近5%。

相比之下,我国技术市场目前仍处于初级阶段。我国技术市场的建立和发展迄今已走过近20多年的历程,初步形成了具有中国特色的技术市场体系。但"买技术难,卖技术也难"的问题仍然存在,科技成果转化率仅为10%左右,这个数字的确较低。我国专利技术市场发展滞后,缺乏一个诚信、低成本的常设专利技术交易、转化的市场服务体系。专利技术市场存在部门、条块分割,信息流通不畅;中介机构从业人员素质和服务水平不高,观念落后等种种问题。正是基于这种现状,国家知识产权局推出"专利技术展示交易平台建设"这一举措,千方百计要打造出完善的中国专利交易市场。因为专利技术的重要作用,依赖于

---

① 远德玉:《技术过程论的再思考》,载《东北大学学报》(社会科学版),2003年第5期。
② 国家科委科技促进发展研究中心2001年专项抽样统计。

专利技术的自由流通和专利技术信息的畅通。专利市场在这方面的功能在于，为专利技术自由流通提供平台，促进对专利信息资源的科学采集，广泛共享，快速流动，有效利用，有序配置，实现经济效益的最大化。这就是专利技术利用的产业化。

技术的目的性告诉我们，知识产权制度不仅应该重视技术的创造，还应该重视技术的转化和应用。知识产权制度的功效在于其不仅鼓励不断地推陈出新，也促进技术成果的应用。只有加强知识产权保护，调动人们创造的积极性，才能够不断提高自主创新能力，并促进技术成果的商业化应用。知识产权制度是提高自主创新能力和国家核心竞争力的助推器。

我国《国家知识产权战略纲要》把"推动企业成为知识产权创造和运用的主体。促进自主创新成果的知识产权化、商品化、产业化，引导企业采取知识产权转让、许可、质押等方式实现知识产权的市场价值。"作为一项战略重点。并把"引导支持创新要素向企业集聚，促进高等学校、科研院所的创新成果向企业转移，推动企业知识产权的应用和产业化，缩短产业化周期。"作为重要的国家知识产权战略措施。这些规定，说明我国摆脱了过去只重视知识产权权利数量的拥有，而忽视知识产权质量的提高的做法，充分重视知识产权制度绩效。

3. 技术的变动性、周期性与知识产权法律的稳定性

在人类历史上，技术的发展速度迅猛，是以一种几何级的形式演进的，"人类的技术史随着人类本身开始"，[①] 技术与人的生存相伴生。现任世界知识产权组织总干事弗朗西斯·加利（Francis Gurry）曾经指出："技术的飞速发展并不是一个新的现象，相反，其这一特性从人类的出现就已经存在，并且每次技术革命都会促使人类生活质量的巨大提高。在 250 万年前，石器开始出现。180 万年前，人类学会了生火。70 万年前，人类步入了农耕时代。11800 年前，人类学会了简单器械的制造"。[②]

如果我们的目光看得更远一些的话，我们会发现在 18 世纪中叶，英国爆发了工业革命；在 19 世纪末 20 世纪初，世界爆发了电力革命；在 20 世纪 50 年代，人类爆发了以原子能工业、半导体工业、高分子合成工业、空间技术工业和计算机技术为代表的电子革命；在 20 世纪 80 年代，世界上出现了以计算机网络为代表的信息技术革命和以基因破译为代表的生物技术革命。由此可见，技术的发展速度不是平均的，更不是一条直线，而是一条逐渐上扬的曲线。

---

① 布鲁诺·雅科米：《技术史》，蔓茗译，北京大学出版社 2000 年版，第 12 页。
② Francis Gurry, The Evolutioon of Technology and Markets and the Management of Intellectual Property Rights, 72 Chi. – Kent L. Rev. 378, 1996.

与技术的迅猛发展不同,法律具有稳定性和保守性。正是因为法律的稳定性和保守性的品格导致了法律调整的滞后性。正如梅因(Maine)指出:"社会的需要和社会的意见常常是或多或少地走在法律的前面,我们可能非常接近地达到它们之间缺口的接合处,但永远存在的趋向是要把这缺口重新打开来。因为法律是稳定的,而我们谈到的社会是前进的。"①

稳定性和保守性是法律的固有属性。首先,法律是人类意志产物,而由于人们认识能力的局限,法律不可能将技术主体利益和客观需要囊括殆尽。虽然有时立法者会有一定的前瞻性和预测性,但是由于庞大的立法规模和复杂的立法表决程序,法律仍然无法跟随技术发展的脚步前进。其次,稳定性的法律是社会调整的需要。法律作为一种社会规范,为人们的行为提供了一个用以遵循的模式、标准或方向。如果法律经常变动,则人们的行为标准、行为模式将会变得模糊不清,人们由于对法律没有一个合理的预期,将在法律面前无所适从。这样,法律调整的指引、评价、教育等功能也将丧失殆尽。

稳定性和变动性分别作为法律和技术本身固有的属性。只要社会向前发展,在法律出现"空白"情况下,实现对技术法律调整目标的将是一件非常困难的事情。在这种情况下,立法者应跟随技术发展的步伐,适时的进行法律变革,知识产权法律制度尤其应该如此。世界知识产权组织总干事弗朗西斯·加利曾经针对技术的变动性和知识产权法的稳定性之间的矛盾提出两个问题;"以简单机械和印刷媒体为主要保护对象的传统知识产权法能否迅速的对现今的技术变革做出反应?我们能否及时、迅速的预测到技术发展的方向,并为新产生的权利预留下足够的制度空间?"②

对于第一个问题,不少国家已经纷纷变革自己的知识产权制度,以顺应新技术发展的需要。以版权法为例,随着美国文化产业的不断发展,《美国版权法》于1831年、1879年、1912年、1976年、1998年多次修改,其版权保护范围不断扩大、保护水平不断提升,从而实现了从"印刷版权"到"电子版权"再到"网络版权"的制度创新。现行日本《著作权法》在最初实施后10年内几乎没有什么风吹草动。但是,从1984年至1999年间进行了11次修改,这些修改就是为了适应数字技术(Digital Technology)的不断发展而作出的回应。

对于第二个问题,国际社会并没有能够很好地把握。众所周知,现在的数字技术和网络技术已经对传统的版权法产生了巨大的冲击。数字技术对传统的作品形式进行了整合,以前的文本、声音、图像等都能够统一的用二进制数码来表

---

① 亨利·梅因:《古代法》,沈景一译,商务印书馆1959年版,第15页。
② Francis Gurry, The Evolutioon of Technology and Markets and the Management of Intellectual Property Rights, 72 Chi. - Kent L. Rev. 379, 1996.

示；网络技术变革了作品的传播方式和传播渠道，作品可以进行瞬间的、无国界的传播。但是，在《知识产权协定》的制定过程中，各国对数字和网络技术的影响力没有充分重视，以至于《知识产权协定》与第四次技术革命失之交臂，直到 1996 年，世界知识产权组织才制定出了旨在调整数字网络技术的"互联网条约"。

总之，技术的变动性与知识产权法的稳定性是一对矛盾，我们只有充分重视它，适时地对知识产权法作出变革，才能实现知识产权制度的现代化。

4. 技术的价值中性、工具性与知识产权法律的伦理性

技术是盲目的，技术是人类生存和发展的工具，技术的直接目的是求利。人既可以用技术来求善，也可以用技术来做恶。在这里，技术被理解为仅仅是手段，也就是说，技术本身无所谓善与恶，它只是一种工具，无所谓好与坏，技术的善恶好坏在根本上取决于应用它的人。譬如说，刀子既可以切菜，也可以杀人。刀子的善恶好坏并不由它自己决定，而取决于使用它的人。这种评价预设了技术的价值中立性，即技术本身是价值无涉的。爱因斯坦（Albert Einstein）曾指出：在科学的庙堂里，有许多人所以爱科学，是因为科学给他们以超乎常人的智力上的快感；另外还有许多人所以把他们的脑力产物奉献在祭坛上，为的是纯粹利的目的。①

虽然技术具有价值中性②，但是在现代社会，由于技术的泛滥，其与人们的普遍价值观产生了冲突，人们开始对技术进行追问、责难与批判。工业革命以来的技术发展导致了一系列环境问题、资源问题和生态问题，这在西方国家引起了一场旷日持久、影响深远的生态运动和绿色运动，引发了人们对技术活动的生态视角批判。由梅萨罗维克等人撰写的罗马俱乐部第二个报告《人类处于转折点》则得出结论：人类必须自我克制，停止经济增长，停止技术进步。③ 目前的核导弹、生物化学武器已变成部分国家手中所具有的威胁世界的可怕力量。统计表明，20 世纪 80 年代中期，全世界的核武器库贮存了 50 000 个核弹头，其总威力大约相当于 100 万个投放于广岛的原子弹。引发了人们对技术活动的安全视角的批判。目前，网络空间的虚拟性，使犯罪分子完全可能隐藏自己的身份，法律无

---

① 爱因斯坦：《探索的动机——在普朗克六十岁生日庆祝会上的讲话》，赵中立、许良英译，《纪念爱因斯坦译文集》，上海科学技术出版社 1979 年版，第 40~43 页。

② 技术哲学上关于技术与价值的问题出现了两种截然相对的观点：技术工具论与技术价值论。究其原因，这个问题来自近代哲学，休谟所提出的"事实"与"价值"的关系或者说"实然"与"应然"的关系。休谟问题对于科学的客观性是一个严重的挑战，如何维护科学自身的尊严，如科学的普遍有效性等问题成为以后哲学家所关注的核心问题。在此，"价值"范畴获得了自身特有的规定性，成为与客观性相对立的东西。因此，在上述任务的指引下，人们将"价值中立性"赋予科学来保持科学的尊严。

③ 梅萨罗维克：《人类处于转折点》，梅艳译，三联书店出版社 1987 年版，第 45~56 页。

法确定犯罪主体；网络空间的超地域性由于各国、各地之间对同一技术行为的解释存在着法律差异，这给执法带来了相当大的困难等等，也引起了人们对技术活动的社会批判。

同技术的价值中立性不同，法律具有伦理性，包含价值关怀。现代西方法的根基是罗马法，在古罗马那里，法这个词就是正义（Iustus）。法被杰尔书定义为"善良和公正的技艺"，乌尔比安提出法的定义是："诚实生活，不犯他人，各得其所"。而在整个法律体系中，民法是最具有伦理性的法律。赵万一教授认为，伦理性是民法的基本特点之一，民法文化是伦理性文化，民法概念是具有伦理性的概念，民法的权利本位思想主要体现的是伦理思想。① 同样，具有私权属性的知识产权和肇始于民法理念的知识产权法律制度也具有伦理性。曹新明教授认为，伦理性是知识产权文化的根据。②

至此，技术的价值中性必然要与知识产权法的伦理性产生冲突，在有关技术与人类的其他价值相冲突时，知识产权法会依照法律的一般价值位阶进行选择。

首先，技术研究的盲目性与知识产权法的价值选择。从技术自身发展规律来看，技术的持续进步是技术发明活动和技术创新活动共同作用的结果。技术是人类探索未知世界，实现人类价值的活动，技术发明和技术创新都来源于技术主体的自由探索。当然，这种自由既包括精神状态的技术思考自由，也包括进入行为领域的技术研究行为的自由，对于技术思考自由，属于思想领域范畴，法律当然"无权过问"。而对于技术研究行为，知识产权法规定了知识产权权利限制制度，特别在版权法中规定"因为学习目的的个人使用"不受版权的约束，在专利法中规定了"研究例外"制度。在科学探索的自由性和权利保护的正义性之间，知识产权法选择了自由价值，体现了该制度的伦理性。

其次，技术发明的盲目性与知识产权法的价值选择。由于技术探索研究只是术语"实验室里的革命"，即便对人类有害，但是并不能产生实质的影响。而技术发明则不同，一旦某些发明被授予专利，将极大地影响人类生活。基于此，专利法对某些发明主题进行限制，如基于维护人类善良风俗等价值观念的需要，各国专利法均规定："违反善良风俗的发明不能被授予专利"；基于维护人类安全的需要，我国专利法规定："用原子核变换方法获得的物质"不能被授予专利；基于维护人类伦理价值的需要，世界上大多数国家都对基因专利进行限制，并禁止克隆人等一些技术的研发。可见，在有关技术发明问题上，知识产权制度将不符合传统伦理观念的东西予以排除。

---

① 赵万一：《论民法的伦理性价值》，载《法商研究》，2003年第6期。
② 曹新明：《知识产权制度伦理性初探》，载《江西社会科学》，2005年第7期。

（二）从技术创新到知识产权制度的现代化

知识产权制度是科技、经济和法律相结合的产物，它在实质上解决"知识"作为资源的归属问题，是一种激励和调节的利益机制。在这个意义上说，知识经济时代也同时意味着是一个知识产权的时代。知识经济是以科学技术为第一生产要素的智力经济。知识经济发展的动力在于科技创新活动，科技创新离不开产权制度创新。

美籍奥地利经济学家熊彼特最早把"创新"理论引入经济学研究领域。20世纪初，熊彼特在《经济发展理论》一书中首先提出了"创新理论"。在他看来，"创新"是在生产体系中引入生产要素和生产条件的新组合，包括（1）引进新产品；（2）引用新技术；（3）开辟新市场；（4）控制原材料新供应来源；（5）实现新企业组织。① 20世纪50年代以来，后人在其"创新理论"的基础上发展了技术创新理论和制度创新理论两个分支。前者认为，科学技术对经济发展的作用主要是通过技术创新实现的。制度创新理论认为，技术性因素和制度性因素构成了经济增长的两大要素，而创新的制度是激励技术创新活动、推动经济增长的关键。

所谓制度是某一社会全体成员应该遵守的行为及其相互交换的规则，这些规则往往通过法律加以确定和保障。也可以说，制度主要是指明确界定人们权利、义务归属关系的法律系统。制度与经济关系，主要也是法律与经济的关系。舒尔茨在述及制度所具有的经济服务功能时说道，人的经济价值的提高产生对制度新的需求，一些政治和法律就是用来满足这些需求的。法律经济学的分析结果表明，经济基础对法律而言起着基本的、根源意义上的作用，法律本身就是经济问题最集中、最具体、最全面地反映。从某种意义上说，一切法律问题归根结底都是经济关系的反映与要求，任何法律无不体现经济方面的基本规律和原则。以此为目标，法律制度的构建与改革，就涉及创新理论中的制度创新问题。从经济学的角度来看，制度创新一般是指制度主体通过新的制度构建以获得追加利益的活动，它是关于产业制度、产权制度、企业制度、经营管理制度、市场运行制度等各种规则、规范的革新。制度创新有多种形式，但每种创新都会导致某个领域的制度变迁，在新制度经济学理论中，制度变迁被理解为用一种效益更高的制度替代另一种制度的过程。它包括两种：一是"诱致性制度变迁"，即制度构建的变更或替代，或者是新制度的创造，由个人或一群人自发倡导、组织或实行；二是

---

① 林炳辉：《知识产权制度在国家创新体系中的地位和作用》，载《知识产权》2001年第3期。

"强制性制度变迁",即由政府命令、法律以及各项政策的引入所实现的。[①] 在创新体系中,制度创新居于基础和保证地位。科技创新立足于科技、经济一体化目标,是一种为促进经济发展而进行的新技术应用与商业化的活动,它离不开相应制度的保障、规范和约束,同时科技创新的成果需要制度的创新来巩固,由科技创新推动制度创新是社会发展的必然规律。

从知识产权制度的变革历史我们可以看出,每一次技术变革都会导致知识产权制度的改变。随着数字技术、网络技术和基因技术等技术的发展,第四次技术革命方兴未艾。可以预见,知识产权制度又将迎来一个变革发展的机遇期,立足于新技术的出现,知识产权制度必将实现自己的现代化目标。

但是,我们必须看到,本次技术革命所处的时代不同以往。

首先,本次技术革命产生于经济全球化的高潮时期,经济全球化的浪潮使得知识产权制度与国际贸易联系紧密,知识产权制度的变革必然同各个国家的经济政策产生千丝万缕的联系。

其次,本次技术革命产生于知识产权国际化的高峰时期,众多的知识产权国际条约使得各国的知识产权制度紧紧相连,并产生趋同化。新技术的变革可以被国际法或国内法最先接纳。所以,知识产权的现代化进程必然体现国内立法与国际立法的互动。

最后,本次技术革命产生于政治多极化和南北对立加剧的大背景之下,由于知识产权的政策工具属性,不同的国家必然会对同一制度进行不同的解读。所以,知识产权制度的现代化进程必将被不同国家根据本国的实际情况进行颇具特色的演绎。

无论如何,科技的发展代表着一种生产力或生产方式的变革,知识产权制度作为一种上层建筑必然依附于生产力的发展。笔者认为知识产权制度现代化应注意以下问题。

1. 知识产权制度现代化应顺应技术发展的需求

自 20 世纪下半叶以来,以微电子技术、生物工程技术与新材料技术为代表的新技术革命对社会发展带来巨大影响。这场革命给知识产权领域带来新的课题和任务,各国立法者通过"边缘保护法"、"单独保护法"或"传统保护法"对新产生的技术问题予以关注。发端于 20 世纪 80 年代直至现在席卷全球的"知识革命"是新技术革命的继续和发展,其中最有代表性、最具影响力的时代技术当属网络技术和基因技术。它们对现行的法律制度带来了挑战。出现了诸如"网络版权"、"网络标记"、"网络不正当竞争"、基因专利保护范围的界定困

---

① 参见[美]科斯等:《财产权利与制度变迁》,上海三联出版社 1994 年版,第 67 页。

难、基因专利的可专利性确定不易等问题。

为了适应网络时代、数字技术时代、基因技术时代技术变革的步伐，知识产权制度创新在目前还仅仅处于起步阶段，许多有争议的问题尚未解决，新的问题也将不断出现。因此，新技术时代知识产权制度的创新实际上将会是一个持续的进程，任何期望通过一个立法或修订案来解决全部问题的想法都是不切合实际的。随着技术的发展进步，知识产权制度的创新还会不断地持续下去，并为新技术的发展进步提供法律上的保障和支持。

2. 知识产权制度现代化应反映国际立法的趋势

知识产权制度从国内法个别保护到国际法统一保护，是经济全球化、国家间博弈、政府间协调等因素共同作用的结果。知识产权国际保护制度的形成，能够产生有力的协调机制以减少摩擦和冲突、产生有效的规范机制以降低立法和执法成本、产生有益的统合机制以统一各国保护标准和消除地区立法差异。

通观知识产权制度的发展历史，国际知识产权组织机构对于技术的变革与知识产权制度创新的关系比较关注。他们通过立法、"建议"、"报告"等形式反映知识产权的前沿问题，如"世界知识产权组织域名程序报告"、"WIPO 关于因特网商标问题的联合建议"等。

各个国家在知识产权现代化的过程中应该循应国际化的潮流，及时参考知识产权国际组织的立法建议，反映国际立法的最新趋势。

3. 知识产权制度现代化应立足于本国的现实情况

在 WTO 体系下的知识产权领域，国际法高于国内法，国内法遵从国际法。其实质意义在于，各国知识产权制度所表现的一种趋同化与一体化的基本特点。但是，这并不等于在保护内容、保护标准、保护水平等方面的全球法律规范的统一化。按照"最低限度保护"原则，各国立法提供的知识产权保护不得低于国际公约规定的标准，这是一般要求。

然而，发展中国家在进行本国知识产权现代化时，还应当考虑本国的经济、科技与文化的发展水平。现阶段立法不应过于攀高，只要达到国际公约规定的最低保护水平即可，最大限度地实现法律的本土化与国际化之间的协调。同时，应当针对本国发展的不同阶段而规定不同的战略措施：既要考虑现实利益，又要具有超前眼光；既要遵循国际公约规定，保护外国的高新技术，也要推动国际合作，保护本国的传统优势和传统产业。各国未来在完善高新技术相关知识产权立法时，既要对知识产品创造人予以适当保护来鼓励其创新的积极性，又要避免盲目照搬国外的先进立法而对高新技术过高保护而损害民族产业的发展及社会公众的利益。

第六章

新技术革命对知识产权制度的冲击

一、数字技术与数字版权：数字时代的新课题

随着新世纪的到来，人类开始步入数字时代。以数字技术和因特网为基础建立起来的信息传输系统从根本上改变了人们获取信息的方式。数字技术将越来越多的信息——文字、数据、图片、声音、影像变成二进制代码，互联网络将全世界的计算机连接在一起，万维网则构建了一条基本路径，计算机用户轻点鼠标就能获得海量信息，从医疗热线、时事新闻、音乐影视到学术论文，应有尽有。身处于数字网络环境中的人们，随时随处都可以感受到信息存储和传播方式的革命带来的便利，这是以往任何一种传播媒介所无法比拟的。质言之，数字技术的发展给版权制度带来了许多新的课题。

（一）复制行为"无所不在"

对复制的控制曾是实施版权保护的有效机制。传统版权法之所以能够将复制作为构筑版权法的基础性权利，系由复制的特定所决定。第一，在有形作品世界里，复制是公开而有明显意图的行为，任何人都不会偶然地或顺便地复制一整本书；第二，复制行为必然产生有形物件的复制品，如图书、报刊、音像制品。复制是发行的先决条件，在销售复制件之前，必须先复制出作品复制件。基于上述特点，复制行为具有以下法律意义：其一，复制是一种准确的侵

权先兆①，版权人对复制行为的控制是行使版权的最有效和便利的机制。其二，一部作品被复制通常是版权侵权最直接的证据。然而，数字化复制与传统复制有着截然不同的特点。（1）非物质化。数字式传播具有高度精确性，这是因为信息的单位看起来除了其传播的信息本身之外别无他物。②。人们对作品的使用、交易都必须占有作品的物质载体，不论是购买书籍、报刊还是租借唱片、影像带，获得的不仅仅是作品和信息，而且包括精确的复制品。数字式信息通过网络以光速传输信号，不管是文字、图像、声音都转化为二进制代码在线传输，读者、听众或者观众可以在自己选定的任何时间任何地点实时接收并下载信息。（2）质量完美无缺。利用模拟技术和媒介所产生的复制品的质量与原件相比都会出现一定程度的失真。数字技术可以将所有内容转换成数字代码，任何作品转换为数字形式就可依赖该数字版本进行后续复制，制作出无限个与原件相同的复制品，精度丝毫不减。（3）成本接近于零。无论是印刷版权还是电子版权时代，获得作品都需要支付一定的费用，如购买、租借的费用。任何人都可以在网络上用各种方式向他人传送复制的文档资料和软件：发送电子邮件、通过网络聊天工具与他人交换、放在 P2P 文件共享系统上供人下载。这些方法几乎是没有成本的。

在网络空间，信息以数字形式出现，信息获取意味着不可避免的复制。利用计算机阅读书籍、报刊、看电影、听歌曲（网上浏览），都会有一系列的复制发生。当我们浏览万维网的页面时，电脑必须首先把页面的复制本发送到电脑上，这个复制本保存在我们的电脑里，然后显示在电脑屏幕上。该信息在电脑存储器中可能随时被刷新，一旦关机或运行新的指令也会从内存中消失。浏览行为还可以导致一种特殊的复制：用户在多次登录同一网站或浏览同一网上信息时，某些上网软件将自动在硬盘中划出一块区域作为缓存区，将被浏览的网上作品以临时性文件的形式存入其中，形成复制件。所有电子信息都是这样复制的，这种复制即"暂时复制"。暂时性复制是由计算机的功能决定的，伴随着计算机操作而自发产生，是计算机正常运行中产生的附带性复制。换句话说，复制发生在数字网络环境中任何传播之中。互联网是一个主要用于以复制品形式传输信息的系统，网上的信息传输完全建立在复制基础上。

尽管暂时复制是短暂而偶然的，但它对于在线传输和在线交易的运行环境至关重要，因而对版权法产生了重要影响。版权人希望扩大复制权的范围，将暂时

---

① See The Digital Dilemma, section4, 2003 by Committee on Intellectual Property and Emerging Information Infrastructure.

② ［美］保罗·利文森著，熊澄宇译：《软边缘：信息革命的历史与未来》，清华大学出版社 2002 年版，第 174 页。

复制纳入其中；使用者的立场截然相反，因为在网络上的获取和浏览必须经由复制，如果版权人完全控制复制包括临时和瞬间的复制，就意味着控制了对信息的获取；政策制定者要考虑的是怎样通过权利及其限制来保持信息控制和信息获取之间的平衡。

将暂时复制纳入复制权内符合版权人尤其是版权产业集团的利益。美国商业软件联盟副总裁汤姆·罗伯森曾肯定地表示，控制暂时复制对保证软件产业和电子商务健康发展至关重要。他说，模拟时代的复制品一直采用实物的、永久的载体形式，如电影所用的录像带，录音所用的唱片。任何人只有拥有唱片、录像带才能欣赏作品。然而，在数字技术和计算机网络条件下，人们可以通过暂时复制来欣赏作品——音乐、电影、计算机软件进入电脑终端，最终用户就可以通过屏幕显示而利用作品，而这时该用户的计算机内已经复制了显示在屏幕上的那个文档。相对于永久性复制品，最终用户更愿意选择通过暂时复制而利用作品，因为它更加方便，便宜得多甚至无须付费。但在这种情况下，版权的经济价值却受到损害。这位副总裁还以软件作品的暂时复制使用为例，说明暂时复制对版权人的影响：典型的基于互联网的利用，是通过在个人电脑中运行软件，产生全部或者部分程序的暂时复制品。例如某个律师事务所可以将其文字或其税务处理软件放在网上，以使其客户通过个人电脑内存中产生的暂时复制品利用该软件。这样，个人电脑用户更不用说局域网上的用户，无须购买软件复制品，也不需要制成永久性的软件复制品，就可以完全享受到该软件带来的功用。而软件开发商因软件盗版遭受的利润损失巨大，其中的重要部分就来自互联网上未经许可的使用（暂时复制）。这位副总裁认为，暂时复制不受复制权控制，给软件、录音、出版和电影业带来巨大灾难，权利人无法控制这种利用，反过来也将不利于互联网的发展。① 该观点无疑代表了版权人特别是版权产业集团在暂时复制问题上的立场。

在作品使用者尤其是个人用户看来，网络上浏览作品必须首先获取作品，而在网上获取作品即构成一种技术上的复制。这样，网络上的每一次传输、浏览、下载都要受到版权人的控制或者必须经过版权人的许可，否则就会侵犯版权，是不近情理，也难以执行的。版权学者李特曼教授对"暂时复制权"的批评从法理上击中了问题的要害，她指出"如果让公众与作者和内容生产者面对面的谈判起草版权法，那么，版权可能依然包含复制权，但决不会包含阅读权。"同样，版权可能依然包含表演权，但决不会包含"倾听"权；版权可能依然会包

---

① 汤姆·罗伯森：《WCT 和 WPPT 实施的关键问题：数字环境中复制权的运用，明确的保护暂时复制的必要性》。资料来源于 WCT 和 WPPT 及其对版权产业的影响亚太地区研讨会文件，中国广州，2001年3月。

含展示权，但决不会包含"观看"权。从社会大多数人的一般观念来看，版权人如今可以主张"阅读"、"倾听"和"观看"专有权的事实对于版权法起草者而言纯属预料之外的事情，当美国国会授予作者复制专有权时，决不会想到其含义会演变成今天这个样子。①

复制权是版权权利中的基本权利。在以往，复制的概念需要借助"固定"这一基本要素去把握。固定是指对表达形式有效体现在有形介质之中，可以被感知、复制和传播。一旦作品固定于物质载体上形成有形复制件，该作品复制件是具有使用价值和交换价值的商品，成为流通和交易的对象。权利人据此获得报酬，读者可通过购买该复制件而欣赏作品。因此，"固定"对于复制有着重要意义：作品有效固定而形成的复制件是作品传播的前提，版权人只要控制了作品复制件的产生，就可以防止他人未经许可而使用作品。因此，是否产生了具有独立经济意义的复制件是认定侵权行为的客观要件，复制件数量的多少是衡量侵权程度和确定惩罚的主要考量因素。然而，网上浏览所导致的内存和缓存中的"复制件"不具有独立利用和传播的经济价值。从计算机系统运行过程看，"复制件"形成于内存和缓存中是作品被利用或传播之中一个附带现象，在时间顺序上，几乎与浏览行为同时发生；在技术属性上，是构成计算机系统运行过程中不可分割的组成部分；在目的上，是使网络传递有效运行或是为了合法使用作品或其他信息。正是由于这种"复制件"不可能脱离浏览等操作过程被独立的使用，因而不具有独立的经济意义，不能作为版权法意义上的复制件。

欧盟版权指令在有关临时复制的限制和例外规定中，明确提出了"独立的经济意义"的要求。"独立的经济意义"将技术上的复制件和法律上的复制件加以区分，前者是计算机操作过程中一个技术环节，应从版权人专有权中排除出去。这样既可保证互联网和相关技术的发展和信息流动，又不至于损害版权人的合法权利。

"独立的经济意义"在美国的白皮书中没有得到应有的重视。拘泥于美国版权法对复制品的定义，版权作品被置于计算机内存中即构成复制。"因为在内存中的作品可以利用机器或设备被感知、复制或传播"。白皮书这一陈述的潜台词是，内存中的作品复制件应当受到版权法的调整。2003 年在《数字困境》报告中，美国知识产权和信息基础设施委员会提出了不同于白皮书的观点。该报告认为，从技术上分析，内存和缓存过程都产生了复制件，但尚不明确的是，是否构成了法律意义上的侵权。数字世界里许多类型的复制是出于技术上的需要，是带

---

① 转引自彭学龙，《数字网络环境下的复制与复制权——兼论数字版权法的重构》，梁慧星主编《民商法论丛》第 32 卷。

有完整技术过程的一个环节,通常没有任何侵权目的或效果。因此,内存和缓存中包含的复制件是否构成侵犯版权,是现今引起争论的问题。[①] 这种区分技术意义上复制件和法律意义上复制件的观点显然比白皮书进了一步。

行文至此,似乎可以得出这样的结论:如将暂时复制定义为,通过网络浏览作品时被浏览作品进入计算机随机存储器所产生的附带性复制现象,则其根本不构成版权意义上的复制,不应受复制权的调整,版权法也没有必要关注暂时复制的问题。我国《信息网络传播权保护条例》对暂时复制采取回避态度,暂不作规定,不失为一种稳妥的选择。那么,如何解释美国、欧盟的做法,将暂时复制纳入复制权的调整范围,再将其作为"例外"排除出复制权呢?

将根本不构成版权意义的暂时复制纳入概括而宽泛的复制权范围内,再以其构成例外情况为由排除出复制权,这种看似多余的做法却是西方国家长期形成的思维模式并受其影响的立法技术的必然产物。版权发端于机器印刷技术。此后版权法的演变包容了技术进步和市场变迁,版权的客体和保护范围逐渐扩大,版权所有者的权利不断扩展。同时,由于版权法的宗旨在于促进知识和信息交流,而知识的传播同时也有助于确保人民通过更多渠道享受社会和经济发展的福利。立法者从一开始就对版权所有者与社会福利之间的平衡十分敏感,如何在私人权利和公共利益之间保持平衡一直是版权制度所面临的复杂问题。面对每一次新技术的挑战,法律的修改首先要解决的是如何巩固和加强版权人的权利的问题。对此,立法者通常采取的也是最适当的方法是设立一种新的权利或者对现有权利作出更概括、更宽泛的表述,以容纳将来可能出现的技术环境。然后在权利之外划出一块"公共领域"作为对权利的限制。版权法中固有"权利的限制和例外"制度,这使立法者更倾向于扩大权利后再做出限制和例外的规定。美国、欧盟等对暂时复制就采用了这种立法技术。按照美欧的数字版权立法,只要未经许可的复制,不论是暂时的还是永久的,原则上都应被禁止,同时,在符合法律规定的条件下,暂时复制又被视作复制专有权的例外。

在讨论暂时复制问题时,美国白皮书、千年数字版权法和欧盟版权指令所关注的并非私人上网过程中暂时复制是否构成侵犯版权,而是商业运营行为。实际上,暂时复制的问题虽在理论上引起很大争论,但在实践中并不会产生多大问题。这是因为,个人用户在网络上仅仅因获取信息所附带发生的临时的、偶然的复制,是为个人学习、研究或欣赏的目的,原则上属于合理使用;而计算机系统运行中存储或缓存的复制属于侵权之例外,网络服务提供者不会为其系统或网络

---

① See The Digital Dilemma, section4, 2003 by Committee on Intellectual Property and Emerging Information Infrastructure.

中技术上的自动复制而承担侵权责任。暂时复制的意义表现在：一是对网络服务提供者的预期产生影响，促使他们在合法范围内从事活动；二是将主动权赋予版权人，使他们在有必要发动侵权诉讼的时候有一合法的诉因。至于有些论者提出的某些不可获得豁免的"临时复制"，例如"将通过单独授权获得的计算机程序的复制品放在某个大公司的内部网络上，使得公司里的数个终端都可以不经过授权通过临时复制就可以获得复制品"，[①] 以及像美国商业软件联盟副总裁曾描述的，只需要在局域网服务器上安装一个永久性复制品，便可通过该局域网相连的个人计算机产生的暂时复制品，利用该软件。这些情形都已经构成一独立的复制行为，而不属于暂时复制讨论的范围。

有意义的是，通过对暂时复制现象的讨论和立法，立法者认识到复制发生在数字化信息网络传播的每一个环节之中，仍然以复制权去控制网络传输活动，与互联网所具备的极其动态的性质不相适应。而且，单纯依靠复制权无法规范网络服务提供者的行为，需要一种新的权利使版权所有者得以控制作品在网络上的传输。如何对作品复制制度进行调整以适应数字时代的需要，是版权法所面临的重要课题。

（二）作品传播"无所不至"

作品数字化和网络传输动摇了复制权的基础地位，并且打乱了版权法权利体系的完美构造。首先，复制不再成为准确判断侵权的征兆，通过对复制的控制来遏制作品的非法使用不可行了。计算机主宰着大部分的商业活动，同时普遍运用于家庭和个人用户，人们只要点击鼠标就可以遨游于网络世界，复制行为随时都在发生，其中哪些是合法的、哪些侵犯了版权，已制成的复制件无法回答这个问题。其次，通过控制复制来保护版权人利益不再是行之有效的机制。数字网络技术彻底改变了作品的使用和传播方式，从拥有复制件转变为对作品内容的体验。人们不需要保有复制品，就可阅读、聆听、观看。有形复制件消失了，侵犯版权完全可以与复制品无关，版权人利益是否受到损害，已无法根据复制品的制作及数量来确定。

复制权日趋式微的命运引起了版权产业利益集团的担忧。图书出版商、唱片公司和电影制作者等密切关注在新的数字环境中，版权法究竟有无能力保护他们的投资。作者也在担心他们对作品的专有权能否延伸至网络世界。从理论上说，人们都认为版权人应当有权控制网络上作品的传输，并籍此获得一定经济利益。

[①] 米哈伊·菲彻尔：《关于实施 WCT 和 WPPT 的重要问题：在数字环境中对复制的适用》，亚太地区研讨会文件，中国广州，2001 年 3 月。

但是应该使用哪一种权利去涵盖网络传输活动,看法却很难达成一致。国际版权界在解决这一问题上有过两种观点,一种是将传统的复制权和发行权延伸到网络环境中,另一种是采用综合性的传播权。美国倾向于第一种选择,即,对复制权和发行权作出新的解释,以两者结合的方式解决作品的网络传播问题。白皮书曾论述了以发行权控制网上作品传输的问题,"在高速的通讯体系中,有可能将作品的复制品从一个地点传送到另一个地点。例如,将计算机程序从一个计算机传送给十个计算机,就是这种情况。当这种传输完成时,原始复制件一般存留在发送计算机中,而其他的每一部计算机中都会有一份复制件存在于内存或有关的储存设置中。传送的结果是该作品的十件复制品的发行。当然现行法律中的发行权可能是不太明确的,会受到挑战。"在这里,白皮书提出修订版权法,以发行权调整网上传输作品的行为。白皮书还论证,由于传输或发行是作品的复制,网上传输是发行和复制的结合,是同时行使了发行权和复制权。① 欧盟倾向于第二种选择并在既有传播权的基础上率先提出了"向公众传播权"的概念。在数字技术之前作者也享有传播权,例如,通过广播电台电视台传播作品、通过设备装置机械表演作品等,而公开表演权是最早的一种传播权。随着时间的推移和技术的演进,表演的方式扩展到转播和播放,作者有权通过电台电视台播出作品,通过设备装置机械表演作品等。一些国家的版权法赋予作者公开传播作品的权利。在立法或者版权理论中,传播权是与复制权对应的一类综合性权利,包括表演权、广播权、放映权。如德国著作权法规定,传播权包括朗读权、表演权、放映权、播放权、音像制品再现权和广播电视播放再现权。② 在著作权理论上,公开传播属于以无形的方式再现作品,传播权是与复制权对应的一类权利。法国及仿效法国法律的一些国家,则用表演权统称作品公开传播给公众的权利。按照法国著作权法,表演是指以任何方式向公众传播作品,主要是公开朗诵、剧本演出、电视广播等方式传播作品,包括直接传播和间接传播。③ 伯尔尼公约也规定了一些传播权,所涵盖的传播形式包括,戏剧、音乐作品的表演权、电影作品及其他作品视听作品的放映权,文学、艺术作品的朗诵及声音广播和影像播送。④ 总之,传播权或者表演权是与复制权相对照的一组权利的总称,是指通过复制品发行以外的方式利用作品或改变作品形式的任何行为,⑤ 但是,在前数字时代,所有的公

---

① 转引自李明德:《美国知识产权法》,法律出版社 2003 年版,第 237 页。
② 《德国著作权法》第 18 条、第 20 条、第 21 条、第 22 条。
③ 按照两类权利的分类,中国著作权法中属于传播权的内容包括表演权、放映权、广播权、展览权和信息网络传播权。
④ 伯尔尼公约第 11 条、第 11 条之二、第 11 条之三。
⑤ 德利娅·利普希克著:《著作权与邻接权》,中国对外翻译出版公司,联合国教科文组织出版 2000 年 7 月,第 139 页。

开传播均是单向的、被动的，而数字内容的网络传输是交互的、按需的。因此，传统的转播权并不能够涵盖新的传输方式。

世界知识产权组织在制定互联网相关条约的过程中面临的选择是：采用复制权与发行权相结合的方式，或者采用传播权。在两者之间进行选择时，不管是适用既有权利还是设置新权利，都需要澄清和阐明它们的含义，否则不能直接适用。

发行权是版权人向公众提供作品复制品的权利。发行的要件一是转移作品或复制件，二是面向公众。在模拟技术条件下说起作品的发行，通常与复制和出版密切联系。对于文字作品、美术作品、录音录像制品而言，制作成一定数量的复制品并将它们投入流通领域即为发行。发行是复制所追求的目的，没有发行、没有作为物质实体的书籍、音像制品进入市场，复制就失去了意义。正因为如此，《伯尔尼公约》和许多国家版权法对发行权未作单独规定，而是将其涵括在复制权之中。随着传播技术向数字化发展，作品的复制品从有形转向无形，发行的方式不断变化和扩展并带有一些自身的特点。例如，文字作品不仅以印刷形式出版，而且制作成数字图书或存储于电子媒介通过计算机网络传播或者以使用许可的方式提供给使用者（如图书馆系统使用电子图书、电子期刊等数据库产品，与电子出版商之间的关系通常是以使用许可协议而不是以购买方式获得），除了文字作品之外，音像制品、计算机软件也采用许可使用或出租的方式提供给公众。这些变化促使发行权与复制权相分离并成为一项独立的权利。因此，如果欲将作品的网络传输视为发行，必须对作品和复制品作出界定，即流动于互联网上的"复制品"是数字信号本身。以阐明通过网络传送数字信号，计算机接受信号或者制作复制品（如打印文件）属于发行的范围，其次需表明，发行权一次用尽的原则不适用于网络传输。

世界知识产权组织的《版权条约》和《表演和录音制品条约》赋予权利人通过销售或其他所有权转让形式向公众提供其作品原件或复制品的发行。权利人也有权控制计算机软件、电影和录音制品的商业性出租。① 这一规定填补了《伯尔尼公约》发行权的空白。针对发行权的第一个要件，条约的议定声明解释为：受发行权约束的"复制品"和"原件和复制品"专指作为有形物投放流通的固定的复制品。这就明确了发行权仅仅涉及以有形物体承载的作品复制品，只有将有形的复制品投入流通领域，才构成发行。同样，受出租权约束的对象也限于固定的复制品。但是，这一解释并不妨碍各方在国内法中将发行权适用于数字化的、无形的复制品。发行权出现在世界知识产权组织的两个网络条约中被认为是

---

① 《版权条约》第6条；《表演、录音制品条约》第8条、第12条。

版权国际保护的一大发展。① 表明随着新技术而产生的作品利用方式使得发行权的地位日益突出，发行权已经很难继续隐含在复制权之中。因此，发行权与复制权的分离是数字环境下版权保护的必然结果。

《版权条约》和《表演和唱片条约》采用了权利融合和技术中立的做法将既有的传播权扩大容量，使之适用于网络传输。首先，两个条约用一种中立的方式描述数字传输行为，这种描述是专业技术性的，并体现数字传送的交互性。其次，对这种专有权的法律定性，给国内法留有足够的余地。在《版权条约》中，由于倾向于选择适用"向公众传播权"的国家居多，条约采用了"向公众传播的权利"，并把它的适用延伸到所有类别的作品，最终形成了条约第8条规定："文学和艺术作品的作者应享有专有权，以授权将其作品以有线或无线方式向公众传播，包括将其作品向公众提供，使公众中的成员在个人选定的地点和时间可获得这些作品"。这一名为"向公众传播权"的规定既重申了传统的非交互式方式传播作品的权利，又包括了交互式按需提供作品的权利。对缔约国来说，适用哪一种权利则由国内法去解决，可以选择其他权利或是不同权利的结合，而不一定是向公众传播权。其他权利，首先指的就是发行权。②《唱片和录音制品条约》第10条和第14条规定了表演者和录音制作者向公众的"提供权"，即以授权通过有线或无线的方式向公众提供已录制的表演或录音制品的权利，以便公众中的成员可以在其个人选定的地点和时间获得。

我国2001年修订著作权法时增设了一项"信息网络传播权"。现行《著作权法》第10条（12）规定，"信息网络传播权，即以有线或无线方式向公众提供作品，使公众可以在其个人选定的时间和地点获得作品的权利"。尽管法律表述直接参照了世界知识产权组织制定的《版权条约》，却也是我国著作权法新创设的一项权利。在此之前，中国著作权法并不存在能够包含网络传输的传播权。著作权中的表演权、放映权、播放权、展览权虽属于"向公众"传播作品，但它们分别是具体的特定的权利，各有其适用范围，难以包含网络环境下的作品传输。也就是说，我国著作权法并不存在一个与复制权对应的"传播权"，因此，信息网络传播权在我国著作权法中是一项全新的权利。

总之，如何对作品传播制度进行调整以适应数字时代的需要，是版权法所面临的重要课题。

---

① 薛虹：《因特网上的版权及有关权保护》，载郑成思主编《知识产权论丛》第一卷，中国政法大学出版社1999年1月版，第94页。

② 转引自米哈伊·菲彻尔：《关于实施WCT和WPPT的重要问题：在数字环境中对复制的适用》，亚太地区研讨会文件，中国广州，2001年3月。

（三）合理使用"无所适从"

在数字环境下，版权法上最引起争议的问题之一莫过于合理使用。传统上一直被认可为合理使用的情形在新的技术条件下是否依然为合理使用呢？争议集中在计算机用户的个人使用和图书馆使用这两个领域之中。

1. 个人使用——合理使用还是侵权行为

何谓私人使用，版权法并没有一个明确的条款加以界定。按照通常理解，个人使用是指为个人学习、研究或欣赏、娱乐之需要而使用版权作品，包括对作品的复制、对作品进行表演、改编、翻译。其中，私人复制是个人使用的典型情形，是指仅复制受著作权保护的作品的简短片断或某些孤立的作品，仅供复制者个人使用（例如研究、教学或娱乐）。

自计算机网络被广泛应用于日常的工作和生活以后，正如我们所亲历的那样，人们可以在线浏览当天的报纸、最新出版的杂志，从中获取和交流信息；可以在线听音乐、看电影，以满足娱乐需求；还可以在线购物、缴费，或进行电子商务。随着打印机的普及，人们不再依赖于专业制作的印刷品，当确实需要保留或反复阅读或细加品味某些内容的时候，可在自己的打印机上把它打印出来，而且这些数字形式的信息可以无限制地复制，所有的复制件都和原件没有差别。受数字技术影响最深的是音乐、影视作品。和传统的唱片相比，利用 MP3 格式，[①]一张标准的 CD 盘上可刻录几十个唱片的内容，并且具有高保真的音质。便携式播放工具如 MP3 播放器又促进了音乐的下载。一个普通的 MP3 播放器可连续播放半小时到 1 小时的音乐。获得 MP3 音乐的路径更加令人振奋，"点对点"对等网络的开发应用[②]，为终端用户进行音乐文件共享、免费下载达到一个史无前例的规模创造了潜能。唱片公司首当其冲受到影响，其他一些版权利用行业和公司也面临着同样的风险：只要他们的产品可被转化为二进制字节，那么不管是文字的、视听的、多媒体的产品都可以被压缩成数字格式放入计算机进行交换和共享。网上文件共享技术对音乐及其他内容制作商的意义被五大唱片公司之一的 EMI 的总裁肯·贝莉总结为：如果人们认为偷盗音乐是可以的话，那么这将影响到娱乐业的各个领域。互联网什么都有：电影、电视、电脑软件、计算机游戏，

---

① 从技术角度讲，MP3 是一种技术标准。其作用是把声音编码为电子比特，然后将这些电子比特压缩成易于管理的文件。基于这项标准的技术可以将音乐声响转换为标准的数字格式。

② 点对点（peer to peer，简称 P2P）文件共享是在数字网络上使用的一种计算机软件，是达到计算机用户之间直接进行内容交流的一种技术。

只要你能说出名字的应有尽有。① 数字音乐的在线使用成为了引发个人使用合法性争论的导火索。② 版权所有者认为对他们作品的未经授权的复制行为，无论是私人的还是公共的，商业或非商业的，都侵犯了版权。另一种观点则认为所有或几乎所有非商业性个人使用行为都是合法的，属于合理使用。

2. "数字图书馆"——"例外"依旧

版权与图书馆似乎永远是一对矛盾体：版权代表着私人权利，图书馆则是社会公众的代言人。在印刷技术时代，版权法与图书馆之间形成互相关照的"默契"——"图书馆例外"。可以毫不夸张地说，图书馆在过去的年代之所以能获得长足发展，担负公共文化的收集、保存和传播的社会使命，与版权法所遵守的利益平衡分不开。没有版权的限制和例外的庇护，图书馆开展的任何一项读者服务时都有可能落入复制专有权的领地。数字环境中，"图书馆例外"的前景如何，继续保持还是有所扩展。以图书馆为代表的公共文化机构从履行社会使命的角度出发，强烈要求为图书馆等建立特别的例外制度。③ 而以出版商为代表的版权人则认为，相对于个人使用，图书馆等机构的使用对权利人的影响特别巨大，给予特别例外势必影响出版者和作者的经济利益。不同利益团体针锋相对的观点，使"图书馆例外"成为数字时代版权法的热点问题之一。

不可否认的是，"即使数字技术将改变一切，也无法改变作者、出版商、唱片制作者、读者之间的利益关系。"④ 无论是在印刷时代还是数字时代，图书馆都是作品、信息内容的主要购买者和收藏、加工者，经过图书馆的采集、加工、服务，版权作品和其他各种信息源源不绝地提供给用户浏览、阅读和使用。采集、保存作品，向读者提供服务的天职使图书馆充当了保证作者、出版商获取经济利益和维护公众合理获取作品的中介。数字时代的来临没有改变图书馆的社会使命，也没有改变图书馆和作者、读者、出版者之间的利益关系。首先，图书馆是印刷版的图书、期刊、报纸最大的买家，也是电子版本的图书、期刊数据库最大的主顾，出版商和图书馆之间依然是产品提供者和产品购买者的关系。其次，图书馆的馆藏大部分是拥有版权的作品，对作者而言，图书馆是最大的作品收藏

---

① 转引自：[英] 吉莉安·道尔著，李颖译，胡正容校：《理解传媒经济学》，清华大学出版社2004年版，第113页。

② 有关个人使用而复制的不同观点在有组织的版权政策研究中引起了激烈的争论，具有代表性的观点集中反映在美国知识产权和信息基础设施委员会进行的知识产权政策研究及最终报告《数字困境》中，该报告第四章专门讨论了私人复制的性质。

③ 参见：《数字环境下版权和邻接权限制和例外——国际图书馆界的观点》，载《版权公报》，2003年第2期；中国图书馆学会：《关于网络环境下著作权问题的声明》，来源：中国图书馆学会网，访问日期2006年7月。

④ 袁泳：《数字技术与版权领域的利益平衡论》，载《南京大学学报》，1999年第3期。袁泳博士在该文中还指出，版权法调整和规范的对象是新技术引发的各种利益关系，而非新技术本身。

者、使用者。最后，图书馆的固定服务对象是教学、研究人员、在校高中以上学生、远程教育的接受者。他们既是作品等内容的使用者，又是新的作品的创作者，利用图书馆获取信息、积累知识，形成个人见解是他们从事创作的前提条件。由此可见，数字科技并未改变各方主体间的利益关系，只是让这种关系变得更为复杂。"图书馆例外"在数字环境下仍旧而且有必要在图书馆数字化过程中发挥作用。在对合理使用制度进行调整以适应数字时代的需要这一问题上，版权法面临挑战。

二、生物技术与基因专利：基因时代的新挑战

生物技术是现代生物学发展及其与相关学科交差融和的产物，其核心是以 DNA 重组技术为中心的基因工程，还包括微生物工程、生化工程、细胞工程及生物制品等领域。生物技术经济的发展离不开强有力的专利保护制度。但是随着人类克隆技术、微生物专利和植物新品种专利等问题的出现，专利制度需要面对很多新的挑战。

（一）可专利性主题挑战"公序良俗"

现代生物技术的快速发展对传统专利制度提出了挑战，专利制度必须重新审视对哪些生物技术成果给予专利保护，而将哪些生物技术成果排除在专利保护范围之外。各国基于其具体国情对生物技术发明的可专利性的主题有不同的规定，但是随着生物技术的不断发展，各国生物技术发明的可专利性主题的范围已经呈现出不断拓展的趋势。

欧洲专利局成立 20 多年以来几乎从未根据公序良俗原则否认具体技术主题的可专利性。第一件转基因微生物发明提交到美国专利与商标局之前，美国对于专利技术的全国性道德争论从未出现。这种情况已经发生改变。事实上，很多生物技术主题已经引发激烈的公序良俗争论。很多人据此要求否认一些生物技术主题的可专利性。例如：2002 年 6 月，美国一家公司从欧洲专利局获得的一项乳腺癌基因专利遭到了异议程序的挑战。异议人认为该专利侵害公序良俗并请求欧洲专利局废除此专利。2002 年 7 月欧洲专利局审理的"Edinburgh 专利"异议案涉及一项胚胎干细胞的分离、培养技术。该技术不但可以用于治疗性克隆而且可以用作生殖性克隆。该异议案中，很多异议人以侵害公序良俗为由要求欧洲专利局废除此专利。在美国，"反生命专利运动"目前仍然有广泛的社会影响力。它的主要目标是敦促美国国会模仿《欧洲专利公约》把公序良俗原则放入美国《专利法》，从而排除一些生物技术主题的可专利性。

虽然各国在生物技术专利保护中设置一定的伦理道德标准，以限制违背伦理道德的生物技术发明的专利授予，但是这些标准已经日益受到不断涌现的生物技术主题的挑战。如何维护人类伦理道德的底线，是现代各国专利法必须面对的一个问题。

（二）发明和发现的区分逐渐模糊

很多生物技术发明是美国专利法保护的发现。[①] 对这类主题的可专利性曾经有很多争论。例如：从自然界分离与纯化的细菌，从人体分离与克隆的 EST、SNP、cDNA 等都是用人工方法从自然界获得的物质。[②] 化学结构、生物活性上，这些物质和自然物质可能完全相同，所以它们实际上并非传统意义上的人造物。对上述发现，欧美都有一些专利审查习惯、司法裁判习惯创设了承认其可专利性的新规则。质疑这些规则的意见也很多。例如：针对美国 2001 年实施的《实用性审查指南》、《书面描述审查指南》，很多组织、个人曾经提交意见书，认为与基因有关的很多分子发明属于科学发现，不能被授予专利权。欧洲专利局的某些异议先例中，有的异议人也认为基因发明属于科学发现，不能获得欧洲专利。

由于发明与发现的区分是专利法制度中的一项重要原理，不断涌现的生物技术主题正在使这一区分变得模糊。在这种情况下，各国专利法如何应对，已是一个很大的挑战。

（三）"研究例外"制度不再"例外依旧"

按照传统专利法的规定，专为科学研究和实验而使用有关专利的，不视为侵犯专利权。所谓"科学研究和实验"，是指专门针对专利技术本身的科学研究和实验，该科学研究和实验的目的是为了了解作为被研究对象的专利本身的技术特征和技术效果，以实现对该技术的进一步改进。所谓"使用有关专利的"，是指利用已经公布的专利技术文件中所披露的信息制造专利产品或者使用该专利方法，并对该专利产品或专利方法本身进行研究。这一规定是各国专利法的通例。但是由于生物技术的发展，该制度正面临困境。

事实上，很多生物技术发明主要用于科学研究，而非商业活动。有的人根据工业实用性的要求主张否认这类发明的可专利性。有的人则宣称为了保护科研活动的效率，国家应当禁止签发某些生物技术专利。和传统技术领域的发明不同，

[①] See Sec. 100 CHAPTER 10 Title 35 U. S. Code.

[②] 例如：EST、基因、纯化的细菌等。这类物质自然界已经存在。竞争者可以直接用非专利技术从自然界获得该物质。专利权人也一般不会用该类专利技术向市场推出专利产品。

很多生物技术发明主要用于科学研究。例如：美国目前签发了大量的基因片断专利。每年提交到美国专利与商标局的基因片断数以百万计。这些片断将主要用于科学研究，而非商业活动。美国商业部曾经作过一个调查，试图发现生物技术专利是否会侵害科学研究活动。这个报告认为：生物技术专利权人对研究机构征收专利使用费的情况极为罕见。但是，对于生命科学领域的研究工具大量被授予专利的情况，美国商业部仍然表示了忧虑。美国法律不承认非商业使用的侵权豁免制度。虽然美国判例法①上有试验豁免制度，但是它仅仅保护就专利技术本身进行试验的行为。否则，一切试验都算侵权。例如：美国哈佛小鼠获得了美国第一个转基因动物专利。按照专利说明书，试验是否能造出这样一只小鼠，这不算侵权。如果为了试验一些物质的致癌能力制作了这样一只小鼠，那么就算侵权了。强迫科研部门对大量的研究工具寻求专利许可、支付专利使用费，这会大大降低科研部门的工作效率。是否应当为了保护科研活动而否认某些生物技术主题的可专利性呢？各国对此存在广泛的争论。

（四）专利授权制度产生成本障碍

生物技术专利使用费的交易成本可能很高。这种情况在基因诊断领域最为明显。按照欧美法律，对一个基因获得的专利与对这个基因上的片断获得的专利互不影响。因此，尽管人类基因总共有 3 万～4 万种，但是有的美国公司已经对 100 多万个来自人类基因组的序列片断申请了专利权。② 目前，从亲子鉴定、癌症易感性检测到帕金森症等遗传病的基因检测，美国公司基本上包打天下。基因诊断主要用微矩阵实施。微矩阵需要大量的探针。例如：美国 Affymetrix 的微矩阵能在 1 平方厘米范围内点上 25 万个探针。探针分属不同的专利权人，这会不会让微矩阵的生产商很难获得足够的专利许可？毕竟，寻求专利许可的成本太高了。美国商业部作过调查，认为美国探针的专利权人已经通过私人谈判加入了互免许可的专利池塘，所以政府不需介入，至少不需要排除探针的可专利性。实际上，在过去的 145 年中，美国出现了大量成功的专利池塘。为了维持微矩阵产业的生存和发展，探针专利进入专利池塘有天然的合理性——减少、消除专利使用

---

① 彼得·哈伊认为："判例法说明了法官创造的整个法律，包括普通法先例和衡平先例。在不准确的和含混的用法中，'普通法'和'判例法'两词往往是通用的。在这种用法中，'普通法'一词指与制定法相对比的、法官创造的一般的法律。"（［美］彼得·哈伊著，沈宗灵译，《美国法律概论》（概论），北京大学出版社 1997 年版，第 5 页。）笔者采用波斯纳的观点，把普通法看做判例法，即法官制定的全部法律。［美］理查德·A·波斯纳著，蒋兆康译，《法律的经济分析》，中国大百科全书出版社 1997 年版，第 908 页、第 332 页、第 340 页。

② See Robin Teskin, Copyrighted by the Food and Drug Law Institute, Human Gene Patenting—An Overview of Legal and Ethical Considerations, Human Gene Patenting, FDLI Update, Issue 3, 2001 at 6.

费的交易成本。这种交易成本障碍可能使得无法进入专利池塘的公司完全被排除在微矩阵产业之外。美国一些学者曾经指出：为了防止某些技术联盟垄断整个微矩阵产业，国家可以收购某些生物技术专利，然后将其免费放入市场。作为替代措施，国家可以禁止对某些容易形成上述交易成本障碍的技术签发专利权。这种措施的实质就是否认相关技术的可专利性。

正是由于以上问题，各国在划定可专利的生物技术主题范围时，技术的、法律的、公序良俗的争论都比其他技术领域多一些。具体技术主题的可专利性引起全社会的关注并大量进入专利审查、异议、申诉、诉讼程序，这种情况在其他技术领域没有出现过。所以，如何应对因生物技术发展所带来的挑战，是专利法制度面临的一大难题。

三、网络技术与网络商标：网络时代的新任务

互联网的出现已经并将继续不断地改变着人们的思维、生活和工作方式。电子商务的出现，使互联网成为知识经济中的最重要的生产要素之一。互联网在给人们带来前所未有的商业机遇和社会效益的同时，对现存的社会制度也产生了巨大影响。一些存在了很长时间的"游戏规则"——尤其是法律制度——正面临着不得不改革的命运，如对电子商务的法律调整，对网络违法犯罪行为的整治、对互联网有关的知识产权的保护等。商标与网络域名的冲突、互联网上侵犯商标权的特殊形式、网上商标权诉讼的特性等问题令传统的商标制度处于一种无奈和尴尬的境地。网络环境下商标制度的现代化，理所当然成为互联网时代知识产权法制建设的一项重要任务。

（一）"商标使用"概念需重新定义

在互联网上，通过不同的域名可以进入不同的网站，每个网站的内容又各有不同。除域名和商标有密切关系外，在网页中也有大量的、不同的商标出现，有的可能是域名所有人自己的商标，但更多的则可能是他人的注册商标。特别是在专门从事电子商务的网站，它的主页就像一个超级市场，销售的商品或提供的服务有很多是使用他人的商标。

商标必须使用才能有商标权。何为商标使用？从使用对象看，商标的使用分为对注册商标的使用和对未注册商标的使用。从使用主体看，注册商标的使用分为商标注册人的使用与被许可使用人的使用，甚至注册商标的使用既包括商标注册人的使用，也包括侵权人对商标的使用。商标法特别列明的销售侵犯注册商

专用权的商品的行为，本身也是使用行为的一种。① 我国商标法强调，使用注册商标，可以在商品、商品包装、说明书或者其他附着物上标明"注册商标"字样，或者使用其他注册标记，即在商标的右上角或右下角使用®或㊟。我国《商标法》对注册商标的使用在时间上有一定要求。商标法规定，如果注册商标连续3年停止使用的，任何人可以向商标局申请撤销该注册商标。商标局应当通知商标注册人，限其在收到通知之日起3个月内提供该商标的使用证明或者不使用的正当理由。逾期不提供使用证明或者证明无效的，商标局撤销其注册商标。可见，对于商标权人来讲，商标使用既是其权利也是其义务。那么怎样才算商标"使用"了呢？《中华人民共和国商标法实施条例》第3条规定："商标法和本条例所称商标的使用，包括将商标用于商品、商品包装或者容器以及商品交易文书上，或者将商标用于广告宣传、展览以及其他商业活动中。"可见，在互联网网页上做广告、进行电子商务交易也是商标法上的商标使用行为。

关于互联网上商标使用的含义，保护工业产权巴黎联盟大会和世界知识产权组织（WIPO）大会在2001年9月24日至10月3日召开的世界知识产权组织成员国大会第三十六届系列会议上通过的《关于在因特网上保护商标权以及各种标志的其他工业产权的规定的联合建议》（下文简称《因特网上保护商标权的联合建议》）第2条和第3条是这样界定的："标志在成员国中因特网上的使用"指只有在某一成员国中产生商业影响的情况下，标志在因特网上的使用方构成在该成员国中的使用。其效力在于，只有在某具体成员国中引起商业反应的使用，或者换言之，在某成员国中产生"商业影响"的使用，才能被当成是在该成员国中发生的。选择使用"商业影响"而没有使用"在经营商业中"这一术语，是为了涵盖非营利性公司通过在因特网上使用标志即对某具体国家产生商业影响的情况。应当指出的是，在因特网上使用标志，即使尚未在该成员国中进行任何商业交易，也可产生商业影响。标志在因特网上的使用是否在某具体成员国中产生商业影响，以及此种使用能否被视为在该成员国中发生，应依据所有相关的情况来确定。主管机关可自由地确定在具体情况中存在哪些相关因素。主管机关一旦确定了相关因素，就必须加以考虑。

通过《因特网上保护商标权的联合建议》关于"标志在成员国中因特网上的使用"的界定不难发现，互联网上的商标使用都与其产生"商业影响"有关。对于商标的所有人来讲，在互联网上使用商标的目的在于：

第一，在互联网上使用商标也属于我国商标法上的"商标使用"。如我国《商标法》第44条规定，注册商标连续3年停止使用的，商标局可责令其限期

---

① 黄晖著：《商标法》，法律出版社2004年版，第114页。

改正或者撤销其注册商标。对于那些专门的电子商务的提供者来说，在网上使用商标是其商标使用的最主要方式；对于那些在离线状态同样存在的服务和商品来说，网络上的商标使用仅仅构成商标所有人使用商标的部分证据。

第二，在互联网上巧妙地使用自己的商标，是提高商标知名度的一种有效途径。商标权人除了将自己的商标用于电子商务之中外，还可以将商标用于广告、超链接、搜索关键词和元标记中。例如，商标权人经其他网站许可，可以将自己的商标以超链接的形式在其他网站上做广告。网络用户只要轻轻点击这个商标标记，就会很快进入该商标所属公司的网站或者特定网页。众所周知，网上搜索是互联网提供的一项强大的信息查询功能，其中搜索关键词和搜索结果有着相当密切的联系。因此许多商标所有人会买下与其商标有关的搜索关键词，从而使自己的产品信息能够出现在搜索结果的列表中。再如，元标记是 HTML 超文本标志语言中的一种指令，它被当作网站索引使用，以便于网络使用者搜索存有相关资料的网站。商标所有人将其商标作为元标记，可以帮助搜索引擎"扫到"自己的网站，藉以增加网站的访问量。

第三，在互联网上使用商标，还可以成为商标在使用中获得显著性以及认定驰名商标的证据。世界知识产权组织在有关驰名商标保护的最新建议稿中指出，国外相关权威机构认定的某一商标的域外使用情况也是一国在认定驰名商标过程中应当考虑的因素。这一规定对于电子商务迅猛发展、商标在网络环境下普遍使用的今天具有重要意义。

《因特网上保护商标权的联合建议》强调，仅仅在因特网上使用某标志，不是对该标志依某具体成员国的法律可能存在的任何权利的侵犯。标志在因特网上的使用，只有在其产生商业影响并因此可被视为在某具体成员国中发生的情况下，才应依该成员国的法律予以考虑。对于擅自将他人的商标使用在互联网中使用的人来讲，如果这种擅自使用属于在相同或类似商品上使用相同或类似商标从而引起消费者的混淆或误认的，则构成侵犯商标专用权或者不正当竞争。如将他人的商标作为元标记，或者其他隐藏方式使用例如作为搜索关键词使用，只要足以产生公众误认或者淡化商标的影响，那么就应当认定为侵犯商标专用权或者不正当竞争，行为人就应当依法承担相应的责任。在商标法和反不正当竞争法没有具体条款可资援引的情况下，可以援引《民法通则》的诚实信用原则、《反不正当竞争法》第 2 条"经营者在市场交易中，应当遵循自愿、平等、公平、诚实信用的原则，遵守公认的商业道德。"的有关规定，可以作为制止网上不法使用商标行为的法律依据。

由此可见，在网络空间内，商标使用的含义已经不甚明确。随着网络技术的发展，重新定义"商标使用"的概念是一项新的任务。

（二）新型商标争议层出不穷

随着互联网络进入千家万户，网上有关商标的争议层出不穷。网络商标侵权行为更易发生、网络商标争议取证困难、网络商标争议侵权后果严重，这些问题急需商标法进行解决。

1. 互联网上商标权争议的种类

互联网上商标权争议形形色色，这里仅择其要者做简要描述。互联网上主要的商标权争议包括但不限于：

（1）商标权与网络域名的权利冲突。网络域名中擅自使用他人注册商标的单词、字母等主要部分，足以导致网上公众混淆，从而引起商标权与网络域名的权利冲突。该类纠纷的关键是商标注册在先，属于在先权利，域名使用在后，且"足以导致网上公众混淆"。

（2）域名恶意抢注而引起的纠纷。域名恶意抢注指行为人故意将他人的知名商标、商号涵盖的文字注册为自己的域名，再以高价将这些域名卖给该知识产权所有人，其抢注行为足以构成对商标的淡化。该类纠纷的关键是"恶意"。

（3）网络主页上擅自使用他人商标装饰自己的页面而引起的纠纷。行为人选取、使用他人注册商标的图形、图像并存入自己的网页，或将他人商标的图形设计成自己网页的图标，使自己经营的电子商务与商标权人的商品或服务造成混淆。该类纠纷的关键是"使自己经营的电子商务与商标权人的商品或服务造成混淆"。

（4）在自己的网页上擅自使用他人的商标作为链接到该商标权人网页的"锚"，此种行为是否构成商标侵权，关键在于"锚"是否被链接设置者当作商标使用，以及该使用行为是否足以使消费者产生混淆。

（5）网上隐形商标侵权纠纷。隐形商标侵权纠纷是将他人的商标埋置在自己网页的原代码中，当消费者使用网上引擎查找该商标时，行为人的网页就会位居搜索结果的前列。该类纠纷的关键是，隐形使用他人商标，靠他人的商业信誉把用户吸引到自己的网页，虽没有直接在自己的商品上或商品广告中使用他人的注册商标，但至少淡化、贬低了他人的商标。

2. 互联网上商标权争议的主体

（1）商标权人。互联网上商标权争议，自然商标权人是主要当事人，并且往往在解决争议的诉讼中处于原告的地位。

（2）域名所有人。域名所有人即网络域名的登记、使用者。域名所有人一般作为域名与商标冲突纠纷、域名抢注纠纷的主体，在域名与商标冲突、网上商标侵权纠纷诉讼中一般作为被告。

（3）其他侵权人。所谓其他侵权人，是指除上述三类主体以外其他通过网络实施侵害商标权行为的主体，包括一切通过网络侵害商标权的法人、其他组织和自然人。

3. 互联网上商标权争议的特点

网络具有很强的交互性，发生侵权的机会大大增加，互联网上商标争议也呈现出与传统的商标争议不同的特点：

（1）网上商标侵权简单易行。网络的开放性决定了网络侵权行为的实施具有简单易行性。一方面，由于网络是一个巨大的虚拟空间，行为人可以在网上纵横驰骋，在任何时间、任何地点实施侵权和欺诈行为，不会受到太多空间、时间和其他物质条件的限制；另一方面，网络侵权行为简单易行，网上到处是五彩缤纷的商标、装潢、商品、包装、招贴等，行为人无需具备高深的计算机理论知识和操作技能，也无需懂得编程，只需轻点鼠标，就能实施商标侵权。

（2）网上商标争议、取证困难大，侵权主体难以及时查明。离线状态下的传统商标侵权，一般易识别，也易为被侵权人察觉。至少有假冒商标标识，或者假冒商标的商品、或者制假售假的设备、工具等。而网络的流动性和交互性，决定了要确定商标侵权行为人无疑是大海捞针。一则网页不断更新，网上的信息可以随时删除，让商标权人猝不及防；二则网络空间无限，确定具体的侵权主体实属不易；三则即使确定了侵权人的网页，要搞清楚侵权人的真正身份又是困难重重；四则受"谁主张谁举证"原则和取证的经济性原则的限制，司法机关一般不介入民事取证的程序。因此，对于商标权人来说，要追究侵权者的责任也将付出更多的代价。

（3）网上商标侵权行为的损害后果更为严重。网上商标侵权行为的损害后果与传统意义上的商标侵权的后果有明显的区别。一则互联网的全球性使得网络商标侵权行为的损害后果范围更广，可以超越国界，可以跨越行业，产生的不良影响持续时间更长，对商标权人商业信誉的损害后果更严重。二则网上商标侵权行为的损害后果具有不确定性，具体表现在，难以判断传播的范围，难以确定访问（或者接触）侵权信息的人数。①

（三）权利冲突现象加剧

现行商标制度将商标分为不同的类别，并允许在每种类别中由不同的民事主体享有商标权利。这就意味着法律允许两个以上民事主体在一个国家领域内可能使用相同的商标，但该商标应当用在不同种类的商品或服务上。在电子商务到来

---

① 张新宝主编：《互联网上的侵权问题研究》，中国人民大学出版社2003年版，第26页。

之前，这种机制便于消费者辨别商品和服务，也给商家带来丰厚的利润，商标权与社会的其他领域相安无事。

在网络环境下，情况就发生了变化。在因特网上每位用户都有一个域名，以标识特定的计算机地址，便于客户在网上找到公司的主页和网站。为了客户能方便、快捷地搜索到自己的网站，商家尽量以商标商号作为域名，并在其广告中又广泛地使用域名。因特网域名已成为商家在网络虚拟世界的一种重要标志。因特网域名的唯一性与商标法关于商品或服务分类制度的差别已决定了域名与商标发生冲突的可能性。实践中，一个因特网用户使用的域名可能恰好是另一公司的注册商标，甚至有可能同一商标的两个合法拥有者都在以他们的商标做域名。网络用户与日俱增，域名的需求也就与日俱增，但域名不能重复。当有限的供给与无限的需求发生矛盾时，聪明的人就抢注别人具有一定知名度的商标作为域名。

域名是对应于互联网地址（IP 地址）的层次结构式网络字符标识，是进行网络访问的重要基础。一方面，域名的构成，可以使用英文字母，也可以使用中文文字。另一方面，商标的构成要素可以是"任何能够将自然人、法人或者其他组织的商品与他人的商品区别开的可视性标志，包括文字、图形、字母、数字、三维标志和颜色组合，以及上述要素的组合"[①]。文字商标、字母商标与域名的冲突自不待言，即使是其他形式的商标，使用人出于便于宣传的需要，也几乎都是将文字要素与其他要素进行组合。在这种情况下，用作网络域名的字母或文字倘若与他人在先注册的商标或者商标中的文字、字母要素发生重叠或者近似，就有可能导致网上用户对该域名的使用者同该商标的使用者发生混淆，从而损害商标权人的利益。对网络环境下商标与域名的冲突，商标制度应当作出应有的回答。

首先，域名抢注行为严重损害了正常的竞争秩序与交易秩序。一方面，通过了域名抢注行为，抢注者谋求了巨大的经济利益，从而促发了投机行为的出现。每一次域名系统推出之后，往往会引起一轮的抢注风潮。[②] 而对于现实空间的商业标识持有人，由于无法将商标带来识别效应与品质表征作用应用于网络空间，只有付出不必要的经济代价来购买被抢注的域名。例如，1997 年，一家香港公司在美国域名注册当局将"长虹"、"同仁堂"、"五粮液"、"红塔山"、"中华"、"青岛啤酒"、"海尔"等一大批知名商标在".com"之下注册为域名，并一再

---

① 参见我国《商标法》第 8 条。
② 1996 年到 1997 年，出现了大量中国企业的域名被抢注的现象。2003 年 5 月，我国的域名注册管理机构-中国互联网络信息中心（CNNIC）正式推出了符合国际标准的中文域名系统。自此，中文域名系统结束了实验阶段，企业和个人可以正式在自己的域名中使用中文字符，然而，曾一度风行的域名抢注风潮再一次掀起。参见《域名抢注与反向域名侵夺》，来源于 http://lunwen.lawtime.cn/ipshangbiao/2006102650070.html，最后访问时间 2007 年 4 月 3 日。

向被抢注企业发信，表示愿意以一定的价格将这些域名卖回给它们。1999年一家广州公司在".cn"之下将肯德基、可口可乐、宝马等20多个国际知名商标注册为域名，还借助新闻媒体向被抢注的企业报价，表示愿意有偿转让这些域名。① 另一方面，域名抢注成为具有竞争关系企业打击对方的有效武器，明显违反了诚实信用的原则。具有竞争关系的经营者通过率先抢注竞争对方的域名，使竞争对方陷入商业被动，损害其商业标识带来的品牌效应。例如，成都远景数控设备实业有限公司与济南法因数控机械有限公司关于通用网址"法因"和"法因数控"域名争议一案。成都远景数控设备实业有限公司分别于2005年6月22日和29日通过注册服务机构四川省互易网络科技有限公司注册了争议通用网址"法因"和"法因数控"，济南法因数控机械有限公司发现后，根据解决办法和程序规则的规定于2005年12月8日向域名争议解决中心提出投诉。投诉人请求将通用网址"法因"和"法因数控"转移给投诉人。最终域名争议解决中心裁决被投诉人向投诉人转移该网址。② 从以上论述都不难看出，域名抢注行为对正常的市场交易和竞争秩序的巨大负面影响。

其次，域名抢注行为构成了对驰名商标及驰名商号等商业标识的淡化行为。淡化（Dilution）是源于美国的商标法理论，③ 其是指对于他人驰名商标或商号的商业性使用，降低了该驰名商标或商号指示和区别有关商品或服务的能力。④ 传统的商标法一般是为防止商标在同样类似的商品或者服务中出现混淆，而给予商标权是一种独占权。而淡化理论则把驰名商业标识的保护扩展到不同类的商品和服务上。就侵害的对象来看，淡化行为侵害了商业标识的显著性和识别性，进而侵害了附属于商标上的商誉。从行为的性质来看，淡化行为既是一种商标侵权行为，可以做到商标法中进行规制，也是一种不正当竞争行为，应当在不正当竞争法进行规定。从适用的对象来看，淡化行为主要适用于驰名的商业标识，包括驰名商标和驰名商号等商业标识。⑤ 从构成要件来看，目前对淡化的构成要件尚未

---

① 以上两个案例参见薛虹著：《网络时代的知识产权法》，法律出版社2000年版，第329页。
② 该案具体案情及裁决书来源于中国国际经济贸易仲裁委员会域名争议解决中心，案件编号为CNK0500019，http://dndrc.cietac.org/static/kindsdecs/frmainkindsdecs.html，最后访问时间2007－4－1。
③ 商标淡化理论最早由美国学者弗兰克·谢克特（Frank Schechter）在1927年发表在哈佛法律评论上的《商标保护的理论基础》一文中提出。其后美国的法院在相关的判例中使用了该理论。1995年12月，美国国会通过了《联邦商标淡化法》（Federal Trademark Dilution Act），从而使美国在联邦一级通过专门立法确立商标淡化侵权。
④ 李明德：《美国反不正当竞争法研究》，中国方正出版社2003年版，第267页。
⑤ 笔者认为，随着商标法理论的发展，淡化的适用对象也应该适用于其他驰名的商业标识，当然也包括域名、商品名称、商业角色等商业标记。

达成统一的意见，① 通常认为包括行为要件、损害事实与主观过错，对这些要件的判断标准有严格化的趋势。② 从当前立法实践来看，许多的国家通过专门的立法对驰名商标淡化行为进行规制。我国也在商标法中规定了商标的淡化问题。③ 但是我国反不正当竞争法并没有对其他商标标识的淡化行为进行专门的规定。因此，笔者主张我国应在反不正当竞争法中对驰名商业标识的淡化行为进行专门规定。

在当前网络空间中，对商业标识的淡化行为实质上主要表现为域名抢注行为。当前司法实践已经将域名对驰名商业标识的淡化作为一种不正当竞争行为进行规制，相关案例也已经在国内出现。例如，在英特艾基系统有限公司诉北京国网信息有限公司一案中，原告荷兰的英特艾基系统有限公司拥有的"宜家"品牌，不仅在国际上声誉非常高，而且将"IKEA"这一品牌在中国也注册了商标。被告将原告的驰名商标"IKEA"在中国互联网信息中心注册了 www.ikea.com.cn 域名。由于我国商标法仅对驰名商标淡化行为规定是有限的，因此法官最终引用了反不正当竞争法和《保护工业产权巴黎公约》对该驰名商标进行了保护。法院认为，被告国网络公司作为网络信息咨询的服务者，其注册大量域名，待价而沽的主观故意十分明显，其行为显然违反了公平竞争、诚实信用的基本原则，不仅构成了不正当竞争，还有悖于《保护工业产权巴黎公约》的精神和原则。可以说，就该案的实质而言，国网公司的行为构成了英特艾基系统有限公司对商标"IKEA"的淡化。④

---

① 《巴黎公约》第 6 条规定，对驰名商标的淡化，行为人如果具有恶意，那么权利人可随时要求成员国的有关主管机关撤销行为人对该商标的申请注册，并禁止其使用，还可以采取一定的制裁措施；若行为人对构成了对他人在先驰名商标的淡化是不具有恶意，则权利人的上述权利须在固定期限（至少 5 年）内行使。而且对于我国知识产权侵权构成要件是否适用无过错责任原则，学者的争议同样巨大。笔者认为知识产权的损害赔偿不应适用无过错责任，但对于停止侵害行为不必要求过错要件。

② 2003 年 3 月，美国联邦最高法院对一则经过两审的商标淡化争议案件——Moseley V. Secret Catalogue, Inc.（简称 Victoria's Secret）一案作出终审判决，美国联邦最高法院认为，《联邦商标淡化法》（FTDA）要求再后使用者的行为"引起对驰名商标显著性的淡化"，如果他人的使用仅仅使消费者产生了精神联想（mental association），是不足以构成"实际淡化"（actual dilution），仅具有"模糊"（blurring）或"污损"（tarnish）的可能也是不够的。也就是说，商标权利人若要主张商标淡化，必须证明有实际的淡化，而不是仅仅证明有淡化之虞。

③ 我国商标法第 13 条规定：就相同或者类似商品申请注册的商标是复制、摹仿或者翻译他人未在中国注册的驰名商标，容易导致混淆的，不予注册并禁止使用。就不相同或不相类似商品申请注册的商标是复制、摹仿或者翻译他人已经在中国注册的驰名商标，误导公众，致使该驰名商标注册人的利益可能受到损害的，不予注册并禁止使用。

④ 来源于中国知识产权司法保护网：http：//www.chinaiprlaw.cn/file/200108071191.html，最后访问时间 2007 年 4 月 1 日。

（四）商标权特性不再"独特"

1. 网络技术的发展对商标权地域性的冲击

知识产权作为一种专有权，在空间上的效力并不是无限的。它受到地域的限制，即具有严格的领土性。从19世纪末起，随着科学技术的发展以及国际贸易的扩大，有关知识产权交易的国际市场也开始形成和发展起来。这样，知识产品的国际性需求与知识产权的地域性限制之间出现了巨大的矛盾。为了解决这一矛盾，各国先后签订了一些保护知识产权的国际公约，成立了一些全球性或区域性的国际组织，在世界范围内建立了一套知识产权国际保护制度。国际公约关于国民待遇原则的规定，是对知识产权地域性限制的重要补充和协调。由于这一原则，使得一国承认或授予的知识产权，根据国际公约在缔约国发生域外效力成为可能。但是，知识产权的地域性特点没有动摇，是否授予权利，如何保护权利，仍须由各缔约国按照其国内法来决定。

商标权作为知识产权的有机组成部分，地域性也是其基本特征。除个别国际条约另有规定外，商标权只能依国内法产生，只有在注定的地域内有效。任何国家都不承认其他国家或地区保护的商标权。并且，由于政治、经济、文化背景和科技发展水平的不同，各国对商标权保护的内容往往有很大区别。尽管保护商标权的国际条约已经使其地域性呈减弱趋势，互联网的全球性与商标权的地域性发生了实质性的冲撞。一般来说，不同国家的不同生产者、经营者即使生产经营同种商品、提供同种服务，拥有相同的商标也是允许的，一个国家的生产者、经营者使用另一个国家的尚未在本国注册的非驰名商标也往往不构成侵权。但是，在网络环境下，互联网具有跨国界的属性，生产者和经营者在网上使用这些商标，就会产生冲突。如电子商务提供者在网上使用自己在某一个国家注册的商标，有可能该商标恰恰是他人在另一国家已获得注册的商标，可能被起诉侵权。在法律适用上，如果互联网络的每一个用户都适用本国法保护商标权人的利益，就会引起全球的商标大战。所以，商标制度现代化的另一个重要议题，就是由有关国际组织通过国际条约，协调解决网络上商标权的地域冲突问题。

2. 网络技术的发展对商标权有效期的冲击

关于商标权的有效期，我国《商标法》第37条规定，"注册商标的有效期为十年，自核准注册之日起计算。"第38条则就注册商标的续展时间和程序作出了规定，"注册商标有效期满，需要继续使用的，应当在期满前六个月内申请续展注册；在此期间未能提出申请的，可以给予六个月的宽展期。宽展期满仍未提出申请的，注销其注册商标。""每次续展注册的有效期为十年。"在电子商务环境下，由于互联网追求的高效率，加之技术更新的加快，使网络经济中的各种市场主体的成立、变化、终止频率加快。原本生产经营甲种商品或提供甲种服务的市场主体，一两年甚至几个月就转行生产经营乙种商品或提供乙种服务，原来用在甲种商品或甲种服务上的商标皆被闲置。从某种意义上讲，这也是一种商标资源的浪费。因此，网络环境下的电子商务，呼唤商标专有权的续展期适当缩短。

3. 网络技术的发展对商标权的排他性的冲击

商标专用权即商标权人对其注册商标享有的独占使用权。该权利是商标权人最基本的权利。所谓独占是指只有商标权人才享有在核定的商品或者服务上使用其注册商标的权利。商标权人所享有的其他权利，大多是以专用权为基础而产生的。专用权具有绝对性、排他性，第三人未经许可不得擅自使用。注册商标所有人依法对其注册商标进行使用时，任何人都无权加以限制与干涉。但是，商标权人的专用权也是受到法律限制的。根据我国商标法律的规定，专用权的效力范围限于核准注册的商标和核定使用的商品或者服务。商标权人的注册商标不得超出这一范围使用，否则属于商标的违法使用，会导致商标权的丧失。在电子商务中，电子商务提供者往往近乎万能公司，商标权跨地域、跨行业、跨类别的使用概率增大，就给商标权的确认、有偿使用、侵权监测等带来困难。商标权的排他性需要商标制度重新予以解读。

第七章

新技术条件下国外知识产权制度的保护

一、新技术条件下发达国家知识产权制度的发展

(一) 发达国家关于知识产权制度运用的基本经验

知识产权制度对于发展中国家来说是一个"舶来品",然而对于发达国家来说却已经有几百年的保护历史了。我们可以从其发展历史中找出发达国家运用知识产权制度的一些规律。

1. 实用主义态度:知识产权保护同本国技术发展水平相适应

知识产权制度选择的基础是国情。根据国家不同发展阶段的不同发展需求,对知识产权制度做出选择性政策安排,是西方国家的普遍做法。美国早期的知识产权政策,深刻地贯彻了实用主义的商业激励机制:对内,保护私人知识财产,以暂时的垄断授权换取科技与文化的发展;对外,以知识产权为政策工具维护国家利益,采取了明显的本国保护主义的做法。基于其文化、教育落后于欧洲国家的现实考量,美国 1790 年版权法奉行的是低水平保护:版权客体狭窄、对作品要求标准较低,对外国作品长期不予保护,且游离于 1886 年伯尔尼联盟长达 102 年之久。其后,随着美国文化产业的不断发展,版权法于 1831 年、1879 年、1912 年、1976 年、1998 年多次修改,其版权保护范围不断扩大、保护水平不断提升,从而实现了从"印刷版权"到"电子版权"再到"网络版权"的制度创新。日本在明治维新后于 1885 年公布了专利法,但基本实施的也是低水平的专

利政策，其在长达 90 年的时间里排除药品及化学物质专利，并为本国企业吸收外国技术提供制度便利。这一状况直到 1975 年专利法修正案中才得以改变。有学者认为，这主要是国际社会压力的结果。① 其实，更加客观的现实原因是，日本的相关产业已经发育到相当程度，具备了与国外同行竞争的能力，因而产生了为化学和药用制品提供专利保护的利益诉求。可以说，日本专利权保护水平的提高，并非完全是对国外压力的顺从，其间有着顺应科技、经济发展要求的基本考量。上述情形说明，在知识产权制度发展史上，发达国家都有一个从"选择保护"到"全部保护"，从"弱保护"到"强保护"的过渡期。他们的经验告诉我们：在不出现外来压力的干扰下，一国根据自身发展状况和需要来保护知识产权是最为适宜的；在一国经济社会发展水平不高的情况下，这种低水平知识产权保护的过渡期是非常必要的。

2. 公共政策立场：从国际国内两个层面推进知识产权政策

西方知识产权制度是政府公共政策的有机组成部分，它既是国内政策，也是对外政策，并以服务国家利益为政策取向。现代美国是知识产权政策的有效运作者。自 20 世纪 80 年代以来美国的知识产权政策作了如下重大调整：一是在国内建立了促进知识经济发展、科学技术创新的政策体系。美国在其政策体系中，重视知识产权的规制与导向作用。例如，多次修订完善其专利法，加强对技术产权的保护。除此之外，为激励技术创新，还颁布了《发明人保护法》、《技术创新法》；为鼓励成果应用，则制定了《政府资助研发成果商品化法》、《技术转让商品化法》等。由此构成了一个涵盖知识产权创造、应用和保护的完整法律制度。同时，美国强调知识产权制度与产业政策、科技政策、文化政策的有机整合。例如，通过政策联动，推动产业结构调整和传统产业改造，扶持"半导体芯片、计算机、通信、生物制药"等"朝阳产业"，发展"软件、唱片、电影"等文化产业。二是在国际上实施知识产权保护与对外贸易直接挂钩的政策举措。在 20 世纪 90 年代中期以前，美国主要是凭借国内的《综合贸易法》中"特别 301 条款"和《关税法》的"337 条款"，把给予贸易对手的最惠国待遇与要求对方保护美国的知识产权直接挂钩，对所有不保护、不完全保护、不充分保护知识产权的国家进行经济威胁和贸易制裁；在 1994 年《知识产权协定》生效以后，美国更多是依赖缔约方的国家强制力和世界贸易组织的国际强制力，将缔约方所承诺的高水平的知识产权国际保护与享有无差别的最惠国待遇紧密联系起来。这表明，在国际贸易"知识化"与知识产权"国际化"的条件下，知识产权保护不再是一国内部的法律义务，而是与国际经济、科技、文化交流紧密地联系在一

---

① 张韬略：《英美和东亚专利制度历史及其启示》，载《科技与法律》，2003 年第 1 期。

起，从而成为国际贸易体制的基本规则。有基于此，一国制定的知识产权政策既要适应国内发展需要，又要遵循国际规则。

3. 国家发展战略选择：以知识产权作为现代化建设的制度支撑

进入新世纪以来，发达国家在其知识产权政策中竞相确定了符合本国实际和服务国家利益的战略目标。美国作为世界上的"科技领先型国家"，通过了《知识产权与通讯综合改革法案》和以专利制度改革为目标的《21世纪战略计划》，建立了高水平的知识产权制度，并在知识产权国际事务中强制推行其美国价值标准；在"技术赶超型国家"中，日本制定了"知识产权战略大纲"，出台了《知识产权基本法》，"推进实施创造、保护、利用知识产权的政策措施，振兴科学技术，强化国际竞争力"。在"引进创新型国家"中，韩国确立了2015年成为亚洲地区科研中心、2025年成为科技领先国家的发展目标。2004年政府成立了"知识产权保护政策协议会"，负责协调所有的知识产权国家政策。在国际上，维护本国的传统产业和高技术产业所形成的竞争优势，重视本国知识产权的涉外保护，其立法水平接近美欧日的基本政策立场。他们发展的经验告诉我们：知识产权制度是发达国家竞相使用的战略政策。制度学习虽是美国、日本超越英国后来居上的重要因素，也是韩国从发展中国家跃升为创新型国家的基本动因，但他们的成功却在于制定了适合本国情况的创新体制，包括有效运作知识产权的制度体系。

（二）发达国家有关新技术知识产权保护的立法

1. 美国

美国是现代信息技术革命的发源地，是电子信息产业发达的大国，同时美国也是英美法系代表性的国家，拥有良好的法治传统。当信息技术的发展愈来愈催发人们对规则的需求时，来自立法、司法、行政部门的规则整合就自然兴起。美国有关信息网络传播的立法肇始于一系列的司法判例，其中典型的案件包括 Playboy Enterprises, Inc V. Frena, Sega Enterprises V. Maphia, Religious Technology Ctr. V. Netcom Online Communication Serv. Inc. 。[①] 这些案件涉及网上传播作品的自由与限制问题，直指版权在网络时代保护的界限。到目前为止，美国关于数字技术和信息网络传播的法律规则和探索主要体现在以下的规范性文件上：

（1）《知识产权和国家信息基础设施》（即通称的"白皮书"）。

1993年，美国前总统克林顿就职时设立了信息基础设施工作机构（IITF），以推动信息技术在美国的发展和应用。工作机构负责知识产权的工作组于1994

[①] M. D. FLA, 1993; N. D. CAL, 1994; N. D. CAL, 1995.

年提交了草拟的报告,通称"绿皮书",在广泛征询各方意见之后,于 1995 年 9 月公布了信息基础设施工作机构知识产权工作组的报告,"知识产权和国家信息基础设施",即通称的"白皮书"。

"白皮书"的主要内容包括①:①扩大发行权的范围。认为数字环境下的信息传输,即将作品从某一终端通过网络以数字信息形式发往另一终端,构成发行,因而是版权人的专有权。②理清复制权和发行权的关系。认为在网络空间可能同时出现传播和复制问题,获得复制权的人并不表示他就获得了在网络上对该作品的传播权。③扩张"传播"的含义。建议对现行法下的"传播"定义进行修订,使其既包括复制物(copies)的传播,也包括作品复制(reproduction)的传播,该范围由当事人合同约定。④规定使用作品的豁免。包括非营利性组织提供盲文版、大字版、声音版或其他版本的豁免,以及图书馆 3 份以内备份数字信号的复制豁免。⑤详细论述保护技术措施和版权管理信息与版权保护的关系,建议增设专门的规定。

(2)《数字千年版权法》(The Digital Millennium Copyright Act of 1998,DMCA)。

为实现与国际接轨,美国于 1998 年 10 月出台《数字千年版权法》,该法案是对 1976 年美国版权法的一次重大修正,它的基本内容已被纳入美国版权法。

DMCA 共分为四个部分,分别为"实施 WIPO 条约"、"互联网版权侵权责任"、"计算机的维护或修复"、"临时复制;远程教育;图书馆与档案馆之责任"。其中,第一部分作为美国 1976 年版权法新增的第 12 章"版权保护和管理系统",第二部分对 1976 年版权法第 5 章进行修改,在 511 节以后加入 512 节"对网上内容的责任限制"。新增第 12 章主要包括:①禁止任何人规避有效地控制接触作品的技术保护措施。②任何人不得伪造版权管理信息、未经版权所有人或法律授权,故意消除或改变版权管理信息。③从民事和刑事两方面,对涉及技术保护措施和版权管理信息的侵权和犯罪及其刑罚作了规定。新增 512 节主要是关于网络服务商的侵犯版权责任。服务商是指上网服务或网上服务的提供者,或其系统、网络的运行者。为了保障网络通讯畅通,DMCA 界定服务商提供服务过程可能涉及的侵犯版权责任,该法律同时明文规定若干网络服务商免责事由,称为"避风港"。

(3)《规范对等网络法案》(To limit the liability of copyright owners for protecting their works on peer-peer networks)。

---

① Information Infrastructure Task Force, The Report of the Working Group on Intellectual Property and the National Information Infrastructure, Sept. 1995.

对等网络即 P2P 是近几年来兴起的一种新兴网络技术，被称为影响互联网未来发展的技术。2002 年 6 月 25 日，美国众议院通过《规范对等网络法案》，旨在保护对等传输中享有版权的作品，同时对传输者的责任进行限制。该法案的主要内容包括：①赋予对等网络传输的作品权利人采取相应的措施，中止、干扰、改变或者以别的方式规避在某一公众可接触的对等网络上未经授权的发行、展示、表演或者复制其受保护的作品。②对于版权人在对等网络上采取规避措施进行限制。③版权人在对等网络中采取相应措施的程序性要求。④对等网络上的虚拟文件传输者享有的权利，可以通过发表权利声明对抗版权所有人，并有权采取司法措施维护自己的权益。

（4）《家庭娱乐与版权法案》（Family Entertainment and Copyright Act）。

2005 年 4 月 27 日，美国总统布什签署了《家庭娱乐与版权法案》，其主要内容就是以刑事制裁手段保护版权。该法案由四个部分组成：第一编《艺术家与防盗版法案》，第二编《家庭电影法案》，第三编《国家电影保存法案》以及第四编《孤本作品保存法案》。显然，本法并非是专门规范信息网络传播权的法案，但由于通过网络将预览影片置于 P2P 软件划定的"共享区"供他人免费下载的现象增多，而本法又主要针对电影作品尤其是预览影片的传播，因此它的某些条款也成为规范网络社会传播行为的重要内容。

美国《专利法》中不存在《欧洲专利公约》、《欧盟 1998 年生物技术保护指令》中排除某些具体技术主题之"可专利性"的条文，① 也不存在《欧洲专利公约》、《欧盟 1998 年生物技术保护指令》中的"公序良俗原则"。由于成文法对可专利主题的限制非常少，生物技术变革对美国成文法的变革压力非常小。至少，在生物技术发展初期，专利制度的变革基本上不需要成文法的推动。美国生物专利制度的发展主要是由判例法推动的。例如，1972 年美国专利与商标局接到第一个现代意义上的生物技术专利申请案——查克拉巴蒂（Chakrabarty）转基因微生物发明申请案。该局以美国《专利法》第 101 节不保护生物为由拒绝了该申请。在戴蒙德诉查克拉巴蒂案（Diamond v. Chakrabarty）（447 U. S. 303 1980）中，联邦最高法院不但批准了该专利申请，而且申明了判例法界定可专利技术主题范围的方式。该院首席法官伯格（Burger）在终审判决中阐述了法院的观点。他指出美国法律对可专利主题的限制一直非常少。1793 年，托马斯·

---

① 事实上，除了专利条件上与《欧洲专利公约》类似的规定，美国专利法没有对专利客体范围的排除性规定（例如计算机程序、疾病的诊断与治疗方法、动植物品种及其方法等）。因此，基因治疗方法在美国获得专利没有成文法障碍，欧洲则反。See Jasemine Chambers, Patent Eligibility of Biotechnological Inventions in the United States, Europe, and Japan: How much patent policy is public policy? The George Washington International Law Review, Vol. 34, Issue 1, Washington, 2002, at 227.

杰弗逊亲自起草的《专利法》对专利客体范围的规定和现行美国法典第 10 章第 101 节的规定仅有一字之差："技艺（art）、机器、产品、组合物，或者对上述内容作出新的和有用的改进"。这体现了杰弗逊的逻辑——创新活动应当得到慷慨的鼓励。此后，1836 年、1870 年、1874 年的专利法没有对 1793 年专利法的上述措辞做任何修改。1952 年，美国重新修订专利法的时候，立法者用方法取代了上述措辞中的技艺。此后，相关规定沿用至今。伯格说，"与该 1952 年专利法相伴的国会委员会的报告告诉我们，国会希望成文法主题'包括阳光下任何人造之物'。"① 然而，这并不表明美国《专利法》第 101 节不受任何限制，以至于其能够包括任何"发现"。对可专利主题的限制依然存在，但这属于判例法的内容。例如，在判例法上，自然定律、物理现象和抽象思想都不能被授予专利。② 因此，新发现的、自然状态的微生物③与野生动植物都不受专利法保护。本案中，专利申请人请求保护的微生物不是新发现的、原来未知的自然现象，而是一个非自然发生的产品或者组合物。它是一种新细菌。它具有与现在已经发现的自然状态细菌显著不同的特征，而且具有巨大的应用潜力。④ 因此，它属于人造之物，应当获得专利权。此案终审判决公布后，美国很多学者认为，就包括微生物产品和方法发明在内的各类生物技术发明，"例如植物、动物、人类获得实用专利的法律障碍没有了。"⑤ 这个判决实际上解决了绝大多数生物技术主题的可专利性问题，奠定了美国操作系统解决生物技术可专利性问题的政策基石。

2. 欧盟及代表性的欧盟国家

与美国的探索几乎同步，欧盟也一直致力于探索从立法上确认一种在信息时代保护版权的合理途径。早在 1995 年 7 月，欧盟委员会就公布了题为《信息社会的著作权与相关权的绿皮书》，1996 年 9 月又颁布了《信息社会的著作权及相关权绿皮书》（续），探讨了网络版权保护的许多问题，并且推动成员国的立法。

---

① 其原文是："include anything under the sun that is made by man"。出现该主张的国会各委员会报告有：S. Rep. No. 1979，82d Cong.，2d Sess.，5（1952）；H. R. Rep. No. 1923，82d Cong.，2d Sess.，6（1952）等。

② 对专利客体范围予以限定的判例有：Parker v. Flook，437 U. S. 584（1978）、Gottschalk v. Benson，409 U. S. 63，67（1972）、Funk Brothers Seed Co. v. Kalo Inoculant Co，333 U. S. 127，（1948）、O'Reilly v. Morse，15 How. 62，112 – 121（1854）、Le Roy v. Tatham，14 How. 156，175（1853）等。

③ 这是当时法院的观点。事实上，对微生物的专利性已经非常宽泛。例如：通过吸纳美国专利与商标局、欧洲专利局的做法，我国专利审查指南第二部分第十章 7.1.2.1 也规定：未经人类的任何技术处理而存在于自然界的微生物不可获得专利。微生物经过分离成为纯培养物，并且具有特定的工业用途时，微生物本身可以获得专利。有关转基因微生物及其方法之可专利性，参照张晓都：《论与基因相关的发明与发现》；郑成思主编：《知识产权》，中国方正出版社 2001 年版，第 18 页。

④ 例如：它能分解石油中的多种化合物、消除石油泄漏造成的损害。

⑤ See Daniel J. Kevles，Diamond v. Chakrabarty and Beyond：The Political Economy of Patenting Life，in Private Science：Biotechnology and the Rise of the Molecular Sciences，Arnold Thackray ed.，1998，at 65.

比如，1997年由德国联邦上议院批准生效的《规定信息和通信服务的一般条件的联邦法令——信息和通信服务法》（德文简称 IUKDG，简称为"多媒体法"），被誉为世界上第一部规范网络秩序的单行法①。英国于1997年公布的《著作权与资料库法》（The Copyright and Rights in Databases Regulation 1997），该法确认了资料库抽取权这一新的财产权利，为在网络环境下保护数据库埋下了伏笔。随着欧盟立法一体化进程的推进，欧盟在协调各成员国网络传播权立法方面卓有成效，并且推动了各成员国自身的立法。

（1）《关于协调信息社会的版权和有关权若干方面的指令》。②

1997年12月欧盟通过《关于协调信息社会的版权和有关权若干方面的指令》（简称《版权指令》）草案。后经多次辩论及修改，该《版权指令》终于在2001年4月9日得以通过，2001年5月21日"版权指令"的最后文本形成。

与所有的欧盟指令一样，版权指令的正文（条款）前有一段很长的序言，共有40条"细则"。虽然这些细则与成员国有义务转换成国内法的条款不同，但它们应是解释实施条款的指南。指令有三个主要方面③：①指令第二章（第2、3、4条）列出了指令授予的权利，并对它们做出定义。这些条款是与信息社会运行相关的行为所涉及的版权和邻接权（网络作品的数字复制和传输）。版权指令最终采纳的复制权定义将暂时性复制置于权利人的权利之内；版权指令规定向公众传播权和向公众提供权，即成员国应赋予作者、表演者、唱片制作者、广播组织者等以授权或禁止通过有线或无线的形式向公众传播其作品的权利，包括允许公众的个体成员在自定的时间和地点接触作品的行为。②对例外的协调。指令要求成员国国内法采纳的例外，一种是强制性的例外（第二章第5条第1款），另一种是选择性例外（第5条第2、3款和第3款之二）。③第三章规定了成员国的义务。它要求成员国提供"足够的法律保护"，以防止"破坏技术措施"（第6条）和防止发生任何改变或删除设置在作品复制件中或向公众传播时显示的权利管理信息的行为（第7条）。

（2）《关于共同体内部市场的信息社会服务尤其是电子商务的若干法律方面

---

① 德国《规定信息和通信服务的一般条件的联邦法令》，对该法的详细介绍，可查阅：http：//www.angelaw.com。

② Directive 2001/29/EC of the European Parliament and of the Council of 22 May 2001 on the Harmonization of Certain Aspects of Copyright and Related Rights in the Information Society。

③ 安德烈·克勒韦：《欧盟关于协调信息社会版权和邻接权某些方面的指令》，载《版权公报》，2001年第1期。

指令》。①

　　为了对信息社会中的电子商务的发展进行规制，欧洲议会及欧盟理事会于2000年通过《关于共同体内部市场的信息社会服务尤其是电子商务的若干法律方面指令》，该指令虽然是规范电子商务的法律，但是许多内容涉及在线服务，尤其是对网络服务提供者进行了规范和协调。与信息网络传播权相关的主要内容包括：①在序言和"指令"的第2条界定了在线服务、信息社会服务和服务接受者。"在线服务"包括提供在线信息通讯或商务通讯的服务，或提供搜索、取得或检索数据的工具的服务；此外，"信息社会服务"包括通过通讯网络传输信息的服务，提供接入通讯网络的服务，以及为服务接受者提供的数据提供主机的服务；点对点传输的服务，例如视频点播或通过电子邮件提供商业通讯则属于信息社会服务。"服务接受者"的定义包含了对信息社会服务的所有种类的使用，既可以是在开放性网络（例如国际互联网）上提供信息的人，也可以是为个人或职业原因在国际互联网上寻找信息的人。②在序言中概括性描述信息社会服务提供者的义务。信息社会服务提供者，包括信息存储服务提供者，在知晓或注意到非法活动时，必须迅速删除所涉信息或阻止他人访问该信息；采取删除信息或阻止他人访问该信息的行动时，应当遵守表达自由原则，并应当遵循为此目的的建立的国内法层面上的程序；同时指令并不影响成员国设定在删除信息或阻止他人访问该信息前必须迅速完成的特别要求。③规定信息社会服务提供机构的设置原则和程序。包括排除事先核准的原则、需要提供的一般信息等。④具体规定不同类型的中间服务提供者的义务和责任。包括提供"纯粹的管道"、缓存等服务，以及明确网络服务提供者不承担进行监督的一般性义务。

　　（3）英国《版权法修正案》。

　　2003年，英国按照欧盟指令的要求修改了本国的版权法，在立法上详细规定信息网络传播权的主要内容。包括：①界定网络传播权法律关系。包括传播的概念、向公众传播的作品和传播权的主体。其中传播的含义较广，但向公众传播被限定在以有线或无线方式的按需传播。②对临时复制的法律性质进行判断。认为作品的复制件包括暂时存在或永久保存的复制件。在作品传输过程中直接或附带产生复制件都属于复制。③对向公众传播权和复制权进行限制。特别是对基于科研、个人使用，图书馆为便于进行研究或私人学习对存有作品的复制，以及在教学过程中或备课时复制、传播文学、戏剧、音乐或者艺术作品的限制作出规定。④明确规定技术措施和权利管理信息。就技术措施而言，包括破解技术措

---

① Directive 2000/31/EC of the European Parliament and of the Council of 8 June 2000 on certain legal aspects of information society services, in particular electronic commerce, in the Internet Market.

施、破解技术措施的装置和服务、法律责任；在权利管理信息方面，规定电子形式的权利管理信息、破解权利管理信息的责任。⑤对网络服务提供商的行为进行规范。按照《电子商务指令》的要求对网络服务提供者的法律责任进行规定，包括相应的通知和反通知程序等。

（4）法国《信息社会版权法案》。

法国议会参议院和国民议会（下院）于 2006 年 6 月 30 日同时通过了政府提交的《信息社会版权法案》。该法案对电子信息产品的版权保护进行了规范。在注重保护版权、打击盗版的同时，也对电子信息产品的"通用兼容性"作出了明确规定。主要内容包括：①加强对版权人传播权利的保护。针对电子信息产品的盗版问题，法案规定，从因特网非法下载电子信息产品的个人行为将被处以小额罚款，蓄意绕过版权保护技术从事电子信息产品复制将受到重罚。按照规定，破解电子信息产品加密技术的电脑黑客，会被判处 3 750 欧元罚金。向公众提供解密技术的人，最高会被判处 6 个月监禁和 3 万欧元的罚金。销售加密产品破解软件的人，最高会被判处 3 年监禁和 30 万欧元的巨额罚金。①②对复制权的限制。个人出于非商业目的复制电子信息产品的自用行为，法案没有约束力。法案还规定，残疾人、图书馆、博物馆、档案机构、新闻媒体以及教学科研机构为了教学和科研目的而进行的电子信息产品复制，不受法律追究。③"通用兼容性"标准的采纳。市场销售的电子信息产品在保护版权的前提下必须具有"通用兼容性"。法案为此提出设立专门机构，负责受理软件开发商、电子产品制造商和服务供应商的申诉。

尽管作为现代科学技术发源地的欧洲，生物技术产业的发展整体上落后于美国，但是 20 世纪 90 年代以后，生物技术同样成为欧洲高技术发展的一个重点领域。英国生物技术研发在欧洲居领先地位，1996 年世界上第一只克隆绵羊在英国的降世更是轰动了整个世界。德国在新药研究与开发方面居欧洲第一。德国政府近年来对《基因技术法》进行了多次修订，对德国生物技术产业的发展做出了重大贡献。

1999 年 1 月，法国政府制定了《技术创新与科研法（草案）》，通过立法来促进科研人员与企业合作，提倡创办生物技术等高新技术企业，并通过提供资金和减税等政策鼓励创新活动。该法标志着法国政府促进高新技术产业发展与技术创新的努力在法律、机制和税收三方面取得了重大突破。同时法国实施了《联邦生物技术战略纲要》。法国科学研究部从 1996 年起连续 5 年从预算中拨出 0.6

---

① 严明：《法国议会通过电子信息产品版权保护法案》，载于腾讯网，http://news.qq.com/a/200607011000847.htm，2006 年 7 月 2 日访问。

亿法郎（约合 915 万欧元）支持该纲要的实施。2000 年英国政府发表了《生物技术制胜——2005 年的预案和展望》战略报告。政府主要通过资助基础科学研究，营造产业发展的环境来推动本国生物产业的发展。推行促进生物技术产业与科研机构合作的联系计划（LINK）、扶持中小企业的中小企业奖励计划（SMART）、BIO-WISE 生物技术咨询服务计划，并改革税制，建立新风险投资基金。

鉴于生物技术和基因工程在广泛的产业领域正发挥着日益增长的重要作用，而且生物技术发明的保护对共同体的产业发展将具有根本性的重要意义，1998 年 7 月 6 日，欧洲议会和欧盟理事会通过了欧盟《关于生物技术发明的法律保护指令》（Directive 98/44/EC，以下简称"指令"），该指令已于 1998 年 7 月 30 日生效。"指令"是一份重要的法律文件。该文件对有关生物技术发明的法律保护作出了规定，其中许多内容与植物的专利保护相关。指令分为五章：第一章"授予专利的条件"；第二章"保护范围"；第三章"强制交叉许可"；第四章"保藏、取得及再保藏生物材料"；第五章"最后条款"。

——关于生物材料，指任何包含基因信息并且能够自身复制或用生物方法复制的材料。

——关于微生物方法，指任何包含或依赖于或产生微生物材料的方法。

——关于植物新品种，植物新品种概念根据《EPC 规则》第 6 条 No2100/94 而定，这在前面介绍《关于修改 EPC 实施细则的决定》时已有涉及。

——关于保护对象，指令第 3 条规定：①为了实施本指令，那些具备新颖性，具有发明点及工业实用性的发明应当被授予专利。即使这些发明涉及由生物材料构成或含有生物材料的产品或者涉及通过该生物材料可以被生产、被加工或被使用的方法；②从自然环境中分离出来的生物材料，或者通过生物技术被生产出来的材料可以是发明的客体，即使它先前已存在于自然界。

——关于不授予专利的对象，指令第 4 条规定，下列对象不授予专利：①植物或动物品种；②生产植物或动物的主要生物学方法。如果一项发明的技术实施不局限于一个特定植物或动物品种，与植物或动物有关的发明可以授予专利。

——关于保护范围，指令第 8 条第 1 款规定，生物材料专利（patent on a biological material）的保护范围：一个拥有作为发明结果的特殊性状的生物材料的专利保护范围，包括通过该种生物材料以与之相同或者不同的繁殖方式获得的、与之具有相同性状的任何生物材料。生物材料专利（包括植物材料专利）与普通的产品专利有些类似，都是直接保护材料（产品）本身，但二者的区别也是十分明显的。普通产品专利的保护范围包括任何与专利产品特点相同的产品，显然侵权产品不必是专利权人生产的专利产品本身；而生物材料专利的保护范围是指该生物材料通过繁殖获得的材料，即侵权材料须是源自受保护生物材料本身。

指令第 8 条第 2 款规定了生物方法专利的保护范围，具体内容为：能够生产作为专利发明结果且具有特殊性状的生物材料的专利方法，其保护范围包括直接从该方法获得的生物材料，也包括其他任何直接从专利方法获得的、经过相同或不同的繁殖形式繁殖而来并与那些用专利方法直接获得的生物材料具有相同性状的生物材料。显然，生物方法专利也与普通的方法专利不同，因为生物材料自身可以繁殖，故生物方法专利的保护范围延及直接使用专利方法获得的生物材料，以及前述生物通过繁殖而获得的生物材料。指令第 9 条接着规定，除第 5 条（1）所规定的例外情况之外，对具有基因信息的一个产品授予专利应包括所有材料，即包含了生物专利材料及基因信息并具有相应功能的所有生物材料。

——关于权利限制，包括指令第 10 条及第 11 条的内容。指令第 10 条规定：对于权利人自己或经过其同意而投放于专利有效领土范围内的市场（在这一领域内繁殖投入市场的生物材料必须经过申请）的生物材料，权利人不得禁止他人对之采用繁殖方式而获得新的生物材料，但是，以此获得的生物材料不得接下来用做其他形式的繁殖，比如关于植物的专利，如果植物专利材料已经投放市场，专利权人就无权禁止他人通过该植物取得诸如果实、木材、花、叶等生物材料，但这些材料不得用来进行下一步的繁殖。指令第 11 条进一步规定，通过权利减损的办法，由专利权人自己或经过专利权人的同意，将受保护的植物材料出售或以其他商业化形式转让给农民用于农业用途时，农民有权在自己的农场用其所收获的产品来进行繁殖。

3. 日本

互联网条约的签署成为网络传播立法的分水岭，日本加快了立法或修法的进程，根据本国特定的经济技术发展程度、文化背景和固有的版权法框架，制定并完善网络传播的规则，从而丰富了有关信息网络传播立法的具体样态。

日本于 1997 年、1999 年和 2000 年三次修改版权法，以实现本国版权法的"数字化议程"。（1）1997 年 6 月日本版权法修改时，创立了"向公众提供权"，形成了新的"公共传送权"，其除了所有的有线/无线，数字/模拟，以及同步/交互式的向公众传送外，还包括向公众提供。就载体而言，网页、按需电视、因特网播放都在其内，这样"公共传送权"与表演权、发行权并列，共同构成"公共传播权"（Communication to the Public），而"公共传播权"又与"复制"和"演绎"三种权利并列，共同构成著作财产权之专有权。与上述相关联，此次修改还确立了表演者与录音制作者的提供权。[①]（2）1999 年日本版权法再次修订，重点规定了技术措施保护和权利管理信息保护。（3）2000 年日本版权法

---

① 周艳敏：《日本版权制度的"数字议程"》，载《电子知识产权》，2002 年第 2 期。

再次修订，加入针对特殊人群的权利限制；一方面，对于盲人，通过个人电脑在网络公开传输作品的盲文数据，可以不经授权；另一方面，对于聋哑人，通过个人电脑网络交互传输电视上的伴音字幕，可以不经授权。经过三次修法，日本版权法的内容和精神已基本符合WIPO版权条约的要求，日本也已正式加入"互联网条约"。

日本在1992年针对数字式复制建立补偿金制度，规定对数字复制机器和复制媒介的生产商、进口商收取一定比例的补偿金用于支付版权人，并对补偿金的授权分发等管理作了规定。《日本著作权法》第30条"个人使用的复制"规定，允许以个人使用为目的进行录音、录像，但必须支付相当金额的补偿金给版权人。第5章"个人录音录像补偿金"规定，仅可由特定的管理团体收取补偿金（第104条之2）；特定机器和记录媒体的购买者在购买时一次性支付补偿金（第104条之4）；补偿金的额度由文化厅长官认可（第104条之6）；特定机器和记录媒体的制造者或进口者对补偿金的支付请求和领取必须予以协助（第104条之5）。①

最近这些年，世界生物技术产业迅猛发展，极大地推动了社会生产力的发展，引起了包括日本在内的众多国家的重视。为了使本国生物技术产业赶超美国和欧盟，20世纪90年代中期以来，日本开展了以促进生物技术产业发展为核心的一系列变革，制定各种政策法规，并将生物技术产业上升到国家战略高度。经过十几年的努力，日本已经跻身生物技术强国之列。

早在1999年1月，日本就签署了一份新文件：《开创生物技术产业的基本方针》。该文件提出和确立了新的国家战略目标："生物技术产业立国"。为此，日本政府成立了以小泉首相为首的"生物技术战略委员会"，并于2002年颁布了《生物技术战略大纲》。2001年日本成立了科学技术政策委员会（CSTP），由首相任主席，成员包括六个政府部门的大臣、超级教授、科技官员和两个商业董事。科学技术政策委员会（CSTP）是政府内阁的四大智囊团之一，委员会的主要任务是消除或减轻阻碍生物技术产业发展的部门利益现象以促进生物技术产业的发展，到目前为止，委员会已经在不同的层次上促进了几起国内产学官的结合。日本政府在1998年5月对《种子种苗法》进行过一次全面修订，主要目的是为了扩大植物新品种保护的范围，当时修订的《种子种苗法》内容符合UPOV公约（《国际植物新品种保护公约》）1991年文本的要求，这也标志着日本自此开始执行UPOV（1991年）公约。1998年5月以后，日本又对《种子种苗法》进行过几次修改，其中最为重要的一次修订是2003年通过的新《种子种苗法》，

---

① 日本著作权信息中心发行：《日本著作权法》，1999年3月。

其规定：凡未经品种权人许可，其他国家使用在日本获得的授予品种权的植物新品种作为原材料所生产的种子、种苗、收获物（是指切割、冷冻、干制或盐浸的植物收获体，如鲜切花、采摘的蔬菜与水果，冷冻和盐制蔬菜等）及其加工品（包括加热煮制如烤、蒸、喷、煮而成的熟制品，烟熏、碾碎或挤压的植物收获材料）再返销日本的都属侵权，将会受到严厉处罚。为配合该法的实施，日本的《关税定率法》于2004年4月1日执行，要求各口岸禁止侵害"植物育种者权益"产品的进口，并在相关口岸配备了DNA检测分析设备。

二、新技术条件下发展中国家知识产权制度的发展

（一）发展中国家关于知识产权制度运用的基本经验

1. 步步为营：发展中国家的知识产权制度现代化之路

自1994年世界贸易组织取代关贸总协定以来，知识产权国际保护制度进入了后TRIPs的崭新时代。《知识产权协定》在各缔约方获得普遍实施。在过去，发展中国家普遍通过模仿和反向工程就可以实现自己的科技创新和经济发展。但真正的事实却是，大多数发展中国家无论是在社会意识上还是在经济政策上都还没有准备好。知识产权制度给发展中国家带来了从未有过的挑战。

发展中国家面临的现实问题是：各国知识产权立法已经进入一个统一标准的新阶段。在国际化、一体化潮流的指引下，各国立法必须遵循国际公约的"最低保护标准"。这种"最低保护标准"的实际意义在于知识产权保护原则与基本规范的一致性，它与知识产权保护水平并无绝对的关联性。但是，与知识产权国际保护制度的草创阶段不同，现今国际公约的"最低保护标准"即一致性标准，实质上体现了权利范围的高度扩张和权利保护的高水平。传统的发展中国家要走上新兴的工业化发展道路，必须通过完善知识产权制度才能为本国经济、社会发展提供持久动力，在国际竞争中争取主动。这是以必要的现实成本来换取未来的重大收益。发展中国家如何在世界贸易组织的框架内选择适合自己需要的知识产权保护体制，是一件十分困难的事情。①

截至目前，《知识产权协定》已经实施了多年，发展中国家在本国知识产权现代化问题上步步为营，走出了一条适合其发展的道路。

首先，充分利用《知识产权协定》规定的过渡期，实现本国产业的整合。WTO于1995年1月1日正式成立，作为其一揽子协议之一的《知识产权协定》

---

① 吴汉东：《利弊之间：知识产权制度的政策科学分析》，载《法商研究》，2006年第5期。

也于当日生效。但《知识产权协定》对所有缔约方包括发达国家都给予了实施该协议的过渡期，以便其履行协议的规定，具体的生效时间依据各缔约方的发展水平分为四种，发达国家：1年，即到1996年1月1日；发展中国家：5年，即到2000年1月1日；转型经济国家：5年，即到2000年1月1日（如果这些国家在改革知识产权立法遇到困难的话）；最不发达国家：11年，即到2006年1月1日。发展中国家在1999年以前可以不强制实施《知识产权协定》。

发展中国家普遍充分运用这些过渡期安排，调整本国的经济发展、对外贸易等政策，对加入《知识产权协定》后出现的许多新情况、新问题作出沉着应对。如印度于1970年颁布该国独立之后第一部专利法，规定专利的客体只包括发明，并将发明专利分为三种类型，即一般发明专利、从属专利和条约专利。加入世界贸易组织后，为使专利法规与TRIPs协议的相关规定保持一致，印度于1999年修订1970年专利法，最大修改文处是除了对农用化学品的生产方法予以专利保护外，还允许对其产品授予专利权。按照TRIPs协议的规定，印度最迟应于2005年1月1日起受理药品、农业化学品和食品的专利申请。因此，1999年的修订对印度自1995年1月1日至2005年1月1日10年过渡期内的义务作出详细规定。根据修订，过渡期内印度开通电子邮箱系统开始受理药品、农用化学品和食品的专利申请（自2005年1月1日开始处理这些申请）。直到2002年，印度再次修订专利法，将专利的保护期限定为20年，并对其他一些制度予以完善。在《知识产权协定》规定的过渡期内，印度积极调整其经济发展政策，注重对本国优势产业的扶植，并加紧对弱势产业的培育。有学者指出，印度通过缓慢的修改专利法，充分利用《知识产权协定》规定的过渡期，为本国的一些产业，特别是生物技术产业赢得了宝贵的缓冲时间。①

其次，充分利用《知识产权协定》规定的弹性条款，规定知识产权的限制制度。知识产权国际公约中有很多弹性条款和开放性条款，如《知识产权协定》第8条（有关公共健康问题和限制知识产权滥用）、第27条（有关成员在设定可专利性主题时可考虑"公序良俗"）、第31条（专利强制许可）、第71条（"与贸易有关的知识产权理事会"对《知识产权协议》的实施情况进行审查）等规定。很多发展中国家充分利用这些条款，以探求国内规范与国际规范的顺利对接和协调的可能性与具体方法，最大限度地实现法律的本土化与国际化之间的协调。如南非在药品的强制许可制度的制定和实施方面最终取得成功。鉴于本国已有470万人感染艾滋病，而几乎所有关键药品均处于专利保护之下，且其价格是同等通用药品的4~12倍，1997年南非政府通过了《药品和相关物品控制修

---

① 朱榄叶：《印度知识产权发展启示录》，载《中国高新区》，2008年第2期。

正案》，规定南非卫生部长有权使用平行进口以获得更廉价的药品，并可以实施强制许可来生产社会急需的专利药品。2002年，印度修订了专利法，规定国家遇突发事件、非常紧急情况以及专利产品的公众非商业化使用可作为颁布强制许可的理由。2003年，印度再次启动了专利法修改议案，当时印度商工部部长发表讲话说此次改法将全面平衡国家与公共利益之间的关系，特别是在那些与公共健康有关的领域及前两次法律修改后利益相关者仍然争执的问题，如：颁布强制许可的理由，"平行进口"和"专利权用尽"，"技术转让"，"可专利性主题"，"专利权的滥用"等都在法律修改中再度被提出讨论。该专利法中还确定了有关药品专利的"Bolar"例外条款和保护生物多样性与传统知识条款。巴西、阿根廷、智利等发展中国家也纷纷在本国的专利法中利用《知识产权协定》规定的弹性条款，规定了相应的知识产权的限制制度。

再次，发展中国家精诚合作，推动知识产权国际保护制度的变革。加入《知识产权协定》后，发展中国家日益重视对国际知识产权制度的发展与协调发挥积极的作用。自1996年开始，发展中国家就在世界贸易组织的框架内，就知识产权的保护提出了一系列与自身利益密切相关的问题。由于发展中国家的不懈努力，TRIPs协议一边倒向发达国家的状况终于发生了一些变化。同时，区域经济发展和地区内合作也使发展中国家知识产权制度呈现地区一体化趋势。如拉美国家在注重提高本国知识产权管理能力的同时，加强地区内知识产权制度协调，在暂缓加入《马德里协定》问题上采取一致步调。东盟国家和非洲国家在知识产权制度发展方面也保持一致。知识产权的地区化大大加强了发展中国家在国际和地区知识产权事务中的活动能力和制度决策权。2001年世界贸易组织第四次部长级会议在多哈召开，在广大发展中国家的争取之下最终通过了《多哈部长宣言》与《TRIPs协议与公共健康宣言》，该宣言承认使许多发展中国家和最不发达国家遭受痛苦的公共健康问题，允许发展中成员和最不发达成员因艾滋病、痢疾、肺结核及其他流行性疾病而发生公共健康危机时，可通过强制许可自己生产有关专利药品。该宣言意义重大，有学者认为《TRIPs协议与公共健康宣言》向人们发出了发展中国家将致力于反对由美、欧等发达国家制定的知识产权标准、保护本国利益的信号。① 此后，发展中国家与非政府组织、联合国部门等团体一道，在世界贸易组织之外进行了轰轰烈烈的国际造法运动，他们将火力对准《知识产权协定》及其设定的知识产权保护高标准。在传统知识与遗传资源保护、公共健康问题、知识产权保护与人权冲突等方面已经取得一定的进展，并以

---

① Frederick Abbott, The Doha Declaration on the TRIPs Agreement and Public Health: Lighting a Dark Corner at the WTO, 5 J. Int'l Econ. L. 469 (2002).

"宣言"、"决议"等软法的形式出现。2004年，由阿根廷和巴西在世界知识产权组织大会上提出"制定世界知识产权组织发展议程"提案，旨在改组世界知识产权组织，使其向有利于发展中国家的方向发展。

最后，注重制度能力建设、知识产权人才培养和知识产权文化的培育。许多发展中国家和地区已经落实了大部分的 TRIPs 协议中一些新的法规。但是，在管理方面，尤其在专利和商标管理、司法程序等方面存在很大差异。所以发展中国家和地区，尤其一些最不发达国家和地区在知识产权问题上还存在有制度建设上的不足。许多国家对知识产权机构进行了改革，建立许多新的职能机构，以适应知识产权管理与服务工作新的职能要求。例如，新加坡知识产权局已组建一个综合知识产权决策部门，由各相关政府部门的代表和地方企业代表组成。借助知识产权合作组织机制，新加坡知识产权局被赋予更多的权力和资源，以更好地应对新经济中知识产权价值最大化的挑战。1996年10月，泰国在发展中国家中率先建立了知识产权和国际贸易法院作为处理涉及知识产权和国际贸易事务案件的法定法院。新法院的创立大大提高了知识产权执法效率和办案质量。1998年，韩国设立知识产权特别法庭和专利法院。知识产权特别法庭和专利法院对知识产权的范围和有效性具有最高司法决定权。

另外，不少发展中国家通过实施知识产权教育战略，加强知识产权人才培养和知识产权文化的培育，使广大社会公众和企业更充分地了解和利用知识产权制度，提高社会整体的知识产权创造、保护、管理和商业化意识和能力，强化了知识产权发展的社会基础。2001年，印度在许多城市发起增强知识产权意识的活动，其中包括组织成立中小企业群发展研究会，以及实施知识产权培训项目等。韩国知识产权局每年在全国各地举办大量知识产权推广展览和巡回讲座，并开办关于专利信息制度的远程教育课程。韩国知识产权局在1999年9月推出了"中小企业知识产权普及计划"。到2001年底，在韩国知识产权局的大力支持下，已有49 919家中小企业获得了各类知识产权。在普及计划的帮助下，47 267家中小企业首次提出专利申请。[①]

2. 因势利导：运用知识产权制度促进本国优势产业发展

知识产权保护制度的形成是发达国家幕后推动的结果。知识产权保护的一体化与国际化的结果就是 WTO 作为知识产权国际立法机构的优先地位、《知识产权协定》作为知识产权国际立法文件的核心地位以及西方发达国家作为知识产权国际保护参与主体的主导地位。随之而来的便是知识产权保护的宽范围与高

---

① 包海波：《发展中国家的知识产权战略及其对我国的启示》，载《毛泽东邓小平理论研究》，2004年第8期。

标准。

扎霍斯与布雷斯威特指出："实际上，发展中国家被迫面临这样的选择：参加双边谈判还是多边谈判。发展中国家在双边谈判上没有什么优势，而参加多边谈判则还没有准备好。"① 发展中国家作为世界知识产权体系内的一员，加入《知识产权协定》之后，其本国的知识产权制度必须符合知识产权保护的最低标准。"现有证据显示，由于发展中国家从发达国家净进口大量的技术，知识产权保护全球化将导致从发展中国家到发达国家的净财富转移大大增加。发展中国家从知识产权保护中得到的负利益，将不得不靠贸易扩大、技术开发、投资和增长来抵销。"② 但是，发展中国家可以制定有效的知识产权竞争政策，借用现代的知识产权制度，以保护本国的优势产业。

印度在乌拉圭回合谈判中对美国倡导的知识产权制度态度强硬，所以印度成为特别301调查的重点"照顾"对象。但是，印度却能因势利导，运用知识产权制度加大在软件技术、生物制药技术等方面的保护力度，使得本国的传统优势产业获得了较快的发展。

查德赫利（Rahul Chowdhury）在《印度2005年后知识产权战略》（Indian IPR Strategy Post 2005）一文中提到并非印度所有领域之产业都受到知识产权保护的阻碍，在诸如纺织、香料和农产品贸易中印度会从知识产权规则中获益。他呼吁印度企业应当理解、尊重并开始运用知识产权促进自身利益的发展并将知识产权之战推到发达国家的法庭中去。

目前世界各国一般在自己较强的产业上采取较强的知识产权保护。相反，在自己较弱的产业领域，则往往主张较弱的知识产权保护。印度在软件开发、外包服务、工程咨询、研发服务、生物技术、医药以及教育培训等方面都具有一定的竞争优势。特别是最近几年，印度的软件和医药等产业发展势头比较强劲，不少企业正在具备全球竞争之能力，印度在一个长时期里被称为第三世界的制药工厂。在自己的优势产业领域，印度加大了政府的扶持力度，积极推动这些领域的知识产权保护。

在计算机软件保护方面，印度于1992年和1994年修改著作权法，使有线电视和计算机软件得到保护。1994年修订的著作权法按《与贸易相关的知识产权协定》的要求把计算机程序作为文学作品进行保护，其保护期限为60年；还赋予印度版权局有权处理著作权的侵权。另外，此法案还对外国作者的作品给予与

---

① ［澳］彼得·达沃豪斯、约翰·布雷斯威特：《信息封建主义》，刘雪涛译，知识产权出版社2005年版，第140页。
② 英国知识产权委员会：《知识产权与发展政策整合》报告，http://www.iprcommission.org/graphic/Chinese_Intro.htm，2009年3月17日访问。

国内作者一样的保护。1994年的印度著作权法第63条规定：任何使用盗版软件的行为将受到最严厉的惩罚。任何使用非法复制的计算机程序的行为将被判处7天至3年的徒刑，并罚以5.5万至2 000万卢比的罚金。印度信息技术部部长马哈詹曾说，印度计算机软件盗版率已从1993年的89%下降到59%，但同美国27%的盗版率和新加坡42%的盗版率相比还有较大差距。因此，有必要加大反盗版活动的力度。①

通过强有力的知识产权保护，印度正在成为软件大国。印度1994年重新修订的版权法被称为世界上最严厉的版权法之一。在严密的知识产权保护之下，印度的信息技术产业实现了快速增长。近10多年来，印度计算机软件业迅猛发展。据统计，印度软件业产值在1998～1999年度达到40亿美元，是10年前的200倍。1999～2000年度印度软件业产值达56.5亿美元。印度工商联合会主管IT产业事务的安杰先生称，印度现在已经占据全球软件开发市场16.7%的份额，有28个国家完全依靠印度软件支撑着他们的信息系统，而在信息业最发达的美国，软件销售市场的60%以上属于印度人。2000年印度软件出口为62亿美元，2001年达90亿美元，年增长速度达50%。②

另外，印度鲜为人知却潜力巨大的产业是娱乐业。自1913年第一部印度影片诞生，印度电影业已走过将近百年历程，印度的"宝莱坞"被称为"东方好莱坞"。印度电影长期保持着800部左右的年产量。③ 单就数量而言，它不但超过真正的好莱坞，也超过欧洲电影的总和，称得上是世界第一。但是目前电影产业深受盗版问题困扰。盗版DVD、MP3下载以及未经授权的广播活动严重损害了众多企业的合法权益。印度正在酝酿通过修改版权法，加大版权保护力度，保护传统的电影产业。

1998年，世界银行发表题为《知识促进发展》的年度报告，提出了以知识为基础的发展战略的基本框架。2000年，印度总理瓦杰帕伊提出了印度要成为"知识大国"和建立"知识社会"的主张。2002年，印度计划委员会在推出其《十五计划》的同时，发表了《印度2020年展望》报告，并详细阐述了印度发展知识经济的基本构想，其核心内容就是要利用经济全球化和发达国家人力资源短缺所带来的机遇，使印度的未来发展从资本驱动型转向知识驱动型，发展面向全球的服务型知识经济。可见，经过几十年的发展，印度已经摸索出了一条符合自己特点的知识产权发展道路。

尽管大多数发展中国家的科技实力不强，但它们的确拥有对本国和世界都很

---

① 唐鹏琪编译：《印度的知识产权保护》，载《南亚研究季刊》，2001年第3期。
②③ 唐鹏琪编译：《印度版权保护对经济的影响》，载《南亚研究季刊》，2002年第2期。

有价值的基因资源和传统知识。英国《知识产权与发展政策整合》报告认为，"现代"的知识产权制度应有助于保护这些知识资源并确保它们的利益得到公平的分享。① 1992 年 6 月 5 日，不少发展中国家在里约热内卢联合国环境与发展大会上开放签署了《生物多样性公约》，它以"保护生物多样性，持续利用其组成部分以及公平合理分享由利用遗传资源所产生的惠益"为基本宗旨。其中规定"遗传资源的取得须经提供这种资源的缔约国事先知情同意"，各国可"采取立法、行政或政策性措施"保护本国资源，确立了资源国的知情同意权、立法权和管理权。② 同时为履行 CBD 关于遗传资源获取与惠益分享的规定，公约秘书处已主持召开 3 次政府间会议，商讨一项旨在制定遗传资源获取与惠益分享国际准则的计划，并在德国波恩达成《关于获取遗传资源并公正和公平分享通过其利用所产生的惠益的波恩准则》。《波恩准则》致力于为缔约方和利益相关者提供一个透明的框架以促进遗传资源的获取。《波恩准则》还对"知情同意机制"和"利益共享机制"有明确、具体的规定。

以实际需要为驱动、以《生物多样性公约》为依托，很多发展中国家制定了保护生物多样性和遗传资源的专门法律。如巴西于 2001 年 8 月出台了《关于基因资源和传统知识获取的暂行措施》，承认国家在遗传资源上的主权及社区、个人在其开发利用遗传资源上的权利，并详细规定了知情同意和利益分享机制。③ 2002 年，印度颁布了《生物多样性法案》，制定了颇具特色的"国家知情同意""生物多样性基金"等机制。④

东盟在其《东盟国家在生物和基因遗传资源获取上的框架协定》中指出："鉴于生物和基因遗传资源还没受到国际上条约的有效规制，现在为了维护东盟国家的利益，以防止生物海盗行为的需要非常紧迫"。⑤

不少发展中国家都认为，现在的知识产权国际保护制度应该接纳生物多样性和基因遗传资源的保护，并使他们在世界贸易组织框架下的《知识产权协定》内部获得承认。知识产权制度对传统知识和遗传资源的包容，其实是知识产权制度本身现代化的一个重要组成部分。

---

① 英国知识产权委员会：《知识产权与发展政策整合》报告，http：//www.iprcommission.org/graphic/Chinese_Intro.htm，2009 年 3 月 17 日访问。

② 参见《生物多样性公约》第 15 条。

③ Brazil, Provisional Measure on Access to Genetic Resources and Traditional Knowledge, http：//www.grain.org/brl/? docid = 850&lawid = 1768，2008 年 1 月 13 日访问。

④ India, The Biological Diversity Bill, http：//www.grain.org/brl/? docid = 322&lawid = 1378，2008 年 1 月 13 日访问。

⑤ ASEAN, ASEAN Framework Agreement on Access to Biological and Genetic Resources, http：//www.grain.org/brl/? docid = 785&lawid = 1261，2008 年 1 月 13 日访问。

虽然发达国家倡导的《知识产权协定》在扩大知识产权的保护范围上规定"一切技术领域中的任何发明"均可获得专利，但很多发展中国家在制订知识产权政策时，注重发挥自身优势，有侧重、有主次、分阶段、分步骤地运用知识产权制度保护本国优势产业，逐步融入到知识产权保护的文化氛围中，因势利导，增强本国竞争实力。

（二）发展中国家有关新技术知识产权保护的修法和立法

《知识产权协定》所界定的知识产权类型极其广泛，包括著作权与相关权、工业品外观设计权、商标权、地理标志权、专利权、集成电路布图设计权、未公开信息权，而各个类型的保护范围也是在所有知识产权国际保护公约中最为宽泛的。这其中有许多原本在发展中国家并不受保护，如根据1988年世界知识产权组织为乌拉圭回合知识产权协定的谈判小组所做的调查，在巴黎公约的98个成员中，49个将药品排除在专利保护之外，44个不保护医疗方法，45个不保护动物新品种，44个不保护植物新品种，42个不保护植物新品种生物学培养方法，35个不保护食品，32个不保护计算机程序，22个不保护化学产品。① 为履行《知识产权协定》项下的义务，各个发展中国家或颁布新的法律（如墨西哥、特立尼达和多巴哥、韩国等），或对原有的知识产权法律作出一定的修改（如中国、印度、巴西、古巴、阿根廷等），扩大知识产权的保护范围，以覆盖全部或大部分知识产权。②

首先，在著作权制度方面。《知识产权协定》的要求的是：（1）计算机程序，无论是源代码还是目标代码，应作为《伯尔尼公约》1971年文本所指的文字作品加以保护；（2）数据或其他材料的汇编，无论机器可读还是其他形式，只要在选择或编排上具有独创性而构成智力创作，就应成为著作权的保护对象；（3）对于计算机程序和电影作品，应授予权利人许可或禁止将其作品原件或复制件向公众进行商业性出租的权利。

发展中国家著作权法的修订行动基本上是围绕上述问题展开的。例如，洪都拉斯1993年著作权法规定给予计算机程序和数据库作品以法律保护，授予计算机程序和电影作品出租权；哥斯达黎加1994年著作权法给予计算机程序以著作权保护；墨西哥1996年著作权法将计算机程序作为文字作品给予著作权保护并赋予出租权，对于具有原创性的数据库作为编辑作品给予著作权保护，而不具原

---

① 转引自徐明华、包海波等著：《知识产权强国之路——国际知识产权战略研究》，知识产权出版社2003年版，第186页。
② Car. M. Correa：Intellectual Property Rights, the WTO and Developing Countries, Zed Books Ltd, P. 107.

创性的数据库则给予 5 年的保护；中国 2001 年著作权法赋予了计算机软件和电影作品权利人以出租权，对于具有独创性的数据库作为汇编作品给予著作权保护。

在巴西，文学、艺术和科学作品受 1998 年实行的第 9610 号联邦法保护，著作权的一般保护期限为 70 年，自作者死亡之日起的次年 1 月 1 日起算。计算机软件作品的保护由第 9609/1998 号法律作出规定。该法律将计算机软件定义为由自然语言或编码语言组成的一系列指令的表达式，该表达式被存储在某种物体支撑物中，必要时通过操作软件来处理数据、控制装置、工具和其他外围设备。通过利用数字或模拟技术，为自动机械处理数据，使其按着特定的方式和目的运转。计算机软件的保护期限是 50 年，自其出版的次年 1 月 1 日起算，未出版的从创作之日起计算。注册登记不是计算机软件受法律保护的必备条件，居住在外国的外国人（只要软件的原产国授予著作权）与居住在巴西的外国人和巴西人享有同等的权利。①

尼泊尔于 2003 年 9 月加入了世界贸易组织，按规定尼泊尔应当建立符合《知识产权协定》要求的知识产权法律制度，2002 年 8 月，尼泊尔对 1965 年著作权法作了全面修改。较之原著作权法，新法内容新颖、结构合理、范围更广、执法条款比较详细。新法授予作者三种精神权利，即继承权、作品完整权和作品修改权，但上述精神权利和经济权利一样受到时间的限制，并且可以依据作者的遗嘱和遗书转让给其指定的任何自然人或法人，让他们在作者去世后行使其精神权。作者的经济权利包括对视听作品、体现声音的作品、计算机程序、数据库或乐谱形式的音乐作品的转让权或出租权。在适用范围上，受保护的作品包括计算机程序。新法还第一次将表演者权、录音制品制作者权和广播组织权纳入到著作权法中。②

随着软件技术、数字技术、数据库技术的发展以及知识产权制度国际化进程的加快，发展中国家纷纷立法、修法，把不受本国版权法保护的新技术内容逐渐融入知识产权制度之中，实现了本国版权制度的现代化。

其次，在专利制度方面。《知识产权协定》第 27 条规定，除两种例外，所有技术领域内的一切发明，不论是产品还是方法，只要具有新颖性、创造性和工业实用性，即可申请获得专利。这两种例外是：第一，成员可将某些发明排除在可获得专利的范围之外，在其地域范围内制止这种发明的商业性开发，以此保护公共秩序或道德（包括保护人类、动物和植物的生命和健康或避免严重的环境

---

① 参阅《巴西的知识产权制度》，www.kjxm.org.cn，2008 年 7 月 6 日访问。
② 参阅普斯敦·普拉丹著，郑向荣译：《简评尼泊尔的新版权法》，载《版权公报》，2004 年第 1 期。

损害)。但不得仅仅以该国法律禁止利用某发明为理由将该发明排除在可获专利的范围之外。第二,成员还可将下列发明排除在可获专利的范围之外:人类或动物疾病的诊断、治疗和手术的方法;除了微生物之外的植物、动物,以及生产植物或动物的生物方法,但成员应以适当的方式对植物新品种提供法律保护。协议还规定撤销专利或宣布专利无效的任何决定,均应提供机会给予司法审查。而绝大部分发展中国家从保护人民健康、维护公共利益的目的出发,将药品、化学物质、食品、动植物品种排斥在专利的保护范围之外,或者不承认它们的专利,或者只对产品的特定制造方法进行保护。美国在发展中国家实施知识产权,重点在于药品与农业化学产品专利。美国起诉发展中国家(印度、巴基斯坦、阿根廷、巴西)的知识产权协定争端,均在于此,尤其是起诉印度专利法违反知识产权协定案,以印度败诉终结,并且,美国专利药品由此大量进入世界人口第二大国的印度市场。[①]

　　为符合《知识产权协定》的要求,洪都拉斯于1993年、阿根廷于1995年、古巴于1995年、巴西于1996年、印度于2003年颁布了新专利法。上述国家新专利法最重要的修正便是给予药品和农用化学产品以专利权保护,其次是增加了许诺销售权。中国在1992年的第一次专利法修正案中,为了履行《中美知识产权谅解备忘录》中所做的承诺,就规定了对药品和化学物质、食品的专利权保护,2000年的专利法修正案则按《知识产权协定》的要求增加了许诺销售权、规定实用新型和外观设计的复审和无效由法院终审、完善了强制许可的条件。

　　生物技术的发展把药品和农用化学产品的专利权保护问题推向了知识产权制度变革的前台,在发达国家的压力之下,发展中国家纷纷修法以实现本国专利制度的现代化。

　　最后,在集成电路和植物新品种保护方面。《知识产权协定》要求各成员同意按照《集成电路知识产权条约》第2条至第7条(第6条第3款除外)、第12条和第16条第3款的规定进行保护,并将未经权利人授权而实施的下列行为视为非法:进口、销售或以其他方式为商业目的而分发受保护的布图设计、含有受保护的布图设计的集成电路以及使用了持续含有非法复制的布图设计的此种集成电路的物品。

　　大多数发展中国家原本都不保护集成电路布图设计,特立尼达和多巴哥是少数的几个已经很好地执行知识产权协定有关保护集成电路布图设计规定的发展中

[①] 张乃根:《论知识产权协定义务》,载《浙江社会科学》,2002年第5期。

国家之一。① 基于知识产权协定的要求，各发展中国家不得不制定法律保护集成电路布图设计。

《知识产权协定》虽然允许成员国可以将动、植物品种排除于专利客体之外，但又规定成员国应以专利制度或有效的专门制度或以任何组合制度，给植物新品种以保护，并且规定在"建立世界贸易组织协定"生效的四年之后进行检查。考虑到植物新品种与一般的产品发明不同，它是有生命之物，具有自身生长繁殖的特性，并非普通的技术解决方案，大多数发展中国家结合本国情况，在专利法中都明确规定对植物新品种不授予专利权，而是采用专门法来保护植物新品种。

虽然知识产权制度是由发达国家推动的，虽然发展中国家的知识产权制度现代化是在发达国家的压力下进行的，但是不少国家仍然根据本国的实际情况制定了符合本国发展的知识产权科技政策。面对知识经济所带来的机遇和挑战，印度政府深刻反思了自身的问题和差距，政府正在制定一项科学复兴计划，加大国家对科技和教育的投入力度，调整研发投入结构，发挥国家创新体系在促进国民经济发展的作用。印度农业科技领域正在酝酿实施第二次农业绿色革命，并在信息技术领域推出了通讯与信息技术产业发展的"十项议程"，登月计划已经获得了印度总统卡拉姆的首肯。2005年3月，印度政府宣布成立一个由28名成员组成的总理科学顾问委员会，并授权委员会对与国家科技发展有关的任何议题，直接向总理提出建议。委员会的成员包括来自企业界和学术界的代表，国防部、原子能部、空间部、科技部和生物技术部等政府科技部门的顾问和秘书，印度科学与工业研究理事会、医学研究理事会和农业研究理事会的主席。2005年5月，政府宣布成立一个国家知识委员会，成员来自印度知名高校和企业的代表，并任命一位著名企业家作为委员会的主席。可以认为，印度科技孕育着重大发展。

为了应对信息社会的挑战，加大印度信息技术业的发展力度，印度政府在1999年10月专门成立了信息技术部，并推出了一系列争取将印度在2008年建成"超级信息技术大国"的计划和政策。② 2000年5月，印度国会通过了《信息技术法案2000》，随着这部法案于8月15日正式生效，印度跨入了当今世界12个在计算机和因特网领域专门立法的国家之列。《信息技术法案2000》明确规定，"电子商务"得到法律的承认和保护。包括"电子合同"在内的一切"电

---

① Car. M. Correa: Intellectual Property Rights, the WTO and Developing Countries, Zed Books Ltd, P. 118.
② 参见《经济参考报》2000年9月8日版。

子文书"和"数字化签名"只要经过适当的认证手续,即有法律效力。① 为保持软件和信息服务产业的持续高速和健康发展,2005 年印度政府成立了一个计算机法律专家委员会,以使对 2000 年公布的《信息技术法 2000》进行进一步的修订。特别是 2005 年后,政府明确提出必须尽快修订信息技术法,为软件和信息技术行业提供一个符合国际标准和规范的数据保护法律体系。目前该法案已经成为印度应对数字、网络技术的重要法律。

为了应对生物基因技术的挑战,发挥本国的生物资源优势,② 印度政府在颁布实施《生物多样性保护法》之后,于本世纪初,发布了《生物技术 10 年展望》,并经过多年的咨询讨论和征求意见,2007 年 11 月印度政府正式公布了《国家生物技术发展战略》,明确提出了进一步加速生物科技及产业发展的措施。该战略将印度生物技术发展的法律规范、产业规划、人才培养、产研结合、产商结合、生物技术园区和孵化器建设、优先发展领域和基础设施建设提出长远规划和政策措施,明确提出加强生物专利技术转化、知识产权管理和保护措施。印度《国家生物技术发展战略》和 2005 年修改后的《专利法》相配合,极大地促进了其生物技术企业的发展。

其他发展中国家也纷纷制定有利于本国经济发展的国家战略,以应对新技术带来的挑战。如智利在 2002 年 6 月建立了国家生物技术发展委员会,负责协调和制定国家生物技术的宏观发展政策。2003 年,智利政府制定了生物技术发展的十年规划《国家生物技术发展战略》,用于指导本国的生物技术发展。该战略明确加强对生物技术的立法和管理,保证环境和健康的安全,促进社会可持续发展,并指出通过制定透明的管理制度和科学研究的道德规范、保护生物技术的知识产权、防止生物技术产品对环境的污染和对人体健康的危害、向公众提供信息等措施,以加强政府的监管作用。2005 年完成了工业产权法的修改并公布实施,环境法、林业法的修改和基因法的制定仍在议会讨论之中。③

长期以来,巴西不授予生物制药产品专利,使得生物制药企业不注重自行研发专利产品,而转向仿制国外的生物医药产品。直到 1997 年政府通过了新的专利法,这种情况才有所改观。现在,巴西政府高度重视生物技术,取得了令世人瞩目的成就。在农业生物技术方面,虽然到目前为止,转基因植物还没有获得商业化种植的许可,但是关于转基因植物的研究、培育及其安全性研究和评估已经

---

① 参见《中国信息年鉴》网站,http://www.cia.org.cn/gjxxhwx/gjxxhwx_index_19.htm,2009 年 3 月 17 日访问。

② 印度有着得天独厚的生物资源,在约占全球 2% 的土地面积上拥有世界上 6.5%~7% 的野生物种,在世界拥有最丰富生物资源的 10 个国家中名列第 8。参见赵清华等:《印度:力图成为亚洲生物产业的隐形冠军》,载《中国生物工程杂志》,2008 年第 7 期。

③ 刘智:《智利国家生物技术发展战略》,载《全球科技经济瞭望》,2006 年第 6 期。

大范围的展开；巴西大力推行基因组计划，在绘制病原微生物基因组图谱方面仅次于美国和英国，在破译人类癌细胞基因图谱方面仅次于美国；在卫生生物技术领域，巴西在热带病的免疫研究和药物开发方面成绩显著，其生物医药技术产品占国内市场份额的80%以上。生物技术产业作为巴西的一个新兴产业，呈现蓬勃发展的趋势。2004年2月5日，巴西众议院通过了《巴西生物安全法》，该法确立了转基因产品的安全标准和监察规范，对人类胚胎的使用、克隆和遗传学变异体及衍生物的环境准入等作出规定。《巴西生物安全法》进一步对生物技术时代基因、人类克隆、动植物品种等可专利性问题做出了否定性的回答。

三、新技术条件下国际组织对知识产权保护的努力

自20世纪60年代开始，随着现代生物技术的迅速崛起，人们关于生物技术的许多传统观念发生了深刻的变化，与此同时，国际社会对知识产权保护客体也有了新的认识，从而在生物技术的法律保护这一问题上取得了较大的进展。许多国际组织和国家对日益增加和日趋重要的生物技术知识产权问题非常重视。如：联合国贸易和发展会议（UNCTAD）建立了生物技术和遗传工程国际中心。该中心章程规定对生物技术发明创造要给予法律保护；经济发展与合作组织（OECD）的部分成员国以及该组织的科学技术政策中心提出了用专利保护生物技术成果的报告；保护植物新品种国际联盟（UPOV）实行了以专门方式保护植物品种的制度体系；1994年通过的《知识产权协议》也对成员国明确提出应当用专利或用有效的专门制度或两者结合对植物品种进行保护。早在1983年，巴黎公约国际联盟第14次会议就提出建议，要求世界知识产权组织研究利用专利和其他形式在各国和国际上有效地保护生物技术发明创造。为此，世界知识产权组织成立了专门委员会进行调查研究并多次召开专家会议对利用专利保护生物技术的各种法律问题进行了广泛的研究探讨，以期寻求各国及国际组织对生物技术知识产权保护的共同原则和通行作法。通过十几年来的努力探索和实践，各国间共识增加，协调增进，对国际经济技术贸易交流起到积极的推动作用。

互联网在全世界的兴起，为信息资源的交流和使用提供了低成本、全方位的工具。以网络技术为代表的信息技术普及，使人们克服了时间、空间的限制，迅速而廉价地获取和更新世界范围的信息，从而降低库存和物流成本。网络还有力地推动了生产力要素在世界范围内的流动，是经济全球化的技术基础。信息化的程度已经成为各国综合国力的重要标志，成为21世纪世界各国进行较量的焦点。推进信息化建设，有利于加强国际经济、技术合作，有利于更广泛地开发利用信息资源，对提高全世界人民的生活水平和生活质量将起到无可估量的作用。世界

知识产权组织与社会各界紧密合作，迎接当今出现的新挑战，如电子商务、广播、资料库、生物技术和各社会传统知识和文化的知识产权问题。世界知识产权组织也在着手建立一个世界范围的知识产权信息计算机网络。所有这些工作的共同目的是促进世界经济和文化的更大繁荣。世界知识产权组织颁布了《世界知识产权组织版权条约》，由序言和 25 条正文组成，其目的是为了在信息技术和通讯技术领域，特别是互联网领域更充分地保护版权人的利益。世界知识产权组织还颁布了《世界知识产权组织表演和录音制品条约》，由序言和 33 条正文组成，目的是为了在数字领域，特别是互联网领域更好地保护表演者和录音制品制作者的权利。1994 年签订的《商标法条约》（TLT）和 2000 年通过的《专利法条约》（PLT），分别对在各国获得并维护商标和专利的程序进行了简化、统一和合理化。另外，通过采用加速指定国际统一的原则和规则的新办法，世界知识产权组织还启动了一项新政策以适应工业产权领域的迅速变化，1999 年通过了有关保护驰名商标的国际建议、2000 年通过了有关商标使用许可的国际建议，2001 年通过了有关在因特网上保护商标的国际建议，充实完善了传统和旷日持久的以条约为基础的国际法律标准制订的方法。下面择其重要部分予以介绍。

（一）数字技术与"互联网条约"

世界知识产权组织（WIPO）一直致力于协调新技术发展所带来的各国版权法在细微方面乃至根本方面进行应对的差异。起初由 WIPO 各机构起草建议、指导原则和示范条款，就如何迎接新技术的挑战为各国政府提供了指导。但到了 20 世纪 80 年代末，国际上逐渐承认单靠指导已不足以对新技术的发展做出适当反应，有约束力的新的国际准则变得不可或缺了。① 1996 年 12 月 2 日至 20 日在日内瓦召开了 WIPO 对于版权和邻接权若干问题的外交会议，外交会议通过了两个条约：《WIPO 版权条约》（WCT）和《WIPO 表演和录音制品公约》（WPPT）。前者的主要内容是对《伯尔尼公约》1971 年巴黎文本某些实质性条款进行修改，而后者则在 1961 年《保护表演者、录音制作者和广播电视组织的罗马公约》的基础上又为表演者和录音制品制作者制定了专门的国际条约。以上两个条约由于主要涉及互联网下版权与邻接权保护，所以也被称为"互联网条约"。WCT 与 WPPT 两个条约已分别于 2002 年 3 月 6 日和 5 月 20 日生效。

WCT 由 25 条组成，未分章节。第 1～14 条系实体条款，第 15～25 条系行政管理条款。此外还附有"议定声明"9 条。它的主要内容包括：（1）复制权。

---

① 米哈伊·菲彻尔（Mihaly Ficsor）:《21 世纪到来之际的版权和有关权》（上），载《著作权》，1999 年第 1 期。

"议定声明"第 1 条规定,《伯尔尼公约》第 9 条所规定的复制权及其所允许的例外,完全适用于数字环境,尤其是以数字形式使用作品的情况。不言而喻,在电子媒体中以数字形式存储受保护的作品,构成《伯尔尼公约》第 9 条的复制。(2) 发行权与出租权。WCT 第 6 条规定,文学和艺术作品的作者应享有授权通过销售或其他所有权转让形式向公众提供其作品原件和复制件的专有权。同时第 7 条规定出租权。(3) 向公众传播的权利(又译公共传播权)。WCT 第 8 条规定,在不损害《伯尔尼公约》有关规定的情况下,文学和艺术作品的作者应享有专有权,以授权将其作品以有线或者无线方式向公众传播,包括将作品向公众提供,使公众中的成员在某个选定的地点和时间可以接触这些作品。(4) 限制与例外。WCT 第 10 条规定,缔约各方在某些不与作品的正常利用相抵触,也无损害作者合法权益的特殊情况下,可在其国内立法中对依本条约授予文学和艺术作品作者的权利规定限制或例外。在议定声明第 9 条明示,这些限制与例外继续适用并适当地延伸到数字环境中。同样,这些规定被理解为允许缔约方制定对数字网络环境适宜的新的例外与限制。(5) 技术措施保护和权利管理信息保护的义务。WCT 第 11 条规定,缔约方应规定适当的法律保护和有效的法律补救办法,制止规避由作者为行使本条约所规定的权利而使用的、对就其作品进行未经该有关作者许可或未由法律准许的行为加以约束的有效技术措施。WCT 的 12 条给权利管理信息做出界定,并禁止未经许可去除或改变任何权利管理信息,以及未经许可发行、为发行目的进口、广播、或向公众传播明知已被未经许可去除或改变权利管理电子信息的作品或作品复制品。(6) 网络时代版权保护体系化方面的其他规定。涉及版权保护的范围、计算机程序、数据汇编(数据库)、摄影作品的保护期限等。

WPPT 由 33 条组成,共分五章。第一章:总则;第二章:表演者的权利;第三章:录音制品制作者的权利;第四章:共同条款;第五章:行政条款和最后条款。WPPT 从总体上遵循着与 WCT 相同的解决思路和体系化努力,注意厘清复制权、发行权、出租权、获得报酬权的界限,同时规定对权利的限制和例外,以及关于技术措施和权利管理信息的义务。二者的不同之处在于:(1) WPPT 沿用"罗马公约"的结构,在第 2 条中包含了一系列的定义,而 WCT 则与"伯尔尼公约"保持一致,并没有相关定义的界定。(2) WPPT 详细规定表演者的精神权利,WCT 没有精神权利方面的规定。(3) WPPT 没有采用"公共传播权"这一语词涵盖交互性网络传输,而是在第 10 条规定"提供已录制表演的权利",第 14 条规定"提供录音制品的权利",但其实质含义与公共传播权并无不同。(4) WPPT 因为需要把其内容划分为表演者权利和录音制品制作者的权利而产生结构上分章的需要,WCT 没有划分章节。

（二）网络技术与"WIPO 关于因特网商标问题的联合建议"

《关于在因特网网上保护商标权以及各种标志的其他工业产权的规定的联合建议》（以下简称联合建议），是由保护工业产权巴黎联盟大会和世界知识产权组织大会在 2001 年 9 月 24 日至 10 月 3 日召开的世界知识产权组织成员国大会第三十六届系列会议上通过的，旨在为商标注册人在因特网上使用其商标以及参与电子商务发展提供一个明确的法律框架，为促进有关商标权以及各种标志的其他工业产权的现行法律在因特网上的适用提供便利。

联合建议是 WIPO 在最近几年里为了加速发展国际上共同一致的原则的一种新的办法，它虽然不像多边条约那样对各缔约方具有约束力，但它是由 WIPO 各专设机构（如原来的各种专家委员会、后来的各个常设委员会）采集国际、地区以及国家水平上的各种做法，并经 WIPO 大会和巴黎联盟或伯尔尼联盟成员大会通过的，实际上代表了各个国家、政府间机构和非政府机构的一些基本的、共同的观点，因此，它对于协调各国在有关领域的知识产权保护是非常有用的。正如 WIPO 所说的那样："如果成员国认为这样做符合其利益，则将对工业产权原则和规则的统一和执行的协调采取更加灵活的途径，以便更快地取得成果并加以适用，确保工业产权制度的执行者和用户更早地获得实际益处。"[①] 到目前为止，WIPO 大会共通过了三个"联合建议"，除本联合建议外，其他两个分别是：1999 年 9 月的《关于保护驰名商标的规定的联合建议》、2000 年 9 月《关于商标使用许可的联合建议》。

有关在因特网上保护商标权的问题，最初是在商标、工业品外观设计和地理标志法律常设委员会（SCT）第一届会议上提出的，后经第二至六届各次会议讨论，最后在第六届会议通过了向 WIPO 大会和巴黎联盟大会提交的草案，该草案在获得 WIPO 大会和巴黎联盟大会通过时未进行任何修改。与联合建议一同公布的，还有 WIPO 国际局编拟的解释性说明。

联合建议由序言和六个部分共 15 个条款组成。序言主要阐明了联合建议的目的和宗旨；第一部分系总则，只有一条，即第 1 条"缩略语"，对一些关键术语进行了定义和解释。联合建议的其余五部分分别从五个不同的方面对因特网上的商标问题进行了规定：标志在因特网上的使用、各种标志的权利的取得和维持、侵权和责任、通知和避免冲突、补救办法。下面我们将简要地对联合建议的这五个方面的规定进行介绍和分析。

---

① WIPO 文件 A/32/2－WO/BC/18/2，第 85 页。

1. 标志在因特网上的使用

（1）使用的认定。

正如我们在本章第一节中所指出的那样，传统商标法在网络环境下实施的困难之一就是如何确定一个商标在因特网上的使用是否构成商标法意义上的使用。由于传统商标法意义上的商标使用具有时空特性，就地域范围而言，不能笼统地说商标使用，而必须具体地指出在哪一个国家或地区使用。联合建议第二部分的主要目的就是明确一个商标在因特网上的使用在何种情况下构成在某一成员国中的使用。

根据联合建议第 2 条的规定，只有在依第 3 条所述在某一成员国中产生商业影响的情况下，标志在因特网上的使用方构成在该成员国中的使用。这意味着，商标在因特网上的使用并不能简单地看作是在因特网所覆盖的所有地域都具有法律意义，只有这种使用对某个成员产生商业影响时，才构成商标法意义上的商标使用，不论商标侵权还是商标权的取得和维持，都应如此。虽然"商业影响"一词可以作出多种不同的解释，但这毕竟确立了一项具有可操作性的标准。

（2）恶意的认定。

联合建议第 4 条规定，在确定标志是否被恶意使用或权利是否系恶意获得时，应考虑任何相关情况，尤其应考虑下列因素：①使用该标志或取得该标志的权利的人，在首次使用该标志、取得该项权利或为取得该项权利提交申请（三者中以日期早者为准）时，他是否知悉相同或类似标志的权利属于另一人，或不可能有理由不了解有该项权利的存在，以及②该标志的使用是否会不正当地利用或无理地损害受该项其他权利保护的该标志的显著特征或声誉。

2. 各种标志的权利取得和维持

联合建议并试图确立有关因特网上的各种标志的权利取得和维持的实体规则，只要求标志在成员国因特网上使用（包括因技术进步而可能的使用形式），应在确定该成员国可适用的法律所规定的取得或维持该标志的权利方面的要求是否得到满足的每一个案中予以考虑。也就是说，各成员国在处理与各种标志的权利取得和维持有关的事宜时，不能仅仅因为该标志是在因特网上使用而否认此种使用的法律效力，只要在因特网上的使用符合联合建议第 2 条所规定的条件，即应承认这种使用的效力。

3. 侵权和责任

联合建议并没有就侵权的构成及责任承担问题规定具体的规则，只是规定了一些在认定侵权和确定责任方面的基本原则。

联合建议第 6 条规定，标志在因特网上的使用，包括因技术进步而可能的使用形式，在确定某成员国可适用的法律所规定的权利是否被侵犯，或此种使用依该成员国的法律是否构成不正当竞争行为时，只有在此种使用构成该标志在该成员国中因特网上的使用的情况下，方应予以考虑。

第 7 条则规定，除本规定另有规定外，如标志在某一成员国中因特网上的使用有侵权行为或不正当竞争行为，依可适用的法律，应在该成员国中承担责任。同时，第 8 条规定，成员国在对标志在其国内因特网上的使用适用本规定时，应适用可适用的法律关于责任的例外和对权利范围的限制的现行规定。

4. 通知和避免冲突

考虑到因特网上使用商标问题的特殊情况，实际上也主要是考虑到因特网的无地域性与传统商标权效力范围的地域性之间的矛盾，联合建议第五部分对通过信息沟通以减少和避免侵权的问题做出专门规定。

依联合建议第 9 条的规定，如果标志在某一成员国中因特网上的使用被指称为在该成员国中有侵权行为，在以下情况下，该标志的使用者在收到侵权通知前，不承担这一侵权的责任：①依据与使用者有着密切关系的另一成员国的法律，使用者在该另一成员国中拥有该标志的权利，或使用该标志系经该项权利的所有人的同意，或被允许以该标志在因特网上的使用方式使用该标志；②该标志的权利的取得和对该标志的任何使用并非出于恶意；以及③使用者已就该标志在因特网上的使用合理提供了足以通过邮寄、电子邮件或传真方式与其联系的信息。

按第 10 条的规定，有关使用者在收到前面所提到的侵权通知之后，如果采取以下行动，即不承担责任：①向发送通知者说明，依据与使用者有着密切关系的另一成员国的法律，他在该另一成员国中拥有该标志的权利，或使用该标志系经此项权利的所有人的同意，或被允许以该标志在因特网上的使用方式使用该标志；②提供与该项权利或被允许的使用相关的细节；③迅速采取合理措施，有效避免在该通知所述成员国中产生商业影响，或避免侵犯该通知所述权利。

联合建议第 11 条还对有效的侵权通知应具备的形式和内容做出明确的规定。同时，考虑到电子商务的实际情况，联合建议第 12 条还对免责声明的效力做出明确规定，并要求各成员国将那些符合规定的免责声明视为第 10 条所述的合理、有效措施。

5. 补救办法

联合建议第六部分对标志在因特网上的使用构成侵权行为或不正当竞争行为时所采用的补救方法规定了一些基本的原则和限制。

联合建议第 13 条规定，各成员国在对侵权行为或不正当竞争行所规定的补救办法，应当与此种使用在该成员国中产生的商业影响相称。这一规定的基本含义是，各成员国不能简单地将禁止标志在因特网上的使用作为补救办法，而应视实际情况，在足以消除这种商业影响的范围和程度内，确定适当的补救方法。联合建议第 14 条和第 15 条从正反两个不同的方面对这一原则进行了细化。

（三）世界知识产权组织域名程序报告

作为一个以促进各成员国保护知识产权为职责的专门机构，世界知识产权组织（WIPO）对域名问题表现出了极高的热情。1996 年 10 月 2 日，世界知识产权组织大会作出决定，要求国际局对因全球信息基础设施包括因特网在内而产生的国际知识产权问题进行研究①，国际局随即采用行动以落实大会的这项要求。自 1997 年 2 月起，WIPO 在域名问题上做了大量工作，不但对域名问题进行深入研究，提出具体的解决方案，而且亲自解决了数以千计的域名纠纷。

在美国等国家的积极倡导下，世界知识产权组织于 1998 年 7 月正式启动了一个名为"因特网域名程序"（Internet Domain Name Process）（以下简称"域名程序"）的国际咨询活动。这次活动的目的是，就因域名与知识产权冲突而产生的一些问题向 ICANN② 提出建议。

通过一系列的调查、咨询及研讨，世界知识产权组织于 1999 年 4 月 30 日发布了其域名程序的最后报告，即"因特网名称与地址管理：知识产权问题"③。最后报告对与域名有关的知识产权问题，尤其是商标权问题进行了阐述，并提出了若干建议。最后报告共五章，另有 11 个附件。报告在强调了 WIPO 域名程序应遵循的各项原则的基础上，分别就改革现行域名注册制度以预防域名纠纷、通过司法及行政程序解决域名纠纷、驰名商标的特殊保护、启用新的通用顶级域名以为商标所有人提供更多选择等四个方面的问题提出了具体的建议。这些建议奠定了后来的域名争议强制性行政程序的基础。

由于这次域名程序集中讨论了域名与商标的冲突问题，未涉及域名与其他标记之间的冲突问题。于是，19 个世界知识产权组织的成员于 2000 年 6 月 28 日向总干事提出一份建议，要求通过咨询程序就域名体系中对除商标之外的某些标识的"恶意注册、滥用及不正当竞争"问题提出建议④。世界知识产权组织随即发

---

① 世界知识产权组织文件"AB/XXIX/10"，第 109（b）段。
② 即"因特网名称与数值分配公司"（Internet Corporation for Assigned Names and Numbers），成立于 1998 年 10 月，是非营利的私营公司。在美国政府的大力支持下，该公司成为全球因特网的最高权威机构。
③ The Management of Internet Names and Addresses：Intellectual Property Issues, httpe：//wipo2.wipo.int/process1/report/finalreport.html，2009 年 2 月 1 日访问。在世界知识产权组织的几个网站（如 www.wipo.int 及 ecommerce.wipo.int）上，都可以找到该报告的全文。
④ WIPO 第二次域名程序报告，http：//wipo2.wipo.int/process2/report/pdf/report.html，2009 年 2 月 1 日访问。

起了"第二次"① 域名程序，并于 2001 年 9 月 30 日公布了该程序的报告"因特网域名体系中的权利承认与名称使用"。该报告主要对域名体系中涉及的其他标识（包括药品国际非独占性名称、政府间国际组织名称、个人姓名、地理标志以及商号等）进行了分析并提出建议。

---

① 从有关资料所提供的信息来看，WIPO 似乎并无举行后续域名程序的打算。在前述域名程序的所有文件中，均无"第一次"字样。

第八章

新技术时代我国知识产权制度的应对

一、新技术发展与我国知识产权制度现代化进程

新中国知识产权制度建设,经历了20世纪70年代末到90年代初的初建,90年代近10年的发展以及新世纪"入世"后的进一步完善。经过近30年时间的努力,我国建立了较为齐全的知识产权法律体系,形成了较为完善的知识产权管理和执法体系,知识产权保护力度不断增强,知识产权各项事业日益进步,从而推动了中国经济与社会的健康发展。中国仅用了30年的时间走完了西方国家知识产权制度建设上百年的发展历程,其法制成就举世瞩目,1994年时任世界知识产权组织总干事的阿帕德·鲍格胥博士在回顾该组织与中国合作20年的历史时指出,"在知识产权史上,中国完成所有这一切的速度是独一无二的。"[1]

(一) 我国知识产权政策顺应经济发展状况而调整

在50多年内,我国知识产权制度处于"法律本土化"的摸索过程。这一时期我国经历了从计划经济到市场经济的转型,我国政府在不同的经济体制下,对知识产权的政策也在不断的调整。

1. 计划经济时我国知识产权保护

新中国成立初期,我国政府重视知识产权问题。虽然我国没有颁布专门的知

---

[1] 参见中华人民共和国国家知识产权局:《1994年中国知识产权保护状况》(白皮书)。

识产权法，但在《中华人民共和国宪法》（以下简称《宪法》）和其他的一些法律、法规性质的文件中含有关于知识产权保护的规定。《宪法》规定，我国公民有言论出版自由，获得劳动报酬的权利。国家支持和鼓励一切公民从事有益于国家和社会利益的创作活动。1950年9月，全国出版会议通过了《关于改进和发展出版工作的决议》，其中指出"出版业应尊重著作权及出版权，不得有翻版、抄袭、窜改等行为。"同时，该决议还作出了关于稿酬办法、稿酬计算标准等原则性规定，这些成为我国早期处理有关版权问题的依据。为保护工商业的商标专用权，新中国废除了民国时期的商标法，并于1950年8月通过了《商标注册暂行条例》，这是新中国第一个商标法规。该条例条文较少，但简明扼要，强调了对商标专用权的保护。

从20世纪50年代末到60年代初，在计划经济体制下，知识产权制度失去了权利保护的本来意义，披上了行政管制的法律外衣。1963年，国务院明令废止了《保障发明权与专利权暂行条例》，颁布了《发明奖励条例》，将所有发明创造归为国家专有财产。发明者只可获得一些荣誉性的奖励和象征性的报酬。[①]同年，国务院发布《商标管理条例》，取消了原《商标注册暂行条例》中"权利"或"专有使用权"的概念，把"加强商标管理"作为立法宗旨，并实行商标强制注册制度，强调国家对商标的控制；版权方面，1961年文化部发布的通知取消了版税制度，作者只按照作品的字数和质量领取一次性很低的稿费。所有这些最低限度的"知识产权"保护，到十年"文化大革命"期间则完全不存在了。

2. 十一届三中全会后我国知识产权保护

1978年12月，中国共产党第十一届中央委员会第三次全体会议在北京举行。此次会议提出了健全社会主义民主和加强社会主义法制的任务。全会还讨论了经济建设问题，强调在自力更生的基础上积极发展同世界各国平等互利的经济合作，努力采用世界先进技术和先进设备。

十一届三中全会后，我国法制建设重新起步，知识产权制度也走向一个新的发展时期。1980年，中国专利局成立。1982年8月23日，第五届全国人民代表大会常务委员会第二十四次会议通过了《中华人民共和国商标法》；1984年3月12日，第六届全国人民代表大会常务委员会第四次会议通过《中华人民共和国专利法》，并于1985年4月1日起施行。1986年4月12日，第六届全国人民代表大会第四次会议通过了《中华人民共和国民法通则》，该法于1987年1月1日起施行。知识产权作被确认为公民和法人的民事权利；1990年9月7日，第七届全国人民代表大会常务委员会第十五次会议通过了《中华人民共和国著作权

---

① 参见吴汉东、刘剑文著：《知识产权法》，北京大学出版社2002年版，第135页。

法》，该法于 1991 年 6 月 1 日起施行。

与此同时，我国开始积极加入与知识产权有关的国际公约。自 1980 年 3 月 3 日，向世界知识产权组织递交了加入书后，截至 1992 年，我国还就工业产权保护、集成电路知识产权保护、商标国际注册、文学和艺术作品保护等方面，向有关国际公约递交了加入书。

3. 市场经济确立后我国知识产权保护

1992 年 9 月，中国共产党第十四次代表大会确立了"社会主义市场经济"为改革的目标。1993 年 11 月的十四届三中全会作出了《关于建立社会主义市场经济体制若干问题的决定》的历史性决议，确立以建立市场经济为目标、加强法律制度建设。这一决议对我国法制建设提出了新的、更高的要求。我国立法者也顺应这一要求，积极作出知识产权变革，逐步提高知识产权的保护水平。在这一时期，随着中国对外开放和对外贸易的发展，涉外知识产权问题时有凸显、双边知识产权冲突不时发生。1992 年的《中华人民共和国政府与美利坚合众国政府关于保护知识产权的谅解备忘录》的形成，客观上加快了中国知识产权修法过程，促使中国知识产权立法进一步向国际规则靠拢。

中国分别于 1993 年 1 月和 5 月，向世界知识产权组织递交了《保护录音制品制作者防止未经许可复制其录音制品公约》和《专利合作条约》的加入书。同时，中国专利局成为专利合作条约的受理局、国际检索单位和国际初步审查单位。

中国于 1993 年修改了《专利法》。同年 2 月，全国人大常委会通过了《商标法》修改的决定。1993 年 9 月 2 日，第八届全国人民代表大会常务委员会第三次会议通过了《中华人民共和国反不正当竞争法》，对市场经济中的知识产权不正当竞争行为给予规制。我国分别于 1997 年 10 月和 2001 年 10 月开始实施《中华人民共和国植物新品种保护条例》和《集成电路布图设计保护条例》，大大扩展了我国知识产权的保护范围。

另外，在这一时期内，我国的知识产权司法审判体制和行政管理体制得到了建立和发展。法院系统通过统一人民法院内部执行标准，进一步完善知识产权民事、刑事、行政三位一体的救济制度，通过案件指导、案例示范、案件监督等管理措施，促进司法标准的统一和自由裁量的规范。1994 年 7 月，为了加强知识产权工作的宏观管理和统筹协调，我国建立了国务院知识产权办公会议制度。负责研究、领导、协调全国知识产权工作。①

---

① 《国务院办公厅关于建立国务院知识产权办公会议制度及有关部门职责分工问题的通知》（国办发 [1994] 82 号）。

市场经济的确立，向知识产权制度提出了新的要求，我国知识产权制度顺应这一要求，驶入发展的"快车道"。

4. 加入世界贸易组织后我国知识产权的保护

进入新世纪以来，国内外形势发生了很大变化。在国内，伴随着知识经济时代的到来，知识产权成为企业增强市场竞争力和国家提升核心竞争力的政策工具；在国外，由于经济全球化的影响，知识产权保护成为世界贸易组织各成员方必须遵守的基本规则。面对新的时代条件和新的国际背景，我国积极调整自己的知识产权立法指导思想，从调整性的适用知识产权过渡到主动性运用知识产权的新阶段。

为了对知识产权实行切实有效的法律保护，中国在加入世界贸易组织前，对知识产权保护相关法律法规和司法解释进行了全面修改，使之与世界贸易组织《与贸易有关的知识产权协议》（以下简称《知识产权协议》）以及其他知识产权保护国际规则相一致。2001年10月，全国人大常委会对《商标法》作出第二次修改。2001年10月27日，九届全国人大常委会通过《关于修改〈中华人民共和国著作权法〉的决定》。2000年，全国人大常委会修订了《中华人民共和国海关法》，从法律层面确定了海关在知识产权保护方面的职能。至此，我国知识产权制度符合《知识产权协议》的要求，初步完成了本土化向国际化过度。2003年12月，中国政府颁布修订后的《知识产权海关保护条例》，强化海关调查处理侵权货物的权力。①

另外，为了确保知识产权保护工作的制度化，加入世界贸易组织后，我国陆续建成了50个保护知识产权举报投诉受理中心，面向全社会接受有关侵犯知识产权行为的举报投诉。在这一时期，我国政府重视透过行政管理，提高社会民众的知识产权意识。从2004年开始，将每年4月20日至26日确定为"保护知识产权宣传周"，利用报刊、电视、广播、互联网等手段在全社会开展知识产权保护宣传活动。国家知识产权局还与地方政府共建了专题信息中心，建立了有效的知识产权信息利益、共享机制。目前已经批准建立了19个专题知识产权信息中心，13个已经开通运行。

总之，加入世界贸易组织前后，我国在知识产权宣传、知识产权维权、知识产权执法、知识产权信息化建设方面有了长足的进步。我国知识产权制度与国际通行的规则接轨。

5. 实施国家知识产权战略后我国知识产权保护

胡锦涛总书记2006年1月9日在全国科学技术大会上的讲话中强调，"坚持

---

① 中华人民共和国国务院新闻办公室发布：《中国知识产权保护的新进展》（2005年白皮书）。

走中国特色自主创新道路，为建设创新型国家而努力奋斗"，"建设创新型国家，核心就是把增强自主创新能力作为发展科学技术的战略基点"。同年5月，胡锦涛总书记在中央政治局集体学习时强调："加强知识产权制度建设，提高知识产权创造、运用、保护与管理能力，是增强自主创新能力、建设创新型国家的迫切需要"。① 2007年，中国共产党的十七次代表大会提出："实施知识产权战略"。

这些情况表明，中国已经站在战略全局的高度，重新审视知识产权制度的功用和地位。基于当今国际科技、经济的发展趋势和创新型国家的发展经验，中国将通过制定和实施国家知识产权战略，有效利用知识产权制度，以此作为缩小与发达国家的差距，实现跨越式发展的政策抉择。

2008年4月9日，国务院总理温家宝主持召开国务院常务会议，审议并原则通过了《国家知识产权战略纲要》。同年6月，国务院发布《国家知识产权战略纲要》，明确到2020年把中国建设成为知识产权创造、运用、保护和管理水平较高的国家，5年内自主知识产权水平大幅度提高，运用知识产权的效果明显增强，知识产权保护状况明显改善，全社会知识产权意识普遍提高。因此，现阶段及今后一个时期内，我国知识产权的工作重点将转入实施《国家知识产权战略》方面，从知识产权制度的运作来讲，中国进入了一个关键发展期。为了顺利实现《国家知识产权战略纲要》所确定的战略目标，我国迎来了新一轮的立法、修法热潮。

目前，我国已经制定了一批能够体现我国传统资源优势的知识产权法律、法规。我国已于2005年公布和实施了《国家非物质文化遗产代表作申报评定暂行办法》，并于2006年实施了《国家非物质文化遗产保护与管理暂行办法》，另外我国《非物质文化遗产保护法》、《民间文学艺术作品著作权保护条例》也已经进入了立法规划阶段。同时，我国《专利法》的第三次修改工作已经顺利完成，《著作权法》和《商标法》的修改也已列入立法规划，并进入调研和立法启动阶段。

面临新世纪，我国的知识产权法制已经摆脱了被动立法的局面，并从"调整性适用"过渡到"主动性安排"阶段，我国知识产权事业开始了新的篇章。

（二）我国知识产权法律因应技术发展情况而变革

在上述六个发展阶段中，我国知识产权制度始终遵循新技术发展的步伐，经

---

① 2006年5月26日，吴汉东教授与已故的郑成思教授在中共中央政治局集体学习会议上作了题为"国际知识产权保护和我国知识产权保护的法律和制度建设"的讲解，胡锦涛总书记在此会议上作了重要讲话。

过几次修订，基本实现了制度创新的现代化过程。具体表现在如下方面：

1. 2001 年著作权法的修订

在客体方面，扩大著作权保护的客体范围，将实用美术作品、杂技艺术作品等纳入保护范围；将计算机程序作为文字作品予以保护，延长其保护期限，取消以登记作为取得著作权要件的规定；将"电影、电视、录像作品"扩大解释为"电影作品和以类似摄制电影的方法创作的作品"；有独创性的数据库被作为汇编作品而受到保护。在权利内容方面，规定电影作品、计算机程序的著作权人的出租权；拓宽"表演权"的外延，将其解释为"公开表演作品，以及用各种手段公开播送作品的表演的权利"；规定了信息网络传播权，将其解释为"以有线或者无线方式向公众提供作品，使公众可在其个人选定的时间和地点获得作品的权利。"在权利利用方面，除原有规定的著作权许可使用合同外还增加规定著作权转让合同。在著作权限制方面，为了平衡著作权人的利益和社会利益，对合理使用中的个人复制、表演、播放、公务使用、翻译等行为给予一定的限制。借鉴其他国家的规定，将为编写出版教科书而使用他人作品的行为列入法定许可的种类之一，以促进"科教兴国"战略的实施。在权利行使方面，创立著作权集体管理制度。在权利救济方面，明确对权利管理信息的保护并禁止商业性解密措施的应用，规定侵犯著作权的法定赔偿额；采取过错责任与过错推定责任相结合的归责原则，以加强对受害人的法律救济；在对侵权行为予以查处时，增加规定著作权人的诉讼保全制度等。

2. 1992 年和 2000 年专利法的修订

在客体方面，扩大专利保护的范围，对食品、饮料和调味品、药品和用化学方法获得的物质给予保护；将方法专利的保护对象从原专利法保护的生产方法扩大到依照该方法生产的产品本身。在保护期限方面，延长专利保护期限，发明专利的保护期限为 20 年，实用新型和外观设计专利的保护期限为 10 年，均从申请日起计算。在权利内容方面，增加专利权人的进口权、许诺销售权。在权利限制方面，对于强制许可给予更严格的限制。在权利授予程序方面，取消专利权撤销程序，使专利权的审批程序更加便捷。为了与《知识产权协定》一致，赋予申请人的司法救济权，规定实用新型和外观设计的复审和无效由法院终审。在权利保护方面，限制未经许可而制造的专利产品的"善意"销售、使用，增加诉前的临时措施，增加规定了侵害专利权的法定赔偿额的计算标准。

3. 1993 年及 2001 年商标法的修订

在客体方面，将商标权的保护范围由商品商标扩大到服务商标，禁止将县级以上的地名和公众知晓的外国地名作为商标使用；扩大注册商标的构成要素，包括文字、数字、颜色、图形、三维标志等一切具有显著性的"可视性标志"都可作为商标予以注册。在权利主体方面，扩大商标权人的范围，自然人、法人和其他组织都可申请注册商标。在保护程序方面，规定商标注册审查的补正程序，增加优先权的规定，明确申请注册商标不得损害他人的在先权利，不得以不正当手段抢注他人已经使用并有一定影响的商标。在权利救济方面，取消商标评审委员会的终局决定权，赋予申请人司法救济机会；加强对商标侵权的查处力度，规定相关执法的临时措施，增补法定赔偿额的计算方式。关于驰名商标保护方面，按照《巴黎公约》和《知识产权协定》的要求详细规定了驰名商标的认定及保护方式。

从上我们可以看出，中国知识产权立法，始终关注现代科学技术的发展，不断加快其制度现代化的进程。笔者认为，知识产权制度的现代化特征，表现这一制度与时俱进的时代性。新的世纪是知识经济的时代，也是知识产权的时代，知识产权对于激发人类发明创造的潜力，推动科技进步与文化繁荣具有重要的作用。因此，中国的知识产权制度必须保持其时代先进性，即通过法律制度的现代化去推动科学技术的现代化。

二、新技术条件下我国知识产权制度存在的问题

我国自改革开放以来，逐渐步入了经济全球化的浪潮，进入知识经济与数字时代，科学技术的发展成为促进中国经济腾飞的重要力量。而与科技发展联系最密切的制度——知识产权制度，已成为促进我国科技发展的重要战略手段。改革开放以来，我国一直在讨论知识产权制度在促进科技发展方面的作用，尤其是在当代，如何制定促进科技发展的知识产权保护策略是一个非常重要的问题。

我国在尊重知识、尊重人才和科教兴国等政策的指导下，迅速建立了知识产权保护体系。经过短短十多年的建设，知识产权法律和制度的基本框架已经初步完成。这些制度对于促进科技发展发挥了十分重要的作用。

知识产权制度原本就是一个开放的体系，与科技的发展紧密相连。我国对知识产权进行保护不仅是履行入世的承诺，也是扩大对外开放、改善投资环境、引进国外投资和先进技术的需要，同时更是加快自身经济建设和社会发展的内在需求。尽管我国确实在知识产权保护方面取得了不小的成就，但也不能忽视现实情况和存在的不足。受传统计划经济体制和技术水平相对落后的影响，我国技术创新的总体水平与发达国家有着相当大的差距，同样在知识产权保护方面也不尽人意。这些不足主要体现在如下几个方面。

（一）知识产权立法需要完善，执法力度有待加强

首先，尽管我国确实已经建立了一系列有关知识产权保护的法律法规，但是我国现行的各种知识产权单行法之间存在某些不协调乃至冲突的地方，使司法机关无所适从。① 例如我国反不正当竞争法将经营主体限定为"经营者"，而使现实社会中大量的非属经营者范畴的权利主体之间的冲突无法纳入；在保护客体方面，该法的规定范围狭窄，缺乏弹性，对不同权利客体的交叉现象未予关注。

其次，中国虽然早已加入了世贸组织的《与贸易有关的知识产权协定》，但在知识产权法律保护体系上还不够健全。我国一些知识产权法律规定比较分散，欠缺体系化、系统化、合理化。关于商业秘密的知识产权保护制度，分散规定于《民法通则》、《合同法》、《反不正当竞争法》和《刑法》中，目前还没有出台《商业秘密保护法》，没有对商业秘密权的主体、侵犯商业秘密行为的法律责任等问题进行统一规定；关于商号权保护制度，分散规定于《民法通则》、《企业名称登记管理规定》、《公司登记管理条例》、《产品质量法》及《反不正当竞争法》中，没有制定专门的法律，以对商号权内容、商号使用及知名商号保护等内容进行系统规定。

再次，知识产权执法力度需要加强。我国近年来加大了知识产权的执法保护，目前已形成了行政保护体制和司法保护体制，并审结和查处了一大批知识产权违法案件，极大地保护了知识产权人的利益。但是，知识产权的执法保护问题仍是我国知识产权领域的热点问题。我国当前仍有部分地区和部分领域存在侵犯知识产权的行为，甚至还十分突出，如在版权保护领域，盗版现象仍然多发，不少企业在此问题上仍然颇有微词。笔者认为，目前我国知识产权执法确实存在某些问题，其中一个重要原因在于我国知识产权文化的缺失。我国在对西方知识产权法律制度的移植上取得了很大的成绩，但本国知识产权的文化还没有很好的培育和建立，知识产权的意识还没有深入人心，以至于一些人在传统的"窃书不算偷"的文化氛围影响下，对知识产权的违法行为还不以为然。

在未来的一段时期内，我国应加大知识产权的执法力度，并注重对知识产权文化的培育，提高人们的知识产权保护意识。随着科学技术的不断发展，知识产权侵权的手段和表现越来越复杂和隐蔽，如利用网络等高新技术手段来侵犯他人的知识产权行为都很难处理，这还需要我国立法和执法部门引起充分的重视。

---

① 郑成思：《中国需要怎样的知识产权战略》，http://www.iplaw.pku.edu.cn/type.asp?news_id=94，2008年9月24日访问。

(二) 国民知识产权保护意识有待提升

知识产权制度是一种"舶来品",我国在知识产权制度创建过程中学习和引进了国外一些先进的制度。既然是"引进",当然会存在一些"排异反应"。20多年前中国不存在知识产权制度,那时可以说知识资产的产权是公共的,任何人都可以不作任何付出而利用他人的知识资产,表现出技术成果无权利状态。[①] 尽管目前中国建立的知识产权制度在形式上与国际立法相差不远,但知识产权意识却没有真正深入人心。在中国长达2000多年的封建统治中,难以开发私法观念,更谈不上知识产权意识的发展。而封建帝国瓦解后,我国又经历了长时间的政治动荡,知识和知识分子不受重视,发明和创造得不到保护,[②] 严重地打击了创造者的积极性。在这种背景下,我国的知识产权保护意识当然不可能在短期内得到改善。

笔者认为,提高国民知识产权意识的根本在于国家知识产权文化的培育。我国《国家知识产权战略纲要》把"推进知识产权文化建设"作为一项重要的战略措施,提出要"建立政府主导、新闻媒体支撑、社会公众广泛参与的知识产权宣传工作体系。完善协调机制,制定相关政策和工作计划,推动知识产权的宣传普及和知识产权文化建设。"

(三) 企业拥有核心技术的自主知识产权数量偏少、质量偏低

虽然近几年来中国企业申请和拥有的自主知识产权数量有上升趋势,但这些技术质量不高,真正的核心技术和关键技术仍为他国所拥有。以发明专利为例,在生命科学与生物技术、信息技术、新材料等关键技术领域,发达国家占据绝大多数专利。而我国拥有的有效专利维持率低,维持时间不长。截至2005年底,国内发明专利有效维持率为58.9%,而国外在华的为78.8%;国内发明专利平均维持6年,而国外在华专利为8.5年。[③] 因此可以说,中国的核心技术、关键设备的专利、名牌甚少,主要还是依靠他国的先进技术。我国企业知识产权无形资产的积累增长缓慢,在研发、制造、销售等环节掌握和运用知识产权的水平不高,应对知识产权争端的能力不强。

[①] 刘茂林:《知识产权法的经济分析法》,法律出版社1996年版,第166页。
[②] 费艳颖、杨连生、姜峰:《我国知识产权保护存在问题的原因探析及对策思考》,载《大连理工大学学报》(社会科学版),1999年第3期。
[③] 《"十一五"知识产权事业发展面临的新形势》,载《中国知识产权报》,2006年3月27日。

(四) 我国知识产权管理效率有待提高

目前，我国在知识产权管理方面机构分设，权力分散。虽然我国早已成立了国家知识产权局，但在实际工作中只是相当于原中国专利局的行政职能。而有关知识产权的行政管理机构涉及科技部、国家知识产权局、商标局和出版署。国家知识产权局不能真正对全国知识产权工作进行统筹和协调，这样就缺少有效的沟通渠道和协调机制，政策和管理之间无法衔接，不能形成合力。这些机构的不统一和职能的不协调，导致知识产权的有效保护和整体管理受到负面影响。[①] 其次，知识产权管理机构与企业之间缺乏有效的沟通渠道，导致相互之间信息不畅通。管理机构对实际情况不了解，在我国企业遇到问题时，不能及时参与有关情况的协调和处理，导致我国企业在知识产权国际纠纷中不能采取有效措施保护其利益，这样我国知识产权管理就缺少了有效的预警和协调机制。在制度管理方面，我国的管理模式比较分散，实行专利授权、商标注册和版权登记分散管理，行政管理和执法一体化，这种管理方式不利于知识产权统一的监督和管理，导致了效率低下。

三、新世纪我国知识产权现代化的应对方略

为了促进科学技术的发展，我国在知识产权国际化进程中应当在立法、执法上采取合理的策略。具体而言，这些策略包括如下几个方面：

(一) 合理确定新技术发展中知识产权保护的"度"

知识产权法从其兴起到现在只有三、四百年的时间，但历经从工业革命到信息革命的不同时期，基于科技革命而生，缘于科技革命而变，其制度本身就是一个法律制度创新与科技创新相互作用、相互创新的过程。纵观当今世界科技与经济的发展，人们不难发现这样一个事实：凡是科技发达与经济繁荣的国家，无一不是知识产权制度健全与完善的国家，这些国家拥有的自主知识产权的数量和质量与科技、经济的发展程度一样在世界上处于领先地位。美国作为世界科技、经济强国，既是世界级的专利大国，其每年的专利申请量约占全球的总量的 1/5 左右；同时也是世界级的品牌大国，国际 10 大驰名商标有 9 个名归其下。而中国是一个发展中国家，尚处于经济转型期，还未完全形成一个竞争性的科技、经济

---

① 王炎坤、吴佐明、冯楚健、黄伟：《加强我国科技活动中知识产权保护的若干思考》，载《研究与发展管理》，2003 年第 1 期。

体系，在知识产权法律保障方面也存在诸多问题：例如，拥有创新科技成果，但没有及时产权化；拥有一些科技成果产权，但在关键技术领域没有完全建立自主知识产权；拥有国内知识产权，但没有及时取得国际保护。从一定意义上讲，知识产权保护的水平，客观上反映了一个国家科技、经济发展的水平。换言之，各国知识产权保护水平的差异，实质上反映了国家间科技、经济发展水平的差异。

毋庸置疑，高新技术的发展对我国经济产生了十分明显的推动作用，的确应当通过完善立法和执法来加强对高新技术的保护。但是，我们也应当清醒地认识到，高新技术知识产权保护的现代化不应当是"一切向发达国家看齐"的现代化，而是根据本国国情来合理保护知识产权的现代化。尽管我国高新技术产业目前发展速度较快，但与发达国家相比缺乏应有的竞争力，在软件产业、半导体产业方面尤其如此。面对这样的情形，我们应当明确我国知识产权保护的现状，以决定是"加强知识产权保护"还是退出"已经超高保护"的误区。[①] 我国未来在完善高新技术相关知识产权立法时，既要对知识产品创造人予以适当保护来鼓励其创新的积极性，又要避免盲目照搬国外的先进立法而对高新技术过高保护而损害民族产业的发展及社会公众的利益。从我国高新技术发展的现状来看，未来随着该产业的发展，保护高新技术的知识产权立法的水平会逐步提高，但并非一步到位。

（二）建立适应新技术发展的现代化的知识产权司法、执法制度

知识产权制度的现代化不仅涉及该制度本身的完善问题，而且涉及其实施的完善问题，二者都得到完善才能真正实现知识产权制度的现代化。我国目前在知识产权实施上存在的最大问题有两个：一是知识产权的行政管理机关既多又滥，几乎每项知识产权制度都有一个管理机关，从而容易产生知识产权保护上的权利冲突问题；二是知识产权的司法案件由普通法院的民事法庭审理，缺乏专门的审理机关。由于知识产权案件的专业性越来越强，实践中已经常遇到网络环境中的知识产权保护、生物技术的专利保护这些技术性特别强的案件，要正确处理它们，需要有专门的理工科知识和法律知识，既可能由民事法庭管辖也可能由行政法庭管辖或刑事法庭管辖，我国一些法官在处理此类案件时已显得越来越力不从心。这两方面问题的存在，严重影响了高新技术知识产权保护的效率和力度。笔者认为，对于第一个问题，我们可以通过对现有的知识产权行政管理体制的改革来解决，即整合国家知识产权局、商标局、版权局等专门的知识产权管理机关，

---

① 郑成思：《中国的知识产权保护远远不够》，载《文汇报》，2004年10月18日。

设立统一的知识产权管理部门来统一处理知识产权事务,减少知识产权保护领域的扯皮推诿现象。对于第二个问题,从国际知识产权的保护趋势来看,一些国家如日本已着手建立知识产权法院来处理知识产权案件并收到了较好的效果。为此,可以借鉴这些经验,成立专门的知识产权法院,吸收一批懂法律、懂技术、懂外语的知识产权人才来审理这些案件,以适应高新技术发展的需要。正如我国知识产权法专家郑成思先生所言,"知识产权司法审判模式的设置应与时俱进。……我国也应当设立一个集知识产权民事、刑事、行政'三审合一'的知识产权法院,全面构建科学的知识产权案件立、审、执、监工作体系。"①

(三) 协调新技术保护的权利人与社会公众之间的关系

在高新技术飞速发展的背景下,一些发达国家通过修订其知识产权制度来加强对知识产品创造人的利益保护,从而促进了本国科技和经济的发展。与此同时,过高的知识产权保护水平可能会对社会公众的利益造成损害,特别是当发达国家将这种保护水平向全球推广时将对发展中国家的经济、社会和文化的发展造成一定的损害。这就要求在知识产权保护中应当根据社会发展的实际水平来平衡知识产权人的利益与社会公众的利益,切不可将知识产权的现代化目标理解为"一切以保护高新技术创造者利益为核心"。就此而言,当前亟须解决的问题有两个:一是如何在保护高新技术的同时兼顾社会的公共利益;二是如何在保护高新技术的同时尊重公民的人格利益。

就第一个问题而言,在《知识产权协定》之前,发展中国家主要采用制造和进口仿制药品以满足国民对药品的生活所需,而《知识产权协定》明确规定了对药品的严格的专利保护,从而造成药品价格的大幅上升,使病人难以承受。在《知识产权协定》所设定的严格的药品专利保护机制下,专利药品的价格远远高于非专利药品的价格,大大威胁了发展中国家的人民的生命健康。尽管《知识产权协定》第 27 条规定,为了保护公共秩序或者公德,各成员均可排除某些发明于可获专利之外,而且该协定还规定了生产药品的强制许可制度。但是,由于该协定所规定的强制许可的限制过严以及发达国家与发展中国家之间的利益冲突,事实上这些强制许可制度很难得到实施。2001 年 11 月,《多哈宣言》的签订在一定程度上为发展中国家提供了利用发达国家的药品专利的可行性:(1)《多哈宣言》第 4 条"重申"世贸成员有权充分使用 TRIPs 协议有关条款以达到保护公众健康尤其是促进药品使用程度的灵活性。(2)《多哈宣言》第 5 条

---

① 参见:我国知识产权行政管理与司法审判体制及法律问题调查 (3), http://www.chinaiprlaw.com/spxx/spxx327.htm, 2008 年 11 月 1 日访问。

规定，各成员应本着协议表达的目标和宗旨，尤其是它的目标和原则，按照公共国际法的理解习惯解读 TRIPs 协议的条款；成员有批准强制许可的权利和确定强制许可范围的自由；每个成员都有权确定国家紧急情况或其他紧急情况的内容，公共健康危机属于其中的一种；TRIPs 中与知识产权穷竭有关的条款作用在于，每位成员国有权构建自己的权利穷竭制度，当然要遵从最惠国待遇原则和国民待遇原则。(3) 为了解决 WTO 有些成员国因制药工业落后，缺乏实施强制许可的生产能力的问题，指示 TRIPs 协议理事会找出该问题的快速解决方案，并在 2002 年年底前向总理事会报告。(4) 重申世界贸易组织的发达国家成员国应当根据《多哈宣言》第 66 条第 2 款的规定，促进和鼓励它们的企业和组织向最不发达国家成员国进行技术转让。(5) 将最不发达国家提供药品专利保护的过渡期延长。据此最不发达国家成员国在 2016 年 1 月以前没有义务在医药产品领域执行或应用 TRIPs 协议第三部分第 5 节和第 7 节，或行使该两节所赋予的权利，并指示 TRIPs 协议理事会采取必要措施，根据该协议第 66 条第 1 款对此予以实行。从以上规定可以看出，《多哈宣言》的签订，"不仅确认了公共健康应优先于私人财产权，保证生命健康的基本权利应得到尊重和保护……同时也为今后知识产权立法提供了重要的标准。"① 对我国而言，一方面我们应当遵循《知识产权协定》的要求来对药品予以专利保护；另一方面可根据该协定及《多哈宣言》的规定，在遇到国家紧急情况或其他关系公共健康的紧急时刻及时利用强制许可制度来生产专利药品，以保护国民的生命健康。此外，我国可以根据国情适当处理药品的"平行进口"问题，利用专利权的穷竭制度来使社会公众使用更多更好的廉价药品。

就第二个问题而言，由于生物技术的发展，人们已经可以从人体细胞中提取基因并在医学中应用。现在，人们已经开始担心，对生命授予专利可能会对人的基本权利带来不可预料的限制，甚至会对人格的独立造成不可估量的损害。欧洲议会和理事会在制定《生物技术发明法律保护的指令》过程中也曾遇到了这方面的难题，为了避免基因专利对人的尊严造成损害，该指令第 5 条第 1 款明确表述了尊重人格尊严的理念，即专利法的实施必须遵循保护人的尊严和独立的原则。因此，处于形成和发展阶段的人的身体不能取得专利权，有关人体基本成分的发现，包括基因序列或基因序列的某一部分的发现，也不可取得专利权。但是，根据该指令第 5 条第 2 款的规定，脱离人体的或通过技术方法而产生的某种元素，包括基因序列或基因序列的某一部分，可以构成授予专利的发明，因为它

---

① 李双元、李欢：《公共健康危机所引起的药品可及性问题研究》，载《中国法学》，2004 年第 6 期。

们是通过技术程序取得的，如通过确认、提纯、归类、体外复制等程序而得到，这些程序不会在自然界中产生而属于人们在实践中的干预活动。① 此外，对于一些克隆人的方法、对胚胎商业利用的方法以及基因序列的简单发现等领域，立法者不授予专利权以维护社会的善良风俗。从上述发展可以看到，基因技术的先进性和高成本性是对其授予专利权的一个前提，但基因专利权的取得不能影响人的尊严和独立，在对高新技术进行保护时必须注意保护人的基本尊严。

（四）完善各项知识产权保护制度以适应新技术发展的需要

我国一些学者在谈到知识产权制度的完善时曾提出，应当"建立相应的知识产权法律保护制度"，② 笔者认为这是促进知识产权制度现代化的前提。尽管我国目前已制定了多项知识产权法律法规，但应当看到，在知识产权法律制度建设上仍存在不少的缺陷，比如现有的法律不能完全适应高新技术发展的需要，一些法律之间存在冲突，一些新问题缺乏相应的法律规范。所以，面对高新技术的发展，我国应当从以下几个方面来完善知识产权制度：

就著作权保护而言，由于当代传播技术的不断发展，数字化技术对著作权制度提出了新的挑战，我们必须给予高度重视。鉴于数字技术飞速发展对现代著作权法提出的挑战，我国已启动《著作权法》的第三次修订。未来的《著作权法》的修改应本着利益平衡的精神，重点关注网络技术和数字技术对合理使用中的"个人使用"的冲击、网络浏览对复制概念的冲击、数字权利管理技术对作品利用、接触行为的冲击等方面的问题。数字技术的发展呼唤著作权制度的变革。我国版权法要适应国际数字技术发展的需要，结合我国的实际情况，适时调整我国的版权制度以实现其现代化。

就专利权保护而言，为了应对新时期经济和技术发展的需要，我国于2008年12月27日，在中华人民共和国第十一届全国人民代表大会常务委员会第六次会议上通过了全国人民代表大会常务委员会关于修改《中华人民共和国专利法的决定》。我国新《专利法》规定的很多制度都顺应了技术发展的需要，体现了我国知识产权制度现代化的发展方向。

第一，专利法加强了深化行政审批改革、建设服务型政府的举措。原专利法规定，在中国没有经常居所或者营业场所的外国人、外国企业或者外国其他组织在中国申请专利和办理其他专利事务的，应当委托国务院专利行政部门指定的专

---

① Tade Matthias Spranger, Ethical Aspects of Human Genotypes According to EC Biotechnology Directive, IIC, Vol. 31, No. 4/2000.
② 易继明：《民法典的不朽——兼论我国民法典所面临的时代挑战》，载《中国法学》，2004年第5期。

利代理机构办理，而新专利法则将其扩大为所有"依法设立的专利代理机构"，扩大了可以委托的专利代理机构的范围，为外国专利申请人向我国申请专利提供了方便。同时新专利法第二十一条在原条文基础上增加了一款，规定"国务院专利行政部门应当完整、准确、及时发布专利信息，定期出版专利公报。"

这一规定明确了专利行政部门在专利信息发布上的义务，为以后对专利行政部门发布专利信息作进一步的规范提供了依据和指导。

第二，我国专利法采取了绝对新颖性标准。新专利法摒弃了关于专利授权条件"相对新颖性标准"，而采用了"绝对新颖性标准"。根据原专利法的规定，一些没有公开发表过的技术，虽然在国外已经被公开使用或者已经有相应的产品出售，只要在我国国内还没有人公开使用或者没有相应的产品出售，就可以在我国授予专利，从而导致我国专利质量不高。这既不利于激励自主创新，也妨碍了国外已有技术在我国的应用。为此，专利法修正案草案采用了"绝对新颖性标准"：规定授予专利权的发明创造在国内外都没有为公众所知。

第三，我国专利法注重对我国丰富遗传资源的保护。新专利法在第5条规定为，"对违反法律、社会公德或者妨害公共利益的发明创造，不授予专利权。对违反法律、行政法规的规定获取或者利用遗传资源，并依赖该遗传资源完成的发明创造，不授予专利权。"同时新专利法还在第26条中增加一个条款，规定："依赖遗传资源完成的发明创造，申请人应当在专利申请文件中说明该遗传资源的直接来源和原始来源；申请人无法说明原始来源的，应当陈述理由。"由于我国是遗传资源大国，非法窃取我国遗传资源进行技术开发并申请专利的行为时而发生，通过这一规定，那些违法获取或者利用遗传资源而完成的发明创造将无法获得专利权。另外，根据我国参加的《生物多样性公约》等相关条约的规定，遗传资源的利用应当遵循国家主权、知情同意、标识来源、惠益分享的原则，我国专利法的修改落实了该公约的内容，体现了我国对遗传资源的国家主权的行使。

第四，我国专利法完善了专利权限制制度。对于强制许可，原专利法中只规定了在国家出现紧急状态或者非常情况时，或者为了公共利益的目的，国务院专利行政部门可以给予实施发明专利或者实用新型专利的强制许可。在第三次修订中增加了"为了公共健康目的，对取得专利权的药品，国务院专利行政部门可以给予制造并将其出口到符合中华人民共和国参加的有关国际条约规定的国家或者地区的强制许可"的规定。该规定落实了世界贸易组织《多哈宣言》和世界贸易组织总理事会《关于实施TRIPs协议与公共健康的多哈宣言第六段的决议》。另外，在现行专利法的基础上增加一类新的侵权例外即所谓的"Bolar例外"，规定：专为获得和提供药品或者医疗器械的行政审批所需要的信息而制造、使用、进口专利药品或者专利医疗器械的,以及为其制造、进口并向其销售专利药品或者专利医疗器械的,不视为侵犯专利权。这一规定一方面是由于我国医药企业的研发能力相对于发达国家的跨国制药公司来说还很弱;另一方面,体现了我国专利法对公共健康等重大民生问题的关注,协调了权利人和社会公众的利益。

第五,完善了外观设计保护制度。新专利法将原第十一条第二款修改为:"外观设计专利权被授予后,任何单位或者个人未经专利权人许可,都不得实施其专利,即不得为生产经营目的制造、许诺销售、销售、进口其外观设计专利产品。"增加了外观设计权利人的许诺销售权,进一步保护了权利人的权益。同时,新专利法提高了外观设计的授权标准,把原专利法中的"授予专利权的外观设计,应当同申请日以前在国内外出版物上公开发表过或者国内公开使用过的外观设计不相同和不相近似",修改为"授予专利权的外观设计与现有设计或者现有设计特征的组合相比,应当具有明显区别"。这一修改提高了我国专利制度的授权质量,进一步防止垃圾专利的产生。

第六,完善了专利救济制度。新专利法第六十四条赋予了管理专利工作的部门调查假冒专利行为的相关权力,规定了管理专利工作的部门对有关当事人的询问权,对涉嫌违法行为的调查权,对涉嫌违法行为的场所的现场检查权,对与涉嫌违法行为有关的合同、发票、账簿等资料的查阅、复制权,对与涉嫌违法行为有关产品的检查、查封或者扣押权。另外,新专利法第六十五条在原法的基础上更加具体地规定了侵犯专利权的赔偿数额计算方式,并规定权利人的损失、侵权人获得的利益和专利许可使用费均难以确定的,人民法院可以根据专利权的类型、侵权行为的性质和情节等因素,确定给予一万元以上一百万元以下的赔偿。

通过上述内容,我们可以看到我国专利法的第三次修改在修改宗旨上不同于前两次。如果说前两次专利法的修改主要是更注重引进国外的先进技术,对外资加强知识产权保护的话,那么第三次修改是在"增强自主创新能力、建设创新型国家"这样一个发展战略的背景下,更注重切实地推动我们国家自主创新能力的提高,加强知识产权保护。本次修改不但反映了新技术发展的需求,同时反映了国际立法的最新趋势、落实了相关国际条约的内容,另外本次修改更注重立足于本国的实际发展情况,做到知识产权的保护与我国的科技、经济发展水平相适应。

但是由于当代生物技术的不断发展,基因专利问题对专利制度提出了新的要求。我们应当通过法律的修订解决动物品种、植物品种、基因等生物技术的专利保护问题,顺应生物技术发展需要,实现专利制度的现代化。

就商标权保护而言，应当结合网络技术的发展，完善相关规定来解决商标权与域名权的冲突问题；由于网络技术的飞速发展，传统商标制度在网络环境下面临着法律变革与创新。为了保护网络空间的商标权，工业产权巴黎联盟大会和世界知识产权组织大会在 2001 年 9 月 24 日至 10 月 3 日召开的世界知识产权组织成员国大会第三十六届系列会议上通过了《关于在因特网上保护商标权以及各种标志的其他工业产权的规定的联合建议》。各个国家也纷纷加强网络空间的商标权保护立法。在我国，对于网络空间的不正当竞争问题，我国《反不正当竞争法》似乎鞭长莫及；对于网络商标侵权现象的规制，我国商标法也显得力不从心。因此，网络环境下商标制度的现代化，理所当然成为互联网时代知识产权法制建设的一个重要课题。目前我国已着手对《商标法》进行第三次修改。此次修改主要解决商标注册周期过长，商标维权程序复杂、周期过长等问题。但是，网络环境下有关商标的不正当竞争行为仍是一个重要问题。

就集成电路布图设计权和植物新品种权的保护而言，应当对这两项权利的保护客体、保护内容、保护程序予以详细规定，尽快将现有的集成电路布图设计保护条例和植物新品种保护条例予以修订并上升为法律以提高其权威性。

就域名权的保护而言，应当及时制定域名保护法，详细规范域名权的内容及保护方式，并对域名使用中的不正当竞争行为予以规范；就商业秘密的保护而言，在网络环境下应当合理规范商业秘密在网络上的传播及保护问题，为此就需要及时出台商业秘密保护法。

第三编

创新型国家建设与知识产权制度战略化

第九章

知识产权战略基本理论

2008年6月5日,《国家知识产权战略纲要》由国务院公布施行,标志着我国知识产权发展进入战略化时期。2009年3月5日,国务院总理温家宝在第十一届全国人民代表大会第二次会议上作政府工作报告时指出,要继续实施科教兴国战略、人才强国战略和知识产权战略。再一次确认了知识产权战略作为国家发展方略之一的重要地位。实施知识产权战略是贯彻科学发展观、转变经济增长方式、建设创新型国家的必然要求。在我国实施国家知识产权战略的重要时期,对于知识产权战略的基本理论问题做出相应的梳理和澄明,相信对于战略实施将取到理论护航的功用。什么是知识产权战略,它有哪些特征和属性,其内容和层次怎样构成?显然,这些问题成为认知知识产权战略的前提和基础,也是探讨和思考知识产权战略的起点与基点,本章将就此展开探讨。

一、知识产权战略的内涵

(一) 什么是知识产权战略

战略一词,本是军事学上的术语,与"战术"概念相对应。在军事学上,战略是指对战争全局的谋划、布局和策略。在一般情形下,当我们谈及战略时,更多的是围绕国家、地区、行业的发展战略或企业的经营战略而展开,如我国的科教兴国战略、人才强国战略、自主创新战略以及企业的市场竞争战略、国际化战略等等。这些战略都是战略主体重大的、带有全局性、根本性的谋划和策略。那么，何谓知识产权战略呢？

我国当下对知识产权战略进行整体性研究的著述较为少见，一般学者习惯于在"国家知识产权战略"、"地区（区域）知识产权战略"或者"企业知识产权战略"的名目下进行论述。当然，也有一些学者对知识产权战略的内涵进行了界定，代表性观点主要有三种：（1）认为知识产权战略是权利人利用知识产权而取得竞争优势的策略和一系列措施。① （2）认为知识产权战略是运用知识产权保护制度，为充分地维护自己的合法权益，获得和保持竞争优势并遏制竞争对手，谋求最佳经济效益而进行的整体性筹划和采取的一系列的策略与手段。② （3）认为知识产权战略是战略制定主体通过加快推进与己相关的知识产权各项工作，促进自身总体目标实现的总体谋划。③ 境外学者讨论知识产权战略时，一般存在三种不同的语境：第一种情形是将知识产权战略作为知识产权政策的组成部分考量，亦即在分析知识产权政策的原则、原理和运作时涉足知识产权战略的问题，在这种情况下，IP Strategy 与 IP Policy 具有共同的分析范式；④ 第二种情形是讨论企业、行业的知识产权策略时使用 IP Strategy 一词，此时的知识产权战略实际上等同于具体的策略或者谋略；⑤ 第三种情形是对知识产权总体谋划和具体策略的统称。日本学者在讨论"知识产权立国国策"时使用该种语境的情形较多。⑥ 由此可见，知识产权战略一词虽在不少境外学者的作品中频繁出现，但是并没有固定的范畴界定。不过，从境外学者的分析中还是可以发现，知识产权战略与公共政策、知识产权策略和知识产权总体谋划之间的密切联系。

基于以上的分析，笔者认为，知识产权战略是战略主体为实现自身总体目标，充分利用知识产权制度，以知识产权作为战略资源，谋求或保持竞争优势的总体谋划。

（二）知识产权战略的基本特征

知识产权战略具有六个方面的基本特征：

---

① 李玉香：《知识产权战略应予以高度重视》，载《法制日报》，2004年6月18日。
② 冯晓青：《企业知识产权战略初论》，载《湘潭大学学报》（社会科学版），2000年第5期。
③ 张勤：《关于国家知识产权战略的几点思考》，载《科技成果纵横》，2005年第1期。
④ Susan Sell, Private Power, Public Law: The Globalization of Intellectual Property Rights, Cambridge University, 2003; James Boyle, A Manifesto on WIPO and the Future of Intellectual Property, Available at http://creativecommons.org/licenses/by-nc-sa/2.0/.
⑤ Karl G Handson, Intellectual Property Strategy for Protecting the Looks of A New Product, 81 J. Pat. & Trademark off. Soc'y 887, 1999. Dietmar Harhoff & Bronwyn H. Hall, Intellectual Property Strategy in the Global Cosmetics Industry. Available at http://elsa.berkeley.edu/~bhhall/IP%20Cosmetics_NBER02.pdf.
⑥ 日本知的财产战略会议：《知的财产战略大纲》，http://www.jpo.go.jp，2002年7月3日访问。

(1) 全局性。知识产权战略的全局性体现在战略主体对知识产权基本地位的认识以及知识产权实际所能发挥的作用这两个方面。在主观上，战略主体基于理性认识和社会情势，通过合法化程序将知识产权问题纳入整体发展战略；在客观上，知识产权的战略武器作用在战略主体获取竞争优势、谋求最佳效益时得以全面体现，并且随着时代的演进，其积极作用还具有挖掘的潜力。换言之，知识产权战略涵盖了知识产权法律、政策、管理、服务等整个知识产权运作体系，涉及战略主体生产、经营、贸易和发展的主要方面，因此具有全局性的深远影响。

　　(2) 规律性。诚如毛泽东同志在《中国革命战争战略的问题》一文中所述，战略不同于战术，它是全局的带有规律性的概念。① 遗憾的是，知识产权战略的规律性一面常常为论者所忽视。实际上，知识产权战略之所以能够存在，在相当大的程度上是因为主体可以梳理蕴涵在知识产权、经济发展、自主创新、文化繁荣和政治文明进程中的带有规律性的因素，从而指导自身采取战略措施，实施战略规划。如果没有规律性成分蕴涵其间，知识产权战略将徒有其名，无法形成在实践中发挥功用的规划和方案。

　　(3) 评判性。知识产权战略的评判性意味着知识产权在实现战略主体基本目标过程中充斥着"双刃剑"力量：既有积极功效，又有消极影响；既有正面功能，又有负面功能；既存在正相关，亦有负相关。所以战略主体需要战略的眼光进行评判，一时之得失与战略之得失不可同日而语。正因如此，战略主体应借助战略规划，运用详细的资讯，照应更多的利害关系人，设计更为科学完善的战略纲要，用以抑制知识产权之弊，发扬知识产权之利。

　　(4) 方案性。知识产权战略的制定和实施是一种带有较强智力性因素的策略和谋划，它的基本表现形式就是系列规划方案，并且这些方案在实施中还需要有多种途径和手段保障其最终发挥实益。这至少有以下方面：首先，该方案必须对知识产权制度的规律、规则和规范有充分的认知，对知识产权运行中的规律性因素有较为理性的评判；其次，该方案应运用程序性的规则，实现知识产权战略问题的程序合法化，使之为各种社会力量所认同，特别是通过公众参与和权力干预，达致知识产权资源的合理配置；最后，该方案存有一套合理的规划、评判和修改完善的机制，能够确保其得以不断调整和充实。

　　(5) 动态性。知识产权战略的制定和实施是在主体的统一规划下，统一执行，统一评估，并且不断循环往复的过程，具有活性的动态特征。对知识产权战略过程的把握理应成为知识产权战略理论研究的重要组成。它不仅表明了知识产

---

① 毛泽东同志在《中国革命战争的战略问题》中指出，研究带全局性的战争指导规律，是战略学的任务。研究带局部性的战争指导规律，是战役学和战术学的任务。参见《毛泽东选集》，人民出版社1952年版，第159页。

权战略的程序合法性，为知识产权战略内容选择积聚了多方面的智慧，而且战略过程本身也集中反映了知识产权的实际作用，亦即通过战略措施和战略政策，让知识产权制度自始至终贯穿于战略行动的始终。

(6) 合目的性。知识产权战略服务于特定的战略目标，具有自身的价值选择。这表明，知识产权战略不同于普通意义上的知识产权，它不再是以私权为本位，也不再仅仅以个体正义和矫正正义为取向。相反，知识产权战略的基本目标是服务于战略主体的总体目标，它更多地体现社会正义、生态正义、国际正义和分配正义。正因为如此，知识产权战略具备了一种"权力干预"下的资源分配意义：在宏观层次，它是一种政治和公共政策选择；在微观层次，它是一种企业的自组织干预和综合平衡机制。

二、知识产权战略的公共政策属性

(一) 知识产权战略的实质是公共政策

到目前为止，世界各国中自国家层面明确提出"知识产权战略"的国家只有两个——中国和日本。至于美国、欧洲各国、韩国、印度等国，虽然国内学者常常论及其知识产权战略，但实际上这些国家并没有专门提出过"知识产权战略"。如在 2006 年 5 月，美国专利商标局局长杜达知在接待中国知识产权战略考察团时就曾指出，"美国并没有专门提出国家知识产权战略，对知识产权的管理和保护是各有关部门的内在职责"。然而，没有知识产权战略的提法，并不意味着这些国家没有国家战略意义上的知识产权公共政策。实际上，国内学者探讨这些国家的知识产权战略时，所谈论的内容其实正是其知识产权公共政策的选择。正如英国知识产权委员会发布的《整合知识产权与发展政策》报告所指出的："不管对知识产权采取什么措辞，我们更倾向于把知识产权当成一种公共政策的工具，它将特权授予个人或单位应当完全是为了产生更大的公共利益"①。日本和我国先后制定并实施的知识产权战略，从其内容上我们不难发现，上述战略实际上都是一系列知识产权公共政策，其目标均是为本国总体发展战略服务。因此，宏观意义上的知识产权战略，就其实质而言，就是指一国的战略性知识产权公共政策，包括知识产权法律制度和涉及知识产权的相关政策的战略选择。

---

① See Commission on Intellectual Property Right, Integrating Intellectual Property Rights and Development Policy, London, September, 2002, http：//www.iprommission.org/papers/text/final-report/reportt htmfinal.htm, 2009 年 5 月 4 日访问。

根据政策学理论，所谓公共政策是指社会公共权威部门为解决社会公共问题或社会矛盾、调整社会经济关系而建立的社会生活依据，是提供给社会经济领域的行为规范、基本准则和行动指南，是政府实施宏观调控和社会管理的手段和工具。政策按其手段特征可划分为三类：第一类是工具政策，即常用的财政、税收、货币政策等，这些政策工具的效能要不断提高；第二类是目标性政策即解决经济、社会重大问题的综合政策，如农村剩余劳动力吸纳和流动的管理政策、扶贫政策、产业政策等，这些政策要不断完善和创新；第三类是制度性政策，指对经济、社会行为或具体制度选择的许可或限制、禁止政策，这类政策对制度创新和深化改革至关重要。知识产权公共政策既包含知识产权制度性政策，也包含财政、税收等工具性政策以及科技、产业、文化政策等目标性政策。知识产权公共政策是一国公共政策体系的有机组成部分。

以日本知识产权战略为例，日本于 2002 年 7 月发布的作为其国家知识产权战略的纲领性文件——《知识产权战略大纲》实际上正是日本当前知识产权公共政策的集中阐释。大纲的内容不仅包括知识产权制度方面的调整和完善，更包括了知识产权政策及其配套的相关政策。《知识产权战略大纲》提出日本知识产权战略的基本方向是在知识产权的"创造"、"保护"、"应用"以及构成其基础的"人才基础的充实"这四个层面上分别采取战略性的对策，以实现知识产权立国的目标。这四个基本方向或者说四项子战略既包含法律制度的改革，也提出了政策调整的任务。在法律制度方面，大纲要求要"完善日本版的 Boyh-Dole 制度"、改革专利审查体制、改革知识产权诉讼制度和加强仲裁等替代性争端解决机制（ADR）、提出《反不正当竞争法》修改法案，以及为了促进版权的顺利流通并为人们积极利用（包括那些个人的创作），重建合同制度和权利人意思表示制度，等等。在相关政策方面，不仅包括知识产权政策如加强知识产权教育，还涉及大学、科研机构的技术转让政策、金融机构改善有关知识产权抵押的金融政策以及促进中、小企业积极利用大企业闲置技术的产业政策等。

同样，我国的国家知识产权战略的内容也主要涉及一系列知识产权法律制度和相关政策的建立与完善。例如，在我国《国家知识产权战略纲要》所列的五项战略重点中，"完善知识产权制度（第一项）"、"加强知识产权保护（第二项）"、"防止知识产权滥用（第四项）"等三项重点所涉及的主要是知识产权法律制度的完善；而"促进知识产权创造和运用（第二项）"、"培育知识产权文化（第五项）"则主要关涉知识产权及相关配套政策。例如，对于促进知识产权创造和运用，《纲要》强调要"运用财政、金融、投资、政府采购政策和产业、能源、环境保护政策，引导和支持市场主体创造和运用知识产权。"

（二）知识产权战略的公共政策目标

宏观层次的知识产权战略，作为公共政策的一部分，其目标乃是服务于国家或地区公共政策的总体目标，即促进经济增长和社会发展。具体而言，知识产权战略的公共政策指向是，合理确定人们对于知识及其他信息的权利，调整人们在创造、运用知识和信息过程中产生的利益关系，激励创新，推动经济发展和社会进步。由于知识产权制度一方面通过赋予知识创造者以一定期限的专有权为知识的生产提供一种激励机制；另一方面又使得知识的流动和利用增加了成本，因此知识产权的公共政策选择必须在激励知识创造和促进知识扩散之间寻找平衡。对各国知识产权政策的实证研究表明，经济和科技的发展水平对知识产权公共政策的选择有着显著影响。与此同时，不同国家之间广泛存在的知识流动和日益激烈的产业竞争使得政策平衡点的确定变得更加复杂。从根本而言，知识产权战略的公共政策应当结合本国的发展战略，对内促进其内部经济、科技和文化的发展，对外增强其国际竞争力。因此，一国的知识产权战略既是国内政策，也是对外政策，并以服务国家利益为政策取向。

以美国当前的知识产权战略或曰知识产权公共政策为例，现代美国是知识产权政策的有效运作者。自 20 世纪 80 年代以来，美国的知识产权政策作了如下重大调整：一是在国内建立了促进知识经济发展、科学技术创新的政策体系。美国在其政策体系中，重视知识产权的规制与导向作用。例如，多次修订完善其专利法，加强对技术产权的保护。除此之外，为激励技术创新，还颁布了《发明人保护法》、《技术创新法》；为鼓励成果应用，则制定了《政府资助研发成果商品化法》、《技术转让商品化法》等。由此构成了一个涵盖知识产权创造、应用和保护的完整法律制度。同时，美国强调知识产权制度与产业政策、科技政策、文化政策的有机整合。例如，通过政策联动，推动产业结构调整和传统产业改造，扶持"半导体芯片、计算机、通信、生物制药"等"朝阳产业"，发展"软件、唱片、电影"等文化产业。二是在国际上实施知识产权保护与对外贸易直接挂钩的政策举措。在 20 世纪 90 年代中期以前，美国主要是凭借国内的《综合贸易法》中"特别301 条款"和《关税法》的"337 条款"，把给予贸易对手的最惠国待遇与要求对方保护美国的知识产权直接挂钩，对所有不保护、不完全保护、不充分保护知识产权的国家进行经济威胁和贸易制裁；在 1994 年《知识产权协定》生效以后，美国更多是依赖缔约方的国家强制力和世界贸易组织的国际强制力，将缔约方所承诺的高水平的知识产权国际保护与享有无差别的最惠国待遇紧密联系起来。由此我们不难看出，美国当前的知识产权战略集中体现了其公共政策的国家利益目标，即通过知识产权制度与产业政策、科技政策、文化政策等相关政策的集成,最大限度地为其国家发展和竞争策略服务。

日本《知识产权战略大纲》则明确提出了其政策目标:"本大纲旨在复苏日本经济及社会,描绘出一幅通过进一步推动日本财富之源的知识产权创造以及对知识产权适当地予以保护和利用、创造日本经济社会活力的具体改革蓝图,将科技、文化等诸多领域的创造成果,与产业的发展和国民生活水平的提高结合起来,因而实现'知识产权立国'这一目标。"同时,《知识产权战略大纲》也阐明了其对外政策的目标:"在加强国际合作的同时,日本有必要推行知识产权战略大纲,增强日本产业的国际竞争力。"

我国《知识产权战略纲要》则开章明义,指出我国知识产权战略的主旨在于"提升我国知识产权创造、运用、保护和管理能力,建设创新型国家,实现全面建设小康社会目标。"

(三)知识产权战略的公共政策选择

如前所述,知识产权战略所寓示的知识产权公共政策体系包含两个部分:知识产权制度和相关政策。因此,知识产权战略的公共政策选择涉及知识产权制度的选择和相关政策的安排。

1. 知识产权制度的选择

知识产权公共政策的选择首先是知识产权制度的选择。这主要体现为知识产权保护水平的合理选择,包括知识产权保护范围、保护期限、保护条件等的设定和选择。不同国家的国情不同,对知识产权保护水平的选择会存在差别。同一国家在不同发展阶段也会采取不同的保护政策。知识产权战略首先必须解决的问题是本国知识产权保护水平的合理选择。

对于不同国家在知识产权政策上的不同选择,国外学者进行了大量的实证研究。有学者采用 110 个国家 1960～1990 年期间的数据编制各国专利保护水平指数,发现经济越发达的国家越是倾向于提供专利强保护[①]。然而,上述结果只在该国研发部门达到一个关键规模时才适用。这意味着专利保护水平较低的国家如果要提高保护水平,需要培育相当规模的研发基础才行。马斯库斯(Maskus)对 72 个国家的数据进行回归分析后得出:专利强度与实际人均国民收入相关,而与经济总量无关。专利强度和实际人均国民收入之间呈 U 型关系,当人均国民收入达到 2 000 美元时,专利保护强度开始上升[②]。2002 年 9 月,英国知识产

---

① Ginarte, Juan C. and Walter G. Park (1997), Determinants of Patent Rights: A Cross-national Study, Research Policy, 283-301.

② Maskus, Keith E. (2000) Intellectual Property Rights in the Global Economy, Institute for International Economics, Washington, D. C.

权委员会发表了题为《知识产权与发展政策的整合》的报告,认为对大多数科技基础薄弱的发展中国家而言,知识产权强保护弊大于利。但斯特劳斯(Straus)则以中国和印度为例,说明发展中国家选择加入 TRIPs 协议是有利可图的[①]。对于中国的知识产权政策选择,有研究表明,尽管加强知识产权保护会增加仿制的成本,但更高质量和水平的外国技术的引入会提高生产效益并有利于促进国内的创新。关键的挑战是寻找一个适当的知识产权制度,既能吸引外国技术,又能加强和保护国内改进性创新[②]。

同一国家在不同发展阶段,其知识产权政策选择亦会发生变化,西方国家的历史发展经验证实了这一点。由于落后于英国等欧洲老牌资本主义国家,美国早期采取的是弱知识产权政策。美国 1790 年版权法奉行的是低水平保护:版权客体狭窄、对作品要求标准较低,对外国作品长期不予保护,且游离于 1886 年伯尔尼联盟长达 102 年之久。其后,随着美国文化产业的不断发展,版权法于 1831 年、1879 年、1912 年、1976 年、1998 年多次修改,其版权保护范围不断扩大、保护水平才不断提升。日本在明治维新后于 1885 年公布了专利法,但基本实施的也是低水平的专利政策,其在长达 90 年的时间里排除药品及化学物质专利,并为本国企业吸收外国技术提供制度便利。这一状况直到 1975 年专利法修正案中才得以改变。

2. 相关政策的选择与安排

除了知识产权制度之外,与知识产权相关的科技政策、财政政策、税收政策、贸易政策、投资政策、教育政策以及政府采购等各项政策的选择与安排以及相互间的衔接与配套也是知识产权战略或者说公共政策选择的重要内容。知识产权战略是一项系统工程,除了依靠知识产权法律制度之外,相关政策的供给也是不可或缺的重要因素。

例如,在科技政策中强调知识产权的取得和运用,将知识产权作为科研评价的指标将有利于知识产权的产出。此外,采取激励创新的财政、税收政策,制定高科技产业促进政策,实行促进大学技术转化以及知识产权人才培养的教育政策,采取有利于技术引进和技术扩散的对外贸易和投资政策以及扶持本国自主创新的政府采购政策等都是知识产权公共政策的一部分。不同国家的国情相异,决定了各国对相关政策的选择与安排也不尽相同。

---

① Straus, Joseph (2007), The Impact of the New World Order on Economic Development: The Role of the Intellectual Property Rights System, European Review, Vol. 15 (1), pp. 47–63.

② Maskus, Dougherty, Mertha (2005), Intellectual Property and Development: Lessons from Recent Economic Research Edited by Carsten Fink and Keith Maskus, New York: The World Bank and Oxford University Press.

在我国《国家知识产权战略纲要》中，知识产权相关政策被列为战略重点内容。如《纲要》明确提出要"强化知识产权在经济、文化和社会政策中的导向作用"。具体包括："加强产业政策、区域政策、科技政策、贸易政策与知识产权政策的衔接。制定适合相关产业发展的知识产权政策，促进产业结构的调整与优化；针对不同地区发展特点，完善知识产权扶持政策，培育地区特色经济，促进区域经济协调发展；建立重大科技项目的知识产权工作机制，以知识产权的获取和保护为重点开展全程跟踪服务；健全与对外贸易有关的知识产权政策，建立和完善对外贸易领域知识产权管理体制、预警应急机制、海外维权机制和争端解决机制。加强文化、教育、科研、卫生等政策与知识产权政策的协调衔接，保障公众在文化、教育、科研、卫生等活动中依法合理使用创新成果和信息的权利，促进创新成果合理分享；保障国家应对公共危机的能力。运用财政、金融、投资、政府采购政策和产业、能源、环境保护政策，引导和支持市场主体创造和运用知识产权。强化科技创新活动中的知识产权政策导向作用，坚持技术创新以能够合法产业化为基本前提，以获得知识产权为追求目标，以形成技术标准为努力方向。完善国家资助开发的科研成果权利归属和利益分享机制。将知识产权指标纳入科技计划实施评价体系和国有企业绩效考核体系。逐步提高知识产权密集型商品出口比例，促进贸易增长方式的根本转变和贸易结构的优化升级。"

美国的知识产权战略同样强调知识产权政策与产业政策、科技政策、文化政策的有机整合。由于美国是技术领先的发达国家，其知识产权战略中对相关政策的安排与技术相对落后的中国相比有明显的差别。例如，为了保护美国在海外的知识产权，美国在国际上实行将知识产权保护与对外贸易直接挂钩的政策，运用其《综合贸易法》中"特别301条款"和《关税法》的"337条款"，把给予贸易对手的最惠国待遇与对方保护美国知识产权的情况直接关联起来，对保护其知识产权不力的国家施行经济威胁和贸易制裁。

三、知识产权战略的内容

日本《知识产权战略大纲》提出知识创造的循环分为知识产权的"创造"、"保护"、"应用"以及构成其基础的"人才基础的充实"这四个层面，因而将日本知识产权的内容分为创造战略、保护战略、应用战略、人才战略四个部分，提出要在这四个层面上分别采取战略性的对策，以实现知识产权立国的目标。

根据我国《国家知识产权战略纲要》，我国的知识产权战略的重点主要包括：完善制度、促进创造和运用、加强保护、防止滥用、培育文化等五个方面的内容，按照激励创造、有效运用、依法保护、科学管理的方针，着力完善知识产权制度，积极营造良好的知识产权法治环境、市场环境、文化环境，大幅度提升我国知识产权创造、运用、保护和管理能力，为建设创新型国家和全面建设小康社会提供强有力支撑。

借鉴上述成例，按照知识产权形成和运用的循环过程，知识产权战略的内容通常可分为创造战略、利用战略、管理战略和保护战略四大部分，其中，创造是基础，运用是目的，保护是关键，管理是保障。① 在四大战略之外，以知识产权人才培养和知识产权意识培育为基本内容的人才战略构成所有战略得以顺利运行的基础。

下面对上述五大战略组成分析如下：

1. 知识产权创造战略

知识产权创造战略是知识产权战略的基石和前提，也是知识产权战略的目的和结果。其战略目标在于：促进企业、大学和研究机构的知识产权创造，建立有利于知识产权产生的环境，促使研发成果尽可能地转化为专利、技术秘密等知识产权形式，同时注重在教育方面大力培养富有创新性的人才。

2. 知识产权保护战略

知识产权保护战略就是建立与我国国情相适应的知识产权保护制度，以激励知识产权的创造并保障知识产权的流转和运用。知识产权保护战略的目标在于建立、健全知识产权保护的法律体系和执法机制，公正与有效地维护企业、行业的个体利益，实现社会利益和国家利益的最大化。知识产权保护战略包括两个层次的含义：一个层次的保护战略是国家、区域在制定、执行知识产权法律、法规时的战略措施和谋划；另一层次的保护战略是企业、行业和中介组织在维护自身合法权益时的战略措施和谋划。

3. 知识产权管理战略

知识产权管理战略强调将战略主体的知识产权资源进行规划、整合和组织，用以提高知识产权资源的利用效益。依据不同的标准，可对知识产权管理战略进行不同的分类：从管理内容上看，包括版权管理战略、商标管理战略、专利管理战略以及其他类型知识产权管理战略；从管理形式上看，包括行政管理战略、第三部门管理战略和企业管理战略等。

4. 知识产权利用战略

技术创新并不限于研究开发，而是一个包含从技术研发到成果的市场化、产

---

① 论者一般在国家知识产权战略中将其内容划分为四个方面。笔者认为，战略主体不论是国家、区域还是企业、行业，其实均可从这四个方面或以这四个方面为重点设计和实施自身的知识产权战略。因此，知识产权战略的内容可以统一划分为这四个方面，而不应拘泥于国家知识产权战略的范围。只不过国家知识产权战略的内容更具有代表性而已。

业化的全过程，而这一过程也正是知识产权从创造、保护到利用的过程。无论是知识产权的创造还是保护都必须以知识产权的利用为归结，从这个意义上来说，知识产权利用战略是知识产权战略能否最终成功的关键。

5. 知识产权人才战略

知识产权战略的成功实施至少取决于两个前提条件：一是培养大量的知识产权专门人才，二是提高一般社会公众的知识产权意识。知识产权人才战略的目标在于造就宏大的知识产权人才队伍并形成尊重、崇尚知识产权的社会氛围，以推动知识产权的创造、保护、管理和利用。

四、知识产权战略层次体系及其内部关系

（一）知识产权战略层次体系

知识产权战略体系是一个既包含知识产权公共政策等宏观内容也包含市场主体竞争战略等微观内容的复杂系统。按照战略主体层次的不同，知识产权战略可以划分为国家知识产权战略、地区（区域）知识产权战略、行业知识产权战略和企事业单位（主要是企业）知识产权战略。这种层次划分涵盖了宏观、中观直至微观层面，每一层次的知识产权战略并不是分割独立而是互相衔接的，它们共同构成了一个完整的知识产权战略层次体系。

1. 国家知识产权战略

国家知识产权战略是指以知识产权作为富民强国的战略资源，建立有利于知识产权创造、保护和利用的法制环境、市场机制、知识产权服务和人才培养体系，谋求社会经济良性发展、增强国家竞争力的总体性国家策略。我国知识产权战略的目标是建设创新型国家和知识产权强国，增强我国整体的国家竞争力。

国家知识产权战略的主导者是国家，但国家并不是创新的主体也不是知识产权市场的主体，其战略资源与手段主要是法律制度和政策的供给。国家需要建立和完善有利于知识产权创造、保护和利用的法律制度，并综合运用科技政策、经济政策、产业政策、教育政策甚至外交政策促进知识产权战略目标的实现。

2. 地区知识产权战略

地区知识产权战略是指地方政府通过营造有利于知识产权创造、保护和利用的政策环境、市场环境和服务环境，完善地区创新体系，发挥知识产权的积极功用，提升区域竞争力的总体性谋划。地区知识产权战略与国家知识产权战略有许多相似之处，都是政府层面的战略，只是其战略主体由国家转换为地方。当然，地区知识产权战略必须置于国家知识产权战略的宏观指导之下，不能与国家战略

相矛盾，同时又要与当地的其他发展战略相协同。

3. 行业知识产权战略

行业知识产权战略是行业内企事业单位（主要是企业）的联合行动战略，旨在共同应对本行业有关知识产权的重大问题，促进行业整体发展的根本性、长远性策略。其战略目标是通过联合开发具有自主知识产权的核心技术与配套技术，努力形成自己的技术标准，有效防范和突破他人的技术壁垒，共同加强与行业利益攸关的知识产权保护，以提高行业的整体竞争能力和可持续发展能力。

在拟定知识产权行业战略时，还应充分发挥知识产权中介组织的战略作用。知识产权中介组织是指在知识产权贸易过程中，为客户提供咨询、代理、检索、评估、投资、诉讼等服务的专业性的社会中介组织，例如，专利代理机构、商标代理机构以及版权代理公司等，其服务范围包括知识产权咨询、代理、检索、评估以及诉讼等。中介组织知识产权战略就是指运用和发挥中介组织的专业优势，积极参与国家、企业和行业的知识产权活动，促使知识产权创造、管理、保护和利用的正常、有效展开，发挥知识产权正面效益的谋划和策略。

4. 企业知识产权战略

企业知识产权战略是企业以知识产权作为核心战略资源，获取市场竞争优势，提高竞争能力以实现长期发展的总体筹划。企业是技术创新的主体，因而企业知识产权战略是所有知识产权战略的落脚点。国家知识产权战略、地区知识产权战略、行业知识产权战略和中介组织知识产权战略归根结底都要为企业知识产权战略服务。企业知识产权战略的目标是提高企业核心竞争力，提升企业创造、保护和利用知识产权的能力与水平，实现企业的可持续发展。

（二）不同层次知识产权战略之间的关系

关于国家、地区、行业、企业四种不同层次知识产权战略之间的关系，本书认为，国家知识产权战略着眼于解决全局性、制度性的问题。地区知识产权战略则是在国家知识产权战略的指导和部署下根据本地区科技和经济发展的实际制定相关政策，更多地体现出地方特色。行业和企业知识产权战略则是微观层面的战略，是国家和区域战略的具体化和落脚点。只有加强不同战略层次间的协调，才能更好地统筹中央和地方、宏观和微观层面之间的关系。总之，应当使国家的宏观战略与企业的微观战略相结合，行业间的战略与地区间的战略相协调。①

首先，国家知识产权战略是国家公共政策的有机组成部分，是解决全局性、

---

① 吴汉东：《中国知识产权的国际战略选择与国内战略安排》，中国国家知识产权局网站，http://sipo.gov.cn/sipo/ztxx/zsscqbft/zgipzlyi/20060051t20060531_101321.htm，2006年2月8日。

制度性和政策性的问题，具有全局性、基础性、长期性和关键性的特征。国家在知识产权领域虽不能成为市场的参与者，但应是政策的制定者、市场的监督者和全局的指挥者，因为知识产权不仅是一项私权，其更与一国的公共政策密切相关。特别是进入新经济时代后，国家早已由不作为的"守夜人"转变为积极的干预者。国家知识产权战略应以增强国家整体竞争力为目标，配合国家技术发展战略，以专利战略为龙头，建立与发展阶段相适应的保护制度，制定配套政策体系，把知识产权管理落实到技术、经济、贸易管理等各项工作，培养全民知识产权意识，提高企业运用、管理和保护知识产权的能力。

其次，地区知识产权战略是根据地区、经济和社会发展的特点，在国家的法律框架和政策下，重点解决地区存在的问题。我国的不同地区在科技进步和经济发展以及知识产权资源方面存在很大差异，知识产权的利用和实施也不平衡，知识产权的政策不可能"一刀切"。目前，有些发达地区已经制定了知识产权发展纲要，即使一些欠发达地区也在制定之中，这些地区的战略要根据地区发展，以及知识产权管理和保护存在的要问题，在国家知识产权法规的基础上，制定具有针对性的加强知识产权实施的政策措施。

再其次，行业知识产权战略以实现行业内企业的共同利益为目标，是行业内企业的联合行动战略。它解决影响行业竞争能力和企业共同关心的重大问题，实现共同利益。其主要任务是组织本行业企业自觉遵守知识产权规则，联合应对知识产权的国际竞争，提高行业整体竞争力，各行各业在这方面不宜面面俱到，也不要千业一面。

最后，企业知识产权战略是以提高自身竞争力为目标。在国家法律约束下，运用知识产权制度规则，实现企业利益最大化，尤其应当培育扶植企业的知识产权保护与利用的意识和手段，企业的知识产权战略应当遵循市场经济的规律，引导企业在市场竞争中自我增强其知识产权创造、利用、管理与经营能力。

国家、地区、行业、企业的知识产权战略构成了全社会的知识产权战略体系，各部分间是相辅相成的，是代表和维护一个国家的整体利益的。国家的知识产权战略既以企业和行业战略为基础，又对企业、行业和地区战略起指导作用，企业是知识产权战略的主体，企业战略以国家战略和市场需求为支撑，行业知识产权战略是企业为共同利益形成的战略，是国家战略和企业战略之间的桥梁和过渡，地区知识产权战略是在贯彻执行国家知识产权战略基础上突出地区重点，是国家战略的补充。国家战略不能代替地区战略，具体发展哪些特色知识产权应由各地方根据市场和本地特点来决策，中央政府应将其纳入国家战略，给予重点支持。

第十章

他山之石：国外知识产权战略实践

一、实用主义策略：美国知识产权战略

美国是建立和实施知识产权战略最早的国家之一，无论是在知识产权的法律体系上，还是在政策、执法、制度安排等各方面都已经比较完善，联邦政府机构对知识产权的管理也非常缜密和系统。研究美国知识产权战略的经验和主要做法，对我国知识产权战略的制定和实施有重大启示和借鉴意义。

(一) 美国的亲专利政策

20世纪80年代推出的亲专利政策（Pro-patent），对美国知识产权制度变迁和经济结构升级有着极其重要的作用，也是美国知识产权战略的主要内容。

1. 初期：弱保护政策

19世纪，美国既是一个快速工业化的国家，也是一个放纵盗版、仿造等侵犯知识产权行为的国家。其时，美国虽然已有了版权法，但是仅仅保护美国公民的版权，外国作者特别是英国作者的作品在美国以极其低廉的价格在市场上销售。[①] 外国作品在美国的版权保护受到很多限制，如要求作品在美国印刷等。这种对外国版权的限制导致美国直到1989年才加入《伯尔尼公约》，比英国晚了

---

① 徐明华，包海波：《知识产权强国之路》，知识产权出版社2003年版，第42页。

100多年。① 直到半个世纪后的1891年，当美国的文化产业欣欣向荣，作者和出版商需要在美国之外保护自己的知识产权时，国会才通过了知识产权延展法案，使外国作品享受和美国作品同等的待遇。②

2. 美国亲专利政策历程

（1）反专利倾向：限制垄断。

第一次世界大战后，美国经济因受到战争的刺激而异常繁荣。技术的发展和专利的刺激功不可没。但是，对专利这种"合法的垄断"权力过度的纵容导致了世界性的专利卡特尔的盛行。第二次世界大战中希特勒利用了美国公司的专利垄断对美国实施了沉重的打击，③ 因此，在相对长一段时期内，美国各界对专利表现了强烈的反对情绪，法院频频使用反垄断法限制专利权的滥用。但是，这种反专利倾向不久就被彻底扭转。

（2）亲专利政策的推出：创新危机。

20世纪80年代，在越南战争和社会福利政策的双重拖累之下，美国经济的国际竞争力急剧下降。与此同时，各资本主义国家特别是日本经济飞速增长，日本运用实用新型制度和"以小敌大战略"，以大量的小专利对美国的基础专利形成了围攻，汽车、电子等产业的生产率超过了美国，美国出现了对日本的巨额贸易逆差。面对严峻的挑战，美国政府仔细审查本国经济，发现自身的竞争优势在于高新技术产业，但是却因为受到了当时社会的反专利倾向而步履蹒跚。美国产业界认为日本经济奇迹的原因在于其技术创新能力超过了美国，于是对专利的态度有了根本性的转变，意识到了专利可以作为与外国产业竞争的武器，美国国家制造业联合会向政府建议强化专利政策。到卡特政府执政末期，虽然没有专门的政策规划者的推动，但是由于经济发展的需要，政府和产业界达成了共识——美国处于"创新危机"时期，必须采取"亲专利"政策来恢复美国的竞争力。

1979年10月31日，卡特向议会提交了关于"产业技术革新政策"的咨文。1980年12月，即将卸任的卡特作为美国总统签署了最后一项法案——《专利修正法案》，并且采取强有力手段迫使议会通过了这项法案。继任总统里根继续把知识产权制度的改革深入下去，由国家元首亲自推动战略的执行。

1979年10月31日，卡特向议会提交了关于"产业技术革新政策"的咨文。"我国历史上具有技术革新的优良传统。美国在促进开发和普及新产品、新制造工艺、新技术方面曾是世界领袖。但是，今天我们的产品受到来自外国（主要是指日本）的不断增大的竞争威胁。现在世界上一些先进的产业国家正致力于

---

① 王晋刚，张铁军：《专利化生存》，知识产权出版社2005年版，第36页。
② 方兴东：《知识产权保护到底有利于谁？》，www.booktide.com，2010年4月20日访问。
③ 王晋刚，张铁军：《专利化生存》，知识产权出版社2005年版，第40~43页。

通过技术革新来巩固其在竞争中的地位。这是不容再忽视的挑战。要应付这一挑战，我们必须制定出在今后的几十年中，提高国家竞争力和振奋企业家精神的特殊政策。"

第二次世界大战后，美国对本国专利制度进行了多次回顾和评价，作出了一系列研究报告，这些报告提出了多项政策改革建议：如 1966 年提出的先申请制度和专利公开制度，1979 年报告提出的复审制度和建立联邦巡回上诉法院（CAFC）等。1985 年的"全球竞争力——新的现实"报告指出：美国经济虽然出现衰退，但技术力量依然是世界最高水平，但是因为美国对知识产权保护不力，全国乃至全世界侵权行为给美国的高科技产业造成了严重损失，所以这种技术优势并不能反映在贸易上。报告同时提出要加强对生物技术和计算机软件的专利保护，以及把知识产权保护作为外交政策的一部分。[①] 这个建议是后来的"特别 301 条款"和 TRIPs 协议产生的基础。1992 年商务部部长主持的一份报告指出，要改进专利制度以促进技术创新，赢得全球竞争。[②] 于是，美国政府为保护受日本"赶超战略"威胁的高新技术产业，自 1980 年开始，实施了一系列"亲专利"政策。

（3）美国亲专利政策的主要内容。

美国亲专利政策制度变迁过程中的一个重要推动者——里根政府担任司法部律师协会主席（William Baxter），削减了司法部的反垄断部门，弱化了政府对大公司垄断行为的监视，有意识地弱化了反垄断政策，给亲专利政策的推出排除了制度上的障碍。里根政府的另一个重要举动是把知识产权并入贸易政策。因为里根政府主张自由贸易，不可能实行保护主义来限制外国产品的进口，但是又需要对美国的贸易竞争对手采取强硬措施以缩小美国的贸易逆差，于是，"保护知识产权"就成了一个最优化的政策选择。政府官员开始学习知识产权相关的知识，并把知识产权问题放进乌拉圭回合以及后来的 WTO 中与贸易有关的知识产权协议的议题中。

①联邦巡回上诉法院（CAFC）的设立。

根据 1982 年联邦法院改进法，美国设立了美国联邦巡回上诉法院（CAFC）。联邦巡回上诉法院（CAFC）的设立是亲专利运动最重要的改革，对美国专利政策产生了极为深远的影响。联邦巡回上诉法院（CAFC）的设立以前，专利上诉案件的审理由不同的联邦地方法院管辖，而各个联邦地方法院的专

---

① John A. Young. Global Competition—The New Reality. Results of the President's Commission on Industrial Competitiveness. From：http：//fermat.nap.edu/books/0309036305/html/501.html, 2009 年 5 月 4 日访问。

② Yoshitake Kihara. U. S. Pro-Patent Policy：A Review of the Last 20 Years. CASRIP Newsletter · Winter 2000.

利倾向不同,导致了同样的案件在不同的法院审理会得到不同的判决,当时的专利诉讼当事人的主要任务就是选择一个对自己有利的法院。联邦巡回上诉法院(CAFC)设立以后,统一了专利审判的标准,提高了诉讼的可预测性,消除了法院之间的管辖冲突,降低了当事人的诉讼成本,提高了专利的价值,刺激了公司的 R&D 支出,最后,激励了美国的技术创新。

20 世纪 80 年代之前,法院具有强烈的反专利倾向,在专利侵权诉讼中,仅有 60% 原告的要求能够获得承认。而联邦巡回上诉法院设立以后,从第一任首席大法官霍华德·马凯(Howard Markey)开始就采取了明确的、强烈的亲专利的路线,联邦巡回上诉法院的 12 名法官中,大多数受亲专利路线的支配,在专利侵权案件时大多适用"等同理论",① 尽力扩大权利要求及其等同物的范围,只要被指控的产品使用的基本技术与专利技术相同,即使对专利技术进行了某些改进,也被认为构成侵权。此举对日本的"以小敌大"的专利战略造成了毁灭性的打击,有效地保护了美国的知识产权。但是,对专利范围的扩大解释也造成了对公众利益的损害,后来的技术创新者必须花费很大的成本才能避免侵犯在先的专利权。

②美国专利商标局(USPTO)的改革。

在 20 世纪 70 年代,美国专利商标局一直处于资金短缺和人员匮乏的窘境。莫辛霍夫(Mossinghoff)担任局长以后,开展了根本性的改革运动,提高了美国专利商标局的地位。

首先,莫辛霍夫获得议会的同意,提高专利审查费,弥补了财政预算的不足,1991 年实现了资金自给自足,达到了经济地位的独立。② 其次,增加专利审查员,提高专利审查质量。最后,扩大美国专利商标局在联邦政府的影响力。莫辛霍夫通过议会的支持,使美国专利商标局代表成为"总统知识产权顾问"。随着知识产权在美国经济政策中比重的增加,美国专利商标局在联邦政策制定过程中的影响力日益扩大。

美国专利商标局于 20 世纪初发布了《21 世纪战略计划》,分析了美国专利商标局所处的环境,提出了在 21 世纪美国专利商标局所应完成的任务以及美国专利商标局在效率、职能等方面所需要作出的调整。计划指出,美国专利商标局(USPTO)在 21 世纪的管理目标是:"USPTO 必须发展成一个以质量为核心、工作效率极高、对市场反应灵敏的组织,以支持市场驱动型知识产权制度。我们也确信,我们拥有这样做的工具、技能、决心和计划。""决定在今后 5 年内把 US-

---

① 李明德:《美国知识产权法》,法律出版社 2003 年版,第 84~103 页。
② USPTO. Our Business: An Introduction to the USPTO. From: http://www.uspto.gov/web/menu/intro.html.

PTO 建设成一个灵活高效的组织，令美国知识产权体系能够在美国，乃至世界经济中扮演一种独特的领袖角色。"同时，美国专利商标局确立了三个战略要点："1. 灵活性：我们将创建一个灵活的组织，它有能力应对市场日益增长的期望，工作量的增长及其复杂程度的加剧，以及作为 21 世纪经济特征的全球化趋势。将与 USPTO 的伙伴开展双边的和多边合作，创建一种更强大、协作性更好、更优化的框架来保护全球的知识产权。我们将迅速地减少劳动密集型纸处理工作方式，改变 USPTO 的工作环境。2. 能力：通过提高人才队伍素质和改进工作流程来提高质量。3. 生产效率：通过集中力量审查来缩短结案时间。控制专利和商标审批期限，缩短一通时间，大力缓和工作积压的程度，并回收我们对人员、流程、技术等的投资。"①

③专利池政策所表现出的美国对垄断的态度转变。

专利池（Patent Pool）是由多个专利所有人达成的协议，对其他组织发放专利许可，也可以定义为"把作为交叉许可客体的多个知识产权，主要是专利权放入一揽子许可中所形成的知识产权集合体"② 进入专利池的公司可以使用专利池中的全部专利，而不需要就池中的每个专利寻求单独的许可，甚至池中的公司彼此免于互相支付许可费。池塘外的公司必须通过统一的许可证方可使用池中的专利技术。

过去的 150 年间，专利池在美国的工业和法律的建设中扮演了一个重要的角色。1856 年，缝纫机联合公司组织了第一个由缝纫机专利技术组成的专利池。1917 年组建的一个飞行技术专利池几乎囊括了所有美国飞机制造商，池中的两个主要公司——怀特公司和科体斯公司曾经利用专利池阻止了美国建造第一次世界大战急需的新型飞机。

反托拉斯法提倡的鼓励竞争的精神和专利这种"合法的垄断"经常发生冲突，特别是在涉及专利池和专利交叉许可时。1912 年，一个玻璃制造技术的专利池因为违反了反托拉斯法而被解散，其后的几十年，美国对专利池的态度一直趋向于保守。及至 20 世纪末，面对日益强大的日本和欧盟，美国认识到垄断虽然限制了国内的自由竞争，但是在国际贸易中企业联盟显然比单个企业更加具有竞争优势。司法部和联邦贸易委员会认为专利池有明显的促进竞争的效果，能提高企业在经济全球化背景下技术飞速创新时代的生存能力，专利池的出现表明社会和经济从这种制度安排得到的利益大于成本。企业组建专利池的第一种收益是解除专利封锁和许可拖延，池内的成员可以集中力量增强核心竞争力，刺激创

---

① USPTO. The 21st Century Strategic Plan. From：http：//www.uspto.gov.
② 转引自：魏衍亮：《刍议我国应对外商知识产权围歼战的法制出路》，载《中国科技成果》，2003 年第 23 期。

新。第二种收益是专利池有减少专利许可交易成本的潜力，因为通过组建专利池可以减少或消除专利诉讼。第三种收益是分担风险。1995 年，美国司法部和联邦贸易部共同发布了"知识产权许可的反托拉斯指令"，指令特别阐明了专利池的有关政策和判断专利池是否限制竞争的标准。如果一个专利池导致的对竞争的促进大于对竞争的损害并且可以促进创新，就允许这个专利池的存在。[①] 1998年，索尼、飞利浦、先锋等公司组建了一个特定的 DVD 和 DVD-Rom 的标准规范的专利池，东芝、三菱、日立、松下、JVC、时代华纳六家公司又组成了一个专利池，2002 年这两个专利池内的企业向我国 DVD 生产企业发动专利战，直接导致我国 DVD 生产企业的大批破产。

（二）美国知识产权的国际保护

1. 美国知识产权国际保护的管理机构

（1）美国贸易代表署。该部门机构负责知识产权方面的国际贸易谈判和"特别301条款"的执行，对推动其他国家加强美国知识产权产品的保护发挥了重要作用。美国贸易代表署每年根据产业界要求公布"特别301条款"名单，确定保护美国知识产权方面有问题的国家，并有权采取有效的贸易报复措施。（2）美国贸易委员会和海关。美国贸易委员会和海关负责对国外知识产权侵权产品的进口和销售的审查，并采取有效的边境措施。根据美国关税法"337条款"，如国外企业进口商品侵害了美国知识产权人的利益，受害人可以向贸易委员会提出控告。国际贸易委员会经过调查核实后，可以发出强制排除令或禁止进口令，由海关采取相应措施扣押知识产权侵权产品。

2. 美国知识产权国际保护的措施

（1）将知识产权保护作为国际贸易政策的组成部分。

美国 1988 通过的《联邦贸易和竞争法案》是将知识产权保护与对外贸易挂钩的具体表现。该法增加的作为 1974 年贸易法的第 182 节，就是人们通常所称的"特别301条款"。美国贸易代表署负责知识产权方面的国际贸易谈判和"特别301条款"的执行，对推动其他国家加强美国知识产权产品的保护发挥了重要作用。美国贸易代表署每年根据产业界要求公布"特别301条款"名单，确定保护美国知识产权方面有问题的国家为"重点国家"，随后 30 天之内，美国贸易代表必须根据"特别301条款"对这个国家进行调查，直至诉诸贸易制裁。显然，"特别301条款"的核心是以美国市场为武器，迫使其他国家或地区接受

---

① Jeanne Clark. Patent Pools：A Solution to the Problem of Access in Biotechnology Patents？USPTO, December 5，2000. http：//www.uspto.gov/web/offices/pac/dapp/opla/patentpool.pdf，2009 年 6 月 30 日访问。

美国所认可的知识产权保护标准，准许美国的知识产权进入其市场。美国分别在1991年4月和1994年6月和1996年4月将我国列入"特别301条款"重点国家名单。

美国贸易委员会和海关负责对国外知识产权侵权产品的进口和销售的审查，并采取有效的边境措施。根据美国关税法"337条款"，如国外企业进口商品侵害了美国知识产权人的利益，受害人可以向贸易委员会提出控告。国际贸易委员会经过调查核实后，可以发出强制排除令或禁止进口令，由海关采取相应措施扣押知识产权侵权产品。

（2）扩大了传统的专利保护客体。

1980年，美国联邦最高法院通过戴蒙德诉查克拉巴蒂案，确定了如下原则："凡是阳光下，人造的东西，都可以授予专利。"给以后专利种类的增加拓展了无限的空间，向来被认为非专利的领域，如计算机软件、基因工程以及商业方法等也被授予了专利。

1981年，联邦最高法院在戴蒙诉戴尔莱（Diamon v. Diehr）一案中，判决作为审查系统或工序的组成部分的软件具有可专利性。此后，许多判例认定以某种方式支持物理过程的软件均具有可专利性。1998年，联邦巡回上诉法院在著名的道富公司（State Street Bank）案例中认定，通过一个软件系统对金融信息进行一系列数学计算，用于产生股票价格信息的方法可以授予专利权，从而肯定了新颖的"商业方法"可以作为专利的客体。①

在互联网经营模式方面，美国专利商标局最近给团体采购、一次性点击购物、逆向拍卖以及为需求方匹配专家服务等简单创意颁发了专利权。进入20世纪80年代，计算机软件与新型商业方法正在快速成长，并成为知识经济的重要组成部分，而美国是这些领域中发展成果最丰硕、技术最为领先的国家。因此，美国专利保护领域的拓展，对美国的新技术成果给予专利保护，并把诸多以往被认为属于公共知识的基础研究和知识创新成果纳入到专利产权保护范围，这不仅有利于保护美国在这些领域的"先发优势"，而且还促进了企业把知识创新优势转化为高新技术产业竞争优势。

（3）在知识产权国际协调中推行美国标准。

在知识产权国际协调的过程中，美国致力于建立更有利于本国的国际知识产权制度，强迫其他国家接受美国标准。1994年，美方断然退出了由WIPO主持的专利国际协调，另起炉灶在乌拉圭回合谈判促成了适合发达国家标准的TRIPs协议，把知识产权保护强度和保护范围提到了空前的高度。美国因其在世界经济

---

① 卢宏博：《美国信息产业知识产权战略及给我们的启示》，载《标准与知识产权》，2005第5期。

中的霸主地位所产生的霸权心态，将本国的利益标准强加在国际利益之上，甚至不惜以退出国际组织或者公约来威胁，以满足其追求的利益。美国在批准"世界贸易组织"时曾经提出，只要有三个裁决不利于美国，则美国就退出该组织。① 在美国的强力推行之下，TRIPs 协议中的有关专利权的许多内容来源自美国的标准和规定。因此，TRIPs 协议的制定至少在以下几个方面符合美国专利保护国际化的要求：①几乎所有具备商业价值的技术领域（特别是包括药品和方法）都属于可授予专利的范围；②专利保护期为 20 年；③专利申请须经过非显而易见性和实用性的审查；④专利权人有权禁止侵权产品的进口；⑤对政府强制许可的实施条件作出限制。②

另外一个值得注意的动向是，美欧日都积极倡导建立全球专利制度，"所谓全球专利制度，简而言之就是指由一个专利局（全球专利局）根据一部专利法（全球专利法）授予的专利（全球专利）在全世界各参与国中普遍有效的一种专利制度。"③ 美国国家科学院报告《21 世纪专利体制》中明确提出："美国、欧洲、日本应该进一步协调专利审查的程序与标准，减少重复检索与审查，最终达到相互承认的结果。"④ "发达国家如此欢迎全球专利制度的秘密，也许在于可以透过它实现比 TRIPs 协议更多的利益，甚至获得一定的控制权。"⑤ 全球专利一体化目前还只是一个看似遥远的幻境，但是，欧洲专利局的建立，美日专利审查结果的互相承认进程的加快，这些区域性的专利一体化进程都为全球专利一体化做好了铺垫，一旦时机成熟，美日欧等发达国家随时都有可能强行推出。那时，也许又像 WTO 谈判一样，在游戏规则的制定者面前，发展中国家除了接受之外没有多少讨价还价的余地。

（三）美国知识产权的国内保护

美国对国内的知识产权保护主要采用司法保护途径。美国的法院设置分为联邦法院系统和州法院系统。一般的民事、刑事案件由州法院审理，涉及联邦法律的问题，只能由联邦法院审理。联邦法院系统中，最高法院下设 13 个巡回上诉法院，其中 1～12 号为区域性巡回上诉法院，每一法院管辖不同区域的联邦地区法院的上诉案件；第 13 号为专门化的联邦巡回上诉法院，管辖国际贸易、专利

---

① 《美国批准世界贸易组织》，载《参考消息》，1995 年 8 月 15 日。
② 包海波：《20 世纪 80 年代以来美国专利制度创新及其绩效》，载《科技与法律》，2002 年第 4 期。
③ 唐春，朱雪忠：《拟议中的全球专利制度及其对我国的影响初探》，载《科技与法律》，2003 年第 2 期。
④ U. S. National Academy of Sciences. A Patent System for the 21st Century. http：//www. nap. edu/catalog/10976. html，2009 年 5 月 4 日访问。
⑤ 袁真富：《全球专利，谁专其利》，载《电子知识产权》，2004 年 5 月。

等全国性的上诉案件。

由于知识产权法以联邦法为主,因此联邦法院系统具有更多的司法管辖权。一般案件先由联邦地方法院一审,对判决不服可上诉到巡回上诉法院,还可以进一步上诉至最高法院。由于最高法院只对有典型代表意义的案件才会受理,多年来经其审理的案件屈指可数,因此,在知识产权诉讼中巡回上诉法院的判决具有关键性的作用。

根据1982年联邦法院改进法,联邦巡回上诉法院是唯一的专利诉讼上诉法院,这种体制提高了专利审判的一致性,大大减少了美国专利保护中的司法冲突,使司法、行政机关对专利法的解释与实施趋于标准化、一致性和稳定性,极大地提高了专利权作为创新动力的价值。① 与此相似,纽约的第2巡回上诉法院和加州的第9巡回上诉法院在版权方面的判决影响较大,因为这两个地方为高技术和版权产业密集区,相关的版权案件较多。联邦和各州法院系统均有商标司法管辖权,但相对而言,联邦巡回上诉法院、哥伦比亚地区的上诉法院、美国巡回上诉法院关于商标权的判决更具有权威性。由于商业秘密没有联邦法,有关商业秘密的案件通常由州法院上诉解决。

在执法实践中,知识产权持有人可以获得制止侵权和保留证据的临时救济,还可获得制止进一步侵权的永久性禁令、赔偿及其他救济。根据有关的法律规定,美国联邦对于严重侵犯版权和商标权的行为实行刑事保护,对侵犯知识产权的犯罪处以高额罚款甚至有期徒刑,并且在计算侵权数额时,"根据不同的情形分别根据被侵权产品的零售价格乘以侵权产品数量,侵权产品的零售价格乘以侵权产品数量来确定侵权数额;当侵权产品的零售价格难以确定时,则直接依据被侵权产品的零售价格乘以侵权产品数量来确定,在数额计算方面比我国严厉。"②

(四) 专利转化战略

在知识经济的时代,要想经济有一个稳定、可持续的高速发展,就必须大力促进知识产权向现实生产力转化,没有转化的知识产权只是形式上的一种权利;只有转化成为现实的生产力,知识产权才能为社会发展起到积极的作用。授予专利权只是保障科技成果在一定期限内的垄断权,并不能保证这些技术转化为经济上的竞争优势。因此,必须有一种制度安排使专利技术顺畅地转化为生产力,实现科学技术促进经济发展的意图。

20世纪70年代,联邦政府资助的大学与联邦实验室系统每年都产生出许多

---

① 包海波:《美国知识产权保护制度的特点及发展趋势》,载《科技与经济》,2003年第6期。
② 苏敏华:《中美知识产权刑事保护比较分析》,载《法治论丛》,2004年9月。

科研成果，但是这些科技成果的商业化利用率却很低。1980 年美国联邦政府拥有约 2.8 亿项专利，却只有不到 5% 被许可给企业。① 研究认为，美国联邦政府的专利政策有三大缺陷：第一，联邦政府确定的研究目标与实际需要脱节；第二，科技成果的产权问题不清，打击了技术的生产方和受让方的积极性；第三，专利技术转化的成本太高。

美国在 20 世纪 70 年代末就此问题展开了研究，自 1980 年代始，美国政府出台了一系列政策和法律，并建立了良好的专利技术转化制度。

1. 美国技术转移法律体系

（1）《拜—杜法案》。

该法案由参议员（Bayh & Dole）提出并于 1980 年 12 月 12 日通过。该法案的出台是为了解决这样的政策困境：联邦政府资助大学、小企业和其他非营利组织产生的发明和专利，但由于其资金来源于公共领域的联邦财政，其中又有私人机构和发明人的智力成果，所以其产权如归属于私人则侵占了公共领域的资产；如归属于政府机构则打击了发明人和研究机构的积极性。联邦政府下属的各机构制定了各不相同的 25 种专利政策。

该法案的出台统一了联邦政府的专利政策，规定由联邦政府资助大学产生的专利权归大学所有，并给发明人留有一定的利益，明确了产权，极大地鼓励了大学和中小企业的积极性，取得了立竿见影的效果。吸引了大量的风险投资支持各类基础研究，各大学纷纷设立了技术许可证办公室。

虽然《拜—杜法案》在推动政府资助的研究成果的商业化方面取得了巨大成功，但这种把公共财政资金支持的发明的产权划归研究机构或发明人所有的制度安排，客观上侵害了处于弱势地位的广大纳税人的利益，对此仍有相当多的争议。

（2）《技术创新法案》。

该法案为促进联邦实验室的科技成果向民间转移而设立。其立意是，公共投资的研究成果应使公众受益。各联邦实验室设立研究和技术应用办公室，这些办公室每年必须拨出自己从事技术转移的项目。

其后 1986 年通过的《联邦技术转移法案》是对《技术创新法案》的补充，规定了不同种类的联邦实验室和其他实体的合作关系，并将技术转让列入实验室人事考核指标。

为了修正《联邦技术转移法案》和《技术创新法案》的不足，美国又通过了《国家竞争力技术转移法案》和《国家技术转移与升级法案》，对技术转移过程中的措施进行了完善和具体化。

---

① 王宏飞：《拜—杜法与美国的国家专利战略》，载《全球科技经济瞭望》，2003 年第 7 期。

(3)《联邦贸易和竞争法案》。

该法案提出加强技术转移提高企业竞争力。美国根据该法案设立了国家标准与技术研究院,实施"先进技术计划",同时设立"区域制造技术转移中心"来促进政府和企业的合作。"先进技术计划"实施以来,政府已累计向企业和企业和科研机构联合体提供15亿元的资金进行高新技术的应用研究与产业化开发。

2. 技术转移机构

美国不但提供上述各法案为技术转移提供了制度上的保障和政策支持,还设立各种机构来执行这些政策。

(1)国家技术转移中心。

联邦政府为了协调知识产权的资讯,促进技术转移,于1991年通过法案,并在1992年5月成立了"国家技术转移中心(NTTC)",该中心提供资讯及有关知识产权的管理培训,并建立了资讯档案,把全美700多个实验室以及数千个研究开发成果资料纳入了"应用技术资讯系统(FLC)"合作,通过全国6个"区域性技术转移中心(RTTE)"进行技术评估、市场调查及技术中介等工作,是美国政府支持的规模最大的知识产权管理服务机构。

(2)研究和技术应用办公室。

研究和技术应用办公室(Office of Research and Technology Applications,ORTA)是根据1980年的《技术创新法案》设立,每一个联邦实验室都必须设立。这些ORTA每年必须拨出预算至少2 000万美元,提供上限不超过5%的实验室经费,从事有关技术转移的工作项目。

(3)大学的技术转移机构。

大学自己设立的技术转移机构有技术转让办公室和技术许可办公室,其中以斯坦福大学首创的OTL(Office of Technology Licensing)模式较为成功。OTL受理来自斯坦福大学的教师和学生的发明申请,并评估其商业转化的潜力,当条件具备时,将这些发明授权给企业使用,专利转让的受益分配给发明者本人和所在的院系。①

(五)美国知识产权战略评析

科学技术是一把"双刃剑",对科技文化的垄断性占有——知识产权更是如此。美国知识产权战略与美国法律制度相适应,产生了巨大的经济效应和社会效应。

1. 与美国的立法司法制度相适应

首先,美国开放式的立法给专利范围的扩大留下了无限的空间。美国《专

---

① 杨林村:《国家专利战略研究》,知识产权出版社2004年版,第133~134页。

利法》第101条用列举的方法阐述了可授予专利权的客体内容："任何新而有用的方法、机器、制品或物之组合，或新颖而有用的改进，都可以授予专利。"美国成文法从来没有禁止对医疗方法、基因、动植物品种、人类克隆技术签发专利权。其次，法官的自由裁量权提高了专利的价值。英美法系国家素有"法官造法"的传统，法官可以在不违反成文法和先例的基础上创造新法律。由于法官的亲专利路线，专利案件中专利权的维持、侵权行为的认定、对侵权行为的处罚力度都出现了上升的趋势，也顺理成章地产生了专利范围的扩大。反观德国、日本等大陆法系国家使用定义法解释发明的含义，在严谨的同时也失去了灵活性，无法涵盖科技进步产生的新技术。

2. 知识产权战略的效应

美国知识产权战略的实施促进了政府效能的提高，加速了科技转化为生产力的进程，通过保护创新者的利益刺激了创新的产生，给美国知识经济的繁荣提供了良好的法制环境，为美国20世纪80年代后国际竞争力的恢复起到了不可替代的作用。"一套鼓励技术变化，提高创新的私人收益率使之接近社会收益率的系统的激励机制仅仅随着专利制度的建立才被确立起来。"① 同时也应该看到知识产权战略产生的一系列负效应。

其正效应主要有：

（1）保护创新者的利益，推动技术创新向高层次发展。1980年以前，各地方法院的专利有效、侵权行为成立的判决，在上诉中得到维持的占62%，1982～1990年间，这一比例上升到90%，原告胜诉的比例从1982年前的平均61%上升到1987年的75%。② 另外，从美国公布的专利侵权案中也可以看出，对专利侵权处罚具有赔偿数额较大、罚款要素构成完整、不给侵权者任何利益等特点。政府对专利的支持态度提高了专利的稳定性和价值，鼓励了创新者的信心，再加上美国专利商标局的效率的提高，20世纪90年代美国国内专利申请数量翻了一番。③ 专利保护的新客体如生物技术、软件等技术是高新技术和知识经济的代表，具有极大的市场潜力，对它们的保护推动了美国高新技术企业的利润增长。1997年，Amgen公司将FKBP神经免疫因子配体转让给Guiford公司，交易额高达3.92亿美元。洛克菲勒大学在一个肥胖病基因的专利上已获得1.4亿美元的

---

① ［美］道格拉斯·C·诺斯：《经济史中的结构与变迁》，上海三联书店，上海人民出版社1994年版，第185页。
② Wesley M. Cohen. Patent and Appropriation: Concerns and Evidence. Journal of Technology Transfer, 30 1/2, 57–71, 2005.
③ ［日］池田信夫：《与网络时代格格不入的信息"知识产权战略"》，From：http://www.china-review.com/content_files/RIETI–026.htm20030916/RIETI–026.htm，2012年4月20日访问。

收入。① （2）提高了企业的技术许可收入。美国通过知识产权的国际协调，迫使大多数国家建立了专利保护制度，强化了专利技术的垄断，阻止新技术在发展中国家的自由传播，以确保维持本国的技术优势。20世纪90年代以来，美国企业在国外的各类许可收入以每年12%的速度增长，提高了美国企业的FDI收益率。（3）促进技术向生产力的转化。《拜—杜法案》明确了政府资助研究产生的技术的产权归属，极大地鼓励了大学和中小企业的积极性，吸引了大量的风险投资支持各类基础研究，各大学纷纷设立了技术许可证办公室。以《拜—杜法案》为核心的，由政府资助研究产生的专利管理制度的建立，有力地促进了美国技术创新和技术扩散活动。

其负效应主要有：（1）阻碍科学技术的传播。《拜—杜法案》对经济刺激与法院对专利垄断的支持共同加剧了对基础科技专利所有权的争夺，资金实力和技术实力雄厚的研究机构和公司抢占了技术的制高点，对其他机构的进一步技术开发而言无异于设置了坚固的路障。尤其是生物技术领域和软件产业，由于前期开发需要的资金投入和技术投入很大，当然技术转让的许可费也非常高昂，以前述Amgen公司与Guiford公司的技术转让为例，3.92亿美元的高价绝对不是大多数公司和研究机构所能够承受的。（2）损害了公众利益。《拜—杜法案》虽然在推动政府资助的科技成果商业化方面取得了成功，推动了技术转化，但是，这种把公共财政资金支持的发明的产权划归研究机构或发明人所有的制度安排，客观上侵害了处于弱势地位的广大纳税人的利益，对此美国国内仍有相当多的争议。（3）进入壁垒。在半导体、计算机、通信等复杂产品产业，一件产品往往有几百件附有专利的零部件组成，任何一家公司都不可能拥有所有的专利。拥有专利数量比较多的公司之间可以通过交叉许可或者建立专利池的方法来互相使用彼此的专利，但是，对于拥有专利数量少的公司而言，不具有和专利垄断寡头谈判的资本，只能支付高额的专利许可费。（4）专利网竞赛导致的创新成本上升。为了在专利交叉许可谈判中增加自己的筹码，复杂产品产业的公司倾向于尽量多地申请专利，甚至包括一些不必要的外围技术。在这场专利"圈地运动"中，企业不仅要自己付出过多的专利申请和维持费用，还要刻意避免侵犯对方的专利权，直接导致创新成本的上升。

二、从追随战略到知识产权立国：日本知识产权战略

日本，作为亚洲国家中唯一没有被西方国家殖民化的强国，在第二次世界大

---

① 包海波、盛世豪：《20世纪80年代以来美国专利制度创新及其绩效》，载《科技与法律》，2002年第4期。

战之前就完成了工业化进程，战后在一片废墟上进行重建，以惊人的速度取得了经济的复苏并在诸多领域居于世界领先地位，成为仅次于美国的第二经济大国，其独具特色的知识产权战略作为上层建筑的重要组成部分对经济基础的壮大起到了不可或缺的作用。

（一）日本知识产权制度变迁

日本最早颁布的有关专利事务的法律是1871年的《专利简则》，由于当时日本的技术水平不足，国民不具备从事发明活动的观念，政府也不具备审查专利制度的能力。因此，该法实施1年后即被废除。

1885年，日本公布了《专卖专利条例》，该条例为日本第一部专利法，由当时日本首任专卖专利事务所所长的高桥是清起草。《专卖专利条例》主要参考了当时美国和法国的立法，移植了美国的"第一发明人"原则；对饮食物、嗜好物以及医药品不授予专利；专利产品从外国进口丧失专利权。1888年，日本再次考察了欧美专利制度，对《专卖专利条例》进行大规模修订，颁布了《专利条例》。而且，外国人不能获得日本专利权。直到1899年日本加入《保护工业产权巴黎公约》，修订了《专利法》、《外观设计法》以及《商标法》，外国人的工业产权才得到法律的承认。此后，根据经济发展的需要，日本对专利法进行了多次修改。

从日本对待知识产权制度的态度上可以察觉到日本的发展策略。在其经济发展初期，为了充分吸收消化发达国家的创新成果，日本采取的是知识产权弱保护策略，把知识产权制度作为本国企业引进吸收国外技术创新的工具：首先限制专利的保护范围，将食品、饮料、药品和化合物等排除在专利保护之外；鼓励本国发明人对引进的机械设备进行改进，提供宽松的工业设计审查标准，只要求具备新颖性，不要求创造性；本国企业只有对现有技术进行轻微的改进就可以获得实用新型和外观设计的专利的原则，这些做法明显是出于保护日本本国研发出来的为数众多而又达不到专利水准的技术构想；专利审查制度也摈弃美国的"先发明"原则而采用"先申请"原则；规定了出于公益考虑的强制许可或者对法定期间不施行专利的强制许可使用制度；规定了专利申请授权之前的信息披露制度，以便专利审查以及公众异议程序的提出。[①]；歧视外国申请人的申请，对其申请往往长期悬而未决。[②]

1899年日本加入《保护工业产权巴黎公约》后，修改并出台了《外观设计

---

① Nagesh Kumar：Intellectual Property Rights, Technology and Economic Development：Experiences of Asian Countries，第4页，第22页。http://www.iprcommission.org/graphic/documents/study_papers.htm，2009年7月1日访问。

② Kotabe 1992. 转引自上引 Nagesh Kumar 文，第23页。

法》。外观设计立法此后还进行了多次的修改。此外，1905 年日本政府又以德意志的实用新型法为蓝本，出台了《日本实用新型法》。这一法律以工业产品、形状、构造或者其结合的实用新颖的设计为保护对象，而且规定了"申请在先"原则，这些做法明显是出于保护日本本国开发研究出来的为数众多而又达不到专利水准的技术构想。① 这两部法颁布后，申请实用新型和外观设计的人数大升，其中实用新型增长的速度非常快，超过了专利增长速度。

虽然外国人也可以获取日本的外观设计和实用新型，但是他们所占的比例是微乎其微。据统计，从 1905 年到 1979 年期间，日本 99.9% 的实用新型都授予了本国人；1980 年，日本授予 49 000 件实用新型和 31 000 件外观设计中，外国人只分别获得 533 件和 600 件。② 大量的实用新型和外观设计的存在，成为日本企业实施"外围专利战略"、"以小敌大战略"的基础。英国知识产权委员会报告《整合知识产权与发展政策》认为，"对日本 1960～1993 年的专利制度的研究已经表明，实用新型对生产力增长的刺激作用比专利更重要"。③

（二）第二次世界大战后至 20 世纪 80 年代的"追随战略"

第二次世界大战后，作为战败国的日本，在经济、科技实力上都很孱弱，根本无法同欧美相抗衡，且其土狭小、资源贫乏，唯有依赖将进口资源加工成产品出口，才能生存下来。因此，日本在 20 世纪 50 年代初即开始大量引进国外先进技术，以增强加工能力和技术水平。直至 70 年代，日本仍是专利技术的主要进口国。

1. "追随战略"的主要内容

从第二次世界大战后到 20 世纪 80 年代，日本一直奉行"追随战略"，不率先研发新技术，不作技术和市场的开拓者，而是标榜德国军事学家克劳塞维茨"以多取胜"的军事原则，在学习消化吸收其他国家技术的基础上，对既有技术加以改进，致力于使既有技术与市场需求相结合，对西方的基础研究进行二次开发，围绕核心技术专利生产一大批外围技术专利，通常为改进专利、应用专利，甚至是实用新型小专利，④ 以此推出了更贴近市场需求的产品，在电气产品、汽车等领域迅速占领了国际市场，确立了世界经济大国的地位。

---

① 余先予、郭君武：《日本工业产权法》，上海财经大学出版社 1996 年版，第 37 页。转引自张韬略文：《英美和东亚专利制度历史及其启示》，载《科技与法律》，2003 年第 1 期。

② Evenson, Robert E, (1991). Intellectual Property Rights, R&D, Inventions, Technology Purchase, and Piracy in Economic Development: International Comparative Study, Yale University Mimeo. 转引自前引 Nagesh Kumar 文，第 23 页。

③ British Commission on Intellectual Property Rights. Integrating Intellectual Property Rights and Development Policy. From: http://www.iprcommission.org, 2009 年 7 月 1 日访问。

④ 冯晓青：《企业知识产权战略》，知识产权出版社 2005 年版，第 253 页。

（1）政府主导型的专利引进战略作为经济赶超战略的动力。

日本国土狭窄、资源贫乏，此外，第二次世界大战后日本经济遭受破坏，不完善的市场机制不能有效引导资源配置。因此，为了有效利用后发展国家的后发优势，推动了日本产业结构的优化与升级，在20世纪50年代至70年代初期，日本政府主要采取带有强烈的政府干预特色的"赶超型"产业政策，[①] 保证有限的资源向优先重点产业倾斜，政府主导引进和推广先进专利技术。配合日本经济发展的"赶超战略"，日本在专利技术引进上采取了"追随战略"。

日本在引进专利技术具有强烈的目的性：只有属于生产发展急需的专利技术才引进，如50年代，日本钢铁企业中的薄弱环节是轧钢部门，产品质量低劣，生产率不高。于是，日本企业把引进轧钢技术作为重点，等轧钢技术提高后有引进大型高炉和氧气顶吹转炉炼钢技术，实现了钢铁技术的现代化。

为了把技术引进纳入法制化管理，日本政府颁布了一系列法律对之引导，如《外汇及外贸管理法》对重复引进作了限制，《外资法》限制外国资本特别是美国资本直接进入对国内经济造成冲击，保证了国民经济的支柱产业由本国资本控制。另外，日本综合使用关税政策和出口政策对引进的专利技术进行保护，在钢铁技术和汽车技术尚未成熟，生产还未发挥规模经济效应的时期，日本通过外汇配额和限制进口等政策对之保护，等到具备了与美国竞争的能力后才有所松动。另外，政府还采取各种措施对企业的专利技术引进进行宏观调控，如：设立技术情报机构为企业服务；根据不同时期的经济发展需要实施不同的审批政策等。[②]

（2）延长外国权利人的申请时间。

日本政府有意识延长外国权利人的专利申请时间，为本国企业利用日本的专利制度合法地模仿西方先进技术提供便利条件。小田部（Kotabe）和正明（Masaaki）考察了美国和日本的专利制度后得出的结论是，他们都对来自国外的专利申请人持有歧视态度，日本倾向于将国外的申请长期搁置。[③] 在美国申请专利一般时间为两年左右，而在日本则长达4～6年或更长，并且日本的"早期公开，延迟审查"制度规定，提交专利申请的技术资料在申请日18个月后就向公众公开。于是，外国公司在专利申请的长期等待过程中，日本企业就会利用公开的资料开发大量的外围专利包围外国公司的初始核心专利，经过对初始专利技术进行改良后生产出更符合市场需求的产品占领市场，从而使初始核心专利技术失去其商业价值。正因为此，在日本的专利授权中外国专利还不到10%，而在美

[①] 韩海英，程默：《日本赶超型产业政策的动态分析》，载《西安石油大学学报》，2004年第1期。
[②] 林元旦：《日本政府对技术引进的干预和指导》，载《中国行政管理》，1996年第6期。
[③] Kotabe，Masaaki. A Comparative Study of U. S. and Japanese Patent Systems. Journal of International Business Studies. Washington：First Quarter 1992. Vol. 23，Iss. 1；pg. 147，22 pgs.

国的专利授权中，外国专利占 48%①。

（3）专利网战略。

日本政府极力鼓励日本企业及个人向外国特别是美国申请专利。其主要动机就是实施日本以外围专利包围初始核心专利的战略，从而在国际市场上限制西方国家围绕着初始专利所进行的市场开拓活动。据经济合作与发展组织的统计资料，日本的海外专利申请 1965 年只有 8 421 件，20 年后的 1985 年增加到 74 363 件②；20 世纪 70 年代中期以后增长尤为迅速，而且高度集中在少数国家，特别是美国。1980～1990 年的 10 年间日本在美国获得的专利增长了近 3 倍，以年均 1016% 的速度增长，而美国在日获得专利数量仅有 214% 的年增长率。

2. 对"追随战略"的评析

（1）日本采用"追随战略"的收益。

首先，缩短了新技术研发的周期。据专家们研究，靠国内独立进行研发，当时一项科技项目从研究到投入生产一般需要 10～15 年，而从引进技术专利到投产平均仅两年半。通过引进技术专利，大大缩短了日本追赶欧美国家的时间。据日本科学技术厅调查，到 1976 年，日本民间大企业技术装备的 50%～60% 已经达到国际水平，10% 左右已超过国际水平。据日本科学技术与经济会 1982 年 3 月的调查，到 20 世纪 80 年代初，在 43 种主要工业产品的 186 项主要技术指标中，日本超过美国的占 29%，赶上美国的占 32%，不如美国的占 39%；在 165 项主要技术指标中，日本超过西欧的占 38%，赶上西欧的占 44%，不如西欧的仅占 18%。③ 其次，促进了日本的经济增长。据日本特许厅的石井正对 1885～1940 年间日本专利、实用新型（自 1905 年后）、商标的申请量和机械工业产值制造业产值的相关度分析，可以得出结论：专利、实用新型、商标的申请量的变化与制造业产值的变化呈正相关关系，说明专利制度的建立与技术引进推动了日本的工业化进程。④

（2）日本"追随战略"的不足。

虽然，日本在 20 世纪实施的"追随战略"带来技术进步和经济增长的收益，但是，也产生了一系列的不良后果。根据世界主要技术输出国的 R&D 支出和在美国获得的专利授权量的比较（见图 10-1），日本这种以"以小敌大战略"，大量申请小的改良专利，造成了专利数量虽多而质量不高的局面。

---

①② 王春法：《技术创新政策：理论基础与工具选择——美国和日本的比较研究》，经济科学出版社 1998 年版。转引自：麦丽臣：《日本政府在国家创新系统中的作用》，载《日本研究》，2003 年第 4 期。

③ 《日本的技术引进与消化吸收》，载《山东经济战略研究》，2005 年第 21 期。

④ 杨武：《专利制度对日本技术引进与创新的影响》，载《电子知识产权》，1995 年 6 月。

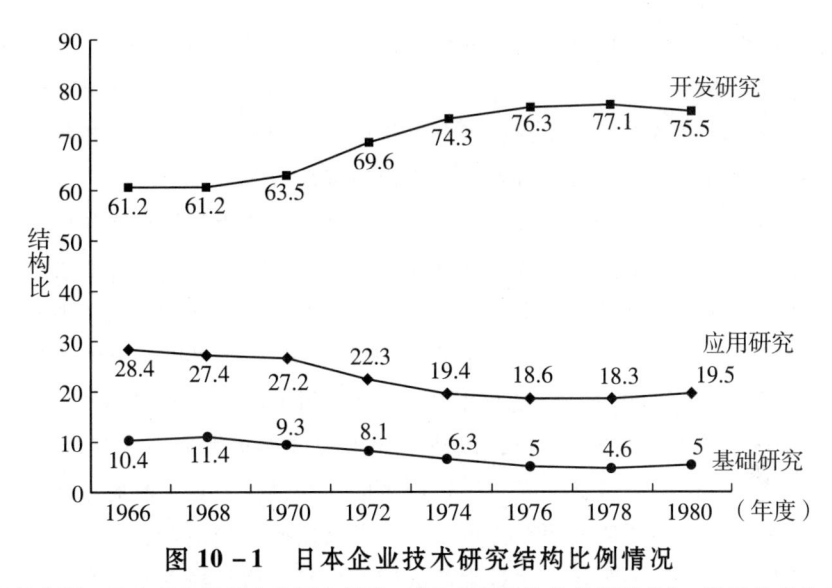

图 10 - 1　日本企业技术研究结构比例情况

资料来源：日本兴业银行产业调查部编：《日本产业转换的新时代》，科学技术文献出版社 1988 年版。转引自：卢娜：《日本国家创新系统评析》，载《日本研究》，2002 第 2 期。

以企业为主体进行技术革新和政府相对投入较少，是日本科技发展中存在重应用、轻基础的原因。企业作为以营利为目的的私人部门，以利益最大化为目标，对技术知识的生产有着比科学知识更大的热情。从图 10 - 1 中可以看出，自 20 世纪 60 年代至 80 年代，日本企业的技术创新不大注重基础性 R&D，其基础性研究经费在企业全部研究经费中从未超过 12%，且呈现一种不断下降的趋势。

经分析，技术许可费收入（十亿美元）与专利授权量（千件）之比，美国为 2.53%，德国为 6.85%，法国为 3.23%，英国为 8.61%，荷兰则高达为 28.18%，瑞士为 9.03%，意大利为 5.52%，加拿大为 2.69%，瑞典为 1.75%，日本仅为 1.61%。除去美国（出于对本国申请人的照顾，美国人在本国获得的专利授权量较多，所以质量不免有所降低），其他 8 个发达国家的技术许可费收入与专利授权量之比的平均值为 8.23%，平均每件专利获得的技术许可费收入为 8.23 万美元，而日本平均每件专利获得的技术许可费收入为 1.61 万美元。可见日本申请的专利实用价值比较低，他们申请专利的目的更多的是处于专利战略上的考虑，给竞争对手造成"专利包围圈"，以取得专利的交叉许可为目的。

（三）战略转移与 21 世纪的日本知识产权战略

进入 20 世纪 80 年代以后，日本政府和企业都渐渐发现，长期奉行并且行之有效的"追随战略"受到了越来越大的挑战，这种跟在西方发达国家后面获取现成技术的投机取巧的战略已经难以奏效。同时，日本企业现在却由于产品被其他国家仿造每年损失高达上万亿日元。在经济长期低迷的背景下，面对日趋激烈的全球市场竞争，日本发现自己存在一系列问题：制造业优势开始削弱；贸易顺差趋于减少；技术开发型风险创业活动不活跃；知识产权贸易争端增多；旨在加快专利审查、防止专利侵害的行政、司法改革滞后等等。

整个20世纪90年代的日本处于欧美的先进技术能力及知识产权能力与亚洲新兴工业国家尤其是中国的制造业及低成本竞争力的前后挤压，在高新技术领域落后于欧美，在传统工业和劳动密集型产业方面竞争不过亚洲新兴工业国家。据瑞士洛桑国际管理学院发表的各国竞争力排名表显示，1989～1992年日本的综合竞争力仍占据世界首位，但是自1997年后急剧下降，2005年仍处于21位的低端，2010年日本已跌至27位，以技术立国曾取得辉煌经济成就的日本在21世纪必须找到新的发展道路。面对知识经济的严峻挑战，日本政府重新审视其经济发展政策，意识到要使经济获得再生，就必须摆脱传统的经济发展模式，"由过去那种最适合于加工组装、大量生产的制造型经济增长模式向适合创造高附加值的无形资产的模式转化"。为此，日本政府推出了"知识产权立国"的战略政策，明确要摆脱在低层次和中国竞争的局面，发挥日本人发明创造能力，在知识产权领域与发展中国家拉开距离，重新恢复发达国家的自信。

1.《日本知识产权状况研究报告》的提出

1996年，时任日本专利局局长的荒井寿光提出了"亲专利"政策。同年年底，日本专利局成立了"21世纪知识产权问题思考会"，专门研究、探讨政策，并向政府提出建议。"亲专利"政策可以说是后来"知识产权立国"国策的萌芽。

2001年10月，日本经济产业省成立了"产业竞争力和知识产权政策特别工作组"。以日本东北大学校长阿部博之（Hiryuki ABE）博士为首，成员包括来自产业界、知识产权界等领域的专家。其目标是以增强日本产业国际竞争力为目标，分析预期的知识产权政策。特别工作组召开了多次会议，于2002年6月提出《日本知识产权状况研究报告》，其中部分内容被直接写进《知识产权战略大纲》。

2. 国家知识产权战略的正式制定

2002年2月，时任日本首相小泉纯一郎在施政方针演说中提出："把研究或创造活动的成果作为知识产权从战略上给以保护和利用，把加强本国产业的国际竞争力作为国家的目标。"从而将知识产权保护提升到国策的高度。

为迅速制定国家知识产权战略，日本政府于2002年3月组建了"知识产权战略会议"，小泉纯一郎亲自挂帅，成员由内阁官房长官、经济财政政策及情报通讯技术大臣、科学技术政策大臣、总务大臣、法务大臣、外务大臣、财务大臣、文部科学大臣、厚生劳动大臣、农林水产大臣及经济产业大臣等11位政府要员，其他各界人士中有大学教授、律师、企业代表等，"知识产权战略会议"的构成人员充分体现了日本在制定政策时"产学官"联合的整合性。

自2002年3月至2003年1月短短的10个月期间，日本政府共召开了八次"知识产权战略会议"，完成了《知识产权战略大纲》的制定工作，确立了"知识产权立国"国策。2002年3月20日举行的第一次会议提出于2010年"知识产权立国"的计划。2002年7月3日，通过《日本知识产权战略大纲》。2002年11月，通过《知识产权基本法》，将知识产权从部门主管的事务上升至国家性事务。

3. 国家知识产权战略的主要内容

日本政府在2002年7月正式发表了《知识产权战略大纲》，《知识产权战略大纲》的重点是实现在知识产权平台上建设国家，也就是说要用知识产权创造高附加值的产品，为达到激励经济和社会发展的目的服务。其知识产权战略包括四方面的内容：

（1）知识产权创造战略。促进大学和公立研究机构以及企业中的知识产权创造，建立把研究成果转化为知识产权的体系，在学习美国的拜—杜法案的基础上，明确知识产权的权利归属。

（2）知识产权保护战略。建立迅速而准确的专利审查机制；加强知识产权审判制度；开发保密技术；通过外交途径和海关制止侵权产品。

（3）知识产权利用战略。大学和研究机构的专利虽然有大幅增长，但是转化为生产力的较少。提出要在大学中设立"知识产权部"，推动大学和公立研究机构的知识产权的创造和利用。

（4）知识产权人才战略。培养能提供知识产权代理、纠纷处理、许可证贸易等高级服务的专家，培养懂技术、懂管理的知识产权人才。

2005年6月10日，日本知识产权战略本部又公布了《知识产权推进计划2005》。该计划共五章，多达450个条目。其主要内容有：加快专利审查速度；增强国际合作，构筑世界专利体系；加强反侵权产品和反盗版产品的对策；加强官民合作。

4. 国家知识产权战略的执行推进

2003年3月，日本政府根据《知识产权基本法》在内阁设立了知识产权战略本部，集中、有计划地推进国家知识产权战略，每年出台具体的知识产权推进计划。本部由28人组成，首相小泉纯一郎任本部部长，成员由17个省厅（相当于我国的部委局）的长官和10位富有专长的社会知名人士组成。本部设有推进事务局，有20余人，负责本部的事务性工作。其工作活动经费由总务省全额保障。2003 年 7 月，日本知识产权战略本部公布《知识产权推进计划 2003》，提出 270 项需要落实的具体措施。2004 年 5 月，日本知识产权战略本部公布《知识产权推进计划 2004》，提出 400 条具体措施。2005 年 6 月，日本知识产权战略本部公布《知识产权推进计划 2005》，提出 450 条具体措施。

三、力促科技转化：欧盟知识产权战略

（一）欧盟知识产权创新战略

1. 欧盟知识产权创新能力不足

长期以来，欧盟国家有着深厚的科学技术积淀，英国、法国、德国曾经是很多科学技术的发源地，从来就不缺乏创造发明，但是这种科技的优势并不能自然的转化为产业竞争的优势。第二次世界大战后，美国成为世界霸主，日本也在美国的保护下迅速成长为第二经济强国，而 19 世纪的工业超级强国——英国，在整个 20 世纪一直处于下滑的趋势。"当其他国家的竞争优势开始展开时，英国只能眼睁睁地看着其他国家一个接一个超前而去。"[1]

首先，欧盟国家注重基础研究，对知识产权重视不够。在对衰落的原因进行深入分析之后，英国贸易产业部 2000 年 7 月发布的《卓越与机遇——21 世纪科学与创新政策》白皮书指出"英国只有世界 1% 的人口，却有世界科研投入的 4.5%，创造出世界科学论文的 8%"。[2] 英国在科学基础方面是仅次于美国的世界第二大科学强国，而且英国的科学产出效率远高于其他国家，但是缺乏将科技转化为生产力的创新机制。同时，英国把知识产权放在比科学研究次要的位置，白皮书提到，"虽然科研的目标有所改变，但是仍要以先进的知识和基本公共政策为主。知识产权政策不能损害这些目标，不能因为是否具有可专利性而影响科学发现。科研的开放心态对于公共政策是至关重要的"。[3]

其次，欧盟国家的 R&D 支出与产业化距离较远。美日均将大部分的 R&D 经费投入到与市场接近的应用研究与技术开发阶段，而德法在基础研究上的投入明显高于美日两国。并且欧盟国家产学研合作程度不高，研究成果与生产实践脱节，所以，先进的科学研究成果不能转化为生产力，影响了欧盟整体的技术创新绩效。

---

① ［美］迈克尔·波特：《国家竞争优势》，华夏出版社 2002 年版，第 467 页。
②③ UK Department of Trade and Industry. Excellence and Opportunity——a science and innovation policy for the 21st century. 2002. From：http：//www.ost.gov.uk/enterprise/dtiwhite/index.html.

欧盟这种重科研轻知识产权的资源配置方式产生的结果必然是专利产出低，知识产权竞争优势弱。与其竞争对手美国和日本相比，欧盟的基础科学水平非常高，欧盟的科技论文的发表量占世界论文总量的33.8%，而美国仅占31.4%。20世纪80代中期以来，欧盟在科学研究绩效方面也较美、日本具有优势（图10-2a），特别是英国、爱尔兰、瑞典等西北欧国家。但是，从专利的产出数量来看，欧盟的表现却远远不如与美国和日本，与其基础科学的实力形成巨大的反差。美日在80年代中期以后专利产出的水平总的来看是在不断增加，而欧盟却呈现下降趋势（图10-2b）。欧盟国家把科学成果转化为创新的能力与美国、日本相比明显不具优势，有很大差距。

a.Scientific performance(number of publications per millon ecus,at 1987 US prices,non-BERD),

b.Technological performance(number of patents per million ecus, at 1987 US Prices, BERD)

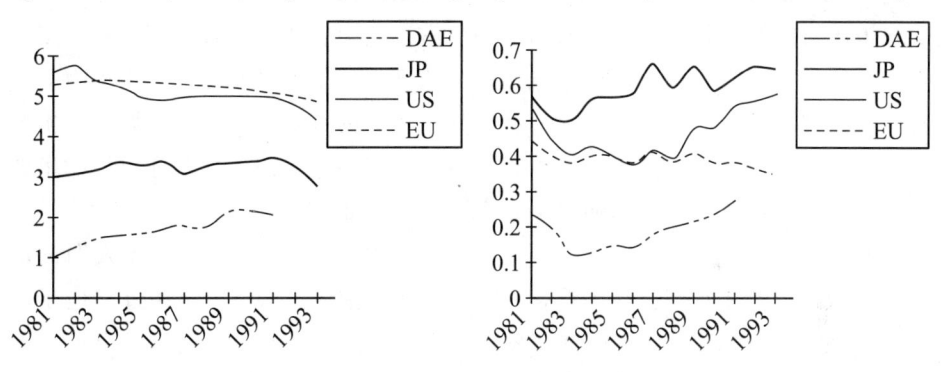

图10-2 欧盟、美国、日本科学与技术倾向

资料来源：European Commission. Green Paper on Innovation [R]. 1995, 12.

2. 欧盟知识产权创新的措施

鼓励企业开展技术创新活动是欧盟一项重要使命。欧洲委员会认为，有必要创造有利于创新的法律环境、行政环境与金融环境，建立研究与创新间的有机联系。欧盟于1995年发布了《创新绿皮书》，并在1996年11月发布了具有开创性意义的政策文件——第一个《欧洲创新行动计划》，计划提出了欧盟创新政策发展的建议和方案。欧盟各成员国也根据本国国情制定各自的创新战略。

20世纪90年代以来，英国政府先后提出了一系列提高创新能力的战略计划。1993年发布《实现我们的潜力》白皮书，制定了通过调动英国科学、工程与技术优势来提高创造财富和改进生活质量能力的国策，并制定了保持基础科学领先地位的政策。1998年发表《我们竞争的未来》白皮书，强调技术和创新的中心作用。2000年发布《卓越与机遇》白皮书，全面阐述了布莱尔政府面向21世纪的科学和创新政策。此后发布了一系列政府报告，提出了具体的政策措施。

荷兰等国家长期使用税收控制措施来刺激企业 R&D 支出。在荷兰，企业主有义务从员工工资中扣缴个人所得税和社会安全费，而根据税收减免计划，R&D 人员可以减少在这方面的支付。该计划实施以来，企业总数已从 1994 年的 5000 家增长到 1999 年的 14 600 家。1999 年的评估显示：利用该计划的企业 R&D 经费的支出比那些不使用该计划的企业要高，而且从事 R&D 工作的人员也大量增加。爱尔兰也长期利用财政措施来提高企业创新能力，例如企业免缴专利使用费的收入所得税。①

（二）欧盟知识产权保护战略

1. 欧盟知识产权制度整合战略

为了统一各成员国之间法律制度的差异，欧洲议会和欧盟理事会通过了一系列的知识产权的规则和指令。这些指令是由欧洲议会、欧盟部长理事会和欧盟委员会向欧盟特定的或者全部成员国发出的立法文件。指令没有全面的拘束力，仅在其所欲达到的目标上有拘束力，而在实现该目标的方式和方法上，则没有拘束力，并且指令要通过成员国通过国内程序将其内容转换为国内立法才可以发生效力。自 20 世纪 90 年代，欧盟通过了一系列指令，如：

1998 年《数据库的法律保护指令》生效，1998 年通过《生物技术发明的法律保护指令》，1998 年通过《外观设计的法律保护指令》，2003 年通过《电子商务的法律保护指令》，2002 年通过《软件专利指令》，2001 年通过《信息社会版权与相关权特定方面的法律保护指令》。

欧盟通过的指令具有以下几种功能：（1）柔性协调。各成员国法律制度因其政治制度、法律传统、文化传统、经济发展程度共同体法律适用领域的不同而各有差异。尽管欧盟机构可以不考虑各成员国的实际情况直接以条例的形式立法，但往往招致成员国的反对，在执行环节中会遇到重重阻力。而指令仅在其所欲达到的目标上有拘束力，而在实现该目标的方式和方法上由成员国根据本国实际情况自行决定，用柔性管理代替了刚性管理，给予成员国在履行共同体条约义务上较大的自主权，有利于消除成员国的执行阻力。（2）统一法制。欧盟的指令发出后，成员国必须通过国内程序将其转换为国内法，在其国内发生效力，为欧盟在成员国内知识产权制度的统一提供了一个标杆。各成员国的知识产权制度在整体上保持一致，为未来的欧盟法制一体化乃至政治一体化打下了铺垫。（3）扩大知识产权保护范围。1998 年 1 月生效的《欧盟数据库指令》不但保留了数据库领域的版权制度，还专门为不具有"独创性"的数据库创设了一种新的专有

---

① 袁晓东：《欧盟科技创新政策分析》，载《研究与发展管理》，2003 年第 4 期。

权利。该《指令》对数据库的定义相当宽泛，无论数据本身是否有版权，只要在形式上具有组成数据的独立性、数据库结构的有机性、数据库内容的集合性，就可以受到该《指令》的保护。① 从而构成了欧盟独具特色的、完整全面的数据库保护体系，是对知识产权领域的一次重大突破。美国授予软件专利的用意在于，保护本国企业在 IT 产业的技术优势，不允许其他国家免费使用本国的技术成果。出于与同样的考虑，欧盟制定了《软件专利指令》，并于 2003 年 9 月对《软件专利指令》进行了修订，规定具有工业应用价值、具有技术进步性、"可在计算机上使用的发明"具有可专利性②。欧盟通过的对其他知识产权新客体进行保护的指令，如《生物技术发明的法律保护指令》、《外观设计的法律保护指令》、《电子商务的法律保护指令》等，分别对生物技术、外观设计、电子商务等传统知识产权保护范围没有覆盖的技术甚至商业模式设立了新的法律保护形式。

2. 欧洲专利局的设立

1973 年 10 月 5 日，欧洲一些国家签署了欧洲专利公约（European Patent Convention），此公约于 1994 年 12 月生效。

根据欧洲专利公约设立了欧洲专利组织，下设欧洲专利局和行政委员会。欧洲专利局是欧洲专利组织的执行机构，负责审查并授予欧洲专利。欧洲专利局只是一个政府间组织，因为时至今日仍然没有形成一个统一的欧洲专利，所以欧洲专利局授予的专利不能在所有缔约国内自动生效，只有在申请人指定的缔约国内才能发生效力。因此，申请人必须在申请日至少指定一个缔约国。当然，指定的缔约国越多，指定费也越多。③

虽然还不能完全取代国家专利，但是，欧洲专利局已经在欧洲专利事务中发挥越来越重要的作用。欧洲专利局在世界上的影响日益深远，已成为与美国专利商标局、日本特许厅并列的世界三大专利机构之一。截至 2012 年 4 月，其成员国已扩大至 38 个。④ "《欧洲专利公约》是发达国家间发展地区性工业产权保护合作的产物。"⑤ 它建立了前所未有的由一个专利机构通过在多个国家生效的专利制度，成为区域知识产权合作的典范，也为发达国家推进全球专利积累了经验和理由。

3. 欧盟知识产权海关保护

随着知识经济在欧盟经济中所占比重的逐步增加，欧盟对知识产权保护的重

---

① 胡坚：《数据库保护制度的里程碑》，载《科技进步与对策》，2005 年第 9 期。
② European Parliament. Amended Software Patent Directive. 2003 – 09 – 24.
③ 管煜武：《欧洲专利审批制度》，载《科技创业月刊》，2006 年第 4 期。
④ European Patent Office. http://www.european-patent-office.org/epo/members.htm，2012 年 4 月 26 日访问。
⑤ 郑成思：《工业产权国际公约概论》，北京大学出版社 1985 年版。

视程度也不断提高。1998 年,欧盟委员会发布了《打击仿冒和盗版》绿皮书。根据欧盟的统计,仿冒和盗版已经成为世界性的问题,仿冒和盗版产品的贸易额约占世界总贸易额的 5%~7%,严重影响了欧共体市场的商业信心,阻碍了投资增长。不仅导致欧共体在过去的十年中每年失去了 10 万个工作岗位,还对消费者的健康和安全造成了损害。欧盟企业在统一市场的损失每年巨大,即使在严厉打击之下,世界的仿冒或侵权比率仍然很高,其中加工产业为 35%,视听产业为 25%,玩具产业为 12%,香水产业为 10%,制药业为 6%,而软件产品的 46% 为盗版。①

为了有效地避免欧盟的产业遭受仿冒和盗版的侵害,实现欧盟第一个《创新行动计划》的目标,欧盟提出了打击假冒和盗版的《行动计划》和欧盟 1998~1999 打假工作计划。欧盟通过各种途径来保证《行动计划》的有效执行:(1) 私人部门的监督。国内或国际的行业协会可以采取观察市场趋势,与海关、警察、法院的协作,探测仿冒和盗版行为等行动,为政府立法提供信息;(2) 技术设备的使用。知识产权所有人可以用技术手段来保护或鉴别他们的产品和服务,如全息图、芯片卡等;(3) 加大对知识产权侵权行为的处罚和制裁力度;(4) 加强成员国之间的政府合作。②

欧盟完善了知识产权边境保护的处理程序,遏止盗版与仿冒产品进入欧盟。2003 年欧盟全面修改了海关对侵犯知识产权产品的指令,该指令不仅扩大了知识产权的保护范围,还进一步强化了海关扣押、销毁产品的权力,并允许权利人同时向欧盟多个国家提出挡关请求。③ 欧盟委员会还实施了一个"行动计划",计划包含了提高海关当局打击盗版和侵权行为的快速反应机制的效率的目标,计划现有的法律框架内,把资源集中在增强与产业界的合作伙伴关系和提高与第三国的协作上面。据欧盟委员会统计,被欧盟在国境外查获的仿冒和盗版产品呈现大幅增长,2004 年共查获 1 亿多件,与 2003 年相比增长了 12%,与 1998 年相比增长了 1000%。其中假药比 2003 年增长了 45%,假冒的食品、饮料和酒类增长了 200%,达到了 450 万件。④

(三) 欧盟知识产权转化战略

如何把大学和科研机构的科技成果转化为现实的生产力,是各国面对的一个

---

①② Commission of the European Communities. Combating Counterfeiting and Piracy in the Single Market Green Paper. 1998.

③ 姚新超:《解析欧盟知识产权产品边境保护措施新指令》,载《对外经贸实务》,2004 年第 8 期。

④ European Commission Press Room. Customs: Commission Launches Action Plan to Combat Counterfeiting and Piracy. 11/10/2005. From: http://europa.eu.int/rapid/pressReleasesAction.do?reference = IP/05/1247&format = HTML&aged = 0&language = EN&guiLanguage = EN,2012 年 6 月 7 日访问。

共同的难题,欧盟各国都根据本国国情和文化传统制定了各自的知识产权转化战略,我们主要以英国和德国为例来说明。

1. 英国知识产权转化的政策困境

英国的历史是一部创新的历史。经济社会发展历程的开端——工业革命,近代物理学的奠基者——牛顿力学和生物进化论,近代政治、经济、文化等诸多学科无不起源于英国,英国的创新对世界文明的进步做出了不可替代的贡献。

但是,长期以来英国大学与社会生产之间的关系并不密切。在科研方面,英国大学一直以基础研究为主,而忽视应用研究,致使大学的科技成果转化率很低。英国花费巨大的人力财力之后产生的科研成果和发明创造,几乎绝大多数被日本和联邦德国引进,并转化为实际生产力的提高。直到20世纪70年代,英国开始认识到,为了促进经济的发展,必须寻找一条能把科学技术与工业结合起来的有效途径。英国前首相科学顾问、剑桥大学校长查尔指出,联邦德国的成功就在于重视"工业科学",即重视将现有的科学技术推广运用到工业部门的缘故。前贸易产业部首席科学顾问马杜克认为,战后日本之所以能取得巨大的经济成就,在于它全力发展应用技术,并努力将国内外的科技成果推广到产业领域。因此,英国应该向联邦德国、日本等国学习,把研究力量转向应用技术,并重视科技成果的转化工作。[①]

第二次世界大战以后,英国的发展势头逐步减缓,经济增长持续低迷。面对经济形势的严峻挑战,英国政府认为,只有加强政府对科技的宏观调控,提高全民族对科技在生产力提高中的作用,提高科技工作和科技工作者的地位,适当调整基础与应用科技的投入比例,主张科技成果转化,充分发挥科技对经济增长的推动作用,才能从根本上扭转英国目前所处的困境。

2. 英国知识产权转化战略的主要措施

(1) 调整知识产权的利益分配。

首先,确定大学内部知识产权的归属。根据英国的法律,教职员工创造的知识产权一般都归大学拥有。对学生的知识产权所有权的确定各大学很不一致,也不清晰。大学通常的做法是在入学阶段与学生签订一个一揽子协议,规定学生在校期间产生的知识产权归学校所有。另外一种途径随机处理,当学生产生了有价值的知识产权以后,依据不同情况签订不同协议,或采取其他解决方式。[②] 其次,政府资助项目产生的知识产权权利的确定。如果研究项目是由高等教育拨款委员会(HEFC)或国家研究委员会(Research Councils)资助的,产生的知识

---

① 易红郡:《英国大学与产业界之间的"伙伴关系"》,载《清华大学教育研究》,2004年第2期。
② 霍京华:《英国爱丁堡大学的技术转移及知识产权管理》,载《北京化工大学学报》,2005年第1期。

产权属于大学。而对于其他政府资助的项目的知识产权问题，根据 2001 年 12 月由英国专利局制定的政策，① 政府资助研究产生的知识产权应授予研究者，这样更有利于识别知识产权的潜在价值及进一步的利用，也是目前国际上通行的方式。

（2）引导产学研合作的政府行为。

首先，削减大学经费迫使产学研合作。英国长期以来采取"福利政府"政策，财政开支庞大，加上1970年代中东石油价格的攀升，多种因素引发的发达国家经济危机波及整个英国。1979年撒切尔夫人内阁执政后，为减少公共开支，大规模削减各种社会福利，教育经费也在其中。据统计，1981～1982年与1983～1984年英国大学经费总共被削减13%，即大约失去1.3亿到1.8亿英镑。大学经费的平均削减比例是17%，经费削减最多的大学是技术大学。② 英国大学经费主要来自以下几个渠道：①政府拨款。②产学研合作。③学生学费。④民间捐赠。⑤留学生。③ 而其中政府的资助占据大学科研经费的相当大的比例，政府削减高等教育经费开支迫使大学不得不从其他途径筹措资金，与产业界建立联系，以获取资助，于是，政府削减大学经费的政策直接推动了大学与产业界的合作。

（3）优惠政策诱发产学研合作。

为鼓励大学与产业界之间的技术转让活动，英国成立了各司其职的科技管理机构。①科学技术办公室。隶属于公共服务和科学办公室，负责制定科技政策，促进知识产权转让、科技与产业界人员流动。②科技理事会。为政府提供科技咨询，负责协调参与政府资助的科研项目的产业界、科研机构、政府以及用户之间的关系。③研究理事会。包括生物技术和生物科学理事会、经济和社会理事会等。这些委员会在严格筛选的基础上，对大学与产业组织的一些合作项目进行资助。④内阁科技委员会。属于咨询机构，每年召开会议解决有关问题，协调各部的科研活动。④

英国采取了多方位的实际措施促进产学研合作，如，为鼓励高校人才流动到产业界，英国政府及其所属机构针对大学不同对象设立了不同层次的奖励形式。此外，英国政府还在税收方面给予大学优惠政策，规定大学在举办短期课程、管理培训、开展咨询服务、技术转让、科研合同、成果开发、出售专利及开展社会

---

① UK patent office. Intellectual property in government research contracts. 2001. 见英国专利局网站．http://www.patent.gov.uk/about/notices/2001/ipresearch.pdf.

② 王承诺、徐辉：《战后英国教育研究》，江西教育出版社1992年版，第331～332页。转引自：易红郡：《英国大学与产业界之间的"伙伴关系"》，载《清华大学教育研究》，2004年2月。

③ 东北财经大学经济与社会发展研究院课题组：《英国高等教育经费的筹措》，载《经济研究参考》，2005年第58期。

④ 祝况：《英国政府科技管理体制》，载《全球科技经济瞭望》，1995年第2期。

服务方面所得收入，凡是用于教学和研究以及学校自身发展的均不需向政府纳税。以上措施给大学和科研机构以极大的利益驱动，推动了英国大学与产业界之间的合作向前发展。

3. 德国知识产权转化战略

大学教师作为科研人员，更热衷于科研和论文，对于带有手续繁杂和带有投资风险的专利转化往往没有积极性。下面以马普学会为例论述德国的技术转化。

马普学会是德国的主要研究机构，1970年设立了技术创新股份有限公司（Garching Innovation GmbH，GI）。GI由各学科的科学家、企业家和律师组成，负责向研究所的科学家提供知识产权的建议、判断发明人的知识产权和商业价值、聘请专利律师、确定专利申请范围、指导发明人与产业的合作，从马普学会的各种技术转让合同中获取利益。图10-3为马普学会的创业服务流程图。

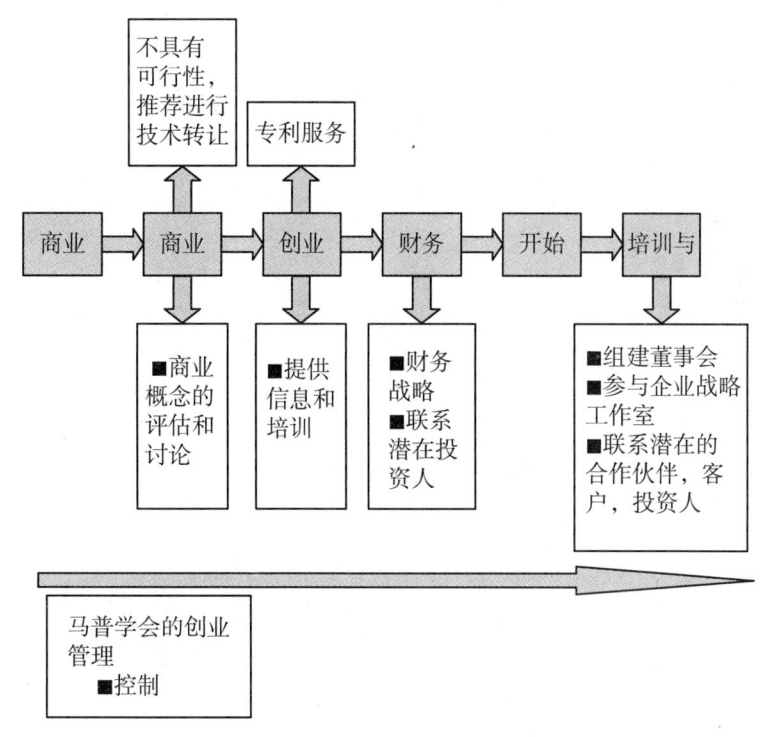

图 10-3 马普学会的创业服务流程图

资料来源：http://www.garching-innovation.de/en/servicegru/service.html。

GI允许马普学会的科学家设立自己所有的公司去进一步开发新技术。科学家进行产业化有几种模式可以选择：（1）如果公司需要科学家以首席科学家、董事、雇员的身份全天候的参与公司业务，那么科学家必须中止与马普学会的合同，以便把全部的精力投入到公司业务中；（2）如果创业公司不需要科学家全天候、终身的参与，并且科学家与马普学会的雇佣关系仍然存在，则科学家可以有几种选择，包括马普学会准许科学家把创业公司作为第二职业，或者在三年内暂时中止与马普学会的雇佣关系，在五年内再次续签雇佣合同。作为第二职业从事创业公司工作的科学家，在公司中只能担任限定的职务，如专家顾问团成员或董事会成员等。① 对于开发尖端技术、公司团队精良、运行良好、资金有保障的创业公司，马普学会有可能对之进行调研和谈判之后持有一定比例的股份。

GI 可以通过技术转让协议许可企业开发马普学会的新技术，特别是在生物技术、材料科学和有机化学等领域与产业界开展战略性的合作项目。GI 每年从大约 140 项发明中选出 80 项申请专利，并把其中合适的技术、软件、生物材料进行技术转让。② 但是，从 2001 年开始，GI 的技术转让业绩出现下滑，在技术转让成交额、合同签订的数量、创业公司成立的数量都呈现下降趋势。③

---

① Max-Planck-Gesellschaft. Start-up Companies：Guidelines for Scientists of the Max-Planck-Gesellschaft. From：http://www.garching-innovation.de/en/downloads/DownAUSGRUENDUNG.PDF, 2011 年 3 月 5 日访问。
② http://www.garching-innovation.de/en/firmenprofil/ziele/erfindungen.html, 2011 年 5 月 20 日访问。
③ http://www.garching-innovation.de/en/firmenprofil/ziele/ziele_index.html, 2011 年 5 月 22 日访问。

第十一章

富民强国之路：我国国家知识产权战略

2008年6月正式颁布并开始实施的国家知识产权战略是我国当前知识产权公共政策的集中体现，是新时期我国国家发展战略的一部分。我国国家知识产权战略的制定于2005年1月正式启动。经过三年多的反复酝酿和精心准备，《国家知识产权战略纲要》（以下简称《纲要》）于2008年3月获国务院原则通过。2008年6月5日，国务院发布《国家知识产权战略纲要》，我国国家知识产权战略开始正式付诸实施。

随着现代科技的迅猛发展和知识经济时代的来临，知识产权已成为国家发展的重要战略资源。知识产权的拥有量和对知识产权创造、利用与开发的能力已经成为衡量一个国家经济、科技实力的核心因素，成为各国参与经济全球竞争、获取竞争优势的重要基础。知识产权制度的国际化和一体化趋势日益明显，其对经济社会发展的影响也日益加深。对于我国而言，虽然自改革开放以来我国经济保持高速增长，但长期积累的结构性矛盾和粗放型经济增长方式尚未得到根本改观，资源、环境、技术的瓶颈制约日益突出，实现可持续发展遇到的压力不断增大。因此，我们必须调整产业结构，转变增长方式，谋求科学发展。知识产权战略正是我们党和政府基于上述背景下提出的国家方略，它与科教兴国战略、人才强国战略和可持续发展战略相辅相成。国家知识产权战略的制定对于我国转变经济发展方式、缓解资源环境约束、建设创新型国家从而提升国家核心竞争力具有重大战略意义。

一、我国国家知识产权战略的制定背景

我国国家知识产权战略的制定有其深刻的国内和国际背景，它与知识经济时代下我国国内经济、社会的发展以及经济全球化影响下的世界知识产权制度变革和国家竞争态势息息相关。

（一）转变经济增长方式、建设创新型国家的战略需求

随着现代科技的迅猛发展和知识经济时代的来临，知识产权已成为国家发展的重要战略资源。知识产权的拥有量和对知识产权创造、利用与开发的能力已经成为衡量一个国家经济、科技实力的核心因素，成为各国参与经济全球竞争、获取竞争优势的重要基础。知识产权制度的国际化和一体化趋势日益明显，其对经济社会发展的影响也日益加深。

对于我国而言，虽然自改革开放以来我国经济保持高速增长，但长期积累的结构性矛盾和粗放型经济增长方式尚未得到根本改观，资源、环境、技术的瓶颈制约日益突出，实现可持续发展遇到的压力不断增大。中共中央、国务院在《关于实施中长期科学与技术发展规划纲要的决定》中指出，我国已进入必须更多地依靠科技进步和创新推动经济社会发展的历史阶段。因此，我们必须调整产业结构，转变增长方式，谋求科学发展。知识产权战略正是我们党和政府基于上述背景下提出的国家方略，它与科教兴国战略、人才强国战略和可持续发展战略相辅相成。国家知识产权战略的制定对于我国转变经济发展方式、缓解资源环境约束、建设创新型国家从而提升国家核心竞争力具有重大战略意义。

（二）我国知识产权事业的发展态势

改革开放以来，我国仅用20年的时间就逐步建立起比较完整的知识产权保护体系，完成了西方国家历经数百年走过的历程。目前，我国已加入了主要的知识产权国际公约，基本建立了与国际接轨的知识产权法律体系，形成了具有中国特色的知识产权司法、行政执法体系和管理体系。现有的知识产权保护水平已满足了WTO的相关要求，部分甚至达到了发达国家水平。我国每年取得的知识产权数量增长迅速，目前已位居发展中国家首位，且增长速度保持全球第一。2010年，我国的国际专利申请量增幅达56%，国际专利申请总量达145.1万件。截至2010年12月31日，我国受理的国内外专利申请总量突破700万件。2007年，国家工商行政管理总局商标局共受理商标注册申请70.8万件，已连续第6年位

居世界第一。①

与此同时，我们也应当看到我国知识产权工作还存在以下一些不足：从总体上看，我国知识产权制度仍不完善，知识产权反垄断立法和一些新型知识产权保护立法滞后，知识产权执法水平有待加强，地方保护主义倾向仍然一定程度地存在。自主知识产权水平和拥有量尚不能满足经济社会发展需要，与发达国家相比，知识产权质量有待提高。社会公众知识产权意识仍较薄弱，市场主体运用知识产权能力不强，侵犯知识产权现象还比较突出，知识产权滥用行为时有发生，知识产权中介服务体系和人才队伍建设比较滞后，知识产权制度对经济社会发展的促进作用尚未得到充分发挥。

(三) 世界知识产权制度的发展变革

在经济全球化和知识经济的大趋势下，世界知识产权制度的发展也呈现国际一体化和保护水平不断强化等趋势，我国知识产权战略的制定和实施也不可避免地受到国际"大气候"的影响。具体而言，世界知识产权制度的发展呈现出以下一些趋势：

第一，知识产权保护制度趋于国际化、一体化。在世界贸易组织体系下，TRIPs协议确立了WTO成员方的知识产权保护最低标准，无论是实体法和还是程序法都呈现出走向统一的趋势。美国、日本和欧盟还积极推动统一的全球专利制度的建立，发展中国家和地区自由选择制度的空间面临不断减少的境地；

第二，知识产权保护水平不断强化。伴随着知识产权制度国际化和一体化，知识产权保护水平在全球范围内不断被强化。首先，知识产权的保护范围不断扩大，计算机软件开始被纳入专利保护范畴，美国、日本等发达国家积极推动基因、数据库、商业方法等新客体的知识产权保护；其次，知识产权的保护力度在不断加强，主要表现为延长保护期限、强化权利内容、限制合理使用、加大侵权处罚力度；再次，发达国家将知识产权保护与国际贸易直接挂钩，以强化其知识产权保护，例如美国的"特殊301条款"和美国关税法第337条款等。

(四) 其他国家实施知识产权战略的成功实践

美国、日本、欧盟等国家和地区实施知识产权战略的实践为我国知识产权战略的制定和实施提供了启示和经验借鉴。

美国虽然没有明确提出知识产权战略的口号，但实际上它的知识产权战略暗含在一系列相关法律和公共政策之中。例如，20世纪80年代推出了拜杜法案和

---

① 数据来源：国知局网站：http://www.sipo.gov.cn，2012年4月18日访问。

亲专利政策，对美国知识产权制度变迁和经济结构升级有着极其重要的作用，也是美国知识产权战略的主要内容。

日本是世界第一个明确提出要实施知识产权战略的国家，日本在2002年3月提出"知识产权立国"的计划。2002年7月3日，通过《日本知识产权战略大纲》，2002年11月，通过《知识产权基本法》。2003年至今，日本每年都要制定并发布知识产权战略推进计划，对知识产权创造、保护、运用和人才等四个方面的工作进行检讨和规划。由于文化背景相似和一衣带水的近邻关系，日本知识产权战略的制定和实施对我国知识产权战略的制定有着重要示范性影响，虽然两国的发展阶段和战略内容不尽相同。

美国、日本等发达国家通过实施知识产权战略，从过去的生产制造大国转向科技创新大国，实现了产业结构调整和增长方式的转变。它们以知识产权为武器，在全球保持着产业竞争优势。曾与我国同为工业后进国家的韩国，在实施知识产权战略之后，从一个落后的农业国快速发展成为一个新兴的工业化国家，也成功地实现了产业升级和发展模式的转换。

二、我国国家知识产权战略的制定过程

2005年1月，国务院批准成立了国家知识产权战略制定工作领导小组，由时任国务院副总理的吴仪同志担任组长，由国家知识产权局、国家工商总局、版权局、国家发改委、科技部、商务部等33个中央部委办局共同推进国家知识产权战略制定工作。由此，国家知识产权战略制定工作正式启动。国家知识产权战略制定工作领导小组在全国范围内遴选出几百名知识产权领域的顶尖专家组成国家知识产权战略专家库，使之成为我国国家知识产权战略制定工作的智囊团。战略制定工作包括20个专题的研究和《纲要》的制定，即"20+1"战略。《纲要》是国家知识产权战略的总论部分，20个专题研究则为《纲要》的制定提供研究基础和论证准备，同时也是对《纲要》的展开和深化。

（一）20个专题的研究

20个专题分别从知识产权战略的宏观问题、知识产权主要类别、知识产权法制建设、知识产权重要管理环节、知识产权重点行业等五个方面展开，具体包括：

专题一：国家知识产权战略目标和发展阶段研究；

专题二：知识产权人才队伍建设和宣传普及研究；

专题三：科技创新中的知识产权问题研究；

专题四：保护与禁止滥用知识产权问题研究；

专题五：自主知识产权成果产业化问题与扶持政策研究；

专题六：国际贸易中的知识产权问题研究；

专题七：专利战略研究；

专题八：商标战略；

专题九：版权战略研究；

专题十：生物资源的知识产权问题研究；

专题十一：商业秘密相关问题研究；

专题十二：中医药知识产权保护和利用研究；

专题十三：国防知识产权问题研究；

专题十四：知识产权立法问题研究；

专题十五：改善国家知识产权执法体制问题研究；

专题十六：知识产权中介服务体系研究；

专题十七：标准中的知识产权问题研究；

专题十八：企业知识产权战略和管理指南研究；

专题十九：信息产业领域知识产权问题研究；

专题二十：药品领域知识产权问题研究。

专题研究从 2005 年 8 月开始，先后经历了前期准备、实体研究、意见征询和验收结题四个阶段。2007 年 2 月，专题研究工作如期完成，国家知识产权战略制定工作领导小组办公室通过第三次主任办公会审议 20 个专题的研究报告，并上报国家知识产权战略制定工作领导小组。2007 年 2 月 15 日领导小组第三次全体会议审定通过各专题报告。

专题研究工作前后历时一年半，共有三十多个部委、百余名专家参与研究和起草报告。研究内容涵盖知识产权各领域，吸纳了十多年来各方面研究成果的精华。专题研究成果不仅为《纲要》的制定提供了有力的支撑，同时为知识产权工作的全面深化和长期开展奠定了坚实的基础。

(二)《纲要》的制定

2005 年 7 月，国家知识产权战略制定工作领导小组成立《纲要》组，同时建立了 11 个《纲要》专家建议稿小组，邀请国内知识产权专家和地方知识产权局分别组织起草了《纲要》专家建议稿（本课题组即为专家建议稿小组之一，所起草的《纲要》专家建议稿附后）。领导小组先后召开了十多次与知识产权工作相关的国内社会各界的座谈会，就国家知识产权战略制定的重要性、重点问题等广泛征求了意见。此外，领导小组还组织专家就企业专利状况通过各省市知识产权局进行了全面调查。为了吸收、借鉴其他国家或地区的相关经验，领导小组专门组织人员针对典型国家和地区（包括美国、日本、韩国、欧盟、印度、巴西、新加坡、泰国、印度、中国台湾地区等）的知识产权战略或知识产权公共政策进行了调研，为《纲要》的起草作准备。

2007年5月17日，国家知识产权战略制定工作领导小组召开会议，对《纲要》文稿进行深入讨论，初步形成了国家知识产权战略的指导思想、基本原则、战略目标、主要措施和重点任务等主体内容。在国务院领导的直接指导下，《纲要》文稿经过知识产权局、工商总局、版权局、发展改革委、科技部、商务部等部门认真研究并多方征求意见后反复修改，最终形成了《纲要》（送审稿）提交国务院讨论。2008年4月9日，温家宝总理主持召开国务院常务会议，审议并原则通过了《纲要》，6月5日《纲要》正式发布。

（三）战略制定过程中的各方意见

国家知识产权战略的制定是集体智慧的结晶，在战略制定过程中，社会各界曾提出许多宝贵的意见，甚至有过激烈的观点碰撞。这些意见无论最后是否被接纳，对于我国国家知识产权战略的制定和完善都具有参考价值。

针对国家知识产权战略的性质，一些专家曾提出各不相同的观点。有人提出国家知识产权战略是一项公共政策工具，有人则并不认同，而是主张知识产权更是一种制度安排。也有人提出，知识产权究竟是制度还是政策工具不是实质问题，没必要争论。

关于国家知识产权战略的定位问题，有专家提出，知识产权战略的定位不在于与科教兴国战略、人才战略、可持续发展战略之间的关系，而在于其与国家根本战略的关系。也有人提出，要理清知识产权战略与其他战略的关系，分析它们之间的结合点、相同点和区别以及对国家整体利益的贡献。还有专家认为，知识产权战略与国家其他战略的关系无法也没有必要区分得很清楚。

关于加强知识产权保护和防止知识产权滥用二者之间的关系问题，或者说是保护优先还是平衡优先，也成为争论的焦点之一。有专家提出，对于保护优先还是平衡优先没有必要争论。二者是辩证关系，既要鼓励创新，又要保证大家利益。也有专家表示，采取什么样的优先原则，取决于一个国家的经济发展战略，如果是外向型发展战略，则加强知识产权保护有助于国外的知识产权或者知识向本国流动，如果是内向型经济则应该是平衡优先，它跟经济发展水平关系并不直接相关。

此外，对于《纲要》的内容结构和文字表述，不少专家都提出了各自的看法。例如，关于《纲要》中是否给出知识产权的定义，大家意见不一。从最终发布的《纲要》正式文本来看,没有出现对于知识产权概念的界定。毕竟,这一问题本来在理论界就存有争议。

对于知识产权战略研究,一些经济和管理学者指出,我国参与知识产权研究的经济学家很少,并且没有跳出学科约束。应加强知识产权领域的政策研究,把研究工作和政策制定尤其是参与国际规则方面相结合,同时政府部门内部之间的政策研究和外部政策研究,学术之间的政策研究工作也要结合。一位内著名经济学家坦承,知识产权领域是经济学理论数学化失灵的领域。知识不是经济学平常处理的对象,经济学家传统处理的对象是要有相互竞争的关系,而知识有内在的结构,是互补的关系。互联网技术的普及和发展,使知识的传播有了全球化趋势,对知识产权的保护并不仅仅局限于知识产权法的保护。知识产权是产权的不同形态之一,而产权形态里政策的制定前提是权衡,即考虑集权和分权两方面的利弊。《纲要》中最缺的是理性选择,即在一个可选方案集合中选出可行的方案。他建议设立一个跨学科调研小组对知识产权领域进行政策研究。

除了听取国内的声音之外,在战略制定过程中,国家知识产权战略制定办公室还召开了外资企业座谈会,听取外资企业对我国制定国家知识产权战略的意见和建议。来自欧盟委员会驻中国及蒙古国代表团、美国大使馆、美国商会、中国美国商会、日本贸易振兴机构、中国外商投资企业协会品牌保护委员会、IBM、惠普、强生、通用、飞利浦、微软、松下、迪斯尼等近40家机构参会,其中近20家机构的代表分别就我国国家知识产权战略实施、战略定位、行政执法、知识产权刑法保护、专利权和著作权的侵权认定标准、诉讼证据规则和程序、行政执法权限等问题发表了看法,摘选如下:

欧盟代表团:战略,不仅是具体的知识产权问题,更是长期的发展。要制定一个对中国在20年以后还有利益的政策,就要提供一个良好的环境,吸引投资,吸引新的发展,吸引中国公司能自主形成自己的知识产权。所谓好环境,是说成本要合理,权利的过程要透明、要简单,也要给没有授权的人一个机会,可以自己继续经营。授权以后,要保护授权的权利。战略制定要让中国公司发展,要让中国的经济变得更好,就一定要考虑提供一个鼓励公司自己有创造力的环境,比如说对于研发中心的环境,对于技术转让的条件,对于限制滥用知识产权的理解、定义等,这些问题是战略制定是最重要的。

中国外资企业协会优质品牌保护委员会:公安机关要有一个犯罪立案的侦查标准,而不是等到罪已经确定成立了,公安机关才立案。工商、海关、公安查处的案件,对其线索经过分析、整理、归纳,并将这些整理归纳的线索联网,共享,对于锁定目标有效打击非常有效。此外,建议商标注册资料公开,并进一步英文化。

中国外商投资企业协会药品研制和开发行业委员会：战略制定应当是提供指导思想，指导原则，具体还要落实到国家的法律来得以贯彻，所以知识产权战略办公室要发挥国务院或者是国家领导智囊团的作用，提供一些基本的指导原则。知识产权战略的一个基本的指导思想，或者是需要考虑的重要问题是，知识产权法律是利益平衡的结果，这个平衡不是中外之间的平衡，而是权利人和在公众之间的平衡，或者说在保护权利的同时考虑一些行政管理的成本以及公众的利益。在保护权利人和在取这个平衡点的时候，有一个比较重要的原则，就是平等、切实的保护权利人的利益，同时考虑公众利益。在这个过程中，还有一点很重要，就是程序法律的建设，加强程序立法，以确保在保护权利的过程当中透明、公开。

IBM 公司：在知识产权与商业之间发生变化的新型信息社会，知识产权战略必须考虑如何避免知识产权阻碍合作、阻碍创新、阻碍开放标准，阻碍互操作性，阻碍真正把创新产业化。所以在制定知识产权战略的时候，要考虑作出一个平衡的知识产权政策，使知识产权真正给社会带来财富，鼓励创新，并使创新成果产业化，最终给社会带来效益，给公众带来利益。

微软公司：建议通过知识产权战略的制定对行政执法机构进行整合。在司法上，将知识产权的民、刑庭合一，成立专门的知识产权庭。在宣传教育上，一方面要使企业或公众知道如何去自我创新，如何利用知识产权发展产业；另一方面还要使其尊重和不侵犯他人的知识产权。

松下电器（中国）有限公司：知识产权的本质是使用，使用的主体是企业。国家知识产权战略要针对中国的发展，从推动中国企业的成长和发展进行定位。但是政府方面和相关机构对于自主创新和自主知识产权的概念并没能拿出一个较明确的定义。在现今的知识产权背景下，在最近的一些相关知识产权的国内活动中，似乎感觉到一种排斥外国企业，或者是排斥外国的知识产权的倾向。作为国家的知识产权战略，应引导舆论，引导社会倾向保持平衡。

飞利浦中国公司：在制定知识产权战略过程中，可以参照先进国家的经验，如法律、企业操作方面的例子。同时，希望从知识产权战略的角度更加明确实用新型专利的定位。知识产权战略涉及 11 个政府部门，不同的政府部门有不同的出发点，希望各个政府部门之间加强沟通。战略制定能给出相应的协调措施。

迪斯尼公司北京分公司：知识产权人才的培养，在战略计划里占有重要的地位。同时，执行战略的机构要协调，要有相应的执行机构。此外，全民要有知识产权意识，不仅知识产权产品的使用者，行政管理部门、保护知识产权有关部门的执法者，要对知识产权有相当认识水平。要形成一种自觉性，不是被动的执行，而是主动的执行。

惠普公司：知识产权战略、知识产权保护，要回到知识产权核心的层面上。

对企业而言，是希望通过知识产权的保护建立一个合理、公平的环境，让知识产权能够体现自身的价值。知识产权归根到底是一种产权，是一种资本，作为资本而言，只有在流动的过程中才能产生价值。国家知识产权战略制定中，希望考虑形成一种机制，推动企业之间知识产权的交流与合作。

三、我国国家知识产权战略的基本内容

2008年6月5日，国务院发布了《国家知识产权战略纲要》，共计65条，约7 600字。《纲要》是我国国家知识产权战略的纲领性文件。本章将主要以《纲要》为依据，对我国国家知识产权战略的基本内容进行解读。

（一）制定和实施国家知识产权战略的目的和意义

《纲要》首先开章明义地指出，制定和实施国家知识产权战略的目的在于提升我国知识产权创造、运用、保护和管理能力，建设创新型国家，实现全面建设小康社会目标。提升知识产权创造、运用、保护和管理等四个环节的能力是国家知识产权战略的直接目的，服务于增强我国自主创新能力、建设创新型国家、建设小康社会等更宏大的战略目标。

提升知识产权创造能力就是要提高知识产权市场主体（包括企业、大学和研究机构等）的自主创新能力和获取自主知识产权的能力。提升知识产权运用能力就是要增加市场主体以知识产权为战略资源参与市场竞争、获取竞争优势的能力，通过知识产权自主实施、转让、许可、质押等方式充分实现知识产权的市场价值。提升知识产权保护能力就是要通过完善知识产权法律法规，加大司法惩处力度，提高权利人自我维权的意识和能力。同时，要降低维权成本，提高侵权代价，有效遏制侵权行为。提升知识产权管理能力除了要提高企业、大学、研究机构等知识产权市场主体的知识产权管理能力之外，还包括要指加强知识产权公共管理能力，需要着眼于形成科学的知识产权制度和公共政策安排，建立高效的知识产权公共管理和服务体系，形成良好的创新机制和法治的市场环境，使我们的制度安排更合理，制度的运行更加有效。

国家知识产权战略是我国新时期提出的国家重要发展方略，具有重大的现实意义：

1. 制定和实施国家知识产权战略利于增强自主创新能力，建设创新型国家

根据世界银行2008年4月发布的《2008年世界发展指标》（World Development ment Indicators）报告，依照各国购买力平价的新衡量标准，中国已超过日本和德国，位居世界第二大经济体。但是，与世界许多发达国家相比，我国的科技创

新能力明显不足。根据世界知识产权组织 2008 年 7 月 28 日发布的 2008 年度《世界专利报告》①，2006 年我国每百万人拥有的专利申请量仅为 93.24 件，而同期日本为 2 720.65 件，韩国为 2 591.51 件，美国为 741.78 件，德国为 582.59 件。我国企事业单位知识产权创造和保护的能力明显不够，2010 年国内专利申请量中职务发明的比例为 76.3%，仍低于国外 95% 以上的职务发明比例。在研发经费投入、研发投入产出、研发产出实施等方面，我国与上述国家相比也存在着较大的差距。2006 年我国每十亿美元 GDP 产生的本国居民专利申请量为 23.65 件，而同期日本为 86.53 件，韩国为 121.56 件。科技创新能力不足的状况已经严重影响经济和社会的发展，成为实现国家全面、协调和可持续发展、实现建设创新型国家目标的重要瓶颈。如欲从"制造大国"升级为"创造大国"，中国需要建立一种激励创造的机制，这种机制不仅仅包括法律制度，还包括科技政策、产业政策等方面的配合，而这正是国家知识产权战略的重要内容。增强我国的自主创新能力，建设创新型国家正是国家知识产权战略开章明义提出的战略目标。

2. 制定和实施知识产权战略有利于完善社会主义市场经济体制，规范市场秩序和建立诚信社会

建立归属清晰、权责明确、保护严格、流转顺畅的现代产权制度是形成和完善社会主义市场经济体制的基础。知识产权和物权、债权、股权等各类财产权是所有制的核心和主要内容。维护公、私财产权益一方面有利于巩固公有制经济的主体地位，另一方面又能促进非公有制经济的发展，保持社会主义市场经济体制的活力。保护市场主体的知识产权是知识产权战略的重要内容之一，有利于增强市场主体创新的动力，形成良好的信用基础和市场秩序。这是完善基本经济制度的内在要求，是构建现代企业制度的重要基础。实施知识产权战略有利于从根本上改变我国目前知识产权保护不力的现状，增强社会公众尊重他人知识产权的意识，形成尊重知识、崇尚创新、诚信守法的知识产权文化；有利于打击目前较为普遍的侵权和假冒行为，规范市场竞争秩序，建立诚信社会。

3. 制定和实施知识产权战略有利于增强我国企业市场竞争力和提高国家核心竞争力

目前，我国经济的外贸依存度已达 60% 以上，而以美国为首的西方发达国家通过主导全球主要知识产权运行规则制定的主动权，特别是通过制定《知识产权协定》，将许多对发展中国家不公平的知识产权内容直接融入了整体的贸易规则之中。作为 WTO 的成员方，我们有义务遵守这些规则。同时我们也必须清

---

① World Patent Report: A Statistical Review (2008), at: http://www.wipo.int/ipstats/en/statistics/patents/wipo_pub_931.html.

醒地认识到，我国目前拥有自主知识产权的重大创新成果较少，且缺少基础性、原创性发明专利。信息、生物和新材料等高新技术领域专利多为跨国公司所拥有。我国拥有的具有国际影响的品牌数量极少，全国各类进出口企业拥有自主商标的不到20%。在版权领域，我国目前引进的图书版权远远超过了输出的图书版权数量。创新能力不足、拥有的自主知识产权数量和质量较落后等客观情况已使我国在对外经济交往中处于非常被动的地位。以美国为首的西方发达国家通过"专利地雷阵"、构筑"知识产权封锁线"等手段，已把知识产权作为其对外经济交往中向我国施加压力、维护或提高其竞争优势的重要工具。因此，制定和实施国家知识产权战略，尽快构建和完善促进科技创新的制度环境、提高自主知识产权的数量和质量、维护公平竞争的市场环境已成为在国际竞争中主动应对的迫切需要。

4. 有利于扩大对外开放，实现互利共赢

在 WTO 体系下，建立符合 TRIPs 协议要求的知识产权保护制度，提供必要的知识产权保护日益成为国际经贸往来与合作的前提条件。改革开放30年来，我国之所以能够成功地大量引进国外投资和技术，成为世界制造业的重要基地，在很大程度上得益于在很短的时间内建立起了知识产权制度。大量实证研究表明，知识产权保护对国外直接投资和技术扩散有着重要影响，这种影响随着经济全球化和知识经济的发展变得日益明显。除了"引进来"之外，我国企业要想"走出去"参与国际市场竞争与合作，必须充分了解和遵守国外较为成熟的知识产权制度，学习国外先进企业娴熟的知识产权竞争技巧。在世界知识产权制度日益呈现出国际化和一体化以及保护水平不断强化的趋势下，通过知识产权战略的实施，增强我国企业在国际市场上进行知识产权博弈的能力，无疑将为我国企业成功"走出去"增加不少胜算，最终与其他国家实现互利共赢。

（二）制定和实施国家知识产权战略的基本原则

制定和实施国家知识产权战略应当坚持以下基本原则：

1. 国家利益原则

与其他国家发展战略一样，知识产权战略必须体现国家利益，与国家经济、科技和社会发展战略紧密配合，与国家发展阶段相适应。我们应当避免盲目追随发达国家的过高知识产权保护标准，同时又要适应建设创新型国家的制度需要。

2. 遵守国际规则原则

在经济全球化和国际一体化的趋势下，作为积极融入国际大家庭的我国应当遵守已经加入的国际条约，信守已经做出的承诺。同时，在遵循国际规则的前提下，不盲目追从发达国家过高标准的知识产权保护，而应当采取与我国发展阶段相适应的知识产权政策，同时积极参与和推动知识产权国际规则的制定和修改。

3. 利益平衡原则

知识产权制度是"双刃剑"，国家知识产权战略应当充分发挥知识产权制度的积极作用，限制其负面影响，既要保护知识产权人的合法利益，又要兼顾公共利益的平衡。

4. 以政府为主导、以企业为主体原则

国家知识产权战略实质上是由政府主导推行的一组知识产权公共政策，因此政府的主导性不言而喻。但知识产权是私权，企业是市场主体，也是创造和运用知识产权的主体，因此，知识产权战略在坚持以政府为主导的同时，还必须明确要以企业为主体，以市场为导向。

5. 动态调整原则

从美国、日本等国的历史经验不难得出，制定和实施国家知识产权战略不是一成不变的，而是随着本国经济、科技和社会发展阶段与国际竞争形势不断进行战略调整。同样，我国知识产权战略也应当坚持动态调整原则，根据国内、国际形势变化以及战略实施的实际效果及时调整战略目标和战略措施。

（三）国家知识产权战略的指导思想

制定和实施国家知识产权战略是国家发展战略的一部分，《纲要》明确指出：要坚持以邓小平理论和"三个代表"重要思想为指导，深入贯彻落实科学发展观，按照激励创造、有效运用、依法保护、科学管理的方针，着力完善知识产权制度，积极营造良好的知识产权法治环境、市场环境、文化环境，大幅度提升我国知识产权创造、运用、保护和管理能力，为建设创新型国家和全面建设小康社会提供强有力支撑。

实施知识产权战略是落实科学发展观的必然要求，而知识产权战略实施又离不开科学发展观的指导，我们需要在战略实施过程中践行"以人为本"的核心理念，体现"全面协调可持续发展"的基本要求，以"统筹兼顾"作为推进知识产权战略的根本方法。

《纲要》提出了"激励创造、有效运用、依法保护、科学管理"的十六字方针，"激励创造"就是要采取有力措施，促进我国自主知识产权的大量形成；"有效运用"就是要充分发挥知识产权的市场价值，形成竞争优势，促进经济又好又快发展；"依法保护"就是严格依法保护知识产权，既要遏制目前较为严重的知识产权侵权行为，又要依法防止知识产权的滥用；"科学管理"就是要完善体制、整合资源、协调机制、提高效率。其中创造是基础，运用是目的，保护是关键，管理是保障。

(四) 国家知识产权战略的战略目标

我国国家知识产权战略分为两个阶段：头五年为战略转型期，之后到 2020 年为跨越发展期，不同阶段的战略目标不尽相同。国家知识产权战略的战略目标与我国中长期科学和技术发展规划纲要（2006~2020）的目标相呼应，后者的总体目标是：自主创新能力显著增强，科技促进经济社会发展和保障国家安全的能力显著增强，为全面建设小康社会提供强有力的支撑；基础科学和前沿技术研究综合实力显著增强，取得一批在世界具有重大影响的科学技术成果，进入创新型国家行列，为在 21 世纪中叶成为世界科技强国奠定基础。我国国家知识产权战略的分阶段目标是：

战略转型期的战略目标：

——自主知识产权水平大幅度提高，拥有量进一步增加。本国申请人发明专利年度授权量进入世界前列，对外专利申请大幅度增加。培育一批国际知名品牌。核心版权产业产值占国内生产总值的比重明显提高。拥有一批优良植物新品种和高水平集成电路布图设计。商业秘密、地理标志、遗传资源、传统知识和民间文艺等得到有效保护与合理利用。

——运用知识产权的效果明显增强，知识产权密集型商品比重显著提高。企业知识产权管理制度进一步健全，对知识产权领域的投入大幅度增加，运用知识产权参与市场竞争的能力明显提升。形成一批拥有知名品牌和核心知识产权，熟练运用知识产权制度的优势企业。

——知识产权保护状况明显改善。盗版、假冒等侵权行为显著减少，维权成本明显下降，滥用知识产权现象得到有效遏制。

——全社会特别是市场主体的知识产权意识普遍提高，知识产权文化氛围初步形成。

跨越发展期的战略目标：

到 2020 年，把我国建设成为知识产权创造、运用、保护和管理水平较高的国家。知识产权法治环境进一步完善，市场主体创造、运用、保护和管理知识产权的能力显著增强，知识产权意识深入人心，自主知识产权的水平和拥有量能够有效支撑创新型国家建设，知识产权制度对经济发展、文化繁荣和社会建设的促进作用充分显现。

(五) 战略重点

国家知识产权战略重点可以概括为：完善制度、激励创造、促进运用、加强保护、防止滥用和培育文化，具体包括：

（1）完善制度：重点包括三个方面，首先是进一步完善知识产权法律法规，加强知识产权立法的衔接配套。其次是健全知识产权执法和管理体制。最后是强化知识产权在经济、文化和社会政策中的导向作用，加强产业政策、区域政策、科技政策、贸易政策与知识产权政策的衔接。

（2）促进知识产权创造和运用：首先，运用财政、金融、投资、政府采购政策和产业、能源、环境保护政策，引导和支持市场主体创造和运用知识产权。其次，要推动企业成为知识产权创造和运用的主体。促进自主创新成果的知识产权化、商品化、产业化，引导企业采取知识产权转让、许可、质押等方式实现知识产权的市场价值。

（3）加强知识产权保护：修订惩处侵犯知识产权行为的法律法规，加大司法惩处力度。提高权利人自我维权的意识和能力。降低维权成本，提高侵权代价，有效遏制侵权行为。

（4）防止知识产权滥用：制定相关法律法规，合理界定知识产权的界限，防止知识产权滥用，维护公平竞争的市场秩序和公众合法权益。

（5）培育知识产权文化：加强知识产权宣传，提高全社会知识产权意识。广泛开展知识产权普及型教育。在精神文明创建活动和国家普法教育中增加有关知识产权的内容。在全社会弘扬以创新为荣、剽窃为耻，以诚实守信为荣、假冒欺骗为耻的道德观念，形成尊重知识、崇尚创新、诚信守法的知识产权文化。

（六）专项任务

国家知识产权战略列出了七大专项任务，分别对专利、商标、版权、商业秘密、植物新品种、特定领域知识产权等六大类知识产权和国防知识产权工作作出战略部署。

（1）专利专项任务主要包括：在生物和医药、信息等关键技术领域掌握一批核心技术的专利，支撑我国高技术产业与新兴产业发展。制定和完善与标准有关的政策，规范将专利纳入标准的行为。支持企业、行业组织积极参与国际标准的制定。完善职务发明制度，完善专利审查程序，正确处理专利保护和公共利益的关系。

（2）商标专项任务主要包括：切实保护商标权人和消费者的合法权益。加强执法能力建设，严厉打击假冒等侵权行为，维护公平竞争的市场秩序。支持企业实施商标战略，引导企业形成驰名商标。鼓励企业进行国际商标注册，维护商标权益，参与国际竞争。充分发挥商标在农业产业化中的作用。加强商标管理。提高商标审查效率，切实解决驰名商标、著名商标、知名商品、名牌产品、优秀品牌的认定等问题。

（3）版权专项任务主要包括：扶持版权相关产业发展，支持具有鲜明民族特色、时代特点作品的创作，扶持难以参与市场竞争的优秀文化作品的创作。完善制度，促进版权市场化。充分发挥版权集体管理组织、行业协会、代理机构等中介组织在版权市场化中的作用。加大盗版行为处罚力度，有效应对互联网等新技术发展对版权保护的挑战。妥善处理保护版权与保障信息传播的关系。

（4）商业秘密专项任务主要包括：引导市场主体依法建立商业秘密管理制度。依法打击窃取他人商业秘密的行为。妥善处理保护商业秘密与自由择业、涉密者竞业限制与人才合理流动的关系，维护职工合法权益。

（5）植物新品种专项任务主要包括：建立激励机制，扶持新品种培育，推动育种创新成果转化为植物新品种权。合理调节资源提供者、育种者、生产者和经营者之间的利益关系，注重对农民合法权益的保护。

（6）特定领域知识产权专项任务主要包括：完善地理标志保护制度。完善遗传资源保护、开发和利用制度，防止遗传资源流失和无序利用。建立健全传统知识保护制度。加强民间文艺保护，促进民间文艺发展。加强集成电路布图设计专有权的有效利用，促进集成电路产业发展。

（7）国防知识产权专项任务主要包括：建立国防知识产权的统一协调管理机制，着力解决权利归属与利益分配、有偿使用、激励机制以及紧急状态下技术有效实施等重大问题。加强国防知识产权管理。将知识产权管理纳入国防科研、生产、经营及装备采购、保障和项目管理各环节，增强对重大国防知识产权的掌控能力。促进国防知识产权有效运用，同时鼓励民用领域知识产权在国防领域运用。

（七）战略措施

《纲要》提出了我国国家知识产权战略的九大战略措施，涵盖了提升知识产权创造、运用、保护、管理四个环节的能力以及知识产权中介服务、人才、文化建设三大支撑体系和对外交流合作等九个方面。

提升知识产权创造能力，要建立以企业为主体、市场为导向、产学研相结合的自主知识产权创造体系。提高把创新成果转变为知识产权的能力，支持企业等市场主体在境外取得知识产权；提升知识产权运用能力，要引导支持创新要素向企业集聚，促进高等学校、科研院所的创新成果向企业转移，推动企业知识产权的应用和产业化，缩短产业化周期。鼓励和支持市场主体健全技术资料与商业秘密管理制度，建立知识产权价值评估、统计和财务核算制度，制订知识产权信息检索和重大事项预警等制度，完善对外合作知识产权管理制度。鼓励市场主体依法应对涉及知识产权的侵权行为和法律诉讼，提高应对知识产权纠纷的能力。提升知识产权保护能力包括立法和执法两个方面，一是加快知识产权法制建设，建立适应知识产权特点的立法机制，提高立法质量，加快立法进程。二是提高知识产权执法水平，包括完善知识产权审判体制、加强知识产权司法解释工作、加强知识产权执法队伍建设，加强海关执法工作；提升知识产权管理能力主要针对知识产权行政管理。措施主要包括：制定并实施地区和行业知识产权战略，充实知识产权管理队伍，加强业务培训，提高人员素质。完善知识产权审查及登记制度，提高知识产权公共服务水平，构建国家基础知识产权信息公共服务平台，建立知识产权预警应急机制。

知识产权中介服务、知识产权人才和知识产权文化建设构成了国家知识产权战略的重要支撑体系。建设知识产权中介服务体系，要完善知识产权中介服务管理，加强行业自律，建立诚信信息管理、信用评价和失信惩戒等诚信管理制度。规范知识产权评估工作，提高评估公信度；加强知识产权人才建设，要建立部门协调机制，建设若干国家知识产权人才培养基地。加强知识产权培训，完善吸引、使用和管理知识产权专业人才相关制度；建设知识产权文化，要建立政府主导、新闻媒体支撑、社会公众广泛参与的知识产权宣传工作体系。在高等学校开设知识产权相关课程，将知识产权教育纳入高校学生素质教育体系。制定并实施全国中小学知识产权普及教育计划，将知识产权内容纳入中小学教育课程体系。

最后，加强知识产权领域的对外交流合作，建立和完善知识产权对外信息沟通交流机制，加强国际和区域知识产权信息资源及基础设施建设与利用的交流合作，并在人才培养和引进方面加强国际合作。积极参与国际知识产权秩序的构建，有效参与国际组织有关议程。

第十二章

区域发展之翼：我国地区知识产权战略

我国知识产权战略可分为国家、地区、行业和企业四个层次。地区知识产权战略是一个地区面对激烈变化、严峻挑战的国内外市场竞争环境，在充分利用专利及其他知识产权情报信息，研究分析竞争对手的技术和市场发展现状及趋势的基础上，依靠其自身优势，主动地利用知识产权制度提供的法律及政策环境，有目的地优化配置各种技术、人才、文化和经济资源，为求得长期竞争优势和不断发展而进行的总体性战略谋划。它是由支柱产业和骨干企业的专利战略、商标战略、技术创新战略等一系列涉及核心竞争能力的知识产权所构成的、保证支柱产业和骨干企业长期发展和永续经营的战略综合体系。

地区知识产权战略要根据地区、经济和社会发展的特点，在国家的法律框架和政策下，重点解决地区存在的问题。我国的不同地区在科技进步和经济发展以及知识产权资源方面存在很大差异，知识产权的利用和实施也不平衡，知识产权的政策不可能一刀切，地区知识产权战略的制定需要理论与实践相结合，积累经验，逐步成熟，既要有紧迫感，又要求真务实。目前，有些发达地区已经制定了知识产权发展纲要，即使一些欠发达地区也在制定之中，这些地区的战略要根据地区发展，以及知识产权管理和保护存在的要问题，在国家知识产权法规的基础上，制定具有针对性的加强知识产权战略实施的政策措施。

本书从地区知识产权战略的概念入手，详细阐述了地区知识产权战略的内涵和法律特征，揭示了它在国家知识产权整体战略体系中的地位和在国家地区经济社会发展中的重大意义，同时对有关省市已经制定的本地区知识产权战略内容进行了具体解析。鉴于我国在科技进步和经济发展以及知识产权资源、发展方面存在的差异，根据区域经济发展战略，在国家的法律框架和政策下，我们把地区知识产权战略分为东部、中部、西部和东北地区等四大版块进行具体研究和阐述，根据各地区的实际情况，理论和实践相结合，提出了相应的政策和法律建议。

一、地区知识产权战略内涵

（一）地区知识产权战略概念

知识产权战略可以理解为有效的运用知识产权保护制度，为充分维护自身的合法权益，获得和保持竞争优势并遏制竞争对手，谋求最佳的经济利益而进行的全局性谋划和采取的重要策略和手段，可分为国家知识产权战略、行业知识产权战略、地区知识产权战略和企业知识产权战略等。[①]

地区知识产权战略是指地区性组织为谋求本地区在知识竞争和市场竞争中的优势，运用知识产权制度和知识产权资源所进行的长远的、全面性的总体谋划和重要策略，以及在战略实践中形成了的组织系统、推进步骤和实施状态。

对于地区知识产权战略的理解，除在权利类型上沿用知识产权的规定外，还涉及对地区的界定。一般的，地区至少应包括两个方面的诠释：一是经济意义上的地区。共同的经济地理位置，共同的文化生活习性，使该地区的经济社会具有相容性与互补性，因而具备了在宏观层面进行总体规划和战略构想的可能与必要。譬如，以京津冀为主的环渤海经济圈，香港、广州、深圳为主体的珠江三角洲和以上海为中心的长江三角洲地区。二是行政意义上的地区。地区发展依赖于行政区划、行政命令和行政手段，具有明显的行政性色彩。地区知识产权战略指向的应当是既包括了经济意义层面的，也涵盖了行政意义上的，本课题组就是在行政区划基础上并结合区域划分来系统研究地区知识产权战略的。

（二）地区知识产权战略目标和内容

地区知识产权战略目标就是根据国家知识产权战略、地区协调发展和创新型国家建设蓝图，运用市场机制和地区优势，营造地区知识产权法制环境和市场环境，提高地区自主创新能力，加速知识创新成果的地区转化，培育尊重与保护知识产权社会氛围，提升地区和国家核心竞争力。

从战略的内容角度来讲，地区知识产权战略应该包括创造战略、保护战略、

---

① 陈美章：《对我国知识产权战略的思考》，载《新华文摘》2004年第7期。

管理战略与人才战略这四大方面。在创造战略方面，主要是建立起以激励和保障技术创新、自主创新的原创性机制，实现经济增长方式的根本转变。同时，在保护战略方面，要坚决打击"盗版"、"假冒"等各种侵权行为，为保护知识产权营造良好的法制环境。当然，这也是支持社会主义市场经济运行的必要条件，是改善投资环境、维护良好的市场经济秩序的重要保障。另外，管理战略对于企业而言也尤为重要，企业对于知识产权的利用既是一种法律对价，也是一个合作博弈的过程。最后，在人才战略方面，就是要以培养具有创新能力、具有知识产权观念的创新性人才为核心，增加人才培养投入，推进人事改革，建立与社会主义市场经济和经济全球化相适应的人才机制，并且加大对自主科研成果的激励与奖励机制，营造尊重知识、尊重人才的良好环境。

二、省市知识产权战略比较研究

（一）各省市知识产权战略的制定和实施概况

2005 年，国务院成立了以国务院副总理吴仪为组长、国家知识产权局等 28 个部门领导为成员的国家知识产权战略制定工作领导小组，开始启动了国家知识产权战略制定工作。部分省市按照国家知识产权局提出的地方实施知识产权战略的要求，开始设立专门机构，制定并实施本地区的知识产权战略，并把实施知识产权战略作为提升本地区自主创新能力和综合竞争力的重要动力。

早在 2003 年 6 月，上海市政府已经开始启动上海知识产权战略纲要的制定工作。2004 年 9 月，上海市政府正式出台了《上海知识产权战略纲要》（2004~2010 年）。《上海知识产权战略纲要》成为全国第一个由地方政府制订的"知识产权战略纲要"。随后，上海市对知识产权战略展开实施工作，一直走在全国各省市的前列。

2004 年 10 月，北京市政府制定和发布《北京知识产权发展和保护纲要（2004~2008 年）》。截至目前，北京市还没有制定本市的知识产权战略纲要，但是，《北京知识产权发展和保护纲要（2004~2008 年）》对北京市 2004~2008 年的知识产权事业进行了总体规划，发挥着知识产权战略纲要的指导作用。

2005 年 7 月，山东省政府结合本省实际情况，出台了《山东省知识产权战略纲要（2005~2010 年）》，在内地 31 个省、市、自治区中，山东成为继上海之后又一个以政府名义制定并颁布实施知识产权战略纲要的省份。2006 年 8 月，贵州省政府也正式出台了《贵州省知识产权战略纲要（2006~2015 年）》。

截至 2010 年 6 月，我国省级以上地区，已有 22 个省（区、市）出台了知识产权战略纲要或与其相类似的知识产权发展和保护纲要。

此外，武汉市政府早在2004年12月也出台了《武汉市知识产权战略纲要（2005~2010年）》。武汉市成为全国第一个出台知识产权战略纲要的省会城市。随后，深圳、苏州、潍坊、日照、济宁等地级市以及少数县级市，如江苏省金坛市，也先后出台了本市的知识产权战略纲要。

各地的知识产权战略纲要一般都规定了制定背景或原因、指导思想和基本原则、总体目标和分类目标、实施重点、实施措施、评估制度等内容。各地政府纷纷出台相应政策规章，设立专门制度，采取专项行动，保障本地区的知识产权战略纲要得到贯彻落实。

（二）部分省市知识产权战略的典型性评析

1. 上海知识产权战略纲要评析

当今时代，强化知识产权制度，已经成为世界各国发展科技、经济和增强国力的必然选择。上海要建设成为国际经济、贸易、金融、航运中心，率先实现小康社会，率先实现现代化，必须制定和实施具有全局性、长远性、前瞻性和可操作性的知识产权战略。为提升上海城市综合竞争力，推动上海经济、社会、科技可持续发展，2004年9月，上海市政府正式出台了《上海知识产权战略纲要（2004~2010年）》（以下简称《纲要》）。

《纲要》由上海市知识产权联席会议组织，16个政府部门和各界专家参与，历时16个月编制而成，这是全国第一个由地方政府制订的"知识产权战略纲要"，将通过政府部门、行业协会、企业三个层面全力实施。

《纲要》提出：以举办2010年世博会和实施科教兴市主战略为契机，经过7年努力，将上海建设成创新活力强劲、要素市场齐全、转化渠道畅通、知识产权保护有力、知识产权人才集聚、知识产权运作机制完善的国际大都市。

（1）制定目标。

《纲要》确定了总体目标：经过7年努力，逐步建立适应社会主义市场经济体制要求、符合市场经济规律和国际规则、科学有效的知识产权工作机制，基本形成知识产权创新体系、保护体系、公共服务体系。

《纲要》同时确定了一批主要分类目标：平均每百万人获授权的发明专利150件，在某些关键领域和若干科技前沿掌握核心技术和拥有一批自主知识产权；每百万人拥有注册商标的数量达到8 000件；推进和发展以软件网络领域、创意设计领域、媒体传播领域为重点的新型版权产业；不断提升上海集成电路设计企业的设计水平和整体实力，集成电路布图设计登记量保持领先地位；重点培育具有上海农业优势的原创性品种，植物新品种权的申请量大幅度提高，品种权实施卓有成效。

（2）主要特点。

①在激发创新能力方面，《纲要》提出上海市要致力于创新源头的培育，不断激发和提高全社会的创新能力。

②在知识产权保护方面，《纲要》规定上海市要不断提高行政与司法执法水平，合理有效地保护知识产权。

③在知识产权管理与服务方面，《纲要》要求上海市进一步转变政府管理职能，建立健全知识产权服务体系。

④在集聚知识产权人才方面，《纲要》提出上海市要拓宽战略眼光，采取多种渠道，培养和集聚一大批知识产权优秀人才。

（3）推进计划。

自2004年9月《纲要》颁布以来，上海市19个区县政府先后出台了区域推进计划，以"激发创新能力"、"有效保护知识产权"、"加强知识产权管理与服务"、"集聚知识产权人才"为重点，大力推进战略实施。这些推进计划立足区域实际，发挥区域优势、突出地方特色，明确了区域知识产权工作的推进目标、推进重点、推进任务、推进措施，使知识产权工作成为推动区域经济社会发展强大引擎。

为了确保《纲要》所提出的2010年要达到的目标得以全面实现，上海市知识产权联席会议办公室于2006年1月出台了《上海知识产权战略纲要2006年推进计划》。该《计划》集成了上海市知识产权联席会议20多个成员单位根据各自工作职能提出的34项任务，涉及激励知识产权创造、加强知识产权保护、促进知识产权运用、加快知识产权人才培养、强化知识产权宣传和服务以及完善知识产权管理等六个方面。一年多来，上海市知识产权联席会议各成员单位按照《计划》的要求，积极开展了鼓励知识产权创造、加强知识产权保护、促进知识产权运用、指导知识产权管理、提供知识产权服务、培养知识产权人才等工作。一些单位除了实施《计划》中的相关任务外，围绕《纲要》的工作重点，还创新地积极开展了其他活动，不断推动上海的知识产权工作全面发展。2007年3月，《上海知识产权战略纲要2007年推进计划》也已经正式出台，将进一步推动《纲要》的贯彻落实。

（4）评估方法。

《纲要》要求上海市建立知识产权战略评估制度。在战略实施的第三年，由政府部门对知识产权战略的实施效果进行期中评估，根据国际国内知识产权领域的变化和上海发展整体要求，相应调整发展对策。

实际上，上海市根据《2006年推进计划》，于2006年11月已经启动了对

《上海知识产权战略纲要 2006 年推进计划》的评估活动。这次评估活动是对上海市知识产权联席会议 22 家成员单位落实《2006 年推进计划》工作情况的总结和评价。由人大代表、政协委员、企事业单位、行业协会和知识产权专家学者等代表分别组成 6 个评估小组，总结实施《纲要》2006 年推进计划中的经验，找出知识产权工作中存在的不足之处，提出改进意见。评估的最终目的是形成合力，推进知识产权工作，切实将《纲要》提出的各项工作重点和措施落到实处。

2. 北京知识产权发展和保护纲要评析

北京是国家的首都，是全国的政治和文化中心，北京的发展越来越需要以知识产权为支撑。为此，2004 年 10 月，北京市政府制定和发布《北京知识产权发展和保护纲要（2004～2008 年）》（以下简称《纲要》）。截至目前，北京市还没有制定本市的知识产权战略纲要，但是，《北京知识产权发展和保护纲要（2004～2008 年）》已经规定了知识产权战略纲要的主要内容，发挥着知识产权战略纲要的指导作用，通过对该《纲要》的分析，可以认清北京市在 2004 年至 2008 年对知识产权事业的总体规划。《纲要》体现了首都知识产权事业发展的需要，具有鲜明的北京特色，结合重点产业、行业的实际情况，具有较强的可操作性。

（1）制定原因。

在《纲要》出台之前，北京市在知识产权方面还主要存在以下问题：

①在自主知识产权的产生方面创新能力不足，缺乏对产业具有支撑能力的专利技术，驰名商标较少，企业市场竞争能力较弱；

②市场上侵犯知识产权的行为屡禁不绝，首都北京的国际形象受到一定程度的损害，北京市的市场经济秩序受到一定程度的扰乱；

③全社会知识产权意识依然比较薄弱，企事业单位知识产权管理制度不健全，运用知识产权制度的能力和水平比较低；

④北京市丰富的历史、文化资源还未受到有效的保护，对于历史、文化资源从知识产权角度发掘、利用得较少。

（2）制定目标。

《纲要》的总体目标是：通过 5 年左右时间的努力，逐步形成一套适应社会主义市场经济体制建设要求，符合市场经济规律和国际规则，科学有效的知识产权工作机制，将北京建设成为创新活力强劲，知识产权基础坚实，资源丰富，保护有力、流转顺畅的全国首善之区。

（3）战略重点。

《纲要》以促进北京市知识产权的"创新"、"保护"、"利用"和"人才保护"四个方面为重点，推进战略实施，重点促进知识产权工作与北京市经济、贸易、科技、教育、文化等领域管理工作的融合。

3. 山东知识产权战略纲要评析

山东省作为我国的经济大省,知识产权拥有量居全国前列,在实施知识产权战略方面拥有较好的基础和条件。但是,山东省的一些地方和部门仍然存在着社会公众知识产权意识淡薄、知识产权量少质低、分布不均、保护力度不够、管理机构不健全、人才缺乏、投入不足等问题。

2005年7月,山东省政府结合山东实际情况,出台了《山东省知识产权战略纲要(2005~2010年)》(以下简称《纲要》),在内地31个省、市、自治区中,山东成为继上海之后又一个以政府名义制定并颁布实施知识产权战略纲要的省份。《纲要》分五个部分,分别是:实施知识产权战略的重要性和紧迫性、山东省知识产权现状分析、指导思想和基本原则、目标和重点、任务和措施。《纲要》提出了一个总目标、八个分类目标、四项原则、五个重点、十项措施。

(1) 制定目标。

《纲要》的总体目标是构建以人才高地为支撑的知识创新体系,完善行政与司法并行运转的知识产权保护体系,形成科学高效的知识产权工作机制,搭建知识产权公共服务平台,把山东建设成创新活力强劲、转化渠道畅通、保护有力、人才集聚的知识产权强省。

《纲要》又明确提出专利推进工程、商标培育工程、版权保护工程、植物新品种保护工程、软件及集成电路布图设计研发工程、技术标准培植工程、商业秘密应用工程和制止不正当竞争行动等八大分类目标,并对这八大分类目标进行了具体的规定。

(2) 战略重点。

《纲要》提出了"五个战略重点",分别是强化区域发展、实现三个突破(指自主知识产权产品出口、高新技术发展及民营企业自主创新能力等三方面的新突破)、壮大优势产业、增强企业活力、促进社会和谐进步等。

(3) 区域推进。

《纲要》颁布后,山东省各地市结合本地区的实际情况,积极制定本地区的知识产权战略纲要,以推动《纲要》的贯彻落实。截至目前,潍坊市、日照市、济宁市等已经出台本地区的知识产权战略纲要,其他地区正在制定过程中。《纲要》的各项内容,将会在各地市得到有效的执行。

4. 贵州省知识产权战略纲要评析

《贵州省知识产权战略纲要》是继上海、山东之后由省级地方政府颁布实施的又一部知识产权战略纲要。贵州省地处我国西南部,经济与东部沿海省市比较而言相对落后,企业自主创新能力不强,与知识产权相关法规不够完善,相应的体制也不健全,企业的知识产权意识在整体上比较淡薄。在《贵州省知识产权战略纲要》出台之前，贵州省仍有 99% 的企业未申请专利，80% 以上的企业未注册商标，绝大多数企事业单位未建立知识产权管理制度；政府知识产权行政管理职能分散，机构不健全，在科研、技改、投资方面缺乏完善的知识产权管理机制和政策体系；知识产权公共服务能力较弱，知识产权中介服务组织有待进一步培育和完善；知识产权创造、管理、保护和运用所需人才严重匮乏。

为增强贵州省的自主创新能力，转变经济增长方式，对知识产权制度进行总体谋划，2005 年，贵州省人民政府启动了《贵州省知识产权战略纲要》的制定工作。2006 年 8 月 29 日，《贵州省知识产权战略纲要（2006～2015 年）》（以下简称《纲要》）正式出台。

《纲要》全文共分五个部分，内容包括实施知识产权战略的重要性和紧迫性，实施知识产权战略的指导思想和基本原则，实施知识产权战略的总目标和分类目标，六大重点产业的知识产权战略的总目标和分类目标，六大重点产业的知识产权战略以及实施知识产权战略的任务和措施。

（1）制定目标。

《纲要》提出了实施知识产权战略的总体目标：到 2015 年，建立起比较完善的知识产权法规、规章和政策体系，营造良好的法制和政策环境；省、地、县三级政府建立比较完整的知识产权管理和保护体系；企事业单位建立比较完善的知识产权管理制度；知识产权中介机构基本完整；搭建知识产权信息和交易平台；对外开放与合作进一步加强；建设保护知识产权的首善之地。大幅度提高政府知识产权管理和保护的能力与水平，大幅度提高市场主体的创新能力和运用知识产权制度参与市场竞争的能力，在支柱产业、特色优势产业、高新技术产业等重点产业，形成一批拥有自主技术知识产权和知名品牌、竞争力较浅的优势企业，实现知识产权的主要指标接近或到全国平均水平。

在总体目标的基础上，《知识产权战略纲要》提出了分类目标：在技术知识产权方面，专利申请、授权量年均增幅达到 15%，发明专利在三种专利申请中的比例达到 35%；在品牌知识产权方面，商标注册申请量到 2010 年年均增长 12%，2011～2015 年年均增长分别达到 15%、20%，到 2015 年的年均增幅分别达到 12%、20% 等。

（2）主要特点。

《纲要》提出了 6 个重点产业发展的知识产权战略：

第一，是实施以烟酒为主的传统支柱产业的知识产权战略。第二，是实施以优势原材料为主的新兴支柱产业知识产权战略。第三，是实施中药产业知识产权战略。第四，是实施以航天航空、电子信息和先进制造业为代表的高新技术产业知识产权战略。第五，是实施农业、林业产业化和生态畜牧业知识产权战略。第六，是实施旅游和文化产业知识产权战略。

（3）推进计划。

为确保《纲要》各项目标任务的按期完成，贵州省政府知识产权办公会议制度办公室于 2007 年 1 月向各成员单位正式印发《贵州省知识产权战略纲要 2007 年度推进计划》。2007 年的工作重点：一是围绕贵州省六大支柱产业实施重点产业发展的知识产权战略，逐步提升市场主体创造、管理、运用、保护知识产权的能力和水平；二是以加快传统知识保护立法、设立知识产权奖励制度和完善知识产权指标评价体系为重点，全面推进贵州省知识产权法规、规章和政策体系建设；三是转变政府职能，增强服务意识，在企业自主知识产权的培育、自主品牌的创建以及信息平台建设、宣传培训、管理体系建设、知识产权保护等方面给予重点帮助、指导和扶持。

5. 武汉市知识产权战略纲要评析

武汉市是我国中部地区的特大中心城市，工业基础比较雄厚，旅游和文化资源也比较丰富，同其他中西部城市相比，知识产权事业发展较好；但是，同中国沿海城市相比，武汉市的知识产权工作还存在一定的差距。主要表现为：社会各界知识产权意识较为淡薄，尊重他人知识产权、保护自身合法权益的观念普遍缺乏；知识产权尚未真正融入经济、科技、文化管理工作中去，区级知识产权管理机构不健全，政府知识产权管理部门尚需进一步加强合作和协调；企业运用知识产权制度参与市场竞争的能力不足，拥有自主知识产权的核心技术匮乏，部分产业存在"技术空心化"和品牌缺失的危险；知识产权保护不力的状况还没有完全改善，专利、版权行政执法能力和条件不足；知识产权中介服务机构发育不够成熟，存在数量少、规模小、业务单一和不规范竞争等问题；知识产权的拥有量与武汉市作为特大中心城市地位和所具有的科教实力不相称；等等。

为了对武汉市的知识产权事业进行长远谋划，武汉市政府于 2004 年 12 月出台了《武汉市知识产权战略纲要（2005～2010 年）》（以下简称《纲要》）。武汉市成为全国第一个出台知识产权战略纲要的省会城市。

《纲要》分七部分，分别是：制定实施知识产权战略的紧迫性和必要性、指导思想及基本原则、总目标和分类目标、实施重点、产业知识产权战略、实施措施、知识产权战略的实施与评估等。

（1）制定目标。

《纲要》的总体目标是：到 2010 年，建立起与经济、社会协调发展的知识产权管理、保护和服务新体制，建立起有利于知识产权创造和运用的新机制，建立起尊重和保护知识产权的良好法制和舆论环境，推进武汉市经济、社会和科技发展。

《纲要》又从知识产权拥有量、知识产权对经济发展的贡献、知识产权地方法规和政策体系、知识产权的管理、保护和服务工作体系和知识产权人才队伍等五个方面设定了具体的分类目标。

（2）战略重点。

《纲要》提出，为实现上述目标，武汉市要以知识产权创造、管理、保护、运用为重点，大力推进知识产权战略的实施。主要措施包括建立和完善支持知识产权创造和运用的财政、税收和金融政策；构建支撑创新体系的知识产权基础条件平台；发展知识产权中介服务机构，发挥行业协会作用；加强知识产权人才培养和国际交流等。

《纲要》根据武汉实际，规定了武汉市制造业、高新技术产业、服务业、农业、文化、对外贸易等六大产业的知识产权战略。

武汉市的制造业比较发达，汽车、钢铁、石油化工、装备制造、食品和服装业等产业基础较好，具有技术优势，《纲要》提出根据武汉市制造业不同行业、企业的条件和特点，发挥比较优势，提高制造业的创新能力，形成自主知识产权，培育企业核心竞争力；在高新技术产业领域，《纲要》提出光电子信息、医药、环保等高新技术产业要实行自主创新与引进创新并举的战略，重点扶持一批拥有知识产权的骨干软件企业，着力打造"武汉·中国光谷"品牌；对于服务业，要发展服务商标，打造现代服务业品牌；在农业领域，要发展农副产品加工业，提高农副产品加工的科技含量，同时重视挖掘具有武汉独有地理环境和特殊工艺生产的商品，并以原产地和地理标识或集体证明商标加以保护，形成知名品牌；在文化产业领域，要在发展核心版权产业的基础上，同时开发新兴文化产业，打造一批汉派文化品牌；在对外贸易领域，要培育一批具有自主知识产权和国际知名度的自创品牌，并建立对外贸易领域知识产权预警机制，制定高新技术产品出口企业与行业知识产权战略，加强知识产权海关保护。

6. 深圳知识产权战略纲要评析

作为中国最崭新的城市，对外开放的窗口，深圳一直处于我国市场经济发展的前沿。深圳的知识产权事业，也一直位于全国各省市的前列。

和其他省市相比，深圳知识产权发展呈现出这样三个趋势：一是专利申请总量上升快，但分布不平衡。近年来深圳市专利量逐年增加，2004 年接近 15 000 件，但是领域发展不平衡，主要集中在 IT 领域；大中小型企业发展不平衡，主要集中在华为、中兴、富士康几个大的企业。二是涉外知识产权纠纷和案件逐年增多。三是深圳高科技、高端知识产权案件逐年上升，企业需要加强自身的制度建设和能力建设。

为推动深圳知识产权工作的深入发展，建设成为知识产权强市，深圳市政府于 2005 年 12 月 26 日出台了《深圳知识产权战略纲要（2006~2010 年）》（以下简称为《纲要》），对深圳知识产权事业进行整体规划，《纲要》于 2006 年 1 月 1 日起正式实施。

《纲要》共有九章五十条，以围绕知识产权强市这一战略目标，把加大知识产权保护作为战略的核心，坚持"加大保护，以保护促创新"的原则和"产业第一，企业为大"的指导思想，从"知识产权创新能力、维权保护、环境条件、经济贡献"四个方面提出了 20 项定性、定量的分类指标。同时，还在知识产权保护、创造、利用、人才、合作、普及等方面加以规划，构成了一套完整的自有知识产权体系。

（1）制定目标。

《纲要》的总体目标是：到 2010 年，把深圳建设成为创新活力迸发、维权保护有力、服务体系完善、专业人才充足、效益产业集聚的知识产权强市。《纲要》又从知识产权的创新能力、维权保护、环境条件、经济贡献等四个方面提出了 20 项定性、定量的分类指标。

（2）主要特点。

《纲要》明确提出了知识产权"十项重点工程"，主要包括：制定并实施《深圳市知识产权发展与保护条例》；实施"深圳市知识产权优势提升计划"（至少培育 100 家知识产权优势企业、10 家行业协会和 10 家会展业知识产权尊权维权示范单位、10 家知识产权中介服务标志机构）；实施"深圳市中小企业知识产权基础服务计划"（设立基层工作站，帮助中小企业建制度、提能力、塑环境）；逐步建立全市知识产权预警应急机制；继续推进"深圳市版权兴业工程"；充实深圳市知识产权资料库服务网络；办好"国家知识产权局深圳专利代办处"；尽快申请设立国家软件版权代办机构；实施深圳市知识产权知识普及计划；充分发挥"深圳市知识产权专项资金"示范导向作用；创办多元化、多层次的深圳市知识产权研究及培训机构。

《纲要》规定深圳市要"加大保护，营造公平有序的市场竞争环境"。《纲要》还提出"激励创造，强化以企业为主体的创新机制"。知识产权只有得到充分的利用，通过顺畅的机制进行交易，形成效益产业集群，才能实现其价值的最大化。《纲要》提出"促进利用，形成深圳特色的效益产业集群"，来推动深圳市知识产权的利用和流转。具体要采取构建知识产权信息服务平台、知识产权交易机制、资本市场与知识产权市场的对接机制，壮大和规范知识产权保护中介专业服务机构等步骤才能实现。

《纲要》十分重视对知识产权人才的培养。针对知识产权人才严重短缺的现状，《纲要》强调实施以企业和中介为重点的知识产权人才培养计划；大力引进产业发展急需的高层次紧缺人才;建立各类知识产权专业人才供需信息库和评价体系;优化知识产权人才发展环境;充分发挥知识产权专家咨询作用。

提高全社会的知识产权意识对于知识产权事业具有十分重要的作用。《纲要》指出政府要发挥主导作用,创新知识产权知识普及方法,重点加强企业知识产权知识普及,以及在中小学开展知识产权启蒙教育,并定期开展知识产权认知度评价。

知识产权工作对于外向型经济为主的深圳市而言,在改善投资环境、提升国际声望、吸引国际投资、促进产品出口、加强科技兴贸等发挥着特殊的作用。"拓宽视野,有重点地加强海内外的合作交流"也就成为《纲要》的重要内容之一。深圳市要推进以企业为重点的知识产权国际合作与交流,切实落实深港知识产权合作计划,充分发挥区域间知识产权保护合作机制的作用,依法打击知识产权侵权违法行为。

(3)推进计划。

2007年4月,深圳知识产权局已经草拟完成了《深圳市2007年度知识产权推进计划》(以下简称《计划》)。

《计划》出台了一些优化自主创新环境的相关政策措施。如深圳将通过立法加大打击力度,提高侵权犯罪成本,营造令侵权犯罪者胆寒的法制环境;率先为文化产业中具优势地位的平面设计领域立法;完善企业技术秘密保护制度;完善知识产权行政与司法保护衔接机制;探索设立公证新品种;积极推动企业软件正版化工作;加强知识产权海关保护等。

同时,《计划》还强化了激励机制,进一步完善深圳的自主创新机制:将出台《深圳市知识产权指标体系》、《企业知识产权保护指导意见》及《企业知识产权海外维权指引》;规范和扶持大芬油画村持续健康发展;鼓励中小企业申请发明专利;加大对自主知识产权项目产业化的支持力度;探索知识产权融资、质押、拍卖和信用担保做法等。

《计划》也强调知识产权宣传工作,要求力争使第26届大运会知识产权创造、运用、管理和保护的完整过程成为提高全民知识产权意识的生动案例。

三、各地区知识产权战略研究

(一)我国地区知识产权战略实施的背景

当前我国已经进入了快速发展的新时期,"十一五"时期是全面建设小康社会的关键时期,也是知识产权事业的发展机遇期和矛盾凸显期,这是我们制定和实施地区知识产权战略的背景和基础，我们将面临一个机遇和挑战并存、机遇大于挑战的环境。

《国民经济和社会发展第十一个五年规划纲要》提出要"立足科学发展，着力自主创新，完善体制机制，促进社会和谐"，为"十一五"时期知识产权事业发展营造了大环境；"形成一批拥有自主知识产权和知名品牌、国际竞争力较强的优势企业"作为目标，建设创新型国家，实现经济结构调整和增长方式改变，对知识产权工作提出新的要求的同时，也为知识产权事业发展提供了大舞台。

"十一五"时期知识产权事业发展规划的指导思想是：以邓小平理论和"三个代表"重要思想为指导，以科学发展观统领知识产权事业全局，制定好、落实好、完成好国家知识产权战略纲要及其部署的各项任务；认真把握国际国内知识产权发展趋势，抓住知识产权事业发展的重要机遇期，努力走出一条知识产权创造、管理、保护和运用，全面协调发展的道路，着力完善知识产权制度建设，着力增强知识产权工作综合能力建设，着力加强知识产权支撑体系建设，充分利用国内外两种资源和市场，促进经济结构调整和增长方式的转变，提升国家核心竞争力，推动国民经济发展和社会进步；加强自主创新，形成自主知识产权，为建设创新型国家奠定坚实基础。

"十一五"期间知识产权事业发展的主要目标是：进一步完善知识产权法律法规和政策体系，健全知识产权保护体系，完善知识产权保护工作机制，加大保护知识产权的执法力度；完成国家知识产权战略制定工作，积极实施国家知识产权战略；继续提高知识产权宏观管理水平，完善知识产权工作体制和管理机制；进一步转变发展观念，提高全社会知识产权保护意识；大幅提升知识产权综合能力，重点提升市场主体掌握和运用知识产权制度和资源的能力、知识产权审批综合能力、传播和利用知识产权信息的能力、知识产权社会服务能力和参与知识产权国际规则调整和变革的影响力；进一步加强知识产权支撑体系建设，重点加强知识产权信息服务系统建设、知识产权预警与应急机制建设、知识产权社会中介服务体系建设、知识产权人才队伍建设和知识产权文化建设；积极促进形成一批对经济增长具有重大带动作用的核心技术和关键技术装备的自主知识产权，形成一批拥有自主知识产权和知名品牌、国际竞争力较强的优势企业。

（二）地区知识产权战略版块研究的提出和框架

进入 21 世纪后，中国的区域战略基本上完成了由"沿海发展战略"向"区域协调发展战略"的转变。我国今后的经济发展，要按新的发展观的要求，达到全面、协调和可持续的境界，不仅需要提高资源在不同产业和产品间的配置效率，而且要提高资源在不同地区间即空间上的配置效率；不仅需要解决条件较好、经济相对发达地区的继续发展问题，而且需要解决困难较多、条件较差地区的发展问题。十六届三中全会明确指出："要加强对区域发展的协调和指导，积极推进西部大开发，有效发挥中部地区综合优势，支持中西部地区加快改革发展，振兴东北地区等老工业基地，鼓励东部有条件地区率先基本实现现代化。"实施好西部大开发、中部崛起、东北等老工业基础振兴、东部沿海地区继续发展这四大战略，构成了我国现阶段不可分割、不可偏废的区域经济发展战略整体。

服务于经济社会的整体发展和进步，"十二五"期间知识产权事业发展，一是要坚持科学发展观，全面落实国家知识产权战略纲要的部署和各项任务，切实把科学发展观贯穿于知识产权事业发展的全过程，实现知识产权事业快速的发展。二是要坚持以经济建设为中心，用发展和改革的办法解决前进中的问题，把为实现国民经济和社会发展奋斗目标服务作为知识产权工作的出发点和落脚点。这就要求我们国家在"十二五"时期，知识产权战略的推进和发展工作要充分发挥中央和地方两个积极性，把知识产权工作列入地方各级人民政府的重要议事日程，纳入经济社会发展总体规划，加强组织领导，落实责任制和责任追究制，形成优势互补、协调有序的管理格局，不断理顺知识产权发展和管理体制。

本书在仔细分析我国经济发展状况的基础上，基于我国知识产权发展的不平衡性，根据我国区域经济发展战略，把我国分为东部、西部、中部和东北等四个地区加以整体对待，分别研究。各个地区版块的省市区应当结合处于本区块的实际情况，针对薄弱环节，确定知识产权战略纲要和阶段性目标，提出长效机制建设方面的工作任务，健全行政保护、司法保护、权利人维权、行业自律、中介机构服务和社会监督，促进知识产权与地区经济、社会和科技发展相协调。

（三）我国四大地区知识产权战略比较分析

1. 东部地区知识产权战略分析

（1）东部地区经济和知识产权发展现状。

"鼓励东部地区率先发展"，是新时期我国区域发展总体战略的重要组成部分，它包括河北、北京、天津、山东、江苏、浙江、上海、福建、广东、海南等十省市。东部地区作为我国改革开放的先行地区和前沿地带，创造了许多各具特色的经济发展模式和宝贵经验，辐射带动了全国的改革开放和发展；同时，东部地区的快速发展还创造了大量就业岗位和社会财富，为增加国家财政收入、增强综合国力作出了突出贡献。

但目前东部地区各省市在知识产权战略制定和实施方面与经济和社会发展的实际要求还有很大距离：知识产权尚未真正融入到经济、科技、文化管理工作中去，知识产权管理机构尚不健全，政府知识产权管理部门尚需进一步加强合作和协调；企业运用知识产权制度参与市场竞争的能力不足，拥有自主知识产权的核心技术匮乏，部分产业存在"技术空心化"和品牌缺失的危险；知识产权行政执法能力和条件不足，知识产权保护不力的状况还没有完全得到改善；知识产权中介服务机构发育不够成熟，存在数量少、规模小、业务单一和不规范竞争等问题；知识产权的拥有量与各省市规模和所具有的科技实力还不相称。

东部地区作为我国重要的制造业中心之一，如何形成自主知识产权，创立民族品牌优势，是一个重要的课题，坚持科学发展观，结合实施"东部地区率先发展"、"科教强省（市）"战略，制定和实施具有全局性、长远性、前瞻性和可操作性的地区知识产权战略，大力推进产品创新、技术创新、产业创新，多渠道增加科技投入，支持企业成为技术创新和科技投入的主体，提高原始创新能力、集成创新能力和引进消化吸收再创新能力；建立和完善以市场为依托、政府为引导、企业为主体，中介服务、资金支持和政策环境为支撑的开放型技术创新体系，尽快形成科研、开发、生产和市场紧密结合的开发机制，以加速自主创新和科研成果的转化，成为东部地区各省市的当务之急。

（2）东部制定和实施地区知识产权战略的政策建议。

东部地区知识产权的战略规划至少应包括产权战略、技术创新战略和品牌战略。在制定区域知识产权战略规划时，要把握好区域知识产权战略与国家知识产权战略之间的关系，必须以国家知识产权战略为指导原则，符合国家的战略方向，在此基础上还应根据本地区的经济特点、环境地理优势等，制定符合地方特色的知识产权战略规划。因此东部地区知识产权战略主要应包括加强知识产权保护、取得一批拥有自主知识产权的高新技术成果和促进这些成果产业化等不可或缺的三个方面，具体应当采取以下措施：

①构建知识产权发展战略区际协作机制；

②完善和协调区际知识产权法律体系；

③健全支持知识产权创造和运用的财税政策，建立支撑创新体系的知识产权基础条件平台；

④发挥科技优势，整合资源，提升企业技术创新水平；

⑤发挥行业协会在实施地区知识产权战略中的重要作用；

⑥加强国际交流与合作，使地区知识产权战略的实施具备国际视野。

2. 中部地区知识产权战略分析

（1）中部地区经济和知识产权发展现状。

中部是指湖南、湖北、河南、安徽、江西、山西六个相邻省份，但目前各省市还均没有自己的知识产权战略，较大的城市中，武汉率先制定了自己的知识产权战略。中部总面积为102.75万平方公里，占全国土地面积的10.7%；总人口为36 277.44万人，占全国总人口的28%，创造全国23.5%的GDP。中部省份地处中国内陆腹地，起着承东启西、接南进北、吸引四面、辐射八方的作用，是中国的人口大区、经济腹地和重要市场。

随着中部地区知识产权工作的积极推进，近年来各方面均呈现出良好的发展态势，具体表现在：知识产权战略研究深入，发展重点突出；知识产权意识增强，专利申请量显著增加；知识产权行政执法力度加大，法制环境趋好；知识产权培训规模扩大，专利人才培养计划有序推进；知识产权宣传扎实有效，普及工作迈向纵深；知识产权服务体系逐步完善，服务意识不断增强；省际知识产权协作不断发展，地区协作机制初步形成。

但中部地区知识产权工作还存在一些问题，与发达地区相比，这些地区尤其是中部欠发达地区，知识产权工作明显薄弱。主要表现有：第一，不少地方政府缺乏对知识产权工作重大意义的全面、正确认识，知识产权工作基本未纳入议事日程。一方面不注重自主知识产权的培育；另一方面存在地方保护主义思想，片面强调发展经济，忽视甚至阻挠现有知识产权保护工作。第二，从申请专利的总量看，与经济发达的长三角、珠三角地区相差甚远，仅占全国的12.4%，知识产权保护任重而道远。第三，全社会特别是企业重视、保护知识产权的意识还有待提高，相当一部分企业缺乏自我保护意识，知识产权保护工作基本空白。第四，知识产权法规政策体系有待完善和健全，知识产权保护体系还没有真正建立；知识产权工作组织机构需要加强，知识产权复合型人才相对匮乏；自主创新能力较弱，拥有自主知识产权的核心技术数量有限；知识产权的市场化、产业化程度较低；地区间知识产权资源和信息共享程度不高，大量资源没有充分利用。

（2）实施地区知识产权战略是中部崛起的必然选择。

随着知识经济时代的到来，经济全球化格局下的经济竞争日益呈现为生产技术和商业信誉的竞争，而专利、驰名商标等知识产权则是生产技术、商业信誉的最高体现。毫无疑问，知识产权业已成为经济竞争的核心和经济发展的"催化剂"。缺乏核心技术和知名品牌是中部地区，尤其是欠发达地区普遍的基本特征，事实上，这也是抛开政策等环境因素之后，中部地区，尤其欠发达地区缺乏市场竞争力、经济发展相对滞后的关键原因。

科教兴国战略要求中部地区重视知识产权。以前，衡量科技产出的主要指标是科技成果数量的多少，奖励等级的高低，发表论文的数量和刊物级别，在成果、奖励、论文的基础上培养了大批与市场脱节的中高级人才，形成了经济、科技"两张皮"、成果转化难等现象；随着市场经济体制的逐步建立和完善，这些现象正在得到改善，科技与经济和社会发展的结合逐渐紧密，科技对国民经济和社会事业发展的贡献越来越大。现在，科技产出的主要指标是有法律保护的专利等自主知识产权、技术标准,以及有创新、创业、创造意识的人力资产。对于科技界、教育界和产业界来说,建设中部地区知识产权资源高地是历史赋予的使命,任务非常繁重。

改革开放新形势要求中部地区实行知识产权带动战略。以前,开放带动战略的产出效果主要是用市场换资本、换技术、换管理经验或者是引进外资、引进技术、引进人才。随着我国经济快速发展,人民生活水平不断改善,经济外向度越来越高,进一步扩大对外开放,实施开放带动战略的重点已从"三引"为主,转向运用知识产权战略,"引进来、走出去"并用,积极参与国内外市场竞争,其竞逐的对象主要是人才、知识和信息;投资的重点在于人力资源开发,提高产品的科技含量,发展知识型企业,增强企业的信誉和知名度,创造和增值无形资产;资产和资本运营的手段主要是通过知识资产去扩张、兼并、重组;换取的资源形态主要是知识、发明、专利、商标、管理、谋略、技术、经营权利等知识财富。可以说,制定和实施地区知识产权战略是中部各省利用国际规则,面向两个市场,利用两种资源,东引西进,运营知识资产,获得竞争优势的关键。

强化知识产权是中部地区可持续发展的内在动力。过去可持续发展的概念主要是节约自然资源,减少环境污染等。知识产权战略的内涵是指不再主要靠消耗物质资源,而是通过应用、经营知识资产,以尽量少的自然资源的消耗,生产出更多的有效产品和服务。它的核心问题不再是研究如何更有效地"耗费自然资源,转化产品",而是研究如何有效地"利用知识资源,转化产品"。知识资产的经营一方面表现为企业将生产知识含量或技术含量越来越高、物质资源含量越来越少的高技术产品;另一方面,也是更重要的,企业在经营管理中将更多地应用现代管理知识,如知识资产许可经营、收购兼并、风险投资、金融工程等,提高资源配置的效率,提升企业的市场应变能力和市场竞争能力。此外,对人力资源的高度重视和长期投资,把经济与社会发展单纯对自然资源的依赖转变为对知识资源和人力资源的依赖,而知识资源和人力资源则是取之不尽、用之不竭的战略经济资源,但这方面恰恰是中部地区的薄弱环节。

(3)中部制定和实施地区知识产权战略的政策建议。

①推进知识产权集群经济发展,提高知识产权创造能力。

实施地区知识产权战略要求中部各省份大力促进知识资源、人力资源产出能力和知识资源的开发、利用、转化,增强国民经济发展的基础。要使第一、第二产业的科技含量更高,第三产业发展更快,文化产业异军突起,新兴产业层出不穷,结构更加合理。特别是要重点支持中部地区粮食生产基地、能源原材料基地、现代装备制造基地和高技术产业基地的知识产权制度建设,加大对重点项目和关键技术的支持力度，加强各种产业专题专利数据库的建设，扶持相关专利的申请、保护和转化，发挥知识产权市场优化资源配置的能力，推进中部地区拥有自主知识产权和知名品牌、国际竞争力较强的集群产业和集群经济的形成和发展，尤其以省会城市和资源环境承载力较强的中心城市为依托，支持和促进中部城市群社会经济协调发展。

②建立和完善知识产权预警和区际发展合作机制。

一是建立知识产权预警及应急机制。为维护国家经济安全和指导帮助企业应对国际知识产权纠纷，国家知识产权局正在筹建知识产权预警及应急机制，中部地区各省应当在国家知识产权预警及应急机制的基础上选择若干高技术领域，尝试建立预警及应急系统，跟踪监控这些技术领域的知识产权动态，指导和帮助地方政府、政府部门及企业进行产业结构、产品结构调整和制定应对知识产权纠纷的策略。二是建立中部六省知识产权发展合作机制。根据"中部六省知识产权发展合作机制协议"，按照"自愿、协作、整合、发展"的原则，建立中部六省知识产权发展合作机制，开展全方位、多层次、多形式的合作。

③健全壮大知识产权创造、保护和服务体系。

一是要实施专利战略研究推进计划，组织开展专利战略研究。二是可以强化企事业单位知识产权管理与保护推进工作。三是建设中部地区知识产权管理信息网络平台。一方面充实知识产权信息数据，运用现代化手段加快信息更新，对丰富的知识产权信息进行深度加工，为中部知识产权事业的发展奠定基础。另一方面积极创造条件以尽快加入全国专利管理平台，加速地方网点建设，将电子政务延伸到市州，使中部各省级信息网络成为上下连通、资源共享、信息广泛流通互动的公共服务平台。四是规范知识产权中介机构的执业行为，推动知识产权事业健康发展。

④加强宣传提高知识产权保护意识。

中部的知识产权意识不是很高，各省的地区知识产权战略要把宣传作为一项重要内容和环节。在宣传工作中坚持"四个突出"，突出传播在科技经贸发展中运用知识产权制度的知识；突出知识产权在提高企业核心竞争力、应对国际竞争方面的技能；突出合理有效保护知识产权的方式方法；突出侵权行为害人害己的道理。

3. 西部地区知识产权战略分析

（1）西部地区经济发展特点。

实施西部大开发战略是党的第三代领导集体做出的重大决策，中央在1999年底提出了"西部大开发战略"，涉及的范围包括陕西、甘肃、青海、广西、宁夏、新疆、四川、重庆、云南、内蒙古、贵州、西藏等十二个省市区。

西部大开发地区共占全国国土面积的71.4%，集中了全国绝大部分老、少、边、穷地区和生态环境恶劣、脆弱地区，2002年，国内生产总值之和约占全国各省区市国内生产总值之和的17%；人均国内生产总值不到东部的40%。虽然西部很多地区经济持续发展的难度很大、条件较差，但实施西部大开发战略三年多以来，国家采取了正确的方针政策和措施，促进了西部地区经济增长速度的提高。在基础设施和生态建设等方面已经取得一些实质性进展的情况下，下一步西部地区急需解决的一个突出问题是：在区域间关系层面，促进东部（包括中部）资本、技术和包括企业家在内的各类人才，向西部流动，以新的机制，带动西部具有特色和优势的第二、第三产业发展，实现东部、中部和西部产业联动的问题。从长期看，我国东部、西部之间的产业分工格局由西部输出初级产品和中间产品、输入最终产品的垂直分工型，向东部、西部之间相互输出、输入最终制成品和服务的水平分工型逐步转变，是不可阻挡的客观趋势。

总体上说，近几年西部大开发走的是一条以政府为主导、以国有经济为主体的阶段性开发道路，这是西部大开发必然要经历的特定阶段。但从区域经济合作发展规律来看，区域经济合作必须由政府主导型向企业主导型、市场主导型转变。当前的关键在于，西部大开发应当在取得阶段性成绩的基础上，在市场化强力推动下，走出一条制度性、长期性开发的新路。

（2）西部地区知识产权发展现状。

自1978年党的十一届三中全会以来，经过20多年的努力，我国建立了较完备的知识产权法律体系，完成了制度创新，可以毫不夸张地说，西部的知识产权保护有法可依。但西部地区信息相对比较闭塞，经济发展滞后，社会公众对知识产权的认识十分淡薄；发明人或企事业单位认为申请专利手续繁杂收费高，而不愿申请专利；管理机关的工作方法和工作思路不到位；等等，这些原因，造成了西部地区知识产权保护多年徘徊不前。

西部的知识产权保护对西部知识经济起到了一定的"保驾护航"的作用，但同国内东部、中部地区和国外发达国家相比，仍存在着较大的梯度差距。国内梯度差距是指西部与中部、东部地区所逐渐扩大的知识产权保护差距。具体表现在：一是行政执法力量薄弱，行政执法力度不强。近几年来，经过条块职能整合，西部各省、市、自治区相继成立了知识产权局。但由于机构成立晚，人员编制少，还不能充分发挥其管理和执法职能，无法有效地遏制比较普遍的侵权、假冒活动。同时，由于政府职能转变在西部显得尤为缓慢，行政权力介入知识产权保护领域的时间晚，在行政执法活动中暴露出许多问题。如消极执法，一方面，行政机构依职权的主动执法不力。另一方面，行政机构不能及时处理依当事人申请的纠纷、侵权活动，行政管理活动效率较低，行政管理、行政执法的面过窄，这同当今国内外知识产权保护的行政执法范围扩展的趋势大相径庭。二是司法保护疲弱。司法保护不力的突出问题是影响程序公正、诉讼成本过高和诉讼效果较差等三大问题。西部的地方保护主义色彩影响到司法公正，诉讼费用过高、审期过长导致高成本的讼累，而诉前制止、防止侵权不力、诉讼中侵权认定难、裁决后执行难导致较差的知识产权司法保护绩效。三是保护范围过窄，对于新型的知识产权类型，不能及时地加以保护，对新型的知识产权之客体的保护也偏窄。四是对于发达地区和外国准入西部技术市场的知识产权的保护不够。五是对侵权的刑事制裁不力。1997年10月1日施行的《中华人民共和国刑法》第二章第七节早已制定了数种侵犯知识产权罪，但由于证据收集难、犯罪的隐蔽性等原因，对此类犯罪现象的打击力度不够大。

由于知识产权保护疲弱，西部的科技创新能力进一步削弱。主要表现为：其一，西部至今没有形成一批发明创造人群体，体现科技团队精神的职务发明人、共同发明人偏少，科技人才的储备量少。其二，符合逻辑地产生知识产权拥有量少的后果，并且发明创造的档次较低，发明创造的经济价值较低。比如2000年宁夏的专利申请量约为350件，达到了年万人均专利申请量0.65件，仍远远低于全国年均专利申请量超过1件以上的水平。这些申请案涉及西夏王陵金箔画、多功能粉碎机、苦豆子中药系列、甘草甜素、黄铜铬等项目，分别归属工艺美术、机械、药品、化工类，而高科技领域的计算机、生物技术、通讯、半导体等类的发明几乎是空白。其三，侵权和假冒现象比较严重，比较突出的侵权案是假冒商品、盗版商品、假冒商标这三类案件，最明显的就是对 WTO 成员和发达地区所生产的信息产品、录音制品的侵权。①

西部知识产权保护疲弱的成因直接源于技术基础和法律基础的落后。所以，对中国西部知识产权事业的发展状况不能估价过高，西部地区知识产权战略的制定和实施应充分考虑到这一点。

（3）西部地区实施知识产权战略的条件和基础。

西部与东部沿海相比，知识产权工作发展虽然有一定的差距，但是目前在西部大开发的带动下，已经形成了一定的基础，并且出现了许多新的亮点，西部地区在实施地区知识产权战略方面也有不少的有利条件，面临良好的机遇。

一是国家实施西部开发战略，从方针政策、制度创新、财力、市场开拓各方面给西部以支持。科技部、中科院、国家知识产权局等单位提出了多方面的战略措施，包括实施"西部大开发专项行动"、实施"西部之光"计划、为西部培养

---

① "WTO 背景下我国西部地区的知识产权保护"，来源于内蒙古知识产权服务中心，http://www.nmipc.gov.cn/nmzscqshow.asp? id=1055，2006年8月15日。

学术带头人和科技骨干的人才培养计划等项内容。这些优惠政策措施的实施，为西部地区改进知识产权保护工作必将奠定良好的政策和智力基础。

二是西部高校和研究机构的潜力，西部地区高等院校的总数并不比全国平均少，其中还有些是全国著名的院校，但高校申请专利的数字与高校教师、研究生所承担的课题数不相称。根本原因是"指挥棒"没有指向专利，高等院校的教师最关心的问题是职称晋升，目前在职称评定上起决定作用的是学术论文而不是专利。只要专利和论文在职称评定上有同样的"分量"，高等学校提出的专利申请就有可能增加。西部地区还有众多的原中央设立的科研机构和地方的研究机构，出于指挥棒的方向和职务、非职务成果的界限规定不够明确，不能鼓励技术开发人员将精力放在申请专利方面，但加以改变就可能成为宝贵的资源。

三是国防成果的潜力，西部地区由于历史的原因，有大量的国防生产企业、高等院校和研究机构，这些组织每年都要产生大量的技术成果，但这些技术成果几乎全部都因涉及国防，需要保密，而不能进入知识产权的范畴。每一项特定型号的武器，其整体结构和性能，以及关键部件的结构，是必须保密的，但并不等于构成某一特定型号武器的每一个零部件或者加工工艺都需要保密，如遥测技术，既可以军用，也可以民用。把一切与国防有关的技术都归为保密，不能发挥其民用的潜力，是很大的浪费，这并非是不能解决的问题，因此我们认为国防技术的民用化，是西部发展知识产权的重要潜力。[①]

（4）西部制定和实施地区知识产权战略的政策建议。

2006年，在兰州召开的"中国西部知识产权高级研讨会"上，与会的国家知识产权局副局长李玉光和来自西部十二个省份的知识产权局官员、专家纷纷指出，西部地区亟待实施知识产权战略，提高知识产权保护意识。作为国家知识产权战略的具体化，西部大开发中的知识产权战略是一种延伸和实践，不仅要综合考虑与其他战略的有机联系，更要紧密结合西部地区的地理条件和经济发展水平，突出西部特色，引导西部经济走上经济、科技、文化和社会协调可持续的科学发展轨道。

①发挥政府对知识产权战略实施的导向作用。与东部沿海地区比较起来，我国西部地区经济发展相对滞后，而知识产权意识的强弱和地区经济的发展又密切相关，因而，一直以来我国西部地区的知识产权水平相对滞后，企业创新能力不强，西部地区在实施知识产权战略中要发挥政府的导向作用，把增强企业创新、掌握自主知识产权作为本地区政府的重要任务。

---

① 马治国：《中国西部知识产权保护面临的问题分析》，载《西北大学学报（哲学社会科学版）》2004年3月第34卷第2期。

政府在发挥导向作用的同时，更要提高知识产权管理工作水平。作为西部知识产权管理工作，要积极融入当地政府中心工作中，知识产权工作要靠近中心工作、服务中心工作。要站在促进当地经济社会发展的角度，以更广阔的视野开展工作。政府管理要围绕帮助企业建立知识产权机构，策划企业知识产权战略，使知识产权管理成为企业文化和企业哲学的一部分。要踏踏实实抓一两个重点企业深入做下去，提高企业知识产权制度和能力的建设。

②构筑知识产权保护的全方位体系。中国西部知识产权事业要加快发展，目前还必须从基础工作做起。西部地区知识产权局在知识产权发展战略中的职能转换是首要任务，应该从传统的知识产权登记注册管理机构转型为以用户为中心、能为地方和企业技术和经济发展提供支持的外向型服务机构。地方知识产权局的发展必须适应以下新的职能需要和社会需求：

一是要提高地方知识产权局的服务水平；二是进一步完善地方法规，营造有利于创新的法律政策环境；三是要发展知识产权教育，强化地方知识产权战略的人力资源基础。

③保护民族民间传统文化是重要任务。对于民族民间文化来说，文化多样性与生物多样性紧密相关，社区自然资源和人文资源都可能成为文化产业中不可丢失的知识产权资源，应当应用我国及国际现行法律法规，进行自我的法律保护和战略谋划。

在西部开发中保护民族传统知识是包括西部在内的全国实现人文与自然可持续和谐发展的基本条件。保护传统知识，即保护文化与生物多样性。运用知识产权大规模全方位的保护传统文化成为西部地区知识产权战略的重要课题，当前国家和社会立法提到了议事日程，一些地区出台了地方法规。如云南省第九届人民代表大会常务委员会2000年5月26日颁布了《云南省民族民间传统文化保护条例》，于2000年9月1日实施。《贵州省民族民间文化保护条例》也于2002年7月30日经贵州省第九届人民代表大会常务委员会第二十九次会议通过公布，自2003年1月1日起施行。将民族民间文化保护纳入国家法律轨道，这意味着将文化保护当作全社会的行动，是传统民族民间文化知识产权保护的重大突破。

4. 东北地区知识产权战略分析

（1）东北老工业基地经济发展状况。

东北地区是新中国最重要的重工业基地之一，被称为"共和国长子"。东北包括辽宁、黑龙江、吉林三省，与西部地区相比，甚至与其他东、中部地区相比，东北三省的自然环境和基础设施状况都是比较好的，水、土、草地、森林、矿产资源也比较丰富。但自从改革开放以来，在经济发展上，东北三省与一些沿海省市相比形成了较大的反差。当前振兴东北等老工业基地，已进入实质性操作阶段，政策和操作方法都与西部大开发不同。根据目前公布的信息看，振兴东北等老工业基地，采取直接面对一个个企业的政策和方法，核心内容是用高新技术和先进实用技术改造传统技术，用市场化的先进管理取代传统管理，从而焕发老企业的青春。

（2）东北地区知识产权现状和战略实施必要性。

东北老工业基地知识产权发展面临以下问题：第一，知识产权意识虽有所增强，但与东部地区和国外相比，仍然十分落后，主要表现在一些企业对自己的知识产权的价值浑然不觉。第二，国有企业改制中大量知识产权流失，国有企业改制成为振兴东北的重要环节。改制中，一些技术人员流动到民营企业或外资企业，知识产权也随之流失。第三，中小企业商业秘密和技术秘密保护制度亟待健全，一些中小企业没有建立保密制度，当技术人员被竞争对手挖走时，由于没有保密制度和协议，无法按照反不正当竞争法关于竞业禁止的规定获得司法救济。

制定和实施地区知识产权战略，加强知识产权保护对振兴东北老工业基地具有重大积极作用。

首先，保护知识产权是确保国家安全的需要。其次，保护知识产权将激励创新，提高企业核心竞争力。再次，实施地区知识产权战略有利于建立一个公平竞争、诚信、法治、顺畅、充满活力的市场秩序。最后，知识产权保护是吸引、利用外资和外来先进技术的必备前提。

可见，东北老工业基地应当充分认识到实施地区知识产权战略工作的重要性和紧迫性，实施知识产权战略，是全面建设小康社会，走新型工业化道路的要求。这有利于完善知识产权制度，有利于形成国内科技创新的强大动力机制，营造更具吸引力的引进国外资金和先进技术的良好环境，严厉打击各种侵犯知识产权的行为，保证经济健康有序快速发展。

（3）东北制定和实施地区知识产权战略的政策建议。

①加强知识产权战略研究，推进知识产权跨越式发展。东北地区首先要加强知识产权战略研究，培养一批懂业务、会管理、熟悉知识产权保护的法律和国际规则的人才，建立实时高效的知识产权保护应急和预警机制。具体有以下方面：第一，深入开展知识产权的宣传培训工作，多层次、多渠道、大规模开展广泛的宣传和有针对性的培训活动，使全社会特别是各级领导干部、企事业单位的管理人员和科技人员，了解知识产权知识，掌握做好知识产权工作所必需的能力，为实施知识产权战略奠定基础。第二，推动企业、科研院所、大专院校等企事业单位从各自的特点出发，根据国家有关知识产权的各项法律、法规和世贸组织知识产权保护的基本规则，建立并不断完善知识产权管理制度，使知识产权管理工作切实纳入企事业单位的研发、生产与经营的全过程。第三，采取有力措施，鼓励

发明创造，促进科技成果转化，加强知识产权执法力度，保护发明人的合法权益。通过以上措施，以期真正推动东北地区知识产权事业的跨越式发展。

②运用知识产权提高制造业的自主创新能力。东北是我国制造业的摇篮，也是目前我国装备、材料工业的重要基地。随着国家振兴东北老工业基地战略决策出台，各方面对东北地区提升中国制造业的创新水平，进而提高中国制造的技术含量和国际竞争能力寄予厚望。

没有自主知识产权，产品很难在国际市场立足，也很难被用户认可和接受，而一旦拥有了自主品牌，也就有了一片市场空间，这已被国内外很多企业的经历证明，东北地区的知识产权战略极为重要的任务就是要为制造业的自主创新提供支撑。东北各省通过实施自主知识产权战略，不断自主创新，迅速抢占技术制高点，使企业产品结构不断改善，自主开发的产品适应市场能力显著提高，市场化进程不断加快，就能令企业牢牢掌控市场主动权，提升民族制造业品牌。

③发展创意产业是本地区知识产权战略的重要内容。创意产业是新兴的知识产权服务产业，发达国家将创意产业定义为具有自主知识产权的创意性内容密集型产业，包括广告、建筑、艺术及古董市场、工艺、设计、流行设计与时尚、电影与录像带、休闲软件游戏、音乐、表演艺术、出版、软件与计算机服务业、电视与广播等行业。东北三省是以工业为主导的省份，原材料工业和装备制造业占较大比重，创意产业的知识密集性不同于传统制造业对土地、资源有巨大需求，能不受土地、资源等瓶颈的制约；创意产业能将技术、商业、创造和文化融为一体，使制造业特别是装备制造业得以延伸。因此创意产业的高附加值有利于推动东北装备制造业和原材料工业向高增值产业升级。

第十三章

产业振兴之计：行业知识产权战略

一、行业知识产权战略的基本问题研究

（一）行业知识产权战略的内涵

1. 行业知识产权战略的概念和定位

什么是行业知识产权战略？到目前为止，学界并没有一个公认的统一说法。笔者认为，行业知识产权战略是指行业内的企业联合利用知识产权保护制度，以知识产权作为战略资源，谋求或保持产业竞争优势的总体谋划。与国家、地方和企业层次的知识产权战略相比，行业知识产权战略更强调其行业特点，着力于以知识产权为战略资源提升行业整体的产业竞争能力，维护行业内企业的共同利益。

在知识产权战略体系中，行业知识产权战略属于中观层次的战略，它与宏观层次的国家知识产权战略、微观层次的企业知识产权战略以及同样是中观层次的地区知识产权战略既有联系，亦相区别。

一般而言，国家知识产权战略解决的是带有全局性的法律制度和政策方面的问题，对行业、地区和企业知识产权战略具有指导性。行业知识产权战略的制定和实施需要以国家知识产权战略为指引和战略背景。对于一国而言，国家竞争优势往往体现为若干产业的竞争优势，因此，行业知识产权战略可以说是国家知识产权战略的支撑，国家知识产权战略需要为行业战略提供有力的法律、政策

支持。

行业知识产权战略与地区知识产权战略的主要区别是各自的战略主体及其战略主导、协调机构不同。行业知识产权战略的主体主要是某一行业内的企业,这些企业通常并不局限于某一地区。地区知识产权战略的主体则是相应地区范围内的企业。行业知识产权战略的主导、协调机构通常是行业主管部门、行业协会或企业联盟,而地区知识产权战略的主导、协调部门则通常是地方政府。与此同时,行业知识产权战略与地区知识产权战略有时也会存在重合交叉的情况。例如,我国许多地方正在积极研究制定的地方重点行业知识产权战略就兼具地方色彩和行业特征。

行业知识产权战略与行业内企业的知识产权战略有着密切的关联。首先,行业知识产权战略的主体就是行业内的各个企业。其次,行业知识产权战略对企业各自的知识产权战略具有引导作用,其终极目标都是为了提升企业的竞争优势。但是,由于战略层次不同,决定了行业战略与企业战略的决策者和战略目标存在差异,前者是以行业整体发展为目标,后者追求的是企业自身的利益最大化。

2. 行业知识产权战略的主体和主导者

在市场经济条件下,企业是从事生产、经营,参与市场竞争的主体。与国家知识产权战略一样,行业知识产权战略的战略主体也应当是企业。

从宽泛的角度讲,这里的"行业"可以是指一国境内的某一行业,例如我国 2008 年 6 月 30 日启动的中国首个国家级行业知识产权战略试点——铁路行业知识产权战略即是如此。"行业"也可以被界定为某一地区的某一行业,如 2007 年 11 月启动研究制定的"武汉地区钢铁产业知识产权战略"和"四川省中药行业知识产权战略"。"行业"也可以指在全球范围下的某项产业,如涵盖多个国家企业的 TD-SCDMA 行业知识产权战略。在我国实施国家知识产权战略的语境下,强调的是通过知识产权战略的实施形成对外的竞争优势,因此从这一角度来说,行业知识产权战略更多地是指前面两种类型的战略。

同时,由于"行业"的边界并不十分清晰,它既可以指范围较广的大类行业,如信息行业、汽车行业,也可以指围绕某类或某项技术的小型行业,如信息产业下的 TD-SCDMA 行业、汽车产业下的汽车发动机行业。由此可见,行业知识产权战略中的"行业"范围也是可大可小的。

行业内的企业是各自独立的市场主体,如何将行业内各个企业或者说各个零散的战略主体凝聚在一起共同实施行业知识产权战略呢?这就需要战略的主导者发挥引导和协调作用。行业知识产权战略的主导者通常是行业主管部门、行业协会或行业内的企业联盟组织。例如,我国武汉地区钢铁行业知识产权战略就是在国家知识产权局、国资委等部门的组织和支持下,由武汉市知识产权局牵头,武汉钢铁集团公司等武汉地区钢铁企业联盟承担具体研究和制定工作。我国铁路行业知识产权战略是由铁道部主导制定和实施的。TD-SCDMA 行业知识产权战略的主导者是 TD-SCDMA 产业联盟。

3. 行业知识产权战略的基本目标

无论是哪个行业，其知识产权战略的目标从根本上说都旨在通过战略的实施提升行业内企业创造、运用、保护和管理知识产权的能力，共同应对外部的知识产权挑战，从而培育和形成相关产业的竞争力，获取产业竞争优势。

所谓产业竞争力是指某一国家（或某一区域）的某个特定产业相对于其他国家（或其他区域）同一产业在生产效率、满足市场需求、持续获利等方面所体现的竞争能力。所谓竞争优势指的是指竞争主体在市场竞争中建立起来的、持久的、获取优势地位的能力。这种优势必须是与竞争对手相比独有的某种能力或资源，是竞争对手"偷不去、买不来、拆不开、带不走、溜不掉"的东西（张维迎，2002）①。美国著名战略管理学者 Charles. W. L. Hill 和 Gareth R. Jones（2007）② 在其代表作《战略管理》提出，"战略的基本目标就是实现竞争优势"。要想运用战略实现竞争优势，"必须创建自己独特的竞争力（Distinctive Competency）"。他们认为，"独特竞争力是企业相对于竞争对手所独有的、引导企业产品差异化或实现持续低成本结构从而获得竞争优势的力量"。

制定和实施行业知识产权战略的目的正是通过加强行业内知识产权领域的协调和管理活动，获取独有的知识产权战略资源，同时提高行业创造、运用、保护知识产权以及防御竞争对手知识产权进攻的能力，从而帮助行业获取产业竞争优势。

4. 行业知识产权战略的主要内容

由于行业特性和知识产权状况的差异，行业知识产权战略的主要内容很难遵循统一的模式。笔者认为，行业知识产权战略的内容可以归纳为知识产权联合创造战略、知识产权联合保护战略、知识产权联合运用战略和知识产权联合防御战略等四个方面。

（1）行业知识产权联合创造战略。

由于现代科学技术的复杂程度和密集程度越来越高，在许多行业特别是高科技行业中，过去那种由单个企业独立研发新产品的传统模式开始受到挑战，许多企业选择与行业内其他企业组成技术研发联盟，合作研发新技术并共享知识产权。行业知识产权联合创造战略旨在促进行业内企业的技术合作，实现资源共享

---

① 张维迎：《我们到底有什么竞争优势》，载《21世纪经济报道》，2002年5月27日。
② Charles. W. L. Hill, Gareth R. Jones, 周长辉著，孙忠译：《战略管理》（中国版第7版），中国市场出版社2007年版。

和信息交流，开发出更多的新技术和新产品，进而形成更多的知识产权。

以我国无线通信领域中的 TD-SCDMA 产业联盟为例，TD-SCDMA 产业联盟是一个从事 TD-SCDMA 标准及产品的研究、开发、生产、制造、服务的企、事业单位自愿组成的社会团体，成员包括大唐电信科技产业集团、华立集团有限公司、华为技术有限公司、联想（北京）有限公司、深圳市中兴通讯股份有限公司等数十家单位。TD-SCDMA 产业联盟内部贯彻统一的知识产权管理政策，技术信息和市场资讯高度共享，通过密切的沟通，合理的分工，不断提高 TD-SCDMA 技术的成熟度，促使其尽早实现商业化利用。

（2）行业知识产权联合保护战略。

由于知识产权侵权成本通常较低，而维权成本却往往很高，为了更有效地保护知识产权，许多企业倾向于采取联合行动保护其知识产权。联合行动的形式包括：一是制定行业知识产权规范，加强行业自律，在行业内形成尊重知识产权的良好氛围；二是通过行业协会或行业知识产权保护联盟协同制止侵权行为，维护行业合法权益。

例如，为了打击软件盗版，维护自己的知识产权，微软、Adobe 公司、Apple 公司、Dell 公司、Intel 公司等计算机行业的领先企业组建了"商业软件联盟（Business Software Alliance，BSA）"，其主要任务是"打击软件盗版、教育消费者管理软件资产、保护软件版权、推动网络安全、贸易、电子商务、知识产权保护、出口控制以及涵盖技术问题相关政策的发展"。BSA 成立于 1988 年，目前在全球主要区域的 80 个国家和地区设有分支机构，1997 年在中国设立代表处。BSA 经常发布全球各个国家的计算机软件盗版率，在中国的活动也非常活跃，例如 2008 年 8 月在我国发生的"番茄花园事件"就是 BSA 代表美国微软公司出手举报的[①]。

（3）行业知识产权联合运用战略。

行业内各企业的知识产权通常是相互关联的，有的呈互补关系，有的则互为障碍。以专利为例，由于技术的密集程度越来越高，一项技术或产品背后往往堆积了大量的专利，形成所谓的"专利灌丛（Patent Thickets）"，很容易导致错综复杂的专利授权和专利纠纷问题。因此，行业内各个知识产权权利人之间的相互协调与合作就成为必要，近年来不断出现的专利联盟（Patent Pool）就是这种行业合作的产物。专利联盟也称专利池，是指两个或多个专利权人将它们的专利集合起来交互授权或者共同对外授权，以便消除专利障碍，减少专利纠纷并且节约

---

① "番茄花园事件"系指：2008 年 8 月 15 日，番茄花园美化修改版 Windows XP 的作者洪磊被警方拘留审查、软件下载网站番茄花园（tomatolei.com）被关闭。

交易成本。专利联盟近年来在全球电子、通信行业十分活跃，如 MPEG-LA、DVD6C、DVD3C、3GPP 等都是有着重大产业影响力的专利联盟。

此外，技术标准策略也是行业知识产权联合运用战略的重要手段之一。行业内的企业通过共同研发并支持某项技术标准，使之成为行业通用标准，然后在推行该技术标准的过程中利用包含在标准之中的专利权、著作权等知识产权获得超额利润。值得注意的是，技术标准策略往往和专利联盟策略结合在一起，在许多技术标准的背后，都有专利联盟的身影，前面所列的 MPEG-LA、DVD6C 等专利联盟无一不是和相应的技术标准相关联。

(4) 行业知识产权联合防御战略。

行业知识产权战略的另一项重要内容是共同应对来自外部的知识产权挑战，如行业共同面临的知识产权侵权之诉，专利许可费用谈判、技术标准之争等。例如，我国台湾地区的"e-Patent"技术联盟就是台湾地区 IT 行业的企业最初为了应对西方跨国公司的专利费打压而成立的，当然，现在该联盟的目标已不仅仅限于专利防御。台湾地区作为国际 IT 制造中心，每年向国外专利权人交纳的专利费高达 100 亿美元。① "e-Patent"技术联盟的一个重要目标是"透过联盟的方式，共同累积对外的专利谈判筹码"，联盟的工作内容包括搜集海内外专利情报信息，绘制专利地图进行专利预警，在企业间成立"专利网络社群"，共同应对跨国公司的专利诉讼。②

(二) 行业知识产权战略与产业竞争优势的获取

既然行业知识产权战略的根本目标就在于获取产业竞争优势，那么行业知识产权战略是如何帮助行业获取产业竞争优势的呢？

关于产业竞争优势以及产业竞争力的讨论近年来一直是经济学和管理学家们讨论的热点，国内外各式理论纷呈，各种学术著述也可谓汗牛充栋。一般而论，关于竞争优势的分析通常分为两大学派：产业组织学派和资源基础学派。产业组织学派强调企业的外部环境尤其是行业组织结构对企业获取竞争优势的影响。资源基础学派则更加注重从企业内部资源和能力分析竞争优势的来源。应当说，这两大学派部分反映了现实世界，主要区别在于分析的着眼点和视角有所不同。下面我们将分别从外部环境和企业内部资源出发，剖析行业知识产权战略对企业获取产业竞争优势的作用。

---

① 我国台湾地区专家提醒祖国大陆企业警惕国外企业专利陷阱，http：//tech.sina.com.cn/it/m/2003-10-12/0908242708.shtml，2008 年 12 月 12 日访问。
② 陈懿，刘平：《我国台湾地区"专利策略联盟"运作方式及启示》，载《电子知识产权》，2004 年第 4 期。

1. 基于外部环境的分析

产业组织学派更注重从外部产业环境分析产业竞争优势的形成，这一学派中的代表人物当属美国哈佛大学经济学家迈克尔·波特，他的《竞争战略》、《竞争优势》和《国家竞争优势》三部曲已成为竞争优势分析的经典著作。波特在《竞争战略》一书中提出了决定产业竞争优势的"五力模型"，他认为有五种力量综合影响产业的吸引力或者说盈利能力，这五种力量是：新进入者的威胁，替代品的威胁，买方议价能力，供应商议价能力以及现存竞争者之间的竞争。这五种力量愈强，意味着产业的盈利能力就愈弱，产业的竞争力就越低。那么，行业知识产权战略对这五种力量的影响情况是怎样的呢？它是如何发生作用的呢？

新进入者的威胁：产业内的企业通常会试图阻止潜在竞争对手的进入，因而总是努力构筑行业进入壁垒。潜在竞争对手也往往需要考虑克服进入壁垒可能付出的代价。波特认为，阻碍新进入者的壁垒主要包括：规模经济、品牌忠诚、绝对成本优势、顾客转移成本和政府管制。行业内的企业与潜在进入者的竞争战略就是围绕这些进入壁垒而进行，要想保持行业的竞争优势，就必须构筑并尽可能提高这些进入壁垒。那么，知识产权战略在其中能扮演什么角色呢？

第一，知识产权战略有助于保证"品牌忠诚"壁垒发生作用。所谓品牌忠诚是指企业通过维持产品或服务的优良品质、持续的广告宣传等手段创造顾客对其品牌的长期偏好。企业品牌表现为商标、商誉、域名、厂商名称、原产地标记等，这些商业性标识都是知识产权保护的对象。实施知识产权保护战略可以防止品牌被人仿冒或故意混淆而被淡化，可以通过商标许可等知识产权运用战略经营扩大规模，提高收益水平，还能形成"规模经济"壁垒。

第二，知识产权战略有助于形成"绝对成本优势"壁垒。不难理解，行业内拥有行业必需的专利、版权、技术秘密等知识产权的企业较竞争对手更易形成成本优势，因为竞争对手需要向其支付相关专利、版权等费用才能进入该行业，行业内的企业可以通过提高授权价格或者干脆拒绝对外授权来提高潜在竞争对手的进入壁垒。因此，知识产权战略将帮助行业内的企业利用专利、版权等知识产权构筑"绝对成本优势"，并将其转化成为产业竞争优势。

替代品的威胁：如果某一产业产品的替代品很少，通常意味着该产业有更多的机会保持高盈利能力。战略管理学者经常举的例子是计算机芯片行业的两大巨头——英特尔和AMD公司，由于计算机芯片几乎没有替代品，这两家公司的盈利水平明显高于其他行业的企业。在缺少替代品现象的背后，关键的原因是英特尔和AMD控制了制造计算机芯片的大部分专利，而其他厂商很难从他们那里获得专利授权。由此可见，知识产权战略通过控制专利、商业秘密等可以帮助行业内企业减少替代品的威胁。

买方议价能力：买方议价能力是指购买者与行业内企业讨价还价的能力，买方的这种能力越强，行业内企业的利润空间就越小。那么，知识产权战略能否降低买方讨价还价的能力呢？让我们考查一种典型的知识产权战略联盟形式——专利联盟（专利池）。例如，由日立、三菱、东芝、时代华纳、东芝和 Matsushita 等六家公司发起组成的 DVD6C 以及由飞利浦、日本索尼和先锋公司发起组建的 DVD3C 就是在国际产业界颇有影响的专利联盟。它们向 DVD 下游生产商出售 DVD 核心专利技术以及解码芯片。这样，本来分散在很多上游厂商的核心专利技术和芯片生产被少数几个专利联盟所控制，加之作为买方的下游厂商数量众多，使得买方几乎没有讨价还价的能力。DVD6C 和 DVD3C 都是单方面规定价格，下游厂商要么接受要么退出这一行业。2004 年，DVD6C 和 DVD3C 在我国一度掀起的收费风波让我国许多企业至今仍刻骨铭心。可见，如果行业内的企业建立知识产权战略联盟，可以大大削弱买方的议价能力。

供应商议价能力：供应商是向行业内的企业提供原材料或半成品的企业，供应商的议价能力越强，意味着该行业内的企业需要付出的成本越高，利润空间也就越小。那么，能否通过知识产权战略削弱供应商的议价能力呢？台湾地区的专利策略联盟或许可以为我们提供一些启示。2000 年 12 月，我国台湾地区的 IT 企业成立了第一家专利策略联盟——"e-Patents"技术联盟，与前述专利联盟不同的是，专利策略联盟主要针对的是位于产业上游的西方跨国公司，这些跨国企业往往是少数拥有核心专利技术、占据市场支配地位的卖方。成立这种专利策略联盟最直接的目标就是为了共同应对上游厂商的专利收费，协调行业内企业的行动，以增强行业整体的谈判能力。

现有企业间的竞争：一旦行业内企业之间的竞争过于激烈，就会导致产品或服务价格下降、成本上升，从而拉低行业利润率。因此，行业内现有企业间的过度竞争会对产业竞争力构成威胁。我国彩电行业近年来发生的价格大战就是典型的例子。价格大战令国内彩电业元气大伤，四川长虹、TCL 等公司等龙头企业也由盛而衰。导致彩电价格大战的一个重要原因在于国内企业缺少核心技术，产品同质化严重。我们再以我国手机业为例，2003 年我国本土手机企业一度后来居上，击败了长期垄断我国手机市场的诺基亚、摩托罗拉等一众洋品牌，市场占有率超过了 50%。国产手机品牌如雨后春笋般大量涌现，熊猫、夏新等许多家电企业也纷纷进入手机行业。但是，好景不长，由于缺乏核心技术和高端研发设计能力，本土手机厂商无法采用差异化竞争策略，纷纷打起价格大战。短短两年之后，国产手机再度陷入低谷，迪比特、熊猫、南方高科等大批本土手机厂商不是倒闭就是退出，洋手机再度卷土重来，重新占领了国内大部分市场份额。这一教训告诉我们，行业知识产权战略可以帮助行业摆脱低水平的价格竞争，转而通过技术研发和个性化产品设计实施差异化竞争，从而提升产业竞争力。

2. 基于内部资源和能力的分析

波特的研究着重从产业外部环境分析产业竞争优势，一部分学者将研究视线投向企业内部，试图从企业的资源和能力方面解释竞争优势的来源。

资源是指企业所拥有的、能够为顾客创造价值的、财务的、实物的、社会的、人力的、技术的和组织的要素禀赋。能力是指企业协调各种资源并将其投入生产性用途的技能，它决定了企业运用资源的效率。

巴尼提出企业竞争优势取决于企业内部的战略要素。他认为：企业要想保持持续的竞争优势，必须拥有以下四个特征的资源，即"有价值、稀缺性、不可模仿性、不可替代性（VRIO）"[①②]。一些学者进一步关注企业的能力问题，Prahalad 和 Hamel 在《企业的核心竞争力》一文中首次提出了"核心竞争力"（Core Competence）的概念，他们认为企业的"核心竞争力"是"在一个组织内部经过整合了的知识和技能，尤其是关于怎样协调多种生产技能和整合不同技术的知识和技能"。他们认为核心竞争力的特征是：价值性、稀缺性和延展性。[③]

那么，行业知识产权战略是如何影响行业内企业的资源和能力，进而影响产业竞争优势的呢？笔者认为，行业知识产权战略的作用在于，一方面扩大行业内企业所掌握的知识产权资源，另一方面提高企业运用这些资源的能力，从而提升行业内企业的竞争力，创造行业的竞争优势。

首先，从资源的角度来看，企业资源包括有形资源和无形资源，有形资源指土地、厂房、设备、资金等。无形资源指商标、专利、著作权、商誉以及通过经验掌握的知识等。其中，知识产权构成了无形资源的主要内容。由于知识产权是一种法定的独占权利，十分符合巴尼所提出的竞争优势资源的四个特征：有价值、稀缺性、不可模仿性、不可替代性，因此知识产权天然就是一种能给企业带来竞争优势的资源。促进知识产权的创造是知识产权战略的重要内容，行业知识产权战略将有助于行业内企业创造更多的知识产权，为获取竞争优势奠定内部资源基础。例如，行业内的企业通过组建技术联盟，加强技术交流与合作，促进技术资源的共享，联合申请专利和进行专利布防等，可以扩大行业的知识产权竞争资源。

其次，从能力的角度分析，取得知识产权只是获得了资源，企业还需要提高

---

① Barney, J. B. (1986). Organizational culture: Can it be a source of sustained competitive advantage?. Academy of Management Review, 11, 3, 656 – 665.

②③ Prahalad, C. K. and Hamel. G. (1990) 'The Core Competence of the Corporation', Harvard Business Review 66 (May/June): 79 – 91.

协调和运用这些资源的能力，提高知识产权的联合运用能力是行业知识产权战略的另一重要内容。行业知识产权战略通过协调行业内企业在知识产权领域的行动，可以帮助企业提高利用知识产权资源的效率和效果。

例如，我国铁道部和国家知识产权局共同推动的我国首个国家级行业知识产权战略——铁路行业知识产权战略就非常强调知识产权运用能力的建设，其战略框架协议明确提出："国家知识产权局、铁道部将建立包括会商合作机制、信息服务机制在内的铁路行业知识产权战略试点工作机制，共同研究确立铁路工作的知识产权导向，共同推进铁路行业知识产权管理能力建设；将以提高铁路行业知识产权和知识产权制度运用能力为突破口"。

（三）行业知识产权战略管理流程

规范的战略管理流程一般包括战略规划与制定、战略实施、战略评估与控制，其中战略规划与制定通常包括确认组织使命和战略目标、内外部环境分析和战略选择等步骤。对于内、外部环境分析，常用的方法是SWOT分析法，即对比分析自身的优势、劣势，识别外部的机会与威胁。将上述流程和方法应用到行业知识产权战略管理过程中，并结合行业知识产权战略的特点，我们可以得到行业知识产权战略的制定和实施流程：（1）确定行业战略目标；（2）行业外部环境分析；（3）行业内部环境分析；（4）行业知识产权战略制定；（5）战略实施；（6）战略实施效果评估与控制调整，如图13-1所示。

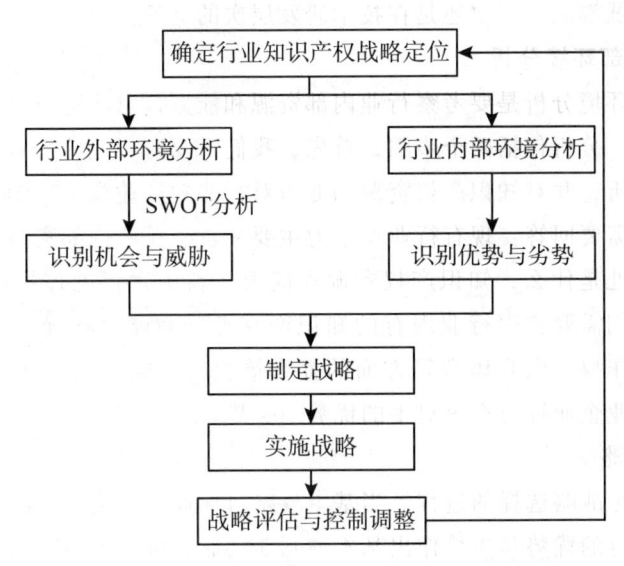

图 13-1 行业知识产权战略管理流程

1. 确定行业知识产权战略的定位和目标

在规划和制定战略之前,我们必须首先明确行业自身的战略定位、竞争对手以及希望达到的战略目标。首先,我们必须清晰地界定所论"行业"的范围,进而明确行业战略所要针对的竞争对手。如果战略主体是国内的某一行业,竞争对手可能是国外的同行。如果战略主体是地区的某一行业,竞争对手可能只是国内其他地区的同行;如果战略主体是全球范围的某一产业,那么竞争对手可能是全球范围内的替代性产业。在明确了定位和对手之后,下一步是确定行业知识产权战略的目标。虽然从根本而言,行业知识产权战略的目标都是为了获取和保持产业竞争优势,但具体来说,战略目标包括不同阶段(长期、中期或短期)的目标、不同性质(进攻性或防御性)的目标等,这就需要行业根据情况作出决策。

2. 行业外部环境分析

行业外部环境分析的主要目的是在行业外部环境中识别出行业面临的战略机会和威胁。如前所述,波特的"五力模型"可以作为行业外部环境分析的基本分析框架,对新进入者的威胁、替代品的威胁、买方议价能力、供应商议价能力以及现存竞争者之间的竞争等五个方面逐一进行分析,并且找出与知识产权相关的各种影响因素。例如,我们需要了解行业内的品牌(商标)状况、专利和著作权等知识产权形成的进入壁垒和成本优势情况,需要分析上游厂商和下游厂商的基于知识产权的议价能力情况。此外,我们还需要判断行业内竞争的层次,即现有竞争是在低端制造层次还是在技术研发层次的竞争。

3. 行业内部环境分析

行业内部环境分析是要考察行业内部资源和能力,对比竞争对手,找出自身的优势和劣势。分析包括两个步骤,首先,我们需要对行业内部资源和能力的总体情况进行分析,并对知识产权资源和能力对行业的产业竞争力的影响和作用作出判断。我们需要回答:现有行业竞争力主要来自于哪些内部资源和能力,在这方面的不足之处是什么,知识产权资源和能力在其中发挥的作用或者说地位如何?其次,我们需要考察行业现有的知识产权资源和能力状况,了解行业在专利、商标、著作权、商业秘密等方面的拥有情况,知晓运用上述资源的能力如何,认清本行业企业针对竞争对手的优势与劣势。

4. 制定战略

制定战略是战略选择的过程。当基本战略目标业已确定,对所面临的外部机会和威胁、自身的优势与劣势作出基本的判断之后,接下来需要做的就是对战略任务、战略重点和战略手段、组织协同等作出选择和安排。对于行业知识产权战略而言,需要对行业内知识产权的联合创造、保护、运用和防御策略等内容作出具体选择，并且对战略实施的组织和协同机制、评估和控制机制等作出规划。

5. 实施战略

战略制定出来之后，只有成功地得以实施才有意义。由于行业知识产权战略的主体并不是一个单独的决策实体，因此其组织实施工作的难度较之企业知识产权战略更大。行业战略的实施不仅需要建立行业层次的组织和工作机制，还需要将战略落实到行业内各个企业中去。行业知识产权战略的实施模式包括：第一，建立专门的知识产权战略联盟，如台湾地区"e-Patents"技术联盟、全球各个专利联盟以及商业软件联盟等；第二，产业战略联盟将知识产权战略作为子战略加以实施，如TD-SCDMA产业联盟下成立专利池管理委员会，具体负责运作专利池策略；第三，由行业协会或行业主管部门组织行业企业实施，如铁道部和国家知识产权局联合推动的铁路行业知识产权战略。

6. 战略评估与控制调整

战略管理的最后一个步骤是战略评估与控制调整，即对战略实施的效果进行评估，并根据评估结果，对战略的具体目标、战略重点、主要内容或组织实施机制作出调整。战略评估可以在战略实施之后的一定阶段进行，建立定期的评估机制对于成功实现行业知识产权战略的目标十分重要。例如，商业软件联盟（BSA）每年都要发布全球PC软件盗版研究报告，不仅推算和公布各国软件盗版率，还对数据背后的原因和自身的工作进行分析和评价，并据此不断调整BSA的工作重点。

以上关于行业知识产权战略基本问题的探讨，为我们制定和实施行业知识产权战略提供了一种粗略的参考性的分析框架。对于具体行业而言，可以根据相应的行业外部环境和内部资源及能力状况制定各自的行业知识产权战略方案。

二、国外行业知识产权战略概况

尽管确立知识产权战略强国的道路是大势所趋，但是具体到各个国家却内容各异。比如日本的知识产权战略大纲包括知识产权创造战略、知识产权保护战略、知识产权应用战略和强化人力资源战略四部分。[1] 韩国是通过加入知识产权保护的国际组织，完善本国知识产权立法，加快专利审查电子化建设等具体措施建立本国的知识产权保护体系。[2] 我国知识产权制度建立较晚，对知识产权战略

---

[1] 徐明华、包海波：《知识产权强国之路——国际知识产权战略研究》，知识产权出版社2003年版，第140页。

[2] 《韩国知识产权保护系列之一：历史及主要内容》，转引自 http://www.nipso.cn/gnwzscqzlxx/gwipzlyj/t20060106_63885.asp，访问时间：2006年1月6日。

的研究和运用还处于起步阶段,许多东西还处于研究阶段,学习和研究国外知识产权战略的先进经验十分必要的。在行业知识产权战略上,更是如此。

美国是当今世界头号经济、科技强国,也是知识产权战略的创始国,实施知识产权战略已有90年历史;日本则紧跟美国,实现了从"技术立国"到"知识产权立国"的战略转变,成为世界上的第二经济强国;而韩国则借鉴发达国家的经验,在知识产权战略强国的道路上,亦有不俗的表现。本书关于国外行业知识产权概况的论述,便以美国、日本、韩国等发达国家为例,至于其他国家,或者由于与这些国家具有相似性而没有必要论述;或者由于其处于摸索阶段而导致其借鉴意义不大,如广大发展中国家。

一个国家的行业知识产权战略成不成熟,取决于该国的行业协会制度完不完善,试想,如果行业知识产权战略的主要制定主体——行业协会,还处在开发阶段,其行业知识产权战略又怎会成熟?因此,在展开国外行业知识产权战略的论述之前,有必要先对国外的行业协会作一个简单的交代。

我国的行业协会基本上是由政府部门主导产生的,带着"二级政府"的帽子,由此导致我国行业协会的管理运作与该行业的企业实际所需严重脱节。[①] 相比之下,美国、日本、韩国等发达国家经过上百年的发展,形成了一种适应市场经济发展的行业协会模式,在实践中被证明是合理的。[②] 在这些国家中,行业协会是企业之间,由于共同利益的需要而自发成立的组织,既具有企业自身的利益需求,又有很强的独立性,其成立的宗旨在于维护会员企业之间的共同利益。在此,行业协会是企业自律管理的机构,行业协会为企业之间的市场运作提供良好的环境。行业协会承担的职能是多方面的,既涉及行业管理规则的制定,又包括信息咨询的服务,同时,其本身还是政府与企业之间进行沟通的桥梁。[③] 美国、日本、韩国等发达国家的行业协会,为这些国家的知识产权战略实施做出了不可估量的贡献,既起到了协调各个企业之间的利益,又减少了政府管理的成本。

而且,随着实践的发展,在美国、日本、韩国等发达国家中,企业为了强化其市场竞争的能力,尤其是在国际市场竞争的能力上,已经改变了过去那种单打独斗的局面,而在某些领域和项目上进行合作,从而形成众所周知的企业联盟。[④] 这种企业联盟达到一定程度时,我们认为,其性质便与行业协会的性质极其相似了。

行业协会及其类似性质组织的完善,以及这种以维护行业整体利益为手段促

---

① 冯赫:《外国行业协会的业务职能及其对我国的启示》,载《学会月刊》,2004年12期。
② 同上注。
③ 同上注。
④ 石晶玉:《行业知识产权管理的理性思考》,载《商业经济》,2004年11期。

进企业利益的观念，使得行业知识产权战略的制定和实施成为可能。

以美国、日本、韩国为首的发达国家显然具备了这一可能性，其行业知识产权战略主要体现在以下几方面：

第一，在对内方面，主要表现为行业协会及其他组织对该行业的企业的自律管理和多方面服务上。前者可称之为自律功能；后者可称之为服务功能。在美国，以其行业协会为例，有学者将其行业协会的功能归结为"企业自律"、"提供信息咨询服务和政府事物服务"以及"多方面协调"三项功能，[①] 在这三项功能中，"企业自律"对应本书所指的自律功能，而剩下的两种则对应本书所指的服务功能。

就自律功能而言，最典型的表现形式是制定适用于该行业的行为准则，该行为准则约束行业内的每个企业。[②] 在美国、日本、韩国等发达国家，行业协会及其类似性质组织是自下而上产生的，具有雄厚的群众基础，这种基础使得这些组织制定有效率并且能够确实得到遵守的行业行为准则成为可能。即使是在同一行业内，企业与企业之间也会经常发生互相侵犯对方知识产权的现象，而且，有时企业之间的行为尽管不涉及知识产权的侵犯，但在某种意义上却是一种不正当的竞争行为，这些都需要行业行为准则来约束。

就行业协会自律功能这一点上，在美国，国际知识产权联盟（IIPA）最为突出。[③] 国际知识产权联盟（IIPA）成立于1984年，其包括八个版权产业组织：美国电影协会、商业软件联盟、美国出版商协会、美国唱片业协会、美国独立制片人协会、美国音乐家协会、电脑与商业装备制造协会和信息技术协会，每一个都是美国版权界的"巨头"。[④] 这些组织已经形成了一个严密的、有组织的自律体。

在日本，行业协会的自律管理职能，近来已经扩展到"域名登记"的领域。之前，域名登记一直是由政府机构日本网络信息中心（JPNIC）管理，2002年3月，日本内阁正式批准将域名登记的管理从日本政府移交给一家私营的非营利公司JPRS。[⑤] 新出现的JPRS的私营公司的性质也反映了藏在日本政府放弃域名制

[①] 冯赫：《外国行业协会的业务职能及其对我国的启示》，载《学会月刊》，2004年第12期。

[②] 同上注。

[③] 美国推动版权产业的发展和保护，除了通过完善版权法律制度和加强政府对版权产业的保护，由企业组成的各种产业或者行业知识产权联盟起到了举足轻重的作用，其中国际知识产权联盟（IIPA）的规模之大、影响之广而最为突出。

[④] 也有将这八个组织翻译为：美国出版商协会、美国电影市场协会、商业软件联盟、电脑与商业装备制造协会、信息技术协会、美国电影协会、全国音乐出版商协会和美国录音产业协会。

[⑤] 参见报道："A New Phase for JP Domain Name Registration and Administration"，(http://www.nic.ad.jp/en/topics/2002/20020228-01.html)，访问时间：2007年5月5日。

度管理的决定背后的理念：日本政府希望"使域名登记更加符合企业界利益的要求"。事实上，在日本域名保护中发挥作用的主体还有：日本网络信息中心（JPNIC）、日本域名协会（JDNA）、信息技术战略委员会以及经济、贸易和产业部（METI）等包括私人公司、政府部门、企业联盟各种性质的主体。而其中的域名协会实际上为产业领导人联盟，主要负责协助 Internet 工程工作小组（IETF）进行日本域名标准化政策和实践的技术执行协调工作。① 在此，日本行业协会的自律功能淋漓尽致。

再看韩国，其现有的行业协会自律体系更是令人惊叹。韩国的行业协会基本由相关企业自行组建，是社团法人性质的民间经济团体，不隶属于政府。根据规模有不同的称谓，较小的称为组合，较大的称为会、协会或会议所。韩国协会主要分为三大类：与外贸相关的协会（商会），如贸易协会（KITA）、大韩商公会议所（KCCI）等；与产业有关的协会（行会），如韩国钢铁工业协会（KMZ）、汽车工业协会等；与农水产业有关的协会，如农业协同组合中央会、水产业协同组合中央会等。此外，全国经济人联合会（全经联）（FKI）和中小企业协同组合中央会（KFSB）作为分别服务于韩国大企业和中小企业的民间组织也是韩国重要的经济团体。② 其中，产业领域协会数量众多，截至 2003 年 4 月，韩国产业资源部、中小企业厅和特许厅辖下的各种行业协会、组合就有 700 余个。韩国协会均为民间团体，有健全的组织机构和规范的工作制度，自律经营。

就服务功能而言，行业协会的重要的功能就是提供多种服务，帮助本国企业开拓国内以及国际市场。

在美国，仍然以国际知识产权联盟（IIPA）为例。IIPA 的目标是，建立一个著作权的法制强制管理体制，在该体制下不仅制止盗版行为，还要促进这些国家的技术和文化发展，同时鼓励当地的投资和就业。为此，IIPA 支持开展"版权意识周"（2006 年 3 月 6 日至 10 日）活动，由美国版权协会主办的此次全国性活动，旨在提高版权意识，特别针对年青一代，同时也是为了增强人们理解对受版权保护的创造性作品的保护和使用。③

在日本，就上述将到的"域名登记"而言，JPRS 之所以最终取代了政府机构 JPNIC，根本的原因在于：在过去，JPNIC 不对域名申请注册人进行任何形式的调查，而只是检索是否与过去已有域名雷同，并且，JPNIC 曾于 1998 年发布

---

① Brent T. Yonehara：" LAND OF THE RISING SUN. CO. JP：A Revlew of Japan's Protection of Domain Names Against Cybersquatting"，at The Journal of Law and Technology，2003。

② Aspen Publishers, Inc.："South Korea Modifies Industrial Design Protection to Extend to Digital Images"，at Journal of Proprietary Rights，February，2004。

③ http://www.iipa.com/aboutiipa.html，访问时间：2008 年 4 月 5 日。

域名管理法规，其中一项涉及禁止转让域名。这种规定引发了一些大型的财团、社团法人集团的反抗。经过集团联合的斗争，最终使 JPNIC 于 2000 年 10 月取消了这项禁止。通过上述的历史过程，可见，对于行业之内的企业而言，更重要的是享受服务的自由，而不是管制。在这个前提下，JPRS 最终取代了 JPNIC。在日本，还存在着日本知识产权协会。该协会的宗旨是：力图正确运用和改善知识产权的各种制度，为会员企业的经营，技术进步和产业发展做出贡献。① 可见在美国和日本等发达国家，业已形成了发达的服务体系。

第二，在对外方面，主要表现为对国家立法和执法的影响以及代表行业的所有企业对抗来自行业之外的侵权。这一点，体现得最明显的当属美国，至于日本和韩国，则是紧随其后。由于知识产权的保护问题直接涉及企业利益，美国企业组成各种产业知识产权联盟，积极参与知识产权的立法与执法活动，比如，国际知识产权联盟代表着 1300 多家企业，每年向美国贸易代表提出书面报告和建议"特别 301 条款"名单；同时，在司法活动上，这些组织还代表着企业进行诉讼，维护本行业的整体利益。② 而且，美国行业协会还充当申诉代表，发起"不公平贸易"调查，在美国，行业协会密切围绕本行业企业和生产商的利益服务，当成员遭受进口商品的不良冲击时，协会组织就会出面向政府有关部门请求进行"不公平贸易"损害调查并采取相应的产业保护措施。③

就此，主要介绍美国的国际知识产权联盟（IIPA）。

由于复制技术的廉价和易获取性，使得出版作品极易被其他国家盗用，据保守估计，每年美国的出版作品在世界其他国家被盗用而产生的损失高达 300 亿～350 亿美元（不包括通过互联网的盗版）。在这个背景下，面对日益猖獗的版权侵犯行为，IIPA 通过各种途径防范，同时努力促进美国版权战略的实施。首先，IIPA 在打击侵权盗版犯罪方面功不可没。其下属的八大产业组织为了保护各自成员的利益，都积极与政府的执法部门配合，一旦发现市场上有盗版制品或者发现盗版的蛛丝马迹，都主动地向联邦调查局和当地警察机构报告，对盗版行为追查刑事责任，以挽回企业的经济损失。④ 其次，IIPA 及其下属的组织，同美国政府，外国政府和私人领域的代表一道，对 80 多个国家著作权领域的立法和执行发展状况进行干预。再次，IIPA 密切配合美国贸易代表，每年的"特别 301"条款名单由其直接提交给美国贸易代表，审查外国的行为、政策或者实践是否有悖

---

① 徐明华、包海波：《知识产权强国之路——国际知识产权战略研究》，知识产权出版社 2003 年版，第 153 页。
② 卢宏博：《美国信息产业知识产权战略及给我们的启示》，载《标准与知识产权》，2005 年第 5 期。
③ 高健：《美国行业协会与美国的贸易保护主义》，载《特区经济》，2005 年第 10 期。
④ http://www.iipa.com/aboutiipa.html. 访问时间：2008 年 3 月 8 日。

于对知识产权充分有效的保护或者破坏依靠知识产权保护的美国人公平公正的市场销路。随着技术的迅猛发展，IIPA 正致力于保证使高水平的著作权保护在全球电子商务发展的法律框架中占据中心地位。为推动这一目标的实现，IIPA 正致力于促使《WIPO 版权条约》和《WIPO 表演和录音制品条约》在尽可能多的国家尽快得到批准和有效履行。①

三、我国行业知识产权战略概况及其构想

我国的社会主义市场经济体制仍处在完善阶段，很多的市场配套改革制度还没有完全跟上，因而，不可避免的，我国的社会主义市场体制还存在着许多的缺陷，而这些缺陷也导致了我国行业知识产权战略的不理想。甚至也可以认为，在我国现阶段的行业里，并没有统一的、系统的行业知识产权战略，有的只是一些零散的、孤立的具体办法而已。在这些缺陷当中，对行业知识产权战略的制定具有决定性阻碍的，当是我国行业协会制度的缺陷。依法设置行业协会是发达国家的成功经验，无论是美国式的自由市场经济，还是日本式的政府主导型市场经济，政府和企业的联系都是以行业协会为中介。②但是，我国的行业协会，大部分是由政府职能转变而来的，是在政府的授权和委托下来承担政府的部分职能，在这个意义上，实质上并没有真正意义上行业协会的存在，政府和企业之间并不是以行业协会为中介联系起来的，而是直接联系挂钩，这种直接联系挂钩的弊病是：行业协会隶属于政府，代表的是政府的利益而不是整个行业的所有企业的利益，在这种情形下，很难想象行业协会能够发挥有效率的管理，其最终的结果必定是人浮于事，效率低下，不利于整个行业的长远发展。

总体上讲，我国的行业知识产权战略还处在形成的过程当中，很多地方并不尽如人意，其基本概况体现在以下几方面：

第一，行业知识产权战略的制定主体，如行业协会，包括其他的具有一定规模的企业联盟等类型性质的组织还没有真正形成。在我国行业内，企业基本上还是处于彼此的竞争阶段，而没有发展到像发达国家般的企业联合阶段，在这种背景下，很难想象行业内能够制定出一套完善的知识产权战略，即使能够制定出来，也很难想象该行业知识产权战略具有可适用性和普遍性。

第二，在我国的行业内，由于知识产权制度本身是从发达国家引进，对于我

---

① Peter K. Yu: "Currents and Crosscurrents in The International Intellectual Property Regime", at Loyola of Los Angeles Law Review, Fall 2004。

② 丁道勤：《论我国行业协会的缺位——兼议中国 DVD 企业反诉 3C 专利费案》，载《电子知识产权》，2005 年第 2 期。

国社会主义市场经济而言，在某些具体制度的设计上，或许只是适合于发达国家，而不适合于我国，① 在这种情况下，国民对我国知识产权制度的了解，就并非如同发达国家的国民般具有一个现实的客观基础，而存在着一个了解的过程，我国的知识产权立法明显超前。当然，在某种意义上，这种超前的立法有利于我国更快地融入国际社会当中去，只是，这必然会导致国民的知识产权意识薄弱，而怠于寻求知识产权保护。

第三，国民知识产权意识的薄弱，直接影响到我国各个行业专利申请的数量以及质量。例如，在医药行业，许多的科研机构以成果为主忽视专利申请，人们习惯于"药品研究成功—临床实验—申请新药保护—得到行政保护"的模式，而这就会在得到新药证书以前被他人抢先申请了专利；② 又比如在纺织行业，在专利的申请数量上，我国每 100 件发明和实用新型专利申请中，纺织类专利申请还不到两件，而其中纺织机械专利申请更是微乎其微，这本身既与纺织业也与纺织机械业在国民经济中的地位极不相称，在专利申请的质量上，最能反映专利质量的发明专利，国外申请就占了 71%，是国内申请的两倍半。③

第四，我国行业的知识产权缺乏创新机制，大部分行业的知识产权都是仿制其他发达国家的，几乎没有自主知识产权。例如，在我国的医药行业内，在 3 000 多种药品中，有 90% 都是仿制外国的，随着国际知识产权保护的规范化，仿制需要付费，有些企业可能要因此停产。④ 其实，仿制也并非就一定不行，问题是，这种仿制是建立在信息了解不全的基础上的，如此，企业动辄面临诉讼，在国外，行业的专利文献查询体制相当完善，很多发展中的企业也仿制专利，但是，其仿制的专利是那些已经过了保护期限的专利，并不侵权，由于专利的保护期限相对短，所以，几乎每年都会有过期的专利产生。

以上构成了现阶段我国行业知识产权战略的基本概况，这些基本概况也构成了我国适应新的形势制定新的行业知识产权战略的基本国情。以此为出发点，我们认为，制定行业知识产权战略需要遵循以下几个基本原则：

第一，与国际接轨的原则。国际知识产权制度产生于世界贸易发展，已经成为国际贸易规则的一部分，中国要参与世界贸易，参加世界贸易组织，必须以承认业已形成的贸易规则为前提，因此，我国行业知识产权战略的制定，也应该以此为出发点，只有这样，我国的行业竞争才能融入到国际市场中去。

---

① 姜奇平：《我国知识产权战略的不足》，载《互联网周刊》，2004 年 3 月 2 号。
② 王启林、周永明：《对我国医药行业知识产权工作的思考》，载《中国卫生质量管理》，1995 年第 5 期。
③ 王皓：《纺织机械行业知识产权战略初析》，载《知识产权》（双月刊），2004 年第 5 期。
④ 徐明华、包海波：《知识产权强国之路——国际知识产权战略研究》，知识产权出版社 2003 年版，第 305 页。

第二，从我国实际出发的原则。一国的行业知识产权战略体系，是在充分考虑本国经济发展及知识产权保护现状，并在平衡各方利益的基础上最终确定的。我国的行业知识产权战略必须是适应于我国国情的战略，否则，即使再先进，也是好看不中用。基本上，我国还处在社会主义初级阶段，经济上还比较落后，尤其是在科技上，我国与发达国家相比，在知识和技术上的自主创新能力上还有较大的差距，而且，我国的科技产出率也大大低于世界平均值。① 在这种情况下，制定行业知识产权战略一定要从本国实际出发。

第三，发挥行业协会作用的原则。行业协会是行业知识产权战略的主要制定主体，也是政府和企业进行沟通的中介，并且负责为行业内的企业的生产经营提供一个公平有序的市场环境，发挥行业协会的作用是行业知识产权战略制定和实施不可或缺的一个原则。

以上述四项原则为指导，我们认为，我国的行业知识产权战略应当包括以下几个方面：

第一，从与国际接轨原则出发，制定行业知识产权战略，首先要建立充分的、完善的、有效率的信息流通体制，在这个信息流通体制，一头是行业内的各个企业，一头是来自国际和国内的知识产权信息。该信息流通体制主要解决两个问题：一个是行业内的企业要及时获知来自国际的知识产权信息动态；另一个是行业内的企业要及时获知来自国内的知识产权信息动态。通过该信息流通体制，使得行业知识产权战略的制定能够及时对国际上的知识产权信息动态作出反映，能够对国内立法、执法和司法（主要是履行国际条约义务）作出回应，从而使得行业的知识产权管理能够始终处于更新的状态。如何建立有效率的信息流通体制，更多的是一个实践探索的问题，随着越来越多的发达国家采取了知识产权电子化登记方式，国家与国家之间，行业与行业之间，对于知识产权信息动态的了解将会变得越来越方便。比如在日本，该国于1984年便率先推出无纸计划，采用计算机进行工业所有权专利文献检索，1998年开始采用个人计算机申请专利，并在2005年实现专利申请的电子化。②

第二，根据从我国实际出发原则，制定行业知识产权战略，首先要认识到，中国还处在社会主义初级阶段，不管是在经济上还是在科技上，与发达国家都有相当大的差距，现在的知识产权制度更多的是倾向于发达国家。正是在这个意义上，制定行业知识产权战略便不能盲目媚外，而应该在与国际接轨的同时，以一种谨慎的态度对待国际市场的挑战。尽管必须要与国际潮流接轨，但是却不能无

---

① 陈美章：《对我国知识产权战略的思考》，载《知识产权》（双月刊），2004年第1期。
② 祝晓莲：《美日两国知识产权战略：比较与启示》，载《国际技术经济研究》，2005年第4期。

视我国行业的基本国情，盲目追求参与国际市场，否则，机遇反而变成障碍。应当注意到，我国的知识产权制度的形成，很大程度上不是我国市场经济发展的客观要求，实质上是我国为了参与国际市场而向发达国家付出的代价。① 这就意味着，我国的知识产权制度在某种意义上是利于发达国家而不利于中国，因此，在全面与国际潮流接轨的同时，应当采取相关的策略。在国家层面上，比如可以制定一些为了公众的利益而对知识产权制度进行限制的法律，如反垄断之类的；也可以迂回地通过司法解释，以保护公众的利益为导向，对知识产权制度中有关的概念进行解释，等等。而行业知识产权战略的任务就是把这些相关的立法和司法信息纳入到整个行业中来，可以在行业的行为准则中体现，也可以在行业的服务体系中体现，总而言之，变被动为主动。

第三，根据发挥行业协会作用的原则，行业知识产权战略的制定和实施，行业协会的作用将处在核心的地位。随着我国入世和行政体制改革的不断深入，政府职能转化而形成的很多职能空白，应该由行业协会来填补。② 首先，在对内上，一方面行业协会应当发挥自律的职能，在某种程度上，国家应当赋予行业协会一定的行政处罚权，以达到行业自律的目的，在有必要时，参与有关行政部门的监督检查；另一方面行业协会应当通过一定的机制向企业提供生产经营和法律法规信息，帮助和引导企业进行技术研发，不断提高国内同类企业产品的科技含量和市场竞争。③ 其次，在对外上，积极发挥行业协会在社会上的影响力，积极参与立法、执法和司法的相关辅助工作，增强行业协会的代表性，扩大行业协会的覆盖面，尤其是在国际贸易中，作为国内产业的代表发起反倾销和反补贴调查，维护国内产业的整体利益；而且行业协会应当积极主动地研究行业的非关税壁垒尤其是知识产权壁垒，积极参与国际标准的制定，探索维护行业利益的新方法和新途径，在更大范围内保护行业的利益。

---

① 徐明华、包海波：《知识产权强国之路——国际知识产权战略研究》，知识产权出版社2003年版，第316页。

② 丁道勤：《论我国行业协会的缺位——兼议中国DVD企业反诉3C专利费案》，载《电子知识产权》，2005年第2期。

③ 于文萍：《政府、行业协会、企业在知识产权保护中的作用》，载《内蒙古师范大学学报》，2002年第31卷第2期。

第十四章

企业竞争之道：企业知识产权战略

一、企业知识产权战略引论

（一）企业战略范畴中的知识产权战略

1. 企业战略的基本内涵

企业战略概念的提出，显然也是战略概念向军事学以外领域延伸的重要体现。从西方国家企业战略学研究的历史来看，企业战略概念形成于20世纪60年代。形成这一概念的直接体现是将战略与企业的经营管理活动紧密地结合起来。从60年代开始，国外的一些著名企业管理学家逐渐从战略的角度关注企业的经营管理、市场营销活动，提出了关于企业战略的系统认识。例如，美国管理学家钱德勒在1962年出版了《战略与结构：美国工业企业历史的篇章》。他在该书中指出，企业经营战略是确定企业发展的长远的基本目标，选择企业达到这些目标的途径，并且为实现这些目标和途径而分配企业重要资源。随着研究的深入，人们对企业战略的认识也逐步加深，认为企业战略应该是企业从长远目标考虑，通过全面分析企业存在的外部环境和内部条件，确定企业的总体目标，并在此基础之上建立起企业发展的全局性、整体性的谋划。[①] 这些整体性谋划涉及企业的战略思想、战略目标、战略重点、战略步骤、战略实施环境、战略实施策略等内

---

① 参见王光莆等主编：《企业战略管理》，中国财政经济出版社2000年版，第1~5页。

容。在当代，随着经济的发展和科学技术的进步，特别是经济全球化和贸易自由化的发展，企业面临的外部环境日益复杂，企业之间的竞争也日益激烈，传统的企业管理日益上升为一种战略管理。企业战略因而也成为一门越来越成熟的学科，在企业管理研究中地位越来越高。

一般认为，企业战略包括企业总体战略和企业经营战略，其中前者是指企业谋求在市场多变、竞争激烈的环境下确定企业经营发展全局的谋划，后者是企业为实现特定的生产经营目标而对企业经营发展提出的总体性谋划。显然，前者是后者的基础和前提，后者是实现前者的保障和具体化。在西方学者看来，企业战略一般包括以下四个因素：产品与市场范围、成长方向、竞争优势、协同作用。在一般的意义上，竞争优势则是指企业产品在市场中的竞争能力。在当代企业激烈的竞争环境下，企业获得竞争优势对实现企业的战略具有特别重要的作用。换言之，企业缺乏竞争优势，将很难实现企业战略的目标。企业获得竞争优势当然有很多种形式和模式，如成本优势、技术优势、企业兼并、设置市场准入障碍等。不过，在技术急速发展的今天，通过运营知识产权而获得竞争优势具有特别重要的意义，竞争优势的获得也与知识产权战略特别相关。从以下论述也可知，知识产权战略的实质是一种获得竞争优势的竞争战略。

另外，企业战略也存在不同层次。如根据美国学者阿瑟·汤姆森和斯迪克兰德合著的《战略管理：概念案例》一书的观点，企业战略的层次可以分为：公司战略、业务战略、职能战略和经营运作战略等层次。①

2. 企业知识产权战略

企业知识产权战略显然属于企业战略范畴，是企业战略的重要组成部分，也是企业经营战略的重要子战略。在知识经济凸显、经济全球化、企业竞争日益白热化的环境下，企业竞争的层次和水平不断提高。传统的以劳动力、资本、原材料为优势的企业竞争模式已让位于知识、信息、技术竞争方面。而知识、信息、技术恰恰是知识产权的负载体，因而企业的竞争在相当大的程度上表现为知识产权之间的竞争。知识产权竞争能力的培养和高低就成为企业经营战略目标的重要保障。

由于企业知识产权战略是企业经营发展战略的重要组成部分，并且对企业生存和发展具有越来越重要的意义，企业重视从战略的高度运营知识产权，在知识产权的开发、保护、管理、利用全过程中体现知识产权战略思维，有效实施知识产权战略就变得特别重要。正因为如此，早在几十年之前，发达国家即开始重视研究企业知识产权战略问题，迄今为止已形成比较完整的理论体系和实践操作模式。

---

① ［美］阿瑟·汤姆森和斯迪克兰德著：《战略管理：概念案例》，北京大学出版社2004年版。

（二）知识产权战略对企业的重要性

企业知识产权战略的重要性，首先可以从知识经济社会中的知识、信息在经济社会生活中具有越来越重要的地位的角度加以认识。考察 20 世纪世界经济的发展历史，可以发现技术进步对经济发展的贡献率在不断增加。研究表明，20 世纪初技术对经济增长率的贡献只有 5%～20%，到 20 世纪中叶则上升到 50%，到 80 年代则上升到 60%～80%。技术进步对经济的贡献越来越大，超过了资本和劳动的贡献。[①] 而技术进步与知识创造型经济模式又是一脉相传的。技术进步、知识创造最终体现为知识产权资源。这就使得拥有知识产权对于一个国家实力的壮大和经济发展具有至关重要的意义。美国当代著名经济学家李斯特·索罗指出："知识和技能才是优势的唯一来源，它们成为 20 世纪末经济活动分布的要素"。另外两位经济学家罗伯特·J·巴罗和泽维尔·萨拉·马丁总结说：不是资本而是该国保护知识产权的实力（以及教育和基础设施）对推动技术普及和经济增长有主要作用。我国科技部部长徐冠华则指出：当今世界，在科技、经济和综合国力竞争日趋激烈的国际环境下，知识产权制度作为激励创新、促进科技投入、优化科技资源配置、维护市场竞争秩序的重要法律机制，在国家经济、社会发展和科技进步中的战略地位进一步增强，成为了世界各国发展高科技，增强国家综合能力竞争的战略选择之一。

关于企业知识产权战略的重要性，我们还可以从知识产权资产在企业资产结构中的地位、实施知识产权战略对提高企业竞争力的重要作用的角度加以认识。随着知识经济的凸显，企业的资产结构发生了戏剧性变化。以知识产权为核心的企业知识资本占据了企业财产的很大一部分。知识资产中的知识产权成为企业获得并占据市场竞争优势的关键性资源。这一结论无论是从政府层面还是从理论观点看都是一致的。如英国政府的一份白皮书指出：竞争的胜负取决于我们能否充分利用自己独特的、有价值的和竞争对手难以模仿的资产。在知识经济时代，这些资产不是传统经济中的土地和其他资源，而是不断丰富的知识、技术和创造力。美国学者凯文·G·里维特、戴维·克兰认为，"在通往新千年的路上，法律、技术、经济领域相继发生巨大变化，并产生了一种新的财富魔力。在创造财富过程中，知识产权作为一种战略资源和竞争武器，扮演着强有力的新角色"。美国原证券交易委员会委员史蒂文·沃曼则指出，"我们的社会已从以工业为基础的时代，转变为以知识为基础的时代。在这个社会里，知识产权、软资源以及

---

① 李春彦等：《21 世纪中国制造业的发展战略》，载《经济论坛》2004 年第 4 期。

其他迅速增长的无形资产，构成了创造财富的主体资源"。[①]

企业知识产权战略之所以对企业具有重要作用，还在于知识资产的取得、有效运营和通过知识产权为盾牌开展市场竞争，在很大程度上需要战略性地运用知识产权，而不能仅停留在一般的保护和管理层面上。从本课题研究中可以看出，发达国家中的许多大型跨国公司和企业之所以能够取得巨大成就，原因之一就是特别注重开发、有效利用知识产权，全方位实施企业知识产权战略。

（三）企业知识产权战略体系结构与管理过程

1. 企业知识产权战略体系结构

企业知识产权战略作为企业一种具有全局性和长远性的战略，具有一定的体系结构。这一体系结构涉及企业知识产权战略的思想、战略目标、战略定位、战略实施环境与支撑条件、战略原则、战略实施策略等内容。

战略思想是企业制定和实施知识产权战略的指导方针和理念，关系到企业知识产权战略的全局。[②]

战略目标是企业知识产权战略需要实现的目的。一般而言，占领市场与获得市场竞争力是企业知识产权战略的主要目标。不过，战略目标本身也是一个体系，它可以具体量化为一些具体的分目标，如阶段目标、行动目标、功能目标、数量目标等。

战略定位是企业知识产权战略选取的某种特定模式，如追随型与创新型就是不同的专利技术创新战略定位，单一品牌战略与品牌延伸战略则是不同的品牌定位战略。

战略实施环境与支撑条件是企业实施知识产权战略的内外部环境与条件，如涉及企业内部的有人员配备与素质、硬件建设、信息网络、组织机构与企业文化建设等，涉及企业外部的如国家知识产权法律状况、国际知识产权立法走向、知识产权执法环境、国内外企业的竞争环境、国家知识产权战略意识与启动状

---

① 凯文·G·里维特、戴维·克兰著，陈斌、杨时超译：《尘封的商业宝藏：启用商战新的秘密武器——专利权》，中信出版社2002年版，第51页。

② 关于企业知识产权战略的基本理念，有学者将其概括为八大方面：企业知识产权战略的组织基础，即现代企业制度；企业知识产权战略的自律机制，对企业而言是一种自律式调整与"他律式调整"相结合的模式；企业知识产权战略的逻辑起点，即有关的产权意识；企业知识产权战略的回应模式，即市场主体对国家法律的回应；企业知识产权战略的权利选择，即选择何种模式制定与实施知识产权战略；企业知识产权战略的成本核算，即界定企业知识产权运行的综合支付与核算两种成本；企业知识产权战略的效益实现，即借助企业知识产权战略使技术创新获得的智力成果产出最佳经济效益；企业知识产权战略的权变运行，即以"权变"管理思想运用于企业知识产权战略。参见何敏主编：《企业知识产权保护与管理实务》，法律出版社2002年版，第196~200页。

况等。

战略原则是企业为实现知识产权战略目标而应当遵守的若干准则，其中法律原则、获取竞争优势原则、利益原则等是其中的重要内容。

战略实施策略是企业知识产权战略在不同阶段和时间内为实现特定知识产权战略目标而采取的技巧、方法、步骤，它是保障企业知识产权战略长远目标实现的一系列"战术"。战略实施策略也是在企业知识产权战略的方针指导下针对企业经营管理的具体情况所采取的策略，是依据企业知识产权战略所确定的原则和重点，用以实现企业知识产权战略的目标所采用的策略。从一定的意义上说，企业知识产权战略就是由各种各样的知识产权策略构成的。

总的来说，企业知识产权战略体系结构中的各因素是相互联系和相互影响的，这一特点决定了企业知识产权战略的实施要注重系统性，而不能顾此失彼。

2. 企业知识产权战略管理过程

企业知识产权战略既具有完整的体系结构，也是一个系统的管理过程。这一特点使得有必要使企业形成知识产权战略管理体系。企业战略的一般原理认为，企业战略管理是企业在充分掌握企业内部条件和外部环境的前提下，确定企业目标和经营指导方针，制定具体的企业战略，并落实企业各项具体经营目标的管理决策和行为。企业战略管理过程可以划分为制定企业战略、实施企业战略、企业战略评价与控制等阶段。企业知识产权战略作为企业战略的重要内容和组成部分之一，其管理过程也同样包含了上述几个方面。其中，企业知识产权战略的制定，又可以分为企业知识产权战略目标的形成和企业知识产权战略实施具体策略的制定。

企业知识产权战略制定过程是一个在充分考察分析企业内部和外部知识产权环境以及相关因素的情况下，确定企业知识产权战略的环境，形成企业知识产权战略目标，并在战略目标的指导下进行战略分析，选择战略方案和战略实施策略的过程。在企业知识产权战略的制定过程中，战略决策居于举足轻重的地位。企业知识产权战略决策涉及战略分析、战略制定和战略选择等阶段和步骤。企业知识产权战略实施则是企业知识产权战略目标的具体落实和企业知识产权战略的具体行动。战略实施是企业知识产权战略制定后的重点，并且对企业知识产权战略目标的实现具有决定性意义，因为战略实施的成效大小直接影响了企业经营发展。

（四）实施企业知识产权战略的重要意义

知识产权战略研究与实施就我国企业在新的形势下的发展和壮大而言，提出了一种新的视角和思路，其理论意义和实践意义是毋庸置疑的，具体包括：

（1）企业知识产权战略研究是一个边缘性的交叉课题，在知识产权研究和企业管理研究方面都具有重要的理论与实践价值。

（2）企业知识产权战略研究与实施有利于建立现代企业制度、促进企业产权结构调整优化配置、实现我国"科教兴国"战略。

（3）企业知识产权战略研究与实施有利于充分保护知识产权，防止和控制企业无形资产流失，并促进企业资产的良性循环。

（4）企业知识产权战略研究与实施有利于促使企业公平竞争，制止不正当竞争，确保企业在国内、国际市场竞争中的有利地位。

（5）企业知识产权战略研究与实施是建立企业预警机制，防范企业风险的重要保障。

（6）企业知识产权战略研究与实施是逐渐确立我国企业的"知识产权优势"的必要手段。

（7）企业知识产权战略研究与实施是全面振兴我国国有企业，创国际知名品牌，增强国有企业国际竞争力的需要。

（五）我国当前实施企业知识产权战略的紧迫性与必要性

从一般意义上说，入世对我国既是机遇也是挑战。在企业知识产权方面也莫不如此。对此，国家知识产权局原局长王景川曾在全国企事业专利试点工作会议上的讲话中做了精辟分析：有利的方面在于，有利于企事业单位更加重视知识产权的保护，迅速提升知识产权管理和保护水平，从而加强技术核心竞争力；有利于大规模引进外国资本和核心技术。不利的方面则在于，企业知识产权保护面临国外的更大压力、大量外国知识产权申请和注册对我国自主知识产权的构成更加激烈的竞争。我国企业关键在于把握机遇，才能使利大于弊。[①]

随着我国加入WTO，贸易壁垒和行政壁垒逐步消失，以专利为重要内容的技术壁垒日益成为企业之间进行市场竞争的重要武器，我国的市场也被全面开放，知识产权保护面临着国外更大的压力。国外跨国公司不断利用知识产权壁垒强占我国市场，对我国自主知识产权形成更加激烈的竞争，我国面临的国际竞争形势也越来越严重。如何应对入世后我国国际竞争的严峻形势是一个重大课题。

由于知识产权是一种法定的垄断权，知识产权制度存在着将技术优势变成市场优势的机制，而且知识产权在经济全球化背景下成为企业竞争的制高点，研究和实施知识产权战略就成为应对入世后的今天我国国际竞争新形势的挑战的重要

---

① 王景川：《在全国企事业专利试点工作会议上的讲话（摘要）》，载《中药研究与信息》，2002年第7期，第5页。

措施。当前,知识产权战略在我国的地位越来越高,这与我国实施的科教兴国战略是一脉相承的。2004年1月14日在北京召开的全国专利工作会议上,即首次提出了实施"国家知识产权战略"的问题,并针对我国当前知识产权保护工作存在的问题,[①] 提出了实施国家知识产权战略应当解决的一些对策。除了加快中国特色的知识产权法律法规体系建设、加强知识产权执法并将此作为规范市场经济秩序的重要内容、加快知识产权人才培养和信息网络基础设施的建设、尽快缩短我国和发达国家在知识产权信息基础设施方面的差距、切实加强知识产权管理部门的自身建设等内容外,引导和帮助企业培养运用知识产权战略的能力和水平就是其中一个十分重要的内容。

在包括前面提到的国家知识产权战略在内的知识产权战略体系中,企业知识产权战略具有特殊地位,这体现为企业是知识产开发的主体和实施知识产权战略的主体,并且企业知识产权战略是实施整个知识产权战略的基础。实施以企业为主体、以市场为导向的知识产权战略,在知识产权战略体系中变得十分重要。特别是加入世界贸易组织以来,我国企业在国内外市场遇到了前所未有的以知识产权为盾牌的竞争,知识产权越来越成为外国企业保护市场和占领市场的手段。加强对入世后我国"国际竞争"新形势下企业知识产权战略研究具有极大的紧迫性和现实意义。正如著名知识产权专家吴汉东教授所指出的一样:世界贸易组织以贸易为中心,它在全球范围内将货物贸易、服务贸易与知识产权紧密地联系在一起,从而实现了知识产权保护的全球化,知识经济时代知识产权成了企业生存与发展的核心问题,企业的生产、经营与管理都必须以知识产权为中心进行战略定位。加入WTO后,我国的市场成为了全球市场,中国企业必须立足于发展中国家的现实,积极进行战略布局,才能在与跨国公司的竞争中生存和发展。知识产权战略已经成为中国企业实施可持续发展的战略选择,成为了中国企业开展市场竞争的战略重点,也是中国进行对外贸易的战略选择。[②]

1. 入世后我国企业在国际竞争方面面临严峻形势

近些年来,发达国家的制造加工业正在向我国转移。我国的企业由于总体上缺乏自主知识产权,遇到了国外企业严重的国际竞争的挑战。有学者将我国企业面临的不利竞争形势概括为:外国企业利用知识产权占领高新技术市场;我国制造产品出口因知识产权问题频频受阻;外国公司收取较高专利使用费,我国廉价

---

① 这些问题主要体现为:全社会知识产权意识还很淡薄;知识产权管理和科技、经济和外贸还存在脱节;在制定经济结构、产业结构调整和科技发展计划时研究和运用知识产权的战略意识不强;管理、创造和实施知识产权的能力亟待提高;多数行业和企业的核心技术和关键设备基本来自国外,缺乏能够支撑经济结构调整和产业技术升级的技术体系;知识产权保护不力的状况还没有完全改观;知识产权信息传播和服务还不能适应我国经济、贸易、科技、社会发展需求。

② 吴汉东:《WTO与中国企业专利发展战略》,载《中南财经政法大学学报》,2003年第6期,第3页。

劳动力形成的出口优势被削弱；我国传统产品也面临知识产权威胁；我国企业技术创新能力不足，缺乏自主知识产权，在竞争中处于被动地位；我国一些知名企业受打压；国内企业申请海外专利遇到高费用门槛等方面。① 这些不利形势无疑对入世后的今天我国企业参与国际竞争带来了进一步的压力。

2. 入世后我国企业知识产权战略运作仍存在严重问题

入世以前，我国企业对知识产权战略的运营情况不大理想。据国家专利局对500家大中型企业所做的调查，仅就制定专利开发计划而论，制定该计划的企业只占31%，在引进外国技术基础之上制定开发新专利计划的也只有73%。即使是从一般的企业知识产权管理或企业知识产权工作的层面看，也存在较多问题。很多企业没有将知识产权视为治理企业的重要手段，企业知识产权意识比较淡薄。如在技术创新方面，忽视对取得的成果的专利保护，产品核心技术开发后不申请专利的现象普遍存在。由于没有专利确权，在新技术产品被他人仿冒销售后不能通过有力的手段加以保护。企业也缺乏在技术创新中的专利战略意识，不善于利用专利战略指导企业的技术开发活动。并且，一些企业缺乏长远发展眼光，只重视短期利益。有的企业宁愿花费上百万元大做广告，却不愿花费上千元咨询法律专家技术开发中的专利问题。由于我国很多企业没有掌握核心技术和自主知识产权，在产业价值链中始终处于最低端。还有在商标资产培植与经营方面，很多企业认识不到商标也是企业的一笔重要的无形资产，不重视商标的及时注册和保护，以致被抢注的事情一再发生。企业在与外商进行合作、合资中也往往忽视自身商标的价值，对自己的知名商标不做无形资产评估或评估价值被压得很低。诸如此类的问题对企业的发展构成了严重障碍。

入世后，我国很多企业在知识产权的日常管理和经营中依然存在种种问题，并且对发达国家利用知识产权优势形成合围的策略仍缺乏应有的冷静和思考，没有充分注意到自身核心技术缺乏的潜在危机，也没有充分认识到在新的竞争环境下知识产权越来越成为企业提升核心竞争力的战略选择。这与跨国公司利用知识产权战略大举进攻我国市场形成了强烈的反差。同时，我国很多企业知识产权战略运作情况堪忧，知识产权战略管理大多停留在保护层面而没有进入资本化运作。中国企业的产品在国际市场上缺少名牌使得国际市场价格定位很低，而这样反而容易遭到国外企业反倾销和保障措施的制裁。并且，企业运用和掌握知识产权的能力和水平不高。这种形势和局面与我国入世后进入世界经济大市场所扮演的角色很不相称。

3. 实施知识产权战略是提高我国企业市场竞争力的重要手段

"在当今世界，随着科技的迅猛发展、经济全球化进程的日益加速，对知识

---

① 参见吕薇、李志军等著：《知识产权制度：挑战与对策》，知识产权出版社2004年版，第4页。

产权的创造、占有和运用，已经成为一个企业乃至一个国家在竞争中取得优势的关键因素，对知识产权的保护成为国际竞争的必然趋势"。① 在日益激烈的国际竞争中，知识产权已成为国际经济、科技竞争的焦点。企业是否拥有知识产权以及拥有知识产权的数量和质量成为企业生存和发展的关键因素。特别是在经济全球化和知识产权国际化的环境中，知识产权制度日益成为各国发展本国科技、经济和开拓与占领国际市场的重要武器。随着科技成果的商品化与产业化、知识产权的国际化，以及市场竞争的日益白热化，企业对知识产权的保护、运营的重要作用越来越突出。在我国已经入世的新的国际竞争形势下，企业通过知识产权战略提高企业竞争力因而具有极其重要的意义。

4. 知识产权战略对培育我国企业核心竞争力的巨大意义

如前所述，入世后，我国企业已经直接面临国际市场的激烈竞争和挑战，关税壁垒的作用被大大削弱甚至将不复存在，行政壁垒也正在被逐步消除，但知识产权壁垒则将不仅存在而且会发挥更大的作用。在新的国际竞争环境下，知识产权对于保护市场和占领市场的作用不仅没有被减弱，反而被大大强化，并成为国际市场竞争的主要形式。入世以来，国内外竞争特别是跨国公司利用知识产权壁垒对我国市场争夺表现得异常激烈和残酷，近年发生的 DVD 案件②、思科诉华为案③只是比较有代表性的部分而已。④ 在入世后的新环境下，我国企业面临的是来自全球的挑战，面临的关键问题不是和国内的兄弟企业展开竞争，而是怎样和国外企业特别是那些具有丰富的自主知识产权的企业展开竞争，并且在竞争中获胜。从更高层面上讲，如何应对发达国家的"知识产权霸权"对发展中国家的严重威胁，是整个发展中国家必须认真考虑的重大问题。我国企业采用什么样

---

① 吴伯明：《实施国家知识产权战略，大力培育我国核心竞争力》，载《知识产权》，2003 年第 4 期。

② 2002 年，6C 联盟控告我国 DVD 厂家侵权，使我国的厂商每出口一台 DVD 即要支付 4.5 美元的专利许可费，迄今为止已支付数十亿元人民币。该案件反映了我国很多企业缺乏拥有自主知识产权的核心技术的这一潜在危机。一些企业生产和销售的产品在国际市场中占有很大的份额，但产品的核心技术却掌握在外国企业手中，即使是光头和机芯等其他核心部件的专利也都掌握在国外厂商手中。此时与外国企业竞争往往处于劣势。上述案件就是如此。国外企业利用其掌握的 DVD 核心技术专利要求我国 DVD 厂商必须向其交纳高额的专利使用费后才能进入国际市场。该案提供给我国企业的启示是，在入世后的新的国际竞争环境下，单纯依靠国内低廉的劳动力成本和低价竞售的竞争策略，而不重视对核心技术的开发，在国际市场竞争中将处于十分被动局面。

③ 2003 年，美国思科（CISCO）公司起诉中国华为公司及华为的美国公司侵犯思科的知识产权，指控内容包括抄袭思科 ISO 源代码、技术文档、命令行接口等。该诉讼引发了中国知识产权界和信息产业界的广泛讨论。其他案件还如 2003 年 4 月，美国企业起诉我国南孚等 7 家电池企业侵犯其高能电池专利权，2003 年 7 月，索尼对中国电池制造商比亚迪提起诉讼。

④ 还如 2002 年我国 71% 的出口企业遭受国外技术性贸易壁垒的限制，39% 的出口产品因此受到影响，损失金额达 170 亿美元。

的策略去应对日益激烈的国际竞争，是中国企业需要迫切研究的重要课题。在新的竞争态势下，构筑和提升我国企业的核心竞争力是我国企业发展与壮大的重中之重。这是因为企业能否在国际竞争中取胜，最终取决于企业核心竞争力的强弱，而知识产权在实质上是企业核心竞争力的外在表现，并成为企业核心竞争力的强大支撑。简言之，企业拥有知识产权的数量和质量成为企业核心竞争力的重要因素。知识产权战略对企业培育核心竞争能力具有关键作用。

二、企业专利战略

（一）企业专利战略之概念

专利战略是在专利制度产生后，随着专利制度国际化趋势的增强和专利在社会生活中地位的提高而应运而生的。关于什么是专利战略，迄今为止国内外尚未形成共识。而对专利战略的科学界定，既是专利战略研究的基础，也是制定和实施专利战略的前提。[①]

依笔者之见，由于专利战略是由专利制度所派生的，其制定与实施旨在独占市场，获得、维持、扩大市场竞争优势；因此，专利战略的定义可界定为：专利战略是为获得与保持市场竞争优势，运用专利制度提供的专利保护手段和专利信息，谋求获取最佳经济效益的总体性谋划。从专利战略的主体看，有国家、地区、行业和企业之分。相应地，专利战略分为国家专利战略、地区专利战略、行业专利战略和企业专利战略。其中，国家专利战略通常包括国家专利技术开发战略、专利信息战略、专利技术推广应用战略、专利技术保护战略等内容，它是企业实施专利战略的政策保障，而企业专利战略是贯彻和落实国家专利战略的基础。企业专利战略的概念只需将上述概念主体适用于企业即可得知。企业专利战略显然是企业专利战略研究的对象，它是指导企业在相关的经济技术市场开展市场竞争的一种战略性研究，在广义上则属于企业求生存与发展的经营战略研究的重要组成部分，是为实现企业经营战略目标服务的。

（二）企业专利战略的特点

企业专利战略是企业的竞争战略之一，与企业市场竞争紧密联系，属于企业知识产权战略的范畴。它是通过对企业的经济实力、技术竞争与经营状况等多种

[①] 参见金泳锋：《浅析专利战略在企业国际竞争中的模式》，载《企业经济》，2002年第12期，第177页。

因素的综合分析而确立的，是策略性地运用专利促进企业持续发展的方针。作为一种战略，它显然是对事关企业全局的问题作出的整体性谋划；作为专利战略范畴之一，则是法律、技术和经济的结合，是在对技术竞争和市场竞争中谋求获得竞争优势和最大经济利益的目标的追求中统筹谋划与企业专利相关的事宜。前面已指出，企业知识产权战略具有全局性与长远性、法律性、保密性、非独立性、地域性、时间性、实用性等特点，企业专利战略自然也具有这些特点。[①] 仅以保密性而论，企业专利战略一般涉及高度的商业机密与技术秘密，如涉及企业科技情报、市场预测、新产品计划、企业经营战略意图等，故不宜公开。一旦落入竞争对手之手，将会使企业在成巨大损失。除此之外，还有一个特点是"技术性"，因为专利本身是来源于技术的发明创造，专利战略的制定、实施无不与专利技术紧密相联系。专利技术本身就是专利战略的客体；基于此，专利战略又被称作"专利技术战略"。

（三）企业专利战略在企业经营发展战略中的地位

专利是集技术、经济、法律三位于一体的产物，企业专利战略在企业发展中有其独到的功能和作用，是企业其他任何战略或规划不能替代的。但是企业专利战略又只是企业经营发展战略的一部分，属于企业经营战略中的子战略。在市场竞争日益激烈的今天，由于企业经营方式的进步及情报的高度利用，企业经营活动中的战略性因素不断被强化。企业要在这样一种环境下求得生存和发展，必然要从战略上考虑其经营活动。在企业经营活动方面运用专利战略，可以有效地遏制竞争对手，以较少的投入获得较大的市场竞争份额，并不断提高企业自身的竞争能力，从而在市场中获得丰厚的回报。当代企业的竞争中，技术竞争的意蕴也越来越浓，企业站在技术竞争的角度，将专利战略纳入企业经营发展战略的重要位置甚至核心位置，具有重要作用与意义。所以，企业专利战略是企业经营发展的一个重要组成部分。

这里所说的企业经营发展战略是企业在充分了解国内外市场环境和自身状况的基础之上，为适应未来环境的变化以求得生存和发展，对企业发展目标、实现目标的途径和手段所进行的总体性谋划。企业经营发展战略的制定渗透着专利战略的运作，这是因为从企业经营战略的角度看，企业专利技术和专利产品的开发

---

① 其中企业专利战略的时间性是针对专利战略立足的专利是有保护时间限制的，而不是指专利战略的实施具有的长期性。这两者并不矛盾，因为企业专利战略的实施是一个动态的过程。我国台湾联华电子公司知识产权法律事务经理卢火铁指出，经营专利权是一项长期投资，公司必须要有长期承诺，这样才有可能看到成果。参看勾淑婉：《专利权经营：企业竞争力的有效武器》，载《机电新产品报道》，2003年第3期，第16页。

是提高企业市场竞争力的内在动力和重要保障，相应地成为企业战略规划和营销方向选择的重要内容，同时本身构成了企业营销内容和打击竞争对手的重要手段。另外，企业营销除了产品市场上销售企业产品外，也包括要素市场上的专利技术经营。[①]

进一步说，从企业的长期技术发展战略与中短期技术发展战略的角度看，也可以认识到企业专利战略在企业经营发展战略中的地位。我国企业无疑都需要对技术能力做长期的战略性安排，但又不能等到企业的技术能力超过外国企业以后再实施。原因是市场一旦被占领后即很难被恢复。企业技术长期发展战略是技术能力的实质性的提高，这也是企业的长期性目标。这一长期性目标的实现则可以通过中短期战略的实施达到目的。专利是战略性运用空间比较大的手段，企业通过专利战略的实施可以实现企业中短期技术能力，进而在此基础之上进一步实现企业长期性目标。[②]

此外，由于企业专利战略具有技术性特点，企业运用专利战略与企业科技发展战略又是相辅相成的。企业专利战略不能脱离企业科技发展战略的轨道，应当与企业科技发展战略有机地结合起来。只有这样，才能使企业科技成果较快地转为独占权利的技术形态（专利），并成为开拓国内外市场的重要工具。

（四）企业专利战略的制定

专利是一种独占市场的、权利化的、公开的技术。为了积极参与市场竞争并在市场竞争中取得竞争优势，制定和实施企业专利战略成为各国企业越来越重视的重要课题。企业专利战略的制定是实施专利战略的前提，企业为了在激烈的市场竞争中获得优势，应将制定专利战略当成企业的重要任务，并在人、财、物等方面给予充分保障。企业专利战略制定过程是一个涉及内容较广的专利战略决策的过程。

1. 企业制定专利战略的重要意义

企业专利战略的制定是实施企业经营战略、品牌战略、科技发展战略所必要的，对于提高市场竞争力、开拓国内外市场、实现企业目标具有重要意义。

（1）制定企业专利战略是保护我国国内市场，振兴民族工业的重要举措。

专利战略被普遍认为是企业在国内外市场竞争中占据、获得市场竞争优势，谋取经济效益的秘诀之一，成为企业生产经营战略的重要组成部分。企业专利战

---

① 沈云、王欢、王丽萍：《论企业经营管理与专利技术的关系》，载《西南科技大学学报》（哲学社会科学版），2003年第3期，第32页。

② 殷钟鹤、吴贵生：《发展中国家的专利战略：韩国的经验》，载《科研管理》，2003年第4期，第2页。

略的目标旨在获取市场有利的竞争地位，具体表现为对市场的独占。这在法律上表现为未经专利权人的许可，他人不得为生产经营目的制造、使用、许诺销售、销售进口专利产品或使用其专利方法，也不得使用、许诺销售、销售进口依其专利方法直接获得的产品。正是由于成功实施专利战略具有以上功效，发达国家已瞄准我国这个大市场，想利用专利手段长期占据我国竞争性市场，特别是高新技术市场。

（2）制定企业专利战略是我国企业开拓国际市场、获得可持续发展的需要。

入世后，我国企业被进一步带进了全球化环境中，企业国内市场和国际市场已经融为一体。过去企业不重视国际市场的开拓的做法已经不适应企业面临的全新的形势。在经济全球化、知识产权日益国际化的背景下，我国企业挺进国际市场的战略手段靠过去那种打价格战的方法已经非常有限，而应当是精心培植企业的核心专利和享誉世界的驰名商标。这是因为，在知识经济时代，企业竞争力的强弱不再取决于资本、劳动力，也不是企业的厂房、机器设备，而是取决于专利技术优势等能够实现企业核心竞争力的无形资源。企业国际市场的开拓，离开专利技术的保驾护航，即使通过价格竞争等获得了短期的竞争力，这种竞争优势也不可能长久。相反，通过专利战略的指引，企业才能既做到让自己的产品和技术"穿上专利的铠甲"，以技术垄断权和市场垄断权为武器，排挤竞争对手，获得市场竞争优势；同时，也真正才能使企业获得可持续发展。

（3）制定企业专利战略是保护企业知识产权，防止国有无形资产流失的需要。

我国企业由于专利意识较差，加之科研体制与专利制度关系没有很好理顺，企业很多科研成果未纳入专利轨道，科研成果流失现象十分严重。制定专利战略，强化对企业科研成果的保护，就显得十分必要。

（4）制定企业专利战略是实现企业技术创新的重要保障。

企业专利战略与企业技术创新之间联系十分密切，两者之间是一种相辅相成的关系。企业技术创新离不开专利战略的指导，专利战略对促进技术创新有着重要意义。为促进技术创新，需要制定适合企业特点的专利战略。制定企业专利战略对企业技术创新的保障体现于：通过专利战略的制定，充分发挥专利制度对企业对技术创新的激励功能和对技术创新成果的保护功能，增大企业技术创新的源泉，调动企业实施技术创新的积极性，有利于企业利用技术创新成果的专利产权保护提高企业的市场竞争力。同时，在技术创新的先期成果即发明创造产生后，通过制定有效的专利战略，可以从法律上、经济上和技术上对技术成果的最佳保护和利用模式从战略高度把握，实现发明创造的最大效益。

（5）制定企业专利战略是解决企业专利与技术引进、专利与企业经营脱节，增强企业活力的重要手段。

技术引进绝大多数是专利技术，即使是专有技术，一般也是与专利技术许可证贸易结合进行的。我国企业过去在技术引进时，由于忽视专利问题而吃亏不少。在进行技术引进时，企业必须对引进技术的法律状况、市场覆盖面、保护期限、可替代性、先进性等问题加以研究。在我国目前企业整体技术水平较低的情况下，制定专利战略促进技术引进的有序进行是很有必要的。

（6）制定企业专利战略是落实我国专利战略推进工程的基础性工作，对于国家专利战略的实现具有重要的保障作用。

无论是在发达国家还是发展中国家，都将制定和实施专利战略作为提升本国综合竞争力和保障国家经济安全的重要举措。近几年来，随着我国入世，专利战略工程被提到国家战略的层次和地位，成为国家主体战略之一。国家科技教育领导小组在第十次会议上也强调，随着TRIPs协议的实施，要积极实施专利战略，加快专利审批速度，提高我国原始性发明专利的数量和质量，增强我国科技和经济的竞争力。由于企业专利战略是落实国家专利战略的基础，制定企业专利战略的意义还可以从我国正实施的专利战略推进工程方面考虑，即制定企业专利战略对落实国家专利战略推进工程具有重要的保障作用。

2. 制定企业专利战略的几个原则

企业专利战略的制定过程是企业专利战略决策化过程，这一过程具有很强的创造性，并且有理论与实践融为一体、动态运转的特点。制定企业专利战略应遵循以下几个原则：

（1）立足于企业自身实际的原则。

企业专利战略无论对国内还是对国外企业来说，具有一些共性的规律。但是，对不同的企业来说，它又有着丰富的"个性"内容，企业只有紧密结合自身的特点，如科技实力、企业类型和规模、产品优势、经营风格、经营实力等制定专利战略，才能使制定出来的专利战略落到实处。

（2）将企业专利战略纳入企业经营发展总战略中并紧密结合企业科技发展战略加以制定。

如前所述，企业专利战略属于企业经营战略的子战略。从逻辑上分析，子战略服从于总战略。因此，企业专利战略目标的确定不能离开企业经营战略目标，要受到企业经营战略目标的制约和指导，唯有如此才能保证制定出来的企业专利战略符合企业经营的要求。以跨国经营战略为例，当企业准备实施国际化经营战略时，专利申请战略等类型的专利战略必须为这一战略服务。如在申请国家、申请类型等方面，都需要和企业的海外投资战略目标一致。以日本索尼公司为例。该公司在1992年以前在欧洲申请的专利最多，美国次之，亚洲排第三位。但从1994年开始，公司战略的重心转向亚洲，公司在亚洲的专利申请也相应地大幅增加，先后超过美国和欧洲。同时，在符合前述原则基础之上，制定企业专利战略还应注意与企业科技发展战略的协调。

应当指出，我国国家知识产权局近年实施的企事业单位专利试点工程，也充分体现了对上述原则的贯彻，因为该试点项目明确要求将专利战略纳入本单位总体发展战略之中，成为其中有机组成部分。

（3）企业专利战略的制定要讲究时限。

"时限"在战争战略中表现得极端重要，企业专利战略的制定也不能不考虑时限因素。企业市场竞争是一场没有硝烟的战争。企业应针对不同阶段的市场竞争形势制定出相应的专利战略，而不能一劳永逸。

（4）企业专利战略的制定应重视对专利制度的功能和特性的运用。

企业专利战略立足于专利制度提供的保护、公开和激励机制，因而其制定离不开对专利制度的功能和特性的运用。从这个意义上讲，企业专利战略也就是运用专利制度的功能和特性寻求市场竞争有利地位的总体性谋划。掌握这一原则对于我国很多还没有专利申请的企业来说具有重要意义。这是因为，没有专利申请以及专利权的企业比起具有专利申请和专利权的企业更需要利用专利制度的特性和功能谋划市场活动。像某企业一件专利也没有，但通过专利检索发现某专利市场前景很好而专利文件中存在明显的漏洞，于是在组织产品开发的同时通过专利法的无效宣告程序取消了该专利，使自己产品顺利上市并取得了良好效益，这就是运用专利制度的功能和特性实施专利战略的例子。从这个例子也可以发现，并非具有专利申请和专利权的企业才需要制定和实施专利战略。

（5）制定企业专利战略应主要从技术、经济和法律三方面考虑。

专利是集技术、经济、法律于一体的具有独占权的一种形态。相应地，企业专利战略的制定也要从这三方面结合企业自身的情况加以考虑。就技术方面的原则而论，企业必须注重专利文献情报，分析、了解同类产品专利状况、技术水平，通过对专利文献情报的分析，了解技术发展现状和趋势，以便确定本企业将来的技术研究发展方向。企业还应当通过技术情报、技术预测，确定专利技术投资决策。就经济方面的原则而论，企业应通过研究专利文献等公开资料，明确竞争对手市场占有状况、专利技术市场覆盖面以及其他企业在产品和技术市场上的战略意图。就法律方面的原则而言，企业在制定专利战略时应利用专利文献情报充分了解相关技术的法律状况，特别是专利保护状况。在对其他企业专利竞争采取防御对策时，这方面工作更显重要。至于企业专利战略的制定要符合法律特别是专利法的要求，那是不言自明的。

三、企业商标战略

在当代社会，商标作为知识产权的重要组成部分，正以越来越高的频率出现在经济生活中，其作用也愈来愈引起企业的重视。越来越多的企业意识到商标是市场竞争中重要的竞争手段，也是企业参与市场竞争、获取竞争优势的重要武器。是企业形象及其商誉的象征，凝聚了企业全部的智慧成果。从宏观方面讲，商标工作的开展状况已成为一个国家或地区经济发展的重要指标，"日立"、"柯达"、"可口可乐"、"奔驰"、"海尔"等商标已成为经济实力的象征。

当代企业的市场竞争与传统企业市场竞争的一个重要区别是企业产品非价格性竞争的作用越来越大，这一情势使得企业的非技术性竞争力及商标战略的作用开始与企业的技术性竞争能力和专利战略的重要作用并驾齐驱。由于商标不仅表征商品来源，而且表征产品或服务的质量与市场信誉，这种非技术性要素与技术性要素天然的辩证关系，要求知识产权的保护与运用走整体强化之路。[①] 由于企业商标是企业开拓市场的先锋，是参与市场竞争的重要手段，也是企业获得竞争优势的重要砝码，商标在企业工作中不仅起到识别商品来源的作用，而且也是关系到企业生存与发展的战略问题。

成功的商标不仅充分体现了它所负载的商品或者服务的品质、市场定位，而且反映了企业的市场观念与形象。许多企业家已意识到商标确实是关系到企业兴衰成败的战略问题，通过商标权树立企业形象，促进企业的长足发展。商标的设计、注册、管理和保护已日益成为企业生存发展的战略决策，商标战略意识是一个现代企业家必须具备的经营思想。企业家也只有具有强烈的商标战略意识，才能在企业经营管理中重视商标信誉的培育和商标资产的运营。通过实施商标战略，企业才能更好地经营商标，培育商标的资产价值，以商标开拓和占领市场，为企业实现更多的财富。难怪日本著名销售专家加米先生认为，"经营者的眼睛盯着商标的时候，才有希望使企业兴旺起来"。在我国企业商标工作起步较晚，且商标意识比较淡薄的情况下，企业加强对商标战略的研究与运用显得尤为重要。以下主要对企业商标国际注册与国际化经营战略以及企业商标延伸策略这两个在商标战略十分重要的问题进行探讨。

（一）企业商标国际注册与国际化经营战略

在企业经营环境处于全球化竞争的格局下，从长远和企业开展国际化经营战

---

① 参见何敏主编：《企业知识产权保护与管理实务》，法律出版社2002年版，第239页。

略的角度看，我国企业实施商标海外注册战略具有越来越重要的意义。国际化的商标在占领国际市场方面发挥着十分重要的作用。通过在其他国家或地区取得商标专用权，有利于企业积极开拓国际市场，最终实现国际化经营目标。企业跨国经营中商标战略的选择既是企业跨国经营总体战略的重要组成部分，也决定着企业实施国际化经营的基本方式。国际上一些知名的企业均十分重视商标在国外确权。例如，美国史克公司在120多个国家注册了2.5万件商标，雷诺士·纳贝斯公司则在100多个国家注册了1万多件商标。日本索尼公司在国外注册了5 000多个商标。就我国企业来说，随着加入WTO，企业已经进入了全球竞争时代。参与国际市场竞争即是WTO对成员方的要求。我国企业应当在占领国内市场的同时，积极开拓国际市场。企业商标的国际注册就是开展国际市场竞争并在竞争中取胜的关键手段之一。

1. 企业商标国际注册战略

企业涉及产品出口、特别是开拓国际市场时，在商标注册或使用问题上需要做到"人马未到，粮草先行"，而不能等到产品已经打开一定销路后再考虑商标问题，否则很难避免抢注事件的发生。我国过去不少企业的知名商标被国外不法厂商抢注，在很大的程度上是忽视了商标的海外及时注册。这样造成企业巨大经济损失是不难想象的。例如，我国"芭蕾"化妆品长期畅销日本、东南亚地区，在我国香港的市场占有率达到90%以上。一外商在国外以300美元的成本抢先注册，该公司最后不得不花费20万美元才赎回本应属于自己的"芭蕾"商标权。过去国外一些不法商人专门就我国已有一定影响的商标在其所在国抢先注册，然后冒充我国产品在当地销售或者在我国产品打入该国市场时索要高额的商标许可费，严重地阻碍了我国产品出口，其教训是深刻的。

企业商标国际注册需要讲究一定的策略，充分利用国际公约提供的便利条件。虽然申请人可以直接向所在国申请商标注册，[①] 但由于我国已经在1989年10月加入《商标国际注册马德里协定》，1995年12月加入《商标国际注册马德里协定有关议定书》，我国企业完全可以充分利用该协定和议定书的规定申请商标的国际注册。与直接向所在国申请商标注册相比，商标国际注册具有省时、省力、费用较低等优点。从时间上看，在注册手续完备的情况下，一般等到3～4个月的时间国际局可以发放商标注册证。从程序上看，国际注册程序比较简单，手续也简便，一次可以指定多个国家，而不必向拟获得商标权的各个国家逐一申请。从费用来看，国际注册费用主要有基础注册费、附件注册费（如需要）、补

[①] 在申请实践中，一般应委托所在国的商标代理人进行，因为多数国家规定，非本国国民申请商标注册须委托本国商标代理人办理。

充注册费等，可以免除在国外的代理费，而这笔费用往往比较高。因此，原则上说，如果我国企业选择的是马德里协定成员国的方式，那么最好采用马德里国际注册的方式。

2. 企业商标国际化经营战略

商标国际注册是企业实施商标国际化经营战略的基本路径。但国际注册的商标要变成具有国际声誉的驰名商标，需要经过国际化经营的不断努力才能实现。就我国企业来说，不但商标的国际注册数量非常有限，而且在实施商标国际化经营战略方面存在一些认识误区和偏差，只有正确认识这些问题才能有效地实施商标国际化经营战略，真正在国际市场中立足。

从国际经验看，实施商标的国际化经营战略、打造具有自主知识产权的国际品牌，是美国、日本、韩国等国家的企业向国外市场渗透并最终取得国际市场竞争优势的重要经验。国外跨国公司品牌国际化经营战略通常经历了产品输出、资本输出和品牌输出三个阶段。通过品牌的输出，可以在不付出多大投资的情况下凭借品牌的影响力和高信誉度赢得品牌进入国消费者的认可，获得巨大利益，并占据品牌输入国市场。一些国外名牌进入中国的惯用手段是以合作的名义将我国的名牌在共同举办的合资、合作企业中作价入股，然后有意将中方品牌搁置不用或只用于低档产品上，如美国的宝洁公司就是运用这一战略驱赶我国其他名牌洗衣粉。日本从20世纪70年代开始，企业品牌随着企业向国外的发展而在世界各地被接受和认可，并最终形成全球驰名品牌。特别是在家用电器、电子、汽车行业，日本厂商的品牌如松下、本田、三菱、东芝、日立、索尼等早已是全球家喻户晓的驰名商标。

我国也有少部分企业，特别是进入国际市场的企业在开展商标国际化经营战略方面积累了一些经验或对商标的国际化经营战略给予了必要的重视。如海尔集团公司就十分重视这一战略。集团总裁张瑞敏指出：创牌是海尔出口的目的，出口创汇和出口创牌有本质区别。出口创汇以创汇为导向，容易受客户制约；出口创牌以创牌为导向，通过树立用户的信誉实现超出创汇意义上的价值。他还指出，一个国家如果没有自己的名牌，只有自己的加工能力，就会永远受人家剥削；如果一个企业没有自己的名牌，在国际贸易中就必须依赖别人，而一旦树立了自己的名牌，这种关系就会变成相互依存的关系，优势互补，互利互惠，达到双赢的目的。[①] 该公司随着产品种类和出口国家和地区的不断扩大，加强了商标注册规划，加大了在国外的商标确权。公司目前已在100多个和地区申请注册了

[①] 丁晓钦：《在创建世界工厂过程中实施知识产权优势战略》，载《国际经贸探索》，2003年第3期，第24页。

商标，这无疑为公司步入国际市场，争创国际名牌奠定了坚实的基础。还如，雅倩公司在《巴黎公约》、《马德里协定》成员国，如意大利、法国、加拿大、澳大利亚等国进行了广泛的商标国际注册，为该公司开拓海外市场也提供了重要保障。还如"恒源祥"公司坚持以商标扩展市场，运用无形资产调动有形资产，建立战略联盟向国际化市场迈进。该公司领导认为，现代市场竞争在很大程度上可以说是商品商标的竞争，跨国经营更是如此。在商标的旗帜下，管理和组织技能、市场营销技术及技术创新等无形资产才能产生重要作用。如果缺乏这种优势，在国际市场上就难以占有一席之地。我国国内近些年来的一些知名商标在跨国公司以合资、收购、投资、控股等手段的运作下，逐步被国外的名牌替代，国内的这些名牌之所以难以抵御国外品牌的冲击，是因为国内企业忽视商标战略，更不注意从参与国际经营的角度培育具有国际知名度的商标，而是各自为战，加大了市场竞争成本。我国企业参与国际竞争，战略联盟、跨国经营、品牌战略是相互关联的重要因素。①

（二）企业商标延伸策略

1. 相关概念

商标延伸，又称为品牌延伸，是指企业将具有一定声誉和资产价值的商标向新的产品或服务领域拓展，利用消费者对已有商标的认知、满意度与忠诚度推出新的产品或者服务类别。简言之，是企业将现有的成功的商标拓展到新产品领域的过程。运用商标延伸的手段拓展企业产品或服务市场，以最佳地配置企业资源，即商标延伸策略。商标延伸策略是国内外很多企业迅速拓展业务范围，开展集约经营的重要策略，是商标作为资产运营的一种重要方式，也是一种有效的营销手段。实践中，商标延伸具有多种形式，有的属于产品类别的延伸，如春兰公司立足于空调，后来将"春兰"商标拓展至彩电、洗衣机、摩托车等；海尔公司将"海尔"商标从冰箱、空调扩展到微波炉、洗衣机、电视机、计算机、手机等产品；雀巢公司将"雀巢"商标延伸到巧克力、奶粉、饼干等产品上；美国魁克麦片公司的"卡邦·克伦茨"牌干麦粉早餐获得成功后，后来又在冰淇淋棒、T恤衫等产品上使用该品牌。有的则属于不改变产品类别而只是在产品的口味、形态和包装等方面变化的改进型产品的延伸，如美国万宝路公司将"万宝路"商标从一般的万宝路过滤嘴香烟扩张到万宝路薄荷烟、万宝路淡烟、万宝路适中口味香烟。

---

① 刘瑞旗：《以商标为纽带实施企业商标扩张策略》，载《中华商标》，1998年第1期，第18～19页。

2. 商标延伸策略对企业的作用

在当代,商标延伸已经成为企业实施知识产权战略和营销战略的重要手段,甚至成为企业发展战略的核心。一项针对美国超级市场快速流通的商品的研究显示,过去10年来年销售额在1 500万美元的成功品牌,有2/3属于延伸品牌,而不是新上市品牌。①

商标延伸策略对于已经拥有一定信誉商标的企业来说,在经营策略上具有不少优点,值得我国企业充分重视。具体地说,其优势有以下几方面:

第一,商标延伸策略有利于企业利用现有的商标信誉提升和扩大企业产品或服务形象,以及企业形象,进一步扩大名牌企业的影响。第二,商标延伸有利于企业快速进入新的产品或服务领域。第三,商标延伸还有利于企业利用已经开发和形成的市场优势,降低企业对新产品或服务的运营成本,从而可以提高企业竞争力。第四,商标延伸能够提高企业核心产品的形象,提高企业整体品牌家族的投资效益。

3. 商标延伸策略的适用条件与模式

商标延伸策略并不是对所有企业都适用。如果盲目延伸,那么将不但不能达到提高市场占有率和企业声誉的目的,反而会严重损害企业的声誉,给企业发展带来巨大损失。原则上说,商标延伸不能淡化、稀释原有的商标个性。商标延伸也不能使消费者对原有商标与被延伸的新产品或服务之间产生不愉快的联想或者感到失望,否则将不仅失去商标延伸的效果,而且会损害被延伸商标在消费者心目中已经建立起来的良好的形象和信誉。不适当的商标延伸,其后果是相当严重的。特别是滥用商标延伸会使原有商标失去在消费者心目中的特殊定位,损害整个品牌信誉。美国著名营销学家莱斯与特劳称之为"品牌线陷阱"。

因此,企业在开展商标延伸时应对延伸带来的风险和不利因素给予全面评估,认真考虑商标延伸的主客观条件。一般而言,企业实施商标延伸策略应注意符合以下原则。

(1) 在商标定位、目标市场与价格档次上应具有可匹配性。

商标延伸的重要目的是将原有的具有一定声誉的商标的信誉和形象移植到被延伸的产品或服务上,迅速获得消费者的认可与喜爱。只有获得消费者的认可甚至喜爱,新产品或服务才能尽快获得市场竞争力。这一特点要求商标延伸不能埋没品牌个性,而是能够使消费者在新产品或服务与被延伸的商标之间产生积极的而不是消极的联想。商标定位、目标市场与价格档次上的可匹配性则是保障上述要求的必要条件。使商标延伸与原有产品或服务相匹配的方法有多种方法,利用

---

① 韩光军著:《品牌策划》,经济管理出版社1997年版,第253页。

两种产品或服务之间的自然的联系是一种重要方法。另外，有关被延伸产品或服务的功能或特性也是需要重点考虑的。

(2) 销售渠道与售前和售后服务相同或相似。

一般地说，商标延伸只能是在销售渠道和服务领域相同或相似的范围内进行。就销售渠道而言，企业通过延伸商标发展产品线，产品线上的产品的销售渠道应当相同或相似，否则消费者难以将被延伸商标与产品线上的新产品产生积极的联想。就服务系统而言，如果被延伸的产品或服务的服务领域明显不同，就会淡化被延伸商标在消费者心目中的正确定位，改变其对被延伸商标的品牌认知，从而降低被延伸商标的信誉价值，直接损害企业产品的市场竞争力。

4. 商标延伸策略的实施步骤

商标延伸决策对企业来说是具有战略意义的事情。商标延伸策略的实施需要经过一定的步骤。主要有以下几方面。

(1) 界定商标联想。

前面的讨论表明，商标联想在商标延伸战略实施中具有关键性意义，如果消费者对被延伸的商标与新产品或服务之间不能产生积极的联想，这种商标延伸就是失败的。为此，需要确定消费者对被延伸商标可能产生的各种联想，然后从中选出比较密切的相关联想。一般地说，一个商标名称能够引起消费者一系列联想。在经过一定的市场调查和测试后，可以选定其中的与商标连接力较强的、并且能够提供与产品类别连接的核心联想。确定商标联想的方法通常有使用印象法、名称联系法等方法进行。

(2) 选定相关产品或服务类别。

在确定了主要的商标联想之后，应当继续找出与有关产品或服务的类别，发现与这些商标联想有密切关系的有哪些产品或服务。可以通过一定的测试，找出与商标联想相关的产品或服务类别，再从中选出比较密切的相关产品或服务类别。

(3) 确定候选产品或服务。

在完成上述步骤后，下一步就是选择相应的产品或服务。确定的原则是保证被延伸的产品或服务给消费者以舒适的感觉，这种感觉既可以是质量上的满足，也可以是产生积极的联想。通常，以产品或服务质量过硬赢得消费者青睐的商标延伸到相关产品或服务上也会使消费者对新产品或服务的质量有满意的感受。在选定候选产品或服务上，应注意该产品或服务在消费者看来比起被延伸商标以前使用的产品或服务有某种特色或优势，如质量更可靠、文化附加值更高等。如果商标被延伸到的产品或服务在本身素质上没有明显的特色或优势，而是单纯为了提高新产品或服务的知名度、品质形象，那么很可能会适得其反。特别是如果没有过硬的质量作后盾，商标延伸的效果将大打折扣。

在经过上述步骤后，企业可以基于以下几点事实施行商标延伸策略：其一，该商标的联想威力强劲，能使产品或服务显得与众不同；其二，商标延伸有助于加强核心商标的关键联想；其三，新的商标名称不能为产品或服务带来有益的联想，也不能为企业的发展带来后劲。①

---

① 参见张格等编：《名牌商标的保护管理》，上海译文出版社1994年版，第171页。

第四编

法律体系变迁与知识产权制度法典化

自20世纪下半叶以来,以微电子技术、生物工程技术与新材料技术为代表的新技术革命对社会发展带来巨大影响,人类社会逐步迈入知识经济时代。就财产制度而言,知识经济的影响表现在出现了一种"财产的非物质化革命"的趋势。无形的知识财产的比重在逐渐扩大之中,开始成为社会财富的主要构成部分。随着财产制度体系的不断变化,知识产权的权利类型也在不断地扩张之中,其在财产制度体系中所占据的地位也日益重要,也迫使立法者不得不在立法上作出一定的回应。而法典化由于其本身所具备的一系列优势而更能够体现对知识经济的回应性。在这种背景下,法国、菲律宾、越南等国都纷纷制定了本国的知识产权法典,知识产权制度的法典化正在成为一种国际普遍趋势。改革开放30年来,我国的知识产权制度建设虽然取得了巨大的进步,但仍然存在着不少问题。为更好地应对知识经济的挑战,知识产权制度法典化应当成为我们关注和研究的焦点问题。

第十五章

知识经济与知识产权制度法典化

一、体系化与法典化

(一) 体系化解析

1. 体系化的概念和功能

根据《现代汉语词典》的解释,体系是指"若干事物或某些意识相互联系而构成的一个整体"①。而体系化的基本含义是:把若干事物或某些意识相互联系的整体。②"取向于目的、设定所期功能,将知识或事物根据其存在上之关系、作用组织起来的方法,便是体系化"。体系化为将法律学科学化所必需。因而体系化为科学化所必需的"方法"。③"非经体系化,不能科学地思考或处理问题,并检证自思考或处理问题之经验中,所取得的知识。自从获得这个认识后法律人便开始努力将体系化的思考方法引入法律学来。"④ 由此可见,体系化主要是作为法学研究中的一种方法存在的。

体系化的任务在于总结过去,演进新知。体系学之任务在将任何时点已经获

---

① 中国社会科学院语言研究所:《现代汉语词典》(修订本),商务印书馆1996年版,第1241页。
② 李琛:《论知识产权法的体系化》,北京大学出版社2005年版,第2页。
③ 黄茂荣:《法学方法与现代民法》,中国政法大学出版社2001年版,第458页。
④ 黄茂荣:《法学方法与现代民法》,中国政法大学出版社2001年版,第421页。

得之知识的全部,以整体的方式把它表现出来,且彻底地将该整体之中各个部分用逻辑关系联系起来。体系化这种总结过去,演进新知的功能,不但说明了新知之产生的过程(归纳),而且也指出法律发展之演进性。亦即法律的发展必须立基于过去的成就,"继续"向前进步,中间不得有类于突变的断层现象。① 对于法学研究来说,体系化具有总结功能、发展功能、约束功能和移植功能。②

2. 体系化的三个阶段

有学者研究认为,私法的体系化必须经由三个阶段方能臻于完成,即概念的体系化、规范的体系化和价值的体系化。(1)概念的体系化。法律概念是构成法律或法律规范的基本单位,法律概念的体系化是法律体系化的基础。不同法律概念之间由于逻辑抽象程度的高低和所负载价值的高低形成了位阶关系,这种位阶关系正是建立法律概念体系的基础。一个法律部门是否达到了体系化的程度首先应根据其法律概念体系化的程度加以判断。法律概念体系化最具代表性的标志,便是在某一法律领域中从各种具体法律概念之中抽象出一个足以涵盖整个领域的上位阶概念。只有在这一概念产生出来并被广泛接受之后,某一法律部门才可以说初具体系化的雏形。(2)规范的体系化。法律概念体系化的目的并不在于其本身的体系化,而是在于为法律规范的体系化提供结构性的基础。与法律概念的体系相适应,法律规范之间也依抽象程度及负载价值的不同形成位阶关系。在民法典中,规范体系化最典型的表现即为总则的设立。以概念的抽象为基础,将各具体制度中的共同事项形成一般规范规定于总则之中,是许多国家制定民法典时采取的立法技术。不仅民法典设立总则,各编、各章一般也设有总则。可以说规范的体系化主要体现为法典的总分结构上。(3)价值的体系化。概念法学曾经设想建立一个完备的、自足的法律体系,法官只需机械适用,并无加以补充的余地。但随着利益法学和价值法学对概念法学的批判,以及最近以来社会的剧烈变迁对法律体系的冲击,这一设想已被证明不过是一种空想。今天我们已不再以建立一个逻辑上完美无缺的封闭体系为目标,我们所要建立的法律体系是一个能够适应社会发展的开放的体系。虽然在立法之时建立的概念和规范体系已经体现了立法者的价值追求,可以认为在对概念和规范进行形式上的体系化的同时也在一定程度上实现了价值的体系化。但是由于下面两种情形的存在,仅仅从概念和规范的层面进行形式的体系化并不能完成价值的体系化。首先,实证法已经忠实反映立法者的价值追求只不过是一种假定,实际上立法之初就有可能发生超出立法者预想的价值偏离,更何况随着社会价值观念的变化对原有立法的理解也会

---

① 黄茂荣:《法学方法与现代民法》,中国政法大学出版社2001年版,第469~470页。
② 李琛:《论知识产权法的体系化》,北京大学出版社2005年版,第18~31页。

发生变化。其次，由于法律体系的不完备，超出具体概念与规范涵盖范围的情形亦在所难免。对于上述问题，大陆法系民法通常是通过设立体现基本原则的一般条款和不确定概念并授权法官在个案裁判时进行价值补充，法官的个案裁判又成为法律体系进一步发展的源泉。因此，只有通过基本原则和一般条款建立起价值补充和价值修正的功能，法律体系才真正达到了价值体系化的程度。①

（二）法典化解析

1. 法典化

法典化是大陆法系的传统理念，"一部法典，照罗马—日耳曼法系的观念，不应寻求解决实践中出现的所有问题。它的任务是作出一些充分概括、形成体系、易找易学的规定，以便使法官和公民们从这些规定中，通过尽可能简单地劳动，轻而易举地推出这个或那个具体困难应该怎样解决的方法。"通过法典化，"把整个法律精简成一个袖珍本，以便使每一个人都能带着他自己的律师。"这恰是对法典化理念最形象地表述。②

通过这个"对法典化理念最形象地表述"，我们可以对"法典化"初步作出这样的理解：

（1）法典化是大陆法系的传统理念。大陆法系是历史发展的产物，经历了一个漫长的形成和发展过程：起源于公元前 6 世纪的古代罗马法，以《查士丁尼民法大全》③ 为大陆法系创始之标志。《查士丁尼民法大全》集罗马法之大成，是古代最发达、影响最大的法典，对后世的影响十分深远，为大陆法系的最后形成奠定了基础。大陆法系形成于 11 世纪末至 16 世纪初，以罗马法在欧洲大陆的复兴为标志。它的兴盛和成熟则是在 18 世纪末至 20 世纪初，以《法国民法典》和《德国民法典》的编纂完成为标志。因此，我们可以将大陆法系最显著的特征归纳为法律规范的成文法典化、高度抽象化和概括化。④

（2）法典化是对现有法律规范进行抽象化和系统化的过程。法典化，虽然也是一种立法活动，是国家立法机关依照法定程序进行的一种立法活动，但是，它并不是一种简单地创新式的立法活动。抽象化，是法典化过程一个非常重要的环节，实际上就是去粗取精，去伪存真。而系统化则是将经过抽象化以后的整个

---

① 宋红松：《知识产权法的体系化与法典化》，载《中华商标》，2003 年第 1 期。
② 韩世远：《论中国民法的现代化》载于 http://www.tsinghua.edu.cn/homepage/s01002/lunwen001.html。
③ 《查士丁尼民法大全》，又译为《查士丁尼国法大全》、《罗马法大全》、《法学汇纂》和《法学阶梯》。它是查士丁尼继承王位后，组织一批法学家于公元 528 年编纂的《查士丁尼法典》、《查士丁尼法学总论》和《查士丁尼法学汇纂》，以及以后汇纂的《新律》等四部法律的总称。
④ 靳宝兰著：《比较民法》，中国人民公安大学出版社 1995 年版，第 24～33 页。

法律体系按照一定的范式和体例加以逻辑化、条理化和一体化。《法国民法典》只有三编：总则编、财产及对于财产所有权的各种限制编和有关取得财产的各种方法编，但它所包含的内容却十分丰富。虽然不能说它囊括了私权领域的所有权利，但在当时的历史条件下，所遗漏者极其有限。它之所以对后世各国民法典的编纂产生了巨大影响，其原因在于它逻辑严谨的法律体系、简明生动的法律语言、鲜明突出的法典范式。这应当归功于抽象化和系统化的编纂技巧。

（3）法典化是实现法律现代化的手段。如果我们以现实为原点，以时间为横轴，空间为纵轴，建立一个平面坐标系，那么，整个人类社会生活中的每一个人、每一件事、每一种社会关系、每一部法律规范就可以按照自己的规则在该坐标系中找到自己的运行轨迹。这个轨迹是直线还是曲线，是连续的还是间断的，与时间和空间相关。如果将整个法律体系放在这个坐标的原点，即在此时此地的现实社会中，它有其合理性，因为"存在就是合理的"[①]。但是，假如我们让这个法律体系沿着时间坐标向正方向移动，那么，该法律体系就会因相互之间的牵制力，形成矛盾和冲突，制约其适应度。在该法律体系不被重组的前提下，要使该法律体系随着时间运动而不发生解体且不发生矛盾和冲突，唯一可能的情形是整个法律体系内部已经融合为一个整体。要使该法律体系形成一个统一的整体，最有效可行的方式就是将该法律体系法典化，或者说，使其整个体系抽象化和系统化。换言之，法律体系的法典化，也就是法律体系的与时俱进，或者说是法律体系的现代化，即法律体系与时代的发展同步。

（4）法典化是对现有法律规范的精炼化和权威化。以我国《合同法》的编纂为例，说明之。我国现行《合同法》于1999年3月15日由第九届全国人民代表大会第二次会议通过，同年10月1日开始施行。该法共有总则、分则和附则三部分，共23章428条。在此之前，我国有三部调整合同法律关系的法律：《经济合同法》、《涉外经济合同法》和《技术合同法》。除此之外，还有许多法律和行政规章对合同法律关系进行调整。它们的条款总和不仅远远多于《合同法》的条款数，而且相互之间存在着矛盾、冲突和不协调，引起学术界一些不必要的争论，也引起了司法、执法过程中不必要的麻烦。经过法典化的《合同法》使整个合同法律规范体系得到了高度的精炼，调整对象明晰，基本原则清楚，基本规则周全，具体合同齐整。因此，提高了其法律的地位，确保其应有的权威性。

由以上分析可知，法典化既是对现有法律体系进行全面考察、认真推敲、严格删略、严谨编排的审查过程，最终结果是编纂出一部具有抽象性、系统性和权

[①] 这是德国哲学巨匠黑格尔的名言，而德国的另一位哲学大师萨特则对此进行了矢志不渝的研究，以《存在主义》而驰名。

威性的现代化、精练化的法典。

2. 知识产权制度法典化

法典是法典化或法律编纂的结果和产物。① 关于该命题的逆命题是否成立呢？换言之，法典化或法律编纂的结果或产物就是法典。通过上面的研究，我们基本可以认为这个逆命题也是成立的。如果这两个命题都成立，即都为真，那么，第三个命题也应当是成立的，即法典化的目的就是要编纂出一部具有抽象性、系统性和权威性的现代化、精练化的法典。

鉴于以上三命题均为真，可以说，知识产权制度法典化的目的就是为了对现有的知识产权法律规范进行整合，以编纂出一部优秀的知识产权法典。

但是，关于该命题成立的条件则需要进行单独讨论，因为它涉及对知识产权制度法典化的认识论问题。更广义地说，法典化难道就是为了编纂出一部法典吗？将"法典化"作为名词来看，相对应的英文为"Codification"；将"法典化"作为动词来看，相对应的英文单词是"Codify"。作为名词的法典化，应当是指对现有法律规范进行抽象、归纳、整理、编排而成的结果，就是一部具体的法典。从某种意义上说，这也就是法典化的目的所在。但是，作为动词的法典化，其价值取向和目的，不只是为了编纂出一部法典，其目的更可能是为了对现有的法律规范进行价值判断、内部整合、理论研究和法学教育，从而达到重组相应的司法执法体系，重构相应的法学理论体系，提高相应的法律权威。以法国民法法典化为例说明之：第一，法国制定民法典的一个动机就是要借助国家法，废除所有旧法，并统一全国私法。法国在革命前，同其他欧洲国家一样，是一种地方割据、地主或贵族当政的社会，来源于国家之外的共同法起重要作用。通过民法法典化可以解决这些不利于巩固革命成果的干扰势力。第二，解决法律世俗化的影响。法律一向为职业法学家和律师所掌握。如同所有革命对待法律的态度一样，法国大革命也存在这样一种企图，就是使法律变得简明易懂，而不要太复杂、太技术化或专业化。而实现这一目的的方法便是将所有的法律简明清晰地陈述在一部法律中，以使普通公民能够理解法律，知道自己的权利和义务是什么，从而不需要找律师和诉诸于法院。立法者企图使民法典作为一种通俗读物出版，可像《圣经》一样，摆放于家庭书架上②。因此，法典以白话语言写成，具有清楚的结构和体系，成为公民借以了解自身权利和义务的"公民手册"。第三，法国民法法典化也是在否认司法机关立法权的指导思想下制定的。法国政治体制贯彻彻底的三权分立，将所有制定法律的权力交给立法机关，因而否认了司法机关

---

① 封丽霞：《法典编纂论——一个比较法的视角》，清华大学出版社 2002 年第 1 版，第 16 页。
② 在西方国家，例如美国等，《圣经》是绝大多数家庭的必备物。具而言之，在这些家庭中，它们的家庭书架上必然摆放着一本《圣经》。

的立法权。因为立法权交由立法机关，司法权交由司法机关，各自的权责分明，各司其职，就可以避免法出多门，擅自立法的现象，所以，立法机关所制定的法律规范就应当全面、一致、清楚，使法官的职能仅限于针对具体案件从法律规范中选择可适用的规定即可。① 因此，作为动词的法典化与作为名词的法典化其功能和价值目标具有明显的差异。

如果我们认为，知识产权制度法典化的目的仅仅是为了编纂出一部优秀的知识产权法典，那么，更准确或者更恰当的概念应当是"知识产权法典编纂"，不宜说成是知识产权制度法典化。因此，对知识产权制度法典化从动态角度或者过程上考察，可能更具有现实意义。严格来说，知识产权制度法典化与知识产权法典编纂，具有相互关联性，但也具有相互分别性。两者的关联性在于：如果知识产权制度法典化产生出了一部符合法典标准的知识产权法典，那么，在知识产权制度法典化过程中，已经完成了知识产权法典的编纂程序。换言之，知识产权法典编纂是知识产权制度法典化的一个方面，是整个过程中的一部分，而且是一个极其重要的部分。在绝大多数情况下，知识产权制度法典化都应当产生出一部高质优秀的知识产权法典，但决不仅此而已。两者的分别在于：知识产权制度法典化是一项非常重要、非常复杂的系统工程，它应当对整个知识产权法律体系进行全方位的透视、对重点问题进行专题研究、对存在的不足进行抽样分析、对与现实相冲突的内容进行删节，最终再生一个体魄健全的生命体——知识产权法典；而知识产权法典编纂才真正是以知识产权法典的诞生为终极目的的。

（三）两者关系

通过上述分析，笔者以为，对于体系化与法典化之间的关系，可以从以下几个方面进行理解：(1) 体系化是一个学理概念，它主要是指一种法学研究方法。而法典化则是指一种最高层次的立法活动。在很大程度上，体系化是法典化的基础，也即法典化实际上是在用体系化的方法进行立法。只有在相关领域法学研究体系化高度发达的情况下，法典化才有可能取得成功。由此可见，欲进行知识产权制度法典化首先就必须用体系化的方法对知识产权进行整体性的研究，而知识产权法学研究体系化的发达程度决定了我国知识产权制度法典化的成败。(2) 如果将体系化与法典化都当作动词化的过程，则知识产权体系化是一个外延和内涵均大于知识产权制度法典化的概念。因为，知识产权体系化代表着一个过程，它在一定的程度上就是一部人们对各类知识产权认识不断深入、对知识产权之共性

---

① 高富平《民法法典化的历史回顾——民法法典化研究之一》，载《华东政法学院学报》，1999 年第 2 期。

不断提取的历史。知识产权法在其体系化的过程中会表现出不同的形态,而知识产权法典则是知识产权制度体系化这一过程的最高峰。

二、知识经济与财产的非物质化革命

(一)知识经济对财产制度的影响

自20世纪60年代以来,微电子、计算机、通讯等新兴产业迅速发展,由此带来了数字化、网络化、智能化、集成化的经济走向,西方许多著名专家学者,对信息技术革命将产生的巨大影响,对未来经济走势都进行了大量研究和预测。他们从不同角度思考和概括,对未来经济提出了多种说法。先后有阿尔温·托夫勒在《第三次浪潮》中提出的"后工业经济",奈斯比特1982年在《大趋势》中提出的"信息经济",再有英国福莱斯特1986年在《高技术社会》中提出的"高技术经济",以及"软经济"、"非物质经济"、"智能经济"、"服务经济"、"新经济",等等。1996年,经济合作与发展组织(OECD)在国际组织文件中首次正式使用了"以知识为基础的经济"(Knowledge-based Economy)这个新概念,1997年美国总统克林顿在一份报告中使用了"知识经济"(Knowledge Economy),一般认为是对OECD报告中"以知识为基础的经济"的简化和发展。[1]

按照经济合作与发展组织《以知识为基础的经济》报告中的定义,知识经济是以现代科学技术为基础,建立在知识和信息的生产、分配、使用和消费之上的经济。[2]也有学者认为,知识经济指一种经济形态或经济时代,这种经济形态中还有农业和工业,只不过是以知识产业部门为主且工农业都相当程度地知识化了。知识经济是一种新的经济形态,又是一个新的世界时代。知识经济对农业经济和工业经济是一种否定,也是一种提升。否定的是工业经济和农业经济的主导地位和时代特征地位,提升的是它们的内在素质和水平。[3]

与农业经济、工业经济相比,知识经济具有以下基本特征:(1)知识成为最重要的生产要素;(2)知识经济是可持续发展的经济;(3)知识经济时代,各国经济发展相互依存度空前提高,经济全球化和一体化成为世界经济发展的基本方向和基本格局;(4)知识经济中的先导性基础产业是教育产业,人才培养成为最重要的基本建设;(5)产业结构高级化,第三次产业成为主体,知识产

---

[1] 陈正:《知识经济研究概述》,载《中南财经大学学报》,1999年第3期。
[2] 经济合作与发展组织:《以知识为基础的经济》,杨宏进、薛澜译,机械工业出版社1997年版。
[3] 郭强:《反思知识经济》,中国经济出版社1999年版,第113页。

业、信息产业及以生命科学为基础的生物技术产业成为主导产业;(6)经济管理和经济学研究由过去以物为中心转向以知识和人为中心。①

就财产制度而言,知识经济最重要的影响表现在出现了一种"财产的非物质化革命"的趋势。即整个社会财富的结构由以往单纯的物质财产(例如土地、粮食、矿藏、机器、房屋等)而扩大到无形的知识财产(例如知识、技术、信息等),并且无形的知识财产的比重还在逐渐扩大之中,开始成为社会财富的主要构成部分。

知识的财产化,是罗马法以来私权领域中最具革命意义的制度创新。其革命性意义可从以下几个方面来说明。

(1)知识财产的出现改变了传统的单一物化财产权结构。法律对知识财产的确认,标志着财产观从具体到抽象的转变。人们不再将财产的范围局限于有体物,而扩大到为数众多的不具备外在形体的财产,这即是财产的抽象化与非物质化。由于罗马法"无体物"的新诠释与英国法"诉体物"②的新创见,使得财产概念具有不确定性和灵活性,从而将各种形态的资源包容到财产权体系之中。美国学者肯尼斯·万德威尔德描述了财产非物质化的革命过程:在19世纪初,财产权被理想化地定义为对物的绝对支配,但在许多案件中,法律所宣称的财产并不包含"物"。到19世纪中后期,法院的判决越来越倾向于把有价值的利益当作财产来看待,甚至在没有"物"的时候也是如此。这一做法极大地拓宽了财产适用的范围。到19世纪末,一种新的财产出现了,它是非物质的,不是由支配物的权利所组成,而是由有价值的权利所组成。③另一美国学者格雷则列举了非物质化财产的各种形态,如公司中的股票份额、债券、各种形式的商业票据、银行账户、保险单等。更不说那些更为神秘而难以确定的财产权,如商标、专利、版权、特许权和商誉。他认为无形财产的产生,消除了财产与实物之间的联系。④可以说,知识财产冲破了罗马法以来的单一财产权结构,非物质性财产与物质性财产共同构成了近现代社会财富的完整内容。

(2)知识财产的"权利束"组合不同于有形财产所有权的单一形式。在传统的私法理论中,所有权被描绘成私人对所有物绝对支配与排他独占的权利。这

---

① 陈正:《知识经济研究概述》,载《中南财经大学学报》,1999年第3期。

② 在英国法中,诉体物也被称为"诉讼中的动产"(Choses in Action)。其特点是:这种动产的存在范围,只有通过诉讼才能充分体现出来。知识产权由于其客体的非物质性,往往需要通过诉讼请求,才能划清"社会财产"与"我的财产"、"合法使用财产"与"非法使用财产"的界限;这种动产的价值不表现为记载知识产品的物化载体本身的价值,而取决于象征着请求支付有体动产的无体权利的价值。

③ [美]肯尼斯·万德威尔德《19世纪的新财产:现代财产权概念的发展》,载《社会经济体制比较》,1995年第1期。

④ [美]托马斯·C·格雷《论财产权的解体》,载《社会经济体制比较》,1995年第2期。

种权利的性质是单一的，即是单纯的财产性权利。在动产或不动产上，概为一个有形财产所有权，没有复合性的权利形态存在；这种权利的设定也是单一的，即在一个物件上只能设定一个所有权。按照一物一权主义的原则，不允许有两个或两个以上内容相同的所有权存在。知识产权则是一种新型的民事权利。首先，它不是单一形式的权利，而是组合形式的"权利束"（A Boudle of Rights）。即是说，它不是单一的、整块的现象概念，而是一系列独立和特殊利益的组合。① 在某项知识产权的概括名义下，各种权项相互独立，内容各异，该权利极具包容性而显见其丰富多彩。其次，它也不是单一设定的权利。由于知识产品的非物质性特征，一项知识产品可以在一定时空条件下为若干主体共同利用。在权项分割的情况下，若干主体可能对同一知识产品享有不同的权利；在不同地域的情况下，若干主体则可能在各自范围内对同一知识产品享有相同的权利。知识财产之上的多种权利形态与多重主体设定，使得传统的财产权理论与规则捉襟见肘，在私法领域中，知识财产理应建构与有形财产不同的理论基础和制度体系。

（3）知识财产的增长动摇了物化财产权的传统统治地位。罗马法以来的物与物权制度，是以保护有形财产为中心的。土地、牧场、机器、厂房是当时社会最重要的财富，物质财富的显赫身价决定了有形财产所有权制度在财产权体系里的中心地位。自进入工业经济时代以来，这一状况发生了变化。美国学者康芒斯在其名著《制度经济学》一书中叙述了这一演变过程："在封建和农业时代，财产是有形体的。在重商主义时代（在英国是 17 世纪），财产成为可以转让的债务那种无形体财产。在资本主义阶段最近的这 40 年中，财产又成为卖者或买者可以自己规定价格的自由那种无形的财产。"② 另一美国学者马克·第亚尼则描述了知识产品与知识社会的关系。他认为，"非物质性"是知识社会的典型特征。知识社会的"非物质性"，就是人们常说的数字化社会、信息社会或服务型社会，在这个社会中，信息工人比例大大增加。与原始社会和工业社会不同，后者的产品价值包含原材料价值和体力劳动的价值，而"非物质社会"的经济价值和社会价值主要以先进知识在消费产品和新型服务中体现出来。③ 由于现代商品经济发展与社会财产形态的变化，财产的范围已延伸到一切可以利用的物质与非物质对象。与此同时，社会财富的比重也相应发生变化，有形财产的作用相对下降，无形财产的地位空前提高，知识财产已构成现代社会最重要的财产类型。

---

① Sigmund Timberg, A Modernized Fair Use Code ForVisual Auditory, and Audiovisual Copyrights. Ablex Publishing Company, 1980.
② ［美］康芒斯：《制度经济学》（上册），商务印书馆1962年版，第95页。
③ 马克·第亚尼编著：《非物质社会——后工业世界的设计·文化与技术》，四川人民出版社1998年版，第2页。

正如加拿大学者尼科·斯特尔所指出的那样："传统的财产实际上是与实物的所有相同一的思想开始被淡化，或者，与之相类似的是，传统意义上的财产的相对重要性开始大大地降低了。"① 在这里，知识财产化的革命性意义不仅在于打破了物化实体的传统财产观，而且极大地冲击了有形财产权的传统地位。

（二）知识产权制度对知识经济的作用机制

知识产权制度伴随工业文明而生。在知识经济的条件下，它不仅要适应科技与经济的发展的需要，而且还要通过其设定的各种法律机制，推动着科技进步和经济增长。这一过程就是科技、经济、法律协调发展的过程。知识产权制度的作用机制表现在以下几个方面：

（1）产权界定与创新激励机制。知识产权制度是一种对知识产品有效的产权制度安排。知识产品是关于科学、技术、文化等精神领域的创造性智力成果的总称，其类别具有多样性，因此不能采取单一的产权形式。在知识产品中，科学成果与某些技术成果采取的是非市场机制的产权形式，政府往往通过特别的法律手段，以支撑和激励创造者的精神生产活动。对上述科技成果所建立的是经济学家所称之的"优先权"（Priority）报酬系统，这是一种与优先权有关的各类报酬的奖励制度。② 这一制度首先是科学发现与技术发明的命名权，其次是发现、发明奖金的获得权。该制度的实质是赋予发现人、发明人取得"命名"与奖金报酬的权利，作为这种收益的对价支出，社会获得对该项科技成果的公有产权。这即是发现权、发明权制度。在广义上，发现权、发明权也归属于知识产权，但笔者认为，这不是私人专有财产的知识产权制度，而是一种科技奖励制度。就主要知识产品而言，应该采取私人产权的形式。界定私人产权的对价条件是：发明创造者将自己的智力成果公布出来，使公众看到、了解到其中的专门知识，而社会则承认其在一定时期有独占使用其知识产品的专门权利。③ 知识产品是公开的（公共产品属性），但知识产权是垄断的（私人产权属性）。知识产权制度通过授予发明创造者以私人产权，无异是"给天才之火添加利益之油"，为权利人提供了最经济、有效和持久的创新激励动力，保证了科技创新活动在新的高度上不断向前发展，从而促进了创新成果所蕴藏的先进生产力的快速增长。

（2）产权交易与资源配置机制。知识产权制度的首要立法目的是界定相关产权，保护发明创造者的合法权益，同时又要规制产权交易，促进知识、技术的

---

① 尼科·斯特尔：《知识社会》，上海译文出版社1998年版，第127页。
② 袁志刚：《论知识的生产与消费》，载《经济研究》，1999年第6期。
③ 参见［苏］E. A. 鲍加特赫等：《资本主义国家与发展中国家的专利法》，载《国外专利法介绍》第1册，知识出版社1981年版，第12页。

广泛传播与利用。依照经济学的供给与需求理论，智力创造活动也是一种生产活动。精神生产的目的同样是为了交换，只有经过交换，个人才能获得各类物品的最佳组合，达到效用或利益的最大化。就科技创新活动而言，新技术的商品化与市场化是一个关键环节，也是其根本目的。如果一项发明创造完成后不尽快付诸实施，就有可能被新的技术取代，从而变成无经济效益的技术。产权交易在相关法律上表现为知识产权利用，其主要制度就是授权使用、法定许可使用和合理使用。授权使用，亦称许可使用，即知识产权所有人授权他人以特定方式对其知识产品进行使用。在国际上，这一交易行为被称为许可证贸易。许可使用合同的经济功能是：总结人们的交易习惯，规定统一的交易规范和术语，避免当事人每每就交易问题订立繁琐的合同条款，从而减少交易成本，便于当事人达成合意。法定许可使用与强制许可使用都是一种非自愿许可使用。前者是指根据法律直接规定的方式有偿使用已公开的知识产品，国际上将这种交易方式称为"法定许可证"；后者是指根据国家主管机关特别授权方式有偿使用已公开的知识产品，国际上将该交易方式称为"强制许可证"。上述两种交易实际上是国家安排下的"合作博弈"，其目的在于减少交易的信息成本（发现谁进行交易、进行什么交易和怎样进行交易），与谈判成本（讨价还价取得授权），使当事人合作成功进行交易的可能性大为增加。① 合理使用是知识产权利用的特殊情形，它是在法律规定的条件下，既不必征得权利人同意，又无须向其支付报酬，基于正当目的而使用他人知识产品的制度。自由而无偿使用的范围，在信息资源中所占比例很小，概为知识利用与传播之必要。与前述几种许可使用不同，合理使用中使用者与创造者的权利交易不是"一对一"的对手交易，而是社会制度安排下的特定创造者与不特定的使用者之间就信息资源分配所进行的交换。总之，知识产权的交易制度，旨在调整信息生产者、传播者、使用者的权利配置关系，以实现科技进步和经济增长的最优效益。

（3）产权限制与利益平衡机制，知识产权的限制，是对权利人的专有权利行使的限制，其功能在于通过产权的适度限制，平衡权利人与社会公众之间的利益，确保社会公众接触和利用知识产品的机会。现代产权制度不能仅将其支撑点构筑于精神产品保护的静态归属之上，而要确认创造者占有与支配知识财产的同时，促进精神财富的动态利用。经济学家曾对信息产权的设定提出一个悖论：信息产权的垄断性，一方面会刺激信息的生产者去开发新信息，另一面也会出现垄断信息的生产者索取高价使信息无法充分利用。这一问题就是"没有合法的垄断就不会有足够的信息生产出来，但是有了合法的垄断又不会有太多的信

---

① 参见［美］罗伯特·考特、托马斯·尤伦：《法和经济学》，上海三联书店1994年版，第185页。

息被使用"。① 解决这一困境的法律途径,就是在保护知识产权的基础上对该项垄断权利实行必要限制。均衡原则作为知识产权制度的价值目标,为国际公约所肯定。《世界人权宣言》第 27 条宣布,保护自身创造的知识产品与分享社会文明的成果均属基本人权,二者不可偏废。《知识产权协议》序言指出,一方面,缔约方应承认"知识产权为私权";另一方面,缔约方也要承认产权制度的公共利益目的,包括发展目的与技术目的。产权的保护与限制涉及不同主体的利益,其制度设计既要着眼于社会发展的总体目标,也要正确判定利益选择的主次关系。当前有两个因素值得考虑:一是从国情出发。一般来说,发展中国家与发达国家在保护水平与产品利用方面存在着立场差距。发展中国家对知识产权采取何种限制以及限制的力度,应以国际公约所规定的最低保护标准为据,从本国的经济、科技发展现状出发,不宜简单照搬发达国家的现成规定。二是适应新技术发展的要求。由于新技术的出现,知识产品的利用方式发生很大变化,法律必须对社会利益的划分重新进行调整,注重对权利人利益的保护。这一情况即是对知识产权限制制度的本身的再限制。

(4) 产权保护与市场规范机制。知识产权制度保护的是产权化的创造性智力成果。生产经营者拥有技术和品牌,仅是一种自然占有或事实占有,仅表明其取得某种科技优势和经营优势;只有获得技术与品牌的知识产权(如专利技术与注册商标)才能受到法律的保护,从而形成法律意义上的独占性"占有",才能把这种科技优势、经营优势转化和提升为市场竞争优势,以对抗一切假冒、仿制和剽窃的侵权行为。打击侵权行为,既是对产权所有人的利益保护,也是对市场竞争秩序的规范管制。侵犯知识产权的行为直接发生于精神产品的生产、传播、消费过程之中。在法律实施效益不高的情况下,该类侵权行为的滋生与蔓延会影响创造者生产、开发知识产品的积极性,从而导致整个社会福利水平的下降。对此,经济学观点是调节有关产权交易及保护的成本、收益关系,促使理性的经济人放弃侵权以及其他违法行为。② 就现阶段知识产权领域而言,法律制度直接决定侵权行为法定成本的高低,它设计并规范关于侵权行为的制裁与惩罚方案、措施、办法等。如果相关制度对某种侵权行为规定的惩罚偏轻,该行为的法定成本自然就偏低,从而就会弱化侵权的惩罚性功能,侵犯知识产权的行为就会屡禁不止。从现代各国的知识产权立法情况来看,加大对侵权行为惩处力度均为通行做法,例如增加有关严惩侵权行为的刑事制裁条款,明确规定侵权行为的法定赔偿额,完善行政处罚措施等。这一立法趋势实际上是立法者对侵权行为成本与收益比例关系的调整,旨在从

---

① 参见 [美] 罗伯特·考特、托马斯·尤伦:《法和经济学》,上海三联书店 1994 年版,第 185 页。
② 参见吕忠梅等:《经济法的法学与经济学分析》,中国检察出版社 1998 年版,第 369 页。

制度安排上制止侵权行为泛滥，规范产权交易市场，维护竞争秩序。

（5）产权管理与政府引导机制。知识产权管理，是国家机关依法对产权的取得、利用等行为进行审查、监督、协调、服务等活动的总称。产权管理是知识产权制度区别于其他财产权制度的标志之一。此类管理活动的存在，既有着传统运行机制的历史影响，也是知识财产自身特性的反映，同时也体现国家对民事活动领域的适度介入。有关知识产权的各项管理活动，体现了国家相关立法的宗旨与目的，形成了政府在私权领域推动科技进步和经济增长的引导机制。具体说来主要表现在以下几个方面：一是政策目标机制。政府在知识领域产权保护与管理过程中，首先扮演的是政策制定者的角色。[①] 知识产权制度本身就是国家经济、科技、文化政策的一部分。对何种知识产品提供产权保护，或给予何种水平的保护，当然要出自于国家总的政策目标。同时，国家制定的发展规划与具体政策，如科技发展规划、文化政策、产业政策、投资政策、外资政策等，都会不同程度地涉及知识产权问题。因此，通过政府的政策指引，有利于实现促进社会发展的知识产权立法目标。二是科学审查机制。除著作权自作品完成之日起自动取得外，多数知识产品需要由国家主管机关进行专门审查。实行审查制，可以将公共领域的技术、违反公序良俗的技术排除在专有权利保护的领域之外，从而提高知识产权授予的质量。此外，也可以对无形的知识财产进行产权过界确认，明确产权的范围与归属，从而实现智力成果的产权化。三是信息通报机制。在保护产权的前提下，要求权利人公开自己发明创造的内容，即专利文献制度。信息公开实际上是技术创新资源的配置方式。利用知识产权信息资源，可以避免重复投入，节约研究经费，提高技术创新起点，实现技术的跨越式发展。四是行为监督机制。知识产权的利用，一般包括权利人自己利用、许可他人利用、转让他人利用等多种情形。通过国家主管机关的管理活动，旨在规范产权交易行为，维护市场秩序，保护当事人合法权益。五是行政救济机制。在知识产权领域，国家行政部门有权对严惩违法行为采取行政救济手段，或是对违法行政相对人给予处政处罚，或是责令侵权人赔偿受害人的利益损失。

三、知识经济的挑战与知识产权制度的回应

（一）知识经济对知识产权制度的挑战

人类社会历史上的任何经济形态，是由物质生产力水平和相应的制度结构所

[①] 陈传夫：《论知识产权制度的政府策略》，载《科技与法律》，2000年第1期。

组成。知识经济作为一种全新的社会经济形态，它一方面要掀起生产要素、产业结构、经济增长方式等物质生产力因子的大跃进与大发展；另一方面，相应地必然要引起社会产权制度、分配制度、企业制度、科教制度乃至社会文化观念制度的变革。① 相较于传统经济形态，知识产权制度在知识经济时代遇到了如下挑战：

1. 知识产权法的保护对象不断扩大

科技进步给知识产权带来的挑战首先就表现在新的受保护客体类型不断出现。主要表现在：（1）传统知识产权的客体不断扩充。版权的客体从最初的文字作品发展到电子作品，即由印刷品发展到录音录像作品和电影电视作品，再到计算机软件、多媒体作品和电子数据库。专利权的客体从机械技术时代的机械制造品及其工艺，发展到生物、信息时代的化学物质和药品专利、微生物专利、动植物专利、基因专利等。商标权的客体从先前的文字、图形相结合发展到今天的动态商标、气味商标、声音商标等。（2）新的知识产权客体不断涌现。随着电子技术、网络技术和生物技术的不断发展，集成电路布图设计、域名、植物新品种等新型权利客体也不断涌现，并对传统意义上的知识产权保护造成了冲击。（3）商业秘密保护与反不正当竞争也被纳入知识产权法体系。②

2. 知识产权的权利范围也在不断扩大

在新技术的冲击下，知识产权的权利范围也在不断扩大。一方面，传统知识产权制度的权能不断地增加，财产内容日益丰富多彩。就以著作权领域的最基本的复制权为例，传统的复制仅限于手工复制和机械复制，后来有出现了静电复制和数字化复制。现在有些发达国家将信息在计算机内存中的暂存也视为复制，由此复制权的内容也大大地扩张了。另一方面，由于新的知识产权客体不断出现，也随之出现了一系列新的独立的知识财产专有权制度，例如集成电路布图设计权、域名权、植物新品种权等。③

3. 涉及利益面不断扩大

传统知识产权制度主要调整知识产品的创造者、传播者、消费者之间的利益，涉及面比较狭窄。但在高新技术条件下，知识产权制度影响的利益团体扩大到以下几个方面：（1）作者、出版者、电影制作者（生产者）以及其他的版权所有者；（2）发明人、专利权人、商业秘密权人、半导体芯片权利人；（3）数据库制作者、信息分析专家、技术中介人、多媒体制作者；（4）复制设备的制造商、销售商（例如复制机、录音带、网络供应商）；（5）教育家、图书馆员、

---

① 周小亮等编著：《新世纪的角逐——寻找知识经济的制度结构》，广东旅游出版社1999年版，第3页。

②③ 吴汉东等著：《走向知识经济时代的知识产权法》，法律出版社2002年版，第30~48页。

文化工作者；（6）计算机软件说明书、工程图纸等功能作品的作者；（7）基础科学研究者；（8）投资人；（9）社会公众；（10）国际方面。① 而且他们都想将本团体的利益在法律中有所体现和反映。未来的知识产权法如何处理这些利益团体之间的关系是对立法者极大的挑战。

4. 科学技术的发展还在很大程度上动摇了知识产权制度中的一些固有原则和观念

知识产权制度中的一些固有原则和观点是在传统技术条件下形成的，例如"专利只能授予发明，不能授予发现"、"著作权只保护表达形式，不保护思想内容"等。这些观点和原则构成了现有知识产权制度的基础。但在新技术条件下，某些观点和原则正在受到挑战：生物技术的兴起使发现与发明的界限变得模糊，一些国家开始对与基因有关的发现授予专利权；专利授权的"实用性要求"不仅仅指工业实用性，必要时还应当包括实验室实用性；计算机技术也使版权保护的"思想"与"表达"二分法令人狐疑；合理使用的原则与具体范围，面对新的技术环境也有重新审视、再作阐述的必要。② 基于此，立法者必定会面对一个难题，即如何将这些于传统技术条件下形成的固有原则及观念在高新技术条件下进行调整和扩展，使得传统知识产权制度与高新技术知识产权制度成为一个完美的整体，否则的话会严重影响知识产权法内部的协调和统一。

5. 科学技术的发展使得知识产权保护的国际化进程大大加快

传统上的知识产权侵权诉讼一般以被告所在地和侵权行为地为诉讼地，并适用诉讼（法院所在地）法律。但网络技术的广泛运用，使得许多通过互联网侵犯知识产权的行为难以得到有效地法律制裁。因为，网络上的侵权人，往往难以确认其在何处；在实践中，侵权复制品只要一上了网，全世界任何地点，都可能成为侵权行为发生地。这种状况，主要是由网络的无国界决定的。各国的国内法均无法有效的解决这一问题。要想有效地制止通过互联网来侵犯知识产权的行为，就必须加速各国知识产权法律国际一体化的进程，即通过弱化知识产权的地域性来解决这一矛盾。③ 此外，科学技术的飞速发展必然有赖于国际间的科技交流，也即科技知识产品在国际间的流动。基于知识产权的地域性，权利人的利益在外国可能处于一种不稳定状态，这反过来又会对知识产品的国际流动造成阻碍。而知识产权保护的国际化则是解决这一问题的有效途径。所以立法者在制定知识产权法的过程中，必须要考虑到国际化因素，与知识产权保护的国际标准保持适当的一致。

---

① 陈传夫：《高新技术与知识产权法》，武汉大学出版社2000年版，第40~42页。
② 吴汉东等著：《走向知识经济时代的知识产权法》，法律出版社2002年版，第47页。
③ 郑成思：《对二十一世纪知识产权研究的展望》，载《中国法学》，1999年第6期。

6. 科技发展使得法律的专业性大大加强

知识产权法为了对飞速发展的科学技术进行精确的调整，必然要在法中规定相当数量的专有技术名词，而正是这些专有名词将使得知识产权法变得更具专业性，从而增大公众对法律的了解难度。这将严重影响到知识产权法的具体实施效果。因此立法者可能会处于这样一个两难境地：不规定大量的专有名词就无法对飞速高新技术进行精确的调整，但规定大量的专有名词却又会增加民众了解法律内容的难度。如何化解这一难题也将是立法者面临的重要任务。

（二）知识产权法典的回应优势

正如日本法学家穗积陈重所说："法律既为社会力，则社会变迁，法现象不能不为之俱变"。[①] 面对知识经济的挑战，原有的在工业经济时代发展起来的知识产权法律已经不太能够适应社会的发展，各国立法者势必要结合本国具体情况以一定的方式做出回应，这些方式大致包括局部的方式和体系化的方式。局部的方式大致包括对现有的法律予以修改或颁布新的法律，而体系化的方式则主要是指制定知识产权法典。相比较而言，体系化的方式更能够体现对知识经济的回应性，这主要是因为其具有如下一些优点：

1. 体系化的法典更有利于维护法律的稳定性

正如黄茂荣先生所言："体系不仅对法律资料的鸟瞰和实务有帮助，也是重新认识既存之关联，进一步发展法律的基础"，"体系化具有总结过去、演进新知的功能"。[②] 在一个飞速发展的社会中，新的保护对象不断出现，权利的范围不断扩大，而体系化的法典往往更有利于维护法律的稳定性。因为那种局部的回应方式往往是就事论事，立法者如果沉迷于这种回应方式就极有可能陷入疲于奔命的境地，"一个只着重于个别问题之科学，不可能由发现存在于问题之间更大更广的关联，进一步发现蕴藏其间之原理原则"。[③] 而体系化往往就能够克服这一缺点，"有时通过对旧有的体系成果进行重新解释，提升其概括力，可以解释新问题"，"有时候，新问题完全可以在旧理论框架内得到解决"。[④] 有学者曾经就"网络作品"和"网络著作权"这类新问题论述到："在网络上创作的作品……似乎是个新事物，但是……这些以数字手段创作的作品，无一例外都没有脱离固有的传统的文学、科学和艺术作品形成范围……并没有导致新的作品形式

[①] [日] 穗积陈重：《法律进化论（法源论）》，黄尊三等译，中国政法大学出版社1997年版，第53页。

[②] 黄茂荣：《法学方法与现代民法》，中国政法大学出版社2001年版，第469~470页。

[③] 黄茂荣：《法学方法与现代民法》，中国政法大学出版社2001年版，第469页。

[④] 李琛：《论知识产权法的体系化》，北京大学出版社2005年版，第101~103页。

产生，因而也没有产生新类型的社会关系，无需新的法律调整手段。"① 因此，作为知识产权体系化最高峰的知识产权法典应当能够在这方面发挥更大的优势。

2. 体系化的法典能够更好地发挥知识产权的整体效应

在知识经济时代，由于知识财产的表现形式日益多样化，权利的内容也不断丰富，往往需要从整体上对知识财产进行规划和保护才能发挥其整体效应。而局部的应对方式往往是针对新问题制定新法律，由于各单行法律数量众多，立法者很容易忽略从整体上对各项法律进通盘考虑，导致法律之间极易产生重叠、冲突和空白并进而影响到法律实施的整体效果。知识产权法典则将各类知识产权都归于一部法典之中，立法者势必要从整体上对各类权利进行通盘考虑以便处理好它们之间的关系，能够有效地消除立法上的重叠、冲突和空白。从各国的实际立法情况来看，在制定知识产权法典之前，各国都曾经深受知识产权法律体系凌乱之苦，这严重地影响到了法律的权威性和可操作性。但各国都以制定知识产权法典为契机，都宣布废除此前的各知识产权法律，对本国的知识产权法律进行了一次大清理，有效地消除了法律冲突和法律漏洞，从而增强了法律的可操作性，树立了知识产权法典的权威性。因此，体系化的知识产权法典能够更好地发挥知识产权的整体效应。

3. 体系化的法典更能够体现知识财产的重要性

农业经济时代，生产要素主要指劳动和土地，工业经济时代的生产要素主要指劳动、资本、土地。受传统生产要素理论的束缚，长期以来，人们对生产要素的认识仅局限于劳动、资本和土地，知识被视为外部要素。但在知识经济时代，生产要素不再局限于劳动、资本、土地，知识成为一种最重要的生产要素，其他的生产要素都要依附于知识，要靠知识来获得，靠知识来装备，更要靠知识来更新。知识的生产、存储、使用和消费将成为全球经济发展最重要的直接资源和永久性动力。② 与这一进程相伴随的是，近代以来，由于社会财富是以有形的物质财富为主要的构成形态，人们之间的财产关系大都围绕有形物质财富而存在，因知识财产而产生的社会关系在数量上还属于绝对少数，基本上还是属于特殊形态的社会关系。所以在相当长的时间内，知识产权法一直是作为私法领域的特别法而以单行法的形式存在的。但随着人类社会逐步迈向知识经济时代，无形的知识财产正在成为社会财富的主要构成形态，人们之间因为知识财产而产生的社会关系已经由特殊的社会关系转变为普遍性的社会关系。在此情形下，知识产权法的地位也不断得到提升，而一部知识产权法典则更能够将这种重要的地位以法律的

---

① 刘春田主编：《知识产权法》，高等教育出版社2003年版，第73页。
② 刘早春、李育森：《知识经济对传统会计理论的挑战及其对策》，载《西安公路交通大学学报》，2000年第1期。

形式体现出来。

4. 体系化的法典更有利于全球化背景下的法律移植

对许多发展中国家而言，其知识产权法律制度的建立主要还是依靠对外国相关法律制度的移植。并且在经济全球化的今天，知识产权法律的移植还面临着一个特殊的背景，即在移植基础上建立起来的知识产权制度还必须符合相关知识产权国际公约所规定的最低保护标准，否则就会被全球经济体系所抛弃。而当前几个重要的知识产权国际条约，如《保护工业产权巴黎公约》、《建立世界知识产权组织公约》和《与贸易有关的知识产权协定》（TRIPs）从某种程度上看都是以法典的形式出现的，它们都将各类知识产权规定在一部法律文件中，这其中尤以 TRIPs 规定的最为详细和具体，各国知识产权立法也大都以其为参照标准。从这一角度看，如果以法典的形式来构建知识产权法律体系，则在评估是否符合国际条约的保护标准时会更为便捷。而如果采取单行法的形式，则整个移植过程会显得较为零散，在保护标准的评估上也会存在诸多麻烦。

第十六章

民法典与知识产权制度法典化

一、知识产权法的定位

（一）知识产权法属于民法范畴

到目前为止，除少数国家有了以"知识产权"命名的法典外，知识产权法在其他国家只不过是一个学科概念，并不是一部具体的制定法。我国亦是如此。这种现象造成了在知识产权领域进行国际交流与合作的许多麻烦与障碍。在GATT的乌拉圭回合谈判过程中，当以美国为首的西方国家首次提出将知识产权保护的议题纳入谈判日程时，许多国家的第一反应是困惑和不解，接着是反对和抗议①。对美国的提议，许多国家之所以产生如此强烈的反应，其原因虽然是多方面的，如知识产权制度发展历史短暂、知识产权保护范围宽广、知识产权法所调整的法律关系错综复杂等，但知识产权法定性与定位的不一致性或者模糊性是其中的重要原因。因此，我们认为，研究知识产权制度的法典化，有必要首先澄清知识产权法的模糊定位。

一个国家的法律结构由三个层次构成：第一层次的法为母法或者根本法，即宪法；第二层次的法为基本法，即刑法、民法、经济法、行政法、环境法、社会

---

① 李文乾：《中国加入WTO法律文件解读》，地震出版社2002年版，第43~52页。

保障法、科教法、军事法和诉讼法等部门法①；第三层次的法为调整各种具体社会关系的法律规范，如民法中的合同法、物权法、婚姻法、继承法等。这样的层次划分基本得到了法学界的认同。就知识产权法而言，其位阶处于第三层次，应当是没有争议的。因此，知识产权法定位的模糊性在于它应当属于哪一个上位法律范畴？

首先，从法律规范位阶的角度看，知识产权法在我国位次于民事基本法②，同时又是著作权法、专利法、商标法等法律规范的一个上位概念③，但却没有独立的法律地位。

其次，从调整对象的角度看，知识产权法不仅调整平等主体之间的财产关系和人身关系，而且还调整某些非平等主体之间的行政关系。例如，在专利权授权程序中，国家专利行政部门对专利申请的审查、专利复审委员会对专利复审请求的复审，均是作为私权利主体的专利申请人、专利复审请求人与作为公权力主体的国家行政机关之间发生的法律关系，而该法律关系仍然由知识产权法（具体是专利法）来调整。在商标权的取得过程中，同样存在着这样的法律关系。另一方面，对知识产权进行行政管理，是每一个国家或者地区共有的做法④。这种做法不仅有利于提高知识产权保护力度，而且有利于稳、准、狠地打击各种侵犯知识产权的行为。由此而发生的法律关系虽然属于知识产权范畴，但显然也是非平等主体之间的法律关系。除此之外，制止不正当竞争法或者竞争法所调整的对象还涉及经济法领域的法律关系。既然知识产权法所调整的社会关系并不限于平等主体之间的法律关系，那么，它就不能单纯地划归民事法律范畴，而应当属于民事、行政、经济等法律规范的交叉领域。

再次，从法律史的角度看，民法的历史渊源在罗马法，以《查士丁尼民法大全》为标志。此后，1804 年的《法国民法典》和 1900 年的《德国民法典》

---

① 徐显明：《法理学教程》，中国政法大学出版社 1994 年版，第 207~208 页。

② 我国的民事基本法是《民法通则》，其中的第五章第三节为"知识产权"，因此，知识产权属于民事权利的一个组成部分。由此推之，知识产权法位次于民事基本法。根据《越南民法典》、《蒙古民法典》、《俄罗斯联邦民法典》的规定，也可以得出知识产权法位次于民事基本法。在其他国家，尤其是英美、法德等，却并不一定能够得出这样的结论，因为英美没有民事基本法，法德虽然有民法典，但其民法典并未涉及知识产权。

③ 关于知识产权法作为著作权法、专利法、商标法等法律规范的上位概念，根据我国学者对知识产权所作的理论研究，应当说是一种共识；根据民法通则的规定，这样的结论在法律规定上也是成立的。在国际范围内，根据《建立世界知识产权组织公约》和《知识产权协议》，这样的结论也是正确的。

④ 《知识产权协议》对各成员是否采取行政手段给知识产权提供保护也是持许可态度的。该协议第 49 条规定："在以行政程序确认案件的是非并责令进行任何民事救济时，该行政程序应符合基本与本节之规定相同的原则。"该条只是要求各成员在采用行政程序时，要符合基本与该协议所规定的原则相同。

均为罗马法的现代化典范。然而，这两部民法典都未对知识产权作只言片语的规定。罗马法中唯一可找到的一个与知识产权有关的概念是"无形的"物，但它并不包括知识产权①。盖尤斯在《法学阶梯——法学总论》中说："再者，有些物是有形的，有些物是无形的。有形物是指那些可触摸的物品，例如土地、人、衣服、金银以及其他无数物品。无形物是那些不可触摸的物品，它们体现为某些权利，比如遗产继承权、用益权、使用权以及以任何形式缔结的债权。"② 尽管知识产权是一种权利，可归属于"某些权利"的范畴，但是，由于当时还没有关于知识产权的概念，因此可认定盖氏当时所指的"无形物"是不包括知识产权的。

最后，从权利属性的角度看，知识产权是一种私权，属于民事权利范围。学者们对此没有异议。但是有学者认为，知识产权的私权性并不能必然得出知识产权法属于民事法律范畴的结论，因为法律部门的划分取决于法所调整的社会关系而非其所保护权利的属性。

上述观点，各自从一个角度或者侧面对知识产权法的定位进行了分析，有利于对它进行全面、科学、客观地认识。但是，其中有许多问题值得商榷。首先，知识产权法的调整对象十分宽广，既包括平等主体之间的法律关系，也包括非平等主体之间的某些法律关系，其法律价值在于使更多的智慧创作物③取得知识产权，为知识产权提供更加充分的保护，或缺其中任何一个方面的法律关系，其体系就是残缺的或者不完整的。④ 因此，知识产权法虽然调整某些特殊的非平等主体之间的法律关系，但它仍然应当被整体定位于民事法律范畴。其次，关于法律部门的划分标准，法学界进行了长期的探索和讨论，至今并没有完全一致的意见。多数人认为，法所调整的社会关系即以其调整对象为依据，才把法划分为不同的法律部门。但法律所调整的社会关系是十分广泛的，可能涉及许多领域，跨越不同的法律部门，在某些不同的部门法之间出现了复杂的交错关系，给法律部门的划分也带来了一定的困难。因此，在划分法律部门时，应以其所调整的社会关系的主要方面及其特征来确定，再辅之以调整方法作为补充标准⑤。再次，从

---

① 之所以认为罗马法上的"无形物"不包括知识产权，是因为在当时知识产权尚未诞生。另一方面，在盖氏对"无形物"所作的例举中，确实没有知识产权。

② ［古罗马］盖尤斯：《法学阶梯——法学总论》，张企泰译，商务印书馆1989年版，第59页。

③ 本书将知识产权客体称为"智慧创作物"。这一称谓来自世界贸易组织给"知识产权"所作的解释，即"What are intellectual property rights? Intellectual property rights are the right given to persons over the creations of their mind."其中的 the creations of the mind 即可被翻译成"智慧创作物"。资料来源于：http://www.wto.org。

④ Donald S. Chisum Michael A. Jacobs：*Understanding Intellectual Property Law* Mathew Bender & Co. 1996，P. 20.

⑤ 徐显明：《法理学教程》，中国政法大学出版社1994年版，第204～207页。

法律史的角度看，民法渊源于罗马法。虽然罗马法中没有知识产权的踪影，但是它已经带上了知识产权的基因，即已经肯定了"某些权利"为无形物。这个基因经过两千余年的繁衍、进化，现在已经变成了现实的物，即非物质形态的智慧创造物或者说知识产品。现代民法已经对知识产权作了明确规定，例如，1994年的《俄罗斯联邦民法典》第2条第1款规定："民事立法规定民事流转参加者的法律地位、所有权和其他物权、智力活动成果的专属权（知识产权）产生的根据和现实的程序……"该法第8条第1款第5项又规定："科学、文学、艺术作品的创作、发明和其他智力活动成果"是民事权利和义务产生的根据。最后，保护知识产权的若干单行法之间具有内在的关联性，它们所调整的法律关系具有的共同属性①，以及各单行法所共同遵守的原则决定了它们应当具有一个共同的上位法——知识产权法。其理由是：著作权法、专利法、商标法、商业秘密法等单行法所调整的法律关系具有的共同属性是由智慧创作物产生的各种社会关系，是对人类运用其智慧、知识和劳动创作出来的非物质形态成果的保护。另一方面，每一单行法调整的社会关系，则是由不同的智慧创作物产生的社会关系。然而，各单行法的拼加，无论如何也不能覆盖知识产权之整体，例如，知识产权体系内权利的重叠、重复与冲突，任何一部单行法都无力调整，②因此需要一个上位法。

（二）知识产权与民法典的结合过程

如果从微观上考察，知识产权法典化的进程实际上也是一个知识产权与民法典相结合的过程，而这一结合过程实际上经历了以下几个阶段：

1. 阶段一：民法典未涉及知识产权

作为19世纪最有代表性的两部民法典，《法国民法典》和《德国民法典》都没有对知识产权内容进行涉及。究其原因恐怕有如下几点：（1）在《法国民法典》制定之时，知识产权对社会经济生活发展中的重要性尚未得到充分的体现，此时社会财产主要还是以有形财产的形态出现，知识产权也尚未发展成为成熟的法律制度，所以《法国民法典》未对知识产权相关内容进行规定。（2）在《德国民法典》制定之时，虽然关于知识产权的理论研究已经持续相

---

① 知识产权各单行法，如著作权法、专利法、商标法、商业秘密法等，所调整的社会关系所具有的共同属性是由智慧创作物所产生的各种社会关系，是对人类运用其智慧、知识和劳动所创作出来的非物质形态的成果的保护。

② 参见曹新明：《试论知识产权冲突协调原则》，载《法学研究》，1999年第3期。

当长的时间①，此时德国的知识产权制度已经基本成熟②，知识产权在德国的资本主义发展中也发挥了重要的作用，《德国民法典》却没有规定知识产权，这可能与《德国民法典》采用有体物主义，不能容纳作为无体物的知识产权有关。③

虽然《法国民法典》和《德国民法典》都未涉及知识产权，但两国的理论界都一致认为知识产权应当属于私法的调整范围。德国学者认为著作权和专利权属于无体财产权，这种权利是一种无体财产，比如，精神产物和发明等的支配权，它们是一种在时间上有限制、排除他人对这一财产的使用和变价的权利。④有关著作权和工业产权（如专利、商标）的无形财产法是特别私法。⑤ 而法国学者也认为知识产权是一种财产权利，它们的客体是创见、思想和抽象创造。⑥ 在这种思想的指导下，1992年颁布的《法国知识产权法典》中就较好地处理了其与民法典的关系。

2. 阶段二：知识产权成为民法典的一部分

知识产权法成为民法典的一部分实际上也经历了民法典简单涉及知识产权——知识产权成为民法典独立的一章——知识产权成为民法典独立一编这样一个循序渐进的过程。在这一过程中，知识产权在民法典中所占的比重越来越大，而这也从某一个方面体现了知识产权地位的重要性日益突出。

（1）民法典简单涉及知识产权。

虽然《法国民法典》未对知识产权进行规定，但《法国民法典》的一个模仿者——1837年的《阿尔贝尔蒂民法典》（即《撒丁民法典》）作了一项保护知识产权的规定，其第440条宣称："天才之人的作品是其作者的财产"，但必须遵守法律和有关的条例。这一规定填补了《法国民法典》的一个巨大漏洞，很可能是最早规定知识产权的民法典。⑦

---

① 在德国民法典产生之前的100多年以前，康德和黑格尔就在他们各自的《法的形而上学原理》和《法哲学原理》中大谈著作权，两位大师的诸多著作的出版，也是在保障知识产权的法律框架下进行的。详见徐国栋：《民法典草案的基本结构——以民法的调整对象理论为中心》，载《法学研究》，2000年第1期。

② 第一部德国专利法于1877年颁布，第一部商标法于1874年颁布，第一部著作权法于1837年颁布。

③ 徐国栋：《民法典草案的基本结构——以民法的调整对象理论为中心》，载《法学研究》，2000年第1期。

④ ［德］卡尔·拉伦茨：《德国民法通论》（上册），王晓晔等译，法律出版社2003年版，第286页。

⑤ ［德］迪特尔·梅迪库斯：《德国民法总论》，邵建东译，法律出版社2001年版，第16页。

⑥ ［法］雅克·盖斯旦、古勒·古博：《法国民法总论》，陈鹏等译，法律出版社2004年版，第177页。

⑦ 徐国栋：《民法典草案的基本结构——以民法的调整对象理论为中心》，载《法学研究》，2000年第1期。

（2）知识产权成为民法典独立的一章。

1942年《意大利民法典》则开始将知识产权予以整体性的纳入，它在第五编"劳动编"中将"智力作品权和工业发明权"与企业劳动、公司、入股、企业、竞争、合作社等制度相并列作为一章。该章中规定了著作权、工业发明专利权、实用新型和外观设计专利权三节。在上述三节中，该法仅用了20个条文极其简略地列举了上述权利的客体、权利的取得方式、权利的内容、权利的使用等内容。由于内容过于简略，该法不得不用3个条文分别规定，有关上述权利的财产权行使、存续及取得方式适用特别法的规定。为此，意大利又分别颁布了著作权法、商标法、专利法、植物新品种保护法、商业秘密法、集成电路布图设计保护法等专门法律。[①]

（3）知识产权成为民法典独立的一编。

20世纪以来，知识产权制度有了长足的发展：基本规范不断完善，保护范围不断扩大，一体化、现代化的趋势日益明显。与此同时，大陆法系的一些国家尝试将知识产权制度编入本国的民法典，并在90年代兴起的第二次民法典编纂运动中形成高潮。[②] 1961年的《苏联民事立法纲要》的基本结构为总则、所有权、债权、著作权、发现权、发明权、继承权、国际私法规则八编。它的进步意义在于，它把知识产权整合到民法典之中，在世界范围内首次建立了一种民法典的新结构，使知识产权以编的身份进入民法典。但其缺憾在于，具体安排缺乏概括性，有必要把著作权、发现权和发明权概括在"知识产权"的总的一编中加以规定，而不必把它们分为三编。[③] 对有些知识产权权利类型，法律也没有规定。[④] 1964年《苏联俄罗斯加盟共和国民法典》是在该民事立法纲要的基础上制定的，在结构上基本上保持了纲要对著作权、发现权、发明权的规定。而1995年《俄罗斯民法典》的基本结构为总则、物权、债法总则、债法分则、知识产权、继承权、国际私法规则七编，相比之下，其进步在于把知识产权概括为一编加以规定。但由于立法者之间的争论较大，导致与其他已经颁布生效的六编相比，知识产权编一直处于难产的状态。[⑤] 同样，1992年《荷兰民法典》也曾经计划将智力成果权即知识产权作为民法典的第九编，但由于技术上的困难被取消。[⑥]

1995年《越南民法典》则将"知识产权与技术转让"作为法典的第六编，2005年越南民法典也沿袭了这一做法。而1994年《蒙古民法典》则采取了一种

---

① 胡开忠：《知识产权法典化的现实与我国未来的立法选择》，载《法学》，2003年第2期。
② 吴汉东：《知识产权立法体例与民法典编纂》，载《中国法学》，2003年第1期。
③⑥ 徐国栋：《民法典草案的基本结构——以民法的调整对象理论为中心》，载《法学研究》，2000年第1期。
④⑤ 鄢一美：《俄罗斯知识产权立法与民法典的编纂》，载《知识产权》，2006年第3期。

比较特别的做法：它没有将知识产权作为民法典的单独一编，却将知识产权糅合于法典的所有权编中，认为智力成果是所有权的客体，使知识产权的相关规定贯穿于所有权编的各部分。但该种做法的重要缺陷在于它对知识产权客体的无形性缺乏应有的认识，将知识产权做了粉碎性处理，使本来就缺乏坚固体系的知识产权变得更加零碎了。①

3. 阶段三：知识产权法典的诞生

由于知识产权本身相较于传统民事权利的一系列特性，使得在传统民法典模式内无法给知识产权安排合适的位置。而另一方面，即使是在现代民法典模式中，也不可能对知识产权规范予以全部纳入而只能对基本内容进行规定。对某些国家来说，在知识产权与民法典结合的过程中，知识产权法典化的进程也逐步开始和发展。

1867年的《葡萄牙民法典》是在深受1804年《法国民法典》的影响下制定的，因此也未对知识产权予以规定，所以在民法典之外于1896年颁布了单独的工业产权法典，而现行的1966年民法典则深受《德国民法典》的影响，采用的是有体物主义，从而也未能对知识产权予以规定。而200年来，《法国民法典》在结构上并未有太大改变，法国在民法典之外也于1992年颁布了单独的知识产权法典。虽然《法国民法典》至今仍然未对知识产权进行规定，但从《法国知识产权法典》的相关规定可以知道，立法者基本上还是认可了民法典与知识产权法典之间为一般法与特别法的关系。而斯里兰卡虽然于1979年率先从整体上将知识产权法典化，但本国在传统上属于英美法系而并无法典化的传统。菲律宾虽然也于1997年颁布了知识产权法典，但其民法典只是在第四编"所有权取得模式"的第721条~724条对著作权和专利权的取得进行了简单的规定，对知识产权的其他内容则未予以涉及。

1942年《意大利民法典》虽然将知识产权作为一章纳入民法典，但该章只有20余条，无法对有关内容进行详细规定，所以只能以各种特别法的形式来加以具体化。随着时间的流转，这类特别法的数量已经得到急剧增长。意大利议会2003年通过法令，授权意大利政府对这些特别立法进行整理。在议会授权之下，政府可以做三件事情：（1）取缔过时的不需要的法律；（2）进行协调，使得特别立法之间更加和谐；（3）根据法令所规定的程序、原则、标准，在必要时判定新的法令是否起草。2005年意大利工业产权法典的诞生就是这一法令实施的直接后果。② 意大利之所以选择制定工业产权法典而不是知识产权法典，一方面

---

① 曹新明：《中国知识产权法典化研究》，中国政法大学出版社2005年版，第56页。
② ［意］Alessio Troiano, Zaccaria：《意大利民法法典化的历史经验和现存问题》，http：//www.ccelaws.com/mjlt/default.asp？32。

是对以葡萄牙、西班牙为代表的拉丁语系立法传统的延续，另一方面也是由于欧盟 2001 年颁布了《在信息社会中从几个特定方面协调著作权和相关权的指令》，为了贯彻实施该指令，意大利议会对本国著作权法进行了修改，最初草案于 2002 年 7 月产生并于 2003 年 4 月 29 日得以实施生效。也即关于著作权法的立法权此时仍然属于意大利议会而未授予意大利政府，意大利政府整理特别立法的行为不得不将著作权法排除在外。

二、知识产权法与民法典的链接方式

如上所述，既然将知识产权法定位于民事法律范畴，那么在编纂《民法典》的背景下，我们就必然要认真研究知识产权法与民法典的连接方式。

我国民法学者和知识产权学者都非常关注知识产权法与民法典的关系，并提出了自己的主张。综合学者们的观点，大致可以将知识产权法与民法典的连接方式概括为以下四类：（1）分离式。该模式将知识产权法与民法典相分离。（2）纳入式。该模式将知识产权全部纳入民法典，使其与物权、债权、人身权等平行。（3）链接式。该模式将知识产权法与民法典链接。（4）糅合式。该模式将知识产权作为一种无形物权，与普通物所有权进行糅合，使其与普通物权结合成一个有机的整体，其结果使知识产权完全溶入民法典之中，只见知识产权之神韵，不见知识产权之身影。

上述诸种模式既有理论支撑，又有相应的立法范例，所以，都分别具有各自合理性。笔者将对这四种模式展开理论分析，以此来为我国未来的《民法典》选择一种合适的模式。

（一）方式一：知识产权法与民法典分离

将知识产权法与民法典分离，是传统经典《民法典》所采用的体例。具言之，采用此种体例的《民法典》只对物权、债权、人身权等民事权利作规定，而让知识产权或以单行法存在，或以法典形式存在。采用此种模式的主要代表是法国、德国等。该模式的形成是历史的客观反映。众所周知，传统民法渊源于罗马法。① 很多人相信，现代法律并没有远离罗马法世界。在法律变革中，罗马法传统仍起着主要作用。现代民法法系中的大多数仍然将《法国民法典》、《德国

---

① 罗马法对于民法（私法）制度的形成及发展，有过重大影响，一向为世人所公认。参见杨振山、龙卫球：《论罗马法的成就对人类的基本贡献》，载杨振山主编：《罗马法、中国法与民法法典化》，中国政法大学出版社 1995 年版，第 12 页。

民法典》视为《优士丁尼民法大全》的承袭,甚至普通法系也在一定的程度上受到了它的影响。因此,可以说"罗马法对世界文明最伟大的贡献就在于,它向世人表明,以不同民族以及不同发展阶段都能够接受的常识为基础,建立一套法律体系是完全可能的。"①

关于罗马法传统论的论据,大致可以归结为:(1)现代私法制度在整体上仍受罗马法的影响,现代《民法典》在结构和内容等方面的安排上直接承袭于罗马时代的《优士丁尼民法大全》,例如,《法国民法典》与《法学阶梯》、《德国民法典》与《学说汇纂》的结构和内容具有类同性。此种现象即可说明现代民法法系的私法尚未走出罗马法的基本设计。(2)当代民法法系国家普遍接受了私法概念,即罗马法创造的私法模式和理念直到今天仍然具有重要的影响力。罗马法在形式和内部结构上极具魅力,尽管后人对私法的系统性和抽象性作了令人瞩目的完善,但仍未脱离罗马法创造的基本概念和制度结构。例如,物权理论中对所有权的种类、形式都有深刻的论述,并有相应的规定,特别是对所有权的各种权能和自物权、他物权的划分及其相互关系的理论;在债权理论方面,罗马法表现出相当高的抽象②。但是,罗马法没有与知识产权有关的任何规定。在这样的背景下,那些固守传统、讲究血缘关系的法学家,对知识产权这样的新生儿所产生的那种特殊心理,是可以理解的。

另一方面,知识产权虽然是私权,与物权、债权等同属于民事权利范畴,彼此具有许多共性,但的确具有很多不同之处。首先,一般情况下,知识产权主体都是私主体,法律地位平等。但是,知识产权法律关系中的当事人,在某些特殊情况下,其法律地位却并不平等③,这不同于物权、债权法律关系。其次,除著作权等少数种类的知识产权可以自动产生之外,绝大多数知识产权的取得都需要国家行政部门依照法律规定的程序进行审查授权,而物权、债权的产生则不必经过这样的程序。再者,知识产权的保护方式,不仅有一般的民事措施,而且还有行政措施,这也不同于普通的物权和债权。

因此,将知识产权法与民法典分离,既不会破坏传统民法结构和体系,也不会影响知识产权的独立性和完整性,而且也不会增加民法典编纂的困难。这种一石三鸟的效果,当然是经济且具有效率的。但是,因为《民法典》具有私权宣言书的地位,如果它只字不提及知识产权,至少容易让人们产生这样的一种错

---

① [英]劳森:《罗马法对西方文明的贡献》,黄炎译,载《比较法研究》,1988年第2期。
② 杨振山:《罗马法 中国法与民法法典化》,中国政法大学出版社1995年第1版,第13~15页。
③ 受理、审查专利申请和商标注册申请的国务院专利行政部门、商标局等是公权力主体,并且在进行专利申请审查和商标注册审查程序中也是以公权力主体身份进行的。在此种知识产权法律关系中,当事人的法律地位是不平等的。除了这样少数特殊情况外,知识产权法律关系中的绝大多数情况下的当事人法律地位是平等的,即都为私主体。

觉：知识产权要么不属于私权范畴，要么不属于民法典调整的范围。然而，知识产权的私权性是不容置疑的，《知识产权协定》给出了明确的答案。世界各个国家和地区，不论是否已经加入WTO，都承认了这个事实。那么，根据逻辑推理，我们就只能得出"知识产权不属于民法典调整的范围"之结论。显然，这个结论更没有人愿意看到。

（二）方式二：民法典对知识产权法的整体纳入

纳入模式，是指将知识产权法作为一个独立编纳入民法典。具而言之，知识产权作为一编，与物权、债权、人身权等平行地出现在《民法典》中。此模式的典型代表是越南，其《民法典》将知识产权作为一个独立编纳入其中。《越南民法典》于1995年10月通过。该法典共七编，它们分别是：第一编总则，第二编所有权规范，第三编民事债和民事合同规范，第四编继承规范，第五编土地使用权移转规范，第六编知识产权和技术转让，第七编涉外民事法律关系。该《民法典》所采用的就是将知识产权法整体纳入的一种模式。后来，越南国会又于2005年6月14日通过了新《民法典》，并于2006年1月1日起生效。越南2005年新《民法典》延续了1995年旧《民法典》的做法，还是在第六编"知识产权与技术转让"中对知识产权的内容作了规定。

纳入模式与分离模式刚好相反，其基本理念是：知识产权虽然未能进入罗马法，是一种后生的民事权利，但它毕竟是私权大家庭中的一员，与其他早生的私权具有许多相同特征，因此，应当让它回归。另一方面，罗马法没有对知识产权作规定，并不是其编纂者有意想遗弃之，而是因为在编纂《查士丁尼民法大全》时，知识产权尚未诞生，既无相关著述，亦无保护之法律规范。[①] 在传统民法典中，不仅《查士丁尼民法大全》不可能前瞻一千多年地将知识产权纳入其中，就是《法国民法典》和《德国民法典》也难有所为。前者的编纂工作始于18世纪末，成于19世纪初，实施于1804年。当时，知识产权制度还处于初生阶段，法典编纂者对知识产权的认识刚刚起步，对其整体样态缺乏足够地了解，更何况法国编纂民法典的主要动机并不为了全面保护市民的私权利，而是试图通过对私权利的保护来达到巩固其革命成果的政治目的。也就是说，前者之首要目的是进一步巩固政权，确立资本主义私有制，促使资本所有制顺利发展。[②] 后者比前者晚近百年，但是，在后者编纂时，知识产权制度才刚刚为一些主要的资本主义国家所接受，并且正处在向国际保护发展的起步时期，其整体架构及其法律性质，

---

① ［意］彼德罗·彭梵得：《罗马法教科书》，黄风译，中国政法大学出版社1992年版，第1~2页。
② 靳兰宝：《比较民法》，中国人民公安大学出版社1995年版，第90页。

还不确定。更何况，后者之编纂者师承的是罗马法中的《学说汇纂》体例，不可能接受知识产权。此外，19世纪70年代，德国处于割据状态，各地的民事立法相当混乱，法律不统一，每个邦各自为政。① 而且德国当时的知识产权保护水平非常低，无法形成统一的概念、标准和模式，因此，其民法典未涉及知识产权。

但是，现代民法典，如1942年的《意大利民法典》、20世纪60年代的《苏联民法典》、1995年的《越南民法典》、1994年的《蒙古民法典》等，都将知识产权纳入其中，因此，知识产权归属于民法典已为趋势。

纳入模式有以下优点：

（1）将知识产权纳入民法典，凸显立法者的创新精神以及《民法典》的与时俱进特色。传统民法典固然没有将知识产权纳入，但那是时代局限性造成的，并非立法者刻意排斥。如果现代立法者仍固守传统模式，或者表明民法典僵化，或者表明立法者顽固，除此之外，不可能说明其他。将知识产权纳入民法典，虽然可能增加法典编纂的难度，但却创造出了一个全新的体系。无论中国还是外国，如果对民事法律理论没有深入研究，对民法典的整体架构没有充分了解，对民事权利新体系没有精深探求，立法者就不可能编纂一部全新的民法典。

（2）将知识产权纳入民法典，使长期游离于民法典的知识产权有了回家的感觉。传统民法典未能将知识产权纳入，甚至只字未提知识产权，对知识产权而言，是完全可以理解和接受的，因为在当时它尚不存在或不成熟。但是，如果现代民法典仍然排斥它，让它继续游离于外，就会使知识产权的私权性受到质疑。早期的知识产权的确与物权、债权等有明显的区别，因为它是一种特许权，是君王的恩赐。但是，现代知识产权早已与最初的知识产权发生了异化，成为了名副其实的私权。作为私权宣言书的《民法典》责无旁贷地要为知识产权提供保护，而纳入模式正好使该目标得以实现。

（3）将知识产权纳入民法典，表明民法典古而不老，固而不封。据现有历史资料考证，民法典是人类社会古老的法典之一，② 到现在已经历了两千多年的演绎。在两千多年的演进历程中，民法典始终与时代同发展，与社会共进步。最初的《优士丁尼民法大全》经《法国民法典》和《德国民法典》继承和发展，其影响至今不衰；其后，又有《日本民法典》、《意大利民法典》、《俄罗斯联邦

---

① 靳兰宝：《比较民法》，中国人民公安大学出版社1995年版，第97页。
② 据现有资料考证，比《罗马法》还要早的法典有《汉穆拉比法典》和《十二表法》等。《汉穆拉比法典》是古代楔形文字法中的一部具有代表性的著名法典，它是由古巴比伦王国第六代王汉穆拉比在位时（公元前1792～前1750年）颁布的，故称《汉穆拉比法典》。《十二表法》，也称《十二铜表法》产生于公元前5世纪中叶，是古罗马第一部成文法典，也是世界古代法中最著名的法典之一。参见曲可伸主编：《世界十大著名法典评介》，湖北人民出版社1990年版。

民法典》、《荷兰民法典》和《越南民法典》等进一步的承袭与效仿，使民法典真正成为了私权或者市民权利宣言书。现在的民法典又将知识产权纳入，使民法典的生命常青。

然而，此种模式又具有不易克服的缺点：

（1）将知识产权整体纳入，可能破坏民法典整体的协调性和严谨性。一般而言，传统民事权利（如物权、债权等）的取得，不必经过国家行政机关的审批授权，如劳动者对其劳动成果的所有权，货币储蓄者对其孳息的所有权等。而知识产权的取得，尤其是专利权、商标权等工业产权的取得，基本上需要国家行政机关的审批授权。将知识产权法整体纳入民法典，那么，民法典就需要对此行政授权程序进行规范，从而导致传统民法典固有的协调性和严谨性被破坏。

（2）将知识产权整体纳入，有可能泯灭知识产权的独特个性，削弱知识产权的保护力度。在空间效力方面，知识产权受地域范围的限制；在独占性方面，知识产权具有抽象的排他效力①；在权利的存续方面，知识产权受到时间限制。知识产权的这些独特个性，不同于传统的物权。将知识产权整体纳入民法典时，如果迁就知识产权的这些个性特征，必然使《民法典》变形走样；如果保持传统民法典的优美架构形态，则难以表现知识产权的独特个性。这种两难困境，使民法典的编纂变得异常艰难。

（三）方式三：知识产权与普通物权糅合

从制度层面讲，与纳入模式一样，糅合模式也是将知识产权整体编入民法典；但是，从结构层面讲，该模式下的知识产权不是独立的一编，而是被传统的民事法律制度吸收，只见其神韵，不见其身影。这种模式的主要代表是1995年1月1日开始实施的《蒙古民法典》。

该法典共七编，它们依次为"总则"、"所有权"、"债的通则"、"合同责任"、"非合同责任"、"继承权"以及"涉外民事关系"。这七个编目中没有"知识产权"的身影。如果不仔细查阅其具体内容，人们就不知道它对知识产权作了规定。该编目的结构或体例，比较接近《德国民法典》，但不同于《德国民法典》。从总体上看，《蒙古民法典》有创意，但对传统民法典未作突破。其创意表现为它非常大胆地将知识产权整体糅合于传统民事权利体系。

---

① 知识产权抽象的排他效力，是指知识产权所有人不仅有权禁止他人使用附载有知识产权所有人创作之智慧创作物的原始客体，而且有权禁止他人未经许可擅自使用由使用者自己开发的与受法律保护之智慧创作物相同的客体。例如，如果专利权人对发明A享有专利权，那么，即使他人独立地开发出一项与发明A相同的发明A，该发明人也不得未经专利权人许可，擅自实施其发明。否则，便构成对该专利权的侵犯。

(1)《蒙古民法典》"总则"第 3 条规定,"创作智力成果"是民事权利义务关系发生的根据之一,与其他几种法律事实平行地编排在一起。① 此规定既突出了"创作智力成果"作为一种法律事实的特殊性,同时又肯定了"创作智力成果"与其他传统民法典规定的法律事实的平行性,为知识产权与传统物权或者所有权的糅合作了铺垫,为整个民法典体系的协调性做了准备。

(2)《蒙古民法典》"所有权编"第 76 条规定"智力成果"是"所有权的客体",与传统的实体物和某些财产权客体同等对待。众所周知,《法学阶梯》早已将有形物和无形物(此处的"有形物"就是实体物,即是占有一定的物理空间,看得见、摸得着的物质;此处的"无形物"就是不可触摸的物,实际上是财产性权利,如遗产继承权、用益权、使用权、土地使用权等②)作为物权的客体,但是,"智力成果"却没有法律明确将它作为所有权或物权的客体。《蒙古民法典》的做法无疑是具有创新性的大胆尝试,其理论基础是扩展"无形物"的内涵与外延。①知识产权的客体是智慧创作物,各国有比较一致的共识,争议较少。③ ②知识产权的客体本身就是无形物,将其纳入《法学阶梯》所指的"无形物"范围,那么,知识产权之物权性就有了历史依据。换言之,在罗马法时

---

① 《蒙古民法典》第 3 条规定的"民事权利义务关系发生的根据"还有:(1)法律规定的法律行为和法律虽未规定,但内容并不违反法律的法律行为;(2)旨在引起民事权利义务关系的法院判决;(3)法律规定的能引起民事权利义务关系的行政决议;(4)致人损害、无根据地取得和占有财产;(5)法律规定能引起民事权利义务关系的其他依据。参见徐国栋:《蒙古民法典》,海棠、吴振平译,中国法制出版社 2002 年版。

② [古罗马] 盖尤斯:《法学阶梯——法学总论》,张企泰译,商务印书馆 1989 年版。

③ 关于知识产权的客体是"智慧创作物"或"智力成果"需要作以下说明:第一,知识产权客体的称呼或者概念,到目前为止,我国学者尚无共同接受的用语。有称"智力成果"的,有称"知识产品"的,有称"智慧财产"的,有称"精神产品"的,还有使用很长称呼的。本书主张用"智慧创作物",是"the creations of mind"翻译过来的,前面对这个用语已作过解释。《蒙古民法典》中使用的"智力成果"是翻译者使用的概念。英语使用的是"Subject Matter"。第二,知识产权的客体是无形的,还是有形的,还是非物质性的,还是无体的,知识产权学者有不同理解。有学者认为,知识产权是"无形"的,但知识产权的客体不一定是无形的;有学者认为知识产权的客体是无形的,是区别于有形物所有权的本质属性;还有学者认为,知识产权的客体不是有形与无形的问题,而是物质性与非物质性的问题。在此,争论各方在一个最基本的概念上使用了不同的语义,实际上是偷换了概念,即"形"这个概念。"无形"、"有形"中的"形"是针对物质形态之结构和形状而言。当我们说"有形物"时,是指这样的物具有固定的原子结构、分子结构,从而形成了一个固定的形状或形态,占有一定的物理空间,可能通过触觉感知到它的存在。不要说桌椅板凳是有固定结构、占有一定的物理空间,就是光、电、气、声也都是由电子、原子和分子组成的,也有其固定的结构,占有一定的物理空间,尽管它们所占的物理空间很小。而知识产权客体——智慧创作物则不具有固定的电子结构、原子结构或者分子结构。附载知识产权客体的物质载体,不是知识产权的客体。譬如,将一首诗写在黑板上,我们可以感觉到这首诗的存在;如果我们将黑板上的该诗擦掉,这首仍然存在。但此时这首诗虽然没有以任何载体附载,但它确实存在。如果有人将该诗默写出来以自己的名义发表,肯定侵犯了作者的著作权。如果硬要将"形"理解为"形式"或者其他的什么,而指责知识产权客体的"无形性",就只能是孤芳自赏了。

代,由于还没有诞生知识产权,人们对当时已经存在的智慧创作物(如作品等)在数百年或者上千年后能否成为重要的保护对象,缺乏认识环境,故而未涉及之。但是,老祖宗却给我们创造了一个极具前瞻性的概念"无形物",为一千多年后的知识产权归属提供了依据。《蒙古民法典》正好为此作了注解,将无形的智力成果与有形的动产和不动产同等对待,作为所有权的客体,是很好的一种新创意。

(3)《蒙古民法典》"所有权的取得和消灭"编第136条规定了"智力成果所有权的产生"。根据该条规定,智力成果所有权自创作此等成果之时起产生,即"所有权自动产生原则",但法律另有规定的除外。该条规定的"智力成果所有权自动取得原则"与有形物所有权的取得原则几乎没有本质区别。有形物所有权取得的情形可能不同,但都是依据相应的法律事实而定。例如,通过合同取得所有权,以转移占有之交付为取得所有权的时间;通过劳动取得所有权,以取得相应的劳动成果时间为取得所有权的时间等。智力成果所有权的取得,则以"创作智力成果"这一法律事实的完成为取得所有权即知识产权的时间。"法律另有规定的除外",不仅智力成果所有权的取得有例外,有形物所有权的取得也有例外,例如,房屋、车辆等所有权的取得需要登记等。由此可知,《蒙古民法典》彻底地将知识产权融于传统民法典之中。

《蒙古民法典》的糅合式体例,的确给人以耳目一新的感觉,甚至有一种强烈的震撼力。这种创意至少要克服这样的几个困难:(1)观念障碍。在某种意义上说,观念障碍是最大的障碍。人们对某种社会现象一旦形成既成观念,实际上就演变成了一种束缚人们行为的桎梏。社会的变革或者改革,就是向那些既成观念进行挑战,进行突破。我国现在正在编纂民法典,但是,现在的情形好像没有展示向既成观念挑战以至突破其桎梏的表象,仍然崇拜着《罗马法》、《法国民法典》和《德国民法典》。《蒙古民法典》的编纂者将知识产权完全等同于有形物所有权的做法,姑且不说实践,就连在理论上的讨论好像也不是非常充分。(2)理论障碍。编纂民法典需要有充分的理论准备,例如,法典的模式选择、体例结构、指导思想、基本原则等,都需要进行研究。以德国为例,其法学家围绕在德国是否需要一部统一的民法典以及制定一个何种模式的民法典,进行了几十年争论。这种争论为《德国民法典》的制定完成了思想上的准备,以潘德克吞学说为理论代表[①]。这种理论准备本身是一件十分重要且复杂的工程,更何况要进行创新、突破,其困难更是艰巨。《蒙古民法典》面临的理论障碍主要是将知识产权与有形物所有权同化理论。所有权系典型物权,13世纪意大利注释法

---

① 靳兰宝:《比较民法》,中国人民公安大学出版社1995年1版,第98~99页。

学大师 Bartolus 首次将所有权定义为："所有权者，除法律禁止外，得对有体物为不受限制处分之权利。"① 那么，要将知识产权与有形物所有权同化，首先得将所有权界定为："所有权者，除法律禁止外，得对物、智力成果为不受限制处分之权利。"《蒙古民法典》第 87 条将"所有权"规定为："所有人在法定范围内，有权自由地占有、使用和处分其财产。"该规定与上述假设性规定差不多。它将有形物和智力成果都当成一种"财产"，有形物所有权和无形物所有权也就同化了。在理论上解决了有形物与无形物的同化，至少可以使整部民法典有了理论基础，能够自圆其说。（3）结构障碍。民法典的编排结构、体例结构直接关系到民法典整体逻辑关系的严谨性和外部的美观性，我国有学者甚至将它上升到了"人文主义"或者"物文主义"的高度。

虽然《蒙古民法典》的编纂者尽了很大的努力，克服了重重障碍，编纂了一部颇具独创性的民法典，打破了传统民法典老套式一统天下的局面，值得肯定。但是，它对知识产权的糅合缺乏自然性，人为痕迹太抢眼，使法典应有的美感荡然无存。

（1）对知识产权客体的无形性缺乏应有的认识。知识产权的客体是无形的，就意味着知识产权所有人无法对其客体进行占有，或者说占有知识产权客体，对知识产权使用和处分没有任何实质意义。但是，有形物所有权人对有形物的占有却具有特别重要的意义。将此两种权利糅合在一起形成的所有权，就必然出现概念上的逻辑矛盾。法典给所有权作定义性规定时，若规定"占有"于概念中，则于知识产权无益；若不规定"占有"，则于有形物所有权有害。为了趋利避害，法典在定义所有权时仍然写进了"占有"。这必然给知识产权所有人造成误解，似乎知识产权所有人可以对其智力成果进行占有。众所周知，民法意义上的"占有"，具有非常丰富的内容，能够产生相应的法律效果。而对知识产权智力成果的占有不仅不能产生相应的法律效果，而且也不可能对智慧创作物进行实际"占有"。

（2）将知识产权进行了粉碎性处理，使本来就缺乏坚固体系的知识产权，变得更加零碎了。如果对知识产权不熟悉、不了解的人在读完这部民法典后，根本不可能形成一个完整的知识产权概念。这样的做法，不仅不可能强化对知识产权的保护，而且在很大程度上弱化了知识产权在经济、文化、贸易领域的作用和地位。这样的效果，与知识经济时代对知识产权的要求南辕北辙，不利于国家加强知识产权战略目标的实现，难以发挥知识产权的核心竞争力作用。《蒙古民法典》对知识产权进行"粉碎"或肢解的做法，不仅割裂了知识产权体系，而且

---

① 转引自王泽鉴：《民法物权 通则 所有权》，中国政法大学出版社 2001 年版，第 150 页。

也破坏了传统物权体系，从而使整个民法典呈破碎状。

除此之外，该法典关于知识产权的规定还有许多令人遗憾之处，如智力成果占有的转让，智力成果所有权实行自动取得等等。

（四）方式四：将知识产权法与民法典链接

链接模式，是指在民法典中为知识产权设置一个链接点，通过对这个链接点的点击便可以与知识产权相链接。《俄罗斯联邦民法典》是这种模式的代表。它分别在第 3 条和第 8 条为知识产权保护设置了链接点，其他条款不直接涉及该内容。当然，编纂《民法典》时，俄罗斯原计划将"知识产权"作为单独的一编纳入其中，但是，直到现在，"知识产权编"仍未见世。WIPO[①] 前现任总干事 Kamil Idris 对俄罗斯提高并加强其知识产权保护表示满意，但是，当他得知俄罗斯打算对其《民法典》进行修改，将知识产权作为民法典的一部分纳入其中时，总干事认为这个做法可能产生潜在的负面效果，并强烈要求俄政府考虑这一做法所具有的深刻意义。他建议，民法典对知识产权应尽可能作抽象和宽泛的规定，保持知识产权法律现在这种独立的地位。[②] 我国现行的《民法通则》和 2002 年 12 月 23 日提交全国人大常委会审议的《民法典》（草案）也是采用的这一模式。此外，我国的许多知识产权学者和民法学者也建议采用此种模式[③]。与前三种模式相比，此种模式的优点非常突出：

（1）该模式首先肯定了知识产权法是民事法律规范的一个组成部分，知识产权是私权，是民事权利体系中的一种权利。分离模式让知识产权法与民法典相分离，其明显的弊端是有不承认知识产权法为民事法律规范组成部分的嫌疑。这种现象，容易引起人们的误解，好像到现在为止我国还没有承认知识产权是私权，因为既然是私权，为什么民法典没有关于知识产权的规定呢？在这个问题上，我们无法与《法国民法典》或者《德国民法典》相比，其历史背景在前面已经作了介绍。纳入模式，虽然解决了知识产权法与民法典的分离问题，但是带来了新的麻烦：将知识产权法单独成编，如果条款过多，则有损民法典的完整性与美观性[④]；如果条款过少，则还要借助若干知识产权的单行法作补充，这与链

[①] WIPO 是 World Intellectual Property Organization 的首写字母编写，中文翻译为"世界知识产权组织"。

[②] 参见 Constructive and Forward-looking: Talks between Director-General and Russian Prime Minister. 刊载于 WIPO Magazine, February 1999, P.4

[③] 吴汉东:《知识产权立法体例与民法典编纂》，载《中国法学》2003 年第 1 期，第 48~58 页。

[④] 民法典的组成部分有总则、人身关系法、财产关系法、侵权行为法、涉外关系法等，若将知识产权法归于财产关系法编，则忽视了知识产权中的人身权利，使人们误认为知识产权仅仅是一种财产权；若将知识产权法归于人身关系法，显然不可成立，则只能将知识产权法与总则、人身关系法、财产关系法、侵权行为法和涉外关系法并列，才能成立。

接式没有什么区别。糅合模式将知识产权法律体系进行了肢解,在基本理论和立法技术还不成熟的情况下,这种做法的后果是很危险的。

(2) 该模式对传统的民法典体例或者结构基本没有影响,既不会破坏传统民法典优美的结构体例,又不会损害知识产权法律体系自身的结构体例,同时又将知识产权法与民法典进行了有效的连接。到目前为止,民法典的编纂方式和结构主要以《法国民法典》和《德国民法典》为范式,另外一些有新意的模式,如《越南民法典》、《蒙古民法典》、《荷兰民法典》等,尚未被人们普遍接受,有待进一步地探索与研究。而这种链接式丝毫不会动摇民法典的传统结构,至少不会给民法典的编纂增加体例结构的麻烦。知识产权法律体系自身的结构体例虽然不如民法那么严谨,但大致的架构还是非常清晰的,至少现有单行法形式已经为人们所接受。这种模式为知识产权制度自身发展留下了自由空间。这样的结果,不仅能够满足知识经济时代提升知识产权保护水平的要求,也能够充分发挥知识产权作为核心竞争力的作用。如果将知识产权整体纳入民法典,知识产权自身的发展空间将会受到许许多多的限制。

(3) 该模式既不影响民法典应有的稳定性,又不妨碍知识产权法固有的多变性。从法理学的角度看,法应当具有稳定性,民法是这样,知识产权法也应当是这样。但是,法的稳定性是相对的。就民法典而言,传统民法已经历了两千多年的演进,其基本理论、结构和内容已相当稳定。如果不发生国家体制的重大变更,一般情况下,民法典所要修改完善的内容是极其有限的。与民法典不同,知识产权法就不是那么稳定了。知识产权法的多变性,不仅与其形成和发展的时间对比较短有关,而且与科学技术的发展变化太快也密切相关。另一方面,知识产权法的修改,不仅频率高,而且幅度大。以我国的知识产权法为例:自《商标法》、《专利法》和《著作权法》颁布以来,《商标法》和《专利法》各进行了两次修改,《著作权法》进行了一次修改。2000年的《专利法》修正案共有34条,所修改的内容占整个专利法的50%;2001年的《商标法》修正案共有47条,占整个商标法的70%多;2001年的《著作权法》修正案共有53条,而原著作权法总共只有56条,差不多对原著作权法进行了全面修订。可见,知识产权法是多变的。如果将它整体纳入民法典,就可能影响《民法典》的稳定性。这种状况在民法典的历史上还不曾有过①。而链接模式就肯定可以避免这种现象的

---

① 关于知识产权法编入民法典可能对其稳定性影响的问题,上海大学知识产权学院的袁真富在《影响稳定性,知识产权法不宜编入我国的民法典》一文中进行了讨论,参见中国普法网。该文作者认为,知识产权法编入民法典,将影响民法典的稳定性。其理由有三:第一,知识产权法受国际关系、科技发展的影响甚深,变动频繁,与民法典的稳定性发展矛盾;第二,知识产权法的内容自成一体,涉及传统民法的全部内涵,有与传统民法并驾齐驱的趋势;第三,知识产权法包含了大量的行政法方面的公法性规范,与民法典的私法自治理念不相协调。

发生。

通过对分合交融四种关系模式的分析,可以肯定地说,其利弊得失,各有所长,亦各有所短。但是,为了最大限度地发挥知识产权的功能和作用,而且又不因此而对民法典或者民事基本法造成重大影响,链接式较其他三种模式更可取一些,尤其是在我国。

三、民法法典化浪潮与知识产权制度法典化

(一) 知识产权制度法典化对民法法典化的追随

如果从广义的角度理解知识产权法典,将工业产权法典也视为知识产权法典的一种特殊形态,则知识产权制度法典化实际上已经经历了两次浪潮。第一次知识产权制度法典化浪潮为工业产权法典化浪潮,以葡萄牙1896年颁布工业产权法典为肇始标志。此后,西班牙、墨西哥、巴西、巴拿马、秘鲁、阿尔巴尼亚、波兰、肯尼亚等国均颁布了本国的工业产权法典。第二次知识产权制度法典化浪潮则以1979年斯里兰卡颁布知识产权法典为肇始标志。此后,法国、菲律宾、埃及、越南等国也相继颁布了本国的知识产权法典。两次浪潮的重要区别在于所涉及的权利类型不同:前者遵循了传统上将知识产权分为工业产权和著作权的区分,仅仅将专利权、商标权等工业产权集中规定一部法律之中,却将著作权排除在外;而后者则将各类知识产权统归于一部法典之中进行规定。笔者以为,形成这种区别的主要原因在于在不同的历史阶段人们对于知识产权共性的认识和提取的程度不同。知识产权制度法典化实际上是一个对知识产权共性予以提取的过程,而在19世纪,虽然欧洲各国已经普遍存在著作权法、专利法、商标法等法律,但由于著作权在权利取得上与权利内容方面所具有的特殊性,立法者对各类权利共性的提取暂时还无法上升到知识产权这一层次中,上述法律尚未以知识产权的名义实现体系化,都是以单行法的形式出现。[①] 立法者不得不以权利所产生和适用的领域为标准来划分权利体系,典型的反映就是19世纪末诞生的《保护工业产权巴黎公约》和《保护文学艺术作品伯尔尼公约》。在这两部公约的影响下,葡萄牙、西班牙等国纷纷颁布了本国的工业产权法典,并对其他国家尤其是拉丁语系诸国的相关立法产生了重要的影响。1893年上述两个公约的国际局合并,成立了统一的国际组织"保护知识产权联合国际局"(常用的法文缩略语为

---

① 吴汉东:《国际化、现代化与法典化:中国知识产权制度的发展道路》,载《法商研究》,2004年第3期。

BIRPI），则意味着国际社会开始逐渐认识到知识产权的整体性。1967年《建立世界知识产权组织公约》的签订和1970年世界知识产权组织的成立则标志着人们对知识产权共性的认识已经上升到一个新的层面从而具有了较强的整体性，这也对后来各国知识产权法典的出现起到了重要的示范作用。

自人类社会进入近代以来，一共经历了两次民法法典化浪潮：第一次是以法国和德国民法典为代表的19世纪民法法典化浪潮，第二次是20世纪后半叶以俄罗斯民法典和荷兰民法典为代表的民法法典化浪潮，这两次浪潮导致许多国家民法典的出台。如果将我们考察的视野放宽到整个私法领域中去，对比民法法典化的历程来考察知识产权制度法典化的进程，我们可以发现世界立法史上的一个看似巧合的现象，即知识产权制度法典化浪潮实际上是紧紧跟随与近代以来历次民法法典化浪潮的：第一次知识产权制度法典化浪潮即工业产权法典化浪潮基本上是伴随19世纪民法法典化浪潮而进行，第二次知识产权制度法典化浪潮基本上是伴随着20世纪后半叶民法法典化浪潮而进行的。可以说民法法典化浪潮余波所及便是知识产权制度法典化浪潮。

这种现象具体到特定的国家而言，一般是民法典制定在前，知识产权法典（工业产权法典）出现在后。例如，葡萄牙1867年颁布了第一部民法典后于1896年颁布了第一部工业产权法典；西班牙1889年公布了第一部民法典后于1926年颁布了第一部工业产权法典；巴西1912年颁布了第一部民法典后于1971年颁布了第一部工业产权法典；法国1804年颁布民法典后于1992年颁布了知识产权法典；菲律宾1949年颁布第一部民法典后于1997年颁布了知识产权法典；越南1995年颁布第一部民法典后于2005年颁布了知识产权法典。

（二）民法法典化对知识产权制度法典化的影响

笔者以为，立法史上之所以存在着知识产权制度法典化紧紧伴随于民法法典化的现象，主要还在于如下两点原因：

1. 民法典对私权的推崇使得知识产权法获得了自由发展的空间

知识产权制度法典化的一个重要前提条件就是必须要有相当数量的知识产权单行法存在，"当某一法律部门的成文法非常丰富、庞大后，法律与法律之间的协调性必然减弱，相互之间的矛盾随之而生，因此就需要进行法典化"。① 而知识产权制度的形成，经历了一个由封建特许权向资本主义财产权嬗变的历史过程。特许权的保护是一种"钦定"的行政庇护，而不是法定的权利保护。在中世纪欧洲的许多国家，特许权并没有制度化、法律化，换言之，特许令状仅限于

---

① 曹新明：《中国知识产权制度法典化研究》，中国政法大学出版社2005年版，第56页。

个别保护、局部保护。① 在封建特许权的情况下,权利人获得特权取决于封建统治者的授权,而封建统治者的授权却往往出于个人的某种偏好,可能随时授予也可能随时撤销。"在英国,17 世纪以前的作者或者发明者同样是无法得到知识产权保护的。因为英国王室只是把王室特权施加于其所选定的对象,例如书籍的出版商工会、把发明引入英国的外国人或者与王室相关的人员。"② 欧洲其他国家的情况也大体如此。在此情况下,知识产权法不可能得到很好的发展,而只能处于萌芽状态,也不可能有足够数量的单行法律产生。

随着资产阶级革命的胜利,封建特权制度被推翻,欧洲各国普遍制定了民法典以表达私权神圣的观念,对政府权力予以限制并对公民的财产权进行保障。在民法典对私权地位推崇的背景下,知识产权的私权属性和财产权属性得到充分的体现,知识产权法也获得了广泛而自由的发展空间。大量的知识产权单行法被制定出来,从而为知识产权制度法典化做好了重要的前提准备。

2. 民法典为知识产权法典提供了立法经验

正如有学者而言,民法典具有统一国法、揭橥价值、建立体系、集中资讯、整套继受等功能③。在知识产权法发展过程中出现的一系列问题同样也曾经在民法发展过程中出现过,而民法典的上述功能对知识产权制度法典化也具有相当的借鉴作用,故而在已经实现民法法典化的国家里,将知识产权制度法典化也可能成为一种潜在的立法意愿。所以制定了知识产权法典的各国之前大都制定了本国的民法典,就连斯里兰卡这样的具有非法典化传统的英美法系国家,在没有制定民法典的前提下也制定了本国的知识产权法典。

同时,经由民法典的制定而积累的立法经验对知识产权法典的制定也同样可以起到借鉴作用,法国和越南两国知识产权法典就有力地证明了这一点。

《法国知识产权法典》的一个重要特点就在于其没有规定总则。而从《法国知识产权法典》与《法国民法典》的关系来看,《法国知识产权法典》实际上沿袭了《法国民法典》的做法,也没有规定总则。但它比《法国民法典》做得更为彻底,不仅没有规定总则,而且连序编也没有规定。这一点可以从两者之间的关系来寻找原因。在《法国民法典》序编的 6 条中,规定了法律效力、裁判规则、基本原则三个问题。但这 6 条规定的实际上不只是民法的问题,而是一切"法律"的几个基本原则。④ 相对于《法国民法典》而言,《法国知识产权法典》属于特别法,除了《法国民法典》第一条关于法律效力的规定外,在相关方面

---

① 吴汉东:《知识产权的私权与人权属性》,载《法学研究》,2003 年第 3 期。
② 金海军:《知识产权私权论》,中国人民大学出版社 2004 年版,第 47 页。
③ 苏永钦:《民法典的时代意义》,http://law-thinker.com/show.asp? id = 2047。
④ 谢怀拭:《大陆法国家民法典研究》,载《外国法译评》,1994 年第 5 期。

并无特殊规定，序编的条款当然在《法国知识产权法典》中也可以得到适用。而针对《法国民法典》第一条"法律效力"的规定，《法国知识产权法典》的第三部分"在海外领地及马约尔属地的适用"已经做出了特别规定。在这里，《法国知识产权法典》第三部分实际上起着相当于《法国民法典》第一条功能的作用。在这种情况下，《法国知识产权法典》再规定自己单独的序编就显得多余了。

《越南知识产权法》最大的特点则在于其设立了总则编，而对于《越南知识产权法》为何要制定总则编，则还要从《越南民法典》的制定中寻找来立法渊源，也即《越南知识产权法》总则编的制定是沿袭《越南民法典》的立法惯性使然。虽然越南于2005年制定的新《民法典》取代了1995年《民法典》，但两部民法典的区别主要体现在内容之上，但在法典的整体结构上则无太大变化，新民法典还是沿袭了旧民法典的编排体例。《越南民法典》在编排体例上的一个重要特点，就是其具有浓厚的"总则"情节。《越南民法典》除了总则编外，作为分编的财产与所有权编、债与合同编、继承法编、土地使用权转让编这四编均设有本编的小总则。经过两部民法典长达25年的制定过程①，显然立法者对于如何制定总则已经有了充分的自信心和丰富的经验。而知识产权在民法典中与上述四编是处于平行地位，当在民法典之外制定单独的法典化的知识产权法时，立法者为其设立总则编已经成为顺理成章的事情。

除此之外，由于民法典是私权领域的基本法，民法法典化必然要对私权领域的内容进行全面细致的研究。在现代社会，无论一国的民法典采取何种模式处理知识产权，立法者必然要对知识产权进行全面细致的研究。从这一角度来看，民法法典化也可以在一定程度上促进知识产权研究的发展，为未来知识产权制度法典化的立法过程提供一定的理论储备。

---

① 越南民法典发轫于1980年11月3日的第350/CD号政府令，它导致了司法部主持的民法典起草委员会的成立。具体情况参见吴远负：《在守成与变革之间的越南民法典》，载《清华大学法律评论》，2000年第1期。

第十七章

外国知识产权制度法典化经验

一、外国知识产权制度法典化概况

（一）知识产权制度体系的历史演进

随着财产制度体系的不断变化，知识产权的权利类型也在不断地扩张之中，其在财产制度体系中所占据的地位也日益重要，也迫使立法者不得不在立法上作出一定的回应。人类对事物的认识总是经由个别到一般，通过对个别事物之间共性的把握和归纳而达到认识的升华，这同时也是一个理性化不断发展的过程，也是体系化不断发展的过程。而法典就是人类理性和体系化思维的集中体现。知识产权法典则是人类理性和体系化思维在知识产权领域的集中体现。纵观一部知识产权法律体系的发展历史，也是一部人们对各类知识产权认识不断深入、共性不断提取的历史。根据笔者归纳，在知识产权法律体系的发展历程中，大致出现过以下五种立法形态：

1. 针对具体个人颁发特许令状

知识产权起源于封建社会的"特权"。这种特权，或是由君主个人授予，或是由封建国家授予，或是由代表君主的地方官授予。[①] 在知识产权萌芽的历史时期，早期的智力劳动创造者对其智慧创作物所享有的专有权利一般是由统治者颁

[①] 郑成思：《知识产权论》，法律出版社2003年版，第2页。

布的特许令而予以彰显的。这个时期的特许令具有一个明显的特征，即统治者是针对具体的个人请求而颁发的。

在专利权方面，为避免某些先进技术外流，1331 年，英王爱德华三世曾经授予佛兰德的工艺师约翰·卡姆比在缝纫和染织技术方面"独专其利"的权利。1421 年，意大利佛罗伦萨的建筑师布鲁内莱西为运输大理石而发明的"带吊机的驳船"，也曾经获得类似英国早期的专利。① 现在，人们公认的最早的发明专利出现在 1449 年，当时亨利四世授予一位名叫约翰的人对一种玻璃制造方法享有 20 年的垄断权。作为对这种垄断权的回报，约翰必须将他的技术传授给英国本土的工匠。② 在多铎王朝统治时期，统治者向商人和工匠授予发明专利特许令状的情况十分普遍。依照英国专利局提供的数字，在 1561 年到 1590 年的 30 年间，在位的伊丽莎白女王共授予了 50 件专利，覆盖了包括肥皂、毛料、制盐、纸、铁、硫磺等 12 个项目的商品生产和流通部门。③

在著作权方面，15 世纪末，威尼斯共和国授予印刷商冯·施贝叶在威尼斯印刷出版的专有权，有效期 5 年。这被认为是西方第一个由统治者颁发的、保护翻印之权的特许令。在此之后，罗马教皇于 1501 年、法国国王于 1507 年、英国国王于 1534 年，都曾经为印刷出版商颁发过禁止他人随便翻印其书籍的特许令。④

由于王室觊觎授予专利带来的额外收入，开始滥用这种特权，专利对象被扩大到一些过时技术甚至日用品上，有时还被用以封赏宠臣，这严重破坏了市场的竞争秩序。⑤ 由于严重影响自己的利益，新兴的资产阶级反对垄断、倡导经济自由的呼声日益高涨。而随着欧洲资产阶级力量的逐渐强大，封建王权的力量开始受到限制，体现封建王权的特许令也不可避免地受到冲击。英王伊丽莎白一世于 1601 年在议会发表"黄金演说"（Golden Speech），宣布自己不再签署任何授予垄断权的证书。⑥ 1610 年，詹姆斯一世被迫宣布废除了先前授予的所有专利的效力。⑦ 议会中新兴的资产阶级代表开始一次又一次尝试以立法来取代由君主赐予特权的传统。这个目的终于在 1624 年英国《垄断法规》中得以实现。⑧ 从此，知识产权由封建统治者所赋予的特权转向了由法律所赋予的私权。

---

① 郑成思：《知识产权论》，法律出版社 2003 年版，第 3~4 页。
②③⑦ 参见张韬略：《英美和东亚三国（地）专利制度历史及其启示》，载《科技与法律》2003 年第 1 期。
④ 郑成思：《知识产权论》，法律出版社 2003 年版，第 22 页。
⑤ 参见文希凯、陈仲华：《专利法》，中国科学技术出版社 1993 年版，第 15 页。
⑥ ［日］富田彻男著：《市场竞争中的知识产权法》，廖正衡等译，商务印书馆 2000 年版，第 5 页。
⑧ 郑成思：《知识产权论》，法律出版社 2003 年版，第 23 页。

2. 针对特别事项立法

在近代知识产权制度产生之初，人们对于不同知识产权制度之间的关系还缺乏一个清晰的认识，著作权法和设计法之间、设计法和专利法之间的交叉重叠的现象较为普遍。当时的许多法律评论者甚至一些专家经常用"发明版权"、"艺术专利"、"商标版权"甚至"版权专利"等语言来叙述知识产权制度①，以现在的眼光看，这些不可思议的现象在当时的情况下并非不可理解，这也从一个侧面反映出当时人们对知识产权本体性质的认识尚处于初级阶段。

这一时期知识产权法律主要是由对某些行业中所发生的特定问题的特别回应组成的。一直到19世纪上半叶之前，法律所采取的形式还是以调整对象为基础偶然形成的，每一项立法都反映了推动该项立法的利益集团（无论它是某个特定的行会、某个特定的行业部门或者以利益为基础的某个社会集团）的利益。② 比如对药剂师威廉姆·库克沃西授予特权，以独家使用和行使其对于制造瓷器的某些材料的发现，或者授予技师詹姆斯·瓦特以在蒸汽或者火力引擎上的独家使用和财产权。③ 我们从这一时期英国制定的法律名称就可以看出来端倪：1690年的《鼓励从玉米中蒸馏白兰地和酒精法》、1710年的《为鼓励知识创作而授予作者及购买者就其已经印刷成册的图书在一定时期内之权利法》④、1735年的《通过在规定时间内授予发明人和雕工以财产权而鼓励设计、雕刻、蚀刻历史性以及其他印版之技术法》、1742年的《保护技术能手约翰·拜罗姆对由其发明之速记技术和方法在一定年限内享有独家出版权法》和1787年的《通过在有限时间内授予设计人、印花工和所有权人以财产权而鼓励亚麻布、棉布、白棉布和平纹细部的设计、印花技术法》等。⑤ 以至于后世学者在论述英国的这一立法现象时讽刺道："如果我们为文学财产制定一部法律，就没有任何理由不应当为每一种财产都制定一部特别的法律，所以，我向你们提议制定一部针对以下各种财产的法律：在帽子上的财产、在桃子上的财产、在桃酒上的财产、在属于M·安吉斯的

---

① See Brad Sherman and Lionel Bently, *The Making of Modern Intellectual Property Law*, (Cambridge University Press, 1999) 97 – 98.

② ［澳］布拉德·谢尔曼、［英］莱昂内尔·本特利：《现代知识产权法的演进（1760~1911英国的历程）》，金海军译，北京大学出版社2006年版，第86页。

③ ［澳］布拉德·谢尔曼、［英］莱昂内尔·本特利：《现代知识产权法的演进（1760~1911英国的历程）》，金海军译，北京大学出版社2006年版，第20页。

④ 该法因为安娜女王在位时所颁布，所以又称《安娜法》。该法被公认为是世界上第一部版权法的《安娜法》。但该法的重要意义主要体现在它是第一次以制定法的形式将保护重点由印刷出版者的利益转向作者的利益，其实它并没有对版权相关内容进行全面、系统的规定。

⑤ ［澳］布拉德·谢尔曼、［英］莱昂内尔·本特利：《现代知识产权法的演进（1760~1911年英国的历程）》，金海军译，北京大学出版社2006年版，第7页。

绿帽子上的财产"。① 一直到19世纪50年代之前，并不存在任何的（现代意义上的）著作权法、专利法、外观设计法或商标法，当然也没有任何的知识产权法。至多存在着这样的一致意见，即法律承认并授予在智力劳动上的财产权。②

3. 相关领域比较体系化的单行法

随着人们对智慧创作物认识的不断加深，不断地有新的财产形式被纳入知识产权范围之类。在针对特别事项立法的情况下，立法者的首要任务就是把将要获得保护的对象与已经获得保护的对象进行比较，看其是否能够被已经颁布的法律所涵盖，如果没有的话，则可以颁布一个新的法律。"当一种新的情况要把财产权保护扩张至一个新的对象时，它一般是通过与先前存在的保护模式进行类比而做到的。更具体地说，这是通过显示新的对象与那些已经获得保护的对象之间具有相似的特征而完成的。"③ 就这样，在知识产权法所调整的范围不断扩大的同时，通过这种新旧保护对象之间的比较，各类智慧创作物间的相似点和共同点被越来越多地归纳和总结出来。久而久之，专利权、著作权和商标权等知识产权的基本类型也逐渐被区分和确定下来。

而且，随着人们对知识产权认识的深入以及知识产权立法水平的不断提高，知识产权法律体系混乱的局面也在逐渐得到改善。随着19世纪上半叶概念法学在欧洲的兴起和传播，人们开始更多关注知识产权法律外在的形式美感，制定时就已经开始尽可能简单、统一和精确，为此许多立法技术被采纳，其中一个重要方面就是用尽可能抽象的语言界定知识产权的保护客体，以便提高法律适用上的弹性，从而间接提高法律的稳定性。④

以英国版权为例，至1710年《安娜法》后，英国又陆续颁布了许多与著作权有关的法律，这些法律大多是针对具体事项立法，主要有1734年的《雕刻版权法》、1814年的《雕塑版权法》、1833年的《戏剧版权法》及1862年的《美术作品版权法》等。这一时期的英国版权体系是如此的琐碎，以至于有人说到"它杂乱无章，不完美，十分晦涩，有时甚至是相互矛盾。一个人不经过苦心研究是不可能明白法律所表达的意思的，……它属于低层次的法律，其体系还根本

---

① ［澳］布拉德·谢尔曼、［英］莱昂内尔·本特利：《现代知识产权法的演进（1760～1911年英国的历程）》，金海军译，北京大学出版社2006年版，第89页。

② ［澳］布拉德·谢尔曼、［英］莱昂内尔·本特利：《现代知识产权法的演进（1760～1911年英国的历程）》，金海军译，北京大学出版社2006年版，第4页。

③ ［澳］布拉德·谢尔曼、［英］莱昂内尔·本特利：《现代知识产权法的演进（1760～1911年英国的历程）》，金海军译，北京大学出版社2006年版，第20页。

④ See Brad Sherman and Lionel Bently, *The Making of Modern Intellectual Property Law*, (Cambridge University Press, 1999) 74-75.

没有建立起来"。① 针对这种糟糕的状况，立法者也不得不在立法上作出应对。1911年，英国议会通过了《版权法》（Copyright Act of 1911），这部法律对以前所颁布的诸多法律作了一次清理，将它们置于一部统一的法律之中，实现了版权领域内一部单行法独掌大局的状况。而在此之前，英国分别于1905年颁布《商标法》（Trademark Act），1907年颁布《专利与外观设计法》（Patents and Designs Act），对商标权和专利权领域的法律进行了清理。这三部法律分别在版权、专利权、商标权领域建立了完善的、统一的权利体系。在此前后，美国、法国、德国、日本等国也纷纷制定了本国的专利法、著作权法和商标法，而这些知识产权单行法的出现标志着知识产权体系化已经走进了完善阶段。一直到现在，世界上大多数国家的知识产权法还是采取这一形态，即相关领域比较体系化的单行法并存，由它们来共同构建知识产权法律体系。

4. 工业产权法典的出现

从19世纪80年代开始，由于知识产权研究的不断发展，人们也逐渐认识到各类具体权利在适用领域、权利产生等方面的特点与差别。通过不断的研究与总结，在理论界产生了一种愈来愈强烈的趋势，要把知识产权分为两大类：以著作权为一类，而以工业产权（外观设计、专利和日益增多的商标）为另一类。② 这种把知识产权分为两大类的做法，得到了当时知识产权国际条约的认可，1883年缔结的《巴黎公约》和1886年缔结的《伯尔尼公约》就是对这种分类法的一种反映。

最早在国内立法上反映这种分类法的是葡萄牙。葡萄牙曾经于1837年颁布《发明专利法》，1883年颁布《商标法》。葡萄牙在1884年加入《巴黎公约》后，随即在国内立法上作出了相应的调整。1896年5月，葡萄牙颁布《工业产权法典》，其调整对象包括专利权与商标权，这是世界上第一部工业产权法典。此后，同位于伊比利亚半岛的西班牙也于1926年颁布《工业产权法典》。在葡萄牙、西班牙两国的影响下，许多国家也纷纷采用了这种立法形态。工业产权法典的立法形态不仅在深受葡、西两国影响的前殖民地拉丁美洲诸国如墨西哥、巴西、巴拿马、秘鲁等国被采纳，而且阿尔巴尼亚、波兰、肯尼亚等非拉丁语系国家也先后采纳了这种立法模式，纷纷制定了本国的工业产权法典。世界上最新的一部工业产权法典由意大利于2005年3月颁布。

工业产权法典的出现，使各类工业产权得到了归类保护，在知识产权领域形

---

① See Stephen Stewart, Two Hundred Years of English Copyright Law, Two Hundred Years of English and American Patent, Trademark and Copyright Law, (American Bar Association) P. 88.

② ［澳］布拉德·谢尔曼、［英］莱昂内尔·本特利著，金海军译：《现代知识产权法的演进（1760～1911年英国的历程）》，北京大学出版社2006年版，第191页。

成了"工业产权法典+著作权法"的立法保护模式，也标志着知识产权法体系化的进一步深入。

5. 知识产权法典的出现

自法国学者卡普佐夫于17世纪中叶创造出"知识产权"一词后①，在200多年的时间里，"知识产权"却仅仅只是一个法学名词而不是法律名词。虽然人们逐渐认识到知识产权的重要性，从理论上对"知识产权"进行详尽地研究和论述，并将越来越多的具体权利类型纳入其范围，但各国立法重点还是集中在如何对知识产权的各类具体权利进行规范这一层次，并未提升到从整体上对知识产权进行规范，至多也只是提升至"工业产权"层次。各国存在着以专利权、商标权、著作权等知识产权下位权利概念冠名的法律，也出现过以工业产权冠名的法律，却从未存在"知识产权"这样一个法律文件。② 这种知识产权理论体系与法律体系相脱节的尴尬状况直到20世纪下半叶才有所改变。

1967年7月14日签订的《成立世界知识产权组织公约》是第一部出现"知识产权"概念的国际公约，以法律文件的形式将知识产权的具体权利类别固定下来。斯里兰卡1978年加入世界知识产权组织后，参照该公约的规定，1979年颁布其知识产权法典，为世界上第一部知识产权法典，将以往由单独立法调整的专利权、工业设计权、商标权、著作权、商号权、反不正当竞争等具体权利类型全部归由一部法律调整。此后，法国于1992年、菲律宾于1997年、越南于2005年也先后制定其知识产权法典，对知识产权实行统一规定和调整，将各类知识产权纳入同一立法框架之中，形成了一股知识产权制度法典化的潮流。

知识产权法典将知识产权立法层次在工业产权法典的基础上进一步提升，是理论上对各类具体权利共性把握的最终结果。知识产权法典的诞生标志着知识产权法体系化达到了高峰期，也标志着知识产权终于作为一个法律名词在法律体系中取得了一席之地。

（二）各国知识产权制度法典化简介

对于后进国家而言，在法学研究和立法工作中必然会对外国的相关立法经验进行相应的介绍、了解和借鉴，本书的研究也同样要遵循这一规律。考察我国知识产权的立法发展历史，基本上可以认为知识产权和知识产权法对我国而言都是"舶来品"，知识产权法典更不例外。1999年，黄晖博士的译作《法国知识产权

---

① 吴汉东主编：《知识产权法》，中国政法大学出版社2004年版，第1页。
② 虽然西班牙存在以"知识产权"命名的法律，但在西班牙，知识产权法实际上是著作权法的代称。具体参见郑成思：《知识产权论》，法律出版社2003年版，第26页。

法典》一书的出版第一次将"知识产权法典"一词引入我国,在学术界引起了一定的反响,同时也开启了国内对于知识产权制度法典化的研究。

为此,在对我国的知识产权制度法典化展开研究之前就必然要对外国知识产权法典进行相应的研究。笔者在此主要选取法国、斯里兰卡、菲律宾和越南四国的知识产权法典作为研究对象。这其中,斯里兰卡的知识产权法典是笔者所知的制订最早的一部知识产权法典;法国的知识产权法典则是最为我国研究者所熟悉的一部知识产权法典,《法国知识产权法典》早已经成为了大家关注的焦点,国内学者相关的研究也大都是围绕《法国知识产权法典》展开的;而越南的知识产权法典则是笔者所知最新的一部知识产权法典,而且越南在社会制度、经济文化发展等方面与我国有着诸多相似之处。因而,这三部法典都具有较强的典型意义。

1. 法国知识产权制度法典化概况

与其他资本主义国家一样,法国的知识产权制度也是在早期特许权的基础上产生的。例如,法国最早的专利制度就是以特许令的形式存在的。在法国大革命以前的几个世纪内,法国的封建君主一直在向发明者颁发特权证书,大部分证书具有现代专利所有的主要特点,诸如:要求发明具有新颖性、一定期限的垄断权、专利权的内容、专利权的批准或专利权的性质。

1789 年法国大革命爆发后,革命者推翻了封建王朝的统治,废除了包括特权证书在内的一切王室特权。当年发表的《人权宣言》把财产列为一种"自然的和不可废除的人权","自由表达思想、发表意见是人最宝贵的权利之一。因此所有公民除了在法律规定的情况下对滥用自由应负责任外,作者可以自由地发表言论、写作和出版","犹如动产与不动产一样,思想也是一种财产"。基于这一思想的指导,法国相继颁布了一系列与知识产权有关的法律法规。法国第一部《专利法》诞生于 1791 年,后来分别于 1844 年、1968 年、1979 年进行了比较重大的修改。在版权法方面,法国分别于 1791 年颁布了《表演权法》,1793 年颁布了《作者权法》。法国 1957 年颁布了《著作权法》,该法全面提升了作者精神权利和财产权利。1985 年的修改则更上一层楼,将软件作为作品纳入著作权保护,并增加了对邻接权的保护,尤其大量增加了著作权及邻接权集体管理方面的内容。在商标法方面,法国于 1803 年制定的《关于工厂、制造场和作坊的法律》,被认为是世界上最早的成文商标法。此后分别于 1964 年和 1991 年进行了重大修改。

1992 年 7 月 1 日法国颁布了第 92~597 号法律,宣告了《法国知识产权法典》(法律部分)的诞生。该部法典对法国当时 23 个与知识产权有关的单行立法进行了整理和统一,将作品(对作品的传播和数据库)、外观设计权、发明专利权、商业秘密、集成电路布图设计、植物新品种、商标和原产地名称等都纳入法典的保护范围之内。《法国知识产权法典》的诞生同时也标志着法国的知识产权法律制度从单行法阶段发展到了法典阶段，使其成为法国知识产权制度发展史上的一个重要里程碑。1995 年 4 月 10 日法国又颁布了第 93～385 号法令，宣布了《知识产权法典》（法规部分）的诞生，该部分汇集了法国行政法院指定的有关知识产权的行政法规，内容主要涉及具体操作程序和规范。从这一角度看，《法国知识产权法典》实际上有广义和狭义两种称谓，广义上的《法国知识产权法典》包括法律部分和法规部分，而狭义上也即我们统称所说的《法国知识产权法典》特定的指向其法律部分。立法者对法典法律部分和法规部分从形式上也进行了区分，立法部分的法条之前冠以"L"，而法规部分的法条之前则冠以了"R"。

2. 斯里兰卡知识产权制度法典化概况

斯里兰卡是一个位于南亚次大陆南端的岛国，原名锡兰（Ceylon）。锡兰曾经被英国殖民统治将近 200 年，直到 1948 年才获得独立。1972 年，锡兰改国名为斯里兰卡（Sri Lanka）。作为被英国长期殖民统治的结果，英国法律对斯里兰卡的法律体系产生了巨大的影响，斯里兰卡在传统上也被归属于英美法系国家。在殖民统治时期，知识产权的概念被介绍到斯里兰卡，英国调整专利、设计、商标和著作权的法律在斯里兰卡也得到适用。

斯里兰卡 1948 年独立后，在相当长的时间实行以国有计划经济为主体的经济体制。20 世纪 70 年代以后，国有经济为主体的经济体系弊端显现，影响了斯里兰卡经济的发展。1977 年，以贾亚瓦德纳为领导的统一国民党政府上台，接受国际货币基金和世界银行的建议，实行"自由化"的经济政策，全面推行私有制，放宽进口，大量吸引外资和引进技术，发展自由贸易区。此后的各任政府均遵循这一经济政策而未进行较大的变动。在对外开放市场的情况下，斯里兰卡政府的当务之急就是吸引外国投资、迎进外国技术，为经济发展创造一个良好的法律环境，因此 1979 年《斯里兰卡知识产权法典》（The Code of Intellectual Property Act No. 52 of 1979）应运而生。而这部法典的诞生标志着斯里兰卡知识产权法体系的一场革命：斯里兰卡议会废除了所有现存的知识产权法律，将所有类型的知识产权都纳入《知识产权法典》的调整范围。1979 年《斯里兰卡知识产权法典》建立在世界知识产权组织为发展中国家提供的示范法的基础之上，而斯里兰卡则是最早采纳这一示范法的国家之一。[①] 这部法典在斯里兰卡适用了

---

① See W. A. Jayasundera, Intellectual Property Training—Lessons from Japan for Sri Lanka, P56. Final Report The Long term Fellowship Program under the WIPO Fund-in-trust/Japan February 2002 to June 2002. http：//www. jpo. go. jp/torikumi_e/kokusai_e/asia_ip_e/pdf/wipo/2001_srilanka. pdf.

20 多年，期间分别在 1980 年（Act No. 30 of 1980）、1983 年（Act No. 2 of 1983）、1990 年（Act No. 17 of 1990）、1997（Act No. 13 of 1997）和 2000 年（Act No. 40 of 2000）经过了细微的修订。

斯里兰卡议会于 2003 年 11 月 12 日通过了新的《知识产权法典》（Intellectual Property Act，No. 36 OF 2003），用它代替了 1979 年的知识产权法典。

3. 菲律宾知识产权制度法典化概况

菲律宾的知识产权保护要上溯到西班牙殖民统治时期（1521~1898 年）。在 1862 年之前，专利人通过申请可以获得 5 年、10 年、20 年不等的保护期。而到了 1888 年，根据西班牙为菲律宾制定的商标法，商标通过登记注册也可以获得保护，商标权属于最先申请注册的人。1879 年 1 月 10 日的《西班牙知识产权法》① 是菲律宾的第一部著作权法。② 而美西战争后，西班牙的殖民统治被美国所代替。在从 1898 年 12 月 10 日开始的美国统治时期，所有的专利申请均由美国专利局按照美国专利法的标准审查和批准。③ 菲律宾国会于 1903 年通过了第 666 号法案即《菲律宾商标与商号法》，该法废除了商标注册制度，规定使用是获得商标权的基础，很明显这也是对美国商标法基本原则的贯彻。④ 菲律宾国会于 1924 年 3 月 6 日颁布了第 3134 号法案即《菲律宾知识产权法》，这部法律建立在美国 1909 年版权法的基础之上。⑤

独立后的菲律宾最早保护知识产权的法律颁布于 1947 年，分别是共和国 165 号法案和 166 号法案，这两个法案建立了菲律宾的专利权和商标权法律制度。1972 年依据菲律宾第 49 号总统令颁布的《知识产权保护法令》又建立了菲律宾的著作权保护体系。这三部法律此后又经过多次修改，成为菲律宾知识产权法律体系的基础。而且菲律宾政府很早就已经制定了保护和促进知识产权的国家政策。这一项政策在 1973 年的《菲律宾宪法》中就已经被体现出来，该宪法规定"应当将与发明、作品和艺术创作有关的一定期限的专有权利授予发明者、作家和艺术家"。1987 年的《菲律宾宪法》中也明确规定国家应当保护知识产权。⑥

---

① 在西班牙，Intellectual Property Law 实际上是指 copyright law，菲律宾深受西班牙影响，也采用了这一称谓。

②⑤ See Christopher L. Lim. The Development of Philippine Copyright Law. Ateneo Law Journal，Vol. 46 Issue No. 2，September，2001.

③ See Honorie B. de Vera，Post Grant/Registration Law，Procedure，Practice and Computerization of the Intellectual Property Office（Philippines）and the Japan Patent Office，http：//www.jpo.go.jp/kokusai_e/asia_ip_e/pdf/wipo/2003_philippines.pdf.

④ See Ferdinand M. Negre，Trademark Law in a Knotshell：From Caves to Cyberspace，Ateneo Law journal de Manila School of Law [46 Ateneo L. J 4659 (2001)].

⑥ See E. B. Astudillo，'Intellectual Property Regime of the Philippines' in Arthur Wineburg（ed）Intellectual Property Protection in Asia（2nd edn），Lexis Law Publishing，Charlottesville，Virginia，1999.

此后，又有一系列法律被制定出来以进一步促进和保护知识产权。而共和国第 8293 号法案即《菲律宾共和国知识产权法典》（the Intellectual Property Code of the Philippines）于 1997 年 6 月 6 日颁布，并于 1998 年 1 月 1 日起开始生效。① 随着知识产权法典的颁布，菲律宾知识产权法的发展进入了成熟期，建立了比较完备的知识产权法律体系。

4. 越南知识产权制度法典化概况

越南统一后最早的知识产权法律是 1981 年 1 月 23 日公布的《技术进步、生产合理化和发明条例》，但这部法律与当时越南的计划经济相适应，它着重对创造者的精神权利的保护，而忽略了对其财产权利的保护。1982 年，越南颁布了《商标保护法令》，1986 年颁布了《著作权保护法令》，这个条例的重要作用就是越南象征意义地保护著作权，并且越南政府也想通过它来对大众进行知识产权教育。②

伴随着 1986 年越南共产党"六大"制定了由计划经济转向市场经济的改革政策，越南陆续制定了一系列的知识产权法律：1988 年颁布了《实用新型保护法令》、《工业设计保护法令》和《从外国向越南引进技术法令》；1989 年 2 月颁布了《工业产权保护法令》；1994 年颁布了新的《著作权保护法令》。

随着 1995 年 10 月《越南民法典》的制定，前述知识产权法律都被废除，而"知识产权与技术转让"则成为《越南民法典》的第六编。③《越南民法典》（1995）颁布以后，针对其实施过程中暴露出来的一些问题，越南政府、各部又陆续颁布了一些其他的法律规范，以拓宽知识产权保护的范围，加强《民法典》知识产权部分的可操作性。例如，越南政府 1996 年颁布了第 63/CP 和 76/CP 法令作为民法典对工业产权和著作权规定的实施细则；2000 年颁布了第 54/2000/ND-CP 号法令，对商业秘密、地理标志、商号、不正当竞争进行具体保护；2001 年 2 月 1 日颁布了 No.06/2001/ND-CP 号法令，对 63/CP 号法令予以修改，对发明、实用新型、工业设计、商标、原产地名称进行具体保护；2001 年 4 月 20 日颁布的第 13/2001/ND-CP 号法令则对植物新品种提供了保护；2003 年 5 月 5 日颁布的第 42/2003/ND-CP 号法令对集成电路布图设计提供了保护。到 2005 年止，越南保护知识产权的法律包括《民法典》、《刑法典》、《海关法》在内一

---

① Brief Background on the developments in Intellectual Property Rights in the Philippines. http：//www.chanrobles.com/legal7history.html.

② 李强、范柞军：《越南知识产权法初论》，载《东南亚纵横》，2005 年第 4 期。

③ See Mart Leesti, Country Case Study for Study 9: Institutional Issues for Developing Countries in IP Policy-Making, Administration and Enforcement, Vietnam. Commission on Intellectual Property Rights. http：//www.iprcommission.org/papers/pdfs/study_papers.

共有40多部。①

2005年11月19日，越南国会颁布了统一的《知识产权法》（Intellectual Property Law），并于2006年7月1日开始施行。这部法律成为越南知识产权发展历程中的里程碑，它标志着越南知识产权法体系的成熟。与此同时，越南国会于2005年6月14日通过了新《民法典》，其中对"知识产权与技术转让编"的相关内容进行了较大的改动，并于2006年1月1日起生效。

二、外国知识产权制度法典化启动与实施

（一）统一知识产权法律体系

在制定知识产权法典之前，各国都曾经深受知识产权法律体系凌乱之苦，这种凌乱主要表现在立法层次不统一、法律之间相互冲突时有发生。《法国知识产权法典》颁布之前，在法国一共存在着二十多部与知识产权有关的单行法律法规，而且法院的许多判例也在发挥效力。1995年《越南民法典》虽然将以往制定的知识产权法律统统废除，但由于其本身对于知识产权的规定又过于笼统不便于具体操作，只能是一种原则性的规定，不利于知识产权保护的具体展开和实施，而且也对有些内容有所遗漏，所以此后越南的国会、政府、相关各部和其他法定机关又陆续颁布了许多与知识产权有关的法律文件，以拓宽知识产权保护的范围，加强《民法典》知识产权部分的可操作性。到2005年止，越南保护知识产权的法律包括《民法典》、《刑法典》、《海关法》在内一共有40多部。这一阶段越南知识产权法律体系存在的问题主要是：法律体系杂乱，给人一种不稳定和经常变动的印象；各法律的层次性不一致，知识产权的保护主要还是由较低层次的实施细则和部门规章来完成；法律冲突和法律空白的情况大量并存，严重地影响了法律的实施效果。②

菲律宾1947年《专利法》和《商标、服务商标和商号法》是由菲律宾议会制定，以共和国法案的形式出现，而调整著作权的1972年《知识产权令》却是以总统令的形式出现的，菲律宾此后的知识产权法律也包括了共和国法案、总统令、执行令和部门管理条例等形式，数量也达数十部之多。这种凌乱的法律体系

---

① Vietnam Intellectual Property Law: A Major Milestone in Its International Integration Process, Source: http://www.vir.com.vn/Client/VIR.

② See Nguyen T Hong Hai, Vietnam Pledges IP Overhaul, http://www.managingip.com/? Page = 17&ISS = 12723&SID = 473446.

严重地影响到了法律的权威性和可操作性。斯里兰卡的知识产权法律体系也存在着相似的问题。所以各国都以制定知识产权法典为契机，都宣布废除此前的各知识产权法律，对本国的知识产权法律进行了一次大清理。这一方面提高了知识产权的立法层次，宣示了知识产权的重要性，另一方面也统一了知识产权法律体系，消除了法律冲突和法律漏洞，从而增强了法律的可操作性，树立了知识产权法典的权威性。

（二）为加入 WTO 作准备和应对美国的压力

世界贸易组织于 1995 年 1 月 1 日成立，并且签署了《与贸易有关的知识产权协定》（TRIPs），菲律宾与斯里兰卡都是该协定的签字国。按照 TRIPs 的"最低保护标准"原则，两国作为 WTO 的成员国，必须使其国内法律对知识产权保护的程度达到 TRIPs 所要求的标准。TRIPs 给作为发展中国家的菲律宾和斯里兰卡留下了五年的过渡期，即到 2000 年，两国知识产权法的各项规定必须符合 TRIPs 的要求。所以 1998 年 1 月 1 日生效的《菲律宾知识产权法典》正好赶上了过渡期的期限要求。而斯里兰卡先是在 1997 年和 2000 年按照 TRIPs 的要求对 1979 年《知识产权法典》进行了两次修订，但后来还是觉得小修小改解决不了问题，最终决定制定一部全新的《知识产权法典》，这才诞生了 2003 年《斯里兰卡知识产权法典》。越南于 1995 年 1 月提出加入 WTO 的申请，1998 年 7 月开始入世谈判。而越南知识产权法律与 TRIPs 协定之间的差距成为阻碍其入世的重要因素，越南知识产权制度法典化的历程就是伴随着越南入世谈判的历史而共同展开。可以认为，《越南知识产权法》的制定和实施在一定程度上是向外界表明越南政府对知识产权保护的重视。而在《越南知识产权法》出台后的短时间内，包括美国在内的各方相继顺利地结束与越南之间的入世谈判，世界贸易组织于 2006 年 11 月批准了越南的入世申请，越南于 2007 年 1 月 11 日正式成为世界贸易组织第 150 个成员。在越南入世的过程中，《越南知识产权法》应该是发挥了不小的作用。

各国知识产权法典或修订的过程中也或多或少的闪现着美国的背影。美国和菲律宾于 1993 年 4 月达成了《美国—菲律宾知识产权保护备忘录》；美国与斯里兰卡于 1991 年 9 月签订了《美国—斯里兰卡知识产权双边保护协定》；美国于越南于 2001 年 7 月签署了《美国—越南双边贸易协定》，协定第 2 部分即为"知识产权"。这三部双边协定都为签字国在知识产权保护方面设定了较高的国家义务。在美国贸易代表每年发布的"特别 301 报告"中，菲律宾从 1989~1998 年都被列入重点观察名单或观察名单，越南从 1997~2005 年都被列入观察名单。美国多次敦促两国加强知识产权保护，否则会给予经济制裁。美国在越南加入

WTO 的谈判过程中，也多次以知识产权保护不力为理由加以阻挠。而在《越南知识产权法》颁布之后，美国与越南即于 2006 年 5 月 14 日达成了 WTO 入会双边协议。由此可见，各国知识产权法典的制定与修改在一定程度上也是为了应对美国的压力。在面临着 TRIPs 协定和美国的双重压力下，各国必须对本国的知识产权法律进行一次大规模的修订和整顿。从立法成本上来说，用法典的形式进行整体上的一次性修订明显比用单行法形式进行的分散整顿要节约一些，这一点笔者在后面会进行相关的论证。

（三）强化知识产权管理与保护

在制定知识产权法典之前，各国关于知识产权管理的规定大都分散于各单行法律之中，专利权、商标权、著作权等管理部门多处于各自为政的局面。这种知识产权管理体制分散的局面也直接导致了知识产权保护不力。因此各国在制定知识产权法典是，都将强化知识产权管理作为立法重点。斯里兰卡与菲律宾都将知识产权管理作为知识产权法典的第一编，建立了统一的知识产权管理机关。《斯里兰卡知识产权法典》的第一编为"管理"，规定斯里兰卡国家知识产权局为斯里兰卡商业贸易部的下属机构，是斯里兰卡唯一有权受理工业设计、专利、商标或其他事务的注册及知识产权管理的机构，并对规定知识产权局局长的任命、权力及职责等内容进行了详细的规定。而《菲律宾知识产权法典》的第一编为"知识产权局"，规定知识产权局为菲律宾唯一的知识产权行政管理部门，然后用长达 15 条的篇幅对菲律宾知识产权局的职能、组织结构、下属各部门、经费、人员组成等内容进行了详细的规定。越南和法国虽然没有设立统一的知识产权管理部门而是保留了以往那种总体分散、适当集中的知识产权管理体系，但它们分别在知识产权法典中就各行政管理部门的职责范围进行了明确的规定与划分，相比于单行法的分散规定而言，这种做法也具有一定的比较优势。

（四）知识产权与经济发展整合

在知识经济和经济全球化的背景下，如何发挥知识产权制度的实际功效，以促进本国经济的快速发展已经成为各国政府的重要任务。由于体系化的法典所具有的一系列优势，能够发挥知识产权制度的整体效应，实现知识产权与经济发展的有效整合，因而这也成为了各国制定知识产权法典的重要诱因。以越南为例，长期以来，越南的知识产权法律体系建构的目的比较单一，其目的主要是为了加入世界贸易组织和吸引外国投资者。从实际效果来看，这一时期越南知识产权法律基本上还是达到了吸引外国投资者的目的。但同时也暴露出一个重要缺点，即对于本国科学技术发展的推动力还不明显。在越南受保护的各类知识产权中，外国人持有的知识产权数量还是占据了绝对优势，而越南本国人持有的知识产权数量却少得可怜，只占十分微小的比例。①

这种状况引起了越南有关部门的高度关注，2004 年 6 月，越南科技部向越南国家主席递交了一份关于鼓励越南企业发展知识产权财产的计划草案。该计划草案着眼于以下几个目标：（1）提高企业者对于知识产权的了解和知识产权管理积极性；（2）创建和发展各类知识产权财产；（3）发展与知识产权有关的信息资源公开；（4）加强知识产权管理机关与企业之间的联系。该计划由科技部负责主持，经济部、工业部、农村农业发展部、渔业部、卫生部和商业部予以配合。计划执行期为 2005～2010 年，预算为 320 万美元。② 与此同时，越南科技部部长在征询一系列政府部门和法律机构的意见后，拟订了一个完善知识产权法律体系的计划书。该计划认为，完善越南的知识产权法律体系可以遵循以下三种方案：第一，制定一部涵盖所有知识产权的法典式的知识产权法；第二，在知识产权的主要领域分别制定一部法律，例如可以在著作权领域制定著作权法，在工业产权领域制定工业产权法，在植物新品种领域制定植物新品种权法；第三，每一类知识产权都单独的制定法律，例如著作权法、专利法、商标法等。在分析了上述三种方案的利弊、越南自身的国情和各机关的意见之后，科技部长选择了第一种方案。2004 年 7 月 6 日，这一计划书被递交给越南国会主席。科技部部长建议在 2005 年初提交一个知识产权法草案，并在 2005 年年中完成法律的起草工作以便于国会能够在 2005 年底通过该法律。

该计划的目的在于强化越南知识产权保护，使其不但能够适应由 Trips 协定确立的国际知识产权保护标准，也能够适应越南整合经济发展的需要。该计划着眼于以下五个方面的工作：（1）修订《民法典》（由司法部主持）。将《民法典》进行修订，使其只对有关知识产权的原则性内容进行规定。例如，财产的概念要予以修改并将知识产权包含在内，应当认识到知识产权是一项无形财产权。（2）制定统一的《知识产权法》（由科技部主持）。（3）制定与《知识产权法》有关的实施细则。（4）制定与实施细则有关的部门法规。（5）对其他法律中与知识产权有关的规范进行修改使之与《知识产权法》保持协调一致。③ 2004 年 8 月，越南国务院发布了第 3985/VPCP-KG 号行政令，命令越南科技部与司法部负责落实该计划书。

---

① Vietnam Ministry of Sciences and Technology, Accession to the WTO and the Intellectual Property System in Vietnam, http://siteresources.worldbank.org/INTRANETTRADE/Resources.

② See Vision & Associates, National Program on Supporting Vietnamese Enterprises in Development of IP Assets, http://www.vision-associates.com/Pdf/English/IP_pdf/2004/IPnews2Quarter2004.pdf.

③ See Nguyen T Hong Hai, Vietnam pledges IP overhaul, http://www.managingip.com/? Page = 17&ISS = 12723&SID = 473446.

其后，越南国会于 2004 年 11 月通过了 2005 年法律发展计划。在这一计划的指导下，越南科学技术部被授权联合文化信息部、农业和农村发展部共同起草一部知识产权法。一个跨部门的联合法律起草小组也随即成立，小组的成员由上述三个部门及相关的部门代表组成。在随后的一个月内，起草小组就拟定了出了一个法律草案。2005 年 1 月 1 日，越南科学技术部部长作为法律起草小组的组长将该草案提交给越南国务院。2005 年 1 月 10 日，越南国务院与法律起草小组一起组织了一个公开会议，听取国家各个部门对法律草案的意见。在听取各方意见并对法律草案进行修改之后，法律起草小组又于 2005 年 2 月 7 日将草案再次提交给国务院。2005 年 4 月 11 日，越南国务院将草案提交给越南国会。2005 年 4 月 30 日，越南国会科技与环境委员会表达了对法律草案的支持。4 月 30 日和 31 日两天，通过公开的辩论，大约有 31 位国会代表发表了自己对知识产权法草案的意见。2005 年 8 月 1 日，经过对国会代表意见的考虑并对草案予以修改后，法律起草小组和越南科技与环境委员会向越南国会常务委员会提交了新的知识产权法草案。2005 年 8 月 9 日，越南国会常务委员会的专职委员对该草案进行了公开辩论，一共针对草案提出了 18 条意见。① 此后，起草委员会在此基础上又对草案进行了几次修改，并提交国会审议。2005 年 11 月 19 日，越南国会颁布了统一的《知识产权法》（Intellectual Property Law），并于 2006 年 7 月 1 日开始施行。

从中可以看出，越南政府已经开始将知识产权与经济发展相整合，欲使知识产权成为经济发展的重要推动因素。要想实现计划所拟定的目标，必须要在法律上做出回应，这也成为《越南知识产权法》出台的重要诱因。

（五）具体实施效果

亚里士多德曾经说过："法治应包括两重意义：已成立的法律获得普遍的服从，而大家所服从的法律又应该本身是制定得良好的法律"。② 即法治实际上是良法和守法的完美结合。单从结果价值上考虑，知识产权制度法典化追求的目标仅仅是制定出一部知识产权法典。抛开其他因素不谈，这一目标的达成应该是相对比较容易的。但如果从过程价值上考虑，则知识产权制度法典化的目标应该是达到亚里士多德所说的良法和守法的完美结合优秀，即不仅要制定出一部法典，该法典还要在形式和内容上达到优秀，更为重要的是，这部知识产权法典还能够得到社会的认同与信仰，以达到一种适用上的优秀。因为，即使一国制定了知识

---

① Vu Manh Chu, About Vietnam's Draft Law on intellectual property, http://www.cov.org.vn/English.
② ［希腊］亚里士多德：《政治学》，吴寿彭译，商务印书馆 1965 年版，第 199 页。

产权法典也并不就意味着未来的知识产权工作会一帆风顺，只有将知识产权制度法典化与相关国家公共政策的制定和实施工作紧密地结合在一起，才能充分发挥知识产权法典的最大功效，反之，则知识产权法典极有可能成为字面上的法典。

对于《法国知识产权法典》而言，由于法国一直是世界上科学技术和文化艺术最发达的国家，知识产权保护水平处于非常高的标准，所以其实施效果是毋庸置疑的。而《越南知识产权法》由于其颁布的时间较晚，其实施效果尚不能得到很明显的显示，所以笔者下面将以斯里兰卡和菲律宾两国知识产权法典的具体实施效果为例来进行说明。

1. 《斯里兰卡知识产权法典》的实施效果

知识产权法典总的来说有两大方面的功能：一是保护知识产权；二是促进社会科技文化的发展。相对于其他发展中国家而言，斯里兰卡的知识产权保护效果比较令人满意。美国每年都会发布特别 301 报告对世界各国尤其是发展中国家的知识产权保护状况进行评估，而斯里兰卡只有在 2003 年曾经被列入观察名单，在其他年份则未被该报告所涉及。这说明连一向苛刻的美国也对斯里兰卡知识产权保护状况感到满意，这里面毫无疑问有知识产权法典的一份功劳。但与此同时，《斯里兰卡知识产权法典》在促进本国社会科技文化发展方面的功能则尚未得到充分的发挥。从表 17-1 的数据统计可以看出，1979 年《斯里兰卡知识产权法典》颁布后，斯里兰卡本国人的发明专利授予量并无实质性的增长，其数量常年在低水平徘徊。在斯里兰卡 2003 年的国民生产总值的构成中，工业只占 26.3%。①

表 17-1　　斯里兰卡本国人 1982~1998 年发明专利授予量　　单位：个

年份	1982	1983	1984	1985	1986	1987	1988	1989	1990
数量	13	9	13	18	17	29	16	26	20
年份	1991	1992	1993	1994	1995	1996	1997	1998	总计
数量	30	19	25	29	33	65	55	44	461

资料来源：See Dr Sarath Dasanayaka, Technology, Poverty and the Role of Newtechnologies in Eradication of Poverty: the Case of SriLanka, http://servesrilanka.net/technology_poverty_sri_lanka.pdf. pp. 19-20.

据斯里兰卡官方的说法，2003 年《斯里兰卡知识产权法典》制定的目的有

---

① U.S. Department of Commerce, Country Commercial Guide, Sri Lanka, July 2004, http://strategis.ic.gc.ca/epic/site/imr-ri.nsf/en/gr119527e.html.

三个：（1）提高民族的创造力；（2）保护这些创造行为；（3）遵循加入世界贸易组织应当承担的义务。① 但从斯里兰卡官方近几年发表的数据可以得知，在这三个目的之中，前两个目标还是未能得到较好的实现。通过对斯里兰卡 2000 年至 2005 年发明专利及外观设计的申请量和授予量（见表 17-2、表 17-3）的分析，我们可以发现，虽然进入 21 世纪后，斯里兰卡的专利申请量与授予量与以前相比有了一定的进步，但还是暴露出以下一些问题：（1）外国人的发明专利申请量要原多于斯里兰卡本国人，而且被授予的专利量一般也较斯里兰卡本国人

表 17-2　斯里兰卡（2000~2005 年）发明专利申请与授予量　　　单位：个

年份	申请量			授予量		
	本国人	外国人	总计	本国人	外国人	总计
2000	71	250	321	59	169	228
2001	123	236	356	71	104	175
2002	123	202	325	59	54	113
2003	95	189	284	63	52	115
2004	120	195	315	103	85	188
2005	149	211	360	64	116	180

资料来源：See P. B. M. Sirisena. Situation of Intellectual Property Protection System in Sri Lanka. http：//www. unescap. org/tid/mtg/ip_s4sl. pdf.

表 17-3　斯里兰卡（2000~2005 年）外观设计申请与授予量　　　单位：个

年份	申请量			授予量		
	本国人	外国人	总计	本国人	外国人	总计
2000	187	10	197	179	6	185
2001	520	26	546	482	11	493
2002	345	40	385	253	13	266
2003	386	42	428	365	23	388
2004	254	50	304	224	40	264
2005	257	47	304	269	88	357

资料来源：See P. B. M. Sirisena. Situation of Intellectual Property Protection System in Sri Lanka. http：//www. unescap. org/tid/mtg/ip_s4sl. pdf.

① See P. B. M. Sirisena. Situation of Intellectual Property Protection System in Sri Lanka. http：//www. unescap. org/tid/mtg/ip_s4sl. pdf.

多；（2）在外观设计申请与授予量上，外国人则要远低于斯里兰卡本国人。这一方面说明斯里兰卡的知识产权保护状况较好，增强了外国人的在斯里兰卡申请发明专利的信心，另一方面也说明斯里兰卡本国的科技研究水平和专利意识还不够强，要么是不能有较多的发明成果被创造出来，要么就是不懂得用专利来保护自己的发明成果。

究其原因，主要在于斯里兰卡政府在制定知识产权法典时还是片面和单纯的强调了其在吸引外来投资方面的重要性，用斯里兰卡官方的话说，制定知识产权法典的目的在于"履行美国——斯里兰卡知识产权双边协定和TRIPs协定所规定的义务"①，而未能够真正地从国家发展的战略高度对知识产权予以考虑。在政府这一思想的主导下，整个社会的科技发展水平并未得到实质性的提高，其中一个重要表现就是斯里兰卡的R&D经费（科研经费）严重不足。斯里兰卡1986年的R&D经费为256.8（百万）卢比，1996年为1 409.6（百万）卢比，2000年为1 492.6（百万）卢比。尽管2000年的经费比1986年增加了将近6倍，但仍然仅为当时国民生产总值的0.19%，远低于发展中国家1%的平均水平。② 而且在1982~1998年授予斯里兰卡本国人的专利中，由商业组织和公共研究机构取得的分别占22%和6%，由个人获得的占78%。③ 而在正常情况下，公共研究机构和商业组织应当是获得专利的主力军。由此可见，知识产权法典的编纂只是提升一国知识产权工作的一个重要组成部分，知识产权法典的出现并不必然导致一国知识产权工作出现重大的转机，只有将知识产权法典的制定与国家发展战略紧密配合，才能够使知识产权法典的功能全面而充分的发挥。

2.《菲律宾知识产权法典》的实施效果

鉴于《菲律宾知识产权法典》的颁布和实施，世界贸易组织曾经于1999年10月发布了一份评论，赞扬菲律宾为落实TRIPs协定所作的卓有成效的努力。④ 但与世界贸易组织的评价不同，美国则得出了不同的结论。尽管菲律宾颁布了知识产权法典，但美国仍然在特别301报告中将菲律宾放在2001~2006年的重点观察名单上。美国贸易代表办公室认为，菲律宾虽然颁布了知识产权法典和其他一系列知识产权法规，但菲律宾主要问题仍然在于全国各地执法状况不统一，对

---

① Sri Lanka Trade Policy Review, Report by the Sri Lanka Government. P80. http://www.wto.org/english/tratop_e/tpr_e/g128_e.doc.

② See Dr Sarath Dasanayaka, Technology, Poverty and the Role of Newtechnologies in Eradication of Poverty: the Case of Sri Lanka, http://servesrilanka.net/technology_poverty_sri_lanka.pdf.

③ See Dr Sarath Dasanayaka, Technology, Poverty and the Role of Newtechnologies in Eradication of Poverty: the Case of Sri Lanka, http://servesrilanka.net/technology_poverty_sri_lanka.pdf. P. 19.

④ Trade Policy Review Body Review of the Philippines (Sept. 29, 1999) http://www.wto.org/wto/reviews/tprb116.html.

侵权行为很少采用有威慑力的惩罚。根据美方发表的数据，菲律宾国内的假冒商品尤其是盗版比率仍然比较高（见表17-4、表17-5）。①

表17-4　　菲律宾（1996~2000年）因盗版导致的损失和盗版率

类别＼年份	2000年 损失百万美元	2000年 比率（%）	1999年 损失百万美元	1999年 比率（%）	1998年 损失百万美元	1998年 比率（%）	1997年 损失百万美元	1997年 比率（%）	1996年 损失百万美元	1996年 比率（%）
动画片	25.0	70	18.0	65	18.0	65	18.0	65	22.0	65
音像制品	1.3	33	2.0	20	3.0	20	4.0	20	3.0	20
商业软件	28.2	66	26.7	70	25.4	77	36.0	83	56.7	92
娱乐软件	41.0	98	23.8	89	24.7	90	21.3	88	26.0	86
图书	44.0	/	44.0	/	39.0	/	50	/	70.0	/
总计	139.5	/	114.5	/	110.1	/	129.3	/	177.7	/

资料来源：INTERNATIONAL INTELLECTUAL PROPERTY ALLIANCE, 2001 SPECIAL 301 REPORT, PHILIPPINES, http://www.iipa.com/rbc/2001/2001SPEC301PHILIPPINES.pdf.

表17-5　　菲律宾（2001~2005）因盗版导致的损失和盗版率

类别＼年份	2005 损失百万美元	2005 比率（%）	2004 损失百万美元	2004 比率（%）	2003 损失百万美元	2003 比率（%）	2002 损失百万美元	2002 比率（%）	2001 损失百万美元	2001 比率（%）
商业软件	43.3	71	38.0	71	33.0	72	25.0	68	19.9	63
娱乐软件	11.3	85	/	90	/	95	/	/	/	99
图书	48.0	/	48.0	/	45.0	/	45.0	/	44.0	/
音像制品	21.0	40	20.0	40	22.2	40	20.9	40	23.9	36
动画片	/	/	33.0	85	33.0	89	30.0	80	28.0	80
总计	123.6	/	139.0	/	133.2	/	120.9	/	115.8	/

资料来源：INTERNATIONAL INTELLECTUAL PROPERTY ALLIANCE, 2006 SPECIAL 301 REPORT, PHILIPPINES, http://www.iipa.com/rbc/2001/2001SPEC301PHILIPPINES.pdf.

此外，需要值得注意的是，与前述《斯里兰卡知识产权法典》的情况相似，《菲律宾知识产权法典》对菲律宾本国科技事业的发展效果也不明显。从下面表17-6、表17-7所显示的数据可以看出，虽然菲律宾近几年来注册商标和专

---

① INTERNATIONAL INTELLECTUAL PROPERTY ALLIANCE, 2005 SPECIAL 301 REPORT, PHILIPPINES, http://www.iipa.com/rbc/2001/2001SPEC301PHILIPPINES.pdf.

利数量总体上处于持续上升的趋势，但外国人的持有量要远远超过菲律宾人的持有量。尤其在最能够体现一国科技进步水平的发明专利中，外国人的持有量一直在持续上升，但菲律宾人的持有量却一直在低端徘徊，直到 2005 年仍然未突破 20 件。分析其原因，也与斯里兰卡相似，即没有将知识产权与国家发展战略紧密联系起来考虑。2001 年菲律宾的 R&D 经费仅占国民生产总值的 0.22%，每百万人口中只有 157 名科研工作人员，都大大的低于国际平均水平。[①]

表 17-6　　　　　菲律宾商标注册量（1996~2005）　　　　　单位：件

类别\年份	2005	2004	2003	2002	2001	2000	1999	1997	1996
外国人	6 801	2 988	3 852	1 280	2 803	3 237	969	1 332	1 496
本国人	2 599	803	989	289	298	696	205	407	445
总计	9 400	3 791	4 841	2 079	3 101	3 933	1 174	1 739	1 941

资料来源：菲律宾知识产权局网站：http://ipophil.gov.ph/statreport/statistics.html.

表 17-7　　　　　菲律宾专利授予量（1997~2005）

类别		2005	2004	2003	2002	2001	2000	1999	1998	1997
发明	外国人	1 638	1 433	1 160	1 113	1 082	566	566	558	891
	本国人	15	16	7	12	10	8	5	5	25
实用新型	外国人	4	325	43	47	5	1	1	0	8
	本国人	7	335	806	428	189	287	3	3	263
外观设计	外国人	2	343	1 011	998	241	291	291	10	79
	本国人	0	468	863	670	152	506	158	0	331
总计		1 666	2 920	3 890	3 268	1 679	1 659	1 024	576	1 597

资料来源：http://ipophil.gov.ph/statreport/statistics.html.

面对这种情况，菲律宾政府也开始了知识产权工作指导思想和政策上的转变，各个政府部门纷纷出台一系列政策加强本国的科研工作，以确实发挥知识产权对经济发展的作用。菲律宾科学和技术部于 1999 年启动了"媒体时代计划"，

[①] Merle Tan and Marlene Ferido, Public Understanding of Research in Developing Countries: Challenges and Opportunities, http://pcstnetwork.org/PURWorkshop/word/Ferida_Tan.doc.

该计划分为若干阶段,其中第一阶段为 1999 年至 2004 年,第二阶段为 2004 年至 2010 年。其主要目的在于:(1) 综合各项工作以改革菲律宾的创新体系。这些工作主要有金融市场的改革、减少技术投资的障碍、加强教育以达到人才的培养、投入更多的科研经费、强化知识产权保护等。(2) 加强科研人员的竞争力。其工作主要包括提升教育体制以适应工业化的需要、建立技术标准和认证体系、提供更多的提升技术的机会、吸引在国外的菲律宾专家回国等。(3) 加速技术创造和转移。(4) 促进技术投资。按照该计划的设想,菲律宾 R&D 经费占国民生产总值的比率将从 2002 年的 0.14% 增加到联合国教科文组织建议的 1%。该计划将菲律宾的科研工作重点集中于生物、电子、环境、制药和基础研究等五个方面。[①] 而菲律宾国家知识产权局也于 2000 年提出了菲律宾知识产权工作的长期目标为:(1) 为权利人提供更强的知识产权保护;(2) 高效的纠纷解决以创建更有利的经济环境;(3) 建立技术转移合同登记制度以确保其得到有效的实施;(4) 积极促进知识产权发挥在经济、技术和文化发展中的作用。[②]

菲律宾和斯里兰卡两国的经验表明,知识产权法典的制定只是完善知识产权法律体系和知识产权工作的一个重要方面而不是全部,仅仅只有知识产权法典的制定并不能够解决一切问题。只有将知识产权法典与国家发展战略紧密结合起来并通过各种国家公共政策予以落实,才能够真正保证知识产权法典的功能得到充分的发挥。也即,只有在制订了完善和成熟的知识产权公共政策的情况下,知识产权制度法典化工作的开展才具有实际意义。

三、外国知识产权法典结构形成模式

各国知识产权法典体系结构的选定主要是出于各国自身具体情况的考虑,分别采取了四种模式:(1) 沿袭《民法典》的体例。《法国知识产权法典》的体系结构在很大程度上沿袭了《法国民法典》不设立总则的立法习惯,并且不规定总则使《法国知识产权法典》保持了一个开放的体系,同时立法者通过运用各种立法技术对总则的某些功能进行了替代。(2) 参考国际示范法。《斯里兰卡知识产权法典》的体系结构则参考了世界知识产权组织(WIPO)及其前身保护知识产权联合国际局(BIRPI)为发展中国家制定的各个示范法。(3) 实用主义优先。《菲律宾知识产权法典》则采取了实用主义的立法原则,主要目的是为了

---

① See Prof. Fortunato T. De La Peña, National Innovation Systems, Policy Framework and Programs for the Philippines, http://www.pcierd.dost.gov.ph/news/National%20Innovation.pdf.

② "Riding the Tides of Change", Philippines IPO Annual Report, Intellectual Property Office, 2000, page 1.

加强知识产权行政保护，所以其在结构体系上采取的是"本土汇编主义"，即将现存的几部知识产权法律汇编集中在一起，再加上知识产权局编，便形成一部法典。(4)高度体系化。《越南知识产权法》的体系结构在很大程度上受到《越南民法典》的影响。《越南民法典》的立法经验在很大程度上被运用于《越南知识产权法》的立法过程中，所以《越南知识产权法》设立了总则编和专门的知识产权保护编，其各分编也采取了提取公因式的作法，提取分编中各具体权利的共性并将其作为构建分编的中轴线，使得《越南知识产权法》虽然没有冠以"法典"（Code）之名，但从逻辑体系性上来看，却比法国《知识产权法典》更像法典。各国立法者针对本国的具体国情而相应的确定了本国知识产权法典的结构体系，而不是一味地照搬外国的立法经验，此等深思熟虑也应该值得我国的法律研究者予以借鉴，也为我国未来知识产权法典体系结构的确定树立了几种不同的范例。

（一）模式一：沿袭民法典的体例

《法国知识产权法典》在结构上采用的是部分（Part）、卷（Book）、编（Title）、章（Chapter）、节（Section）、条（Article）的编排格式。《法国知识产权法典》历经多次修改，其结构体系也在不断的变动之中。截至到2006年年底，法典共分为3部分8卷17编52章，其总体结构（具体到"卷"这一层次）如下：

第一部分　文学和艺术产权
第一卷　著作权　第二卷　著作权之邻接权
第三卷　关于著作权、邻接权及数据库制作者权的通则
第二部分　工业产权
第四卷　行政及职业组织　第五卷　外观设计和实用新型
第六卷　发明及技术知识的保护
第七卷　制造、商业及服务商标和其他显著性标记
第三部分　在海外领地及马约尔属地的适用（单卷单编单章）

《法国知识产权法典》沿袭了《法国民法典》的做法，没有规定总则。而且它比《法国民法典》做得更为彻底，不仅没有规定总则，甚至连序编也没有规定。可以说，"没有制定总则"在一定程度上已经成为《法国知识产权法典》最大的特点了。自从《法国知识产权法典》被介绍进我国以后，学术界在论及该法典时，总会提及其"未制定总则"这一特点。这就直接导致有学者认为，《法国知识产权法典》不能称为真正意义上的法典，充其量是一部法规汇编。因为它"没有一个总则凌驾于专利权、版权、商标权等具体的知识产权法之上，只是将相关的法律松散的汇集在一起，法典化的意义更多的体现并停留于

形式上"。①

但笔者以为,可以从以下几个方面来看待这一问题:

(1) 总则不能与法典画等号。我们只要看一下现代民法典的老前辈《法国民法典》就会发现它也没有规定总则,而只是规定了一个序编,但没有人说它不是法典,这也丝毫不能影响它在法律史上的地位。因而这种说法有"以偏概全"的嫌疑,是以《德国民法典》的总则制为判断是否为法典的标准,将法典与总则画上了等号,认为只有规定了总则才能称为真正意义上的法典。其实,对于是否要在民法典中规定总则,法学家们也一直存在争论。因为《德国民法典》的总则名义上是对各分则提取公因式的产物,实际上并不是对法典各部分共同性的提取,也不能在各部分得到普遍的适用。② 依某些学者的看法,总则的存在,不仅在经济上表现出绝对的无关紧要,即使在法律上也是如此。③ 没有总则部分,《法国民法典》仍然运作良好。要在总则中规定的基本原则及条款,同样也可以在法典的各个不同部分合而为一。④

(2) 不规定总则使《法国知识产权法典》保持了一个开放的体系。总则是提取公因式的产物,但似乎也隐含了这样一种动机,即凡是与总则相吻合的因素就将其纳入到体系中去,而不吻合的就将其排除出体系。这样就形成了一种总则高高在上,各分则位居其下的等级体系。但知识产权领域的情况则显得较为特殊,一方面知识产权中各具体权利的个性大于共性,另一方面新型的知识产权权利类型在不断地产生。假如在《知识产权法典》中规定总则的话,可能就会产生两种后果,一是新型权利的产生对既定的总则条款造成冲击,迫使总则条款进行修改,如果这样的话,总则就不能称其为总则了;二是新型权利由于与总则不吻合,为了保持总则和体系的权威性和一致性,只能将该权利排除在法典之外。《法国知识产权法典》在这方面做得比较彻底,不规定总则,破除对总则的迷信,将各分则处于一种平行的位置,一旦有新型的权利类型出现,既可顺利纳入法典之中。

(3) 法国立法者通过运用各种立法技术对总则的某些功能进行了替代。知

---

① 袁真富:《试论知识产权法的法典化》,http://netlawcn.com/yzf/0009/。
② 德国民法典总则所规定的人、物、法律行为、期间、时效、权利的行使、提供担保等内容中,法人无所谓婚姻继承;物只能说是物权的客体或债之标的物,作为债权客体都显得穿凿会了,遑论人身关系领域了,然而这些一旦置于总则在逻辑上就意味着普适全局;作为总则灵魂的法律行为自当是整个民法体系的枢纽,然而在亲属和继承领域法律行为几乎无用武之地,即使是在债法领域也不见得畅通无阻,法定之债就是明证。参见陈小君:《我国民法典:序编还是总则》,《法学研究》2004年第6期。
③ [意] 蒙那代里:《关于中国民法典编纂问题的提问与回答》,薛军译,载《中外法学》,2004年第6期。
④ [法] Bertrand Fages:《法国法典化的历程》,华东政法学院,"民法法典化与反法典化国际研讨会",2005年4月。

识产权法典总则的主要功能集中在最大限度地保证法典的稳定性和协调各具体知识产权法之间，以及知识产权与其他权利之间的关系。而《法国知识产权法典》的立法者则通过各种立法技术对总则的这两项功能进行了代替。首先，《法国知识产权法典》颁布后，立法者又对其进行了频繁的修改，正如笔者在前文所介绍的那样，尤其在 2004 年竟然修改了 7 次之多，"如果法律朝令夕改，正好从一个侧面表明了社会变革的迅猛进程"。① 这说明法国的立法者在面对这个飞速变化的社会时已经彻底地放弃了保持知识产权法典稳定性的幻想，从这个意义上说，总则的规定已经无太大的意义。其次，总则还涉及解决具体知识产权之间的权利冲突，具体知识产权与其他民事权利之间的冲突，以及不同知识产权法对同一客体重叠保护的问题。如果存在总则的话，则立法者需要在总则中对这些问题的解决予以说明，其直接后果就是减少各具体法律制度之间的重叠性规定。但《法国知识产权法典》的立法者却采取了在具体制度中对权利之间的关系进行详细说明的做法，从而形成了较多的重复性法律规定。比如说在处理知识产权法典与民法典的关系时，就明确而具体的规定了哪些地方适用或不适用民法典的相应规定，这也是对总则功能的一种替代。

（二）模式二：参考国际示范法

2003 年《斯里兰卡知识产权法典》的体例是在 1979 年知识产权法典体例的基础上发展起来的，两部法律在体例上一脉相承。因此首要先探讨 1979 年《斯里兰卡知识产权法典》体例的形成原因。

1979 年《斯里兰卡知识产权法典》由编（Part）、章（Chapter）、节（Section）三个层次构成。法典分为七部，每部分下面包含若干章，每章下面包含若干节，一共有 192 节。其基本结构为：第一编知识产权行政管理；第二编著作权；第三编工业设计；第四编专利；第五编商标、商号和不正当竞争；第六编法律责任；第七编附则。

斯里兰卡议会于 2003 年 11 月 12 日通过了新的《知识产权法典》（Intellectual Property Act, No. 36 OF 2003），用它代替了 1979 年的知识产权法典。该法典共 11 编（Part）43 章（Chapter）213 节（Section），其总体结构为：第一编管理；第二编著作权；第三编工业设计权；第四编专利权；第五编商标权；第六编商号；第七编集成电路布图设计；第八编不正当竞争和未公开信息；第九编地理标志；第十编咨询委员会的组成及其权力；第十一编杂则。

1979 年《斯里兰卡知识产权法典》可以说是"拿来主义"的产物，该法典

---

① ［美］约翰·亨利·梅里曼：《大陆法系》，顾培东、禄正平译，法律出版社 2004 年版，第 162 页。

在很大程度上借鉴了世界知识产权组织（WIPO）及其前身保护知识产权联合国际局（BIRPI）为发展中国家制定的示范法。BIRPI 及 WIPO 的一个重要职能就是为发展中国家提供知识产权法律援助，为此，它们分阶段先后制定了一系列的示范法，以期为发展中国加强知识产权保护提供立法范本。这些示范主要包括：(1)《发展中国家发明示范法》。该示范法由 BIRPI 于 1965 年制定。(2)《发展中国家商标、商号、反不正当竞争行为示范法》。该示范法由 BIRPI 于 1967 年制定。(3)《发展中国家工业设计示范法》。该示范法由 WIPO 于 1970 年制定。(4)《发展中国家突尼斯著作权示范法》。该示范法由 WIPO 和联合国教科文组织（UNESCO）于 1976 年在突尼斯制定。(5)《发展中国家发明示范法》。该示范法由 WIPO 于 1979 年制定，对 1965 年的同名示范法进行了修正。(6)《反不正当竞争示范法》。该示范法由 WIPO 于 1996 年制定。斯里兰卡于 1978 年加入世界知识产权组织后，为了尽快制定知识产权法典，便对现存的示范法进行了大范围的借鉴，以 WIPO 的示范法为模型来构建知识产权法典的体系框架。①

从法典的结构上看，1979 年《斯里兰卡知识产权法典》分为七编，分别是第一编管理、第二编著作权、第三编工业设计、第四编专利、第五编商标、商号和不正当竞争、第六编法律责任、第七编杂则。法典的主体部分第二编至第五编正好分别与 WIPO 为发展中国家提供的示范法相对应：第二编著作权对应于 1976 年的《发展中国家突尼斯著作权示范法》，第三编工业设计对应于 1970 年的《发展中国家工业设计示范法》，第四编专利对应于 1965 年的《发展中国家发明示范法》，第五编商标、商号和不正当竞争对应于 1967 年的《发展中国家商标、商号、反不正当竞争行为示范法》。

而且从内容上看，这些编的内容也与示范法的规定大同小异。就以第二编著作权为例，该编共有 19 节，而 WIPO 和联合国教科文组织（UNESCO）共同制定的《突尼斯著作权示范法》共有 18 节。该示范法短短的 18 节中就有 16 节要么原封未动，要么做了简单的修改以后被移植进入 1979 年《斯里兰卡知识产权法典》，为斯里兰卡立法者所自创的法条只有区区 4 节（第 20 节、第 23 节、第 24 节）而已。

如果做一个夸张的比喻，可以说 1979 年《斯里兰卡知识产权法典》就是将 WIPO 的几个主要示范法集合起来，给它们穿上衣服（指进行与斯里兰卡本国国情有关的修改），梳了辫子（指将各示范法中的侵权行为条款集中形成第六编法律责任），戴上帽子（指第一编管理），加上尾巴（指第七编杂则），从而达到了

---

① See W. A. Jayasundera, INTELLECTUAL PROPERTY TRAINING-LESSONS FROM JAPAN FOR SRI LANKA, P. 56. Final Report The Long term Fellowship Program under the WIPO Fund-in-trust/Japan February 2002 to June 2002. http://www.jpo.go.jp/torikumi_e/kokusai_e/asia_ip_e/pdf/wipo/2001_srilanka.pdf.

改头换面的效果。

而此后的 2003 年《斯里兰卡知识产权法典》在体例上基本沿袭了 1979 年《知识产权法典》的做法，只是有以下几点小变化：（1）将 1979 年《斯里兰卡知识产权法典》第五编"商标、商号和不正当竞争"拆分为三编，使商标、商号和反不正当竞争各为一编。做出这种拆分的重要原因也在于 WIPO 于 1996 年制定了一个新的示范法——《反不正当竞争示范法》。从内容上看，2003 年《斯里兰卡知识产权法典》的"反不正当竞争和未公开信息"编几乎将《反不正当竞争示范法》原封不动地搬入：《反不正当竞争示范法》一共六条，规定了六种不正当竞争行为，而 2003 年《斯里兰卡知识产权法典》的"不正当竞争和未公开信息"编共分 7 节，其中前六节与示范法的规定几乎一字不差，只是在第 7 条规定了对这些不正当竞争行为的法律制裁措施。（2）增加了地理标志和集成电路布图设计两种新的保护对象，从而将两者列为新增的两编。虽然 WIPO 就这两项内容没有制定相关的示范法，但是斯里兰卡立法者将借鉴的目光又转向了有关国际公约。集成电路布图设计编的内容基本上遵循了世界知识产权组织《集成电路知识产权条约》的规定。地理标志编的内容则基本上遵循了 TRIPs 协定关于地理标志保护的规定。（3）将原法律责任编撤销，将其内容纳入杂则编之中，成为杂则编的一章。这样做的目的是为了让法典的结构显得精简一些，因为该法已经有 11 编了，这对一部法典来说已经稍显拖沓和冗长。

（三）模式三：实用主义优先

《菲律宾知识产权法典》由编（Part）、章（Chapter）、节（Section）三个层次构成。共分为 5 编，每编下面包含若干章，每章下面又包含若干节，一共有 241 节，其总体结构如下：第一编知识产权局；第二编专利法；第三编商标，服务商标和商号法；第四编著作权法；第五编杂则。

与《斯里兰卡知识产权法典》"拿来主义"的做法不同，《菲律宾知识产权法典》在结构形成上采取的是"实用主义优先"的作法，即将现存的几部知识产权法律汇编集中在一起，再加上知识产权局编，便形成一部法典。

菲律宾设立知识产权法典最主要的原因是要加强知识产权的管理工作。菲律宾曾经长期处于美国统治之下，深知知识产权法的重要性。其在统治期间及其独立后的知识产权法律也都深受美国法律的影响。而且菲律宾属于较早加入《巴黎公约》（1965 年）和《伯尔尼公约》（1951 年）的发展中国家之一，也较早地建立了相对完备的知识产权法律体系。可以说，在这一时期，菲律宾知识产权工作的重点不在于立法而在于执法管理。在 20 世纪 80 年代，由于菲律宾知识产权管理和保护工作的缺失，曾使得菲律宾成为世界假冒商品的重要源头之一。① 美国在历次301报告中，对菲律宾知识产权工作的指责也主要集中于其对知识产权的保护和管理不力。因此菲律宾制定知识产权法典最主要的目的是为了加强知识产权的管理工作，《菲律宾知识产权法典》制定工作的重点也就放在知识产权管理编上，以便通过制定统一的知识产权法典来创建菲律宾统一的知识产权管理制度。在组成《菲律宾知识产权法典》的五编中，立法工作量最大的为第一编"知识产权局"，该编基本上为全新内容，创设了一个全新的知识产权管理机关——菲律宾知识产权局，并对该局的组成机构和职能进行了详细的规定。

菲律宾曾长期在美国的统治之下，美国实用主义哲学对其立法工作也产生了或多或少的影响。这一点在《菲律宾知识产权法典》的制定上反映的尤为明显。《菲律宾知识产权法典》的具体做法就是将现存的《专利法》、《商标、服务商标和商号法》和《知识产权保护法》② 中有关知识产权管理的法律条款抽出并予以综合，将其作为知识产权局编的雏形，然后按照《美国——菲律宾知识产权保护备忘录》和相关国际公约尤其是TRIPs的要求在内容上对这三部法律进行修订，以一种汇编的方式使它们构成知识产权法典的三编，所以这三编尤其是专利权编和著作权编的结构体例与旧法相比并无太大的改动。立法中的实用主义哲学反映最为明显的便是《菲律宾知识产权法典》的第三编"商标、服务商标和商号"编。该编最大的特点就在于它不像专利法编和著作权法编那样还采取了"章"这一层次作为过渡。该编的前身1947年《商标、服务商标和商号法》则是由章和节两个部分组成，共分13章45节。但该编则将"章"舍弃，直接采用了"节"的编排体例，全编共由49节构成。这对整部法典的层次性和体系感造成了相当不利的影响，使得法典各编之间显得十分不协调。但当笔者向一位菲律宾学者问及为何要这样做时，得到的回答是："这仅仅是一个形式问题，没有任何原因（This is only a matter of style. There is no reason for this）"。使人不禁感叹于菲律宾立法者那浓厚的实用主义情节。

（四）模式四：高度体系化

《越南知识产权法》采用的是编（Part）、章（Chapter）、节（Section）、条（Article）的层次体例，共分为六编十八章222条，其总体框架结构为：第一编总则；第二编著作权及相关权；第三编工业产权；第四编植物品种权；第五编知

---

① See Philippine Trade Chief Worried Over IPR Violations, supra note 322（discussing the concerns of Philippine Trade Secretary as the Philippines continues to be on the Special 301 list）.

② 该法沿用了西班牙的立法习惯，名义上是"知识产权法"，其实其内容只是涉及著作权法。

识产权保护；第六编附则。

《越南知识产权法》虽然没有冠以"法典"（Code）之名，但从逻辑体系性上来看，却比《法国知识产权法典》更像法典，从体例上看更类似于《德国民法典》的体例，可以说它是一部编纂式的法典而不是汇编式的法典。《越南知识产权法》的体系严密主要表现在以下几个方面：

1. 设立了总则编

《越南知识产权法》的第一编即为"总则"编，该编共有12条。该编是对各分编内容共性的提取，对各分编内容的建构起着重要的指导作用。笔者大致将"总则"编的条款分为以下几大类：（1）权利本体类条款。这部分条款包括第1条本法的调整范围、第2条本法的适用主体、第3条知识产权的客体、第6条知识产权产生和建立的基础、第7条知识产权的限制。（2）法律适用类条款。这部分条款包括第4条和第5条。第4条对知识产权法中出现的25个专业术语进行了解释，第5条则对知识产权法与民法典、其他法律及国际条约在法律适用上的关系进行了规定。这部分条款主要对知识产权法的具体适用起辅助作用。（3）权利管理类条款。这部分条款包括第8条知识产权国家政策、第9条组织和个人在知识产权保护中的权利及义务、第10条国家对知识产权进行管理的内容、第11条国家对知识产权进行管理的义务、第12条知识产权费用。这部分条款为知识产权管理的具体展开提供了原则性依据。

2. 设立了专门的知识产权保护编

《越南知识产权法》将各类侵犯知识产权行为分别放在各编中进行规定，使得各类侵权行为呈一种分散状态。但它又设专编即第五编"知识产权保护"对侵权行为的法律制裁进行了规定。该编共分为3章，分别是"知识产权保护总则"、"知识产权侵权行为的民事救济措施"和"知识产权侵权行为的行政和刑事救济措施，智力财产进口和出口的控制"三章。尤其值得注意的是《越南知识产权法》不仅有第一编作为"大总则"，而且在第六编"知识产权保护"还设有第16章作为该编的"小总则"。该章共有四条，分别是权利的自主保护、对侵犯知识产权行为制裁措施、处理侵权案件的权力机关和知识财产的审核与评估。该编其余各章的内容均是在第16章的规定之下展开。

知识产权保护编与总则编首尾结合，使得《越南知识产权法》展现了一个菱形的法律体系：总则编是作为演绎的出发点放射出著作权及相关权、工业产权和植物品种权三编，那么"知识产权编"则对上述三编中的侵权行为进行收拢，归纳总结出它们的共同点。

3. 各分编设计独具匠心

每一项权利的保护都离不开权利客体、权利主体、权利取得、权利内容、权利转移等内容。前述《法国知识产权法典》之所以得到的评价不高,重要原因就在于其以保护对象为中轴线,采用了列举式的构建方法。即知识产权的每一个保护对象单独构成一编,若干种具体保护对象即构成了若干编,每一编都分别对权利客体、权利主体、权利取得、权利内容、权利转移等进行了规定,各编之间的关系联系不是很紧密甚至毫无关系。

而《越南知识产权法》在设计各分编时,则采取了类似总则编那样提取公因式的作法,即提取分编中各具体权利的共性并将其作为构建分编的中轴线。如其工业产权编下属的各章就不是以商标权、专利权、商业秘密权等具体权利为主题,而是分别以工业产权的保护要求、工业产权的建立、工业产权所有人和权利范围及其限制、工业产权的转让、工业产权的代理为主题,然后在各主题之下对各具体权利的相关内容进行展开。这样整个法典就浑然一体,法典的各部分之间关系非常紧密甚至缺一不可。《越南知识产权法》的著作权及相关权编也是以这一方式建构的。

4. 与《民法典》的衔接比较合理

越南国会于 2005 年 6 月 14 日通过了新《民法典》,并于 2006 年 1 月 1 日起生效。越南新《民法典》延续了旧《民法典》的做法,还是在第六编"知识产权与技术转让"中对知识产权的内容进行了规定。与此同时,《知识产权法》也伴随着新《民法典》制定过程在同时进行着。因此,新《民法典》在处理其与《知识产权法》的关系时比旧《民法典》显得要成熟和成功很多。

新《民法典》第六编"知识产权与技术转让"共有 3 章 22 条,与 1995 年《民法典》的 3 章 81 条相比,精简了许多。与 1995 年《民法典》对知识产权保护范围的含糊规定不同,新《民法典》在条文中明确规定了知识产权的保护范围为著作权及相关权、发明权、实用新型权、工业设计权、商标权、地理标记权、集成电路布图设计权、商业秘密权和植物品种权。在条文的具体规定上,新《民法典》完全采取了原则性规定的做法,仅仅只是分别就著作权及相关权、工业产权、植物品种权这四大类权利的主体、客体、内容、保护期、转让进行了原则性的规定。至于更进一步具体的规定,就要到《知识产权法》中去寻找了。

并且《越南知识产权法》也十分注意处理其与新《民法典》的关系。一方面,由于《民法典》知识产权编所作的规定十分原则和抽象,而具体内容都由《知识产权法》进行调整,使得两部法律之间相互矛盾的情况不太可能出现。另一方面,《知识产权法》第 5 条"法律适用"也规定,如果《知识产权法》不能解决与知识产权有关的民事争端时,则应当适用民法典的相关规定。此条规定一举奠定了《知识产权法》与《民法典》之间在法律适用上的先后关系。

5. 植物品种权单独成编

在传统理论上，知识产权可以划分为文学艺术产权和工业产权两大类，植物品种权是归属于工业产权范畴的。但《越南知识产权法》却将植物品种权作为单独的一编，与著作权及相关权、工业产权两编并列，显得较为特别。

《越南知识产权法》之所以将植物品种权单独成编而不纳入工业产权编，主要有以下两方面原因：（1）与越南的知识产权行政管理体制有一定的关系。越南对知识产权实行分散管理的体制，科学技术部下属的国家知识产权局主管工业产权事务，文化信息部下属的国家著作权局主管著作权及相关权事务，农业和农村发展部则主管植物品种权事务。这一管理体制其实早在《知识产权法》制定之前就已建立，如果将植物品种纳入工业产权编的保护范围，将对原有的行政管理体制造成冲击。所以《知识产权法》并未对其作改动，只是将其集中统一在法律中固定下来。可以认为，《越南知识产权法》各分编就是以其行政管理体制为标准来划分的。（2）与越南要加入《保护植物新品种国际公约》有关系。越南在制定知识产权法典的同时也正在谋求积极加入《保护植物新品种国际公约》和保护植物新品种联盟（UPOV）。虽然植物品种权在理论上被认为属于工业产权的范畴，但《保护植物新品种国际公约》并不是以《巴黎公约》为基础而产生，也不受《巴黎公约》原则的约束，它与《保护工业产权巴黎公约》是平起平坐的。① 同理，从国际法主体的地位来说保护植物新品种联盟（UPOV）与世界知识产权组织的地位也是平行的。基于此点考虑，越南《知识产权法》也将植物品种权与工业产权及著作权置于同等位置。

四、外国知识产权法典面临的困难与克服

（一）科技发展对知识产权法典的冲击

当人类社会迈入 21 世纪的时候，伴随我们的是日新月异的科技发展，它们对人类社会造成了巨大冲击。法典是对社会生活的一种反映，在这种社会背景下制定知识产权法典，就不得不考虑飞速发展的科学技术这一影响因素。

甚至有人认为，在科技飞速发展的背景下，制定知识产权法典已经失去了意义，他们的理由主要表现为：

首先，飞速发展的科学技术将造成法典确定性的丧失。确定性是法律的重要特征之一，"法律的确定性意味着法律规定了一定的行为与一定的后果之间稳定

---

① 郑成思：《知识产权论》，法律出版社 2003 年版，第 477 页。

的因果关系……意味着法律是一种不可朝令夕改的规则体系,一旦法律设定了一种权利义务关系的方案,就应当尽可能避免对该方案进行不断的修改和破坏,否则法律就将丧失权威性。"① 然而,在科学技术飞速发展的今天,保持法律的确定性正在变得越来越困难。而在众多的法律之中,知识产权法恐怕又是确定性最不完全的法律了。例如,日本现行《著作权法》在最初实施后的10年内几乎没有什么风吹草动,但为了应对数字化技术所带来的影响,在1984~1999年间就进行了11次修改。② 一部著作权法尚且如此,而将著作权法、商标法、专利法等单行法全部包含在内的知识产权法典的确定性应该是更值得担心了。如果法典的确定性难以得到保证,那么其制订的必要性就值得怀疑了。

其次,从法律知识传播的角度看,法典已经无太大的存在必要。针对于不同时期零星颁布的单行法而言,法典在法律知识传播方面更具有优势。法典的内容全面系统、结构完整清晰、文字平实简洁、便于搜索查询,因而具有更强的民众可获知性或易传授性。③ 但在科技高度发达的今天,法典的这一"比较优势"已经丧失殆尽,以至于有学者提问:"当各种法源——发条、解释、判例、决议、学说等——经由数位化处理而可以轻易检索组合时,法典这样的老古董到底还有没有存在的必要?"④

但笔者以为,飞速发展的科学技术固然会对知识产权法典的确定性造成一定的影响,但并不能就此得出没有必要制定知识产权法典。

首先,从法典的确定性而言,在社会频繁变动的今天,确定性受到的挑战不限于知识产权法领域,而是遍及整个法律体系。就以备受学术界推崇的《德国民法典》为例,从1900年1月1日生效起至1998年6月29日止就已经修改了141次,平均每年修改1.4次。⑤ 以体系完备、立法技术高超闻名的《德国民法典》尚且如此,《知识产权法典》的频繁修改也不足为奇了。如果仅仅因为确定性无法得到保证就要否定法典存在的必要性,那么任何法典甚至任何制定法都没有存在的必要性了。法以社会现实为调整对象,所以,社会现实是第一性的,法是第二性的。法不能无视第一性的社会现实。⑥ 社会生活永远处于发展变化状态之中,不仅仅是法典,就是作为法典参照物的各类单行法的确定性也正在受到巨大的挑战。考察法律发展的宏观历史可以得知,法律的不确定是常态,确定是偶然状态;不确定是绝对的,确定是相对的。如果单纯和片面的追求法律的确定

---

① 徐国栋:《民法基本原则解释——成文法局限性之克服》,中国政法大学出版社1992年版,第136页。
② 易继明:《技术理性、社会发展与自由》,北京大学出版社2005年版,第9~10页。
③ 封丽霞:《法典编纂论——一个比较法的视角》,清华大学出版社2002年版,第6页。
④ 苏永钦:《走入新世纪的私法自治》,中国政法大学出版社2002年版,第80页。
⑤ 《德国民法典》,郑冲、贾红梅译,法律出版社1999年版,第1页。
⑥ 李琛:《法的第二性原理与知识产权概念》,载《中国人民大学学报》,2004年第1期。

性，则任何法律都无法被制定出来。法律正是在确定——不确定——确定的循环状态中得到发展。立法者追求的目标不应当是绝对的确定性而应当是相对的确定性，即通过各种立法技术和手段来最大限度地维持法律的确定性。

其次，那种认为由于法典在"法律知识传播"方面比较优势的丧失就断定法典没有必要存在的观点，实际上只看到了法典的工具理性而忽略了法典的价值理性。知识产权法典除了便于"找法"这样的工具理性外，还具有控制权力滥用、提升知识产权法律的地位等价值理性，而且其价值理性比工具理性更具重要的意义。如果仅以法典在工具理性上遇到挑战就全盘否定法典存在的必要性显然是"以偏概全"，其结论无法令人信服。

（二）各国具体应对措施

针对上述科技发展带来的挑战，立法者的目标是制定一个适当开放的知识产权法典，使其具有一定的弹性，从而在一定程度上适应新形势。而这种开放的法律体系可以通过以下几种手段综合构成：

1. 从立法技术上着手予以应对

为了解决法律的确定性与社会发展之间的矛盾，立法者通常可以从立法技术方面着手来予以应对。具体而言，知识产权法典的立法者可以从以下几个方面着手：

（1）在法典中设立总则，对知识产权基本原则予以规定。

基本原则具有立法准则、行为准则、审判准则和授权司法机关进行创造性司法活动的功能。[①] 它是解决法律的确定性与社会发展矛盾的最佳方法。《越南知识产权法》就采取了这一方法，在其第一编"总则编"中就规定了限制原则、利益平衡原则、激励原则等知识产权基本原则。[②] 但知识产权基本原则的确定是理论界的一个难题，在现有的几部知识产权法典中，也只有越南《知识产权法》对此进行了规定，法国、菲律宾、斯里兰卡知识产权法典均未对知识产权基本原则进行规定。与此同时，越南《知识产权法》总则编的第5条"法律适用"规定，如果《知识产权法》不能解决与知识产权有关的民事争端时，则应当适用《民法典》的相关规定。依此条规定，《越南民法典》规定的一系列基本原则也可以在《越南知识产权法》中得到适用，这实际上是将民法基本原则引入了知识产权领域。

[①] 徐国栋：《民法基本原则解释——成文法局限性之克服》，中国政法大学出版社1992年版，第16~18页。

[②] 这些基本原则并没有全部在越南《知识产权法》中得到明确的宣示，而是隐含在相关条文中，这是笔者根据越南《知识产权法》总则编的相关规定总结出来的。

(2) 在相关法律条文中设立"兜底条款"。

立法者可以在相关法律条文中设立"兜底条款",通过概括性的设权规定为未来可能出现并有保护必要的权利做出预先安排。① 如我国 2001 年《著作权法》第 10 条第 17 款规定的"其他权利"就属于该类条款。几位学者的建议稿中也都毫无例外地使用了这一方法。郑成思教授在其建议稿的第二条对知识产权的权利客体进行阐述时就使用了"其他智力创作成果"一词②,吴汉东教授在其建议稿的第二条"知识产权的范围"中也使用了"其他知识产权"一词③,曹新明教授在其建议稿第 111～3 条"保护范围"中也使用了"其他知识产权"一词。④

2. 司法解释

从立法技术来说,立法者可以通过在法典中设立知识产权基本原则和"兜底条款"来有效应对科学技术的飞速发展。但这种立法上的弹性条款必须通过一个中间媒介才能确实的与实际社会生活联系,从而发生效用。这个中间媒介就是司法解释。即当全新的社会纠纷发生时,知识产权法典中的具体条款无法有效解决这些纠纷,法院即根据"兜底"条款和基本原则并且运用司法自由裁量权来对这些纠纷进行解决,其判决结果对以后相同或相似案件的解决都具有较强的参考作用。

3. 制定专门的特别法

当某一类社会纠纷尚属于个案时,司法解释一般能够较好对其进行解决。但当该类社会纠纷频繁出现的时候,尤其在具有大陆法系传统的国家,司法解决手段已经无法有效的应付这些纠纷了。这时就有必要将该类社会纠纷或社会现象以制定法的形式固定下来。菲律宾就比较广泛的使用了这一方法。在《菲律宾知识产权法典》于 1998 年生效后,菲律宾又分别于 2000 年 6 月颁布共和国第 8792 号法案即《菲律宾电子商务法案》,对计算机程序的保护进行了规定;2001 年通过了《集体知识产权产权法》对传统知识进行保护;2002 年 6 月颁布了共和国第 9168 号法案,为植物新品种提供法律保护。

4. 适时的修改法典

除了上述方法外,适时对法典进行修改也是保持法典开放性的有效办法。法国知识产权法典和斯里兰卡知识产权法典就较多的采用了这一方法。斯里兰卡于 1979 年颁布了第一部《知识产权法典》后,又分别于 1980 年、1983 年、1990

---

① 李杨等著:《知识产权基础理论和前沿问题》,法律出版社 2004 年版,第 143 页。
② 郑成思:《知识产权论》,法律出版社 2003 年版,第 81 页。
③ 吴汉东:《知识产权立法体例与民法典编纂》,载《中国法学》2003 年第 1 期。
④ 曹新明:《中国知识产权制度法典化研究》,中国政法大学出版社 2005 年版,第 310 页。

年、1997 和 2000 年对这部法律进行了修订。当斯里兰卡觉得这部法典已经不能适应社会的发展后，干脆又于 2003 年 11 月通过了新的《知识产权法》，用它代替了 1979 年的《知识产权法典》。而《法国知识产权法典》在 1992 年到 1998 年之间也修改了 12 次，涉及条目有 112 条之多。①

---

① 参见黄晖为《法国知识产权法典》中译本所作的译者序，引自《法国知识产权法典》（法律部分），商务印书馆 1999 年版，第 11 页。

第十八章

中国知识产权制度法典化展望

一、中国知识产权保护的现状和存在的主要问题

（一）中国知识产权法制建设的发展过程

改革开放以后，我国迎来了知识产权法律建设的春天。这一历程可以分为三个阶段。

第一阶段为制度初建阶段。从20世纪70年代末到90年代初，我国先后颁布了《商标法》、《专利法》、《著作权法》、《反不正当竞争法》等法律法规，并加入了一系列重要的知识产权国际公约。经过短短十多年的建设，我国知识产权法律和制度的基本框架已经初步完成。世界贸易组织前总干事鲍格胥在回顾该组织与中国合作20年的历史时指出，"在知识产权史上，中国完成所有这一切的速度是独一无二的。"

第二阶段为制度发展阶段。从20世纪90年代初至90年代末，我国在对已有知识产权法律进行修订的基础上，颁布了《计算机软件保护条例》、《音像制品管理条例》、《植物新品种保护条例》、《知识产权海关保护条例》、《特殊标志管理条例》等知识产权法律法规，并颁布了一系列相关实施细则和司法解释，使中国知识产权保护的法律法规体系不断趋于完善。

第三阶段为制度完善阶段。为了对知识产权实行切实有效的法律保护，2001年我国加入世界贸易组织前后，对已有知识产权法律法规和司法解释进行了全面

修改，并颁布了《集成电路布图设计保护条例》和《奥林匹克标志保护条例》。我国知识产权法律法规不但在立法精神、权利内容、保护标准、法律救济手段等方面更加突出了促进科技进步与创新的目的，而且实现了与《与贸易有关的知识产权协议》以及其他知识产权国际规则相一致。

为了促进知识产权法律的实施，我国建立了较为齐全的知识产权管理和执法体系。在行政管理和行政执法方面，我国目前有多个部门负责知识产权的行政管理，主要包括国家知识产权局、国家工商总局商标局、国家版权局、文化部等国家机关。在司法执法方面，我国由各级人民法院、人民检察院负责知识产权的司法保护，一些人民法院设立了专门审理知识产权纠纷案件的知识产权审判庭。

为了进一步加大知识产权保护力度，推动知识产权制度建设，国务院于2004年成立了国家保护知识产权工作组，统筹协调全国知识产权保护工作。

（二）我国知识产权工作中存在的主要问题

从增强自主创新能力、建设创新型国家的要求来审视，当前我国知识产权工作中存在的问题主要包括：

1. 法律体系无序

我国现行的知识产权法律体系的无序性表现的比较严重，其主要原因就在于现行的知识产权单行法律是由不同的部门分别起草的，即使各部门在立法时考虑了在先内容的衔接及在先权利的冲突问题，但由于各部门彼此独立，并不能准确地反映彼此之间的有机衔接。[1] 这种条块分割式的立法结构显然不能顾及整个知识产权法律体系的系统化和逻辑化，不可避免地带来了内容重复规定以及在权利范围、保护标准、举证责任等方面的规定中存在交叉、冲突、遗漏等问题。如有人将他人的商号作为商标予以注册，而商号的管理机构与商标的管理机构并不相同，且商号的保护范围与注册商标的保护范围又相差甚远，因此，二者之间常常发生权利冲突。还有一些知识产品如外观设计既可能受到著作权法的保护，又有可能取得外观设计专利权而受到专利法的保护，还有可能注册为图形商标而受到商标法的保护，但各部法律所规定的保护标准又不相同，因而造成保护上的差异。[2] 法律体系的无序性一方面使得法律的适用出现了困难并严重影响了法律的权威性，另一方面又加大了公众"找法"的困难。

2. 立法层次不统一

我国各项知识产权法律文件在立法层次和法律位阶上也不统一，既有像

---

[1] 夏建国：《制定统一知识产权法典的几点思考》，载《河北法学》，2001年第3期。
[2] 李明德：《外观设计的法律保护》，载《郑州大学学报》（社科版），2000年第5期。

《著作权法》、《商标法》和《专利法》这样由全国人大及其常务委员会制定的法律、又有像《计算机软件保护条例》和《集成电路布图设计保护条例》这样由国务院颁布的行政条例，还有像《原产地域产品保护规定》这样由国务院下属部门颁布的部门规章。从法理上看，各类知识产权在权利位阶上应当是平行的，其法律效力也应当是统一的。但当前我国知识产权法律体系在立法层次和法律位阶上的不统一造成了某些类别知识产权法律效力的弱化。

而且除了传统的《著作权法》、《商标法》和《专利法》外，我国对其他类知识产权的法律调整主要集中于行政立法层次，是由各级行政部门制定。而行政部门的法理规范，要么从行政管理的角度，要么从权利禁止的角度去规范知识产权，这使得许多知识产权在权利行使方面缺乏充分的依据，不利于对知识产权人的权利行使提供有效的指导和有力的保护。①

3. 行政管理体制分散，知识产权司法审判工作还需进一步加强

目前，世界上大多数国家采用专利与商标统一管理的"二合一"模式，设立专利与商标局，例如美国、德国、日本、法国、韩国等都是如此；一些国家采用了专利、商标和版权统一管理的"三合一"模式，设立了统一的知识产权局，例如英国、新加坡等。

我国在知识产权行政管理上实行的是一种分散的管理体制。尽管我国存在知识产权局这一部门，但实际上该部门还是主管专利事务，对其他知识产权事务只是发挥统筹协调功能。目前我国涉及知识产权的行政管理机构有10多家，他们的工作职能一般由各单行法分别规定，它们各自有自己的一套组织体系。这些管理机关分别是：国家专利局负责专利权和集成电路布图设计权事务、国家工商行政管理总局商标局负责商标权管理、国家版权局负责著作权管理、国家工商行政管理总局公平交易局负责反不正当竞争事务、国家质量监督检验检疫总局负责原产地标记管理、国家农业部负责农业植物品种权管理、国家林业局负责林业植物品种权管理、信息产业部负责互联网域名权管理、国家商务部负责国际贸易中的知识产权事务、国家科技部负责与科技有关的知识产权事务、国家海关总署负责与进出境货物有关的知识产权事务。这种分散的管理体制带来诸如行政管理成本高、行政管理效率低、行政执法力度不均、加剧了知识产权内部各种权利之间的冲突等不良后果。②这既有损于法律的权威，又提高了权利人维护权利的成本，实际上是不适应当前我国知识产权工作形势的。

在知识产权司法审判方面，知识产权纠纷案件具有"高、新、难"的特点，

---

① 陶鑫良、袁真富：《知识产权法总论》，知识产权出版社2005年版，第410页。
② 朱雪忠、黄静：《试论我国知识产权行政管理机构的一体化设置》，载《科技与法律》，2004年第3期。

其审理难度普遍较大,审判领域也在不断拓展,而审判资源相对匮乏,审判人员素质尚待提高。另外,当前知识产权纠纷案件的审理程序审级多、周期长,难于为知识产权权利人提供及时有效的法律保护。

4. 社会知识产权意识薄弱

虽然我国的知识产权法律存在着某些不足,但基本上还是建立了一个相对完善的知识产权保护体系,可以为权利人提供相当水平的法理保护。但社会知识产权意识薄弱却成为当前我国知识产权法律工作面临的一个严峻问题,可以说我国社会的知识产权意识实际上是落后于知识产权法律制度建设的。在很多人看来,偷人钱物是十分可耻的,但假冒、盗版可以容忍,盗用别人的智力劳动成果也很难引起"公愤"。在许多地区,商家公然"知假卖假"、消费者"知假买假"的情况还比较普遍。虽然近年来,我国采取了一系列措施进行宣传教育,但从总体上看效果仍然不明显,社会知识产权意识仍然比较薄弱。

5. 知识产权保护不力的状况还没有完全改观

当前,侵犯知识产权特别是假冒商标、生产销售盗版音像制品现象仍然比较普遍。近些年,由于国内盗版严重,正版音像制品销售额只有30多亿元。据专家估计,如果不是盗版,正版销售应当在250亿~300亿元。盗版不仅使我们音像产业难以健康发展,还流失了大量税收。在执法中,有法不依、执法不严、行政执法与刑事司法衔接不好的问题还未从根本上得到解决。部分地区地方保护主义还比较严重,个别地方的领导干部和执法部门负责人把保护知识产权与发展经济对立起来,认为打击会给地方经济发展带来损失,不能赢了"面子",丢了"银子"。有的地方甚至利用行政手段纵容、包庇当地知识产权侵权行为,使违法犯罪分子有恃无恐,胆大妄为。此外,对货物进出口等环节的知识产权监管也存在一定的薄弱环节。

6. 知识产权中介机构发育还不成熟,知识产权信息的传播与服务还不能适应现实的需求

知识产权中介机构的业务包括促进知识产权实施转让、推进知识产权管理、提供各类知识产权服务等。是否拥有齐全、成熟的知识产权中介体系也是一个国家的知识产权制度完善与否的重要标志之一。目前,美国一年专利许可贸易收入达到1 800亿美元,品牌许可使用收入超过1 050亿美元,这些都离不开发达的知识产权中介服务行业。与发达国家相比,当前我国的知识产权中介机构存在着数量较少、类型发展不均匀、质量参差不齐、服务水平不够高、服务内容单一的问题,远不能够适应我国经济、贸易、科技、社会发展的需求。一方面,有许多希望靠知识产权实现发展的企业无从获得知识产权;另一方面,又有不少确有价值的知识产权被束之高阁。据统计,当前我国的科技成果转化率仅为10%~15%,远远低于发达国家60%~80%的水平,"买技术难、卖技术难"的问题都十分严重;我国每年签订的版权贸易项目只有 6 000~7 000 项,而且基本上还是以图书为主,很少涉及计算机软件。

(三) 我国知识产权制度法典化的必要性

事物的必要性常常是在与其他事物的对比中显现出来的,也即它与其他事物相比具有独一无二的特性或者比较优势。在出现某种问题时,事物必要性的产生无非是由于下面两种情况的存在:一是由于该事物所具备的特性使得只有它才能顺利地解决这种问题,这时该事物的必要性表现为一种"舍我其谁"的状态;二是虽然该问题有几种可供选择的解决方案,但由于该事物所具备的比较优势使得它是一种最佳方案,这时该事物的必要性表现为一种"最优选择"的状态。而知识产权法典化的必要性正是在与知识产权单行法的比较中体现出来的。也即在现有的知识产权法律工作中出现了一系列问题或面临着某些挑战,而单行法无法顺利地解决这些问题或者解决问题的成本过高,这时知识产权法典化就有了启动的必要。如果知识产权法律工作中不暴露和产生相关的问题与缺陷,则即使法典化的比较优势再明显其必要性也不会显现出来,因此要探讨法典化的必要性就必须先考察当前知识产权法律工作中暴露的一系列问题。

面对上述暴露出来的问题,立法者必然要采取各种措施予以弥补。这些措施大致来讲包括以下两种:一是分别对各单行法进行修改;二是制定一部统一的知识产权法典,可见法典化并非唯一的选择。但毫无疑问,立法者在一般情况下都会选择那种成本最小、收益最大的措施。此时,知识产权制度法典化的必要性就通过两种措施之间的比较体现出来了。相较于对各单行法规进行分别修改而言,知识产权法典具有以下比较优势:

1. 立法成本较低

从消除法律体系的无序性和统一立法层次而言,在分别修改各单行法的情况下,也可以将各项知识产权法律的立法权都收归全国人民代表大会常务委员会以提高和统一知识产权立法层次、消除部门利益。但这需要成立至少十几个立法小组,而且这些立法小组之间能否有效地沟通与协调,从而消除法律重复、冲突、漏洞也要打上一个大大的问号。可以想象,为了对这十几个立法小组进行协调,势必又要在它们之上成立一个协调小组,造成机构的重复和立法资源的浪费。在这些单行法律都修订完毕后,又需要全国人大常务委员会逐一通过,立法的成本极高。而如果采用法典的形式,只需要成立一个立法小组,虽然这个立法小组的成员可能相对较多,但毫无疑问要大大低于十几个小组成员的总和。由一个小组起草法律草案,消除法律重复、冲突、漏洞就会顺利很多。在法典草案制定成功后,如果一切顺利的话,只需要全国人民代表大会一次表决通过即可,立法的成本绝对比修改各单行法的成本低很多。而且在法典化时，立法者可以通过在法典中制定知识产权的基本原则，赋予法官自由裁量权，以此来减少法典修改的频率，而各单行法中由于不可能对基本原则条款进行规定，它们修改的总频率绝对比法典要高。

2. 有助于加强公众的知识产权意识

在中国这样以强制型制度变迁为主的国家，法律制度的建设历程一般要先于法律意识，这一点在知识产权领域显得尤为明显。在很多时候，知识产权法律文件在社会知识产权意识的培养方面发挥着重要的作用。与单行法相比，知识产权法典在加强公众知识产权意识方面的比较优势主要体现在：（1）法典有助于减少公众搜寻法律的成本。知识产权单行法的数量众多，某些"冷门"法规的名称恐怕公众连听也未曾听过。对于普通民众来说，要想大致的了解不同单行法的内容是非常困难的。而法典的内容全面系统、结构完整清晰、文字平实简洁、查询方便快捷，因而具有更强的民众可获知性或易传授性。[①]（2）有助于民众对知识产权的全面理解。为提高公众的知识产权意识，我国已经作了大量的宣传教育工作，知识产权的概念应该是深入人心了。但在现实生活中却并不存在一部名为知识产权的法律，公众看到的只是专利法、商标法和著作权法等法律，这可能会让民众对知识产权与各类具体权利之间的关系产生疑问。而知识产权法典将各类知识产权具体权利全部纳入其内，无疑会加深民众对知识产权的全面理解。（3）有助于加强公众的权利意识。零星公布的成文法，使执法者与被执法者在对法律的可接近性上处于不平等的地位，很难确保后者的监督功能之实现。而系统化公布的法典，使执法者与被执法者对法律有同等的可接近性，更能保障后者对前者的执法活动的监督。[②] 从这个角度看，知识产权制度法典化是控制权利滥用的有力工具，是保障权利实现的安全举措。[③]

3. 有利于强化知识产权行政管理

针对我国当前分散的知识产权行政管理体系所带来的弊端，学术界倾向于设立统一的知识产权管理机关来管理全部知识产权事务。正如上文所介绍的那样，斯里兰卡和菲律宾就采取了这一做法，并用知识产权法典将这一管理体制固定下来。如果继续采用单行法的立法体例的话，则必然会对各单行法的内容造成极大的冲击。因为现行各管理机关的职能范围是知识产权单行法的重要内容，管理体制的改变必然会带来单行法内容的改变，每一部单行法都必须针对这种情况进行修改，牵涉的法律修改数量是十分惊人的。而知识产权制度法典化则可以借着法典编纂的东风，将行政管理体制的改变设为法典编纂的一项重要内容，避免了法

---

① 封丽霞：《法典编纂论——一个比较法的视角》，清华大学出版社2002年版，第6页。
② 徐国栋：《民法典与权力控制》，载《法学研究》，1995年第1期。
③ 陶鑫良、袁真富：《知识产权法总论》，知识产权出版社2005年版，第410页。

律体系的过分震荡。

即使我国像越南和法国那样不设立统一的知识产权管理机关，继续保持分散的管理体制，法典也比单行法更具优势。因为现行分散管理局面形成的重要原因就是各管理部门主导立法，在法律中掺杂部门利益所致。而法典化则将立法权统一，最大限度地消除了部门利益的影响。并且法典将各知识产权管理机关的工作职能和范围规定在一部法律文件里，立法者必然会在立法时作通盘考虑，会考虑到各部门之间的相互配合和相互协调问题，其出现差错的几率要比单行立法小得多。此外，公众在向相关部门寻求法律保护时，只需在统一的法典中寻找相关规定即可，而不必像单行法那样遭遇找法的困难。

4. 有助于促进知识产权研究

知识产权制度法典化可以为研究者指明研究的方向，加快知识产权研究的进程。法典编纂有赖于理论研究的体系化和系统化。但社会科学在一定程度上存在着自发性研究的特点，即在没有外来刺激的情况下，研究者可能会根据自身的喜好和知识贮备来决定研究的领域和方向，这就容易形成研究力量和研究主题的分散性及不均衡性，以至于产生一些"集体无意识"状态下的理论研究空白点。这样可能会导致理论研究体系化的进程缓慢。而一定的外在刺激则可以打破这种自发性研究状态，将研究主题导入新的方向，进而消灭一些研究空白点。在法学研究领域，法典化就是最为有力的外在刺激。法典化势必要求对相关领域的问题进行全面和透彻的了解，这样既扩大了研究面、消灭了研究空白点，又导致了研究的深入。与此同时，法典化可以使更多的人投入到相关领域的研究，造成该领域研究的繁荣。我国民法典的编纂就是一个典型的例证。在我国民法典的制定提上立法日程后，我国民法学的研究人数增多，研究力量增强，研究的问题也不断深入，从而促进了民法学研究的繁荣。而知识产权法典的编纂无疑也可以达到这种效果。此外，法典化还可以促进学术竞争，通过学术竞争来达到学术研究的进步。因为法典必定要以某种学说作为自己的理论基础，而各种学说为了取得这种"正统地位"势必要进行激烈的学术竞争并期望在学术竞争中脱颖而出。"法典编纂，在保持了私法规则与法学学说的密切联系的前提下，又在事实上成为一种权威确立机制。法典编纂是理论自发进行的'定分止争'的过程，不同的理论在法典编纂的过程之中相互竞争，相互融合，试图被写入法典之中获得权威性的支持。"[①]这种学术竞争本身就是一个研究不断深入和说服力不断增强的过程，这无疑也会促进学术研究的进步。

[①] 薛军：《蒂堡对萨维尼的论战及其历史遗产——围绕德国民法典编纂而展开的学术论战书评》，《清华法学》，北京大学出版社2003年版（第三辑），第127页。

二、中国知识产权制度法典化的战略部署

(一) 中国知识产权制度法典化的两步走战略

笔者以为,我国在知识产权制度法典化上可以实行两步走的战略:第一步,民法典仅对知识产权作一般规定,但单行法依然保留。其理由是:(1)《知识产权协定》已明确知识产权的性质为私权,因此知识产权从本质上讲仍是民法的一个组成部分,在民法典中对其作原则性规定有其象征意义。(2) 在民法典中对其作原则性规定可以使私权特别是财产权体系更加完善,由此可以为公民和法人提供一个完整的权利体系。(3) 民法典中只作原则性规定,其他单行法仍然存在,在适用法律方面较为方便,也不破坏民法典的审美要求。(4) 作出原则性规定有利于知识产权法律体系的系统化,减少其内部矛盾。第二步,待时机成熟之后,可以在民法典之下编纂知识产权法典。其中,民法典中关于知识产权的一般性规定,涉及知识产权的性质、范围、效力、利用、保护,与其他法关系等原则性条款。此外,可整合、汇集各知识产权单行法规,将各具体制度作为知识产权法典的各个专章。

(二) 中国民法典编纂与知识产权制度法典化

正是由于民法法典化对知识产权制度法典化具有强烈的指导性作用,我国的知识产权制度法典化研究必须与民法典的研究和制订工作紧密联系起来。笔者以为,我国未来的知识产权制度法典化研究和立法工作将从以下几个方面受到民法典编纂的影响:

1. 我国民法典的制订将对知识产权法典的设立产生"示范效应"

笔者以为,知识产权法典的设立与法典的功能紧密相联。当前我国知识产权工作中仍然存在着法律体系无序、立法层次不统一、行政管理体制分散、社会知识产权意识薄弱等问题,已经严重影响到法律的权威性和实施效力。如果将考察的视野放宽,可以认为知识产权领域所存在的这些问题也正是当前我国整个私法领域所普遍存在的问题,对这些问题解决也将构成今后我国民事法律领域的工作重点。正如有学者而言,民法典具有统一国法、建立体系、集中资讯、整套继受等功能[①]。世界各国民法法典化的历史也已经表明,民法典所具有的这些功能决

---

① 苏永钦:《民法典的时代意义》,http://law-thinker.com/show.asp?id=2047。

定了它能够比较完美地解决私法领域中存在的诸多问题。基于此，民法法典化可以对知识产权制度法典化产生较强的"示范效应"，故而在许多已经实现民法典化的国家里，将知识产权制度法典化也可能成为一种潜在的立法意愿。通过前文的分析可以了解到，制订了知识产权法典的各个国家之前大都已经制订了本国的民法典。就连斯里兰卡这样具有非法典化传统的英美法系国家，在没有制订民法典的前提下也制订了本国的知识产权法典，法典化所具有的优势可见一斑。笔者甚至以为，如果说以《葡萄牙工业产权法典》为肇始标志的第一次知识产权制度法典化浪潮的出现还是立法者出于追随《保护工业产权巴黎公约》而采取的一种被动性立法行为的话，那么以1979年《斯里兰卡知识产权法典》为肇始标志的第二次知识产权制度法典化浪潮则应该是立法者基于民法典的"示范效应"而采取的一种主动性立法行为。基于上述理由，笔者认为，为了圆满的解决我国知识产权领域出现的一系列问题，将知识产权制度法典化不失为一种明智的选择。

2. 我国民典的制订将为知识产权制度法典化提供理论储备

法典编纂有赖于理论研究的体系化和系统化，知识产权法典也必须建立在对知识产权领域做全面、透彻的理论研究和分析的基础之上。但社会科学在一定程度上存在着自发性研究的特点，即在没有外来刺激的情况下，研究者可能会根据自身的喜好和知识贮备来决定研究的领域和方向，这就容易形成研究力量和研究主题的分散性及不均衡性，以至于产生一些"集体无意识"状态下的理论研究空白点。这可能会导致理论研究体系化的进程缓慢。而一定的外在刺激则可以打破这种自发性研究状态，将研究主题导入新的方向，进而消灭一些研究空白点。在法学研究领域，法典化就是最为有力的外在刺激。法典化势必要求对相关领域的问题进行全面和透彻的了解，这样既扩大了研究面、消灭了研究空白点，又导致了研究的深入。与此同时，法典化可以使更多的人投入到相关领域的研究，造成该领域研究的繁荣。而作为民事领域的基本法，民法典的研究和制订工作是不可能将知识产权遗忘的。为此，民法法典化可以为知识产权研究的发展提供一种外在刺激。

在我国，知识产权还不是一门成熟的学科。成熟学科的特征是：基本的定理、原理、研究方法已经形成；研究实践很少在基本原理上发生争论。[①] 由于成熟学科已经完成了基本的体系建构，余下的工作就是局部的、细节的经营，从而使研究者从基础研究中解脱出来，转向细节研究。以细节研究为主的格局，应当

---

① ［挪］斯坦因·U·拉尔森：《社会科学理论与研究方法》，任晓译，上海人民出版社2002年版，第46页。

发生在学科体系成熟之后。① 我国的知识产权研究曾在较长的时间内呈现出"假熟"和过度细化的缺点，即绝大多数研究成果只涉及某个具体的技术领域，如网络与著作权、生物技术与专利、域名与商标；或是对某个制度的比较研究。② 而与知识产权基本概念、原理等有关的基础理论却研究不足或被有意无意地忽视了。但近几年来学者们对于知识产权基础理论研究的明显升温。笔者以为，这在很大的程度上受益于民法法典化研究工作的促进。回顾近年来我国学者在民法法典化方面的研究工作，就会发现许多学者已经对知识产权基础理论进行了比较详细的研究，这其中主要涉及以下几个方面的核心问题：（1）知识产权的权利属性如何？是否属于民事权利的范围？③（2）知识产权法与民法典的关系如何？④（3）是否有必要在民法典中设立专门的知识产权编？如果需要的话，则知识产权编应该规定哪些内容？郑成思教授和吴汉东教授还分别拟定了民法典知识产权编的学者建议稿。⑤ 对于上述问题的研究毫无疑问对民法典的制订具有重要的意义，但同时也促进了知识产权基础理论研究的完善和成熟，更为我国知识产权制度法典化的研究提供了理论储备。

3. 我国知识产权法典立法工作的启动有赖于民法典的制订完毕

虽然学术界对于知识产权制度法典化的研究工作已经蓬勃展开，但知识产权法典立法工作的正式启动却还需要选择恰当的时机。笔者以为，知识产权法典立法工作应当于我国民法典制订工作完成之后再开始启动。通过笔者前文的论述可以得知，世界各国一般都是先制订民法典，然后再制订知识产权法典。我国也不应例外。这主要是因为民法典的相关规定将对知识产权法典的内容和结构产生重要的影响。

在内容上，民法典将在诉讼时效、夫妻共同财产、继承、合同、质押、侵权责任等诸多方面涉及知识产权，并就这些内容与知识产权法典发生交叉。为此，立法者也将面临一个如何使知识产权法典与民法典之间保持协调一致的问题，否则就有可能造成两者在内容上的冲突、重叠或遗漏。而民法典的早日出台可以为知识产权法典的立法者提供一个明确的立法指导，以有效避免法典之间出现的不

---

① 李琛：《论知识产权法的体系化》，北京大学出版社 2005 年版，第 80~83 页。

② 李琛：《论知识产权法的体系化》，北京大学出版社 2005 年版，第 81 页。

③ 代表性观点参见冯晓青、刘淑华：《试论知识产权的私权属性及其公权化趋向》，载《中国法学》，2004 年第 1 期；吴汉东：《关于知识产权私权属性的再认识——兼评"知识产权公权化"理论》，载《社会科学》，2005 年第 10 期。

④ 代表性的观点参见李宗辉：《知识产权法与民法典关系学术综述》，http://www.cpahkltd.com/cn/Publications/061lzh.html。

⑤ 具体参见郑成思：《知识产权论》，法律出版社 2003 年版，第 77~138 页；吴汉东：《知识产权立法体例与民法典编纂》，载《中国法学》，2003 年第 1 期。

协调现象。

在结构上,民法典采取何种方式处理知识产权法也会对知识产权法典的立法者造成影响。在现代社会,民法典已经不再可能像《法国民法典》和《德国民法典》那样回避知识产权。我国《物权法》的出台表明我国已经放弃了广义上的财产法立法模式而采取了有体物的立法模式。在有体物的立法模式下,我国未来的民法典已经不太可能像《意大利民法典》那样将知识产权作为民法典的一章,也不可能像《蒙古民法典》那样将知识产权与所有权糅合在一起。由此,我国民法典只可能采取以下两种方式来处理知识产权:第一种方式是民法典中不设单独的知识产权编,只是在民法典的总则部分简单规定知识产权是民事权利的一种或者知识产品属于民事客体的一类,而知识产权的具体内容则由知识产权法典予以详细规定。如果采用这种方式,则最大的优点在于其既确立了知识产权的私权地位,又将民法典的立法难度大幅度减小,使我国民法典早日出台,同时也会给知识产权法典的立法者留下较大的自由空间。第二种方式则是像《越南民法典》那样,一方面在总则中规定知识产权是一种民事权利,另一方面又设置单独的知识产权编,同时还制订单独的知识产权法典。较前一种方式而言,该方式无疑立法难度要大许多。因为民法典的立法者要考虑知识产权编应当规定哪些内容,而知识产权法典的立法者则要考虑应当如何处理其与民法典知识产权编的关系,即知识产权法典是否需要设置总则?总则的规定与民法典知识产权编的规定是否保持一致?如果不保持一致,知识产权法典总则应当规定哪些内容?而所有这些问题的解答都必须要以民法典的出台为前提。

三、中国知识产权制度法典化的目标与障碍

(一)中国知识产权制度法典化的目标

知识产权制度法典化的目标,就是指法典化所要实现的目的和价值,并将它固化在法典中。如何把知识产权保护的目的转化为具体的法律制度,这是法典化过程中的重要环节。虽然知识产权保护的目的决定着《知识产权法典》目标的内容和表现形式,但是不同的目标又决定着其目的的体现程度和体现方式。所以,该项研究是不可或缺的。

1. 知识产权制度法典化的实在化与现代化目标

(1)知识产权制度法典化的实在化目标。

进行法典化,其目标之一就是使虚拟的法实在化。论及一个国家或者地区的"知识产权法"时,即使有《知识产权法典》,"知识产权法"也并不是专指

《知识产权法典》，而是指该国家或地区一切保护知识产权的法律规范[①]。当然，在没有《知识产权法典》的国家或者地区，"知识产权法"就只是指该国家或者地区制定的保护知识产权的一切法律规范。具而言之，人们当初所称的"知识产权法"，并不是指一部具体的《知识产权法典》或者制定法，而是一个泛指概念。在逻辑上，知识产权法只是著作权法、专利法、商标法等下位概念的一个上位概念，或者说是这些种概念的一个属概念。知识产权法这个概念，无论对理论研究还是实务运作都非常有用。从理论研究的角度看，著作权、专利权、商标权等诸权利，虽然各自具有一套相对独立的理论体系，但是，它们所具有的共同理论基础使它们又彼此相互映衬。在这个共同理论架构下，它们之间的相互关系，以及它们与其他民事权利（如物权、债权等）就被理顺了，不会造成不必要的麻烦。从实务运作的角度看，法院、企业、法律事务所等实务部门，在知识产权法的标题下，进行各自的实务运作，已经得到了国际公认，使得各个国家或者地区之间的交流与合作成为可能，而且十分便利。法学教育也是如此。因此，在这种意义下，知识产权法是一个虚拟的法。直到 1992 年，法国首次编纂出知识产权法典后，狭义的知识产权法才诞生。

将虚拟的法实在化的第二方面意义在于，像菲律宾那样，使虚拟的知识产权行政部门实在化。菲律宾知识产权法典规定撤销原有的知识产权各单行的行政机关，成立统一的知识产权局，并赋予该局七个方面的权力与职责[②]，同时规定该局由六个次级部门组成，即专利局、商标局、法律事务局、文献、信息与技术转让局、管理信息系统与电子数据处理局和行政、财务及人事服务局[③]。经过这样重组后，菲律宾的知识产权局就从原来虚拟的状态变得名副其实了。

法典化将知识产权法从虚拟状态实在化的第三项任务，就是使知识产权司法审判机关（即法院）从虚拟状态实在化。目前，世界各国对知识产权进行司法审判的法院架构大体有四种模式：一是普遍模式。此种模式将知识产权司法审判与其他案件的审判同等对待，依据地域管辖原则、级别管辖原则或者其他原则等进行，并不单独设立知识产权法院为之。采此种模式的国家最多，如美国等。二是审判庭模式。此种模式所采用的做法是：在普遍法院内设立专门的知识产权审判庭。该模式与普遍模式所不同的是在普遍法院内设立知识产权审判庭，专门负责知识产权纠纷案件的审判。采用此种模式的国家不是很多，如中国、英国等。

[①] 《菲律宾知识产权法典》第一编"知识产权局"明确规定，本法典所指的"知识产权法"（Intellectual Property Law）包括我国制定的一切保护知识产权的法律规范；本法典所指的"知识产权法典"（the Code）则是指的本法典。参见 Intellectual Property Code of the Philippines，资料来源于：http://www.chanrobles.com/legal7ipcp.html.

[②] 参见《菲律宾知识产权法典》第一编第 5 条第 1 款。

[③] 参见《菲律宾知识产权法典》第一编第 6 条第 2 款。

三是专利法院模式。为了审判工业产权纠纷案件①，尤其是专利、商标在授权过程中发生的纠纷，而设立专利法院。此种模式强调工业产权与其他普遍民事纠纷的区别，或者说强调工业产权纠纷的特殊性。但是，版权纠纷案件仍然由普遍法院进行审理。此种模式至少从某一方面肯定了知识产权与其他民事权利之区别，使知识产权领域中最复杂的纠纷能够由专门法院审理，对提高知识产权保护力度非常有好处。采用此种模式的典型代表国家是德国。四是知识产权法院模式。此种模式所采用的做法是：在国家的整个司法审判系统中，单独设立审理一切知识产权纠纷案件的专门法院，其他法院原则上不能审理知识产权案件，包括民事纠纷案件、行政诉讼案件和刑事犯罪案件。此种模式应当说是从根本上解决知识产权司法审判的最有效举措，但从现有的模式向这种终极模式的转变不是非常简单的工作。此种模式的代表国家有泰国和日本。

（2）知识产权制度法典化的现代化目标。

发端于20世纪80年代直至现在席卷全球的"知识革命"是新技术革命的继续和发展，其中最有代表性、最具影响力的时代技术当属网络技术和基因技术。作为信息技术革命产物的因特网，其所构成的"虚拟空间"（Cyberspace）是一个无中心的全球信息媒体，它不但改变了人类的生活方式，而且对现行的法律制度带来了挑战。就知识产权制度而言，主要有以下问题：①"网络版权"，即如何让专有权利有效地"覆盖"作品在网络上的传播，具言之，即是数字化作品的权利保护、保密技术措施的法律保护以及数据库的权利保护这三大问题。② ②"网络标记"。经营标记以数字化的形式出现在网络空间，既涉及传统商标制度的变革（例如商标权地域性与因特网国际性的冲突，商标分类保护与网上商标权排他性效力的矛盾，网上商标侵权形式的变化与侵权责任的认定等），又涉及域名保护制度的创新（主要问题有域名登记与审查、域名权的性质与内容、域名权与其他在先权利的冲突、域名权的保护与域名纠纷的处理等）。③"网络不正当竞争"。当代竞争法需要解决网络传播及电子商务出现的诸多问题，如屏幕显示和网站界面的商业包装、对网上商业秘密采取的保密措施、网上虚假宣传等。③ 与网络技术相媲美，基因技术被认为是21世纪最伟大的技术之一，人类可能正处在基因可以解释和决定一切的时代的开端。诸如"基因食物"、"基因疗法"，以及对动植物基因乃至对人类基因的其他开发、利用，将会导致人类本身以及与人类生存环境相关的一系列变化。尽管对基因技术存在着民族习俗、社会道德以及宗教等方面的争议，但许多国家趋于对这一新兴技术给予

---

① 专利法院只负责对工业产权纠纷案件进行审判，不是对全部知识产权纠纷案件的审判任务。
② 参见薛虹著：《网络时代的知识产权法》，法律出版社2000年版，第8页。
③ 参见张平著：《网络知识产权及相关法律问题透析》，广州出版社2000年版。

专利或其他知识产权的保护。基因专利涉及两大问题：一是界定基因专利保护范围，包括基因方法、基因产品、转基因动植物新品种、转基因微生物以及"脱离人体或通过技术方法获得"的基因本身；二是明确基因专利的排除领域，特别是克隆人的方法、对胚胎商业利用的方法以及基因序列的简单发现等。

中国知识产权立法始于 20 世纪 80 年代，完善于 90 年代，变革于新世纪初年。经过几次修订，基本实现了制度创新的现代化过程。中国知识产权立法，始终关注现代科学技术的发展，不断加快其制度现代化的进程。笔者认为，知识产权制度的现代化特征，表现这一制度与时俱进的时代性。知识产权法从其兴起到现在只有三、四百年的时间，但历经从工业革命到信息革命的不同时期，基于科技革命而生，缘于科技革命而变，其制度本身就是一个法律制度创新与科技创新相互作用、相互创新的过程。纵观当今世界科技与经济的发展，人们不难发现这样一个事实：凡是科技发达与经济繁荣的国家，无一不是知识产权制度健全与完善的国家，这些国家拥有的自主知识产权的数量和质量与科技、经济的发展程度一样在世界上处于领先地位。而中国是一个发展中国家，尚处于经济转型期，还未完全形成一个竞争性的科技、经济体系，在知识产权法律保障方面也存在诸多问题：例如，拥有创新科技成果，但没有及时产权化；拥有一些科技成果产权，但在关键技术领域没有完全建立自主知识产权；拥有国内知识产权，但没有及时取得国际保护。从一定意义上讲，知识产权保护的水平，客观上反映了一个国家科技、经济发展的水平。换言之，各国知识产权保护水平的差异，实质上反映了国家间科技、经济发展水平的差异。在当今社会，经济发展越来越依赖于以科学技术为主要内容的知识，或者说，知识已成为生产力和经济增长的发动机。新的世纪是知识经济的时代，也是知识产权的时代，知识产权作为"制度文明的典范"[①]，对于激发人类发明创造的潜力，推动科技进步与文化繁荣具有重要的作用。因此，中国的知识产权制度必须保持其时代先进性，即通过法律制度的现代化去推动科学技术的现代化。

2. 知识产权制度法典化的一体化与协调化目标

（1）知识产权制度法典化的一体化目标。

如果说将虚拟的知识产权法实在化是使概念的知识产权法变成具体的《法典》，那么，将分散的知识产权法一体化意味着，法典化并不仅仅是将分散的各单行知识产权法汇编在一起，将它命名为《知识产权法典》或者《知识产权法》就行了，而是应当将这些分散的各单行法按照一定的原则和规则，按照一定的逻辑和体系，使其凝聚成一个有机的整体。

---

① 刘春田主编：《知识产权法》，高等教育出版社 2000 年版，第 19 页。

大多数学者认为知识产权作为一个法律共同体，应当有其共有特征。我国知识产权学者在做研究时，大多数人都会对其基本特征进行适当地归纳，但见解则仁智有别。对知识产权特征的归纳，多则可达七个，少则仅有其一。

　　正因为有不同的标准，所以，还有学者认为知识产权根本就不可能将现有的各种被称为知识产权的对象以及目前尚在争论之中的许多对象都包括进去，因为它们没有共同特征。①换言之，这样的一部分学者对知识产权所包括的具体对象持怀疑态度，与此同时，对知识产权所包括的诸对象是否具有共同特征持否定态度。我们现在所能读到的国外知识产权著作、教材、文章、论文、普通读物等，很少有对知识产权特征进行归纳的，原因在于他们对知识产权是否具有共同特征持否定或者不确定态度。当然这只是一种推理，尚无资料证实这种推理。

　　既然如此，我们有必要对知识产权的共同特征进行归纳吗？从方法论的角度看，常用的治学方法或研究方法有演绎法和归纳法，既要分析现象，更要揭示本质。演绎法是指以一个论点或想法为本，然后找出各种事实，来证明该论点或想法是正确的。归纳法与演绎法相对，是以某一特定研究为目标，收集许多资料，经过仔细、认真地观察，正确、合理地解释，然后将资料系统化，形成原理（结论）。②由此可见，对知识产权进行归纳法研究，就需要总结出它的特征即共同特性，以便能够对知识产权有一个全面、概括、抽象认识。作为一门独立的法学学科，如果仅仅是分析其现象，不揭示其本质，在理论上似乎站不住。单纯从现象上看，知识产权就是由版权、专利权、商标权、商业秘密权、工业品外观设计权等权利组成的一个集合，它们所具有的共同联系点在于它们都是由人类智力创造性成果或者智慧创作物产生的权利。西方国家的知识产权学者大体都是持这种态度，不考虑或者很少考虑这些权利彼此之间所具有的共同特征。如果想要揭示这些不同种类的权利之间具有哪些共同特征，就是对知识产权本质进行研究。进行此种研究之目的并不在于抽象地寻找出几个共同特征，而是在于将知识产权与其他的私权或者民事权利相区别。通过这种研究，能够在知识产权保护方面作出更具有针对性的规定。在法典化过程中，进行此种研究更具有重要意义，尤其在编纂知识产权法典之总则或者一般规定时，没有这样的研究是难以完成的。

　　另一方面，要使分散的知识产权法一体化，还需要对其基本原则进行研究。笔者以为，知识产权法典的基本原则应该包括以下几点：①承认知识产权为私权原则；②激励积极创作原则；③促进知识产权转化原则；④禁止权利滥用原则；

---

　　① Richard Stallman：Use of the Term of Intellectual Property. 资料来源于：http://lists.essential.org/pipermail.

　　② 黄振华：《归纳法查考》，资料来源于 http://www.cef.org.tw/resource/Bible/01oia/2001hebrews/hebrews.html。

⑤遵守国际条约、遵循国际惯例的原则。

(2) 知识产权制度法典化的协调化目标。

现行知识产权法由若干单行法律法规组成，是一个十分庞杂的法律体系。这些法律法规的性状可概括为：围绕一个中心，为着不同目的，由不同部门、在不同时间、依照各自利益、按照相对标准而起草，最后按立法程序通过。它们所围绕的"一个中心"就是保护知识产权，保护智力劳动者的合法权益，但所"为着的目的"则不相同：《商标法》的目的是"为了加强商标管理，保护商标专用权，促使生产、经营者保证商品和服务质量，维护商标信誉，以保障消费者和生产、经营者的利益，促进社会主义市场经济的发展。"①《专利法》的目的是"为了保护发明创造专利权，鼓励发明创造，有利于发明创造的推广应用，促进科学技术进步和创新，适应社会主义现代化建设的需要。"②《著作权法》的目的是"为保护文学、艺术和科学作品作者的著作权，以及与著作权有关的权益，鼓励有益于社会主义精神文明、物质文明建设的作品的创作和传播，促进社会主义文化和科学事业的发展与繁荣。"③《反不正当竞争法》的目的是"为保障社会主义市场经济健康发展，鼓励和保护公平竞争，制止不正当竞争行为，保护经营者和消费者的合法权益。"④

由上可知，现行的知识产权各单行法是由不同的部门，依据其职责权限，采用"部门加法律专家"的起草模式，提出的法律草案，然后提交国务院法制局讨论，由国务会议通过后，提请立法机关审议通过⑤。因此，法案起草中必然存在许多问题。无论是人大及其常委会立法，还是政府制定法规或者规章制度，一般由提出立法动议的部门来承担起草任务。此举之初衷是为了使立法更好地符合社会实际情况，增强了立法的科学性和可行性，实践中却为相应的部门保护主义或地方保护主义创造了便利条件。⑥在草案起草过程中，各个部门或多或少地会从自己部门利益作过多地考虑，忽视或者故意抵制与其他法律的相互协调关系，

---

① 参见现行《中华人民共和国商标法》第1条的规定。
② 参见现行《中华人民共和国专利法》第1条的规定。
③ 参见现行《中华人民共和国著作权法》第1条的规定。
④ 参见现行《中华人民共和国反不正当竞争法》第1条的规定。
⑤ 参见《中华人民共和国立法法》第24条："委员长会议可以向常务委员会提出法律案，由常务委员会会议审议。国务院、中央军事委员会、最高人民法院、最高人民检察院、全国人民代表大会各专门委员会，可以向常务委员会提出法律案，由委员长会议决定列入常务委员会会议议程，或者先交有关的专门委员会审议、提出报告，再决定列入常务委员会会议议程。如果委员长会议认为法律案有重大问题需要进一步研究，可以建议提案人修改完善后再向常务委员会提出。"该法于2000年3月15日第九届全国人民代表大会第三次会议通过，于2000年7月1日施行。
⑥ 参见姚蕾：《立法准备阶段与立法质量有关问题思考》，立法治市综合网：http://www.yfzs.gov.cn/gb/info/ztbd/shyfzsjszzwm/2003-10/08/0945445335.html。

其中起决定性作用的是"立法利益"。

使现行不协调的知识产权法体系化，不仅是一项重要的理论工程，而且也是一项非常显著的务实工程。该项工程的理论性在于，首先需要对现行知识产权法律体系中的不协调因素进行考察，对造成这种不协调的原因进行分析，对克服这种不协调因素的可能性进行论证，对协调性原则进行研究，对协调性方案进行价值分析，等等。此项工程的现实性在于，通过上述理论研究，提出一套完整的、合理的、符合中国国情的且具有国际水平的解决方案。在知识产权领域，"一体多权"的多维度与现行知识产权各单行法的单向度之间的矛盾，需要体系化的调整规范进行协调。

3. 知识产权制度法典化的国际化与本土化目标

（1）知识产权制度法典化的国际化目标。

国际条约和国际惯例是知识产权法律体系中非常重要的法律渊源。知识产权法虽然是国内法，但同时要调整非常广泛的涉外法律关系。另一方面，知识产权保护国际条约不仅非常多，而且特别重要，例如《知识产权协定》、《巴黎公约》、《伯尔尼公约》、《罗马公约》、《WIPO 版权条约》和《WIPO 表演和唱片条约》等。它们所规定的知识产权保护基本原则、最低保护标准以及执法措施等，是其成员应当履行的义务[①]。如果各成员国或者成员不能遵守其基本原则、达到其最低保护标准或者遵循其做法，那么它就不能享受相应的权利。因此，遵守国际条约和遵循国际惯例，应成为《知识产权法典》的一项基本原则。具而言之，我国的《知识产权法典》不得有与国际条约和国际惯例相抵触的内容，而是应当结合我国的实际情况，全面履行成员方应当承担的义务，以保证我国国民能够充分地享受相应的权利。知识产权法的国际化，正如我们上一部分论述知识产权法典应遵循的基本原则所介绍的第五项原则"遵守国际条约和遵循国际惯例原则"，就是要求我们编纂《知识产权法典》时不能闭门造车，而应当对我国已经缔结、加入和批准的知识产权保护国际条约，对知识产权领域已为国际社会普遍接受并实行的惯例进行充分地研究，同时还要对其他国家（尤其是经济发达国家）的知识产权保护制度进行研究，尽可能地吸收其优点。这样做，不仅有利于提高我国的知识产权保护水平，使我国的知识产权制度符合国际标准，与国际接轨，而且还可以少走弯路，提高立法效率，条约立法成本。

（2）知识产权制度法典化的本土化目标。

知识产权法的本土化，就是将我国已经缔结、加入和批准的知识产权保护国

[①] 例如，《伯尔尼公约》（1971年巴黎文本）第36条规定："一、本公约各参加国承担义务根据其宪法采取必要措施以保证本公约的执行。二、不言而喻，一国在交存其批准书或加入书时，应能按照其国法律执行本公约的规定。"《巴黎公约》（1967年斯德哥尔摩文本）第25条也有同样的规定。

际条约和其他国家（尤其是经济发达国家）优秀的知识产权保护制度引进来，然后结合我国的实际情况，编纂出符合我国政治、经济、文化、历史传统以及风俗习惯等的法律规范。

知识产权制度的国际化，并不等于在保护内容、保护标准、保护水平等方面的全球法律规范的统一化。按照"最低限度保护"原则，各国立法提供的知识产权保护不得低于国际公约规定的标准，这即是知识产权制度的国际化的一般要求。具而言之，中国是一个发展中国家，应当考虑本国的经济、科技与文化的发展水平，现阶段立法不应过于攀高，只要达到国际公约规定的最低保护水平即可，最大限度地实现法律的本土化与国际化之间的协调。在中国"入世"之前，关于知识产权的保护曾存在着"超国民待遇"与"超国际标准"的现象，由此招致一些学者的批评与诘问。所谓"超国民待遇"，即给予外国人的著作权保护水平高于本国人。例如，中国作者的软件著作权保护期为25年，而外国作者的软件著作权保护期为50年；实用美术作品保护的规定适用于外国人而不延及本国人。造成国民待遇的"内外有别"，其原因在于中国于20世纪90年代初参加著作权公约，但未及修改本国著作权法，由于国际公约实施的需要而不得已而为之。直至2001年，中国修订著作权法，既给予外国人以国民待遇，又提高了本国人的著作权保护水平，从而达到内外平衡、协调发展。所谓"超国际标准"，即现行知识产权保护的一些规定，不适当地超出国际公约的相关要求。例如，1995年公布的《知识产权海关保护条例》所涉及的对象包括一切侵权产品，显然超出《知识产权协定》关于海关执行对象限于假冒商品和盗版产品的范围；1995年公布的国家版权局《关于不得使用非法复制的计算机软件的通知》规定使用人（包括最终用户）只要持有未经授权的软件即为非法。而《日本著作权法》规定，只有构成主观故意，且在业务上应用非法复制的软件才构成侵权。此外，有中国学者主张在知识产权损害赔偿领域导入《知识产权协定》并未明确要求的无过错责任的归责原则，引入美国著作权法的惩罚性损害赔偿规则。这些做法都是值得斟酌的。笔者认为，中国既是一个传统的发展中国家，同时又是一个新兴的工业化国家，在知识产权制度国际化的进程中应当针对我国发展的不同阶段而规定不同的战略措施；既要考虑现实利益，又要具有超前眼光；既要遵循国际公约规定，保护外国的高新技术，也要推动国际合作，保护本国的传统知识。

（二）中国知识产权制度法典化的障碍及其克服

法典法是体系化、系统化的法，法典法必定且只能是学术研究的产物。"虽然法典的法律效力的确取决于立法者的认可，但是绝不能因此就认为法典是立法者的作品。""法典，尤其是私法领域的规模巨大的民法典，一直是而且将来也会是法学家的作品。立法者在此过程中的功能不过是履行形式上的批准手续而已。这样的批准不能改变法典的法学家作品的性质,因此,法典编纂不是一种通常的立法活动,它虽不是立法者的政治意志的产物,但它仍然是法学家活动的产物。法典编纂是通过法学逻辑对于私法领域的法秩序进行整理、规划和改善的活动。因此,法典编纂仍然是不折不扣的学术活动。"①

学术法不仅是法典法的骨髓与主体,而且学术法是法典法形成即法典化过程的一个必经阶段,也即"在从成文法到法典法的过程中,往往有一个学术法的发展和积淀时期。"因为"按照人类思维习惯,从对某一具体案件的命令或告示到对某一类事情进行规范;从各种单行法的颁布到对其相互协调而发现它们的内在机理;尔后,才有可能对某一领域甚至整个人类私人生活进行归纳和总结,从而形成完整的私法法典。这一渐进过程,对人类思维和理性的要求也越来越高。"因此,"法律学术传统及发展程度,成为制约民法法典化成长的第一个直接的因素。"② 法典化的历史实践也表明,"对于源自罗马法传统的大陆法系国家而言,私法理论的发达程度,在法律家阶层中是否形成'学术法',对于编纂民法典具有实质性的影响。"不仅如此,"与其他力量相比,一个国家的法律家阶层及其营造的系统化私法理论是塑造民法典的直接力量。"③ 经验表明,"大陆法系的学者在拥有法典之前,其学术就已具有体系化特征了。正是他们在使法律体系化方面的成功,才使得现代民法典成为可能。人们无法想象没有多马和波蒂埃的法国民法典或没有潘德克顿法学的德国民法典。"④ 因此"《法国民法典》的基本结构是法学理论传统的产物,它甚至可以说成是非自然的。"⑤ 概言之,没有发达的法学理论和成熟的学术法,就没有法典法,学术法是法典化的基本途径与必经之路。

知识产权在目前无法法典化的真正实质障碍是知识产权(法)的非理论化、非体系化和学术法之阙如。因为在今天,知识产权学界有"不少人认为'知识产权无理论'。"⑥ 而知识产权的确也是非理论化和非体系化的。因为目

---

① 薛军:《蒂堡对萨维尼的论战及其历史遗产——围绕〈德国民法典〉编纂而展开的学术论战书评》,《清华法学》,(第三辑),北京大学出版社2003年版,第125~126页。
② 易继明:《私法精神与制度选择——大陆法私法古典模式的历史含义》,中国政法大学出版社2003年版,第269、270页。
③ 张生:《中国近代民法法典化研究(1901~1949)》,中国政法大学出版社2004年版,第15页。
④ 詹姆斯·格德雷:《法典编纂与法律学术》,载《私法研究》创刊号,中国政法大学出版社2002年版。
⑤ 艾伦·沃森:《民法法系的演变及形成》,李静冰、姚新华译,中国政法大学出版社1992年版,第258页。
⑥ 陶鑫良、袁真富:《知识产权法总论》,知识产权出版社2005年版,第457页。在唐广良先生为该书写的序言中也提到了"知识产权无理论"的问题,参见该书序言。

前就知识产权法最为基础的概念——知识产权和知识产权客体——在学术界尚未形成统一认识，甚至有学者认为"知识产权目前还不是法学概念。"因为迄今为止"知识产权的'客体一般'并不存在，知识产权难以界定其内涵与外延，不足以成为法学概念，而只能作为指称一组相关权利的语词来使用。"① 最为基础的概念尚且不存在，知识产权缺乏体系化之基本前提，无法提供法典化所需之学术法。由于不具备成熟的体系化的知识产权理论，知识产权学术法也不可能成熟，因此目前知识产权无法法典化。这才是知识产权无法法典化的实质障碍！

不过显然，尽管目前知识产权制度法典化存在着理论化、体系化不足及学术法阙如的障碍，但这些障碍并非不能克服，更不意味着知识产权不能法典化、永远无法法典化。法德民法典立法模式之所以未涉及知识产权也只是"缘于立法时知识产权作为制度出现未久，民法学对其知之无多，尚未形成体系化的认识；另外也缘于知识产权是否属于民法的范畴确值研讨。"② 在今天我国的民法学界，知识产权属于民法的范畴人们已达成共识，而民法学对知识产权认识逐步深化并最终形成体系化的认识也并非不可能。遥想当年，自蒂堡提出制定至《德国民法典》最终产生，经过了漫长的 82 年的理论研究的准备。③ 今天，在知识产权学界，作为法学和法律体系化最集中体现的知识产权总论问题的研究如火如荼，④ 知识产权之理论化、体系化、知识产权学术法之形成既非不可能，甚至也并不遥远。

当然，目前制定知识产权法典还需要有很多工作要做，主要是继续为知识产权法的体系化进行学术上的准备，包括建立知识产权法的基本理论范畴这主要是知识产权客体的理论范畴和统一的知识产权概念，建立知识产权法共同的基本规则如知识产权法法律原则，使知识产权（法）体系化等，以逐步形成知识产权的"学术法"。显然，这些工作是知识产权法学家的历史使命。因为"把纷呈繁杂的社会生活、市场交易、人情世故，凝结升华为简达、系统、逻辑的法律，是这个时代赋予我们法学家的责任。"⑤ 而不管有多少工作要做，有多长的路要走，

---

① 张俊浩主编：《民法学原理》，中国政法大学出版社 2000 年版，第 541 页。
② 张俊浩主编：《民法学原理》，中国政法大学出版社 2000 年版，第 15 页。
③ 《德国民法典》迟迟无法产生的主要原因当然是政治条件不具备等因素，但学术法之缺乏显然也是重要的因素。
④ 如王太平先生研究知识产权法法律原则的《知识产权法法律原则：理论基础与具体构建》（法律出版社 2004 年版）、《知识产权客体的理论范畴》（知识产权出版社 2008 年版）、金海军博士研究知识产权私权属性的《知识产权私权论》（中国人民大学出版社 2005 年版）、李琛博士研究知识产权法的体系化的《论知识产权法的体系化》（北京大学出版社 2005 年版）、陶鑫良和袁真富二先生研究整个知识产权总论问题的《知识产权法总论》（知识产权出版社 2005 年版）等等。
⑤ 张超：《法律：一个理性空间》，载《读书》，2005 年第 3 期。

我们对知识产权法法典化有很大的信心。一句话,知识产权制度法典化,前途是光明的,道路是曲折的。

四、中国知识产权制度法典化的实效

我国现有的知识产权法律体系由三个部分组成:法律规范体系、司法体系(知识产权审判机构)以及行政管理体系(知识产权授权机构和管理机构)。知识产权制度法典化必须充分注意到这种客观实在。

(一) 规范立法与知识产权制度法典化的实效

我国现今的立法已陷于一个令人迷惑的怪圈:一方面渴求立法的领域比比皆是,社会呼唤尽快立法以解燃眉之急,但另一方面,制定大量的法律、法规却缺少可操作性,又不得不制定更多的法律、法规来进行补充、完善及整合。法律的难以操作表现在以下方面:(1)立法主体众多,立法权限混乱,法律冲突加剧。这些立法主体之间的权限范围在法律上并无明确规定或法律上的依据,这就产生了立法者往往站在各自的立场,从局部利益出发,做出互相矛盾的规定,造成法律操作的困难。(2)在"宜粗不宜细"、"宁简毋繁"、"有总比没有好"的指导思想支配下,片面追求法律的数量,而无视质量。因此,许多法律都是纲要式、原则性的概括,一旦面对复杂的社会现实,进入操作阶段,其模糊性、粗糙性、简陋性就表现得淋漓尽致,很难为执法提供一个明确、清晰的依据。在这样的状况下,某些利欲熏心的法官就有了充分发挥其"才能"的空间,在此空间中所作出的裁判,执行起来当然是困难重重,法律实效从何谈起。(3)在进行立法时,往往不是从宏观上、总体上把握,充分考虑其与现存法律、法规的衔接和协调,而是"头痛医头,脚痛医脚",进行短期行为式的立法,这样匆匆出台的法律不可避免地要进行后期大量的法规补救与解释工作,从而导致附法[①]体系过分膨胀。这种情况在知识产权领域也广泛的存在着。

立法缺乏可操作性,其弊害是可想而知的:(1)法律的公正性丧失,导致法官自由裁量权扩大,难以保证法律实施公平、纠纷得以合理解决。(2)损害了法律的权威性和严肃性,民众对法的信仰和尊重减弱,法律成长的寿命不长。由于法律缺乏可操作性,它的目标和价值预期就难以实现,其法律实效当然也就要大打折扣。

---

① 附法,是指为实施法律,由国务院颁布的行政规章、条例或者由最高人民法院颁布的实施意见或者办法等,也有称"副法"的。

因此，我们在制定知识产权法典时就应当考虑以下几个方面：

（1）法律是否反映社会的客观现实需要。马克思认为："法律应当是事物的法的本质的普遍和真正的表达者，因此，事物的法的本质不应该去迁就法律，恰恰相反，法律倒应该去适应事物的法的本质。"① 他所说的"事物的法的本质"，是指法所调整的各种客观的社会关系的必然性和规律性，法律要适应"事物的法的本质"，就是要求立法必须以客观事实为基础，以事物的本性为前提，以客观发展规律为依托，充分考虑客观需要与可能，而不是凭主观臆断，任意妄为。所以马克思说："立法者应该把自己看作一个自然科学家，他不是在制造法律，不是在发明法律，而仅仅是在表达法律，他把精神关系的内在规律表现在有意识的现行法律之中。"② 当客观环境并没有提出制定某种法律的需要时，单凭主观意志去立法，其结果只能归于失败。但是，反过来，当现实的法律规范已经明显地不能满足社会发展的需要，与时代的发展速度不相吻合时，修改法律或者制定新的法律来取代旧法律，也是非常重要。

（2）法律规范是否具有明确性。一方面，法律应当具有原则性、抽象性，因此也表现出了一定的模糊性。例如，《著作权法》第 11 条规定："著作权属于作者，本法另有规定的除外。"这就是一个原则性规定，同时具有模糊性。另一方面，法律更应当具有明确性，即在原则性、抽象性规定的总架构下，要让人们能够清楚地知道什么行为可为，什么行为不可为，如何使原则性、抽象性的规定具体化等。例如，在"著作权属于作者"的原则下，谁是作者？如何确定？不同种类的作品的作者确定的条件是什么？本法另外又作了哪些规定？这都得要明确。如果只有原则性、抽象性规定，法律就无法实施，当然也就难以产生相应的实效。法律只有具有明确性，法律的适用者才能严格适用法律的规定处理有关问题，避免法律适用上的主观的、随意的因素，保证法律适用结果的统一性和权威性。法律含糊其辞、模棱两可的规定必然会对法律的实施造成困难，降低法律的实效。法律的明确性同时还要求法律规范之间、法律与法律之间的内容必须协调一致，法律规定互相矛盾、互相冲突，只会使人们感到无所适从。③

（3）法律的话语环境是否适宜。法律有一个特殊的话语环境，在这个特殊的话语环境中，每一个术语、词组和句子所具有的含义，应当是始终一致的，不得有前后同词不同义，同义不同词的现象。如果出现这种立法现象，法律的实施必将遭遇不可预测的障碍。例如，我国现行的《商标法》所营造的话语环境就

---

① ［德］卡·马克思：《第六届莱茵省议会的辩论（第三篇论文）》，资料来源于：http://www.jc.gov.cn/personal/ysxs/zzty/zzty1.html。
② 《马恩全集》第一卷，人民出版社 1956 年版，第 183 页。
③ 参见屠世超：《制约法律实效的内在因素和立法对策》，http://www.netease.com。

不是特别适宜，某些用词用语所指向的含义并不一致，容易造成一定的误解。如"注册商标的撤销"这个术语所指向的含义就不一致。《商标法》第41条所规定的"注册商标的撤销"，其法律后果是导致被撤销的注册商标自始不存在，实际上是一种无效后果。该法第44条和第45条规定的"注册商标的撤销"，其法律后果导致注册商标自被撤销之日起终止其法律效力，不溯及既往。这种不同语义完全可以使用不同的术语，将它们所具有的内涵加以区别，但商标法却始终没有区别。另外，《商标法》第41条的撤销所产生的法律后果与专利法规定的无效宣告相同，同样都属于知识产权法律体系范围的法律术语，同义却不同语，这就是话语环境的不适宜。如果将《商标法》第41条规定的"撤销"修改为"注册商标的无效"，不仅使商标法中的"同语不同义"问题解决了，而且使商标法与专利法上的"同义不同语"问题也得以解决。知识产权制度法典化就要解决这种话语环境，避免出现"同义不同语，同语不同义"的现象。知识产权法律体系是一个整体，在这个完整体系内，应当有一个适宜的话语环境，它能够减少人们对知识产权的清楚了解和把握，从而提高知识产权的可适用性，增加知识产权的实效。

2008年6月5日发布的《国家知识产权战略纲要》也清楚地认识到这一问题，指出要"建立适应知识产权特点的立法机制，提高立法质量，加快立法进程。加强知识产权立法前瞻性研究，做好立法后评估工作。增强立法透明度，拓宽企业、行业协会和社会公众参与立法的渠道。加强知识产权法律修改和立法解释，及时有效地回应知识产权的新问题。研究制定知识产权基础性法律的必要性和可行性"。而知识产权制度法典化就是知识产权基础性法律的一种重要表现形式。未来知识产权法典的研究和制定工作也应该将立法与法典化的实效紧密地结合起来。

（二）专门法院与知识产权制度法典化的实效

1. 建立知识产权法院之必要性

我国近几年知识产权案件迅速增长，尤其在我国入世后，更是如此。据统计，全国法院在2003~2007年建共受理和审结一审著作权案件25 835件和25 331件，年均增长30.65%和33.38%；一审专利案件14 843件和14 401件，年均增长17.64%和14.84%；一审商标案件10 409件和9 687件，年均增长42.82%和41.35%。① 与其他种类的审判相比，知识产权审判具有非常突出的个性特征：诉讼种类多，技术难度高，专业范围广，持续时间长，诉讼成本高。因此，知识产权案件审判实践的公正、公平、效率，以及执法的快捷和有力，对知

---

① 邰中林：《2003~2007年知识产权审判数据分析》，载《法制资讯》，2008年第4期。

识产权所有人、利害关系人、相对人以及社会公众,都有直接的重大影响。

但中国现行的知识产权审判机制已不能完全适应新情况、新任务的要求,需要进一步的完善。例如,北京市一中院对以国家知识产权行政主管部门为被告的行政案件,享有专属管辖权。根据最高人民法院的相关规定,此类案件依据是否涉及民事争议,分别由北京市一中院的知识产权审判庭及行政庭审理,当事人不服的,分别上诉或申诉到北京市高级人民法院或者最高人民法院的相应审判庭。由此带来的问题是,知识产权审判庭和行政审判庭在此类案件的审理思路、审判方式甚至判决书的撰写等方面,尚存较大的差异,在司法尺度上也常存在不统一的情形。此类案件由一个审判庭进行审理,为众多知识产权从业者及法律专家的呼声,也为解决这一问题的当务之急。

此外,在知识产权民事案件及刑事案件的管辖级别上也存在不一致的情形。如知识产权一审民事案件,根据最高人民法院的相关规定,一般应由中级法院以上的法院管辖,一些成立知识产权庭的基层法院经高级人民法院指定,也可以审理部分类型的知识产权民事案件。截至 2008 年 5 月底,全国经指定具有专利、植物新品种和集成电路布图设计案件管辖权的中级法院分别达到 71 个、38 个和 43 个,经批准可以审理部分知识产权民事案件的基层法院达到 49 个。但对于知识产权一审刑事案件,则基本上由基层人民法院审理。这样,管辖法院级别的不同,就导致了因同一行为引起的民事案件及刑事案件处理结果时常会出现矛盾。在某省法院就出现过这样的案例,侵权人的同一行为,已在刑事审判庭被追究了刑事责任,后权利人在向知识产权庭寻求损害赔偿时,知识产权庭经慎重审理后认定被告的行为不构成侵权。此种司法尺度的不统一,影响了法律的权威。在因同一侵权行为,权利人先通过行政途径予以制止,后侵权人提起了行政诉讼,而权利人提起了民事损害赔偿诉讼,两个案件的处理结果也出现了截然不同结果的情况。①

考虑到知识产权案件的专业性及复杂性,为最大限度地保护知识产权人及社会公众利益,维护中国知识产权法律制度及司法保护的公信力及权威性,学者们纷纷呼吁建立知识产权法院。

我国设立知识产权法院有很多方面的好处,但最主要的好处可概括为:

(1)有利于树立良好的国际形象。随着我国知识产权法律体系的完善,法院系统已经在最高人民法院、高级人民法院、中级人民法院以及部分基层人民法院设立了知识产权庭,专司知识产权案件的审理工作,取得了很大的成绩。国内媒体对我国知识产权司法保护一直进行着积极的宣传,国外媒体对此也有相关的

---

① 张广良:《入世五周年中国知识产权司法保护现状研究——以北京市第一中级人民法院为视角》,载《科技与法律》,2007 年第 5 期。

报道。但是，各级法院的知识产权庭还不足以改变在知识产权纠纷案件审理过程中出现的各种问题，例如，在专利侵权诉讼中被告提出专利权无效之抗辩时，将导致诉讼的中止，需等到国家知识产权局专利复审委员会对被告的专利权无效请求进行复审以及就此引起的相应的行政诉讼程序完结后，再视具体情况来决定是否恢复专侵权诉讼程序。成立知识产权法院有利于加强知识产权保护，积极推行我国国家知识产权战略的实施，树立良好的知识产权保护国际形象。

（2）有利于遏制地方保护主义。根据有关法律规定，知识产权侵权案件与确权案件分别由不同的机构审理。就专利案件而言，侵权案件是由侵权行为发生地的中级人民法院审理；但被告方可以在法律规定的期间内，请求国家知识产权局专利复审委员会宣告专利权无效。也就是说，专利侵权案件由法院审理，专利确权案件由国家知识产权局审理。通常的程序是，先确权，再判是否侵权。然而，由于两者的不统一，导致案件审理周期过长，不利于专利保护。设立知识产权法院，将知识产权侵权与专利权无效案件的合并审理，可以解决上述问题，有利于审判标准的统一。另外，由于侵权案件管辖的规定，地方保护主义也会在一定程度上影响司法公正，设立知识产权法院，还可以有效地遏制地方保护主义，保证司法审判的公正性，有效维护权利人的合法权益。

（3）有利于节约审判资源。目前，国务院有关知识产权行政部门设立的行政复审部门，如国家知识产权局专利复审委员会、国家工商行政管理局商标评审委员会，在审理双方当事人的案件时，其审理方式与法院的基本相同。在这种情况下，这些机构可以被认为是准司法机构。其审理人员通过培训都可以充实到法院，而不必在法院系统专门再培训一批，因为这些人员已经具有十几年的专利和商标案件的审理经验，对提高司法审判水平有利。同时，这些机构也可以被部分精简掉，以提高办事效率。按照上面的分析，设立知识产权法院，既可以精简机构，又可以调节人力资源，有利于知识产权案件审判水平的提高。

（4）有利于提高审判效率。根据我国目前的知识产权法律，知识产权行政案件在国务院知识产权行政部门都设立了两级行政程序，当事人不服行政部门决定起诉到法院的，还需要两级司法程序才能终审。这样，行政部门与司法部门的程序加在一起有四级，审理程序漫长，不利于知识产权保护。设立知识产权法院，至少可以省去一级行政复审程序，有利于提高审判效率。

综上所述，我国设立知识产权法院既是必要的，也是可行的，应尽早准备、尽快实施。国际上设立知识产权法院已有很多成功的经验可以借鉴。①

---

① 参见全国政协委员吴伯明：《建议在我国设立知识产权法院》，资料来源于：http：//www.gmdaily.com.cn。

2. 知识产权法院的改革模式

由上分析，我们认为建立知识产权法院，不仅时机已基本成熟，条件已基本具备，而且也有迫切的需要，对许多方面都有好处。然而，我们应当依据何种模式来组建知识产权法院呢？笔者认为有以下两种模式值得研究。

模式一：独立知识产权法院模式。建立独立的知识产权法院体系，是对现行知识产权司法体制进行的彻底改革，意味着要将知识产权审判从普通人民法院中立体式地剥离出来，使知识产权司法体系成为一个直接隶属于最高人民法院的体系。这种独立的知识产权司法体制实行三审终审原则，即设立知识产权初审法院、上诉法院和终审法院，知识产权终审法院是最高人民法院。在此模式下，地方各级法院与知识产权法院没有任何隶属关系，均无权审理知识产权案件。

模式二：知识产权上诉法院模式。知识产权上诉法院模式是指，根据我国目前的实际情况，在北京地区、东北地区、西北地区、西南地区、中南地区和华东地区分别设立一个知识产权上诉法院，直接隶属于最高人民法院。知识产权一审案件的审判体制维持现状，① 知识产权上诉法院为二审法院，专门负责知识产权上诉审。根据两审终审原则，知识产权上诉法院做出的判决或裁定，为终审判决或裁定。此外，北京知识产权上诉法院还专门管辖权利人或申请人对国务院知识产权行政部门授权裁决不服的行政诉讼案件，北京上诉法院的裁决为终审裁决。

2008年6月5日发布的《国家知识产权战略纲要》指出，要"完善知识产权审判体制，优化审判资源配置，简化救济程序。研究设置统一受理知识产权民事、行政和刑事案件的专门知识产权法庭。研究适当集中专利等技术性较强案件的审理管辖权问题，探索建立知识产权上诉法院。进一步健全知识产权审判机构，充实知识产权司法队伍，提高审判和执行能力"。这说明知识产权审判模式的改革已经成为当前国家知识产权战略实施中的重要任务，也为未来知识产权审判模式的改革指出了发展方向。

（三）统一管理机构与知识产权制度法典化的实效

知识产权是一种私权，除著作权和商业秘密外，其他种类权利的取得需要经过相关行政机关的授权，是世界各国共同的规则。知识产权行政机关对知识产权法典的实施实效，不同于知识产权法院。知识产权法院是通过司法程序确保知识产权的实效，而知识产权行政机关则是从授权方面加强知识产权法律的实效。在某种意义上讲，知识产权行政机关对知识产权实效的影响可能更大。如果知识产

---

① 主要是普通法院体系中的中级人民法院，当然也可以由最高人民法院指定诸如北京海区、上海浦东等极个别的区级人民法院审理知识产权一审案件。

权行政机关不能严格履行其职责,切实公平、合理、高效地授予各项权利,让劣质、低效的发明创造获得专利权,让不符合商标注册条件的商标得以注册,就必然扰乱整个知识产权制度的运行,知识产权法院也将无能为力。

当今世界各国设立知识产权行政机关的模式可分为两种:一种是单一模式,如菲律宾等国家;另一种是分散模式。这种分散模式又可分为二分式、三分式和多分式。

知识产权行政机关的一体化模式,就是将设立国家知识产权局,将与知识产权行政事务有关的职责都交由该局,由其统一管理。《菲律宾知识产权法典》将菲律宾与知识产权有关的政府部门进行了重组,创立了菲律宾国家知识产权局。采用单一模式的知识产权局,对知识产权事务有一个全面一致的部署和安排,有利于国家知识产权战略的实施。菲律宾在 2001 年总结其加入 WTO 所取得的成绩时,高度评价了其知识产权法典实施的实效。在报告中说,"非常有意义的成绩应归结于给知识产权提供了协调一致并有效的保护。"① 它还说:"从 1995 年以来,国会通过了几部法律,包括贸易保护措施和知识产权保护方面的法律,它们对提升我国的贸易地位起到了很好的作用。"② 这说明菲律宾政府对现在的知识产权保护状况是满意的,也说明它现在的知识产权保护制度是有实效的。除菲律宾外,美国政府管理知识产权的机构其名称虽然不是"知识产权局"而是"专利商标局",但是它与菲律宾的"知识产权局"行使的职能基本相同,即除作品的交存和登记由国会图书馆办理之外,知识产权领域的其他事务差不多都由该局管理。美国的知识产权保护对美国经济发展和贸易交往的促进作用是举世公认的。

除此种模式外,其他一些国家的做法并无定式,我国的做法则最为特别,诸部门分立。我国现有的知识产权行政机关,分别成立于不同的时期。商标局可能在 20 世纪 50 年代就已经成立了,而且一直存在着。专利局成立于 1980 年,版权局成立于 1985 年。当时,专利局是一个属于国务院的独立机构,版权局与国家新闻出版署为一套班子,两块牌子,基本上可以算是与专利局平行。1998 年进行机构改革时,成立了国家知识产权局,取代了原来的专利局,而原来的专利局则变成了知识产权局的一个组成部分。除这三个主要机构外,还有农业部和林业局对植物新品种权的审查授权等,我国的知识产权行政机构门类众多,职责单一,各自为政。这种格局是否有必要改造重组,需要研究。

当前我国的国家知识产权战略已经制定完毕进入了实施阶段。而国家现有的

---

①② 参见 The Philippines in the World Trade Organization,资料来源于:http://www.tradesuccess.org/stories/storyReader $ 190#_ftn1。

知识产权行政部门过于庞杂，同样的职能却由不同的部门进行，不利于国家知识产权战略的实施。目前我国涉及知识产权的行政管理机构有10多家，他们的工作职能一般由各单行法分别规定，它们各自有自己的一套组织体系。这些管理机关分别是：国家专利局负责专利权和集成电路布图设计权事务、国家工商行政管理总局商标局负责商标权管理、国家版权局负责著作权管理、国家工商行政管理总局公平交易局负责反不正当竞争事务、国家质量监督检验检疫总局负责原产地标记管理、国家农业部负责农业植物品种权管理、国家林业局负责林业植物品种权管理、信息产业部负责互联网域名权管理、国家商务部负责国际贸易中的知识产权事务、国家科技部负责与科技有关的知识产权事务、国家海关总署负责与进出境货物有关的知识产权事务。实施知识产权战略是使知识产权保护取得实效的最佳途径，但是，没有"精简、统一、效能"的指挥中心，各自为政，是难以产生预期实效的。

实施知识产权战略，就是要全面提高我国知识产权创造、管理、实施和保护的能力，关键是提高自主知识产权的数量和质量，重点发展拥有自主知识产权的核心技术和配套技术，提升全社会掌握和应用知识产权制度的能力和水平，通过总体谋划，培育和发展国家竞争力。实施知识产权战略的根本目的，在于服务全面建设小康社会的民族大业，促进经济和社会全面、协调、可持续发展。经过多年的实践和探索，我们在创新体系建设、专业人才培养、知识产权成果转化等方面积累了宝贵经验，相关工作手段不断丰富。随着社会主义市场经济体制的不断完善，市场机制对创新主体的激励作用越来越明显。[①] 然而，我们的国家知识产权局除了具有这个名称之外，并不享有对知识产权进行统一运作的实际权力。以这样的格局来实施知识产权战略，恐怕只是喊一喊口号而已。通过知识产权制度法典化，知识产权法典编纂完成后，实施知识产权战略的重头戏就是建立知识产权法院和重组国家知识产权局，使其能够名副其实地担当起实施知识产权战略的重任。

重建国家知识产权局可选择之模式为：知识产权局直属国务院领导，下设若干局，包括专利局、商标局、版权局、国际事务局、上诉委员会和政策法规研究室等。为了提高知识产权局统领实施知识产权战略的权威性，可以考虑由国务院副总理或者国务委员担任总局长，而下属各局为具有部长级待遇的机关；统一指挥，统一协调，统一管理，统一运作，提高知识产权行政部门的效能，最终使知识产权制度法典化产生最佳实效。

---

① 参见《积极实施知识产权战略》，刊载于2004年1月14日《中国知识产权报》。

五、中国知识产权法典的结构设想

探讨知识产权法典的结构编排，实际上是要解决以下几个方面的问题：第一，是否需要在知识产权法典中设置总则编；第二，是否需要在知识产权法典中对侵犯知识产权的行为进行集中规定，并设置单独的侵权行为编；第三，各知识产权具体权利应当如何编排。

（一）知识产权法典总则编的设立

通过对法国、斯里兰卡、菲律宾、越南四国知识产权法典的考察，我们可以发现各国在设立知识产权总则编上的态度不一。知识产权法典在其产生初期是没有总则编的，1979年的《斯里兰卡知识产权法典》、1992年的《法国知识产权法典》、1997年的《菲律宾知识产权法典》和2003年的《斯里兰卡知识产权法典》都未设置单独的总则编。这种不设置总则编的做法对知识产权法典的"法典性"造成了一定的影响。有学者在评价《法国知识产权法典》时就认为，《法国知识产权法典》不能称为真正意义上的法典，充其量是一部法规汇编，因为它"没有一个总则凌驾于专利、版权、商标等具体的知识产权法之上，只是将相关的法律松散的汇集在一起，法典化的意义更多的体现并停留于形式上"。[①] 如果按照这一标准对斯里兰卡、菲律宾知识产权法典进行评价，几乎也可以得出相同的结论。但2005年《越南知识产权法》的诞生则打破了知识产权法典中不设总则编的"惯例"，第一次以专编的形式设立了总则编。

从世界范围来看，法典的设置有法国式和德国式两者模式，而这两种模式的重要区别就在于是否设置了总则编。但从各国法律实践的经验来看，实际上并不能得出一个类似于"有总则编的法典优于无总则编的法典"这样的结论。因此，我们在对各国知识产权法典进行考察时，也不能必然的认为设置了总则的《越南知识产权法》就比没有设置总则的法国、斯里兰卡、菲律宾知识产权法典更优秀。

笔者以为，知识产权法典不是各知识产权单行法的简单相加，知识产权法典的功能也不是各知识产权单行法的功能简单相加就能够实现的。从功能的角度来看，制定法典的目的就是要使法典的功能大于各单行法的总和，而多出来的那部分功能在很大程度上就是通过总则予以实现的。

总的来说，知识产权法典总则的下列几个功能是各分则无法圆满地完成的：

---

① 陶鑫良、袁真富：《知识产权法总论》，知识产权出版社2005年版，第412页。

(1) 维护法律系统的稳定性。(2) 协调统一知识产权法律体系。(3) 促进知识产权理论研究的完善和深入。(4) "总则编"的设立有助于弘扬知识产权基本精神和理念。

此外，法国、斯里兰卡、越南、菲律宾四国知识产权法典在是否设立"总则编"上都考虑了本国的立法传统，采用了一种程序化的决策方式：(1)《法国知识产权法典》沿袭了《法国民法典》的做法，没有规定总则。但它比《法国民法典》做得更为彻底，不仅没有规定总则，而且连序编也没有。(2) 斯里兰卡长期处于英国的殖民统治之下，独立后的法律也沿袭了英国殖民统治时期所确立的模式，在传统上属于普通法系国家，并不热衷于法律的体系化和系统化，更谈不上有法典化的习惯，所以，1979年制定知识产权法典时不规定"总则编"也在情理之中，2003年的《斯里兰卡知识产权法典》则是对这一模式的传承。(3) 菲律宾曾经长期处于西班牙的殖民统治之下，许多西班牙法律的效力延伸到菲律宾，其中也包括1889年《西班牙民法典》。独立后的菲律宾于1950年颁布了《菲律宾民法典》并一直沿用至今。这部民法典沿袭了1889年《西班牙民法典》的结构体例，①而1889年《西班牙民法典》在结构上又模仿了《拿破仑民法典》②，所以，《菲律宾民法典》只有一个关于法律适用的序言而没有"总则编"。由此可知，《菲律宾知识产权法典》不设立"总则编"也是其民法典体例的影响所致。(4)《越南知识产权法》"总则编"的制定则是沿袭《越南民法典》的立法惯性使然。《越南民法典》在编排体例上的一个重要特点，就是其具有浓厚的"总则"情条。《越南民法典》除"总则编"外，财产与所有权编、债与合同编、继承法编、土地使用权转让编等均设有各编的"小总则"。知识产权在《越南民法典》中与上述四编是处于平行地位，在民法典之外单独编纂《知识产权法典》时，立法者为其设立"总则编"就是顺理成章的。

反观我国，在法典中设置"总则编"也可以从立法传统和教学传统中寻找其支撑点。中国古代，无论是《法经》还是《大清律例》都采纳了总则分则的立法技术。③ 改革开放以来，我国制定的一系列法典性法律文件如《刑法》、《民

---

① 徐国栋：《东欧剧变后前苏联集团国家的民商法典和民商立法》，梁慧星主编《民商法论丛》第14卷，法律出版社2000年版，第328页。

② 1889年《西班牙民法典》的结构为：续言、第一编"人"、第二编"财产、所有权及其变更"、第三编"取得财产的各种方式"、第四编"债与合同"，1950年《菲律宾民法典》的结构与《西班牙民法典》的结构完全相同。《西班牙民法典》的结构详见徐国栋：《东欧剧变后前苏联集团国家的民商法典和民商立法》，梁慧星主编《民商法论丛》第14卷，法律出版社2000年版，第327~328页。《菲律宾民法典》的结构详见何勤华、李秀清主编：《东南亚七国法律发达史》，法律出版社2002年版，第401~402页。

③ 李雨峰：《知识产权制度法典化论证质评》，载《现代法学》，2005年第6期。

事诉讼法》、《刑事诉讼法》等都设置了"总则编"。正在进行的民法典编纂工作中，学术界和立法界就设立民法典总则已基本达成共识，几部公开的民法典草案都有"总则编"。由此可见，我国的《知识产权法典》设置"总则编"是合理的，与我国的立法传统相适应。从知识产权法的教学方面看，各大学使用的知识产权法学教材的第一编大都命名为"总论"、"导论"或"绪论"等，其后才是各项具体的权利制度。"总论"部分所涉及的内容有：知识产权的概念、范围、特征、主体、客体、基本原则和地位等，与知识产权法的一般性和共同性规则息息相关。到目前为止，学习知识产权法的学生们基本习惯了"总则—分则"的结构模式，因此，在我国的《知识产权法典》中设置"总则编"与我国的知识产权法学教学模式是相适应的。

（二）知识产权法典侵权行为编的设立

在知识产权制度法典化的过程中，如何对侵权行为规范进行处理也是一个值得重视的问题，主要涉及两方面的问题，即是否要设立单独的"侵权行为编"以及"侵权行为编"应当规定哪些基本内容。

1. 外国知识产权法典对侵权条款的处理

一个完整的侵权行为条款应当包括侵权行为以及对侵权行为的法律制裁即法律责任两方面。法国、斯里兰卡、菲律宾、越南四国知识产权法典对知识产权侵权条款的处理总的来说可以分为三种模式，而且这三种模式应该说涵盖了对侵权条款的全部方法。

模式一：将侵权行为及其法律制裁措施进行捆绑，贯穿于法典的各分编中，以菲律宾和法国的《知识产权法典》为代表。例如，《菲律宾知识产权法典》将专利侵权行为及其法律制裁规定在第2编"专利法"第8章"专利权人的权利和专利侵权行为"中，将商标侵权行为和商号侵权行为及其法律制裁规定在第3编"商标、服务商标和商号法"中，将版权侵权行为及法律制裁规定在第4编"著作权法"第17章"侵权"中。《法国知识产权法典》的作法也大体相同。

模式二：在法典的末编集中对侵权行为及其法律制裁措施进行规定，以《斯里兰卡知识产权法典》（2003）为代表。该法典将违法行为及法律制裁作为第38章统一规定在第11编"杂则"中。该章共27条，对侵犯知识产权行为采用的是列举式，分别规定了伪造注册登记簿、侵犯著作权、侵犯工业设计权、冒充工业设计、侵犯专利权、冒充专利、非法披露与专利相关的信息、侵犯商标权、冒充注册商标、其他侵犯注册商标的行为和虚假商品说明行为、法人团体的违法行为等侵权行为，同时规定了对各类侵权行为的法律制裁措施。

模式三：在各分编中对具体侵权行为进行规定，但在法典末端设立单独的一编对法律制裁措施进行集中规定，以《越南知识产权法》为代表。该法将各类侵犯知识产权行为分别放在各编中进行规定，使得各类侵权行为呈一种分散状态，第 5 编"知识产权保护编"则对侵权行为的法律制裁措施进行了集中规定。"知识产权保护编"有 3 章，分别是"知识产权保护总则"、"知识产权侵权行为的民事救济措施"和"知识产权侵权行为的行政和刑事救济措施，智力财产进口和出口的控制"。

2. 我国知识产权法典宜采取的模式

我们以为，我国未来的《知识产权法典》可以采取第二种模式，即在法典中设立专门的"侵权行为编"，并将各类侵犯知识产权行为及其法律责任集中规定在此编之中。采用这一模式的理由在于：

（1）有利于使知识产权法典具有更强的体系性和系统性。一个完整的权利体系包括主体、客体、内容、限制、利用、保护与救济等方面。从微观上看，如果将上述诸方面予以集中规定，无疑可保证各个权利体系的完整。但是，如果超越单个权利体系将其放在知识产权法典这个大系统中考虑，这种模式之弊端就表现得很明显，其理由是：如果不设立"侵权行为编"，而是将侵犯各种具体权利的行为分散于相应的分编中，其结果就是各分编变成了相对独立的部分，违背了编纂知识产权法典之本旨。可以说，仅从形式上看，没有"侵权行为编"的知识产权法典与一般意义上的法律汇编并无太大的区别，其区别仅在于是否设置了"总则编"。另一方面，法典之"总则编"在一般情况下并不发生直接的法律适用，人们在适用法律时关注的往往是法典各分编的规定，而不是法典本身。设置单独的"侵权行为编"则是对各类知识产权侵权行为之共性的提取，与"总则编"相互配合，使知识产权法典在整体上具有系统性和体系性。

（2）有利于强化知识产权保护。即使设置单独的"侵权行为编"也可以采用《越南知识产权法》的做法，将具体侵权行为规定在各分编中，"知识产权保护编"只规定对知识产权侵权行为的法律制裁措施。一般情况下，一个完整的侵权行为条款应包括侵权行为以及对侵权行为的法律制裁即法律责任两个方面的内容，而《越南知识产权法》所采用的模式却将侵犯具体权利的行为与相应的法律制裁措施作了割裂式规定，对当事人适用法律造成一定的困难。可以设想当事人在越南适用知识产权法的情形：首先他要到法典的各分编中去寻找相关的条文以判断是否有侵权行为的存在，若侵权行为成立，则需要到"知识产权保护编"中寻找相应的法律责任。如果将侵权行为和法律责任集中规定于"侵权行为编"，可以保证当事人适用法律的完整性和便捷性，有利于强化知识产权的保护。

3. "侵权行为编"应规定的内容

结合前面的论述，鉴于知识产权行政保护和司法保护与知识产权侵权救济之间的紧密联系，我们认为，我国未来的《知识产权法典·侵权行为编》可以定名为"知识产权侵权及其法律责任编"，由以下几个方面的内容构成：（1）知识产权法院，本部分主要规定知识产权法院组成和职能；（2）国家知识产权局，本部分的内容主要包括知识产权局的组成和知识产权局各分局的职责；（3）知识产权侵权行为，本部分的内容主要包括知识产权侵权的定义以及判断标准等；（4）救济措施与法律责任，本部分主要规定知识产权诉讼、救济措施、法律责任等。

（三）知识产权法典各分编的编排

1. 外国知识产权法典分编的编排

知识产权法典分编的编排涉及如何在法典中对各类具体的知识产权权利体系进行建构的问题。对于这一问题，外国知识产权法典有两种处理模式。

第一种模式是汇编式，法国、斯里兰卡、菲律宾知识产权法典所采取的就是这一模式，而且尤以《斯里兰卡知识产权法典》表现得最为明显。对于知识产权所属范围内的每一类具体权利的保护都离不开主体、客体、内容、限制、利用、保护与管理等主题。斯里兰卡知识产权法典的建构以保护对象为中轴线，采用了汇编式的构建方法，即知识产权所属范围内的每一类具体权利单独构成一编，八种具体保护对象即构成了八编，每一编都对权利客体、权利主体、权利取得、权利内容、权利转移等主题作了规定。法国和菲律宾知识产权法典基本上也是按此方式编纂的。只不过《法国知识产权法典》首先从总体上将知识产权分为了文学艺术产权和工业产权两大部分，每一部分都下辖几种权利，在此基础上再来建构各具体权利体系，与斯里兰卡和菲律宾知识产权法典的分散相比在整体形式上要显得更集中一些。

第二种模式是抽象式，《越南知识产权法》采取的就是这一模式。《越南知识产权法》一方面从总体上将知识产权分为著作权及相关权、工业产权和植物品种权三大类，另一方面从各具体保护对象中将它们在权利取得、权利内容、权利转让等方面的共同点抽象出来，并以权利主题而不是保护对象为中轴线来建构法典体系。这一点在其"著作权编"和"工业产权编"表现得尤为明显。以著作权部分的编排为例，《斯里兰卡知识产权法典》的"著作权编"分为著作权和相关权两章，《菲律宾知识产权法典》的"著作权编"也可以大致分为著作权和相关权两大部分，都是对著作权与相关权两者的内容进行分别规定。《越南知识产权法》的"著作权编"则将著作权与相关权在保护条件、内容、限制、期限、权利人、转让等方面的共性提取出来，分为六章；"工业产权编"采用了同样的建构方法，通过对各项工业产权共性的归纳作为建构法典的中轴线。

2. 我国未来知识产权法典权利体系的建构

通过对外国知识产权法典所采用的两种编纂模式——汇编式与抽象式——的比较研究，笔者认为，在权利体系的建构上，我国未来知识产权法典采取汇编形式更为合理。

汇编式的优点在于权利体系的建构比较完整，每一个具体权利的主体、客体、内容等方面都是集中在一起，能够使人对该权利有一个全面和整体的了解；其缺点在于依照此种模式建构法典可能导致法典各部分之间的联系较为松散，甚至是相互独立，即使抽出其中一部分也不会对其他部分的正常运转产生太大的影响，无法充分体现出法典的整体性。此外，用汇编式建构的法典由于需要对某些权利之间的共同点或交叉点进行重复规定，所以还可能出现法条重叠过多的情况。

而像《越南知识产权法》所采用的抽象式的优缺点正好与汇编式的优缺点相对应。抽象式的优点体现在以下几个方面：（1）体现出法典的系统性和整体性。由于抽象式的建构方法是将各具体权利在权利取得、权利内容、权利转让等方面的共同点抽象出来，这使得法典各部分之间的联系非常紧密。从《越南知识产权法》中的"著作权及相关权编"和"工业产权编"的结构就可以看出来，其下属的每一章都是不可缺少的一个环条，这种方法充分体现了法典的系统性和整体性。（2）法律条文简洁。用抽象式建构的法典由于对权利间某些共同点与交叉点进行了集中规定，使得法典的条文显得非常简洁。

抽象式的缺点则在于：（1）了解和适用法律有一定的困难。由于抽象式将具体权利的各方面打散，当事人必须要上下对照，将各章的内容紧密结合起来才能对某个权利有一个完整的了解，很明显这种方法对法律的理解和适用造成了一定的困难。（2）对法典的整体稳定性可能造成不利的影响。在汇编式的情况下，由于各个权利体系之间是相互独立的，对某类权利的修改一般只会涉及法典的局部，并不会对法典的整体造成太大的影响。但在抽象式的情况下，由于各个权利体系之间是相互交叉，联系紧密，对某类权利的修改就可能会涉及法典的各个部分，对法典的整体性造成不利的影响。

从我国具体的实际情况考虑，当前我国公众知识产权意识还比较欠缺，知识产权法典在很大程度上还要起到普法宣传的功能，方便公众对法律了解和适用应该是法典在形式上应当考虑的一个方面。此外，从总体上说，虽然法律的变动是绝对的，法律的稳定性是相对的，但对于正处在法治现代化过程中的我国而言，最大限度地保证法律的稳定性是十分必要的，只有这样才能增强公众对法律的信仰和尊重。基于这两点原因，汇编模式比抽象模式更适合于我国未来的知识产权法典。

此外，形式美也是法典构建过程中应当注意的一个问题。一个优秀的法典应当保证各部分之间在法律条文上的大体均衡。从这一角度上说，像《斯里兰卡知识产权法典》那样每种权利构成一编，整个法典分为十一编的做法不太适合我国。虽然法国和越南的知识产权法典对权利进行了适当的集中，分为文学艺术产权和工业产权，但从整体上看也不太协调。因为文学艺术产权部分只包含了著作权及相关权的内容，而工业产权部分却要包含专利权、商标权、集成电路布图设计权、商业秘密权、商号权、地理标志权等内容，两者在法律条文的数量上严重失调，影响了法典的形式美。因此，可以考虑将知识产权法典除总则和侵权行为编以外的部分分为文学产权、专利权与专有权、商业标志权、其他权利这五编。著作权编的内容包括著作权及其相关权；专利权编的内容包括发明专利、实用新型专利和外观设计专利；技术知识产权编的内容包括商业秘密权、集成电路布图设计权、植物新品种权；商业标志权编的内容包括商标权、商号权、地理标志权、域名权；其他权利编的内容则包括传统知识保护、生物多样性保护和制止不正当竞争等。

（四）未来《知识产权法典》的模拟范式

综合以上分析，本书提出我国《知识产权法典》的模拟范式如下：

第 1 编　总则

第 2 编　文学产权

　第 1 章　著作权

　　第 1 条　一般规定

　　第 2 条　可版权对象

　　第 3 条　著作权

　　第 4 条　权利的归属

　　第 5 条　保护期与限制

　　第 6 条　著作权的利用

　第 2 章　相关权

　　第 1 条　一般规定

　　第 2 条　图书出版者权

　　第 3 条　表演者权

　　第 4 条　视听制品制作者权

　　第 5 条　广播组织权

　　第 6 条　数据库制作者权

　　第 7 条　相关权的限制

第 3 章　集体管理组织

第 3 编　专利权与专有权

　第 1 章　发明专利权

　　第 1 条　一般规定

　　第 2 条　可专利对象和条件

　　第 3 条　专利申请

　　第 4 条　专利申请的审查

　　第 5 条　专利权

　　第 6 条　专利权无效

　　第 7 条　专利权期限与限制

　　第 8 条　权利的恢复

　第 2 章　实用新型与外观设计权

　　第 1 条　一般规定

　　第 2 条　可登记对象和条件

　　第 3 条　登记申请

　　第 4 条　登记申请的审查

　　第 5 条　实用新型或者外观设计专有权的内容

　　第 6 条　登记的无效

　　第 7 条　登记的有效期与限制

　　第 8 条　权利的恢复

　第 3 章　知识技术权

　　第 1 条　商业秘密权

　　第 2 条　布图设计权

　　第 3 条　植物新品种权

第 4 编　商业标志权

　第 1 章　商标权

　　第 1 条　一般规定

　　第 2 条　商标注册的申请

　　第 3 条　注册申请的审查和核准

　　第 4 条　注册商标的期限与续展

　　第 5 条　商标权及其限制

　　第 6 条　注册商标撤销

　第 2 章　企业名称权

　第 3 章　地理标志权

第 4 章　域名权

第 5 编　其他权利

　　第 1 章　传统知识保护

　　第 2 章　生物多样性保护

　　第 3 章　制止不正当竞争

第 6 编　行政、司法与救济

　　第 1 章　知识产权法院

　　　　第 1 条　成立知识产权法院

　　　　第 2 条　知识产权法院组成

　　　　第 3 条　知识产权法院的职能

　　第 2 章　知识产权局

　　　　第 1 条　重组国家知识产权局

　　　　第 2 条　知识产权局的组成

　　　　第 3 条　知识产权局各分局的职责

　　第 3 章　知识产权救济

　　　　第 1 条　知识产权侵权

　　　　第 2 条　知识产权诉讼

　　　　第 3 条　知识产权救济

　　　　第 4 条　海关保护

第 7 编　过渡规定

参考文献

一、中文书目

[1] [法] 卢梭：《社会契约论》，何兆武译，商务印书馆1980年版。

[2] [美] 康芒斯著：《制度经济学》，商务印书馆1962年版。

[3] [美] 阿瑟·R·米勒等著，周林等译：《知识产权法概要》，中国社会科学出版社1997年版。

[4] [美] C. 斯特恩著，吴旻译：《人类遗传学原理》，科学出版社1979年版。

[5] [美] 彼得·哈伊著，沈宗灵译：《美国法律概论》（概论），北京大学出版社1997年版。

[6] [美] 理查德·A·波斯纳着，蒋兆康译：《法律的经济分析》，中国大百科全书出版社1997年版。

[7] [日] 半田正夫、纹谷畅男编：《著作权法50讲》，魏启学译，法律出版社1990年版。

[8] [日] 中山信弘著：《多媒体与著作权》，张玉瑞译，专利文献出版社1997年版。

[9] [日] 吉藤幸朔著：《专利法概论》，宋永林、魏启学译，专利文献出版社1990年版。

[10] [日] 纹谷畅男编，魏启学译：《专利法50讲》，法律出版社1984年版。

[11] [日] 纹谷畅男编，魏启学译：《商标法50讲》，法律出版社1987年版。

[12] [日] 渡边睦雄著，冯建波、程伟译：《化学和生物技术专利说明书的撰写与阅读》，专利文献出版社1995年版。

[13] [日] 高桥明夫著，魏启学译：《日立的专利战略》，专利文献出版社2002年版。

[14][日]富田彻男著,廖正衡等译:《市场竞争中的知识产权》,商务印书馆 2000 年版。

[15][英]恩里科·科恩,陈志夏、董至诚、罗达译:《基因的艺术》,湖南教育出版社 2000 年版。

[16][英]冯·哈耶克:《自生自发秩序与第三范畴——人之行动而非人之设计的结果》,邓正来选译:《哈耶克论文集》,首都经济贸易大学出版社 2001 年版。

[17]郑成思著:《知识产权法新世纪的若干研究重点》,法律出版社 2004 年版。

[18]郑成思主编:《知识产权价值评估中的法律问题》,法律出版社 1999 年版。

[19]郑成思著:《知识产权论》,法律出版社 1998 年版。

[20]郑成思著:《世界贸易组织与贸易有关的知识产权》,中国人民大学出版社 1996 年版。

[21]吴汉东等著:《知识产权基本问题研究》,中国人民大学出版社 2005 年版。

[22]吴汉东等著:《西方诸国著作权制度研究》,中国政法大学出版社 1998 年版。

[23]吴汉东著:《著作权合理使用制度研究》,中国政法大学出版社 1996 年版。

[24]吴汉东著:《知识产权多维度解读》,北京大学出版社 2008 年版。

[25]吴汉东、胡开忠著:《无形财产权制度研究》,法律出版社 2001 年版。

[26]吴汉东、胡开忠等著:《走向知识经济时代的知识产权法》,法律出版社 2002 年版。

[27]吴汉东主编:《中国知识产权制度评价与立法建议》,知识产权出版社 2008 年版。

[28]吴汉东主编:《中国知识产权蓝皮书》,北京大学出版社 2007 年版。

[29]吴汉东主编:《知识产权国际保护制度研究》,知识产权出版社 2007 年版。

[30]刘春田主编:《知识产权法教程》,法律出版社 1995 年版。

[31]曹新明著:《中国知识产权法典化研究》,中国政法大学出版社 2005 年版。

[32]李明德著:《美国知识产权法》,法律出版社 2003 年版。

[33]黄晖译:《法国知识产权法典(法律部分)》,商务印书馆 1999 年版。

[34] 世界知识产权组织编著:《知识产权纵横谈》,世界知识出版社1992年版。

[35] 张今著:《知识产权新视野》,中国政法大学出版社2000年版。

[36] 薛虹著:《网络时代的知识产权法》,法律出版社2000年版。

[37] 张平著:《网络知识产权及相关法律问题透析》,广州出版社2000年版。

[38] 胡开忠著:《商标法学教程》,中国人民大学出版社2008年版。

[39] 何孝元著:《工业所有权之研究》,台湾1988年版。

[40] 曾陈明汝著:《专利商标法选论》,台湾1988年版。

[41] 张静著:《著作权法评析》,台湾水牛出版社1983年版。

[42] 翟一我、陈昭宽编:《版权讲座——国际版权纵横谈》,东方出版社1991年版。

[43] 文希凯、陈仲华著:《专利法》,中国科学技术出版社1993年版。

[44] 汤宗舜著:《专利法教程》,法律出版社1996年版。

[45] 张序九主编:《商标法教程》,法律出版社1994年版。

[46] 李茂堂著:《商标法之理论与实务》,台湾1979年版。

[47] 方彬彬著:《产地标识之保护》,台湾三民书局1995年版。

[48] 李魁贤著:《国际专利制度》,台湾联经事业出版公司1975年版。

[49] 张晓都著:《专利实质条件:从发明与实用新型专利的实质条件到生物技术发明的可专利性》,法律出版社2002年版。

[50] 程永顺、罗李华著:《专利侵权判定:中美法条与案例比较研究》,专利文献出版社1998年版。

[51] 王兵:《高新技术知识产权保护新论》,中国法制出版社2002年版。

[52] 邓正来:《哈耶克法律哲学的研究》,法律出版社2002年版。

[53] 贺林:《解码生命——人类基因组计划和后基因组计划》,科学出版社2000年版。

[54] 朱玉贤、李毅编著:《现代分子生物学》,北京高等教育出版社1997年版。

[55] 李亚一、陈复成、李志琼:《生物技术——跨世纪技术革命》,中国科学技术出版社1994年版。

[56] 迟双明、柳传志:《决策联想的66经典》,中国商业出版社2002年版。

[57] 冯必扬等著:《士思维》,上海人民出版社1993年版。

[58] 韩光军著:《品牌策划》,经济管理出版社1997年版。

[59] 李平等著:《自主创新加速器》,知识产权出版社2007年版。

[60] 林钟沂:《政策分析的理论与实践》,台湾瑞兴图书股份有限公司

1994年版。

[61] 钱俊生主编：《自主创新与建设创新型国家》，中共党史出版社2006年版。

[62] 孙念怀编著：《战略制胜》，中国纺织出版社2005年版。

[63] 张格等编：《名牌商标的保护管理》，上海译文出版社1994年版。

[64] 刘华：《知识产权制度的理性与绩效分析》，中国社会科学出版社2004年版。

[65] 陈昌柏：《自主知识产权管理》，知识产权出版社2006年版。

[66] 朱雪忠著：《知识产权协调保护战略》，知识产权出版社2005年版。

[67] 李扬著：《数据库法律保护研究》，中国政法大学出版社2004年版。

[68] 吴汉东、朱雪忠主编：《企事业单位管理人员知识产权读本》，人民出版社2008年版。

[69] 张平主编：《技术创新中的知识产权保护评价：实证分析与理论研讨》，知识产权出版社2004年版。

[70] 王明旭等主编：《医药知识产权战略研究》，军事医学科学出版社2004年版。

[71] 吕薇等著：《知识产权制度挑战与对策》，知识产权出版社2004年版。

[72] 徐明华、包海波等著：《知识产权强国之路：国际知识产权战略研究》，知识产权出版社2003年版。

[73] 鲍永正著：《电子商务知识产权法律制度研究》，知识产权出版社2003年版。

[74] 龙文懋著：《知识产权法哲学初论》，人民出版社2003年版。

[75] 蒋志培著：《入世后我国知识产权法律保护研究》，中国人民大学出版社2002年版。

[76] 刘茂林著：《知识产权法的经济分析》，法律出版社1996年版。

[77] 曲三强著：《知识产权法原理》，中国检察出版社2004年版。

[78] 冯晓青著：《知识产权法哲学》，中国人民公安大学出版社2003年版。

[79] 陶鑫良、单晓光主编：《知识产权法纵论》，知识产权出版社2004年版。

[80] 王先林著：《知识产权与反垄断法：知识产权滥用的反垄断问题研究》，法律出版社2001年版。

二、英文书目

[1] Scott B. Yates, A Case for the extension of the Public Trust Doctrine in Oregon, Environmental law Vol. 27, No. 2 Northwestern school of law of Lewis & Clark

College, 1997.

[2] Terry L A, Continental Water Marketing, Fraser Institute, 1994.

[3] Peter Drahos. A Philosophy of Intellectual Property. Dartmouth, 1996.

[4] Philip W. Grubb, Patent for Chemical, Pharmaceuticals and Biotechnology, Fundamentals of Global Law, Practice and Strategy, Oxford University Press, 1999.

[5] Agnes Allansdottir, Audrea Bonaccorsi, Alfonso Myriam Mariani, Luigi Orsenigo, Fabio Pammolli, Massimo Riccaboni, Innovation and Competitiveness in European Biotechnology, Enterprise Directorate-General European Commision, Enterprise Papers-No. 7 2002.

[6] A. Zohrabyan and R. E. Evension, Biotechnology Inventions: Patent Data Evidence, Edited by V. Stantaniell, R. E. Evension, D. Zilberman and G. A. Carlson, Agriculture and Intellectual Property Rights Economic Institutional and Implementation Issues in Biotechnology, CABI Publishing 2000.

[7] Sigrid Sterckx, European Patent Law and Biotechnological Inventions, Edited by Sigrid Sterckx, Biotechnology Patents and Morality, 2rd edition Ashgate 2000.

[8] Robert Gilmore Mckinnell, Cloning, A Biologist Reports, Minnesota: University of Minnesota Press, 1979.

[9] Deborah A Stone, Casual Stories and the Formation of Policy Agendas, Political Science Quarterly 104, 2 (1989).

[10] L. Ray Patterson & Stanley W. Lindberg, The Nature of Copyright: A Law of Users' Right, the University of Georgia Press, 1991.

[11] MARK A. LEMLEY "Property, Intellectual Property, and Free Riding", Stanford Law School Texas Law Review, Vol. 83, 2005.

[12] Wendy Mcelroy: Intellectual Property The Late Nineteenth Century Libertarian Debate, at http://www.libertarian.co.uk/lapubs/libhe/libhe014.html.

[13] Intellectual Property: Omnipresent, Distracting, Irrelevant? /Cornish, William Oxford University Press, 2004.

[14] The prehistory and development of intellectual property systems/edited by Alison Firth. London: Sweet & Maxwell, 1997.

[15] The nature of the intellectual property clause: A study in historical perspective/Edward C. Walterscheid. Buffalo, N.Y.: W. S. Hein, 2002.

[16] Patents and development: lessons learnt from the economic history of Switzerland/Richard Gerster. Penang, Malaysia: Third World Network, 2002.

[17] Openness, secrecy, authorship: technical arts and the culture of knowl-

edge from antiquity to the Renaissance/Pamela O. Long. Baltimore: Johns Hopkins University Press, 2002.

[18] A history of inventions, patents, and patent lawyers in the Western Reserve/by Hal D·Cooper and Thomas M. Schmitz; sponsored by the Cleveland Intellectural Property Law Association. [Cleveland, Ohio]: The Association, 1993.

[19] A politics of intellectual property/by Jamie Boyle. [Toronto]: Faculty of Law, University of Toronto, 1996.

[20] Intellectual property: Patents, copyrights, trademarks & allied rights/Cornish, William Sweet & Maxwell, 2003.

[21] Intellectual property and competitive strategies in the 21st century/by Shahid Alikhan and Raghunath Mashelkar. New York: Kluwer Law International, 2004.

[22] Intellectual property, biogenetic resources and traditional knowledge/by Graham Dutfield. Sterling, VA: Earthscan, 2004.

[23] Intellectual property rights in agricultural biotechnology/edited by F·H·Erbisch and K·M·Maredia. Cambridge, Mass.: CABI Pub., 2004.

[24] Poor people's knowledge: Promoting intellectual property in developing countries/edited by J. Michael Finger and Philip Schuler. Washington, DC: World Bank and Oxford University Press, 2004.

[25] Human dominion: intellectual property in body, persona and art/George, Alexandra Ashgate, 2004.

[26] Intellectual Property Damages: Guidelines and Analysis, 2004 Supplement/Mark A. Glick and Lara A. Reymann John Wiley & Sons, 2004.

[27] No trespassing: Authorship, intellectual property rights, and the boundaries of globalization/Eva Hemmungs Wirtén. Toronto; Buffalo: University of Toronto Press, 2004.

[28] Intellectual property rights and global capitalism: The political economy of the TRIPsAgreement/Donald G·Richards. Armonk, N·Y·: M·E·Sharpe, 2004.

[29] Intellectual Property: Licensing and Joint Venture Profit Strategies/Gordon V·Smith and Russell L·Parr. John Wiley & Sons, 2004.

[30] Economics, law, and intellectual property: Seeking strategies for research and teaching in a developing field/edited by Ove Granstrand. Boston: Kluwer Academic Publishers, 2003.

[31] The development dilemma: The political economy of intellectual property rights in the international system/Robert L. Ostergard, Jr. New York: LFB Scholarly

Pub., 2003.

[32] Indigenous heritage and intellectual property: genetic resources, traditional knowledge, and folklore/S·v·Lewinski (ed).; By A·v·Hahn…[et al·]. Kingston upon Thames; New York: Kluwer Law International, 2003.

三、日文书目

[1] 知的財産法（有斐閣アルマ）（第2版）/角田政芳，辰巳直彦．有斐閣，2003．

[2] 知的財産法（第3版）/田村善之．有斐閣，2003．

[3] 知的財産権法文集　平成16年4月1日施行版/発明協会．発明協会，2004．

[4] 市場·自由·知的財産（21世紀COE知的財産研究叢書）/田村善之．有斐閣，2003．

[5] 知的財産制度とイノベーション/後藤晃，長岡貞男．東京大学出版会，2003．

[6] 知的財産立国を目指して（IMSブックレット）「2010年」へのアプローチ/荒井寿光．インタークロスメディアステーション，2003．

[7] 職務発明と知的財産国家戦略（現代産業選書）/日本感性工学会．経済産業調査会，2002．

[8] ネットワーク時代の知的財産権（未来ねっと技術シリーズ）/倉永宏，小林誠．電気通信協会（オーム社），2001．

[9] 知的財産権ビジネス戦略知価変動時代のライセンスビジネス最前線（改訂2版）/中野潔．オーム社，2002．

[10] 知的財産法制と国際政策/高倉成男．有斐閣，2002．

[11] 大丈夫か日本の特許戦略21世紀の戦場は知的財産権だ/馬場錬成．プレジデント社，2002．

[12] 21世紀における知的財産の展望知的財産研究所10周年記念論文集/知的財産研究所．雄松堂出版，2000．

[13] 知的創造時代の知的財産（Keio UP選書）/清水啓助．慶応義塾大学出版会，2000．

[14] コピーライトの史的展開（知的財産研究叢書）/白田秀彰．信山社出版（大学図書），1998．

[15] 国際知的財産権サイバースペースvs.リアル·ワールド/石黒一憲．NTT出版，1998．

四、德文书目

[1] Europäisches Urheberrecht/Silke von Lewinski, Michel M. Walter, Walter Blocher, Thomas Dreier, Felix Daum Water Dillenz, Michael M. Walter, Michel Walter. Springer-Verlag Vienna, 2000.

[2] Handbuch des Urheberrechts/Prof. Dr. Ulrich Loewenheim. C. H. Beck Verlag, 2003.

[3] Urheberrecht-Kommentar/Herausgegeben von Prof. Dr. Dr. Gerhard Schricker. C. H. Beck Verlag München 1999.

[4] Beck'sche Kurzkommentare, Bd. 4, Patentgesetz, Gebrauchsmustergesetz/von Georg Benkard, Karl Brujchausen, Rüdiger Rogge, Alfons Schäfers. C. H. Beck Verlag München 1993, 9. Auflage.

[5] Patentgesetz-Kommentar/Rudolf Busse. De Gruyter Rechtswissenschaften Verlags-GmbH, 2003, 6. Auflage.

[6] Deutsches und Europäisches Markenrecht/Claudius Marx. Hermann Luchterhand Verlag GmbH 1996.

[7] Informationsrecht/Michael Kloepfer. Verlag C. H. Beck, 2002.

[8] Urheberrechtsgesetz-Kommentar/Prof. Dr. Thomas Dreier, Gernot Schulze. Verlag C. H. Beck München 2004.

[9] Handbuch Multimedia-Recht/Prof. Dr. Thomas Hoeren, Prof. Dr. Ulrich Sieber. Verlag C. H. Beck München 2004.

后 记

呈现在读者面前的这部作品,是教育部哲学社会科学重大攻关项目《知识产权制度变革与发展研究》的精华部分。2004 年,我带领中南财经政法大学知识产权研究中心的学术团队,集合国内外顶尖的知识产权专家,以"知识产权制度的变革发展研究"这一选题申报了教育部哲学社会科学重大攻关项目,并有幸获得批准。从 2004 年立项到 2008 年结项,课题进程历经四载。其间中国知识产权事业高潮迭起,2004 年、2005 年我国分别成立了"国家保护知识产权工作组"和"国家知识产权战略制定工作领导小组";2006 年 1 月,胡锦涛总书记在全国科学技术大会上提出建设创新型国家的战略目标;同年 5 月,胡锦涛总书记在中央政治局集体学习时强调:"加强知识产权制度建设,提高知识产权创造、运用、保护与管理能力,是增强自主创新能力,建设创新型国家的迫切需要";2008 年 6 月,国务院发布《国家知识产权战略纲要》。为顺利实现纲要所确定的战略目标,我国进入到新一轮立法、修法时期,《专利法》第三次修订刚刚完成、《商标法》、《著作权法》的修订工作正在进行,民间文学艺术、传统知识以及遗传资源保护的立法工作有序展开。面对我国如火如荼的知识产权制度发展进程,课题研究并没有局限在"形而上"的层面,而是将实证研究与理论研究结合起来,将服务社会与高端咨询结合起来,以积极主动的态度参与其中。在课题组全体成员的努力下,课题研究立足基础理论,紧扣具体制度,总结他国经验,回应本国问题,无论是在知识产权战略制定和实施中,还是在相关立法和修法进程中,课题组结合相关内容推出了多样化的阶段性成果。其中既有在权威期刊上发表的学术论文,也有向相关政府机关提交的咨询报告。课题组提交的《国家知识产权战略纲要》(专家建议稿)、《信息网络传播权条例》(建议稿)、《专利法修正案》(建议稿)、《商标法修正案》(建议稿)等,也都体现在了相关立法文件中。2006 年 5 月 26 日的中共中央政治局进行了三十一次集体学习,本人有幸作为主讲人之一,就本课题涉及的研究成果向党和国家领导人做了汇报,并从学者角度提出了知识产权应对方略建议。胡锦涛总书记对于相关内容作了充分肯定并发表了重要讲话。

课题组成员所付出的辛勤劳动也得到了社会各界的认可，本课题在2006年的中期检查中广受好评，同年《中国教育报》关于教育部重点研究基地"十五"建设成就以及高校"十五"哲学社会科学成就的报道中，专门肯定了课题组成员在咨询决策和服务社会方面的成绩。2008年，课题组完成了以下预定的工作计划：筹建"知识产权制度变革与发展"数据库；推出各种形式的阶段性研究成果，其中，在《法学研究》、《中国法学》等权威或核心刊物上发表学术论文48篇，向国家保护知识产权工作组、国务院法制办、司法部等部门提交咨询报告8篇；在此基础上，课题以优秀等级结项，并最终形成48万字的最终成果以及《知识产权国际化问题研究》，以及共计160余万字的四个子课题成果，分别是《知识产权现代化问题研究》、《知识产权法典化问题研究》和《知识产权战略化问题研究》。本次由经济科学出版社出版的，即为最终成果的《知识产权制度变革与发展研究》，四个子课题也将在进一步修订完善后于近期出版。当然，课题的结束绝不意味着我们对知识产权理论和实践的探索停止，全体课题组成员会将其视为一个新的起点，为中国知识产权事业的发展与繁荣继续贡献自己的力量！

吴汉东
2010年盛夏于晓南湖畔

教育部哲学社会科学研究重大课题攻关项目
成果出版列表

书　名	首席专家
《马克思主义基础理论若干重大问题研究》	陈先达
《马克思主义理论学科体系建构与建设研究》	张雷声
《马克思主义整体性研究》	逄锦聚
《改革开放以来马克思主义在中国的发展》	顾钰民
《当代中国人精神生活研究》	童世骏
《弘扬与培育民族精神研究》	杨叔子
《当代科学哲学的发展趋势》	郭贵春
《面向知识表示与推理的自然语言逻辑》	鞠实儿
《当代宗教冲突与对话研究》	张志刚
《马克思主义文艺理论中国化研究》	朱立元
《历史题材文学创作重大问题研究》	童庆炳
《现代中西高校公共艺术教育比较研究》	曾繁仁
《西方文论中国化与中国文论建设》	王一川
《楚地出土戰國簡册 [十四種]》	陳　偉
《近代中国的知识与制度转型》	桑　兵
《中国水资源的经济学思考》	伍新林
《京津冀都市圈的崛起与中国经济发展》	周立群
《金融市场全球化下的中国监管体系研究》	曹凤岐
《中国市场经济发展研究》	刘　伟
《全球经济调整中的中国经济增长与宏观调控体系研究》	黄　达
《中国特大都市圈与世界制造业中心研究》	李廉水
《中国产业竞争力研究》	赵彦云
《东北老工业基地资源型城市发展接续产业问题研究》	宋冬林
《转型时期消费需求升级与产业发展研究》	臧旭恒
《中国金融国际化中的风险防范与金融安全研究》	刘锡良
《中国民营经济制度创新与发展》	李维安
《中国现代服务经济理论与发展战略研究》	陈　宪
《中国转型期的社会风险及公共危机管理研究》	丁烈云
《人文社会科学研究成果评价体系研究》	刘大椿

书　名	首席专家
《中国工业化、城镇化进程中的农村土地问题研究》	曲福田
《东北老工业基地改造与振兴研究》	程　伟
《全面建设小康社会进程中的我国就业发展战略研究》	曾湘泉
《自主创新战略与国际竞争力研究》	吴贵生
《转轨经济中的反行政性垄断与促进竞争政策研究》	于良春
《面向公共服务的电子政务管理体系研究》	孙宝文
《中国加入区域经济一体化研究》	黄卫平
《金融体制改革和货币问题研究》	王广谦
《人民币均衡汇率问题研究》	姜波克
《我国土地制度与社会经济协调发展研究》	黄祖辉
《南水北调工程与中部地区经济社会可持续发展研究》	杨云彦
《产业集聚与区域经济协调发展研究》	王　珺
《我国民法典体系问题研究》	王利明
《中国司法制度的基础理论问题研究》	陈光中
《多元化纠纷解决机制与和谐社会的构建》	范　愉
《中国和平发展的重大国际法律问题研究》	曾令良
《中国法制现代化的理论与实践》	徐显明
《农村土地问题立法研究》	陈小君
《知识产权制度变革与发展研究》	吴汉东
《生活质量的指标构建与现状评价》	周长城
《中国公民人文素质研究》	石亚军
《城市化进程中的重大社会问题及其对策研究》	李　强
《中国农村与农民问题前沿研究》	徐　勇
《西部开发中的人口流动与族际交往研究》	马　戎
《现代农业发展战略研究》	周应恒
《中国边疆治理研究》	周　平
《中国大众媒介的传播效果与公信力研究》	喻国明
《媒介素养：理念、认知、参与》	陆　晔
《创新型国家的知识信息服务体系研究》	胡昌平
《数字信息资源规划、管理与利用研究》	马费成
《新闻传媒发展与建构和谐社会关系研究》	罗以澄
《数字传播技术与媒体产业发展研究》	黄升民

书 名	首席专家
《教育投入、资源配置与人力资本收益》	闵维方
《创新人才与教育创新研究》	林崇德
《中国农村教育发展指标体系研究》	袁桂林
《高校思想政治理论课程建设研究》	顾海良
《网络思想政治教育研究》	张再兴
《高校招生考试制度改革研究》	刘海峰
《基础教育改革与中国教育学理论重建研究》	叶 澜
《公共财政框架下公共教育财政制度研究》	王善迈
《农民工子女问题研究》	袁振国
《当代大学生诚信制度建设及加强大学生思想政治工作研究》	黄蓉生
《处境不利儿童的心理发展现状与教育对策研究》	申继亮
《学习过程与机制研究》	莫 雷
《WTO主要成员贸易政策体系与对策研究》	张汉林
《中国和平发展的国际环境分析》	叶自成
*《中国抗战在世界反法西斯战争中的历史地位》	胡德坤
*《中部崛起过程中的新型工业化研究》	陈晓红
*《中国政治文明与宪法建设》	谢庆奎
*《地方政府改革与深化行政管理体制改革研究》	沈荣华
*《中国能源安全若干法律与政府问题研究》	黄 进
*《我国地方法制建设理论与实践研究》	葛洪义
*《我国资源、环境、人口与经济承载能力研究》	邱 东
*《产权理论比较与中国产权制度变革》	黄少安
*《中国独生子女问题研究》	风笑天
*《边疆多民族地区构建社会主义和谐社会研究》	张先亮
*《非传统安全合作与中俄关系》	冯绍雷
*《中国的中亚区域经济与能源合作战略研究》	安尼瓦尔·阿木提
*《冷战时期美国重大外交政策研究》	沈志华

……

* 为即将出版图书